ived (Théodor).—
Penseurs de la Grèce, I

LES PENSEURS DE LA GRÈCE

THÉODORE GOMPERZ

Membre de l'Académie impériale de Vienne, Correspondant de l'Institut de France.

LES PENSEURS
DE LA GRÈCE

Histoire de la Philosophie antique

I

Introduction. — Les Philosophes-naturalistes de l'Ionie. — Orphiques et Pythagoriciens. — L'école d'Élée. — Anaxagore. — Empédocle. — Les Historiens. — Les Médecins. — Les Atomistes. — Débuts de la Science de l'Esprit. — Les Sophistes. — Essor de la Science historique.

Ouvrage traduit de la deuxième édition allemande
par Aug. REYMOND, professeur
et précédé d'une préface de M. A. CROISET, de l'Institut.

PARIS
FÉLIX ALCAN, ÉDITEUR
108, Boulevard Saint-Germain

1904
Tous droits réservés.

LAUSANNE — IMPRIMERIE CH. VIRET-GENTON

A LA MÉMOIRE

DE MA MÈRE

19 décembre 1792 — 30 avril 1881

JE DÉDIE CE VOLUME

Th. G.

PRÉFACE DE L'ÉDITION FRANÇAISE

Lorsque parurent, en 1893, les premiers fascicules du grand ouvrage de M. Gomperz, *Griechische Denker*, ils furent reçus avec le plus vif intérêt par tous ceux qui s'occupent des choses grecques et firent attendre avec impatience la suite de ce beau travail, où l'on pouvait déjà être sûr de retrouver, avec plus d'ampleur et d'éclat, les qualités de savant et d'écrivain qui ont établi depuis longtemps la réputation de l'auteur. L'ouvrage devait comprendre trois volumes : deux pour la période classique, jusqu'à la mort d'Aristote, un pour la période alexandrine et la période gréco-romaine. Les fascicules se suivirent avec régularité pendant neuf ans, et le douzième, qui achevait le second volume, parut en 1902. Il ne comprenait pas encore Aristote, contrairement à l'intention première de l'auteur. La tâche, comme il arrive, s'était trouvée plus longue que celui-ci ne l'avait prévu, et il n'avait pu dépasser Platon. Dès l'année suivante, une seconde édition de la partie achevée était devenue nécessaire. L'œuvre avait tenu ses promesses et le succès avait été rapide. C'est cette seconde édition que M. Reymond, professeur à Morges, déjà connu par des traductions excellentes, a eu la bonne idée et le courage de rendre plus accessible aux lecteurs français en la faisant passer dans notre langue. Il n'est pas douteux que l'ouvrage de M. Gomperz ne retrouve sous cette nouvelle forme, auprès d'un public plus nombreux, la faveur qu'il avait déjà rencontrée auprès de ses premiers lecteurs, et qu'il mérite amplement par les plus rares qualités de science précise et de pensée profonde.

Le titre même du livre, *Penseurs Grecs*, indique bien l'originalité du point de vue où s'est placé l'auteur. M. Gomperz n'a pas voulu simplement écrire, après tant d'autres, une nouvelle histoire de la philosophie grecque, c'est-à-dire une histoire des systèmes conçus par ceux que l'on considère comme des philosophes de profession. Il n'estime pas, sans doute, que la philosophie d'un peuple soit tout entière contenue dans les systèmes de ses philosophes, ni que ces systèmes soient même parfaitement intelligibles si on les sépare du fond intellectuel et moral sur lequel ils ont germé et fleuri. C'est bien la pensée grecque tout entière, dans sa longue et laborieuse ascension vers une conception intelligible de l'univers, qu'il a voulu saisir et décrire. Il l'a suivie dans ses essais et ses tâtonnements, dans le sentiment obscur de la foule, dans les visions des poètes, dans la réflexion des sages, dans les efforts des techniciens, recueillant avec piété ses manifestations incertaines et multiples, suivant pas à pas son évolution, n'arrivant à l'étude des systèmes, où elle se cristallise, qu'à travers l'étude des mille tentatives éparses où elle s'élabore, se forme, se consolide peu à peu et prend conscience d'elle-même.

On voit la beauté de cette conception : elle rend la vie à des choses abstraites, à des idées qu'on pourrait croire mortes, et bonnes à figurer plutôt dans des catalogues, dans des herbiers philosophiques, qu'à intéresser tout homme qui pense et pour qui le passé de l'humanité garde une poésie. On voit aussi la vérité supérieure de cette méthode, qui, justement parce qu'elle est une méthode de résurrection, fait mieux comprendre les objets qu'elle étudie : car c'est altérer ces objets que de les isoler par l'abstraction, et de nous les offrir, en quelque sorte, dans le vide, ou dans un air irrespirable. Que l'abstraction et l'analyse pure soient des moyens de recherche très efficaces, on ne le conteste pas ; mais ce n'est là qu'une partie de la méthode, si celle-ci a pour fin essentielle la connaissance aussi complète que possible de la réalité. C'est par là, disons-le tout de suite, que l'ouvrage de M. Gomperz diffère profondément de la grande histoire de Zeller, si justement admirée d'ailleurs, et apporte aux travailleurs, même après ce bel exemple d'érudition et de pénétration philosophiques, une aide vraiment nouvelle en même temps qu'un très vif plaisir. L'histoire de Zeller est un chef-d'œuvre par l'étendue des informations, la solidité de la critique, l'intelligence des idées, la finesse des discussions. Mais les plus sincères admirateurs de Zeller sont obligés de reconnaître que, si jamais histoire a manqué de vie, c'est celle-là. Les héros de cette épopée philosophique sont des idées, ou, comme il dit, des concepts ; et des idées dépouillées de tout élément humain, de tout ce qui peut rattacher une idée à une âme individuelle, à une sensibilité, à une conscience ; ce sont des chiffres, des notations abstraites et algébriques. Même les personnes des philosophes, qui ont pourtant existé, qui ont été des Grecs d'un certain temps et d'un certain milieu, s'évanouissent. Aucun d'eux n'a une physionomie distincte. Ce ne sont même pas des ombres : ce sont encore des concepts et des chiffres. L'histoire de Zeller est, pour les spécialistes, un outil indispensable. Mais elle est peu lisible même pour eux ; on la consulte, on ne la lit pas. A plus forte raison elle n'est guère accessible aux lecteurs simplement cultivés, plus curieux de connaître la vie du passé dans son ensemble que d'entrer dans le détail des discussions critiques par lesquelles on peut essayer d'établir, sur chaque point controversable, le bilan de nos connaissances ou de nos ignorances. Elle est très savante, mais très sèche, et étroitement technique. Sans faire tort à Zeller, on peut imaginer et souhaiter une autre forme d'histoire philosophique, une histoire plus vivante, plus humaine, plus intéressante pour la majorité des lecteurs instruits, enfin une histoire vraiment lisible. C'est précisément ce qu'a voulu faire M. Gomperz.

Mais on voit aussi que, si cette nouvelle conception de l'histoire philosophique est plus belle et en somme plus vraie, elle exige, de celui qui entreprend de la réaliser, de tout autres qualités que la précédente : il faut qu'il soit un véritable helléniste et un écrivain. Un écrivain, cela va de soi, puisqu'il s'agit de faire vivre les hommes et les choses dont il parle. Un helléniste, c'est-à-dire non pas seulement un homme qui sache le grec, mais un homme qui connaisse la Grèce ancienne, qui comprenne sa vie intellectuelle et morale, qui goûte avec finesse son originalité, qui aime à retrouver la marque propre de son esprit dans les monuments de la littérature et des arts aussi bien que dans la philosophie proprement dite. M. Gomperz est un helléniste et un écrivain. Il est en même temps un philosophe à l'esprit large, un penseur très informé des choses d'autrefois et d'aujourd'hui, et c'est pour cela qu'il a pu mener à bien sa lourde tâche.

Et tout d'abord, c'est vraiment un charme, quand on lit cette grande histoire des *Penseurs Grecs*, de la sentir si fortement appuyée sur un fond historique et psychologique solide. Les idées abstraites, les conceptions de la pensée individuelle ne se présentent pas ici comme des entités venues on ne sait d'où et qui se suffisent à elles-mêmes. Les idées des philosophes ont germé dans un cerveau humain, et ce cerveau était associé à un cœur, à un tempérament. L'homme qui les a exprimées avait des sentiments, il a vécu une vie d'homme. Cette vie, ces sentiments ont le plus souvent projeté quelque reflet sur les idées elles-mêmes : les plus abstraites en apparence, les plus objectives, les plus détachées de toute contingence, ont en réalité beaucoup plus de liens qu'il ne semble avec les innombrables contingences qui composent une vie humaine. Un Xénophane, un Héraclite, un Empédocle, un Socrate, un Platon, ne sont pas de purs esprits : ce sont des individus très originaux, qui donnent à tout ce qu'ils pensent un tour absolument personnel. Et ces grands esprits ne sont pas isolés dans le temps et dans l'espace : ils vivent au milieu d'autres hommes, ils sont les fils d'une race, et ils doivent beaucoup à ceux qui les ont précédés ou qui les entourent, même quand ils les combattent ; leurs idées les plus neuves sont tantôt le prolongement et tantôt la négation d'idées préexistantes. Ils prennent leur point d'appui sur le sol natal, même pour en sortir ou pour monter plus haut. A plus forte raison, chez les penseurs moins vigoureux, chez ceux en qui la raison pure ne brille pas du même éclat, les influences du tempérament et du milieu s'exercent avec plus de force encore : un Xénophon, par exemple, n'est intelligible comme moraliste que si l'on connaît en lui l'homme tout entier et si l'on sait les circonstances de sa vie. M. Gomperz l'a merveilleusement compris, et de là, dans son livre, tant de chapitres qui peuvent sembler d'abord étrangers à la philosophie proprement dite, mais qui sont vraiment la préparation nécessaire et comme le support de l'analyse des systèmes. Je citerai, par exemple, l'introduction du premier volume, sur les croyances grecques antérieures aux premières tentatives systématiques des Ioniens, le chapitre sur les logographes et sur Hérodote, le chapitre sur la médecine et les doctrines médicales, et, dans le second volume, les beaux chapitres sur les transformations de la croyance et des mœurs et sur l'Athènes du Vme siècle, l'étude psychologique et biographique sur Xénophon, l'histoire des années d'études et de voyages de Platon. Dans le chapitre sur Athènes, en particulier, il est parlé brièvement, mais avec précision et profondeur, d'Eschyle, de Sophocle, d'Euripide, de Thucydide. Sont-ce là des hors d'œuvre ? En aucune façon. Nous voyons ainsi quelle atmosphère ont respirée les Socratiques. Nous apprenons à mieux saisir l'origine de leurs préoccupations. Nous ne les considérons plus, ainsi qu'il arrive parfois aux spécialistes de la philosophie, par rapport à des théoriciens modernes qu'ils ne pouvaient pressentir et dont ils ne partageaient à aucun degré les embarras ou les curiosités, mais par rapport aux idées de leur temps. Nous saisissons ainsi avec plus de précision les problèmes mêmes qu'ils avaient à résoudre et la signification vraie de leurs théories. Nous sommes moins disposés à leur prêter des idées qui sont les nôtres, ou à tirer prématurément de leurs principes des conséquences qui ne pouvaient apparaître que plus tard. En d'autres termes, nous comprenons mieux leur philosophie, parce que nous les connaissons mieux eux-mêmes comme individus et comme membres d'une certaine collectivité.

Quand on étudie un historien de la philosophie, il est naturel de se demander s'il a lui-même une philosophie et quel est son système. Cela n'est pas sans importance. Car, si objectif qu'un historien des idées s'efforce d'être dans son exposition, il est difficile que sa propre manière de voir n'apparaisse pas dans son appréciation des doctrines, et qu'il ne nous fasse pas sa confession en même temps que celle des autres. D'ailleurs il y a toujours, au fond de toute grande histoire, une philosophie plus ou moins latente, je veux dire une conception générale de la manière dont s'enchaînent les faits humains et les lois qui semblent les gouverner. Je crois qu'il ne serait pas très difficile de dire de quel côté vont les préférences de M. Gomperz. Il a beaucoup lu et médité les grands initiateurs de la philosophie positive, depuis Auguste Comte jusqu'à Herbert Spencer, et il les cite volontiers. En général, il est très pénétré d'idées françaises et anglaises, sans d'ailleurs s'y asservir. Mais il serait inutile et presque indiscret d'insister sur ce point, car M. Gomperz évite avec grand soin de nous faire des confidences. Il n'est pas de ces historiens de la philosophie qui cherchent avant tout dans le passé la justification de leurs propres idées ou l'image anticipée de leur propre système. Il n'a pas non plus, sur la marche nécessaire de la pensée humaine, une théorie qu'il tienne à faire prévaloir. Tout ce qu'on peut dire, c'est qu'il est un homme de notre temps, qu'il a lu tous les livres dont l'influence s'est exercée sur la génération à laquelle nous appartenons; qu'il s'intéresse aux problèmes qui nous intéressent et qu'il les étudie dans un esprit rigoureusement scientifique ; en un mot, qu'il parle notre langue, bien plus que ne ferait un tenant attardé de n'importe quelle école philosophique. Mais, justement parce qu'il est bien notre contemporain, il est historien avant tout, c'est-à-dire soumis aux faits plus qu'aux théories, préoccupé de les voir et de les comprendre dans leur réalité, sans parti pris et sans préjugés, avec une lumineuse et sympathique intelligence des formes diverses de la pensée humaine. Il cite lui-même, à cet égard, un mot caractéristique de Flaubert qu'il s'applique avec vérité : « Je fais tout ce que je peux continuellement pour élargir ma cervelle, et je travaille dans la sincérité de mon cœur ; le reste ne dépend pas de moi ». Le nom même de Flaubert, invoqué ainsi dès le début de l'ouvrage, est significatif : s'il marque bien certaines affinités intellectuelles, il exprime aussi la volonté d'être objectif, c'est-à-dire d'être historien dans toute la force du terme. Une autre phrase qu'il met en épigraphe à son livre est tirée de Sumner Maine : le peuple grec y est signalé comme ayant été le grand initiateur du progrès dans l'humanité. C'est là, si l'on veut, l'indication d'une idée générale, d'une sorte de principe historique, puisqu'il en résulte qu'aux yeux de M. Gomperz, comme de l'historien anglais, le progrès s'accomplit par le libre développement de la raison, qui a été le moteur unique de la pensée grecque. C'est donc le progrès rationnel dont M. Gomperz se propose de suivre l'histoire dans l'évolution de la philosophie grecque. Mais le principe, qui est celui de toute histoire scientifique, est assez souple et assez large pour n'enchaîner l'auteur à aucune doctrine particulière, pour lui permettre de goûter tour à tour et de faire revivre avec sympathie les diverses manifestations de cette raison, de quelques formes éphémères qu'elle s'enveloppe selon les temps et les circonstances. Le grand secret pour être vrai en histoire, c'est peut-être d'aimer la vie, de qui permet d'en étudier toutes les diversités avec un intérêt également passionné, lors même que ces diversités ne s'accordent pas avec nos préférences particulières.

L'exposition des faits et des idées, dans l'ouvrage de M. Gomperz, se déroule avec ampleur et clarté dans un style ferme, sans longueurs. Il est nécessaire, dans un écrit de ce genre, de mêler souvent à l'exposition proprement dite certaines discussions, pour élucider les problèmes critiques qui se rencontrent chemin faisant, et pour assurer sa route. M. Gomperz ne néglige pas cette partie de sa tâche, mais il ne laisse pas les broussailles de la critique envahir tout son champ. Il relègue en des notes nombreuses et parfois longues tout ce qui ne trouverait pas place commodément dans le texte même, tout ce qui ferait longueur ou digression trop marquée. Ces notes d'ailleurs sont le plus souvent pleines d'intérêt. Outre des renvois exacts et des discussions d'un caractère technique, on y trouve souvent des rapprochements piquants ou profonds, que leur caractère inattendu a fait exclure du texte pour que la belle tenue de celui-ci n'en fût pas compromise, mais qu'on est heureux de rencontrer à la fin du volume[1]. C'est là surtout qu'on peut voir combien les lectures de M. Gomperz ont été immenses et poussées en des sens divers. Non seulement les écrivains allemands, mais les français et les anglais, les russes et les italiens, ont été mis largement à contribution. M. Gomperz est vraiment un Européen. Philosophe et érudit par profession, il a d'ailleurs lu des écrits de tout genre, œuvres de science, romans, pièces de théâtre, et il a beaucoup regardé aussi le théâtre du monde. De là, dans ses notes, un trésor d'observations et de comparaisons qui amusent parfois en même temps qu'elles instruisent. De là aussi, dans le style de tout l'ouvrage, une allure libre et vivante, une richesse d'aperçus qui sont fort agréables. Bien que M. Gomperz ne vise aucunement à piquer l'attention de son lecteur par des allusions contemporaines, il lui arrive de chercher au besoin dans les choses d'aujourd'hui l'explication très topique et très solide de certaines choses anciennes. On sait que Renan aimait à faire ainsi, et quelques personnes le lui ont reproché. Mais il ne faut pas que la crainte d'un abus possible fasse oublier les avantages du procédé, qui devient mauvais, comme tous les procédés littéraires, lorsqu'il tourne à l'amusement et au bel esprit, mais qui est excellent quand on le maintient en de certaines limites : c'est affaire de goût et de discrétion. Les érudits n'ont que trop de tendance à voir toutes choses uniquement dans les textes, comme des idées ou des mots, et à perdre le sens de la réalité qui se cache sous ces mots. Rien n'est plus utile à l'homme qui vit beaucoup au milieu des livres que d'ouvrir largement ses regards sur les choses dont parlent les livres. Or, si nos contemporains diffèrent des Grecs et des Romains plus peut-être que ne le croyaient nos pères, le fond des choses, malgré tout, n'a pas tant changé qu'on pourrait le supposer, et des ressemblances criantes s'offrent sans cesse à qui sait voir. Le tout est de ne pas oublier les nuances particu-

[1] Il nous a paru préférable de les placer au bas des pages. — A. R.

lières. Ressemblance d'ailleurs ne veut pas dire identité, et, à défaut même d'une ressemblance étroite, certaines analogies ne sont pas à négliger. Bien saisies et bien rendues, elles éclairent vivement une réalité lointaine qu'on entrevoyait mal à travers l'abstraction des mots, et elles font toucher du doigt, pour ainsi dire, ce que l'on n'avait fait jusque là que sentir confusément. Par exemple, ayant à expliquer la contradiction apparente qu'il est aisé de relever entre la magnanimité fréquente des paroles et la rudesse des actes dans la politique athénienne, M. Gomperz ajoute : « Il n'y a pas là plus d'hypocrisie que dans la Grande Bretagne d'aujourd'hui, où l'enthousiasme pour la liberté des peuples est un sentiment très sincère, très fort, et qui est vraiment un des ressorts de la politique étrangère, sans empêcher, bien entendu, que, dans d'autres cas, l'intérêt de l'Angleterre ne cherche dans la dignité des principes moraux un vêtement honorable. » On pourrait citer beaucoup de passages où se révèle ainsi ce que Thiers considérait comme la qualité maîtresse de l'historien, l'intelligence, c'est-à-dire le don de percer jusqu'au fond des choses et de saisir le réel. Cette intelligence pénétrante aboutit sans cesse, dans l'ouvrage de M. Gomperz, à des formules précises et lumineuses qui condensent beaucoup d'idées en peu de mots. Il n'y a pas un des penseurs dont il a étudié l'œuvre qui ne lui fournisse ainsi à maintes reprises l'occasion de quelque jugement définitif. Je n'en donnerai pas ici d'exemples : je laisse au lecteur le plaisir de les découvrir lui-même en étudiant ces volumes.

Qu'on me permette un souhait, en finissant. Je veux espérer que les lecteurs de ce savant ouvrage seront nombreux en France. Le sujet traité par M. Gomperz est un des plus beaux qui soient, et l'un de ceux qui touchent le plus essentiellement aux intérêts permanents de notre civilisation occidentale. Avec un guide aussi compétent, le lecteur est assuré de ne pas faire fausse route ; et l'agrément de l'ouvrage l'empêchera de sentir la longueur du chemin. En un temps où l'étude de la langue grecque, par la force des choses, se restreint peut-être à des cercles plus étroits, il est bon que des œuvres du genre de celle-ci permettent d'aborder plus facilement l'étude de la civilisation hellénique par son fond, pour ainsi dire, et que la philosophie, comme l'archéologie, en renouvelle pour nous l'attrait, en nous mettant directement en face des choses.

A. CROISET.

PRÉFACE DE L'AUTEUR

Pendant de longues années, j'ai travaillé avec zèle à augmenter les matériaux qui servent de base à l'histoire de la pensée grecque, et à scruter les problèmes qu'elle soulève. J'entreprends aujourd'hui de tracer un nouveau tableau d'ensemble de ce grand sujet. Cet ouvrage, qui comprendra trois volumes, et dans lequel je résume l'activité de ma vie entière, sera, je l'espère, accessible au cercle étendu des gens cultivés. Le point de vue auquel je me suis placé n'est pas celui d'une école et n'a rien d'exclusif. Je me suis efforcé de considérer sans parti pris les diverses tendances de la pensée antique, dont chacune a contribué pour sa part à élever l'édifice de la culture intellectuelle moderne, et de leur rendre à toutes une égale et impartiale justice. Mon exposé s'attachera avant tout au développement historique de la culture et ne prendra un caractère subjectif que pour autant qu'il s'agira de mettre en relief les points essentiels, de distinguer aussi nettement qu'il convient ce qui est durable et important de ce qui n'est qu'indifférent et passager. De l'histoire de la religion, de la littérature et des sciences spéciales, je ferai entrer dans mon œuvre les parties nécessaires à l'intelligence du mouvement spéculatif, de ses causes et de ses effets. Les limites qui séparent ces domaines me paraissent tout à fait flottantes. L'idéal que j'ai en vue ne pourrait se réaliser complètement que dans un ouvrage qui embrasserait et épuiserait l'histoire de la vie intellectuelle et morale de l'Antiquité dans son ensemble. Si une entreprise aussi vaste est jamais conçue et dignement exécutée, je considérerai l'essai actuel, infiniment plus modeste, comme dépassé et vieilli.

Dans mon plan primitif, le second volume devait comprendre, comme celui-ci, trois livres : Socrate et les Socratiques ; — Platon et l'Académie ; — Aristote et ses successeurs ; et le troisième volume était réservé à l'ancien Portique, au Jardin d'Épicure, aux écoles mystiques, sceptiques et syncrétistes. Les développements que j'ai cru devoir donner à mon étude sur Platon, et dont j'indique les raisons en leur lieu, ne m'ont pas permis d'aborder l'histoire du Lycée dans le second volume. Pour ne pas donner trop d'ampleur à l'ouvrage, j'ai d'ailleurs été obligé de réduire au strict nécessaire l'indication des sources, et de ne renvoyer aux travaux modernes que là où mon exposé s'en écarte le moins — et où j'étais tenu de reconnaître ma dépendance à l'égard de mes prédécesseurs, — et là où il s'en éloigne le plus, — et où j'avais le devoir de dire pourquoi je ne pouvais me tenir aux opinions traditionnelles. La seconde édition ne diffère pas sensiblement de la première. Quelques petites erreurs y ont été rectifiées ; deux ou trois assertions que j'ai reconnues insoutenables ont été supprimées ; un assez grand nombre d'adjonctions ont été faites aux notes. Il s'agit essentiellement de nouveaux matériaux depuis peu mis au jour ; c'est ainsi, par exemple, que la collection des fragments d'Héraclite, de Phérécyde et de Démocrite s'est enrichie tout récemment de découvertes dont quelques-unes sont très importantes. En terminant, on me permettra, non pour pallier, mais pour excuser les imperfections de cet ouvrage, de m'approprier le mot qu'adressait un jour Gustave Flaubert à George Sand : « Je fais tout ce que je peux continuellement pour élargir ma cervelle, et je travaille dans la sincérité de mon cœur ; le reste ne dépend pas de moi ».

Vienne, 1895—1902.

Th. G.

LIVRE PREMIER

Les Commencements.

> C'est à un petit peuple... qu'il a été donné de créer le principe du progrès. Ce peuple fut le peuple grec. Excepté les forces aveugles de la nature, rien ne se meut dans cet univers qui ne soit grec par son origine.
>
> Sir Henri-Sumner Maine.
> (*The Rede-Lecture of Mai 22, 1875, p. 38.*)

INTRODUCTION

I. Pays et habitants. Importance des colonies. — II. Époque de la tyrannie. Transformations sociales. Nouveaux genres littéraires. — III. Élargissement de l'horizon. Oracles et jeux nationaux. Emprunt de l'écriture. — IV. Situation et destinées de l'Ionie. — V. Origine des idées religieuses. Personnification de la nature. Esprits et démons. Âmes des choses, âmes humaines. Survivance de l'âme. Culte des ancêtres. Triple série d'objets d'adoration. — VI. Les divinités naturalistes de la Grèce. Transformation des dieux par l'anthropomorphisme. Victoire du polythéisme. Croyances homériques. Laïcisation des idées religieuses. Rareté des sacrifices humains. — VII. Sacrifices en l'honneur des morts. Culte préhomérique des âmes. Insouciance ionienne. — VIII. Explication de la nature par les mythes. Processus de la personnification. — IX. Hésiode d'Ascra. Sa *Théogonie*. Contenu intellectuel de la *Théogonie*. Le chaos. Abstractions personnifiées.

I

Tous les commencements sont obscurs parce qu'ils sont trop modestes ou trop peu en évidence. Ils échappent aux regards ou se dérobent à l'observation. Nous remontons graduellement aux origines historiques, de même que le voyageur suit pas à pas la rivière jusqu'au point où sa source jaillit sous l'ombre des bois. Et nous franchissons ces étapes successives à l'aide des raisonnements. Ceux-ci sont de deux sortes, suivant qu'ils partent des effets ou des causes. Les premiers s'appliquent à dégager de la constatation et de la nature des effets l'existence et la nature des causes. Ils sont indispensables, mais prêtent à de nombreuses erreurs. Car, si chaque cause, prise en elle-même, produit toujours le même effet, la réciproque n'est pas absolument vraie. Le même effet ne résulte pas invariablement de la même cause ; le phénomène qu'on a appelé « pluralité des causes » joue un rôle considérable dans la vie de la nature comme dans celle de l'esprit. Le procédé contraire assure une certitude plus grande. Il consiste à envisager les causes, les facteurs importants, connus ou connaissables, qui doivent avoir influencé les phénomènes à éclaircir, et dont la mesure d'influence peut seule prêter à discussion. Pour nous qui nous proposons d'étudier les débuts de la vie intellectuelle du peuple grec dans sa plus haute expression, nous avons à examiner d'abord la situation et la nature du pays qu'il habitait.

La Grèce est un pays montagneux entouré par la mer. Ses vallées sont peu étendues, la fertilité de son sol relativement faible. Cette réunion de circonstances implique déjà quelques-uns des traits fondamentaux du développement hellénique. En premier lieu, les germes de culture qui pouvaient y être dispersés étaient assurés de durer, de se maintenir, d'être l'objet de soins multiples. Le fléau des invasions, qui se déchaîne sans obstacle sur un pays plat et sans remparts naturels, vient se briser aux montagnes comme aux murs d'une forteresse. Autant de cantons montagneux, autant de milieux possibles de culture particulière, autant de théâtres de cette vie individuelle fortement accentuée qui devait être aussi profitable à la civilisation variée de la Grèce que funeste à la concentration politique de ses forces. Mais, à l'immobilité particulariste qui se montre à nous, par exemple dans un pays fermé comme l'Arcadie, le développement prodigieux des côtes offrait le contrepoids le plus salutaire. La superficie de la Grèce est inférieure à celle du Portugal, mais ses rivages sont plus étendus que ceux de l'Espagne. Une autre circonstance devait ajouter encore à la variété des dons intellectuels de la race. Les professions et les métiers les plus divers se touchaient dans le plus étroit espace; familles de marins et de pâtres, de chasseurs et de cultivateurs contractaient sans cesse des alliances les unes avec les autres, et léguaient ainsi à leurs descendants des aptitudes et des talents qui se complétaient de la manière la plus heureuse. Mais « la pauvreté qui, dès l'antiquité, était à demeure dans l'Hellade » s'est révélée le cadeau le plus salutaire qu'une bonne fée pût mettre dans son berceau. A trois points de vue, elle a, au plus haut degré, favorisé la culture : comme aiguillon, elle a poussé au déploiement de toutes les forces ; ensuite c'était une protection nouvelle contre la conquête : comme l'avait déjà reconnu l'historien le plus profond de l'antiquité, ce pays relativement pauvre n'a pas dû tenter bien vivement les envahisseurs; enfin, et surtout, elle a imprimé un vigoureux élan au commerce, à la navigation, à l'émigration et à la fondation de colonies[1].

Les baies hospitalières de la métropole grecque s'ouvrent vers l'est; devant elles, des îles et des îlots semés en grand nombre forment autant d'escales qui conduisent aux antiques centres de la culture asiatique. La Grèce regarde du côté de l'orient et du sud, et tourne le dos à l'occident et au nord, dont la civilisation avait toujours été rudimentaire. A cette faveur du sort, s'est ajoutée une dispensation particulièrement heureuse. Le peuple phénicien, politiquement impuissant, mais porté au gain et ne craignant pas, pour le réaliser, de courir les aventures sur mer, semble avoir reçu pour mission spéciale de servir d'intermédiaire entre la jeune Hellas et les représentants d'une civilisation reculée. C'est par lui que furent apportés aux Hellènes, de Babylone et d'Egypte, les éléments du progrès intellectuel, sans qu'ils eussent à les payer au prix de leur indépendance. Combien plus constant et plus régulier a été le développement du pays grâce à cette heureuse circonstance ! Quelle perte d'énergie nationale lui a été épargnée ! C'est ce que nous apprendrait, si cela était nécessaire, un regard jeté sur l'histoire des Celtes et des Germains, auxquels Rome a apporté une culture supérieure à la leur, mais qu'elle a en même temps asservis ; ou sur la triste destinée des peuples sauvages, qui, de nos jours, n'ont reçu de la puissante Europe les « bienfaits » de la civilisation que pour les déplorer amèrement.

Mais ce sont pourtant les colonies qui ont exercé l'influence décisive sur la vie intellectuelle des Grecs. Il en fut fondé à toutes les époques et sous tous les régimes politiques. Du temps des rois, où la guerre sévissait sans trêve, on vit souvent des populations depuis longtemps fixées obligées de céder la place à de nouveaux arrivants et de chercher au delà de la mer une nouvelle patrie. Sous la domination aristocratique, qui reposait absolument sur la réunion durable de la propriété foncière et de la noblesse d'origine, il fallait souvent expédier à l'étranger et pourvoir là d'une nouvelle terre le « gentilhomme pauvre », sous peine de le voir fatalement provoquer des dé-

---

[1] Cf. Bursian, *Geogr. von Griechenland* I 5-8. Nissen, *Italische Landeskunde* I 216 : « Nulle part on ne trouve sur un si petit espace une pareille variété de golfes, de caps, de chaînes de montagnes, de vallées, de plateaux, de plaines et d'îles. » G. Perrot, *Hist. de l'Art dans l'Antiquité*, VI p. 19 sq. — Le mot d'Hérodote se trouve l. VII 102. — Cf. Thucydide I 2.

sordres. D'autres, victimes des querelles incessantes des partis, les suivaient. Bientôt il s'agit d'assurer à un commerce maritime toujours plus étendu des points d'appui solides, à l'industrie florissante l'approvisionnement en matières premières, à la population de jour en jour plus nombreuse des moyens de se procurer des vivres.

On recourait au même expédient dans la démocratie pour pourvoir à l'entretien des indigents et pour parer aux excédents de population. C'est ainsi que se constitua de bonne heure cette immense ceinture de colonies grecques, qui s'étendait du pays des Cosaques du Don jusqu'aux oasis du Sahara et du rivage oriental de la Mer Noire aux côtes de l'Espagne. Si l'on a appelé Grande Grèce l'Italie Méridionale colonisée par les Hellènes, l'ensemble de ces établissements mérite bien la dénomination de «Plus grande Grèce». Le nombre seul et la diversité des colonies avaient déjà multiplié à un haut degré les chances que pouvaient avoir les germes de culture de trouver ici ou là un sol favorable à leur développement. Mais ces chances se trouvaient bien autrement augmentées encore par le caractère de ces établissements et la manière dont ils étaient fondés. On choisissait, dans ce but, les points des côtes les plus susceptibles de prospérité économique. Puis c'étaient surtout des jeunes hommes, pleins de vigueur et de courage, qui s'en allaient au loin, et qui léguaient à de nombreux descendants leurs aptitudes exceptionnelles. Ce ne sont pas les moins intelligents, ceux qui s'attachent à la tradition et vivent de routine, qui tournent le dos à leur patrie sans une nécessité absolue. D'ailleurs ces émigrations se faisaient dans la règle sous la direction d'une seule commune, mais il s'y mêlait fréquemment un fort contingent d'étrangers. Au croisement des races qui s'accomplissait de cette manière, s'ajoutait habituellement — les hommes partant en beaucoup plus grand nombre que les femmes — le mélange de sang non hellénique. Autant de colonies, autant de champs d'essai dans lesquels les nationalités grecque et non grecque se fondaient dans des rapports variables, et où les fruits de cette fusion mettaient à l'épreuve leur force de résistance et leur énergie productrice. L'esprit des émigrants franchissait facilement les barrières des conventions locales, des aveugles préjugés de races et du chauvinisme national.

Le contact avec les cultures étrangères, même lorsque

celles-ci n'étaient pas très développées, devait considérablement agrandir l'horizon intellectuel.[1] L'énergie nationale prit un rapide essor, l'esprit national se fortifia dans la lutte que lui imposaient des tâches nouvelles et difficiles. Là l'homme valait plus par lui-même que par son origine ; le mérite était assuré d'une riche récompense, mais la paresse se trouvait logée à mauvaise enseigne. La force de la simple tradition, d'une routine vide de sens, était rapidement épuisée ; en effet, tout exigeait la transformation, le renouvellement des conditions économiques, politiques et sociales. Nombre de colonies succombèrent sans doute aux attaques des populations de l'arrière-pays ; dans d'autres, le caractère des colonies fut étouffé par la prépondérance des indigènes. Mais, d'une manière générale, les rapports pieusement entretenus avec la ville-mère et avec la mère-patrie, et souvent vivifiés par l'arrivée de nouveaux émigrants, restèrent assez étroits pour conserver aux uns et aux autres les bienfaits d'une influence réciproque et féconde. Les colonies ont été le grand champ d'expériences de l'esprit hellénique ; il y a mis à l'épreuve ses aptitudes dans la variété de circonstances la plus grande qu'il soit possible d'imaginer, et a pu y déployer les talents qui sommeillaient en lui. L'essor joyeux de la vie coloniale a duré des siècles ; dans la plupart des domaines, l'antique patrie a été dépassée par ses filles d'outre-mer ; presque toutes les grandes nouveautés en sont sorties, et il vint un temps où les énigmes du monde et de la vie humaine devaient s'y imposer aux esprits et y devenir, pour longtemps, l'objet de leurs méditations.

II

Une période de l'histoire grecque présente la plus frappante analogie avec la fin de notre moyen âge. A des siècles de distance, des causes semblables ont produit des effets semblables[2].

Aux grands voyages de découvertes qui marquent le début de l'histoire moderne, correspond chez les Grecs un extraordinaire élargissement de l'horizon géographique. Le

---

[1] On trouvera d'autres détails sur l'élargissement de l'horizon géographique dans H. Berger, *Geschichte der wissenschaftlichen Erdkunde*, I 16 sq.; Ed. Meyer, *Geschichte Aegyptens*, p. 387. — Hérodote (III 26) parle de Samiens établis dans le désert libyque.

[2] B. Erdmannsdörffer expose des points de vue analogues aux nôtres, *Das Zeitalter der Novelle in Hellas* (Preuss. *Jahrbücher* 1869).

lointain occident et le lointain orient du monde alors connu perdent leurs contours nébuleux; les légendes qui avaient cours sur ces pays font place à des connaissances sûres et précises. Peu après 800, la côte orientale du Pont-Euxin est colonisée par Milet (Sinope est fondée en 785, Trapézonte une génération plus tard) ; au commencement de la seconde moitié du siècle, l'Eubée et Corinthe fondent les premiers établissements grecs en Sicile (Syracuse 734) ; avant la fin de ce siècle, l'ambitieuse Milet avait solidement pris pied aux embouchures du Nil. Cette ardeur d'expatriation prouve trois choses. D'abord un rapide accroissement de la population dans la mère-patrie et dans les plus anciennes colonies ; puis un essor remarquable de l'activité industrielle et commerciale ; enfin des progrès sensibles dans l'art de construire les vaisseaux et dans les branches techniques qui s'y rattachent. En effet, les flottes marchandes sont convoyées par des flottes de guerre ; on construit des bâtiments de haut bordage, propres à affronter les tempêtes et les combats, et on les garnit de trois rangs de rameurs (les Samiens construisent la première galère en 703) ; des batailles navales s'engagent dès 664 ; soit au point de vue des relations pacifiques, soit au point de vue des entreprises hostiles, la mer prend pour la vie des Grecs la plus haute signification. En même temps, un organe nouveau et d'une importance capitale pour le commerce est créé : l'argent monnayé. Les chaudrons et les trépieds de cuivre[1] cessent d'être les instruments des achats et des ventes, aussi bien que les bœufs dont se servaient dans ce but les âges reculés. Le métal noble supplante ces auxiliaires grossiers et incommodes. Depuis longtemps, l'or et l'argent avaient été apportés sur les marchés par les Babyloniens et les Egyptiens sous forme de lingots et d'anneaux; le premier de ces peuples à coup sûr, le second peut-être, y imprimait déjà un signe officiel qui en garantissait le poids et le titre. Désormais, le moyen d'échange le plus pratique, parce qu'il est à la fois le plus précieux et le plus durable, reçoit sa forme la plus commode : comme pièce frappée, il circule de main en main. L'importante inven-

[1] Relativement aux chaudrons et aux trépieds, cf. *Iliade*, IX 264 sq. ; *Odyssée*, XIII 13 sq. et 217 ; ces objets servent, dans les lois crétoises, comme unités de valeurs (Comparetti, *Museo italiano*, III, passim), et enfin comme effigies accessoires dans les monnaies crétoises. Si, comme le veut Svoronos (*Bull. de corr. hell.*, XII 405) ce sont ces monnaies qui sont déjà mentionnées dans les lois crétoises, les passages d'Homère, à eux seuls, constituent un témoignage suffisant.

tion, que les Ioniens de Phocée avaient empruntée des Lydiens vers 700, facilite et développe le commerce dans une mesure non moins grande que ne le fait, vers la fin du moyen âge, l'introduction de la lettre de change par les négociants juifs et lombards. Un changement d'une portée non moindre s'accomplit dans l'art militaire. A côté de la cavalerie, qui, dans les pays pauvres en fourrage et en grains, a toujours constitué une prérogative pour les riches propriétaires, se forment les corps d'hoplites ; l'infanterie pesamment armée, incomparablement plus nombreuse que les nobles, joue un rôle de plus en plus décisif. C'est là un fait de même nature et aussi gros de conséquences que celui qui a valu aux paysans suisses la victoire sur les chevaliers bourguignons et autrichiens. De nouvelles couches sociales sont parvenues au bien-être et à la culture, et ont pris conscience de leur dignité et de leur valeur. Une vigoureuse bourgeoisie exerce ses jeunes forces et porte toujours plus impatiemment le joug des nobles seigneurs. Les droits politiques sont d'un côté et la puissance réelle de l'autre, et cette contradiction porte dans son sein, ici comme ailleurs, la guerre civile. La lutte de classes se déchaîne, soulève les paysans durement opprimés, souvent tombés en servitude, et donne naissance à des dynasties de tyrans qui, surgissant des ruines de la société désagrégée, brisent ou éludent les institutions existantes et fondent un régime presque toujours temporaire, mais qui n'entraîne pas moins de graves conséquences. Les Orthagorides, les Cypsélides, les Pisistratides, un Polycrate et beaucoup d'autres peuvent se comparer aux princes italiens de la fin du moyen âge, aux Médicis, aux Sforza, aux Visconti, tout comme les luttes de partis de cette époque donnent un avant-goût des querelles des corporations et des familles. L'origine des maisons princières nouvellement parvenues au pouvoir était obscure, et leur légitimité douteuse; aussi cherchaient-elles à s'illustrer par des entreprises guerrières, par des alliances avec des souverains étrangers, par de grandes œuvres d'utilité publique, par la construction d'édifices magnifiques, par des offrandes aux dieux ; pour rehausser leur éclat, elles accordaient leur protection aux sanctuaires nationaux et leurs faveurs aux écrivains et aux artistes. Mais l'effet le plus durable de cet intermède historique doit être cherché ailleurs ; la Grèce lui a dû l'apaisement des haines de classes et la ruine de la domination des nobles sans que, par là, l'existence des communautés fût mise en péril ; grâce à lui les antiques constitutions, bientôt rétablies, ont été remplies d'un nouveau et plus riche contenu. La « tyrannie » est le pont qui a conduit à la démocratie modérée et de celle-ci à la démocratie absolue.

Pendant ce temps, le fleuve de la culture intellectuelle coulait dans un lit à la fois plus large et plus profond. Les chants héroïques qui, pendant des siècles, avaient retenti dans les cours ioniennes ou dans les salles des châteaux, accompagnés de la lyre, cessent peu à peu de se faire entendre. De nouveaux genres poétiques font leur apparition, parmi lesquels plusieurs ne permettent plus au poète de se cacher derrière son œuvre. La poésie subjective commence. Et comment pouvait-il en être autrement ? Le nombre n'a-t-il pas considérablement grandi, de ceux dont la vie ne s'écoule plus dans l'ornière des habitudes héritées ? Les vicissitudes de la vie politique et l'insécurité qui en résulte pour la vie économique donnent à la destinée de l'individu une plus grande diversité, à son caractère une empreinte plus accentuée ; elles développent son esprit d'initiative et accroissent sa confiance en lui-même. Le voici qui parle à ses concitoyens ou aux membres de son parti pour les exhorter ou les invectiver, les conseiller ou les blâmer ; dans des discours passionnés, il donne libre cours à ses espérances ou à ses désillusions, à ses joies ou à ses tristesses, à ses colères et à ses dédains. Maintenant qu'il est souvent réduit à lui-même, qu'il ne peut plus compter que sur ses propres forces, ses sentiments personnels lui paraissent dignes d'être livrés à la publicité. Il dégonfle devant ses concitoyens son cœur trop plein ; il invoque leur jugement à propos de ses affaires d'amour comme au sujet de ses contestations juridiques ; il leur demande leur sympathie pour les mortifications dont il a été l'objet, pour les succès qu'il a remportés, ou encore pour les jouissances qu'il a rencontrées sur son chemin. Les sujets mêmes des anciens genres poétiques sont animés d'un nouvel esprit. La légende des dieux et celle des héros sont traitées par les maîtres lyriques d'une manière variée et souvent contradictoire[1]. Les poètes didactiques cherchent à

---

[1] Songez à Stésichore et à la façon particulière dont il a traité le mythe d'Hélène ; cf. O. Müller, *Gesch. der griech. Litt.*, I, 2ᵉ éd. 363 sq. Au sujet des influences asiatiques et égyptiennes sur ce que l'on est convenu d'appeler l'art mycénien, cf. Schuchhardt, *Schliemanns Ausgrabungen*, Leipz. 1890, p. 358 et Reisch, *Die mykenische Frage*, dans les *Verhandl. der 42. Versammlung deutscher Philologen*, p. 104. Tandis que le style mycénien

ordonner et à concilier les éléments les plus divers ; des transformations multiples s'opèrent aux dépens de la tradition ; les exploits et les caractères des héros et des héroïnes sont l'objet d'appréciations nouvelles ; la faveur ou la défaveur s'attachent à quelques-uns d'entre eux sans égard aux jugements consacrés par le temps. Aussi des personnalités puissantes, conscientes d'elles-mêmes, se dégagent-elles en nombre toujours plus grand du fond uniforme de la foule. Avec l'habitude de vouloir et de sentir à sa manière, l'individu acquiert celle de penser par et pour lui-même, et cette pensée, il l'exerce sur un nombre toujours croissant de sujets.

III

Le Grec avait toujours jeté sur le monde extérieur des regards exercés. Tout ce qui tombe sous les sens est fidèlement rendu dans les poèmes homériques, et c'est même là ce qui en fait un des principaux charmes. Et maintenant il ne se contente plus de peindre par des mots et des sons les formes et les mouvements ; il s'applique à les imiter d'une main de plus en plus habile. Les peuples qui l'ont précédé dans la culture, et en particulier les Egyptiens, qui étaient doués du sens de la forme, naturellement portés à la joie et à la malice, ont été en cela ses maîtres par excellence. Mais l'observation des coutumes des hommes s'enrichit d'éléments toujours nouveaux. Avec la facilité des voyages s'accroissent aussi les occasions de voyager. Ce n'est pas seulement le marchand sans cesse en quête d'un autre bénéfice qui contribue à faire connaître le monde et l'humanité ; c'est le meurtrier obligé de fuir sa patrie, c'est le partisan vaincu dans la guerre civile et chassé de son foyer, c'est le colon inconstant, toujours prêt à changer de demeure, c'est l'aventurier dont la lance est au service du plus offrant, qui mange aujourd'hui le pain du roi assyrien, et qui demain arrosera de bière égyptienne sa gorge desséchée, qui se trouve aussi bien chez lui dans les sables de la Nubie

---

a continué de se développer ailleurs, surtout en Attique et dans les îles, son développement s'est arrêté dans le Péloponnèse, presque sûrement en suite de la conquête dorienne. L'influence de l'Egypte sur les débuts de la statuaire grecque est reconnue entre autres par Collignon, *Hist. de la sculpture grecque*, I 119, et par Lechat, *Bull. de corr. hell.*, XIV 148 sq.

que sur les rives fertiles de l'Euphrate[1]. Ce que les individus ont vu ou appris, ce qu'ils ont communiqué à leurs compatriotes, tout cela vient se réunir comme dans de grands bassins sur les points où les ressortissants de toutes les tribus et de toutes les villes se rencontrent fréquemment ou sont appelés à se rendre à des intervalles réguliers. Le premier de ces cas était provoqué surtout par l'oracle de Delphes, le second par les fêtes périodiques, au milieu desquelles les jeux olympiques occupaient la place la plus importante. Au pied des parois de rocher escarpées qui ombrageaient le sanctuaire d'Apollon Pythien, des citoyens et des représentants de tous les états de la métropole et des colonies se rencontraient continuellement, et à côté d'eux apparaissaient souvent, au moins depuis le milieu du septième siècle, des envoyés de souverains étrangers. Tous, ils venaient pour interroger le dieu ; la réponse, en réalité, leur était surtout fournie par les expériences de leurs ancêtres, accumulées de longue date et prudemment tamisées par les mains des prêtres. D'ailleurs, bien peu seulement quittaient la romantique gorge de la montagne sans avoir puisé dans leurs rapports personnels avec leurs compagnons de route des suggestions et des enseignements. La force d'attraction des jeux splendides qui se célébraient dans la large vallée de l'Alphée grandissait de génération en génération ; le programme des fêtes s'enrichissait continuellement de nouveaux concours ; l'affluence des visiteurs qui, au début, n'accouraient que des contrées environnantes, se recrutait — comme le montrent les noms des vainqueurs connus depuis l'an 776 — dans des cercles toujours plus étendus du monde hellénique. A l'échange des nouvelles du jour, s'ajouta l'observation réciproque des individus et la discussion des institutions existantes, des usages, des mœurs, des croyances, si différents les uns des autres dans les nombreux cantons de ce pays si morcelé. A la comparaison succéda l'appréciation ; on se mit à réfléchir sur les motifs de la diversité, on se demanda ce qui était durable dans le changement, et l'on en arriva à rechercher des règles générales de conduite et de croyance.

---

[1] Des mercenaires grecs ont gravé leurs noms sur les pieds d'un colosse à Abu Simbel, en Nubie (*Inscr. græcæ antiquissimæ*, éd. Rœhl, Berlin 1882, p. 127 sq.) Psammétique I et Psammétique II ont employé des bandes de ces mercenaires, dont l'effectif s'élevait à plusieurs milliers d'hommes. Cf. E. Meyer, *Gesch. Aegyptens*, p. 360 sq. Strabon (I 13, 617) nous dit qu'Antimenidas, frère du poète Alcée, vécut à Babylone comme mercenaire.

C'est ainsi qu'une observation aiguisée et fécondée conduisit à la comparaison, et celle-ci à la critique et à l'examen approfondi. Dans le cours des temps, plus d'un fleuve superbe vint s'alimenter à cette source ; c'est d'elle en particulier que jaillirent la poésie gnomique, description des divers types et caractères humains, les paroles de sagesse que des citoyens à l'esprit profond, des chefs d'Etat ayant l'expérience du monde répandirent en foule autour d'eux.

Ces nouveaux éléments de culture trouvèrent un moyen de diffusion rapide dans l'écriture. Sans doute celle-ci était déjà depuis longtemps familière aux Grecs. Les relations étroites avec les Phéniciens, que nous décrivent les poèmes homériques, pouvaient-elles avoir lieu sans que le client grec, avisé comme il l'était, remarquât que le marchand cananéen traçait des signes sur ses tablettes, et sans qu'il lui empruntât ce merveilleux moyen de conserver et de communiquer sa pensée ? Même avant cela, une partie au moins des Grecs devait se trouver en possession de l'écriture. Car l'écriture syllabique que l'on vient de mettre au jour sur les monuments cypriotes est à la fois lourde et gauche ; supposer qu'elle a suivi l'adoption, en Grèce, de l'écriture alphabétique des Sémites, ce serait admettre que la hache a pu servir d'arme après l'invention du fusil. Mais un certain temps dut s'écouler avant que l'on disposât pour écrire d'une matière à la fois pratique et facile à se procurer. L'essor que prit le commerce avec l'Egypte sous le règne du roi Psammétique Ier (peu après 660) vint combler cette lacune. La moelle du papyrus, étendue en feuilles minces et souples, fournit un produit dont l'excellence ne pouvait guère être dépassée. Dès lors les feuilles, couvertes de signes, circulent de ville en ville, de pays en pays et de siècle en siècle ; le cours des pensées s'accélère, les sujets d'échanges intellectuels s'accroissent, le maintien des connaissances acquises est mieux assuré. L'invention de l'imprimerie, au commencement de l'époque moderne, ne devait pas apporter un changement beaucoup plus considérable. La récitation des poèmes enchaînait les oreilles, ravissait le cœur de l'auditeur, mais ne faisait sur lui qu'une impression passagère ; on commence peu à peu à en jouir par la lecture ; dans le silence de la solitude, libre de toute influence, le lecteur apprécie avec soin, compare à loisir, examine avec défiance. Bientôt enfin la transmission littérale devait s'affranchir de la dernière entrave qui pesât encore sur elle : celle de la forme poétique ; les débuts de la composition en prose s'approchent.

IV

La côte occidentale de l'Asie Mineure a été le berceau de la culture grecque, et particulièrement le centre de cette côte et les îles adjacentes. Sur ce point, la nature a répandu ses dons à pleines mains, et ceux qui en furent favorisés se rattachaient à la race ionienne, la mieux douée à tous égards des races helléniques. L'origine des Ioniens reste obscure. Il est certain qu'ils se mélangèrent à des populations de Grecs moyens, à moins qu'ils ne constituassent un simple mélange de ces populations. Pour une bonne part, assurément, c'est à leur diversité de provenance qu'ils devaient la variété de leurs aptitudes[1]. Mais c'est seulement dans leur nouvelle patrie, en Asie, que leur caractère propre reçut son empreinte définitive. Hardis navigateurs comme ils l'étaient, et en relations incessantes avec les peuples de l'intérieur du continent, ils ont subi au plus haut degré l'influence féconde qu'exerce le contact avec des nations étrangères plus avancées. En mêlant leur sang à celui d'autres races vigoureuses, telles que les Cariens et les Phéniciens, ils ont sans aucun doute puissamment accru et développé les heureuses qualités de leur génie propre[2]. De tous les Grecs, aucun n'était moins exposé qu'eux à s'engourdir dans l'isolement de la vie de province. Mais, il est vrai, ils étaient privés aussi de la protection qu'assure à ses habitants un pays pauvre, entouré de montagnes. Le voisinage de peuples très civilisés et politiquement unis était pour eux un aiguillon de vie intellectuelle, mais c'était en même temps un grave danger pour leur autonomie nationale. Après les invasions dévastatrices des sauvages Cimmériens, vint la conquête du pays par les Lydiens et les Perses, qui

---

[1] Le climat de l'Ionie est décrit par Hérodote, I 142. Sur l'origine des Ioniens, cf. Ed. Meyer dans le *Philologus*, nouvelle série, II 273, et v. Wilamowitz dans l'*Hermès*, XXI 108. Au sujet de la multiplicité d'aptitudes des Ioniens et de ses causes, cf. les excellentes remarques de Grote, *Hist. de la Grèce*, 2ᵉ éd.; IV 239 sq.

[2] Cf. à ce sujet Sprenger, *Versuch einer Kritik von Hamdânis Beschreibung*, etc. (p. 367 du tirage à part du vol. 45 de la *Zeitschr. d. deutsch. morgenländ. Gesellschaft*) : « On peut dire que la culture musulmane, que nous sommes habitués à appeler culture arabe, est sortie du croisement du sang et de l'esprit arabes avec le sang et l'esprit persans ».

forța une partie du peuple à s'expatrier, et soumit l'autre au joug étranger ; dès lors, celle-ci devait éprouver les effets énervants de la mollesse orientale, et, lentement, mais sûrement, perdre sa vigueur et sa virilité. Le résultat de ces influences contraires, favorables ou défavorables, a été un essor intellectuel merveilleusement rapide, mais relativement court. Heureusement, du fruit, qui tomba trop tôt, se détachèrent des semences ; elles furent portées au loin par les émigrants qui fuyaient la servitude, et déposées dans le sol fécond de l'Attique, où elles devaient pousser de fortes racines. Le produit de ce développement qui ne dura que peu de siècles a été extraordinaire : achèvement de l'épopée, éclosion des genres poétiques mentionnés plus haut et qui héritèrent du premier, début de la recherche scientifique et de la réflexion philosophique. Aux anciennes questions que se posaient les hommes : Qu'est-ce que l'humanité ? Qu'est-ce que Dieu ? Qu'est-ce que le monde ? d'autres réponses furent faites, qui supplantèrent peu à peu ou transformèrent celles qu'y avait données jusque là la croyance religieuse.

V

La religion des Grecs est un vase que de nobles esprits ont rempli des plus pures doctrines. Les dieux qu'elle adore ont été idéalisés par les poètes et les sculpteurs, qui en ont fait l'expression même de la beauté. Elle a eu cependant les mêmes racines qui, ailleurs, ont produit une foule innombrable de divinités, tantôt aimables et salutaires, tantôt odieuses et funestes[1].

[1] L'auteur, qui a traité les questions ici discutées dans un opuscule publié à Vienne en 1866, *Traumdeutung und Zauberei*, en reste toujours au point de vue formulé par David Hume dans son *Histoire naturelle de la Religion* : « There is an universal tendency among mankind to conceive all beings like themselves, and to transfer to every object those qualities with which they are familiarly acquainted and of which they are intimately conscious ». (*Essays and treatises*, Edinburgh 1817, II 393.) La science de la religion souffre gravement à l'heure actuelle du manque d'une terminologie fixe. Le terme important d'*animisme* est employé tantôt dans un sens restreint, tantôt dans un sens large par le savant éminent qui l'a introduit dans le langage, et dont nous avons abondamment utilisé les ouvrages capitaux ; voyez sa propre déclaration (Tylor, *Civilisation primitive*, I 493). Le cas est encore plus fâcheux en ce qui concerne le terme de *fétichisme*, qui s'applique tantôt à l'adoration des grands objets naturels, tantôt à celle d'espèces entières d'objets inanimés, tantôt encore à celle d'objets individuels insignifiants, comme, par exemple, une pierre d'une forme curieuse, un coquillage d'une couleur étrange, etc. Ici l'ambiguïté

Nos pensées suivent une double voie. Elles obéissent à la loi de la ressemblance et à celle de la succession. Les idées similaires, d'un côté, et de l'autre celles dont nous prenons conscience simultanément ou à un court intervalle, s'éveillent réciproquement. L'image d'un ami éloigné de nous, par exemple, n'est pas seule à évoquer son souvenir devant notre âme ; les lieux dans lesquels il avait l'habitude de séjourner, les outils dont il avait coutume de se servir produisent sur nous le même effet. De l'action de ces lois, que l'on nomme ordinairement lois de l'association des idées, découle immédiatement et inévitablement cette conception des phénomènes naturels que l'on appelle personnification de la nature. Le sauvage voit

du mot a sérieusement nui au progrès de la science. La réaction très justifiée contre la théorie qui faisait de l'adoration des fétiches de la dernière catégorie la plus ancienne de toutes les formes religieuses a, selon nous, dépassé de beaucoup le but; chez Herbert Spencer, notamment, elle a conduit à une dépréciation exagérée du fétichisme en général. L'idée juste que les objets d'adoration auxquels on a donné le nom de fétiches ne sont en beaucoup de cas que des créations religieuses *secondaires*, que fréquemment on n'adore en eux-mêmes que la demeure (durable ou temporaire) d'un esprit ou d'une divinité, a été généralisée et formulée en ce principe : « that fetishism is a sequence of the ghost-theory ». (H. Spencer, *Principles of Sociology*, I 345.) Nous nous croyons autorisé à employer le mot dans sa signification traditionnelle, bien qu'elle soit contraire à l'étymologie (au sujet de laquelle nous renvoyons à Réville, *Prolégomènes de l'histoire des religions*, 3ᵉ éd., p. 130) et nous ne nous déclarons absolument pas persuadé par la tentative du grand penseur anglais de ramener toute adoration de la nature à l'adoration d'esprits et surtout des esprits des ancêtres.

Ce qui rend très plausible la théorie que toute religion est à l'origine un culte des ancêtres ou des esprits, c'est sans doute cette circonstance aussi que l'on voit naître continuellement des dieux de cette nature (ainsi encore en Inde; cf. Grant Allen, *The evolution of the idea of God*, p. 32 et Lyall, *Asiatic Studies*, 2ᵉ éd. pp. 1-54). Les grands objets naturels sont depuis longtemps pour ainsi dire épuisés, et les principaux intérêts concernant la vie des hommes déjà représentés par des divinités remontant à des traditions anciennes. Or tous les dieux *généralement* reconnus ont une certaine tendance à perdre leur crédit. On éprouve le désir de divinités spéciales toujours nouvelles, qu'un lien plus étroit doit rattacher à leurs adorateurs. C'est pour cela précisément que la partie du développement religieux qui s'accomplit sous nos yeux est essentiellement un culte des âmes.

L'exposé donné dans le texte, de l'origine de la religion comprend *tous* les facteurs qui, à notre avis, y contribuent, que dans tel ou tel cas donné ils entrent ou n'entrent pas en jeu. Les recherches des dernières années ont relevé ici beaucoup plus de différences qu'on n'en connaissait autrefois. Pendant longtemps, on a pu douter de l'existence de peuples absolument sans religion. Dans leur ouvrage sur les Veddas de Ceylan (Wiesbaden 1892-93), P. et F. Sarrasin ont apporté la preuve indéniable qu'il en est de tels. Karl von Steinen (*Unter den Naturvölkern Central Brasiliens*, Berlin 1894) nous a fait connaître des peuplades qui, lors des funérailles, offrent à leurs morts des rudiments de sacrifices ; elles brûlent les biens du défunt et arrosent de sang ses os décharnés; mais le culte des ancêtres et des esprits leur est aussi étranger — actuellement du moins — que l'adoration d'objets naturels. Cette dernière, d'après le renseignement qu'a bien voulu me fournir Oscar Baumann, manque aussi aux tribus africaines des Bantous, ou du moins n'existe chez elles que sous la forme secondaire indiquée plus haut. Quand donc, dans le texte, nous parlons d'hommes primitifs, ce n'est que dans un sens général, et cela ne doit s'entendre que sous la réserve exprimée ici.

il bouger quelque chose où observe-t-il quelque fait qui, par son caractère insolite, ou par ses conséquences, l'intéresse de près, son esprit en reçoit une impression profonde ; la faculté d'association est vivement excitée en lui, et il ne peut s'empêcher de considérer les faits en cause comme les effets d'une activité volontaire. Et cela pour ce motif seulement que son expérience immédiate, renouvelée chaque jour et chaque heure, lui a toujours montré dans ses mouvements corporels et ses actions quelconques la manifestation d'une volonté. L'association qui découle de cette expérience interne est constamment fortifiée en lui par l'observation d'autres êtres vivants. Les faits aperçus et l'acte intentionnel ont si souvent été associés dans notre esprit que, l'un des deux termes de cette dualité surgissant, nous nous attendons toujours à voir surgir l'autre. Cette attente est ramenée peu à peu dans des limites plus étroites par des expériences différentes, et surtout par l'empire lentement conquis sur la nature. Mais quand la force d'enchaînement des idées est nourrie par des passions vives ou n'est pas suffisamment combattue par l'expérience spécifique contraire, ou quand l'analogie d'un fait non voulu avec un fait voulu vient la fortifier, cette attente brise tous les autres obstacles, et ramène l'homme civilisé lui-même, au moins pour un moment, au niveau de l'homme naturel. Sur ce point, il nous est donné d'établir expérimentalement la vérité de ce principe d'explication. Sans doute, nous ne sommes plus portés comme le sauvage à interpréter de la manière que nous venons d'indiquer un fait simplement inusité, et à considérer comme un être vivant un mécanisme que nous ne connaissons pas, par exemple une montre ou une arme à feu. Nous n'attribuons plus sans autre à l'activité d'êtres vivants l'éclair ou le tonnerre, les épidémies ou les éruptions volcaniques. Mais qu'une chance inouïe vienne à nous favoriser, ou qu'un malheur sans exemple fonde tout à coup sur nous et nous terrasse — surtout si les causes que l'on peut lui assigner ne semblent pas en rapport avec l'effet produit — ou même qu'un événement, en soi sans importance, mais qui paraisse déjouer tous les calculs, comme par exemple un coup très rare au jeu de hasard, survienne, alors l'homme, même doué d'une culture scientifique, ne peut s'empêcher — momentanément du moins — de songer à la manifestation d'une volonté. Et, la plupart du temps, il ne peut rattacher aucune idée précise à la puissance qui

2

lui paraît agir et dont il croit sentir l'intervention. Des faiblesses comme celle-là n'ont absolument aucun rapport avec la foi en Dieu, sous la forme du moins qu'elle a prise aujourd'hui chez les hommes cultivés. Car non seulement l'incrédule en est atteint, mais le croyant lui-même sera absolument incapable de concilier ces soupçons qui surgissent parfois pour bientôt s'évanouir avec les idées qu'il s'est faites lui-même ou qu'il a reçues d'autrui relativement à la nature et à l'activité d'un être suprême, souverain de l'univers. On peut donc, en cette fleur de superstition qui à l'occasion éclôt dans toutes les poitrines, voir l'image affaiblie de la floraison immense qui, autrefois, a donné naissance à une foule innombrable de mythes aux mille formes et aux mille couleurs.

A ce premier pas dans la voie de formation des religions, s'en ajoute insensiblement un second. Une fois admis que tout effet découle d'une activité volontaire, on remarque bientôt qu'une série d'effets qui se reproduisent souvent se rattachent à un seul et même agent naturel. Celui-ci est donc forcément regardé comme l'auteur vivant des phénomènes observés et comme doué de volonté. Et comme, en cette qualité, on se le figure agissant tout à fait à la manière d'un homme, on lui attribue des mobiles et des instincts humains, des passions et des intentions humaines. On le regarde avec surprise et admiration ; on l'aime ou on le redoute, selon que ses manifestations sont utiles ou nuisibles, salutaires ou funestes. Et lorsqu'il produit, comme le font par exemple les grands phénomènes naturels qui influencent la vie des hommes d'une manière durable, des effets alternativement bons ou mauvais, l'homme se sent pressé de gagner sa faveur, d'enchaîner sa bienveillance, de changer en dispositions amies celles de ses dispositions qui pourraient être hostiles. Il demande au Ciel d'envoyer sur la terre une pluie féconde au lieu d'un orage dévastateur ; au soleil de lui dispenser une douce et vivifiante chaleur et non des ardeurs qui calcinent ; aux fleuves de ne pas ravager le pays qu'il habite, mais de porter patiemment sur leurs ondes sa frêle embarcation. Il cherche à gagner les êtres puissants qui dominent son existence par les mêmes moyens qu'il a trouvés si efficaces pour se concilier ses maîtres terrestres : par des prières, des actions de grâces, des offrandes. Il leur demande leur précieuse bienveillance, les remercie des bienfaits qu'ils lui accordent, implore leur pardon s'il s'imagine avoir provoqué leur colère. En un mot, il prie et sacrifie ; et cela dans les formes qu'une prétendue expérience lui a démontrées les plus efficaces ; il possède un culte et une religion.

A ces objets d'adoration que nous pouvons appeler fétiches naturels, s'ajoutent aussitôt des foules d'esprits et de démons. Ce sont des êtres qui ne sont ni absolument incorporels, ni grossièrement corporels. L'homme primitif, à qui toutes les distinctions subtiles de la pensée scientifique sont étrangères, en arrive à croire à leur existence par une triple série de considérations tirées de constatations extérieures ou qu'il croit telles, de faits de conscience interne et enfin des observations auxquelles donne lieu le passage de la vie à la mort, soit des hommes, soit des animaux.

Le parfum de n'importe quelle fleur pousse l'homme naturel à croire qu'il existe des choses invisibles et insaisissables, mais qui n'en sont pas moins réelles ; le vent — dont la nature matérielle ne lui est qu'à moitié connue — lui donne connaissance de choses que l'on sent, mais que l'on ne voit pas. Il éprouve un sentiment de confusion et de crainte à la vue d'ombres qui reproduisent les contours des objets sans avoir la moindre consistance. Il est encore plus étonné de voir se refléter, sur le miroir des eaux, des images colorées. Dans les deux cas, il observe une chose qui rappelle exactement tel ou tel corps, mais que l'on essaye en vain de saisir ou même de toucher. Mais il est frappé à un plus haut degré encore par des images qu'il voit en songe. Celles-ci, il croit les percevoir par tous ses sens ; elles se tiennent devant lui en personne, et cependant, à son réveil, il trouve la porte de sa hutte aussi bien fermée qu'il l'a laissée en s'endormant. Devant lui se montraient — il ne saurait en douter — des hommes, des animaux, des plantes, des pierres, des ustensiles de toute espèce ; il les a vus, entendus, touchés, et cependant ils ne sont pas entrés avec leur pleine réalité corporelle dans sa cabane, souvent trop petite pour les contenir. C'étaient — telle est sa conclusion — des êtres comparables aux parfums, aux vents, aux ombres, c'étaient les âmes des choses[1]. Sou-

[1] Sur les âmes des choses (object—souls), comp. Tylor, *Civilisation primitive*, I. 555. — La signification des phénomènes du rêve pour la croyance aux âmes et à l'immortalité a été mise en pleine lumière par Tylor, Spencer et leurs successeurs. Oscar Peschel, dans sa *Völkerkunde* (Leipzig 1875, p. 271) reconnaît complétement, lui aussi, le bien fondé de cette théorie ; Siebeck (*Gesch. der Psychologie*, I 6) la combat par des arguments

vent les phénomènes produits par le sommeil demandent encore une autre explication. En songe, l'homme ne reçoit pas toujours la visite d'âmes de personnes ou de choses étrangères ; il croit souvent parcourir lui-même de vastes espaces et s'être trouvé, chez elles, en présence de personnes habitant des pays lointains. Il en conclut que *quelque chose* — cette fois sa *propre âme* ou *une de ses âmes* (car la croyance à la pluralité d'âmes est aussi concevable que répandue) — a quitté momentanément son corps. Les mêmes expériences, avec la même suite de conclusions, lui sont fournies par les états psychiques que nous appelons hallucinations, et qui, comme les songes pénibles et les cauchemars, sont souvent produits chez le sauvage irrégulièrement nourri, par l'excitation nerveuse due à un jeûne prolongé ou à l'absorption rapide de mets trop abondants. Ces âmes ou essences des choses sont avec les choses elles-mêmes dans un rapport très étroit ; ce qui influence l'une influence aussi l'autre. Marcher sur l'ombre d'un homme est encore regardé comme un mauvais présage dans nos croyances populaires ; si vous vous trouvez au bord de l'eau et que le crocodile happe votre image qui s'y reflète, les naturels d'une tribu du sud de l'Afrique[1] vous diront qu'il est devenu maître de votre personne ; ce que font ou souffrent les images apparues dans le rêve est de la plus haute importance pour leur original vivant. Mais l'âme acquiert dans la croyance des peuples une puissance incomparablement plus grande, elle devient véritablement indépendante, par l'effet d'une seconde série de considérations qui ne se tirent pas du domaine de la sensibilité, mais de celui des phénomènes de la volonté.

Aussi longtemps que la vie intérieure de l'homme primitif s'écoule sans secousse, dans le calme des habitudes acquises, il ne se sent guère porté à réfléchir sur le siège et l'origine de ses désirs et de ses volontés. Mais lorsque son sang entre en ébullition, quand la passion l'enflamme et le fait trembler, il sent palpiter son cœur et se rend compte que cette région de son corps est le théâtre de phénomènes particuliers ; ces phénomènes, il éprouve le besoin de se les expliquer à

à notre avis insuffisants, tandis que, p. 9, il s'exprime d'une manière tout à fait analogue à la nôtre (p. 21) sur circonstances qui accompagnent l'extinction de la vie et sur leur signification.

[1] « Les Basoutos... pensent que si un homme se promène au bord d'une rivière, un crocodile peut saisir son ombre dans l'eau et l'y entraîner. » Tylor, op. cit. I 499. Dans ce qui précède, du reste, nous avons fortement mis à contribution les indications de Tylor.

la lumière de son intelligence et des analogies dont il dispose. Plus violent et plus soudain est le choc dont il prend conscience, moins il pourra — étant donné l'habitude qu'il a prise de rattacher chaque effet spécial à un être spécial — se défendre de l'impression qu'un être habite et s'agite dans son sein. Quand donc il se sent saisi d'une impulsion irrésistible ; quand, par exemple, la colère gronde dans sa poitrine et lui fait accomplir quelque meurtre horrible, peut-être aussitôt après déploré ; quand, au contraire, il se sent sur le point de verser le sang et qu'un mouvement soudain vient abaisser son bras déjà levé, — alors, dans de tels instants, la croyance s'impose à lui, impérieuse, qu'un ou plusieurs êtres vivent en lui pour le pousser à l'action ou l'empêcher d'agir.

Mais le germe le plus vigoureux de la croyance à une âme se trouve dans les circonstances qui accompagnent l'extinction de la vie individuelle. Et, là encore, ce sont les changements brusques et inattendus qui produisent l'impression la plus profonde sur l'observateur, et ouvrent la voie à ses réflexions. Si la mort ressemblait toujours à un lent dépérissement suivi d'un assoupissement final, si le défunt changeait jusqu'à devenir méconnaissable, peut-être les conclusions tirées de l'anéantissement de la vie eussent-elles pris un tout autre caractère. Mais, bien souvent, le cadavre ne présente aucun changement extérieur ; l'homme, tout à l'heure en pleine possession de ses forces, est tout à coup devenu immobile et silencieux. D'où est venue cette grande, cette terrible métamorphose ? se demande celui qui en est le témoin. Le *quelque chose*, se répond-il, qui prêtait au défunt la vie et le mouvement, s'est échappé de lui ; dans l'absence des énergies que, naguère encore, on pouvait constater en lui, il voit un départ au sens propre du mot, un éloignement dans l'espace. Et comme le souffle chaud, non moins mystérieux dans son origine, qui s'exhalait continuellement du corps vivant s'est éteint à son tour, n'est-il pas naturel de penser qu'avec lui s'est tarie la source des phénomènes vitaux ? Les morts violentes, dans lesquelles la vie semble s'échapper du corps en même temps que le sang s'écoule de la blessure, éveillent parfois l'idée que ce liquide rouge représente la vie elle-même. Chez beaucoup de peuples, c'est l'image qui s'efface sur la pupille du mourant qui passe pour être cause de la vie. Mais, dans la règle, c'est au souffle, à la respiration, à la vapeur chaude qui se dégage de l'intérieur de l'organisme vivant que ce rôle est réservé, et la grande majorité des mots qui, dans les langues les plus diverses, désignent l'*âme* et l'*esprit* ont cette signification fondamentale. La possibilité pour l'âme de se séparer du corps était déjà présupposée dans les deux interprétations parallèles des phénomènes du sommeil ; leur séparation momentanée est considérée comme la cause de l'évanouissement, de la mort apparente, de l'extase ; d'autre part, l'entrée d'une âme étrangère dans le corps (possession) paraît expliquer de la manière la plus satisfaisante les états maladifs de toute espèce, délire, convulsions, etc. Mais, dans la mort, la séparation des deux éléments est regardée comme définitive.

Rien ne donne à entendre que l'essence aériforme qui a quitté le corps périsse en même temps que lui. Tout au contraire : l'image du cher défunt se présente sans cesse à nous ; en d'autres termes, son âme nous environne. Et comment en pourrait-il être autrement ? Ne doit-elle pas s'attacher aussi longtemps que possible aux lieux familiers où elle exerçait son action, aux objets de son affection et de sa tendresse ? Et si un doute régnait encore à ce sujet, il serait bientôt dissipé par la fréquente apparition de l'image chérie ou redoutée, pendant le silence de la nuit, dans les songes des survivants.

En admettant que les essences spirituelles ou psychiques survivent à leur liaison avec le corps humain et sans doute avec le corps animal, on arrivait à deux résultats : on créait une nouvelle série d'objets d'adoration parallèle aux fétiches, et un modèle sur lequel l'imagination allait former une foule d'êtres nouveaux, les uns n'offrant aucune prise à nos sens, les autres entrant, temporairement au moins, dans une demeure visible. L'homme naturel a eu des mobiles et même des mobiles pressants pour fonder ce culte et créer ces êtres. Sa dépendance des circonstances extérieures n'est-elle pas aussi complète qu'il est possible de l'imaginer ? Le désir de dissiper l'obscurité qui l'entoure de toutes parts n'est-il pas aussi marqué que son impuissance à lui donner une satisfaction efficace ? Maladie et santé, disette et abondance, succès et échecs à la chasse, à la pêche et à la guerre, se suivent et alternent sans cesse ; autant l'homme primitif désire connaître et influencer les facteurs de sa prospérité, autant est grande son incapacité de réaliser ce double but d'une manière intelligente. Le besoin de savoir est à son comble chez l'individu, mais en même temps le savoir réel est à son minimum dans l'ensemble des individus ; le jeu de l'imagination, excité de toutes parts, et que rien, ou à peu près rien, ne vient entraver, s'applique à combler cette énorme lacune, et il y déploie une force créatrice dont nous avons grand'peine à nous faire une idée aujourd'hui. En effet, en étendant sur l'homme un toit protecteur, la civilisation a élevé une paroi qui le sépare de la nature. Auparavant les objets naturels d'adoration se multipliaient à l'infini. La forêt et la prairie, le buisson et la source en sont remplis. Cependant, à la longue, ils ne suffisent plus aux besoins de l'homme primitif. Car le bonheur et le malheur, le succès et l'échec ne sont pas toujours liés à des objets sensibles. Lequel d'entre eux peut-on accuser si le gibier, naguère encore si abondant, est tout à coup devenu rare ; si l'ennemi, souvent vaincu, s'est montré un beau jour supérieur en forces ; si la paralysie a enchaîné les membres, ou si la folie a obscurci la conscience ? Toute circonstance extérieure qui donnait momentanément une direction à la pensée embarrassée devenait pour elle un guide infaillible ; entre deux faits simultanés ou se suivant de près, le lien causal lui semblait bien établi ; si, par exemple, un animal jusqu'alors inconnu s'élançait pour la première fois d'un fourré au moment où éclatait une épidémie meurtrière, il était regardé comme l'auteur du mal, et en conséquence adoré et comblé d'offrandes[1] ; bref, l'homme naturel était si avide de connaître les êtres qui apportent la bénédiction ou la ruine, son besoin de secours et de salut était si grand qu'il ne se sentait jamais satisfait. C'est pourquoi il implorait l'assistance de ceux qui, dans leur vie, s'étaient déjà montrés d'utiles défenseurs, les esprits des parents défunts, des pères, des ascendants. Le culte des ancêtres s'établit, et à côté de lui l'adoration d'esprits non pas confinés dans des objets naturels, mais rattachés à certains travaux ou à certains faits ; on crut à des esprits bienfaisants ou funestes de toute espèce. Ainsi l'on se trouve en présence de trois catégories d'objets de culte qui se combinent de toutes manières, agissant les uns sur les autres et se transformant les uns dans les autres.

[1] « Les Iakoutes, ayant vu pour la première fois un chameau au moment où la petite vérole éclatait chez eux, déclarèrent que cet animal était une divinité hostile et que c'était lui qui leur avait apporté cette épidémie. » Wuttke, Gesch. des Heidentums, I 72. — Il fallait mentionner ici non seulement le désir d'être secouru par la puissance mystérieuse des morts, mais encore et surtout la crainte qu'elle inspire. Comparez à ce sujet l'exposé (un peu exagéré, il est vrai) de Ihering, Vorgesch. der Indoeuropäer (1894) p. 60.

Rien de plus explicable que de voir la personnalité d'un lointain aïeul, auréolée par la légende, celle de l'auteur de toute une tribu ou de tout un peuple, mise sur le même pied que les fétiches naturels, et parfois identifiée avec l'un d'entre eux, avec le ciel, par exemple ; tout comme aussi l'on a vu se produire le contraire, quand une nation ou une famille particulièrement puissante regardait et honorait le Soleil comme son auteur. D'autre part, des objets naturels ou même des produits de l'art attirent l'attention des hommes non pas par les effets puissants qui, visiblement, sortent d'eux, mais par l'étrangeté de leur forme ou de leur couleur ou par la relation fortuite qu'ils ont avec un fait mémorable : quoi de plus compréhensible que de les considérer comme les demeures des esprits des ancêtres ou d'esprits quelconques, de les honorer comme tels, et d'en faire des fétiches secondaires ? Rien de plus concevable enfin que de voir des esprits ou démons qui, à l'origine, ne s'attachent à aucun lieu déterminé, être confondus parfois ensuite d'une analogie de nom ou de propriété, avec quelque fétiche naturel, et finalement lui être amalgamés de façon à ne faire plus qu'un avec lui. De faits de ce genre, plus ou moins isolés, on ne peut jamais conclure que l'une ou l'autre des trois grandes catégories d'objets de culte, celle par exemple des fétiches naturels ou celle des démons libres, c'est-à-dire sans demeure fixe, était à l'origine étrangère aux croyances d'un peuple, et qu'elle n'en constitue qu'un élément tardif et dérivé. La conclusion ne serait pas moins absurde que si, de l'adoration bien avérée d'animaux comme tels, ou si, de la déification d'hommes, bien souvent observée aujourd'hui encore chez un grand peuple civilisé, les Hindous, on voulait conclure que ce sont là les seules ou du moins les principales sources des conceptions religieuses. Poursuivre dans le détail la marche de ces transformations, vouloir isoler le noyau d'une forme de culte en le séparant des adjonctions postérieures, c'est une entreprise toujours difficile, et même souvent impossible. Pourtant, il n'en reste pas moins certain que des transformations de ce genre ont eu lieu et ont influencé de la façon la plus durable la marche du développement religieux. Mais, arrivés ici, il y a lieu de nous arrêter dans ces considérations et de rentrer dans le sentier plus modeste dont nous sommes un instant sortis.

VI

Les dieux helléniques se réunissent sur l'Olympe autour du trône de Zeus ; ils prêtent l'oreille aux chants d'Apollon et des Muses, boivent le nectar dans des coupes d'or, et s'engagent dans les aventures de guerre comme dans les aventures d'amour. Comme ils ressemblent peu aux premiers et grossiers produits de l'instinct religieux ! Entre ces deux stades de développement s'ouvre un abîme qui peut sembler presque infranchissable. Mais il ne l'est qu'en apparence. Qui considère attentivement les faits voit bientôt apparaître tant de degrés intermédiaires et de termes de transition qu'il a peine à dire où finit une série d'êtres et où commence l'autre, où, en particulier, finit le fétiche naturel et où commence le dieu anthropomorphique. Du dieu souverain de l'Olympe, de Zeus, la philologie comparée nous dit qu'à l'origine il n'était pas autre chose que le Ciel. C'est pourquoi « Il » pleut ; c'est pourquoi « Il » lance des éclairs, c'est pourquoi « Il » rassemble les nuées. La Terre est encore chez Homère[1] tantôt la déesse « à la large poitrine », tantôt la déesse « aux larges voies » ; changeante comme le caméléon, elle oscille entre deux représentations contradictoires. Un ancien théologien-poète[2] fait naître de la Terre de hautes montagnes, et le Ciel étoilé afin que celui-ci l'entoure de toutes parts ; la Terre, épouse du Ciel, enfante Okéanos aux profonds tourbillons ; enceinte d'Okéanos, Téthys enfante les fleuves ; nous sommes encore en plein dans le domaine de la simple adoration de la nature. Mais, dans Homère, le fleuve Xanthos « au beau courant » s'enflamme de colère parce qu'Achille remplit son lit de cadavres ; pressé par le feu qu'a allumé Héphaïstos, le forgeron des dieux, il est en danger de tarir ; alors il arrête son cours pour échapper à l'embrasement, et en même temps appelle à son aide Héra aux bras blancs, l'épouse du roi des dieux, envisagée tout à fait comme une femme. Ici nous saisissons la transformation sur le vif : n'est-ce pas comme si nous avions en même temps devant les yeux deux sortes de créations religieuses, foncière-

---

[1] *Iliade*, XXI 356 sq.
[2] A savoir Hésiode, *Théog*, 126 sq.

ment différentes, comparables à deux couches de roche qu'un tremblement de terre aurait mélangées sans ordre ?

Quelle est la cause de cette transformation, qui s'est accomplie chez les Grecs comme chez de nombreux autres peuples ? A cette question, voici comment on peut répondre à peu près. L'instinct de l'association, qui a conduit à la personnification de la nature, portait de lui-même à humaniser de plus en plus les objets de l'adoration. Tout effet qui se produit est rattaché à une cause, et cette cause conçue comme manifestation d'une volonté, comme expression d'une passion ; cette volonté et cette passion sont assimilées ensuite aux volontés et aux passions humaines ; enfin celles-ci supposent la forme humaine extérieure et l'ensemble des conditions de la vie humaine. Ce développement fut entravé aussi longtemps que l'homme, encore à moitié animal, n'obéissant qu'à la nécessité, incessamment inquiété par des dangers réels ou imaginaires, ne se jugeait pas digne d'attribuer sa forme — celle de la faiblesse ! — aux forces immenses de la nature. Les progrès insensibles de la civilisation atténuèrent ces différences de niveau ; les extrêmes commencèrent à se rapprocher. Il n'a sans doute jamais existé de peuple qui se soit représenté les grandes puissances naturelles comme des sauvages affamés, en quête de racines et de baies. Mais une race en possession d'un pays giboyeux et pratiquant la chasse peut bien parler de chasseurs célestes, tels que le Wotan germain ; le propriétaire de troupeaux de l'Inde antique se figure le dieu du Ciel sous les traits d'un berger dont les vaches sont les nuages. Le désir toujours plus grand d'idées claires, précises et logiques, dû à des circonstances extérieures favorables, vient renforcer cette tendance. Ainsi des conceptions vagues, confuses et contradictoires comme celle d'un fleuve sensible à la douleur ou né de l'acte générateur, deviennent l'exception là où elles étaient auparavant la règle. La question de savoir si c'est le culte des ancêtres ou le fétichisme qui a existé le premier est peut-être de celles qui ne se laissent pas résoudre sûrement. Mais le démonisme, si ancien qu'il puisse être, a dû prendre de l'extension à mesure que progressait la division du travail, et que la vie se diversifiait davantage, car les mobiles qui poussaient à créer des démons, c'est-à-dire les occupations et les situations des hommes, se multipliaient. Les démons libres opposaient moins de résistance au besoin de transformation que les objets d'adoration empruntés à la nature, et ils fournirent bientôt le modèle sur lequel ceux-ci furent formés à leur tour. Rien n'empêchait, et plus d'un motif conseillait au contraire (que l'on songe à ce que nous avons remarqué plus haut à propos de la possession), de faire entrer les démons, comme les âmes, dans des corps, et ce qui arriva pour eux fut bientôt attribué aux fétiches naturels. A la place d'objets naturels doués de volonté et de conscience, et en partie à côté d'eux, nous voyons apparaître des esprits ou des dieux qui n'ont plus que leur demeure dans les objets extérieurs, et qui s'en servent en guise d'instruments. Le dieu que l'on se figure habiter seulement un objet extérieur, mais sans se confondre avec lui, devient moins dépendant du sort de cet objet ; son activité ne sera plus absorbée par celle de ce dernier : il acquerra un surcroît d'activité libre.

Un intéressant exemple de cette transformation nous est fourni par les gracieuses figures féminines que les Grecs ont adorées sous le nom de Nymphes : l'hymne homérique à Aphrodite[1] connaît les nymphes des arbres ou Dryades, qui prennent part aux danses des Immortels, et qui, dans l'ombre épaisse des cavernes, s'unissent à Hermès et aux Silènes. Mais les sapins et les chênes aux sommets élevés, sous l'écorce desquels elles habitent, sont encore plus que leur demeure. Car, à moitié divines seulement, elles naissent, croissent et meurent en même temps qu'eux. D'autres nymphes ne sont plus soumises à la même destinée ; elles habitent, il est vrai, des sources, de délicieux bocages et des prairies luxuriantes, mais elles font partie de la troupe des Immortels, et ne manquent point à leur assemblée quand Zeus la convoque sous ses splendides portiques.[2] Concluons : il y a eu un temps où l'arbre lui-même passait pour animé, et où on lui rendait un culte. Ensuite est venue une seconde période dans laquelle on considérait comme élément de sa vie un être propre, qui pouvait se séparer de lui, mais qui était pourtant étroitement attaché à son sort. A la fin, ce lien aussi se brise ; l'être divin conquiert, pour ainsi dire, sa liberté ; désormais, il plane, indestructible, sur les objets individuels et périssables auxquels il préside. Ce dernier pas, pas décisif, est celui qui a définitivement établi le polythéisme à la place du fétichisme. Celui-ci

[1] *Hymne à Aphrodite*, 258 sq.
[2] Cf. *Iliade*, XX 8 et 9.

ne subsiste plus qu'exceptionnellement ; on ne trouve ses vestiges que dans certains grands objets naturels, uniques en leur espèce, tels que la Terre, les Astres et le fabuleux Okéanos. Et ici encore, à côté des vieilles figures restées à l'abri des atteintes de l'anthropomorphisme, nous trouvons souvent d'autres images formées sous l'influence des nouveaux courants. De même qu'il y a des démons libres qui président à des catégories entières de travaux, une tâche appropriée à leur caractère incombe aux esprits naturels dégagés des objets auxquels ils étaient attachés ; ils deviennent divinités des forêts, des jardins, des sources, des vents, etc. Cette évolution fut favorisée, indépendamment de l'influence du démonisme, par l'intelligence toujours plus grande de l'identité réelle de séries entières d'êtres ; elle donna à l'instinct de généralisation de l'esprit humain une première satisfaction ; d'autre part, le génie artistique et poétique trouvait dans la contemplation de cette libre activité une matière presque inépuisable[1].

Les conditions que nous venons d'indiquer, et desquelles dépend la personnification et l'idéalisation subséquente des puissances divines, existaient dans la plus large mesure au sein du peuple grec. Le besoin de notions claires et précises faisait sans doute partie des qualités premières du génie hellénique ; mais la pureté d'atmosphère et la sérénité du ciel qui régnaient dans la plus grande partie de ces pays, les contours nettement marqués des montagnes, les horizons souvent si vastes et pourtant presque partout limités, ont sûrement développé à un haut degré les dons primitifs. Le sens esthétique devait puiser un aliment toujours nouveau dans ces paysages où tous les éléments des beautés naturelles étaient également représentés et réunis dans le plus étroit espace, dans la vue des sommets neigeux et des plaines riantes, des sombres forêts qui couvraient les montagnes, des prairies émaillées de fleurs, dans les lointaines échappées sur la terre ou sur les mers. L'esprit d'invention, l'instinct artistique, qui, plus tard, se sont déployés dans les domaines les plus variés, et ont produit une infinité de créations éclatantes, ont dû s'emparer de la première matière qui s'offrait à eux pour en tirer la satisfaction qui leur était encore refusée ailleurs. Il serait du plus haut intérêt de poursuivre dans le détail la marche de ces transformations, mais cette tâche nous est rendue très dif-

[1] Cf. Welcker, *Griech. Götterlehre*, I 38 sq.

ficile par l'état des monuments littéraires qui nous ont été conservés. On croyait autrefois posséder dans les poèmes homériques les produits de l'enfance du génie grec. La bêche de Schliemann a dissipé cette illusion. Une haute culture matérielle a régné dans la Grèce orientale, dans les îles et sur la lisière des côtes de l'Asie-Mineure, en tous cas peu après l'an 1500 avant J.-C. ; les conditions extérieures de la vie que nous décrivent les poètes homériques sont le résultat d'un développement relativement long, préparé par l'Egypte et par l'Orient. Comme ils étaient loin de la barbarie primitive, les princes et les nobles dont la récitation des poèmes homériques assaisonnait les festins, qui faisaient bonne chère dans des portiques richement décorés, garnis de plaques de métal, ornés de frises en verre bleu sur un fond d'albâtre d'une blancheur éclatante, et de plafonds artistiquement sculptés, qui buvaient dans des coupes d'or d'un travail exquis[1] ! Sans doute, la violence de leurs passions est encore indomptable. Autrement, l'implacable colère d'Achille ou de Méléagre n'eût pas été le thème favori de la composition poétique. Il y a une frappante analogie entre cette époque et celle qui vit naître le *Nibelungenlied* ; là aussi, les raffinements de la vie et du goût apportés de l'étranger s'offrent à un peuple qui a gardé intacte la force des passions premières. Mais le sentiment de crainte que l'homme primitif éprouve en présence des grands phénomènes de la nature avait depuis longtemps disparu des esprits. Les seigneurs s'étaient mis à l'abri des difficultés de la vie et étaient pleins d'une orgueilleuse confiance ; aussi représentaient-ils toujours davantage l'existence des dieux sur le modèle de la leur propre. Les scènes qui se déroulaient sur l'Olympe n'étaient plus que le pendant des scènes brillantes, mais souvent tumultueuses, de leurs palais. Jamais les dieux et les hommes ne se sont à tel point rapprochés les uns des autres, les premiers cédant aux seconds une bonne part de leur dignité, les seconds prêtant aux premiers une non moins grande part de leurs faiblesses. Les vertus que l'on attribuait aux dieux étaient celles qu'apprécient le plus des guerriers valeureux et opiniâtres, fidèles dans l'amitié comme dans la haine. Comme eux, les dieux sont animés de violentes passions individuelles ; le lien du devoir est presque toujours pour eux un pacte de fidélité personnelle ; dans l'*Iliade*, du

[1] Cf. en particulier Schuchhardt, *Schliemanns Ausgrabungen*, surtout la fin du chapitre.

moins, ils ne se montrent qu'exceptionnellement gardiens du droit en tant que droit[1]. A leurs protégés, qui leur offrent de riches offrandes, aux villes qui leur dédient des temples magnifiques, aux tribus et aux familles qui ont su gagner leurs faveurs, ils offrent une assistance fidèle, constante, infatigable. Les scrupules moraux les arrêtent peu ; ils accordent même l'adresse dans le vol et le parjure à ceux qu'ils affectionnent particulièrement. Ils ne se préoccupent guère de la justice ou de l'injustice ; ils défendent souvent une cause sans se demander si elle est bonne. Comment, s'il en était autrement, pourraient-ils avec un zèle égal et un égal dévouement porter secours les uns aux Troyens, les autres aux Grecs ? Comment, dans l'*Odyssée*, Poseidon pourrait-il poursuivre le patient Odysseus d'une haine implacable, tandis qu'Athéné accourt à chaque danger qui le menace pour l'en sauver et lui prodiguer ses conseils ? Ils ne se soumettent qu'aux volontés souveraines du dieu du ciel, et encore y résistent-ils souvent, et essayent-ils d'abord, pour s'y soustraire, de tous les moyens que leur suggèrent la ruse et la tromperie. D'ailleurs la puissance du maître de l'Olympe — qui, en cela, ressemble évidemment à son modèle terrestre — ne repose aucunement sur la base inébranlable de la loi ; ne se voit-il pas souvent forcé de recourir aux menaces et même à la violence pour assurer l'exécution de ses ordres ? Une seule limite, mais infranchissable, vient s'opposer aux prétentions et aux volontés contradictoires des Immortels : c'est celle de la sombre nécessité, de la Moira, à laquelle les dieux ne peuvent pas plus se dérober que les hommes, et dans l'acceptation de laquelle se manifeste un obscur pressentiment des lois de la nature. C'est ainsi que, dans les plus anciens monuments de la vie intellectuelle des Hellènes que nous possédions, les dieux sont arrivés au dernier degré de l'anthropomorphisme, à un degré qu'ils ne pouvaient dépasser sans que leurs droits aux prières et à l'adoration fussent mis en péril. Et même,

[1] Dans l'*Odyssée*, le point de vue moral ressort d'une manière incomparablement plus forte. La perte des prétendants, en particulier, y apparaît comme une punition divine; cf. surtout, XXII 413 sq. Quelques vers seulement plus loin, 475 sq., il est vrai, on trouve des traits de la plus complète sauvagerie. De même, après les vers 109 sq. du chant XIX, dont le caractère moral est accentué à un degré étonnant, on n'est pas peu surpris de voir, au v. 395, le vol et le parjure représentés comme des dons qu'a faits Hermès à son favori Autolykos. Dans l'*Iliade*, Zeus apparaît comme le vengeur de l'injustice, XVI 385 sq. ; à III 278, il est question des peines réservées dans l'Hadès aux parjures.

en certains cas, cette limite est franchie. La fameuse aventure d'Arès et d'Aphrodite, dont le récit réjouit les Phéaciens, dénote une transformation des conceptions religieuses qui — comme le culte exclusif de la beauté pendant le Cinquecento — n'aurait guère pu se répandre dans les couches populaires sans compromettre le fond même des croyances.

Celui qui veut se rendre compte du saisissement que faisaient éprouver les cérémonies de la religion grecque primitive le cherchera en vain dans les scènes de l'épopée de cour. Les plaisirs et les joies terrestres, les délices d'une vie raffinée y ont relégué à l'arrière-plan les côtés sombres de la foi et, si l'on nous passe cette expression, les ont inondés de leur lumière. Ce fait ressort de la manière la plus claire précisément des épisodes isolés qui paraissent le contredire[1].

L'homme des temps homériques se croit toujours et partout entouré de dieux; il se sent partout et toujours sous leur dépendance. Qu'une entreprise réussisse ou qu'elle échoue, que la lance atteigne son but ou que l'ennemi y échappe, c'est par la faveur ou par l'hostilité d'un démon qu'il l'explique; s'il imagine quelque dessein ingénieux, s'il prend quelque décision salutaire, c'est qu'un dieu l'a inspiré; c'est un dieu encore qui, d'autres fois, vient aveugler sa raison. S'assurer la bienveillance des Immortels, conjurer leur disgrâce, voilà à quoi tendent tous ses efforts. Les situations les plus désespérées ne manquent pas dans les vicissitudes des combats que nous décrit entre autres l'*Iliade*. Et pourtant le fidèle ne sacrifie jamais aux dieux le plus précieux de tous les trésors dont il dispose : l'homme lui-même. Le sacrifice humain, aussi peu étranger à la religion des Grecs qu'à celle de la plupart des autres peuples, et qui y laisse des traces jusque dans les temps historiques les mieux connus, manque dans le tableau de civilisation que les poèmes homériques présentent à nos yeux. Ou plutôt ce cruel usage y est mentionné une fois, mais, c'est le cas de le dire, cette exception ne fait que confirmer la règle. Dans les funérailles solennelles qu'Achille fait à son ami Patrocle, on égorge nombre de bœufs et de brebis, quatre chevaux, les deux chiens favoris du défunt, et en outre douze jeunes Troyens, qui sont ensuite brûlés avec son cadavre. La forme du sacrifice — crémation entière des victimes — est précisément celle que le rituel postérieur nous montre en usage

[1] Cf. Diels, *Sibyllinische Blätter*, p. 78, note 1.

quand on veut honorer les divinités souterraines. Le cadavre est d'abord arrosé du sang des victimes animales et humaines ; l'âme du mort est considérée comme présente ; elle se repaît des offrandes dont on l'honore. Achille remplit par là — et il le crie à l'âme de son ami lorsqu'elle lui apparaît d'abord pendant la nuit, puis au moment même de la cérémonie — un vœu solennel. Mais, chose étrange, la description de l'horrible scène ne nous offre pas cette minutie, cette abondance de détails que l'on appelle justement épique, et qui caractérise spécialement Homère. Le poète glisse plutôt, avec une hâte voulue, pourrait-on dire, sur cette affreuse cérémonie. Elle lui répugne aussi bien qu'à ses auditeurs ; c'est là, semble-t-il, un dernier reste de conceptions et de mœurs autrefois vivantes, maintenant tombées en oubli[1]. D'autres indices du même genre fortifient cette impression. Les poèmes homériques ne nous offrent plus guère de traces de sacrifices — sanglants ou non — en l'honneur des morts, de l'expiation du meurtre, d'un culte des âmes ou des ancêtres, non plus que des idées qu'impliquent ces pratiques religieuses, c'est-à-dire de la foi en la survivance d'êtres qui, du fond de leur tombeau, exercent des maléfices, et exigent sans cesse — sous peine de vengeances terribles — de nouvelles satisfactions. Sans doute, les âmes survivent aux corps, mais elles habitent presque exclusivement — « têtes vaines et inconsistantes » — les demeures souterraines ; ombres pâles, formes exsangues, leur pouvoir est minime ou plutôt nul. Mais il en était tout autrement dans les temps reculés et tout autrement — les résultats certains des fouilles, et des inférences non moins certaines nous permettent de le dire — à une époque encore plus récente. Il est donc nécessaire de s'arrêter un instant sur ces points si importants pour l'histoire du culte des âmes et de la religion en général.

VII

Le sacrifice de prisonniers ou d'esclaves était pratiqué très anciennement lors des sépultures des chefs : c'est un usage encore aujourd'hui très répandu. Lorsque les Scythes rendaient

---

[1] Cf. Preller, *Griech. Mythologie*, I (2ᵉ éd.), 99, 201 sq. 542; II 310. — Les funérailles de Patrocle, *Iliade*, XXIII 22 sq. et 174-177. Ici, nous avons abondamment utilisé l'ouvrage capital d'Erwin Rohde, *Psyche, Seelenkult und Unsterblichkeitsglaube*, notamment les pages 14 sq. du 1ᵉʳ vol., 2ᵉ éd.

les derniers devoirs à un de leurs rois, ils égorgeaient une de ses concubines, cinq esclaves (le cuisinier, l'échanson, le chambellan, un écuyer et un portier) et les enterraient avec lui, de même que ses chevaux favoris ; en outre, ils plaçaient à côté de lui, dans sa tombe, une foule d'ustensiles précieux, tasses d'or, etc. Une année après, on égorgeait encore cinquante esclaves choisis ; on les plaçait sur autant de chevaux également tués, et on en entourait le tertre funèbre comme d'une garde d'honneur[1].

L'énumération des usages de ce genre — parmi lesquels il faut ranger l'habitude des Hindous de brûler les veuves — remplirait des volumes. On y remarque, cela va de soi, une longue série de degrés qui vont de la barbarie pure jusqu'aux raffinements de la tendresse. Aux sacrifices humains succèdent les sacrifices d'animaux, à ceux-ci les offrandes liquides et en général les offrandes non sanglantes. Dans les drames d'Eschyle et de Sophocle, le tombeau d'Agamemnon, à Mycènes, reçoit des libations de lait, des boucles de cheveux et des couronnes de fleurs. Les tombes royales qu'on a découvertes récemment sur l'emplacement de cette ville, et qui datent de temps très reculés, nous ont conservé les restes d'offrandes beaucoup plus efficaces et significatives : des os d'hommes et d'animaux et une quantité d'armes, de coupes et d'autres ustensiles. Ces tombes, comme la tombe à coupole découverte à Orchomène en Béotie, et où l'on constate la présence d'autels, témoignent que les âmes des morts jouissaient d'une adoration au sens propre du mot. Le culte des ancêtres et des âmes, qui n'a sans doute manqué à aucun peuple, est encore aujourd'hui aussi répandu parmi les sauvages les plus incultes de tous les continents que parmi les populations très civilisées de la Chine, où il constitue la partie la plus essentielle de la religion d'Etat. Dans les croyances des peuples ariens, il occupe aussi une place prépondérante, chez les Grecs aussi bien que chez les Romains, qui adoraient leurs ancêtres sous le nom de « Manes » ou que chez les Hindous qui les appelaient « pitaras ». Quand, à Athènes, une famille venait à s'éteindre, cela était considéré comme un malheur pour divers motifs, dont l'un était que ses ancêtres allaient se trouver désormais privés des honneurs auxquels ils avaient droit. Le

---

[1] Sur les sacrifices offerts aux morts par les Scythes, cf. Hérodote, IV 71, 72. Cf. Schuchhardt, op. cit., 180 sq., 189, 240, 331, 340.

peuple, dans son ensemble, et les nombreuses communautés, pareilles à des cercles concentriques, dont il se composait, priaient des ancêtres réels ou imaginaires ; et ce besoin était si profondément senti que même les corporations, les tribus ou corps de métiers inventaient un ancêtre commun lorsqu'ils n'en possédaient point. Cette tendance est en rapport étroit avec les débuts de l'Etat et de la communauté, qui, à l'origine, n'étaient considérés que comme des familles agrandies. Ici, nous ne nous préoccupons que de sa racine la plus profonde, la croyance à la survivance des âmes, sous forme d'êtres qui influençaient d'une manière durable le bonheur et le malheur des vivants. Nous avons déjà appris à connaître l'origine de cette croyance ; les transformations qu'elle a subies nous occuperont plus loin ; pour le moment, il s'agit seulement d'écarter un malentendu qui trouble l'intelligence historique[1].

Chez Homère, les âmes se sont en quelque sorte volatilisées, et ne sont plus que des ombres pâles et sans force ; le culte qui leur était voué et les usages qui en étaient découlés ont, en conséquence, presque disparu des deux grandes épopées grecques ; mais le témoignage que nous fournit l'ethnographie comparée n'eût jamais dû laisser s'établir l'opinion que nous trouvons en elles la plus ancienne forme de cette partie de la religion hellénique. Les fouilles qui datent de la période de civilisation qu'on appelle maintenant période mycénienne ont dissipé tous les doutes possibles. A quelles causes est dû ce changement des conceptions religieuses, changement limité à coup sûr non seulement au point de vue du temps, mais au point de vue de l'espace, et même, selon toute probalité, à certaines classes de la population ? A cette question on ne peut répondre pour le moment que par des conjectures. On a attribué une influence décisive à l'usage de la crémation, qui commença à dominer à cette époque, et à la croyance qui s'y rattachait et qui était clairement exprimée, à savoir que la flamme dévorante sépare définitivement le corps de l'âme, et bannit celle-ci dans le royaume des ombres[2]. Il faut sans doute tenir compte dans une aussi large mesure de

[1] Cf. Rohde, op. cit., I, 2e éd. 251, note 3, ainsi que mes *Beiträge zur Kritik und Erklärung griech. Schriftsteller*, II 35.

[2] Cette conjecture sur l'influence de l'incinération a été formulée par Rohde, op. cit. I 27, sq. Toutefois nous voyons que « les deux modes de funérailles étaient également usités dans l'antiquité védique » (Zimmer, *Altindisches Leben*, 401 sq ; cf. aussi p. 415), sans que le culte des ancêtres en ait souffert.

la distance que mettait l'émigration entre les colons, d'une part, les tombes de leurs ancêtres et les lieux de culte qui s'y rattachaient, d'autre part. Mais il faut en tous cas attribuer aussi une portée considérable à l'esprit de la poésie homérique, esprit clair et lumineux, amoureux du monde et de la vie, qui éloigne d'instinct les spectres et les revenants aussi bien que les laideurs et les monstruosités. Non seulement les apparitions d'âmes, mais les divinités magiques telles qu'Hécate, les démons informes tels que les Titans aux cinquante têtes et aux cent bras, les légendes grossières et cruelles du monde primitif, comme celle de la mutilation d'Ouranos, passent à l'arrière-plan ; les monstres du genre des « Cyclopes » ne servent plus qu'à l'amusement des auditeurs[1]. Dans un cas comme dans l'autre, le sens de la beauté, peu à peu affermi, et le plaisir de vivre, développé par les progrès de la civilisation matérielle, ne peuvent-ils pas être regardés comme le principal facteur de cette orientation morale ? Ou bien serions-nous justifiés vraiment à croire qu'à cette lointaine époque déjà le peuple qui a créé la philosophie et les sciences de la nature tentait les premières explications rationalistes ? En d'autres termes, est-ce au caractère léger de la race ionienne ou à son génie lumineux que nous devons attribuer en première ligne cette transformation de l'idée de l'âme qui se manifeste chez Homère ? Pour le moment, il n'est pas possible de résoudre cette question avec certitude. Mais si elle peut être posée, c'est grâce à la pénétration d'esprit, à la puissance d'analyse d'un des savants les plus éminents de notre époque, qui a particulièrement étudié ce domaine de l'histoire religieuse, Erwin Rohde, l'auteur de *Psyché*.

VIII

Peu à peu, de simple jeu, l'imagination s'était élevée à la hauteur du sens artistique. La personnification de la nature lui a donné une matière presque inépuisable ; d'autre part, elle a offert la première satisfaction au sens scientifique, avide de jeter quelque lumière dans la profonde obscurité où nous vivons et respirons. En réalité, le libre jeu de l'association des

---

[1] Comparez p. ex. *Iliade*, I 396 sq. avec Hésiode *Théog.*, 148 sq. Ici le combat des Titans, là ce que l'on pourrait appeler une révolution de palais des Olympiens.

idées, en conduisant à admettre que les phénomènes du monde extérieur sont les actes d'êtres doués de volonté, a donné une réponse à l'invincible instinct qui nous pousse à rechercher les origines et les causes des événements. C'est là une sorte de philosophie naturelle, susceptible d'un développement d'autant plus étendu que l'observation s'attache à un plus grand nombre de faits, et que les formes attribuées aux puissances naturelles que l'on transforme en êtres vivants se précisent davantage. L'homme primitif n'est pas seulement un poète qui croit à la vérité de ses fictions ; c'est aussi en son genre un chercheur, et l'ensemble des réponses qu'il donne aux questions dont il se sent continuellement pressé finit par former un tissu qui enveloppe tout, et dont les fils isolés constituent ce que nous appelons des mythes. Les légendes populaires de tous les temps et de tous les peuples nous en offrent des exemples, dont les uns concordent étonnamment, tandis que les autres se contredisent de la façon la plus surprenante. Les deux grands corps célestes sont regardés presque par tous les peuples comme un couple ou comme le frère et la sœur ; et l'on ne saurait compter les *sagas* qui expliquent les phases de la lune par des pérégrinations de cette déesse, et les éclipses du soleil et de la lune tantôt comme les suites d'une querelle domestique, tantôt comme le résultat des attaques de dragons et de monstres divers. Pourquoi le soleil perd-il sa force en hiver ? Parce que ce dieu (Samson) — répond le Sémite — s'est laissé enjôler par la déesse de la nuit, a cédé à ses troublantes séductions, et s'est vu dépouiller par elle de sa brillante chevelure ; quand, avec ses longues boucles de cheveux, sa force l'a abandonné, il est aveuglé sans peine[1]. Pour l'antique Hindou, les nuages sont des vaches ; quand on les trait, la pluie rafraîchissante tombe sur la terre ; se fait-elle attendre longtemps, ce sont les mauvais esprits qui ont enlevé les troupeaux et les ont cachés dans les cavernes des rochers. Le dieu du ciel (Indra) doit descendre sous forme de tempête pour les délivrer de leur prison, et les arracher aux voleurs. Le terrible spectacle qu'offre une éruption volcanique aux regards de l'homme primitif lui apparaît tout naturellement comme l'œuvre d'un

---

[1] Sur le soleil et la lune, cf. Tylor, op. cit. p. 329-332. Sur le caractère solaire de Simson (Samson), cf. Goldziher, *Der Mythos bei den Hebräern*, p. 128. Ce récit est un des plus transparents de tous les mythes naturalistes. Au sujet de ce qui suit, cf. A. Kægi, *Der Rig-Veda*, p. 59 sq., 2ᵉ éd.; Tylor, op. cit., II 270, de même que Eschyle, *Prom.*, 369 sq. (Kirchhoff.).

démon qui habite dans les profondeurs de la terre. Beaucoup de peuples se contentent de cette explication, mais il en est aussi qui se posent une question nouvelle : Comment se fait-il qu'un si puissant démon ait été banni dans les ténèbres souterraines ? Et la réponse — cela va presque de soi — est celle-ci : Il a succombé dans un combat avec un démon encore plus puissant que lui. Ainsi répondaient les Grecs, qui voyaient en Typhon et en Encelade des adversaires vaincus et sévèrement punis de leur témérité par le dieu souverain du ciel. La terre fait sans cesse sortir de son sein de nouveaux fruits ; comment ne serait-elle pas un être féminin, et qui donc l'eût fécondée sinon le ciel étendu au-dessus d'elle, qui lui envoie des pluies vivifiantes ? Ce mythe, très répandu, a subi diverses modifications. Pourquoi, se demandent Maoris et Chinois, Phéniciens et Grecs, le ciel et la terre sont-ils maintenant si éloignés l'un de l'autre, au lieu d'habiter dans un voisinage intime, comme il convient à des époux ? Les habitants de la Nouvelle-Zélande répondent que l'espace manquait aux rejetons de Rangi (le Ciel) et de Papa (la Terre) aussi longtemps que ceux-ci restaient unis. Alors ils décidèrent d'échapper à l'oppression dont ils souffraient et à l'obscurité qui les enveloppait ; l'un d'eux, le puissant dieu des forêts, réussit — après maintes tentatives inutiles de ses frères — à séparer de force ses parents. Mais l'amour des deux époux a survécu à la séparation. Du sein de la Terre montent toujours vers le Ciel des soupirs passionnés que les hommes appellent nuages ; des yeux du Ciel affligé s'échappent souvent des larmes que les hommes nomment gouttes de rosée[1]. Ce mythe aussi ingénieux que poétique nous donne la clef d'un mythe grec analogue, mais incomparablement plus grossier, et qui ne nous est parvenu que fragmentairement. La Terre, nous raconte Hésiode, était gênée, oppressée par la foule des rejetons gigantesques que le Ciel avait engendrés d'elle, mais qu'il refoulait dans ses profondeurs,

---

[1] Le mythe poétique des Maoris a été recueilli, il y a une quarantaine d'années, par Sir George Grey (cf. Tylor, op. cit., I 368 sq.). On en trouvera une version concordante pour l'essentiel dans Bastian, *Allerlei aus Volks- und Menschenkunde*, I 314. L'un des enfants de Rangi et de Papa ayant « vu apparaître la lumière du soleil sous l'aisselle de Rangi », — c'est-à-dire le désir ayant ainsi été éveillé en eux d'une lumière jusqu'alors inconnue —, tous s'écrièrent à la fois : « Tuons notre père, car il nous a enfermés dans les ténèbres. » Cependant ils finissent par suivre le conseil de l'un d'eux, qui propose de ne pas tuer leur père, mais de l'élever dans les airs. Comparer la légende chinoise, également dans Tylor, op. cit., I 373. La légende phénicienne est exposée par Eusèbe, *Praep. evang.*, I 10, d'après Philon de Byblos et son autorité, Sanchuniathon. Remarquez en particulier les mots : ὥστε διαστῆναι ἀλλήλων et ὁ δὲ οὐρανὸς ἀποχωρήσας αὐτῆς κτλ.

au lieu de les laisser arriver à la lumière. Gémissant sous le poids qui l'écrase, elle imagine une ruse dont elle confie l'exécution à l'un de ses fils. Au moyen d'une faux tranchante, Kronos mutile son père Ouranos, pour mettre un terme à sa production ; il ne peut plus dès lors s'approcher de Gaia et lui faire partager son amour ; ainsi — pouvons-nous ajouter — Kronos fait une place à ses frères et à ses sœurs jusqu'alors pressés dans le sein maternel[1].

Le processus de la personnification — nous avons pu nous en rendre compte — ne s'arrête pas aux choses ; il s'étend à leurs propriétés, à leurs états, à leurs énergies. La Nuit, les Ténèbres, la Mort, le Sommeil, l'Amour, le Désir, l'Aveuglement sont regardés par les Grecs comme des êtres individuels, dont la personnalité, il est vrai, se développe inégalement. Les uns ont complètement pris corps, tandis que d'autres ne se détachent pas plus de l'idée qui leur a donné naissance qu'un bas-relief de la paroi qu'il décore. Les rapports qui existent entre ces énergies ou ces états sont expliqués par des analogies tirées de la vie de l'homme ou de celle des animaux. La ressemblance, par exemple, est identifiée avec le lien de parenté ; le sommeil et la mort sont deux frères jumeaux ; la succession des effets devient une descendance ; ainsi le jour est le rejeton de la nuit ou réciproquement. Dans tous les groupes d'êtres de même nature — et cet usage a laissé des traces profondes dans notre langue — on voit des tribus, des genres ou des familles. Enfin, l'habitude d'expliquer par des fictions mythiques un état qui dure, ou des phénomènes du monde extérieur qui se reproduisent toujours, conduit à résoudre d'une manière analogue les grandes énigmes de la vie et de la destinée humaine. Pourquoi, se demande le Grec dans une époque troublée, en proie au pessimisme, les biens que nous offre la vie sont-ils dépassés par les maux ? Cette question se transforme aussitôt pour lui en la suivante : Quel événement, quelle personne est cause de l'entrée du mal dans le monde ? Et sa réponse est en somme celle qu'un Français du siècle passé, — Alexandre Dumas père — qui avait étudié dans leur genèse une foule de crimes, formulait en ces mots qui ont fait fortune : « Cherchez la femme[2] ! » Seulement l'ancien

---

[1] Hésiode, *Théog.*, 154 sq.

[2] C'est le mot que prête Alexandre Dumas, père, au chef de police Jackal, dans *Les Mohicans de Paris*. Quant à la suite, cf. Hésiode, *Théog.*, 570 sq. et *Trav. et Jours*, 90 sq. Sur le mythe de Pandore, cf. aussi Buttmann, *Mythologus*, I 48 sq., qui a eu raison de le rapprocher de la légende d'Ève, mais tort de l'identifier avec elle.

Grec a donné à son accusation contre le sexe faible la forme d'un récit. Il nous raconte comment Zeus, pour punir Prométhée d'avoir dérobé le feu et d'avoir accru l'orgueil des hommes en le leur communiquant, s'entend avec les autres dieux pour créer et envoyer sur la terre une femme pourvue de toutes les séductions, et qui sera la mère de toutes les femmes. Une autre fois que le Grec réfléchit à cette obscure question, c'est la curiosité, la soif de connaître qui lui apparaît comme la racine de tout mal. Si les dieux nous avaient, se dit-il, accordé tous les biens, et avaient enfermé tous les maux dans un vase en nous exhortant à ne point l'ouvrir, la curiosité humaine et surtout la curiosité féminine se fût jouée de la défense divine. Les deux mythes se confondent en un : c'est la femme parée par les dieux de tous les dons de la séduction (Pandora = douée de tous les dons) qui, piquée par la curiosité, soulève le couvercle du fatal coffret et en laisse échapper le contenu. Une fois encore nous sommes surpris de cette merveilleuse uniformité de création mythique chez les peuples les plus divers. Est-il nécessaire, en effet, de rappeler la légende hébraïque d'Eve (la production), et les suites funestes de sa coupable curiosité ?

IX

L'abondance des mythes, la foule des dieux devaient finir par déconcerter et par fatiguer l'esprit des croyants. A force de se multiplier, de foisonner, les légendes avaient formé une forêt inextricable, dont les troncs poussaient sans cesse de nouvelles branches. Il fallait une hache pour y pratiquer des éclaircies, et un bras vigoureux pour la manier. Ni l'un ni l'autre ne devaient manquer. L'énergie et l'intelligence d'un paysan ont accompli ce rude travail. Ce paysan est le plus ancien poète didactique de l'Occident, Hésiode, d'Ascra en Béotie (VIIIme siècle avant J.-C.), citoyen d'un pays où l'air était moins léger et l'intelligence moins affinée que dans les autres parties de la Grèce ; c'était un homme à l'esprit clair, mais un peu lourd, habile à administrer sa maison et son domaine, versé dans les questions de droit ; son imagination ne prenait pas bien haut son essor, et son cœur ne renfermait point des trésors de sensibilité : c'était un Romain parmi des

Grecs. L'auteur des *Œuvres et des Jours* avait une intelligence sobre, l'amour de l'ordre sévère, l'économie stricte d'un excellent homme d'affaires, qui est habitué à tenir ses comptes en règle, ne souffre point de contradiction et évite tout excès. C'est dans ces sentiments qu'il dresse, si l'on ose parler ainsi, l'inventaire de l'Olympe, faisant entrer toutes les figures divines dans le plan de son ouvrage et dans le cadre de l'unité généalogique. Il taille les branches gourmandes de la poésie épique, remet en honneur, même quand elles sont laides et grossières, les traditions primitives, souvent à moitié incompréhensibles, du menu peuple de sa patrie, et il crée ainsi, dans sa *Théogonie*, un tableau d'ensemble, en somme bien lié dans toutes ses parties, mais rarement éclairé d'un rayon de vraie poésie, rarement réchauffé du sentiment joyeux de vivre. La haute antiquité aimait déjà à accoupler les noms d'Homère et d'Hésiode, parce qu'ils avaient donné aux Grecs leur théologie[1]. En réalité, ils sont aux antipodes. L'imagination sans bornes des chantres ioniens, qui ne s'embarrasse pas des contradictions de la légende, n'est pas moins opposée à la sagesse terre à terre et méthodique du paysan béotien que la fière et insouciante humeur de leurs nobles auditeurs au caractère triste des paysans besogneux auxquels Hésiode a dédié ses vers.

La « théogonie » renferme aussi une cosmogonie ; l'origine des dieux explique en même temps l'origine du monde. C'est cette dernière qui nous intéresse surtout ici, et c'est au poète didactique que nous donnons la parole. Tout d'abord, nous dit-il, naquit le Chaos, puis Gaia (la Terre) à la large poitrine, puis Eros, le plus beau des dieux, qui dompte les sens des hommes et des immortels, et endort la force de leurs membres. Du Chaos sortirent les Ténèbres et la sombre Nuit, qui, en s'unissant, donnèrent naissance au subtil Ether et à Hèméra (le Jour). Tout d'abord, et d'elle-même, Gaia enfanta le ciel étoilé, les hautes montagnes, et Pontos (la Mer) ; puis, fécondée par Ouranos, elle donna le jour au fleuve Okéanos, qui entoure la terre de ses flots, et à une longue série de rejetons parmi lesquels — à côté de monstres puissants et d'êtres qui ont presque tous une signification allégorique — les dieux de l'éclair, appelés Cyclopes, et la grande déesse marine, Téthys. De l'union d'Okéanos et de Téthys naissent les fleuves ; deux autres enfants du Ciel et de la Terre engendrent

[1] Hérodote (II 53) associe dans ce sens Homère et Hésiode.

le Soleil, la Lune et l'Aurore. Cette dernière conçoit du dieu astral (Astraios), comme elle petit-fils du Ciel et de la Terre, les vents, l'étoile du matin et les autres astres qui brillent au firmament.

Une partie de cette exposition est d'une simplicité enfantine, et il n'est guère nécessaire de l'expliquer ici. « Le plus petit sort du plus grand ; » c'est pourquoi les montagnes ont surgi de la terre ; c'est pourquoi le puissant Okéanos est le père des fleuves et des rivières, moins importants que lui ; c'est pourquoi encore le petit astre qui luit au matin est le fils de la rougeur qui se répand sur tout l'orient au moment où le jour va poindre. Et les autres astres pourraient-ils ne pas être ses frères ? Mais on comprend moins facilement que le Jour sorte de la Nuit. Car l'alternative contraire est aussi possible en elle-même ; et, en fait, l'auteur d'une ancienne hymne de l'Inde se demande si le Jour a été créé avant la Nuit, ou la Nuit avant le Jour[1]. Mais l'opinion représentée par Hésiode est peut-être la plus naturelle. Car les ténèbres nous apparaissent comme un état qui dure de lui-même, et qui n'a besoin d'aucune explication, tandis que la clarté est toujours provoquée par un fait particulier : c'est le soleil qui se lève, l'éclair qui s'échappe de la nue, ou une flamme qui est allumée par la main de l'homme. Ce sont là les pensées rudimentaires de l'esprit humain qui se penche sur le mystère ; elles s'expliquent d'elles-mêmes ; il n'est pas nécessaire de les interpréter. Mais il en est un peu autrement de la partie la plus importante de ce récit, celle où le poète nous décrit l'origine du monde proprement dit.

Ici, nous sommes surpris tout d'abord de la brièveté et de la sécheresse de l'exposition. Chaos, Gaia, Eros, trois personnages qui sortent les uns après les autres des coulisses — comme après les trois coups traditionnels. Pas un mot sur le motif de leur apparition. Un simple « Mais ensuite » sert de transition entre la naissance du Chaos et celle de la Terre. Comment se représenter cette naissance ? La Terre sort-elle du Chaos ou non ? Et si oui, par quel processus ? Sur toutes ces questions, silence complet. Et que signifie le rôle prépondérant assigné au dieu de l'amour ? Nouvelle énigme irrésolue.

---

[1] Cf. Kægi, op. cit., 117. — Chez Homère aussi (Il., XIV 259 sq.), la Nuit apparaît comme une divinité supérieure, que Zeus lui-même considère avec une crainte respectueuse. Dans la cosmogonie des Maoris, la « Mère-Nuit primitive » est à l'origine de tous les êtres. Elle est suivie du Matin, du Jour, de l'Espace vide, etc. Cf. Bastian, op. cit., 307.

Sans doute, il est assez naturel de répondre : « Pour que des naissances puissent se produire, il est nécessaire que le principe d'amour ou de production dont elles dépendent ait fait son entrée dans le monde ». Mais alors pourquoi le poète didactique ne fait-il pas le moindre usage de ce principe dans la suite de son œuvre ? Pourquoi se tait-il sur le rapport qu'il semble vouloir établir entre lui et la naissance des êtres ? Pourquoi a-t-il même plutôt l'air de le voiler intentionnellement ? Car enfin les épithètes qu'il donne à Eros et la façon dont, dans un autre passage, il le fait paraître à coté d'Himéros (le Désir) à la suite d'Aphrodite, ne rappellent en rien l'être puissant, créateur de la vie et des mondes, qui, seul, serait à sa place ici, et que nous rencontrerons dans d'autres essais cosmogoniques, dans des essais qui nous décriront son origine et la tâche qu'il a à remplir[1]. Une chose est claire comme le jour. Hésiode raconte la formation du monde d'une manière sommaire, et en ne touchant que superficiellement les points les plus essentiels ; il est séparé par un profond abîme de ceux qui, pour résoudre l'immense énigme, mettent en jeu tous les ressorts de leur esprit, cet esprit fût-il encore dans l'enfance. Ce qu'il nous donne, ce n'est plus qu'une écaille qui autrefois renfermait un animal vivant ; de même que l'écaille n'existerait pas sans l'animal qui l'a produite pour l'habiter, le débris qui nous reste n'existerait pas sans l'âme vivante, dont il formait l'enveloppe. Ou, pour employer une autre image, nous nous trouvons en présence d'un herbier de pensées desséchées, dont il ne nous est plus possible d'observer la croissance et de suivre le graduel développement. A défaut de cela, nous sommes obligés de recourir à des inférences dont nous chercherons le point de départ dans la signification des noms que le poète a employés, quoiqu'il ne les comprît sans doute qu'à moitié. De ces noms, nous avons à déduire la suite de pensées dont ils ne représentent plus que le résidu. Cette tâche nous sera facilitée par l'étude des faits de même nature que nous rencontrons chez d'autres peuples aussi bien que chez les Grecs eux-mêmes. Nous avons déjà esquissé brièvement la figure d'Eros. Nous allons tout d'abord essayer de saisir la signification du Chaos.

Le concept du Chaos se rapproche de celui de l'espace vide

---

[1] Sur le dieu de l'amour, dans Hésiode, comp. Schœmann, *Opuscula academica*, II 64-67.

autant que les songes de l'homme primitif peuvent se rapprocher des spéculations des penseurs. Le premier essaye de se représenter un état de choses primordial, aussi éloigné que possible de l'état actuel du monde. A un moment donné, la terre n'existait pas, et encore moins ce qu'elle contient ; la voûte du ciel n'existait pas davantage. Qu'y avait-il, alors ? Le vide béant qui sépare le ciel et la terre prolongé indéfiniment par l'imagination en haut et en bas, des profondeurs souterraines jusqu'aux régions supra-célestes. Les Babyloniens le nomment *Apsu*, l'abîme, ou *Tiamat*, la profondeur[1] ; pour les Scandinaves, c'est le *ginnunga gap* (the yawning gap), le vide béant, désignation dont la seconde partie rappelle l'allemand *gaffen*; tandis que la première est tirée de la même racine que l'allemand *gähnen*, et que le grec *chaos*[2]. Ce vide béant, on se le figurait d'ailleurs comme tout à fait sombre pour cette simple raison que, dans l'hypothèse d'où est sorti tout ce système, il n'existait encore aucun des astres qui nous éclairent. C'est aussi pour cette circonstance que l'imagination du penseur envisage beaucoup plus la profondeur que la hauteur du Chaos : dans son esprit, l'image de la hauteur est presque indissolublement liée à celle de la lumière. Ce chaos occupe pour lui tout l'espace qu'il connaît ou qu'il suppose, et qui le préoccupe habituellement. Car, ni sa science ni sa pensée ne vont au delà de la terre et de la voûte déployée au dessus d'elle et émaillée d'étoiles ; ses pressentiments, sa curiosité ne dépassent même pas cette limite. L'effort de son intelligence est épuisé quand il est arrivé à prolonger indéfiniment le vide qui sépare le ciel de la terre. Les deux autres dimensions de l'espace ne l'inquiètent guère. Il semble donc également faux de

---

[1] Au sujet d'Apsu et de Tiamat, cf. Sayce dans *Records of the Past*, 2ᵉ série, I 112 sq.; Lenormant-Babelon, *Hist. anc. de l'Orient*, 9ᵉ éd., V 230 sq.; Halévy, dans les *Mélanges Graux*, 58-60 et Jensen, *Kosmologie der Babylonier*, 300. Fritz Hommel traduit *Apsu* par « Océan Céleste »; et *mummu-ti' amat* par « Chaos = fond de la mer ». (*Deutsche Rundschau*, juillet 1891, pp. 110 et 111.) Sur le Chaos des Scandinaves, cf. James Darmesteter, *Essais orientaux*, 177 sq. Dans la cosmogonie des Indiens Chippeway on trouve une mer primordiale, immense et déserte, analogue au Chaos. Cf. Fritz Schultze, *Der Fetischismus*, 209. L'Inde antique fournit aussi un parallèle dans ce passage du *Rig-Veda*, X 129, v. 1-4 :

> En ce temps-là, il n'y avait ni Etre ni non-Etre,
> L'espace aérien n'existait pas, ni le Ciel qui le recouvre ;
> Que se passait-il ? Et où ? Sous la protection de qui ?
> L'eau était-elle ? Existait-il, le profond abîme ?

[2] Schœmann, op. cit., conclut de l'idée d'« ouverture béante », renfermé dans le grec « Chaos » (cf. χαίνω et χάσμα) que le chaos a été conçu comme limité. A notre avis, c'est prêter à ces penseurs primitifs des notions beaucoup plus précises que celles qu'on est en droit de supposer chez eux.

dire qu'il lui attribuait une étendue finie ou une étendue infinie.

Ainsi donc Hésiode a dressé l'inventaire non seulement des légendes populaires et naïves, mais encore celui des plus anciens essais de spéculation. Ce dernier, il est vrai, il l'a dressé d'une manière rudimentaire et incomplète ; ses rares allusions nous apprennent que, de son temps déjà, ces essais existaient, et il nous en indique les contours les plus généraux. Mais c'est tout. Nous essayerons d'en retrouver le contenu — d'une manière au moins approximative — dans les sources postérieures. Alors ce sera le moment de marquer plus exactement le degré de développement philosophique que dénotent ces tentatives. Mais nous ne nous séparerons pas d'Hésiode sans rendre le lecteur attentif à un côté de son exposition qui présente également un caractère plutôt spéculatif. Bon nombre des êtres qu'il introduit dans son œuvre et fait figurer dans ses généalogies n'offrent que peu ou rien de cette intensité de vie qui paraît propre aux créations de la foi naïve du peuple. On croira difficilement, par exemple, que les « discours mensongers » aient jamais été regardés sérieusement comme des êtres personnels. Et pourtant ils font partie des descendants d'Eris (la Querelle), parmi lesquels on rencontre aussi le « pénible travail », les « douleurs accompagnées de larmes », les « batailles et le carnage ». Il n'en est pas autrement des rejetons de la Nuit, auxquels appartiennent non seulement les figures relativement vivantes d'Eris, du Sommeil et de la Mort, des « Moîres », (personnifications de la destinée), mais encore de purs fantômes tels que la « Vieillesse funeste » et la « Tromperie », — cette dernière évidemment parce qu'elle craint la lumière ; la première uniquement parce que les choses qui nous affligent paraissent être du domaine de l'ombre. Ne parlons-nous pas aussi des *noirs* soucis et des *sombres* pensées ? En quelle mesure Hésiode dépendait-il encore en cela de ses prédécesseurs ? Il serait difficile de le dire. Peut-être pourtant y a-t-il lieu de voir dans ces abstractions le produit de sa propre pensée[1].

[1] Cf. Hésiode, *Théog.*, 224 sq.; ainsi que 211 sq. A part ce qu'il dit du « rédacteur » — qui peut fort bien avoir été Hésiode — O. Gruppe exprime un avis judicieux sur la descendance de la Nuit, dans *Die griechischen Kulte und Mythen*, I 571. Incomparablement plus vivantes que ces ombres d'Hésiode sont ces figures homériques que l'on pourrait facilement appeler allégoriques, par exemple *Atè* (l'Egarement) et les *Litai* (prières). Cf. en particulier *Iliade*, XIX 91 sq. et IX 502 sq.

CHAPITRE PREMIER

Les Philosophes naturalistes de l'Ionie[1].

I. Le problème de la matière. Matières primordiales ou fondamentales. — II. Thalès de Milet. Développement de la théorie de la matière. — III. Anaximandre de Milet. Sa théorie du ciel et sa théorie de la matière primordiale. Sa cosmogonie. Naissance des êtres organiques. Périodes cosmiques. — IV. Anaximène de Milet. Recul dans la théorie du ciel. — V. Héraclite d'Ephèse. Héraclite et la croyance populaire. Son mépris des hommes. Son originalité. Le feu primordial doué d'intelligence. La destruction périodique de l'univers par le feu. L'écoulement des choses. Relativité des propriétés. Coexistence des contraires. Déductions de la théorie de la relativité. Loi de l'opposition. Vues sociologiques d'Héraclite. Règne d'une loi universelle. Loi et raison universelles. Déductions morales. Héraclite, le Portique et l'époque actuelle.

I

L'essor fécond de la spéculation était subordonné à l'acquisition préalable de connaissances spéciales. Sur ce point, les Hellènes eurent la chance de recueillir un héritage. Lorsque le Chaldéen observait le cours des astres sur le ciel clair et transparent de la Mésopotamie, et arrachait aux éclipses des grands corps célestes la loi expérimentale de leur retour ; lorsque l'Egyptien mesurait son sol à la fois dévasté et fertilisé par le débordement du Nil, pour fixer la part d'impôt afférente à chaque domaine, et, dans ce but, créait un art qui impliquait

[1] Nous toucherons ici quelques questions d'une portée générale. Pour nous, la limite entre la philosophie et la science est flottante ; tous les essais qu'on a faits pour circonscrire nettement le domaine de la première nous paraissent également manqués. Les définitions traditionnelles de la philosophie sont ou trop larges ou trop étroites. En réalité, ou elles ne s'appliquent qu'à une partie de la philosophie (comme celle d'Herbart : « critique et reconstruction des concepts »), ou elles ne s'appliquent pas à celle-ci seulement. Car si l'on parle de la « science des principes » ou de la « recherche de l'essence des choses et des lois générales des phénomènes », on ne voit pas pourquoi les vérités fondamentales de la physique et de la chimie resteraient en dehors du domaine de ces définitions. Assurément, il y a une grande différence entre les questions de principe et les questions de détail des sciences. Mais on ne peut prétendre détacher les premières des sciences parti-

les débuts de la géométrie, l'un et l'autre, sans s'en rendre compte et sans le vouloir, préparaient le développement futur de culières et en réserver l'étude à une discipline indépendante qu'à la condition de croire que nous disposons, pour la solution des questions de principe, d'autres moyens de connaissance que pour la solution des questions de détail. Chaque science porte sa philosophie en elle-même. La philosophie du langage, par exemple, forme l'étage supérieur de la linguistique, et non pas un édifice indépendant et distinct de celle-ci. Quiconque voudrait, sous les termes de philosophie de la nature et du langage, entendre autre chose que les plus hautes généralisations de ces sciences risquerait aujourd'hui de n'être pas pris au sérieux par ceux qui les cultivent. L'étude du développement historique peut seule ici procurer la clarté. Par sa nature même, la philosophie était une science universelle, et, au point de vue des Anciens, une force dirigeant et déterminant la vie. Dans la mesure où les branches séparées de la science gagnent en étendue, dès surtout qu'elles sont capables de remplir tout à fait la carrière d'un savant, elles se cristallisent pour ainsi dire dans l'eau mère et deviennent des disciplines spéciales. On pourrait croire que l'antique science universelle est destinée à se décomposer tout à fait, dans le cours du temps, en sciences particulières. Ce serait pourtant prétendre trop. Car il restera toujours deux choses : 1° les éléments de savoir communs à toutes les disciplines, c'est-à-dire la théorie de la connaissance et celle des méthodes au sens le plus large ; 2° les essais occasionnels, mais assez rares, tentés par des esprits supérieurs pour rassembler les résultats les plus hauts de nombreuses disciplines, si possible de toutes, les sommets, pour ainsi dire du savoir total, et pour en former un seul tout sur lequel fonder une vue du monde et de la vie. (L'essai qui se rapproche le plus de notre conception se trouve dans l'introduction de Wundt à son *Système de Philosophie*, Leipzig 1889.) Dans le présent ouvrage, le sujet a été restreint aux limites imposées par l'espace, par les connaissances dont disposait l'auteur, et par celles qu'il pouvait supposer chez ses lecteurs.

Nous ne nous étendrons pas longuement sur la division chronologique de notre sujet. Les diverses écoles et les groupes d'écoles feront tour à tour l'objet de notre étude, sans introduction spéciale. La division la plus judicieuse de l'histoire de la civilisation antique, et par conséquent aussi de la science et de la philosophie antiques, est sans doute celle qu'a proposée Paul Tannery, *Pour l'histoire de la science hellène*, pp. 1-9. L'espace qui s'étend de l'an 600 environ avant J.-C. jusqu'à l'an 600 environ après J.-C., est réparti par lui en quatre périodes de trois siècles chacune, approximativement, qu'il appelle périodes *hellène, alexandrine, gréco-romaine* et de la *décadence* ou des *commentateurs*. La première part du début de la littérature en prose et va jusqu'à l'époque d'Alexandre ; la deuxième d'Alexandre au siècle d'Auguste, la troisième jusqu'à Constantin, la quatrième jusqu'à Justinien, ou — comme Tannery le préfère — jusqu'à Héraclius. Cette division a pour elle de coïncider avec les phases réelles du développement de la culture ; mais on peut lui reprocher la grande inégalité de valeur — au moins en ce qui concerne l'histoire de la philosophie — des quatre périodes ainsi délimitées. En effet, la première période revendique à peu près les deux tiers du récit que nous nous proposons de faire, tandis que la seconde et le commencement de la troisième doivent trouver place dans le dernier tiers, où nous nous contenterons de jeter quelques coups d'œil sur la quatrième. Un autre point de vue, digne d'être pris en considération, est celui qu'expose Diogène Laërce, III 56, modifié par I 18. L'élargissement progressif de la philosophie est comparé par lui à celui de la tragédie, qui a possédé d'abord un, puis deux et enfin trois acteurs. Ainsi, au début, les penseurs ne s'occupaient que de physique ; Zénon d'Élée y ajouta la dialectique, et enfin Socrate compléta le champ de leurs recherches en y faisant entrer la morale. Une comparaison aussi ingénieuse méritait d'être mentionnée ; et pourtant elle n'est pas absolument exacte en elle-même, ni applicable comme principe de division, et cela pour des motifs qui se présentent d'eux-mêmes à l'esprit. La grande figure de Socrate ne représente pas pour nous un couronnement, mais bien la transition entre deux époques principales. Car, dès son apparition, la philosophie ne se meut pas dans des voies absolument nouvelles, mais dans des voies différentes. La prépondérance de la philosophie naturelle fait place désormais à celle de l'éthique.

la science hellénique. En cela encore, on peut reconnaître une des faveurs — et la plus grande peut-être — que la destinée

Un mot maintenant au sujet des buts auxquels doit tendre l'étude historique de la philosophie antique. Ce sont les buts de l'étude historique en général, modifiés par la nature particulière de ce sujet scientifique. L'intérêt historique découle de trois puissants mobiles : de la joie naïve que procure la connaissance du passé, surtout dans ce qu'il a eu de grand, de magnifique ; du désir d'utiliser ou d'appliquer les leçons que l'on peut puiser dans cette connaissance ; enfin du besoin purement scientifique et désintéressé de connaître, qui, dans les questions historiques, aspire à pénétrer les lois de l'évolution. Sur le premier et le troisième de ces mobiles, il y a beaucoup à dire dans le cas particulier qui nous occupe ; mais il y a davantage encore à dire sur le second. En présence des immenses progrès que les sciences ont faits dans le cours de tant de siècles, on peut se demander s'il y a un profit quelconque à retirer de l'étude des pensées et des doctrines d'une époque aussi éloignée. Pour dissiper ce doute, il y aurait lieu de rappeler que ces progrès n'ont nullement été les mêmes dans tous les domaines ; qu'ils ont été incomparablement moindres dans celui des sciences morales que dans celui des sciences naturelles ; que, même en ce qui touche à ces dernières, certaines questions fondamentales attendent encore leur solution, et que les problèmes les plus généraux et les plus difficiles ont, sans doute, souvent changé d'aspect, mais sont restés les mêmes dans leur principe. Mais il est infiniment plus important de rappeler qu'il y a un moyen *indirect* d'utilisation ou d'application, et que ce moyen a la plus haute signification dans le cas qui nous occupe. Presque toute notre culture intellectuelle est d'origine grecque. La connaissance approfondie de ces origines est la condition indispensable de notre affranchissement de son influence par trop puissante. L'ignorance du passé, en pareil cas, non seulement n'est pas souhaitable ; c'est tout simplement une impossibilité. On peut n'être pas renseigné sur les doctrines et les ouvrages des grands maîtres de l'antiquité, d'un Platon et d'un Aristote ; on peut n'avoir pas même entendu prononcer leurs noms ; on n'en est pas moins dominé par leur autorité. Non seulement leur influence s'étend sur nous par l'intermédiaire de leurs successeurs antiques ou modernes ; mais l'ensemble de notre pensée : les catégories dans lesquelles elle se meut, les formes de langage dont elle se sert et qui, par suite, la gouvernent — tout cela est en grande mesure un produit artificiel, et avant tout la création des grands penseurs du passé. Si nous ne voulons pas prendre le devenu pour le primordial, l'artificiel pour le naturel, nous devons nous efforcer de connaître à fond le processus de ce devenir. Auguste Comte a dit : « On ne détruit que ce qu'on remplace. » A côté de cette maxime, d'une valeur absolue dans le domaine pratique, on peut placer celle-ci, qui s'applique au domaine théorique : « On ne réfute que ce qu'on explique. »

Quelques mots maintenant sur les sources principales de notre connaissance. Une très faible partie seulement des œuvres des grands penseurs originaux de l'antiquité nous est parvenue. Nous possédons celles de Platon dans leur intégrité ; la moitié de celles d'Aristote, à savoir les écrits destinés à son école, mais non pas les ouvrages populaires qu'il composa exclusivement ou presque exclusivement sous forme de dialogues ; puis un certain nombre de petits morceaux d'Epicure, qui forment un volume bien moindre ; enfin les *Ennéades* du néo-platonicien Plotin. Le reste se compose ou de fragments ou d'ouvrages de disciples, de continuateurs, de collectionneurs, de commentateurs, d'analystes. Toute la philosophie présocratique ne forme qu'un champ de débris. A part Platon et Xénophon, le Socratisme, en dépit de ses nombreux rameaux, n'a laissé non plus que des ruines ; de même la moyenne et la nouvelle Académie, le Néo-Pythagorisme ; l'ancien et le moyen Portique, et, à part le poème didactique de Lucrèce, la littérature épicurienne. Toutefois cette dernière, grâce à la cendre protectrice d'Herculanum, nous est connue par de nombreux et considérables fragments. De toutes les écoles, c'est le nouveau Stoïcisme qui a été le mieux traité par le sort. Sénèque, Epictète et Marc Aurèle nous parlent encore comme ils parlaient à leurs contemporains. Les doctrines et les démonstrations des Sceptiques nous sont parvenues d'une manière assez complète, grâce à l'analyse étendue que nous a donnée un écrivain postérieur, Sextus Empiricus ; nous connaissons de même la philosophie religieuse alexandrine par les ouvrages originaux de Philon. Nous réservons

accordait au peuple grec. Les premiers pas dans la voie de la recherche scientifique — pour autant que nous permettent de l'affirmer nos connaissances historiques — ne se sont jamais faits que dans les pays où une classe organisée de prêtres ou

pour plus tard de plus amples détails. Nous en avons assez dit pour que le lecteur saisisse l'importance de la tradition indirecte.

Il faut distinguer, dans cette tradition, deux éléments principaux : la doxographie et la biographie, c'est-à-dire les indications relatives aux doctrines et celles relatives à la vie des philosophes. Les premières sont maintenant réunies, pour l'essentiel du moins, dans le remarquable ouvrage d'Hermann Diels, les *Doxographi græci* (Berlin 1879). Il a été démontré que la source principale de toutes les collections doxographiques postérieures, — pour autant du moins qu'on tient compte de la *physique* au sens antique et compréhensif de ce mot — se trouve dans un ouvrage historique de Théophraste (Φυσικαὶ δόξαι.) De nombreux écrivains y ont puisé soit directement, soit indirectement, entre autres Cicéron et Aétius (entre 100 et 130 ans après J.-C.), dont nous possédons l'ouvrage sous diverses formes. L'une d'elles est l'ouvrage intitulé *Placita philosophorum* et faussement attribué à Plutarque ; une seconde est constituée par les morceaux relatifs à la physique du *Florilegium* de Johannès Stobæos (vers 500 après J.-C.); une troisième se trouve chez un écrivain ecclésiastique, Théodoret, qui vivait vers le milieu du Vme siècle. C'est sur l'ouvrage doxographique de Théophraste que repose en outre indirectement une autre et très importante source, à savoir la *Réfutation de toutes les hérésies*, du prêtre Hippolytos (commencement du IIIme siècle). Le premier livre était depuis longtemps connu sous le titre spécial de *Philosophoumena* et attribué à Origène ; en 1842, on découvrit les livres 4 à 10, qui firent connaître aussitôt le nom du véritable auteur.

L'élément essentiellement biographique de la tradition s'est surtout concentré dans un grand recueil, qui est l'œuvre de Diogène Laërce. Diogène est un écrivain tout à fait médiocre ; ce qui le caractérise, c'est une étonnante nullité de pensée. Malgré cela, son œuvre, composée ou plutôt compilée sans doute dans le premier tiers du IIIme siècle, après J.-C., est pour nous d'une inestimable valeur. Usener croit en avoir reconnu la source immédiate et principale dans l'ouvrage d'un écrivain du temps de Néron, Nikias, de Nicée en Bithynie. Ce dernier a, dans tous les cas, puisé dans une littérature extrêmement riche, dont les sources les plus reculées furent les biographies de philosophes rédigées d'abord sous forme de « diadochies », c'est-à-dire de « successions », ou d'histoires des diverses écoles, par Sotion d'Alexandrie, qui vivait vers la fin du IIIme siècle avant J.-C. (Deux échantillons de ce genre historique nous ont été dernièrement restitués ; ils sont dus à la plume de l'épicurien Philodème.) Le résidu de l'abondante littérature qui s'est développée dans les quatre siècles qui séparent Diogène Laërce de Sotion se trouve dans l'œuvre de ce compilateur.

Dans chaque section de notre ouvrage, nous indiquerons les sources principales et les recueils de fragments les plus importants qui s'y rapportent; quant aux monographies modernes, ou aux travaux d'ensemble, nous n'en parlerons que dans les limites marquées par notre préface. On trouve la bibliographie la plus complète dans le *Grundriss der Philosophie des Altertums* de Ueberweg-Heinze, et la discussion la plus étendue et la plus approfondie de toutes les questions en rapport avec le sujet dans l'ouvrage capital d'Edouard Zeller, *Die Philosophie der Griechen* (dont la traduction française restera malheureusement inachevée; les volumes traduits ont d'ailleurs paru depuis en de nouvelles éditions considérablement modifiées. A. R.). A consulter aussi la *Geschichte der Philosophie*, de Windelband, où est résumé l'ensemble de ce vaste sujet. Parmi les ouvrages un peu anciens, mais non encore vieillis, il convient de citer surtout le *Handbuch der Geschichte der griechisch-römischen Philosophie*, de Christ.-Aug. Brandis. Il n'existe pas encore de collection de l'ensemble des fragments philosophiques, ni même, pour une bonne partie d'entre eux, de travail qui réponde aux plus modestes exigences. L'*Historia philosophiæ græcæ*, de Ritter et Preller (8e éd. 1898, Wellmann) en tient lieu provisoirement

de savants réunissait à d'indispensables loisirs la non moins indispensable stabilité de la tradition. Mais, là même, les premiers pas ont souvent été les derniers, parce que les doctrines scientifiques ainsi acquises s'y sont trop souvent cristallisées en dogmes immuables, en s'amalgamant avec des croyances religieuses. Les lisières dont l'enfant ne peut se passer deviennent une chaîne qui entrave et paralyse les mouvements de l'homme. Par une heureuse dispensation du sort qui devait assurer son libre progrès intellectuel, le peuple grec a eu des prédécesseurs qui possédaient des corporations de prêtres, mais lui-même en a toujours manqué. Ainsi le futur promoteur du développement scientifique de l'humanité était en même temps en possession des avantages et à l'abri des inconvénients qui résultent de l'existence d'une classe sacerdotale. Appuyé sur les travaux préliminaires des Egyptiens[1] et des Babyloniens, le génie hellénique a pu prendre son essor libre de toute contrainte, et s'élancer d'un seul vol jusqu'aux plus hauts sommets. Créateur de la science proprement dite, de la science généralisatrice, il s'est trouvé entre les deux peuples qui l'y ont conduit en lui préparant et en lui fournissant les matériaux nécessaires dans une situation qui rappelle celle de Goethe entre Lavater et Basedow : « Prophete rechts, Prophete links, das Weltkind in der Mitten. » Prophète à droite, prophète à gauche, le laïque au milieu.

Le développement des connaissances physiques, l'accroissement, dans ces siècles reculés, de l'empire que les Grecs exerçaient sur la nature, produisirent une double série de conséquences. Dans le domaine religieux, la conception qui faisait de l'univers le théâtre tumultueux de volontés capricieuses et sans nombre, se croisant et se contrecarrant sans cesse, se vit de plus en plus sapée ; l'intelligence toujours grandissante que l'on eut de l'action des lois dans le cours des choses amena la subordination des nombreux dieux particuliers à la volonté souveraine d'un chef suprême. Le polythéisme tendit de plus en plus au monothéisme, évolution dont les phases suc-

---

[1] La géométrie égyptienne nous est mieux connue maintenant grâce au papyrus Rhind, publié par A. Eisenlohr, Leipzig 1877, sous le titre de *Ein mathematisches Handbuch der alten Aegypter*. Voyez aussi Bretschneider, *Die Geometrie und die Geometer vor Euklides*, pp. 16-20. — Cf. Hérodote, II 109; Arist. *Métaph.*, I 1; Platon, *Phèdre*, 274 c. Hérodote, loc. cit., affirme que les Grecs ont emprunté aux Babyloniens les instruments astronomiques élémentaires. Au sujet de la prédiction des éclipses par les Babyloniens, cf. Lenormant, *La divination chez les Chaldéens*, I 46, ou J. Ménant, *La bibliothèque de Ninive*, pp. 93 sq.

cessives nous occuperont plus loin. Mais la connaissance plus exacte, l'observation approfondie des phénomènes naturels poussa en même temps à des spéculations sur la constitution des agents matériels ; le monde des dieux, des esprits et des démons ne fut plus seul à fasciner les yeux des chercheurs. La cosmogonie commença à se dégager de la théogonie. Le problème de la matière passa au premier plan des préoccupations. Y a-t-il autant de matières différentes en leur essence que tendent à nous le faire croire les différences sensibles des choses ? Ou bien est-il possible de ramener cette infinie pluralité à un nombre plus petit, peut-être très petit, sinon même à l'unité ? La plante tire sa nourriture de la terre, de l'air et de l'eau ; elle sert d'aliment à l'animal ; les restes et les excréments de celui-ci, à leur tour, lui tiennent lieu d'engrais jusqu'à ce que, finalement, comme le corps de l'animal, elle se décompose. Ces éléments qui se meuvent dans une perpétuelle circulation seraient-ils essentiellement étrangers les uns aux autres ? Ou ne résulteraient-ils pas plutôt de la simple transformation de matières primordialement homogènes, ou même d'une seule matière ? Plutôt que du simple vide, du chaos ou du néant, le monde n'est-il pas sorti d'une telle matière, et n'y rentre-t-il pas ? Est-il possible de reconnaître une loi générale dans cette série de métamorphoses, et de la formuler ? Telles étaient les questions que commençaient à se poser les esprits méditatifs, prêts à aborder la science positive.

En vérité, si étonnant que cela puisse sembler, un germe de spéculations analogues se trouve déjà dans les poèmes homériques. Il nous suffira de rappeler les passages où l'eau et la terre sont désignées comme les éléments dans lesquels se résout le corps humain ; et surtout ceux où Okéanos est envisagé comme la source primordiale de toutes choses, ou bien encore, associé à la déesse marine Téthys, comme le couple dont sont issus tous les dieux[1]. Ici se rencontraient les derniers échos du fétichisme primitif avec les premiers appels de la science positive. Mais, maintenant, ces conceptions se dépouillent de toute enveloppe mythique ; mieux encore, elles sont poursuivies avec une implacable rigueur, et jusqu'à leurs dernières conséquences. Deux propositions essentielles de la chimie moderne font leur apparition, importantes prises sépa-

[1] *Iliade*, VII 99 : ἀλλ' ὑμεῖς μὲν πάντες ὕδωρ καὶ γαῖα γένοισθε et *Iliade*, XIV 211 et 246. Voyez aussi *Genèse*, I 3, 19.

rément, doublement importantes par leur réunion : l'existence des éléments de la matière, l'indestructibilité de celle-ci. Une double série de considérations amena à la seconde de ces thèses. Si la matière pouvait, comme le montrait le cycle de la vie organique, sortir intacte de si multiples transformations, n'était-il pas bien naturel de se dire qu'elle était absolument indestructible, et qu'elle ne s'évanouissait jamais qu'en apparence ? D'autre part, l'observation attentive montra que, même dans les cas où tout semble faire supposer un réel anéantissement, on ne se trouve pas en présence d'un passage de la matière au non-être. L'eau que l'on fait bouillir n'engendre-t-elle pas de la vapeur ? Les corps solides que l'on brûle ne donnent-ils pas naissance à de la fumée, et ne laissent-ils pas des cendres ? Nous constatons ici une géniale anticipation sur les doctrines modernes, dont la vérité n'a été démontrée, balance en main, que par les grands chimistes du XVIIIme siècle, et notamment par Lavoisier. Mais il y a plus : la spéculation des « physiologues » ioniens a dépassé sur un autre point les résultats de la science actuelle. Le vol hardi de leur pensée ne s'est pas arrêté à la conception d'une multiplicité d'éléments indestructibles ; il les a portés à admettre que toute pluralité matérielle découle d'une seule matière primordiale. En cela — c'est bien le cas de le dire — l'inexpérience était la mère de la sagesse. Le désir de simplifier, une fois éveillé, ressemblait à une pierre mise en mouvement, qui roule toujours plus loin jusqu'à ce qu'un obstacle vienne l'arrêter. De l'innombrable, il les conduisit à la pluralité limitée, et de celle-ci à l'unité. Il ne fut pas gêné dans sa route ; des faits mal accommodants ne vinrent pas lui opposer des barrières et lui intimer l'ordre de faire halte. Et c'est ainsi qu'alors l'impétueuse naïveté de l'enfance formula une pensée qui, maintenant, triomphant de difficultés sans nombre, commence à réapparaître au ciel d'une science plus mûre et plus circonspecte. En effet, les plus avancés des savants de nos jours n'émettent-ils pas l'opinion que les soixante-dix ou quatre-vingts éléments que reconnaît la chimie actuelle ne représentent pas les résultats définitifs de l'analyse, mais seulement un arrêt momentané dans la voie de la décomposition progressive de la matière[1] ?

---

[1] J. Liebig écrivait à Fréd. Wöhler, le 15 avril 1857 : « Il peut paraître aventureux d'en parler seulement; toutefois on ne doit jamais perdre de vue que les métaux passent pour simples non pas parce que nous savons qu'ils le sont, mais parce que nous

II

Thalès de Milet[1] passe pour l'initiateur de tout ce mouvement. Cet homme extraordinaire était le produit d'un croisement de races ; le sang grec, le sang carien et le sang phénicien circulaient dans ses veines. Aussi était-il doué des aptitudes les plus diverses de la population de l'Ionie, et la tradition a entouré sa figure des couleurs les plus chatoyantes. Tantôt elle nous montre en lui le type du sage, étranger au monde, abîmé dans ses recherches, et qui se laisse tomber dans un puits en regardant les astres ; tantôt elle lui fait utiliser ses connaissances en vue d'un gain personnel ; une autre fois, s'il faut en croire ce qu'on nous raconte, il donne à ses compatriotes, les Ioniens de l'Asie-Mineure, un conseil étonnamment sage et prévoyant : il ne s'agissait de rien moins que de créer une institution absolument inconnue aux Grecs de cette époque, un état fédératif. Sans aucun doute, il était tout

---

ne savons pas qu'ils ne le sont pas. » (*Briefwechsel* u. s. w., II 43.) Herbert Spencer s'exprimait d'une manière tout à fait analogue dans un travail publié d'abord en 1865 et que l'on trouvera dans ses *Essays*, III 234 : « Ce que les chimistes appellent, par commodité, des substances élémentaires sont simplement des substances qu'ils n'ont pas réussi jusqu'ici à décomposer ; mais... ils n'osent pas dire qu'elles soient absolument indécomposables. » Cf. L. Barth dans l'*Almanach der kais. Akademie der Wissensch.*, Vienne, 1880, p. 224 : « En fait, il n'y a guère de chimiste qui tienne encore pour absolument sûre et certaine l'existence des 70 éléments (environ) actuellement connus ; tout spécialiste reconnaîtra qu'il est probable, pour ne pas dire certain, que ce nombre doit être réduit. » De même Lothar Meyer, *Die modernen Theorien der Chemie*, p. 133, 4ᵉ éd. : « Il est parfaitement concevable que les atomes de tous les éléments ou de beaucoup d'entre eux se composent essentiellement de petites particules d'une seule matière primordiale, peut-être d'hydrogène. » — L'histoire de cette hypothèse, qui a été formulée par Prout en 1815, est esquissée dans l'ouvrage de Meyer.

[1] Sources principales : Diog. Laërce, I ch. 1, et *Doxographi graeci*, passim. Hérodote, I 170, nous dit que Thalès était d'origine phénicienne (τὸ ἀνέκαθεν γένος ἐόντος Φοίνικος). Les objections qu'on a élevées dernièrement contre cette affirmation, et qui ont été résumées en dernier lieu par E. Meyer (*Philolog.* N. F., II 268 sq.) reviennent à dire qu'il est *possible* qu'Hérodote se soit trompé. Mais comme nous ne connaissons absolument pas la source de son renseignement, et que, a priori, il est extrêmement improbable que les Grecs se soient plu à faire de leurs grands hommes des étrangers, il nous paraît que, de cette *possibilité* à la *certitude*, il y a une distance bien grande. La mère de Thalès portait un nom grec (Kléobuline) ; le père s'appelait Examyès, d'un nom carien. (Cf. Diels, *Arch. f. Gesch. d. Philos.*, II 169.)

Passages principaux relatifs à ce qui suit : Platon, *Théétète*, 174 a ; Hérodote I 170 (le récit qu'il nous fait à I 75 est très douteux). Sur Thalès en Égypte, voir la très importante *Histoire de la Géométrie* d'Eudème (un camarade de Théophraste), dans *Eudemi Rhodii quæ supersunt*, colleg. L. Spengel, p. 113 sq. Sur la tentative de Thalès pour expliquer la crue du Nil, voir Diog. Laërce, I 37 ; Diodore, I 38 entre autres. Sur Thalès comme géomètre, cf. Allman, *Greek geometry from Thales to Euclid*, p. 7 sq.

ensemble marchand, homme d'Etat, ingénieur, mathématicien et astronome. Il avait acquis sa grande culture dans des voyages lointains : il était allé jusqu'en Egypte, où l'énigme des crues du Nil l'avait préoccupé. Le premier, il a fait de l'art rudimentaire de l'arpentage — où les Egyptiens ne voyaient que le moyen de résoudre tel ou tel problème donné — la géométrie déductive proprement dite, fondée sur des propositions générales. Une des démonstrations élémentaires de cette science porte encore aujourd'hui son nom. On rapporte, et le fait n'a rien en soi d'incroyable, qu'il indiqua à ses maîtres égyptiens le moyen, vainement cherché par eux, de mesurer la hauteur des monuments les plus merveilleux et les plus élevés de leur pays, les Pyramides. Il leur fit observer qu'à l'heure où l'ombre d'un homme ou d'un objet quelconque est égale à leur grandeur réelle, l'ombre des Pyramides ne pouvait ni dépasser leur hauteur véritable, ni lui être inférieure. A la science babylonienne — avec les éléments de laquelle il avait pu se familiariser à Sardes[1] — il emprunta la loi du retour périodique des éclipses, qui lui permit de prédire, au grand étonnement de ses compatriotes, l'éclipse totale de soleil du 28 mai 585. Car il est impossible qu'il ait pu arriver à ce résultat théoriquement, vu l'idée enfantine qu'il se faisait de la forme de la terre : celle d'un disque plat reposant sur l'eau[2]. Ses connaissances météorologiques eurent vraisemblablement la même origine[3]. On sait qu'il les fit servir à des buts pratiques, que, grâce à elles, il put prévoir une récolte d'olives particulièrement abondante, louer de nombreux pressoirs et réaliser ainsi un sensible profit. Les notions astronomiques qu'il acquit servirent les navigateurs de sa patrie, qui alors parcouraient les mers et faisaient le commerce avec beaucoup plus d'ardeur que

---

[1] La Lydie était sous l'influence de la civilisation babylonico-assyrienne. C'est ce dont témoignent : l'arbre généalogique de sa dynastie, qui remonte au dieu Bel ; beaucoup de traits de l'histoire légendaire, et surtout le protectorat de l'Assyrie sur les rois Gygès et Ardys, que nous font connaître les inscriptions cunéiformes. Il n'est pas douteux que les Ioniens, avides de science comme ils l'étaient, et voisins de la magnifique capitale de Sardes, qu'ils visitaient (Hérod., I 29), ne s'y soient familiarisés avec les éléments de la culture babylonienne. Cf. Georges Radet, *La Lydie et le monde grec au temps des Mermnades*, Paris 1893. L'éclipse de soleil prédite par Thalès est le n° 1480 du *Canon des Éclipses* de Th. von Oppolzer (*Denkschr. der math.-naturwiss. Classe der kais. Akademie der Wissensch.*, Bd. 52). Sur Thalès comme astronome, cf. Sartorius, *Die Entwickelung der Astronomie bei den Griechen* (Halle 1883).

[2] Sur la forme de la terre, cf. Aristot. *de cælo*, II, 13 et Doxogr. gr. 380, 21.

[3] Les prévisions météorologiques, comme celle que mentionne Aristote, *Politique*, I, 11, sont fréquentes « dans le grand traité astrologique », dit Lenormant, loc. cit.

tous les autres Grecs. Il leur fit voir que, de toutes les constellations, la Petite Ourse est celle qui indique le plus exactement le Nord. Qu'il ait écrit des livres, cela reste incertain ; il n'est guère probable qu'il ait fait connaître de cette manière sa doctrine sur l'essence des choses[1]. Car Aristote la connaît, mais il ignore sur quoi Thalès la fondait, et il en parle d'une façon purement conjecturale[2]. La nourriture des plantes et des animaux est humide, et la chaleur de la vie se dégage de l'humidité ; d'autre part, la semence des plantes et des animaux est constituée d'éléments humides ; tels sont, suivant Aristote, les motifs qui ont conduit Thalès à déclarer que l'eau, principe de tout ce qui est humide, est aussi la matière primordiale. Ces considérations l'ont-elles en effet déterminé ? Ou bien — et dans ce cas en quelle mesure ? — a-t-il été influencé par des spéculations plus anciennes, grecques ou étrangères ? Cela est aussi peu clair pour nous, à l'heure actuelle du moins, que son attitude à l'égard de la religion[3].

La doctrine de la matière primordiale admettait et devait

---

[1] Les écrits attribués à Thalès étaient déclarés apocryphes déjà dans l'antiquité, d'après Diog. Laërce, I 23.

[2] Aristote, Métaph., I 3. Dans le de Anima, I 2, Aristote, sur la foi de données traditionnelles (ὡς ἀπομνημονεύουσι), lui fait dire que l'aimant possède une âme. Si le renseignement est exact, nous nous trouvons en présence d'un reste de conceptions proprement fétichistes ou primitives. L'opinion attribuée à Thalès par Aristote dans le même traité (I 5), à savoir que « tout est plein de dieux », est attribuée ailleurs (Diog. Laërce, VIII 32), à Pythagore : « L'air, aurait dit ce dernier, est plein d'âmes, et celles-ci sont appelées héros et démons. » Ceci encore est un élément de la religion naturaliste la plus primitive, qui se retrouve aujourd'hui encore chez les Finnois, chez les Khonds de l'Inde et chez les Algonquins de l'Amérique du Nord ; cf. Tylor, Civil. primitive, II 169, 170 sq. 172, 187 sq. Est-on en droit de supposer qu'ici Thalès a été influencé par les conceptions religieuses des Babyloniens, identiques aux conceptions accadiennes, qui admettent des esprits innombrables, dont Lenormant a essayé d'établir la parenté avec les esprits des Finnois dans La Magie chez les Chaldéens ? (cf. le registre s. v. Esprits).

[3] La conception de Thalès : une terre flottant, comme un disque de bois, sur l'eau ; et un univers rempli de matière primordiale, c'est-à-dire envisagé comme une masse liquide, s'accorde, comme le fait voir Tannery, Pour l'histoire de la science hellène, pp. 70 sq., en une certaine mesure avec l'idée égyptienne de l'eau primordiale Nun, divisée en deux masses séparées. Les anciens Babyloniens admettaient pareillement un Océan supérieur et un Océan inférieur ; cf. Fritz Hommel, Der babylonische Ursprung der ægyptischen Kultur, Munich 1892, p. 8. On peut comparer aussi avec le livre de la Genèse, 1 7. La concordance entre la doctrine fondamentale de Thalès et celle de la secte mi-juive des Sampséens reste tout à fait obscure ; cf. Hilgenfeld, Judentum und Judenchristentum, p. 98, d'après Epiphan. Haeres, 19, 1 ; cf. aussi Plutarque, sur les Syriens, Quæst. conviv., VIII 8, 4 (Mor., 891, 7 sq., Dübner). La tendance actuelle est de considérer Thalès comme un simple intermédiaire entre étrangers et Grecs ; cette tendance a pourtant contre elle la façon dont notre meilleure autorité, Eudème, op. cit., parle des travaux géométriques de Thalès et du rapport dans lequel ils se trouvent avec la mathématique égyptienne.

provoquer un triple développement. La place que Thalès attribuait à l'eau dans la hiérarchie des matières ne pouvait rester incontestée. D'autres, parmi les plus répandues, particulièrement la plus fluide d'entre elles — l'air, — et la plus plus puissante — le feu, — devaient trouver des partisans et des champions. En outre, la pensée devait s'imposer à la pénétration d'un esprit génial, qu'il fallait chercher la forme primitive de la matière plutôt au dessous et au delà de ses formes actuelles et sensibles que dans le cercle de celles-ci. Enfin cette théorie renfermait un germe de scepticisme qui, tôt ou tard, devait acquérir son plein développement. Car si, pour Thalès, elle signifiait peut-être ceci seulement : que toutes choses sortent de l'eau primordiale et y rentrent, elle ne pouvait manquer de prendre peu à peu une signification plus étendue, à savoir que la forme primitive de la matière est seule vraie et réelle, et que toutes les autres peuvent n'être que de simples et trompeuses illusions. Et du moment que l'on admettait que le fer ou le bois, par exemple, ne sont pas véritablement du bois ou du fer, mais de l'eau ou de l'air, était-il possible que le doute, éveillé sur la vérité du témoignage des sens, en restât là ?

III

Anaximandre (né en 610) s'est engagé dans la seconde de ces voies[1]. Il était fils de Praxiadès, Milésien comme Thalès, probablement son ami et son disciple, et il peut être considéré comme le vrai créateur de la science de la nature en Grèce, et par suite en Occident. Le premier, il n'a pas craint d'aborder scientifiquement les graves questions de l'origine de l'univers, de la terre et de ses habitants. Vigoureux était en lui le sens de l'identité, la faculté de pénétrer des analogies profondément cachées ; puissant le désir de dégager de ce qui tombe sous les sens ce qui se dérobe à leur perception. Sans doute, ses tentatives sont souvent enfantines, pleines de tâtonnements, mais sa personnalité n'en commande pas moins le respect, car il a ouvert des voies et frayé des sentiers. Mal-

---

[1] Sources principales : Diog. Laërce II, ch. 1 (très incomplet) et *Doxogr. gr.* Une petite phrase citée par Simplicius (in Aristot). *Phys.*, 24, 13, Diels. (Ce zélé commentateur des œuvres aristotéliciennes, qui vivait au sixième siècle après J.-C., nous a conservé plus de fragments que n'importe quel autre écrivain de la littérature philosophique présocratique.) Enfin quelques mots cités par Aristote, *Phys.*, III 4.

heureusement, les renseignements que nous avons sur lui sont trop incomplets, trop décousus, trop souvent contradictoires, pour que nous puissions suivre la marche de sa pensée. Son traité *De la nature*, première exposition en prose de doctrines scientifiques qu'ait possédée la littérature grecque — et qu'elle ne perdit que trop tôt, hélas ! — était le fruit mûr d'une vie partagée entre les méditations profondes et le soin des affaires de l'État. Peu de temps seulement avant sa mort, à l'âge de soixante-trois ans (547) il se décida à publier cet ouvrage, dont il nous est parvenu quelques lignes, mais pas une seule phrase complète. Ses travaux préliminaires, qu'il couronna par cette dernière œuvre, étaient variés et du plus haut mérite. Il a la gloire d'avoir donné aux Grecs la première carte géographique et la première carte céleste. Pour établir sa carte terrestre, il mit en œuvre — n'ayant pas pris part lui-même à des voyages de découvertes — la somme des renseignements qui affluaient plus qu'en aucune autre partie de la Grèce dans sa patrie ionienne, point de départ de nombreuses expéditions par terre et par mer jusqu'aux limites du monde alors connu. Des cartes terrestres furent aussi établies dans l'ancienne Égypte, mais elles se bornaient à la reproduction graphique de districts isolés[1] ; l'idée d'une carte embrassant l'ensemble du monde était restée étrangère aux habitants de la vallée du Nil ; d'ailleurs, n'entreprenant pas de lointains voyages sur mer et ne possédant pas de colonies éloignées, ils n'avaient pas les matériaux nécessaires. La table d'Anaximandre, à ce que nous disent les anciens, représentait la terre comme entourant un bassin fermé, et comme entourée elle-même d'une mer extérieure. En fait d'instruments de recherches géographiques et astronomiques, le père de la géographie scientifique a sans doute connu le gnomon, invention des Babyloniens, qui consistait en une tige dressée sur un plan horizontal, et qui permettait de trouver, à n'importe quel jour et quelle saison, par la longueur et la direction de son ombre, le midi vrai de n'importe quelle localité, et suffisait à déterminer les quatre points cardinaux et les deux solstices[2]. D'après une tradition qui, il est vrai,

---

[1] Deux ont été conservées ; l'une représente un district minier, l'autre un territoire qu'il est impossible de déterminer. Erman, *Aegypten und ægyptisches Leben*, 619.

[2] Hérodote, comme nous l'avons déjà dit, nous apprend (II, 109) que le gnomon a été emprunté aux Babyloniens ; Diog. Laërce, loc. cit. parle de l'installation d'un de ces instruments à Sparte par Anaximandre, tandis que Pline, *Hist. nat.* II 76, 187, l'attribue à Anaximène. Sur ce qui suit, cf. Bretschneider, op. cit., 82.

indique une fois son nom, une autre fois celui de son successeur Anaximène, notre Milésien aurait établi un de ces instruments à Sparte. L'histoire de la science ne connaît pas en lui l'auteur de propositions mathématiques nouvelles, mais on lui attribue la composition d'un résumé des doctrines géométriques. Dans tous les cas, il ne manquait pas de culture mathématique, comme le prouvent ses indications — d'une interprétation peu sûre pour le moment — sur la grandeur des corps célestes[1]. Comme astronome, Anaximandre a le premier, et presque complètement, rompu avec les conceptions enfantines de la haute antiquité. Sans doute, la terre n'est pas encore pour lui une sphère ; mais elle n'est pas davantage un disque plat reposant sur une base et recouvert par la voûte céleste comme par une cloche. Il ne faisait plus, chaque soir, plonger le soleil dans les flots de l'Océan, et ne se le représentait pas revenant, par cette voie, de l'Occident à l'Orient. Si un mouvement constant et régulier devait expliquer le fait que le soleil et les autres astres émergent du ciel oriental, après avoir disparu au ciel occidental, il ne restait plus qu'une alternative : leur faire continuer au-dessous de la terre le mouvement circulaire qu'ils exécutent devant nos yeux au-dessus de l'horizon. Cette conception avait pour elle l'appui d'une observation : les constellations voisines du Pôle ne se couchent jamais, mais décrivent un mouvement circulaire. Par conséquent, l'hémisphère céleste que nous voyons ne devait être, en vérité, que la moitié d'une sphère complète. A la voûte qui se recourbe au-dessus de nos têtes, s'en oppose une seconde, creusée au-dessous de nos pieds. Ainsi la terre se voit privée de la base sur laquelle elle reposait jusqu'alors, et qui devait descendre à des profondeurs infinies ; désormais, elle plane librement dans l'espace. Au lieu d'un disque plat, on se la figure sous la forme d'un fragment de colonne ou d'un cylindre qui, pour garder un équilibre stable, doit avoir un diamètre notablement plus grand que sa hauteur. Le rapport de 3 à 1 remplissait la condition voulue, et se recommandait probablement au vieux penseur par sa simplicité. Mais comment expliquer que cette terre, semblable à un tambourin, pût ainsi rester suspendue dans le vide ? Anaximandre recourait pour cela à un raison-

---

[1] Au sujet de ces indications, cf. *Doxogr.*, 68, et aussi Diels dans l'*Archiv für Gesch. der Philos.*, X 228 sq. Sur la forme de la terre, cf. Hippolyte, I 6 ; *Doxogr.*, 559, 22 ; sur son état flottant, Arist. *de Cœlo*, II 13.

nement bien étrange : si elle reste ainsi immobile, c'est qu'elle est également distante de tous les points de la sphère céleste. Il résulte de là, d'une part, que la pesanteur, pour lui, ne pouvait pas se confondre avec la tendance vers le bas. D'autre part, la forme de la déduction nous fait voir en notre Milésien le premier précurseur de ces métaphysiciens qui préféraient appuyer la loi de l'inertie sur des motifs a priori que sur l'expérience[1]. « Un corps au repos, disait-on, ne peut se mettre en mouvement si une cause extérieure quelconque n'agit pas sur lui, car, pour le faire, il devrait se mouvoir de bas en haut ou de haut en bas, en avant ou en arrière, etc. » Mais comme il n'a aucun motif de faire l'un plutôt que l'autre, il ne saurait se mouvoir en aucun sens. Aussi Aristote, qui trouve l'argument du vieux penseur à la fois ingénieux et faux, compare-t-il cette terre immobile à un affamé qui devrait périr parce qu'il n'a pas de raison de toucher à l'un plutôt qu'à l'autre des mets qui l'entourent à égale distance. Cependant il est nécessaire de nous arrêter maintenant à l'essai de cosmogonie d'Anaximandre.

Nous avons déjà, à l'occasion de la théogonie hésiodique, fait connaissance avec la théorie du chaos primitif dans lequel se trouvait l'univers. Là, nous avons montré qu'on était arrivé à la conception du chaos par l'agrandissement infini du vide qui s'ouvre entre le ciel et la terre. En même temps, nous avons fait remarquer que, des trois dimensions de l'espace, ces penseurs primitifs n'en envisageaient qu'une, la hauteur ou profondeur, sans se soucier de ce qu'il pouvait en être des deux autres. Développée d'une manière logique, la même pensée devait, à la place d'une fente béante, poser l'espace illimité dans tous les sens, et cet espace, rempli de matière, Anaximandre le plaçait, en effet, au commencement de tout devenir[2]. Mais quelle était cette matière primordiale étendue à l'infini ? Aucune, pouvons-nous répondre, de celles que nous connaissons. Car ces matières qui, sans cesse et sans trêve, passent l'une dans l'autre et sortent l'une de l'autre, ne lui apparaissaient que comme des facteurs à titres en quelque sorte égaux — à ce point de vue du moins qu'aucune d'elles ne pouvait

---

[1] Stuart Mill, *Logique*, l. V, ch. 3 § 5.

[2] Anaximandre appelait sa matière primitive « l'infini » (τὸ ἄπειρον), et lui déniait toute différenciation matérielle ; c'est pourquoi Théophraste l'a appelée une matière indéfinie (ἀόριστος φύσις) ; cf. *Doxogr.*, 476, 18 et 479, 13.

revendiquer le rôle de productrice de toutes les autres. L'eau primordiale de Thalès, en particulier, se montrait parfaitement impropre à remplir cette fonction. Son existence n'implique-t-elle pas déjà, en effet, la chaleur, c'est-à-dire, selon les conceptions de cette époque, la *matière* de la chaleur ou le feu ? Car le solide est transformé en liquide par la fusion, c'est-à-dire par l'adjonction de *matière ignée*. L'élément aériforme, la vapeur d'eau, par exemple, est produit par l'action du feu sur le liquide. Ainsi le solide et l'igné seuls semblaient présider à toutes les formations particulières. Mais l'opposition qui régnait entre eux en faisait un couple dont les membres, se complétant naturellement, devaient venir simultanément à l'existence. Et, en effet, Anaximandre les faisait sortir par une « différenciation »[1] sous forme de « froid » et de « chaud » de la matière primordiale qui réunissait en elle toutes les propriétés particulières. Mais comment se représentait-il la formation de l'infinie variété des matières particulières ? Nous l'ignorons absolument. Toutefois on peut supposer qu'une différenciation ultérieure des formes fondamentales de la matière devait continuer le processus déjà décrit. Quoi qu'il en soit de ce point, les matières entraînées par un mouvement tourbillonnant se disposèrent les unes au-dessus des autres d'après leur densité. Le noyau intérieur fut formé par la terre, dont la surface était recouverte d'eau ; une couche d'air entourait celle-ci qui, à son tour, était environnée d'un cercle de feu « comme l'arbre est environné d'écorce[2]. » Ici se présentait à l'esprit systématique du Milésien un double problème. La terre constitue encore aujourd'hui le noyau de cette construction, l'air son enveloppe extérieure. Mais l'eau ne forme plus une couverture uniforme de la terre, et le feu n'est plus visible que sur des points isolés — nombreux, il est vrai, — du ciel. D'où provient, se demandait-il, ce bouleversement de la répartition primitive et régulière des matières de la terre ? Et voici comment il répondait à cette question. La mer actuellement existante n'est plus que le reste de la couche d'eau originelle ; l'évaporation par la chaleur du soleil en a réduit le contour dans le cours du temps. Cette opinion trouvait un appui dans les observations géologiques,

---

[1] Différenciations de la matière primitive : d'après Théophraste (*Doxogr.*, 133, 134).
[2] Comme « l'arbre d'écorce » : Pseudo-Plutarque, dans Eusèbe, *Praep. evang.*, I 8 (*Doxogr.*, 379, 15). Au sujet des faits utilisés dans ce qui suit, voyez *Doxogr.*, 133, 134, 342, 345, 381, 494, 495.

qui permettaient de constater un retrait de la mer[1] sur beaucoup de points du littoral méditerranéen. Qu'on eût observé la formation des deltas, ou qu'on eût ramassé des coquilles marines sur le continent, ce fut certainement de faits de cette nature qu'Anaximandre tira les conclusions importantes qui supportaient sa doctrine. Quant au cercle de feu, il devait, un jour, s'être disloqué ensuite de ce mouvement tourbillonnant. La même force, selon lui, entraîna aussi des masses d'air, qui, par là, se condensèrent et entourèrent les masses de feu. Les enveloppes d'air ainsi produites, qui cachaient les feux, Anaximandre se les représentait sous forme de roues, pourvues d'ouvertures analogues à la bouche d'un soufflet et desquelles le feu jaillit continuellement. Comment fut-il conduit à cette conception ? Nous croyons pouvoir répondre comme suit : le soleil, la lune et les étoiles tournent autour de la terre ; or des masses de feu circulant régulièrement dans l'espace ne répondaient à aucune analogie connue, tandis que la rotation de roues était chose d'observation quotidienne. Par là, les orbites abstraites étaient remplacées par des objets concrets, et le problème était considérablement simplifié. Aussi longtemps que les roues subsistaient et que durait la force d'impulsion qui leur était donnée, le cours des astres était assuré. Enfin les éclipses étaient expliquées par les obstructions auxquelles sont sujettes les bouches de la roue solaire et de la roue lunaire.

L'énigme de la création des êtres organisés a aussi préoccupé l'esprit fécond en ressources du Milésien[2]. Les premiers animaux doivent être sortis de la vase marine — c'est pour cette raison principalement sans doute que le corps de l'animal est composé d'éléments solides et d'éléments liquides, raison qui, nous l'avons déjà vu, faisait considérer l'eau et la terre

---

[1] Cf. Philon *de æternitate mundi*, c. 23-4 (d'après Théophraste).

[2] Énigme de la création organique : cf. *Doxogr.*, 135, 430 et 579; voir aussi Plutarque, *Quæst. conviv.*, VII 8, 4, avec l'excellente correction de Döhner : γαλεοί au lieu de παλαιοί. Mon collègue Ed. Suess m'a aimablement rendu attentif à deux points : 1° l'opinion d'Anaximandre, qui trouva plus tard une expression typique dans le mot *omne vivum ex aqua*, est considérée de plus en plus par les paléontologistes comme une vérité certaine. (Cependant la théorie de « l'origine pélagique » de toute vie est combattue en détail par Simroth, *die Entstehung der Landtiere*, Leipzig 1892. Mais même ce savant se rapproche de l'hypothèse d'Anaximandre — « vase marine » — p. 67 : « Dans la zone du littoral, se réunissent les trois facteurs de la vie, eau, air, et l'élément solide avec sa profusion de nourriture ».) 2° En cela, Anaximandre peut avoir été influencé surtout par cette observation que les grenouilles vivent d'abord dans l'eau sous forme de têtards (pourvus de branchies), et ne deviennent que graduellement aptes à vivre sur terre (par la formation de poumons).

comme ses éléments à l'époque homérique. Pourtant la richesse de la mer en êtres vivants de toute espèce, et la découverte de restes d'animaux marins fossiles peuvent avoir contribué à établir cette opinion. De plus, Anaximandre a prêté à ces animaux primitifs des peaux hérissées qu'ils auraient perdues en passant de la mer à l'habitat terrestre, hypothèse que peut lui avoir suggérée la métamorphose que subissent les larves de beaucoup d'insectes. Il est à peine douteux qu'il ait vu dans les descendants de ces animaux marins les ancêtres des animaux terrestres ; il aurait donc eu un vague pressentiment de la théorie moderne de la descendance. Il s'est prononcé d'une manière précise sur l'origine du genre humain. Faire sortir sans autre explication les premiers hommes de la terre, à la manière des mythologues, il en était empêché, surtout, à ce que nous savons, par une considération : le petit enfant a plus besoin que tout autre être de secours prolongés, et n'aurait pu conserver l'existence par les simples moyens naturels. C'est pourquoi Anaximandre se mit en quête d'analogies qui pussent résoudre cette énigme. Il en trouva une dans la croyance populaire : les requins, disait-on, avalent leurs petits, aussitôt les œufs éclos, les rejettent ensuite, et répètent cette opération aussi longtemps que le jeune animal n'a pas acquis la force nécessaire pour continuer à vivre de lui-même. D'une manière analogue, les ancêtres du genre humain auraient pris naissance dans l'intérieur du corps de poissons et ne les auraient quittés qu'une fois mûrs pour la vie. La croyance des Babyloniens à l'existence primitive de poissons-hommes[1] a-t-elle influencé notre philosophe ? C'est ce qu'il est impossible de décider, au moins pour le moment. Mais, de quelque façon qu'Anaximandre ait essayé d'expliquer la naissance des mondes, des formes de la matière, des êtres et des objets individuels, une chose était pour lui inébranlablement établie : c'est que tout ce qui est né est destiné à périr. Seule passait à ses yeux pour incréée et impérissable la matière primordiale, de laquelle tout est sorti et dans laquelle tout est appelé à rentrer. Cette conviction le remplissait d'une satisfaction à la fois religieuse et morale. Toute existence particulière lui apparaissait comme une usurpation ; les êtres qui se dépossèdent les uns les autres et s'anéantissent tour à tour

[1] Sur l'homme-poisson babylonien Oannès, cf. George Smith, *The Chaldean account of Genesis*, 39 sq.

« doivent encourir le châtiment et la peine d'après l'ordre du temps. » La destructibilité des choses individuelles, la caducité et la mortalité des êtres vivants, la circulation de la matière, s'amplifiaient dans son esprit et lui faisaient concevoir un ordre naturel général qui, pour lui, équivalait à un ordre légal universel. Tout ce qui existe, aurait-il pu dire avec Méphistophélès, est digne de périr. Seule, la matière éternelle, douée d'énergie, immortelle et toujours jeune, lui apparaissait comme divine. Divins encore, mais, en tant qu'êtres devenus et par conséquent aussi périssables, dieux de second ordre[1], étaient pour lui les mondes ou les cieux particuliers qui, les uns après les autres, peut-être aussi les uns à côté des autres, jouissent d'une existence relativement longue, mais toujours temporaire. Par quels processus ils rentrent toujours dans le sein maternel de la matière primitive, le philosophe ne nous le dit pas, mais on peut le supposer. De même que des différenciations de l'essence primordiale les ont appelés à l'existence, ce sont les mélanges et les combinaisons des matières qui, dans le cours de longues périodes, mettent un terme à toute existence particulière, et, petit à petit, ramènent tout à l'unité indistincte de l'essence primitive. Mais seulement, sans doute, pour que celle-ci emploie l'inépuisable énergie vitale dont elle est douée à provoquer sans cesse de nouvelles éclosions, et son invincible puissance à provoquer des destructions nouvelles.

IV

Le troisième des grands Milésiens, Anaximène, fils d'Eurystratos, (mort entre 528 et 524) est rentré dans la voie ouverte par Thalès[2]. Au lieu de l'eau, c'est l'air qui, pour lui, est le principe primordial ; c'est de l'air que se forme tout, « ce qui était, ce qui est, et ce qui sera[3] ; » et l'air prend

[1] Dieux de second rang: cf. Cic. *de Nat. deorum*, I 10, 25 (où, soit dit en passant, ce que dit Cic. de Thalès est en contradiction flagrante avec la description que fait Aristote du développement de la philosophie dans la *Métaphysique*, I 1-5, et par conséquent tout à fait incroyable), et aussi *Doxogr.*, 302, 579 et Simplic. *Phys.*, 1121, 5, sq. Diels. — Le bouddhisme admet des dieux périssables aussi bien que des mondes périssables. (*Buddhistischer Katechismus*, Brunswick, 1888, pp. 27 et 54).
[2] Sources principales : Diog. II, ch. 2 ; Théophraste, dans Simplic. *Phys.*, 24, 26 Diels ; Hippolyte, I 7 (*Doxogr.*, 476 et 560).
[3] Ces mots semblent appartenir à Anaximène lui-même ; cf. Philodème, *Sur la piété* (édition Gomperz) p. 65, complétée par Diels, *Doxogr.*, 532, et Hippolyte, op. cit. (*Doxogr.*, 560, 14).

si bien la place de l'élément détrôné que maintenant c'est lui qui sert de support à la terre, considérée de nouveau comme un disque plat. La préférence qu'Anaximène accordait à l'air n'est pas précisément difficile à expliquer. C'est évidemment par sa plus grande mobilité et sa plus grande diffusion qu'il paraissait mériter de l'emporter sur l'élément liquide. Anaximène lui-même insiste expressément sur la première de ces propriétés dans le seul fragment que nous possédions de l'ouvrage qu'il avait composé en une prose « simple et sans prétention. » Et comme la matière — d'après la doctrine commune à tous les penseurs que l'on nomme les physiologues ioniens — porte en elle-même la cause de son mouvement, était-il rien de plus naturel que d'attribuer le premier rang à sa forme la plus mobile, à celle qui, dans le monde organique, passait pour représenter la vie elle-même, puisque le nom grec de l'âme, *psyché*, signifie souffle ? Notre philosophe n'a-t-il pas comparé l'air qui entoure le monde et en fait une unité au souffle qui, pensait-on, assure l'existence du corps de l'homme et des animaux[1] ? Il se représentait cet élément assez abondant pour que la terre, l'eau et le feu ne fussent plus que des îles dans cet océan qui les battait de toutes parts de ses vagues aériennes, qui pénétrait dans tous les pores et dans tous les interstices des autres matières, et en baignait les plus petites particules. De même que ses prédécesseurs, il attribuait à la matière primordiale une étendue illimitée et un mouvement incessant ; quant aux autres formes de la matière, il les en faisait sortir par un processus qu'il n'empruntait pas à l'imagination spéculative, mais à l'observation des faits. Le premier, il a — et c'est en cela que consiste son titre de gloire impérissable — assigné une cause réelle, une *vera causa* au sens de Newton, à toutes les modifications de la matière. Ce n'est plus pour lui, comme pour Anaximandre, le chaud et le froid qui sortent de la matière primordiale par le mystérieux processus de la « différenciation »; c'est la *condensation* et la *raréfaction*, c'est-à-dire l'union plus ou moins intime de leurs particules, qui donnent aux diverses formes de la matière leur caractère particulier. Dans son état de diffusion moyenne, qui est en quelque sorte son état normal, l'air est invisible ; lorsque ses particules s'écartent l'une de l'autre, il se transforme en feu ; si d'autre part la condensation augmente, il passe à l'état

[1] Comparaison de la respiration avec l'air : *Doxogr.*, 278.

liquide, et finalement à l'état solide[1]. Toutes les matières, cela ressort du fragment d'Anaximène, sont susceptibles d'être ramenées à chacun de ces états, que nous y soyons parvenus ou non. Ce principe scientifique sera apprécié à sa juste valeur par tous ceux qui savent qu'il n'a été définitivement acquis qu'il y a un siècle, au prix de luttes sérieuses, et qu'il est devenu alors l'apanage d'une élite seulement de chercheurs. Bien mieux : si nos sens étaient suffisamment puissants, — ceci, on peut le lire entre les lignes — nous pourrions voir, dans toutes ces transformations, les mêmes particules de matière tantôt plus rapprochées, tantôt à plus grande distance les unes des autres. Ainsi la doctrine d'Anaximène prélude à l'atomistique, c'est-à-dire à cette conception du monde matériel qui, expression définitive de la vérité ou non, est en tous cas restée jusqu'à nos jours un instrument de recherches scientifiques d'une inépuisable fécondité. Qu'importe, après cela, qu'Anaximène se soit efforcé de l'appuyer sur des faits misérablement interprétés[2] ? Sa gloire n'en est pas atteinte. C'est ainsi qu'il croyait trouver une confirmation de sa thèse fondamentale dans le fait que l'air est froid quand il s'échappe des lèvres rapprochées, et chaud quand les lèvres sont largement ouvertes !

Etant donné l'immense progrès que l'induction universelle d'Anaximène a fait faire à la théorie de la matière, on attend de lui un perfectionnement analogue des doctrines astronomiques. Mais cette attente est déçue. Nous nous trouvons ici pour la première fois en présence d'un fait qui se reproduira souvent dans l'histoire des sciences. Le raisonnement inductif et le raisonnement déductif ne sont pas, sans doute, en opposition de principe, comme l'a fait croire à beaucoup de gens, dans les temps modernes, l'étude de Buckle ; mais les représentants les plus illustres de l'un de ces procédés de

---

[1] Rien n'est plus curieux que de voir comment, au XVIIIme siècle encore, on contestait pour des raisons métaphysiques ce qu'avait reconnu le génie pénétrant d'Anaximène. Le chimiste G.-E. Stahl écrivait en 1731 dans ses *Experimenta, observationes et animadversiones*, § 77, ce qui suit : « Elastica illa expansio aeri ita per essentiam propria est, ut nunquam ad vere densam aggregationem nec ipse in se nec in ullis mixtionibus coivisse sentiri possit. » Quatre ans auparavant, le botaniste Stephen Hales, dans ses *Vegetable staticks*, avait dit, tout à fait comme Anaximène : « que l'air de l'atmosphère entre dans la composition de la plus grande partie du corps ; qu'il y existe sous forme solide, dépouillé de son élasticité... ; que cet air est, en quelque façon, le lien universel de la nature... Aussi M. Hales finit-il par comparer l'air à un véritable Protée », etc. (Œuvres de Lavoisier I 459-60).

[2] Cf. Plutarque, *de primo frigido*, 7, 3 (1160, 12 Dübner).

recherche sont souvent, et à un degré surprenant, incapables de se servir de l'autre. Les conclusions par trop extensives, les échafaudages téméraires d'Anaximandre offraient bien des côtés faibles, et son successeur, plus prudent, plus soucieux de se tenir sur le terrain des faits, devait facilement les apercevoir. Il avait assez de pénétration pour ne pas se contenter de l'hypothèse enfantine suivant laquelle les éclipses étaient dues à des obstructions momentanées des roues du soleil et de la lune. Mais son regard n'embrassait pas un assez large horizon pour reconnaître le bien-fondé de la théorie de l'attraction hardiment anticipée par Anaximandre, et employée par lui pour expliquer comment la terre peut planer dans l'espace ; et il n'a su lui donner les développements qu'elle comportait. Ainsi les avantages que lui assurait son esprit critique étaient compensés — et au delà — par son manque d'imagination constructive, et il devait redescendre de quelques pas de la hauteur atteinte par son prédécesseur. Nous avons déjà dit qu'il était revenu à la conception primitive qui faisait de la terre un disque reposant sur une base. Il en résultait naturellement que, selon lui, le soleil ne se meut pas pendant la nuit au-dessous de la terre, mais latéralement, autour d'elle. Comment expliquer alors qu'il soit invisible depuis le soir jusqu'au matin ? En supposant que des montagnes situées au nord le cachent aux regards, ou en admettant que, durant la nuit, il s'éloigne davantage de la terre que durant le jour[1]. Nous ne nous arrêterons pas aux détails de son assez rudimentaire astronomie. Notons seulement — particularité intéressante — cette affirmation que les astres lumineux sont accompagnés de corps sombres, analogues à la terre, affirmation évidemment destinée à expliquer les éclipses par des occultations, par conséquent, au fond, d'une manière exacte. Parmi les hypothèses qu'il fit pour rendre compte de phénomènes météorologiques et autres : neige, grêle, éclair, arc-en-ciel, tremblements de terre, phosphorescence marine, quelques-unes nous surprennent ; relativement aux deux premiers, il formule des théories approximatives ou même absolument justes ;

[1] Cf. Hippolyte, loc. cit. et Aristote, Météor., II 1 (354 a 28). Remarquable concordance avec des conceptions égyptiennes : « Elle (la barque solaire) continuait sa course, en dehors du ciel, dans un plan parallèle à celui de la terre, et courait vers le Nord, cachée aux yeux des vivants *par les montagnes* qui servaient d'appui au firmament. » Maspéro, *Bibliothèque égyptologique*, II 335).

d'autres, il est vrai, sont radicalement fausses, mais n'en sont pas moins ingénieuses et d'une grande portée en principe[1]. Nous pouvons compléter comme suit le raisonnement sur lequel se fonde son explication de la phosphorescence de la mer : Quand l'air, à l'état de sa plus grande diffusion, se transforme en feu, il brûle et éclaire ; mais ces propriétés ne s'abattent pas sur lui — si nous osons nous exprimer ainsi — comme un vol d'oiseaux au moment où il entre dans cette condition ; elles lui sont toujours inhérentes, et des circonstances favorables peuvent en tout temps les rendre visibles. Le pouvoir éclairant d'un corps, même s'il est faible, devient sensible lorsque ce corps se détache sur un fond particulièrement sombre. Or l'eau de la mer, pendant la nuit, est aussi obscure qu'il le faut pour que les bandes d'air qui pénètrent dans les vides ouverts en elle par les rames soient mises en évidence et deviennent lumineuses. Ici point pour la première fois cette pensée que les propriétés des corps ne sont pas sujettes à des changements brusques, mais que la qualité de la matière est constante, pensée qui, nous le verrons, sera dans la suite soutenue avec la dernière rigueur, et qui sera également affirmée par les philosophes naturalistes postérieurs. Enfin Anaximène est d'accord avec Anaximandre pour admettre des périodes cosmiques, et pour croire à des dieux en quelque sorte secondaires, c'est-à-dire sortis de la « divine » matière primordiale, et par conséquent sans doute périssables[2].

V

C'est dans l'ombre d'un sanctuaire, loin de l'assourdissante cohue du marché et du bruit des chantiers maritimes, qu'est éclose la doctrine d'Héraclite[3]. Parmi les philosophes que nous avons rencontrés jusqu'ici, celui-ci est le premier qui ne calcule ni ne mesure, qui ne dessine ni ne travaille de ses

---

[1] Sur les essais météorologiques d'Anaximène, cf. *Doxogr.*, 136-7, d'après Théophraste.
[2] Cf. Augustin, *de Civ. Dei*, XIII 2.
[3] Sources principales : Diog. Laërce, IX ch. 1 et plus de 100 fragments, maintenant réunis et accompagnés de tous les documents littéraires s'y rapportant, dans les *Heracliti Ephesii reliquiæ* de J. Bywater, Oxford 1887. Les prétendues lettres d'Héraclite, qui proviennent de diverses époques et ont été écrites par des auteurs différents, forment une source secondaire. Elles se trouvent également dans l'ouvrage de Bywater. Il faut ajouter l'*Herakleitos von Ephesos*, grec et allemand, par H. Diels, Berlin 1901.

mains ; c'est le premier cerveau spéculatif, et la fécondité vraiment merveilleuse dont il a fait preuve nous instruit et nous charme encore aujourd'hui. Mais c'est aussi un philosophe exclusif dans le sens le moins favorable du mot, c'est-à-dire un homme qui, sans être réellement supérieur dans un seul domaine, se considère comme supérieur à tous ses semblables. Il avait écrit dans une langue imagée, mais pas toujours exempte d'artifice, un ouvrage profond dont il nous reste de nombreux fragments ; nous possédons en outre sur sa vie des indications en petit nombre, mais importantes, de sorte que nous pouvons nous faire de l'imposante figure de celui qu'on surnommait l' « Obscur » une idée plus nette que de celle de n'importe lequel des penseurs qui l'ont précédé ou ont vécu en même temps que lui. De bonne heure, cependant, la légende s'est appliquée à tisser ses fils autour de la personne de ce philosophe « Jean qui pleure ». Nous ne connaissons ni l'année de sa naissance, ni celle de sa mort ; on plaçait son acmè vers la soixante-neuvième Olympiade (504-501 av. J.-C.) en se fondant probablement sur un événement auquel il prit part, et dont la date pouvait être déterminée[1]. Car le descendant des rois d'Ephèse, qui lui-même pouvait prétendre à la dignité à la fois royale et sacerdotale, mais qui y renonça par égard pour son frère, intervint sans doute activement et à plusieurs reprises dans les destinées de sa patrie ; on dit même qu'il détermina le prince Mélankomas à résigner l'autorité qu'il avait usurpée. Mais la composition de son œuvre ne saurait être antérieure à 478, car elle fait allusion à des événements politiques qu'on ne peut placer plus haut.

La solitude et la contemplation de la nature ont été les muses d'Héraclite. Cet homme altier, plein d'une indomptable confiance en lui-même, ne s'était assis aux pieds d'aucun maître. Mais quand, pensif enfant, il vagabondait sur les collines si merveilleusement belles qui entourent sa ville natale, et que recouvre une végétation d'une luxuriance presque tro-

---

[1] Comme son *acmè* coïncide avec l'époque de la révolte de l'Ionie, on peut supposer que ce fut son attitude dans cet événement (il prit peut-être position contre Hécatée, qu'il blâme dans son œuvre) qui donna lieu à cette indication. S'il est vrai, comme l'assure la tradition, qu'il échangeait des lettres avec Darius (cf. lettres 1-3), il est possible qu'il eût reconnu clairement l'inutilité de cette tentative ; il pouvait d'ailleurs se figurer que le régime aristocratique, auquel allaient ses préférences, était mieux garanti par la suzeraineté de la Perse. Et, de fait, l'affranchissement, qui eut lieu en 479, conduisit à la démocratie, dont les fragments de son œuvre supposent l'existence.

picale, son âme avide de savoir s'ouvrait aux intuitions de la vie universelle et des lois qui la régissent[1]. Les grands poètes de son peuple avaient nourri son imagination enfantine et l'avaient meublée de métaphores étincelantes, mais quand son esprit se fut mûri, il n'y trouva plus la satisfaction qu'il cherchait. Car le doute sur la réalité des créations mythiques avait déjà été éveillé, notamment par Xénophane; les âmes ouvertes aux impressions nouvelles avaient conçu un idéal plus haut, qui rejetait à l'arrière-plan les dieux homériques, animés de désirs et de passions humaines. Pour lui, loin de l'honorer, il aurait voulu « bannir des séances publiques et fouetter de verges » le poète qui, de concert avec Hésiode — pour emprunter le langage de l'historien Hérodote — a donné aux Grecs leur théologie. Il se montre également hostile à tous les objets de la croyance populaire : à l'adoration des images, qui équivaut, selon lui, à « bavarder avec des murailles », aux sacrifices expiatoires, qui remplacent une souillure par une autre, « comme si celui qui s'est vautré dans la boue voulait se purifier par la boue »; aux « infâmes » pratiques du culte de Dionysos aussi bien qu'aux cérémonies « sacrilèges » des mystères. La « polymathie » d'Hésiode, « que la plupart suivent comme leur maître », il ne la méprise pas moins que celle du mathématicien-philosophe Pythagore, que celle du rhapsode-philosophe Xénophane et de l'historien et géographe Hécatée. Il a appris d'eux tous, mais il ne se reconnaît le disciple d'aucun. Il ne trouve un mot de chaude louange que pour la philosophie simple et pratique de Bias. Il avait subi fortement l'influence d'Anaximandre, et il lui en témoigne sa reconnaissance en ne le rangeant pas — non plus que Thalès et Anaximène — dans la liste des maîtres dédaignés de la polymathie « qui ne forme pas l'esprit ». Ce qu'il y a de meilleur en lui, il se flatte de ne le devoir qu'à lui-même, car « de tous ceux dont il a entendu les discours, pas un seul n'est parvenu à la vraie intelligence ». S'il éprouve pour les poètes une si sombre colère, et pour les penseurs une si froide méfiance, quelle ne doit pas être la profondeur de son mépris pour la masse du peuple ! Ses invectives s'abattent sur elle comme des coups de massue : « Ils se bourrent la panse comme le bétail »; « des milliers d'entre eux ne contre-ba-

---

[1] L'auteur parle *de visu* d'Éphèse.

lancent pas un seul homme excellent[1] ». Comment ce « contempteur de la populace[2] » se serait-il soucié de la faveur de la multitude ? Comment même aurait-il eu l'idée de se faire comprendre d'elle dans son exposition ? Son énigmatique sagesse ne s'adresse qu'à quelques rares élus ; les autres, ceux du gros tas, ressemblent aux chiens, « qui aboient ceux qu'ils ne connaissent pas », ou encore à « l'âne qui préfère à l'or une botte de foin ». Il prévoit le blâme qui s'attachera à la forme oraculaire et au sombre contenu de son œuvre, mais il le prévient en s'en référant aux plus illustres de ses modèles. Le dieu pythique, lui non plus, « ne révèle et ne cèle rien ; il se contente de donner à entendre » ; « la sibylle, de sa bouche en fureur, jette des paroles qui ne font pas rire, qui ne sont pas ornées et fardées » mais sa voix, grâce au dieu qui parle par elle, se prolonge pendant mille ans. Cette récompense tardive lui suffit amplement, car « les hommes vaillants choisissent une chose de préférence à toutes les autres : une gloire impérissable ».

Le mépris que notre sage montre pour les hommes se justifiait amplement par les conditions politiques et morales dans lesquelles se trouvait alors sa patrie. Depuis plus d'un demi-siècle, le joug étranger pesait sur les Grecs de l'Asie-Mineure. Ce joug n'était pas particulièrement oppressif ; en fait, les dynasties princières indigènes servaient bien souvent d'intermédiaires entre les pays sujets et le lâche assemblage que formait le royaume féodal des Perses. Mais c'eût été un miracle que la perte de l'indépendance nationale n'eût pas amené à sa suite un affaissement de l'esprit public et une recrudescence des intérêts privés. D'ailleurs le terrain était préparé depuis longtemps pour cette décadence. La vie plus molle, les mœurs raffinées de l'Orient avaient relâché la vigueur en même temps que la rudesse du caractère des anciens Grecs. Quoi d'étonnant qu'un moraliste atrabilaire de la trempe de notre philosophe trouvât beaucoup à reprendre chez ses compatriotes, et les jugeât peu dignes d'exercer la souveraineté au moment où, après la chute de la domination perse, surgissait la démocratie ? En tous cas, dans les guerres

[1] Cf. Frg. 119 ; 126 ; 130 ; 127 ; 125 ; 16 ; — 112 ; 18 ; 111 ; 113.
[2] Ce nom (ὀχλολοίδορος) lui a été donné par Timon le Phliasien dans son poème satirique sur les philosophes (*Sillographorum græcorum reliquiæ* éd. C. Wachsmuth, p. 135 Frg. 29). Au sujet de ce qui suit, cf. frgg. 115 ; 51 ; 11 ; 12 ; 111.

civiles de cette époque, il se trouvait du côté des aristocrates, et défendait leur cause avec une fureur proportionnée au mépris dont il croyait pouvoir accabler ses adversaires. Au paroxysme de sa passion, il prononça ce mot caractéristique de sa haine : « Les Ephésiens feraient bien de se pendre homme par homme, et d'abandonner leur cité à leurs enfants mineurs, eux qui ont chassé Hermodore en disant : « Il ne « doit y avoir aucun homme excellent parmi nous ; et s'il s'en « élève un, qu'il aille séjourner ailleurs, parmi d'autres hommes. » Le banni si chaleureusement loué dans ce passage avait trouvé au loin une nouvelle et glorieuse activité. Les rédacteurs de la loi romaine des XII Tables avaient fait appel à ses connaissances juridiques, et sa mémoire fut honorée d'une statue que Pline a encore vue[1]. Quant au vieil ami d'Hermodore, se sentant las du joug populaire, il quitta la ville souillée d'arbitraire et d'injustice, se retira dans la solitude des forêts de la montagne, et y finit ses jours, après avoir déposé dans le temple d'Artémis le rouleau de papyrus où il avait consigné le fruit d'une vie de pensée, et qu'il léguait aux siècles à venir.

La pleine jouissance de ce livre précieux fut déjà refusée à l'antiquité. Il renfermait des inégalités et des contradictions si choquantes que même un Théophraste ne pouvait les expliquer que par les troubles intellectuels auxquels l'auteur aurait été sujet. Aristote se plaint des difficultés que la construction embarrassée de la phrase offrait au lecteur, et une foule de commentateurs, parmi lesquels des hommes très distingués, s'efforcèrent d'éclairer les obscurités dont cette œuvre fourmille. Nous ne pouvons ni rétablir dans leur suite exacte ni attribuer avec certitude aux trois sections dans lesquelles elle se divisait — physique, morale et politique — les débris qui nous en sont parvenus[2].

La grande originalité d'Héraclite ne consiste pas dans sa théorie de la matière primordiale, ni même dans sa théorie de la nature en général, mais, le premier, il a aperçu entre la vie de la nature et celle de l'esprit des rapports qui, dès lors, ne sont pas rentrés dans l'ombre ; le premier, il a construit des généralisations qui recouvrent comme d'une immense voûte les

---

[1] Cf. frg. 114 et Pline, *Hist. Nat.*, XXXIV 5, 21.

[2] Théophraste, dans Diog. Laërce, IX 6. — Aristote, *Rhetor.*, III 5. — Commentateurs : parmi eux, Cléanthe, le second chef du Portique (Diog. Laërce, VII 174). — Il se peut que la division en trois sections ne date que des bibliothécaires d'Alexandrie.

deux domaines de la connaissance humaine. Comme conception fondamentale, il se rapprochait beaucoup d'Anaximandre. La caducité de toutes les créations individuelles, la transformation perpétuelle des choses, l'ordre naturel envisagé comme un ordre moral, toutes ces idées étaient aussi familières à son esprit qu'à celui du plus grand de ses prédécesseurs. Ce qui l'en séparait, c'était son tempérament inquiet, son aversion pour l'étude patiente des faits particuliers, la tournure plus poétique de son imagination, son goût pour la richesse et la plasticité des formes. C'est pourquoi la matière primordiale d'Anaximandre, dépourvue de toute détermination qualitative précise, ne pouvait lui suffire, pas plus d'ailleurs que la substance première invisible et incolore d'Anaximène. La forme matérielle qui lui semble correspondre le mieux au processus de la vie universelle, et par conséquent la plus élevée en dignité, c'est celle qui n'offre jamais l'apparence même du repos ou d'un mouvement insensible ; celle en qui lui paraît résider le principe même de la chaleur vitale des êtres organisés supérieurs, et par conséquent l'élément par excellence de la vie : le feu, qui anime et qui dévore tout. « Cette ordonnance unique de toutes choses, s'écrie-t-il, n'a été créée par aucun des dieux, ni par aucun des hommes ; elle a toujours été, elle est et elle sera toujours. — feu éternellement vivant, qui s'allume par mesure et s'éteint par mesure. » Dans un cycle plus petit et un cycle plus grand, il faisait descendre le feu primitif aux autres formes — plus basses — de la matière, et de celles-ci, par les mêmes voies, « car le chemin d'en haut et celui d'en bas n'en font qu'un » — il le faisait remonter à sa forme originelle. Le feu se transforme en eau, et celle-ci — pour une moitié — remonte immédiatement comme « souffle igné » à la voûte du ciel ; l'autre moitié se change en terre ; la terre redevient eau, et, par cette voie, se retrouve finalement à l'état de feu. Comme agents de ce cycle, nous pouvons considérer l'évaporation, la fonte, la congélation ; et nous devons nous rendre compte que, pour la naïve physique d'Héraclite, l'extinction d'un incendie au moyen de l'eau pouvait se ramener à la transformation du feu en eau. Non seulement la source sans cesse jaillissante de la naissance et de la destruction est le principe primordial de notre poète-penseur ; non seulement ce principe est divin pour lui comme il l'était pour ses prédécesseurs ; mais il y voit en même temps le représentant de l'intelligence

universelle, la norme devenue consciente de toute existence, qui
« ne veut pas être appelée Zeus », parce qu'elle n'est pas une
essence individuelle et personnelle, et qui cependant « veut être
appelée ainsi » parce que c'est le principe souverain du monde
et en même temps le principe suprême de la vie — que l'on
songe au grec ζῆν (vivre) et aux formes correspondantes
du nom de Zeus. Mais nous ne pouvons pas envisager cette
essence primitive comme une divinité agissant en vue d'un but,
et choisissant les moyens les mieux appropriés pour l'atteindre. Héraclite la compare à un jeune garçon qui s'amuse,
qui prend plaisir à jouer sans but au trictrac, qui élève sur
le rivage de la mer des collines de sable uniquement pour les
renverser[1].

Construction et destruction, destruction et construction, telle
est la norme qui régit tous les domaines de la nature vivante,
les plus petits comme les plus grands. Et le kosmos lui-même,
sorti du feu primitif, ne doit-il pas y retourner ? Ce double
processus se déroule et se déroulera à jamais dans des
périodes fixes d'une durée immense. Sur ce point, les observations géologiques de Xénophane et celles d'Anaximandre
avaient frayé la voie à la spéculation d'Héraclite. S'appuyant
comme le dernier de ces philosophes sur les constatations
faciles à faire le long de la Méditerranée, le penseur d'Éphèse
devait naturellement en conclure qu'à l'origine cette mer avait
une étendue plus considérable. Et en partant de sa doctrine
physique fondamentale, ne devait-il pas aller plus loin et formuler cette thèse : de même que la terre est sortie de l'eau,
l'eau est sortie du feu ? Et c'est ainsi qu'il remonta par l'imagination à une époque où rien n'existait que le feu. Mais,
comme il s'était approprié la croyance d'Anaximandre à un
retour périodique des phénomènes, ce processus de développement
ne pouvait être considéré comme s'étant réalisé une seule fois.
C'est du feu que sont sorties les autres formes de la matière,
et c'est en feu qu'elles se retransformeront un jour — pour
que le processus de différenciation recommence et déroule la
même série de changements. Par l'étendue du regard, Héraclite se rapproche des plus grands naturalistes de l'époque
moderne, et — devons-nous y voir un simple hasard ou un
pressentiment génial ? — il est d'accord avec eux, pour autant

[1] Cf. frgg. 20; 69; 21; 65; 79.

du moins que l'on considère le système solaire, dans l'exacte représentation de ce cycle cosmique. Au point de départ comme au terme de cette période, se trouve une sphère de feu.

Sans doute, cette conception impliquait des contradictions avec la nature des choses, aussi bien qu'avec la théorie fondamentale du philosophe. Les avait-il aperçus lui-même, et, en ce cas, comment y parait-il ? C'est ce que nous ignorons. « Le feu se nourrit des vapeurs qui s'élèvent de l'humide. » Alors la source même où s'alimente le feu ne doit-elle pas tarir par la diminution et l'anéantissement final de l'élément humide ? Puis, comment la matière, augmentant de volume par l'échauffement qu'elle éprouve, tiendra-t-elle dans l'espace déjà rempli auparavant ? Les successeurs d'Héraclite, c'est-à-dire les Stoïciens, ont pourvu à la difficulté en supposant un immense espace vide, tout prêt à servir à cet emploi. Mais on peut considérer comme certain que le penseur éphésien lui-même ne songea pas à cet expédient ; en admettant l'espace vide, il serait devenu un précurseur de Leucippe, et nos sources n'eussent pas manqué de le faire remarquer[1].

Mais Héraclite ne se contente pas d'attribuer à la matière le changement continuel des formes et des propriétés ; il lui attribue aussi un mouvement incessant dans l'espace[2]. Pour lui, elle est vivante. Et non seulement dans le sens où l'entendaient ses prédécesseurs immédiats, et qui les a fait surnommer avec raison « animateurs de la matière » (hylozoïstes). Ils avaient cherché la cause de tout mouvement dans la matière elle-même, et non dans un agent extérieur. En cela, l'Éphésien suit leurs traces. Mais son feu « éternellement vivant » n'est pas vivant dans ce sens seulement ; les changements de matière qui se produisent dans le monde organique, aussi bien animal que végétal, ont évidemment fait une si forte

---

[1] Cf. frg. 32 et la remarque de Bywater. La doctrine de la conflagration universelle a été déclarée adjonction stoïcienne par plusieurs savants modernes, ainsi par Schleiermacher (qui a, le premier, rassemblé et édité les fragments, *Philos. Werke*, II 1-46), par Lassalle, *Die Philosophie Herakleitos des Dunklen*, 1858, et enfin par Burnet, *Early Greek Philosophy*, Londres 1892. Cette opinion est cependant réfutée d'une manière décisive par le frg. 26, entre autres.

[2] Cf. frgg. 41 et 81. — Aristote, *Phys.*, VIII 3. — Cf. Lewes, *Problems of life and mind*, II 299. — Semblablement, Grove, *On the correlation of physical forces*, p. 22 : «...though as a fact we cannot predicate of any portion of matter that it is absolutely at rest. » De même H. Spencer, *On the study of sociology*, 118 : «...but now when we know that all stars are in motion and that there are no such things as everlasting hills — now when we find all things throughout the Universe to be in a *ceaseless flux*, etc. ». — Cf. Schuster, *Heraklit von Ephesus*, dans les *Acta societ. philol. Lips.*, III 211.

impression sur son esprit que c'est sur cette analogie que se règle sa conception générale des transformations matérielles. Tout ce qui vit est soumis à une incessante destruction, à un incessant renouvellement. Si la matière était considérée comme vivante au point de vue indiqué plus haut, quoi d'étonnant qu'en vertu de l'association des idées, elle ait été considérée ensuite, et à un point de vue nouveau, comme organiquement vivante ? De là dérive la théorie héraclitique de l'écoulement des choses. Quand notre œil croit apercevoir quelque chose de permanent, il est victime d'une illusion ; tout est, en réalité, dans un perpétuel devenir. Cette transformation n'a pas pour résultat la destruction de l'objet qui y est soumis, lorsque et parce que les particules de matière qui s'en détachent sont remplacées par l'afflux incessant de particules nouvelles. L'image favorite à laquelle recourt Héraclite pour exprimer cette pensée est celle du fleuve qui s'écoule. « Nous ne pouvons pas descendre deux fois dans le même fleuve, car il roule sans cesse de nouvelles eaux. » Et comme le fleuve, en tant que masse d'eau continue, reste le même, mais change au point de vue des gouttes dont il est formé, Héraclite aiguisa cette pensée en un paradoxe : « Nous descendons dans le même fleuve, et nous n'y descendons pas ; nous sommes et ne sommes pas. »

A ces fausses analogies se mêlaient des observations exactes et se liaient des conclusions d'une grande portée. Parmi ces dernières, figurait peut-être cette idée que les impressions de l'odorat et — comme on devait le croire alors — celles de la vue étaient produites par de petites particules de matière qui se détachent constamment des corps. Quoi qu'il en soit de ce point, on signale chez Héraclite une opinion qui concorde d'une manière étonnante avec les théories de la physique actuelle. La concordance est même si exacte que l'exposé succinct de ces théories se confond presque mot pour mot avec une analyse antique de la doctrine héraclitique. Plusieurs philosophes, dit Aristote, — qui ne peut guère avoir eu en vue que l'Ephésien et ses disciples, — soutiennent qu' « il est faux que quelques-unes des choses seulement se meuvent, et les autres pas, mais que toutes se meuvent, et en tout temps, quoique ces mouvements se dérobent à notre perception ». « La science actuelle — ainsi s'exprime un naturaliste philosophe d'aujourd'hui — tient pour établi que les molécules de matière sont sans cesse en mouvement... bien que ces mouvements se dérobent à notre perception. » Considérez maintenant qu'Héraclite écrivait à une époque à laquelle notre théorie de la chaleur était étrangère aussi bien que notre optique et notre acoustique ; qui n'avait jamais entendu parler d'ondes de l'air ou de l'éther ; qui ignorait absolument que toute impression de chaleur repose sur un mouvement moléculaire, même dans les corps solides ; qui n'avait pas le moindre soupçon de la nature des phénomènes chimiques et cellulaires ; qui, enfin, n'avait pas le secours du microscope, grâce auquel un mouvement se révèle à notre regard étonné, même là où l'œil nu ne perçoit que l'immobilité, et qui nous conduit, quoi que nous en ayons, à l'idée que le domaine du mouvement s'étend infiniment au delà de celui de notre perception. Celui qui considère tout cela se fait la plus haute idée de la géniale pénétration du penseur d'Éphèse ; mais ce qui l'étonne surtout peut-être, c'est que cette grandiose anticipation n'ait pas produit plus de fruits pour la connaissance des phénomènes particuliers de la nature. La déception que nous en éprouvons ne doit pas diminuer la gloire de l'Éphésien. En proclamant qu'il existe des mouvements invisibles, il renversait la muraille qui empêchait de pénétrer dans les secrets de la nature ; mais il fallait une seconde et décisive hypothèse pour rendre vraiment féconde celle d'Héraclite : il fallait supposer des particules de matière invisibles, indestructibles et invariables, dont tous les corps fussent composés, et qui sortissent indemnes de tous les changements de forme de ces corps. Cette grande découverte était réservée aux atomistes. Héraclite, peu porté par la tournure poétique de son esprit à inaugurer et à développer l'explication mécanique de la nature, a tiré de sa doctrine fondamentale des conclusions destinées à éclairer d'autres domaines de la connaissance.

Les changements de propriétés dans la succession du temps trouvèrent leur exacte contre-partie dans l'existence simultanée de qualités contraires. Ici encore, au regard attentif, se révèle une multiplicité qui semble mettre en péril l'unité de l'objet et de sa constitution. Par rapport à d'autres objets, différents les uns des autres, un objet se comporte différemment et souvent de manière opposée. « L'eau de la mer est la plus pure et la plus souillée ; pour les poissons, elle est potable et salutaire ; pour les hommes, elle est imbuvable et funeste. » Dans cette phrase, Héraclite ne voulait pas consigner une observation isolée ; cela est évident en soi pour quiconque connaît les fragments de son œuvre ; c'est la doctrine de la relativité des propriétés qui fait sa première apparition, et, selon son habitude, notre philosophe la pousse aussitôt à ses extrêmes conséquences : « Le bien et le mal sont une seule et même chose[1]. » Voilà qui nous rappelle le paradoxe de plus haut : « Nous sommes et ne sommes pas. » Et, en fait, l'image du fleuve, d'une part, et la doctrine de la relativité de l'autre, conduisent au même résultat : les états successifs d'un objet, ses propriétés simultanées, portent souvent le sceau d'une diversité fondamentale, et parfois même d'une complète opposition. Toute détermination, toute stabilité de l'être disparaissent pour notre penseur ; il se complaît dans les propositions qui jettent un défi à l'entendement humain ; il oublie ou néglige les restrictions qui, seules, leur donnent un sens intelligible ou acceptable. Pour nous, le fleuve reste en un sens le même ; en un autre, il devient différent ; à un certain point de vue, A est « bon » ; à un autre, il est « mauvais ». L'Éphésien se soucie peu de ces distinctions ; l'inexpérience de sa pensée se fait la complice de son orgueil de penseur ; plus sont étranges les résultats auxquels il arrive, plus ils satisfont son goût pour les paradoxes, sa prédilection pour les affirmations obscures et énigmatiques, son mépris pour les vérités claires et accessibles à tous. Que les contraires ne s'excluent pas, que bien plutôt ils s'appellent et se conditionnent réciproquement, ou même qu'ils soient identiques, voilà ce qui lui paraît désormais vérité démontrée, loi fondamentale régissant tous les domaines de la vie physique et de la vie spirituelle.

Devons-nous lui en vouloir ? Absolument pas. Quand il s'agit de vérités méconnues et négligées, et surtout de vérités qui, par leur nature, sont presque forcément méconnues et négligées, le plus difficile et l'essentiel, c'est qu'elles soient découvertes ; peu importe la manière dont elles le sont. Les exagérations dans lesquelles tombent ceux qui les découvrent sont aussi pardonnables qu'explicables, et même, à la longue, elles sont plus utiles que nuisibles. Car le vengeur de la logique offensée ne se fera pas longtemps attendre ; les cisailles qui émondent les pousses folles de la pensée s'acquit-

---

[1] Cf. frg. 57. Dans ce qui suit, nous avons amplement mis à contribution notre dissertation Zu *Heraklits Lehre und den Ueberresten seines Werkes*. (Wiener Sitzungsber. Jahrg. 1886, 997 sq.

feront tôt ou tard de leur tâche. Mais l'extravagance avec laquelle ces vérités facilement négligées ont été énoncées, le caractère absolu qu'on leur a donné, leur prête un éclat, un relief qui les préserve à jamais de l'oubli. Et surtout leur pointe paradoxale les enfonce profondément dans l'esprit de leur auteur et en fait pour lui un bien inaliénable et toujours présent. C'est ainsi que les orgies spéculatives d'Héraclite nous apparaissent comme la source de la contribution la plus précieuse qu'il ait apportée au trésor de la pensée et de la science humaines. Car, vraiment, je ne saurais par où commencer et par où finir si je voulais faire ressortir pleinement l'immense importance des vérités fondamentales contenues dans ces exagérations. Si la théorie de la sensation reconnaît la part qui revient à la subjectivité du moi, c'est grâce à la relativité ; que le même objet du monde extérieur agisse différemment sur différents organes, sur différents individus, ou même sur le même individu, en raison des états divers où il se trouve — cette pensée, qui devait bientôt être familière aux penseurs grecs, et qui, seule, pouvait les garder d'un scepticisme vain et pervers, se trouvait — telle la fleur dans le germe — contenue dans la doctrine héraclitique de la relativité. Elle s'y trouvait aussi, cette constatation encore plus profonde et plus indispensable : que les opinions, les lois et les institutions qui étaient appropriées et salutaires à une phase du développement humain sont devenues, pour une autre phase, insuffisantes et funestes. « La raison, selon le mot de Faust, devient déraison, le bienfait se change en fléau », pour ce motif uniquement que le même objet exerce des effets très différents et même opposés, à des époques différentes et en relation avec des facteurs d'une autre nature. Le ferment qui réagit le plus énergiquement contre le conservatisme aveugle dans tous les domaines, — goût, morale, institutions politiques et sociales, — c'est le relativisme ; il a manqué et manque encore aujourd'hui partout où le cri : « Cela a toujours été ainsi », a été et est considéré comme une réponse suffisante à toutes les tentatives de réforme. Mais ce n'est pas seulement au progrès qu'il s'est révélé utile ; il l'a été aussi, dans tous ces domaines, au maintien de ce qui était digne d'être maintenu ; car cette doctrine seule est en mesure d'expliquer et de justifier d'une manière satisfaisante les vicissitudes et les changements, la contradiction entre l'opinion qui juge bon ici ou maintenant ce qu'elle jugeait mauvais hier ou ailleurs. Là où elle manque, toute transformation des institutions existantes, et même la simple constatation que les mêmes normes ne s'appliquent pas partout et toujours, engendrent un doute profond et incurable sur la légitimité des institutions en général. A la variété des formes de la vie humaine, à la souplesse de notre nature, aux modifications que subit notre caractère selon les temps et les lieux, une philosophie ne peut satisfaire que si elle se plie à ces métamorphoses dignes de Protée ; de quelle insuffisance ne se montre pas celle qui ne voit de salut que dans l'immobilisme, pour qui tout changement semble conduire au règne de l'arbitraire et du hasard !

Et maintenant, nous arrivons à la doctrine de la coexistence des contraires[1]. Notre poète-penseur ne se lasse point de l'expliquer. La « dissonance est en harmonie avec elle-même » ; « l'harmonie invisible (c'est-à-dire celle qui résulte des contraires) est meilleure que la visible. » « La maladie a rendu la santé désirable ; la faim la satiété et la fatigue le repos ! » Tantôt avec une concision digne d'un oracle, tantôt avec une précision et une ampleur éclatantes, il formule cette proposition que la loi du contraste ne régit pas moins la vie des hommes que la nature, et qu'il ne serait pas meilleur pour ceux-ci d'obtenir ce qu'ils désirent, « c'est-à-dire de voir tous les contraires se fondre dans une vaine harmonie ». Il va si loin dans ce sens qu'il blâme vivement Homère d'avoir voulu « déraciner tous les maux de la vie », d'avoir souhaité que « la discorde disparût du cercle des dieux et des hommes », et d'avoir ainsi poussé « à la ruine de l'Univers ». Elles sont vraiment innombrables, les applications que ces maximes permettent ou commandent. Tout ce que nous désignons dans le sens le plus étendu du nom de polarité dans le domaine des forces naturelles : la nécessité du changement pour la production de la sensation en général et en particulier des sensations de plaisir ; l'existence indispensable, pour tout bien, des maux qui lui sont opposés ; la nécessité pour le développement et l'augmentation des énergies humaines de la compétition et de ce que nous appelons aujourd'hui la lutte pour la vie ; la nécessité de la coexistence d'éléments opposés dans l'Etat et dans la société, tout cela, et bien d'autres choses encore, est

---

[1] Cf. frgg. 45 ; 47 ; 104 ; frg. 43. Nombreuses illustrations de ce qui suit dans notre dissertation, pp. 1039-40.

obscurément indiqué ou clairement développé dans les passages que nous venons de citer. Et toujours le regard de notre philosophe va du monde inanimé au monde animé ou inversement. Mais j'ai tort : cette distinction est pour lui comme si elle n'existait pas ; il considère le monde comme un feu éternellement vivant, et, pour lui, l'âme, élément de la vie, et la divinité elle-même ne sont pas autre chose que du feu.

Nous avons quelque peine à attribuer au vieux philosophe naturaliste, en matière de sociologie, l'opinion que nous venons de rapporter ; mais, sur ce point, le texte même d'une de ses maximes est absolument exempt d'équivoque. Pour lui, πόλεμος (la guerre) est le « père et le roi » de toutes les choses, de tous les êtres[1]. Si le fragment se terminait sur ces mots, personne n'aurait l'idée de l'interpréter autrement que dans un sens purement physique ou cosmologique. En vérité, au regard de l'Éphésien, se dévoile partout un jeu d'énergies et de propriétés opposées, qui s'appellent et se conditionnent réciproquement ; une loi de polarité lui semble embrasser la vie universelle et comprendre en elle toutes les lois particulières. Le repos sans lutte est l'engourdissement, l'immobilité, la ruine de tout. « Le mélange se décompose quand on ne le secoue pas. » Le mouvement incessant qui crée et conserve la vie a pour base le principe de la lutte, de la guerre ; ce sont les épithètes de « père » et de « roi » qui, cette fois, se dirait-on, le caractérisent comme producteur, ordonnateur et conservateur. Et c'est à cette conclusion que l'on pouvait s'arrêter autrefois, mais il n'en est plus de même aujourd'hui, car, il y a environ soixante ans, une heureuse trouvaille[2] nous a donné la suite du fragment : « Elle (la guerre) a désigné ceux-ci comme dieux, ceux-là comme hommes, ceux-ci comme esclaves, ceux-là comme libres. » Les esclaves, ce sont les prisonniers de guerre et leurs descendants ; les libres, ce sont leurs vainqueurs et leurs maîtres. Ainsi, il n'y a pas à s'y tromper, ce qu'Héraclite veut dire, c'est que la guerre, en mettant les forces à l'épreuve, opère le départ entre les puissants et les faibles, fonde l'État et organise la société. Il la loue d'avoir sanctionné cette différence de valeur, et ce qu'était pour lui cette différence, les deux termes opposés à l'esclave et au libre

---

[1] Cf. frgg. 44; 84.
[2] A savoir la découverte des parties perdues de l'œuvre d'Hippolyte, en 1842.

nous l'apprennent : l'un est homme, l'autre dieu. Et c'est la guerre aussi qui a établi le partage entre les membres de cette classe : ce que l'homme libre est à l'égard de l'esclave, l'homme devenu dieu l'est à l'égard de l'homme ordinaire[1]. Car, à côté de la foule des âmes communes qui habitent le monde d'en bas, et qui, dans ce royaume de l'humide et du trouble, n'ont, comme moyen de connaissance, que le sens de l'odorat, il y a, selon Héraclite, des esprits privilégiés qui, de la vie terrestre, s'élèvent à l'existence divine. Il se représente une hiérarchie d'êtres, divers en rangs, divers aussi en valeur, en mérite, en excellence. Il ramène la différence de rang à une différence de valeur, et ensuite, il recherche la cause de cette dernière. Il la trouve dans le frottement des forces qui se produit dans la guerre prise tantôt au sens le plus strict du mot, tantôt dans un sens plus ou moins métaphorique. Ces nuances sont nécessaires comme intermédiaires entre la signification cosmologique et la signification sociale du mot. Cependant, il n'y a pas lieu de trop accorder à l'atténuation que produirait la métaphore dans la pensée d'Héraclite. La mollesse de ses compatriotes ioniens, que Xénophane blâmait déjà de leur voluptueuse oisiveté, la nonchalance de ses concitoyens, dont se plaint Kallinos[2], la triste destinée qu'a subie sa patrie, tout cela a évidemment et à un haut degré exagéré l'importance qu'il accorde aux vertus guerrières. « Ceux qui sont tombés à la guerre, s'écrie-t-il, sont honorés des dieux et des hommes, et les plus grands morts obtiennent les plus grands sorts. » Mais pour le philosophe dont la force réside dans une généralisation géniale, les expériences, même les plus douloureuses, ne sont qu'une occasion de poursuivre et de développer le cours de ses pensées. Et cette fois, son but ne consistait sûrement en rien moins qu'à montrer d'une manière générale que la résistance et la lutte sont la condition fondamentale du maintien et du perfectionnement progressif de l'énergie humaine.

Si nombreuses et si profondes que soient les vues que nous venons d'énumérer, Héraclite nous réserve une surprise plus grande encore. Des lois particulières qu'il a cru constater dans la vie de la nature comme dans celle des hommes, il s'est

---

[1] Outre le frg. 38, cf. le très important frg. 47, et, à ce sujet, notre dissertation, p. 1041. Je ne puis, cette fois, me déclarer d'accord avec E. Rohde (*Psyché*, II, 2ᵉ éd., 150).
[2] Kallinos Frg. 1, dans Bergk, *Poetæ lyrici græci*, II 3, 4ᵉ éd. — Cf. frgg. 101 et 102.

élevé à l'idée d'une loi unique embrassant l'ensemble de l'univers. L'action stricte de cette loi, qui ne souffre aucune exception, n'a pu échapper à l'acuité de son regard. En reconnaissant et en proclamant l'existence de cette règle, de cette causalité absolue, il a marqué un tournant dans le développement intellectuel de notre race. « Le soleil ne dépassera pas les mesures ; sinon, les Erynies, vengeresses du droit, sauraient bien l'atteindre. » « Ceux qui parlent avec intelligence doivent s'appuyer sur l'universel comme une cité sur la loi, et même beaucoup plus fort, car toutes les lois humaines sont nourries par la seule divine. » « Quoique ce Logos (cette loi fondamentale) existe de tout temps, il est toujours incompris des hommes, soit avant qu'ils l'aient entendu, soit au moment où ils l'entendent pour la première fois[1]. » Comment Héraclite est-il arrivé à gravir ce sommet de la connaissance ? À cette question, on peut tout d'abord répondre : En recueillant et en concentrant les tendances qui animent toute son époque. L'explication du monde par l'intervention arbitraire et capricieuse d'êtres surnaturels ne suffisait ni à la connaissance plus approfondie qu'on avait de la nature, ni aux aspirations morales plus larges qui s'étaient fait jour. L'exaltation progressive, et par suite le perfectionnement moral du dieu suprême ou dieu du ciel, la tentative toujours renouvelée de dériver la multiplicité changeante des choses d'une seule matière primordiale, tout cela porte témoignage de la croyance toujours plus grande en l'homogénéité de l'univers et en l'unité de la puissance qui le régit. La voie était frayée à la connaissance de lois souveraines. Et cette connaissance devait prendre une forme de plus en plus rigoureuse. La base de la recherche exacte fut posée d'abord par les astronomes, bientôt aussi par les physiciens-mathématiciens, parmi lesquels la première place revient à Pythagore. La nouvelle des résultats de ses expériences extraordinaires en acoustique dut produire une impression telle que l'on ne peut guère se la représenter. Le plus « ailé » des phénomènes, le son, avait, pour ainsi dire, été capté et ployé sous le joug du nombre et de la mesure ; qu'est-ce qui pouvait résister encore à ces dompteurs des faits ? Bientôt, de l'Italie méridionale, ce cri retentit à travers l'Hellade : « L'essence des choses, c'est le nombre ! » Il est évident que

[1] Cf. Frg. 29 ; 91 ; 2.

l'Ephésien ne pouvait fermer son esprit à ces influences, et cela est, au moins en partie, reconnu aujourd'hui. Le rôle que les idées d'harmonie, de contraste, et surtout de mesure, jouent dans ses spéculations remonte sûrement, pour la plus grande part, à l'action du Pythagorisme, pour une part moindre à celle d'Anaximandre. Aussi peu il était fait lui-même pour la recherche exacte, — sa passion était trop vive, son esprit trop prompt à s'enflammer, trop porté à s'enivrer et à se contenter de métaphores, — autant il était qualifié pour servir de héraut à la nouvelle philosophie. En cela, et aussi sans doute en raison des multiples injustices dont il s'est rendu coupable à l'égard des vrais créateurs de la science, il ressemble vraiment au chancelier Bacon, auquel on l'a récemment comparé à un autre point de vue et avec beaucoup moins de raison[1]. Mais ce qu'il y a de vivant en lui, ce n'est pas seulement la puissance verbale et la plasticité de l'expression. Sans doute, son interprétation des phénomènes particuliers est la plupart du temps puérile : — « L'homme ivre est conduit par un enfant imberbe, et trébuche parce que son âme est mouillée » ; « une âme sèche est la plus sage et la meilleure » ; — mais à quel extraordinaire degré était développée en lui la faculté géniale de reconnaître et de dégager l'analogie sous les enveloppes les plus hétérogènes ! Bien peu d'hommes ont su, comme lui, poursuivre dans toute la hiérarchie des êtres, dans l'ensemble de la vie naturelle et de celle de l'esprit, les découvertes qu'ils avaient faites dans un champ spécial et limité. Il ne s'agissait pas, il est vrai, pour lui, comme nous l'avons déjà remarqué, de jeter un pont sur l'abîme qui sépare la nature et l'esprit ; cet abîme n'existait guère pour lui ni pour ses prédécesseurs en général. Sous ce rapport, le choix auquel il s'était arrêté en fait de matière primordiale fut pour lui un élément de progrès. Pensant que le monde est fait de feu, c'est-à-dire de la matière de l'âme, il pouvait sans scrupule étendre aux phénomènes psychiques et aux phénomènes politiques ou sociaux qui en découlent les généralisations qu'il avait tirées de n'importe quel domaine de la vie de la nature. De là l'ampleur compréhensive de ses généralisations, dont le couronnement suprême se trouve dans la constatation de la loi universelle à laquelle tout est soumis.

[1] La comparaison avec le chancelier Bacon est de Schuster, loc. cit., p. 41, rem. 1. — Au sujet de ce qui suit, cf. frgg. 73 et 74.

Mais un motif particulier le poussait encore à escalader ce sommet, et à proclamer solennellement, comme but suprême de la connaissance, la loi universelle qui régit tous les phénomènes : ce motif était tiré de sa doctrine de l'écoulement des choses combinée avec sa théorie si imparfaite de la matière. Il devait craindre, sans cela, de ne laisser subsister aucun objet quelconque de connaissance vraie ; le reproche qu'Aristote lui a fait à tort l'aurait, en ce cas, atteint à bon droit, semble-t-il[1]. Mais, dès lors, il ne pouvait plus en être ainsi. Au milieu de toutes les vicissitudes des objets particuliers, de toutes les métamorphoses de la matière, en dépit de la destruction qui devait atteindre, à intervalles réguliers, l'édifice même de l'Univers, et de laquelle celui-ci devait sans cesse renaître, la loi universelle reste debout, intangible, immuable, à côté de la matière primitive, conçue comme animée et intelligente ; elle se confond avec elle, selon une conception mystique et peu claire, à titre de raison universelle ou de divinité souveraine, et ces deux principes réunis constituent la seule chose permanente dans le fleuve — sans commencement ni fin — des phénomènes. Connaître la loi ou la raison universelles, tel est le devoir suprême de l'intelligence ; se plier, se soumettre à elle, telle est la règle suprême de la conduite. Suivre son sentiment ou sa volonté propres, c'est incorporer en soi le faux et le mal, qui, au fond, ne sont qu'une seule et même chose. La « présomption » est comparée par lui à l'une des plus terribles maladies qui puissent frapper l'homme, à celle qui, dans toute l'antiquité, a été regardée comme une possession démoniaque, l'épilepsie ; « l'orgueil doit être étouffé comme un incendie. » Il n'y a qu'une chose sage : c'est de « connaître la raison, qui gouverne tout et par tout. » En réalité, il n'est pas facile de satisfaire à cette exigence, car la vérité est paradoxe : « La Nature n'aime-t-elle pas à se voiler » et « n'échappe-t-elle pas à la connaissance par son invraisemblance » ? Mais le chercheur doit y consacrer tous ses efforts ; il doit être rempli de joie et de courage, être constamment en garde contre les surprises, car « si vous n'attendez pas l'inattendu, vous n'atteindrez pas la vérité, qui est difficile à discerner, à peine accessible ». « Nous ne devons pas échafauder de frivoles hypothèses sur les plus hauts objets » ; le caprice ne doit pas nous guider, « car la punition frappera la forge des mensonges et les faux témoins ».

[1] *Métaph.*, I 6 : ὡς τῶν αἰσθητῶν ἀεὶ ῥεόντων καὶ ἐπιστήμης περὶ αὐτῶν οὐκ οὔσης.

Les institutions humaines ne durent que pour autant qu'elles concordent avec la loi divine ; car celle-ci « atteint aussi loin qu'elle le veut, suffit à tout et domine tout ». Mais, au dedans de ces limites, règne la loi pour laquelle « le peuple doit combattre comme pour une muraille » ; cette loi n'est pourtant pas, assurément, le bon plaisir de la foule aux cent têtes, et dépourvue de raison, mais l'intelligence, et souvent « le conseil d'un seul » auquel, à cause de sa sagesse supérieure, « est due l'obéissance »[1].

L'influence de notre philosophe s'est exercée sur la postérité d'une manière curieuse et en deux sens opposés. Comme facteur historique, il offre le même double aspect que présentent, selon lui, les choses. Il a été la source principale et primitive d'une tendance religieuse et conservatrice, mais aussi, et à un égal degré, d'une tendance sceptique et révolutionnaire. Il est — pourrait-on dire en lui empruntant son langage — et il n'est pas un boulevard de conservatisme ; il est et il n'est pas un champion de bouleversement. Le centre de gravité de son influence se trouve pourtant, en raison de son génie particulier, du côté que nous avons indiqué en premier lieu. Au sein de l'école stoïcienne, cette influence constitue le pôle opposé aux tendances radicales du cynisme. De l'absolue dépendance où, selon son enseignement, se trouvent les phénomènes à l'égard d'une loi supérieure, a découlé le rigoureux déterminisme de cette secte, déterminisme qui, sauf dans les cerveaux les plus éclairés, menaçait de dégénérer en fatalisme. De là la disposition au renoncement et presque au quiétisme, qui s'annonce déjà à nous dans les vers de Cléanthe ; de là la soumission volontaire aux dispensations du sort dont Epictète et Marc-Aurèle ont été les apôtres. C'est aussi chez Héraclite que nous avons trouvé les premiers symptômes du penchant qu'auront les Stoïciens à accommoder leurs doctrines aux croyances populaires. De même, on peut rappeler son disciple dans les temps modernes, Hegel, avec sa Philosophie de la Restauration, avec sa glorification de l'élément traditionnel dans l'Etat et dans l'Eglise ; enfin avec sa parole fameuse : « Ce qui est réel est raisonnable, et ce qui est raisonnable est réel[2]. » Mais, d'autre part, le radicalisme néo-hégélien, ainsi que peut nous le mon-

[1] Cf. surtout frgg. 24 ; 36 ; Diog. Laërce, IX 8. Voir aussi D. L. IX 7 ; frgg. 103 ; 19 ; 10 et 116 ; 7 ; 48 ; 118 ; auxquels on peut ajouter les frg. 91, 100 et 140.
[2] Cf. Haym, *Hegel und seine Zeit*, 357 sq ; voir aussi Hegel, *Ges. Werke*, XIII 328 et 334.

trer l'exemple de Lassalle, est aussi en connexion étroite avec Héraclite. Et si l'on veut connaître le parallèle le plus frappant, le pendant le plus exact de l'Ephésien qu'aient produit les temps modernes, il faut le chercher dans Proudhon, ce puissant penseur subversif, qui lui ressemble comme une goutte d'eau à sa voisine, non seulement dans quelques doctrines isolées tout à fait caractéristiques, mais qui le rappelle de la manière la plus vive par le fond même de son esprit aussi bien que par la forme paradoxale que, en raison de cet esprit, il a donnée à ses théories[1].

La clef de cette contradiction est facile à trouver. L'essence la plus intime de l'Héraclitisme est l'étendue du regard qu'il jette sur la multiplicité des choses, la largeur de l'horizon intellectuel qu'il embrasse. Or la faculté même et l'habitude de voir ainsi les choses de haut et de loin a pour effet de nous réconcilier avec les imperfections de la nature aussi bien qu'avec les duretés du développement historique. Car elles nous font souvent voir le remède à côté du mal, l'antidote à côté du poison ; elles nous apprennent à reconnaître dans le conflit apparent une profonde harmonie intérieure ; dans la laideur et la méchanceté des termes de transition indispensables, des étapes sur le chemin de la beauté et de la bonté. Elles nous amènent à juger avec indulgence aussi bien les lois de l'Univers que les événements historiques. Elles provoquent des « théodicées » ; elles ont pour effet la réhabilitation d'individus aussi bien que celle d'époques et de civilisations tout entières. Elles donnent naissance au sens historique et ne sont pas étrangères aux courants d'optimisme religieux ; le réveil de ces tendances à l'époque du romantisme n'a-t-il pas été accompagné d'un réveil de l'Héraclitisme ? Mais, d'autre part, cette tournure d'esprit a aussi pour effet d'empêcher la formation de jugements tranchants dans leur partialité, et cela au détriment de l'autoritarisme. La mobilité et la souplesse de la pensée poussées au plus haut degré sont essentiellement contraires à l'immutabilité des institutions. Quand tout paraît entraîné dans un perpétuel devenir ; quand tout phénomène particulier, envisagé comme un chaînon dans la chaîne des causes, cesse d'être autre chose que la phase passagère d'un développement, qui se sentirait disposé à regarder comme éter-

---

[1] Sur l'affinité intellectuelle de Proudhon avec Héraclite, comp. notre dissertation, pp. 1049-1055.

nelle et intangible une forme quelconque de cette série incessante de métamorphoses et à se prosterner devant elle ?

On peut dire avec raison : « L'Héraclitisme est conservateur, parce que, dans toutes les négations, il discerne l'élément positif ; il est radical-révolutionnaire, parce que, dans toutes les affirmations, il découvre l'élément négatif. Il ne connaît rien d'absolu, ni dans le bien, ni dans le mal. C'est pourquoi il ne peut rien rejeter absolument, mais rien admettre non plus sans restriction. La relativité de ses jugements lui inspire la justice de ses appréciations historiques ; mais elle l'empêche aussi de considérer comme définitive n'importe quelle institution existante[1]. »

Mais il y a lieu maintenant de laisser de côté les conséquences des doctrines d'Héraclite, bien qu'elles se fassent sentir encore aujourd'hui, et de remonter à leurs sources. Plus d'une fois, déjà, nous avons, parmi les hommes qui ont exercé une influence sur le penseur d'Ephèse, rencontré les noms de Pythagore et de Xénophane. Ces philosophes, non plus, n'ont pas manqué de précurseurs. La vie intellectuelle de ces siècles est si active, elle offre tant de courants qui se côtoient ou se mélangent, qu'il est presque impossible d'en suivre un sans en perdre de vue momentanément d'autres non moins importants. Le moment nous semble donc venu de rebrousser chemin et de revenir à des sujets que nous avons peut-être trop longtemps négligés.

---

[1] Un mot d'explication pour justifier l'ordre que nous avons suivi, et qui fait que nous étudions Héraclite avant Pythagore et Xénophane, bien que nous admettions qu'il ait été influencé par eux. Les interdépendances dans la marche du développement intellectuel à cette époque peuvent être comparées à une série de fils dirigés parallèlement dans le sens de la longueur et reliés par un grand nombre de fils transversaux. On se trouve donc mis en demeure de choisir entre deux alternatives : ou bien suivre les fils principaux (dans le cas présent Thalès, Anaximandre, Anaximène, Héraclite, d'une part, Pythagore, Xénophane, Parménide, etc. de l'autre), et de mentionner par anticipation les influences secondaires, ou de sauter continuellement d'un des fils principaux à l'autre, ce qui aurait pour effet de brouiller l'exposé d'une manière intolérable. Héraclite a connu Xénophane, et Parménide a, de son côté, engagé une polémique contre Héraclite. Il faudrait donc, si l'on voulait tenir exactement compte de tous ces rapports, placer Héraclite après Xénophane, mais avant Parménide, et séparer ainsi violemment l'un de l'autre deux penseurs étroitement unis.

CHAPITRE II

Cosmogonies orphiques.

I. Formes diverses de la croyance en l'immortalité. Homère et Hésiode. Transfiguration des âmes et supplices infernaux. — II. Doctrines orphiques. Phérécyde de Syros; sa cosmogonie; combat des dieux. Phérécyde, le premier des éclectiques. — III. Les cosmogonies orphiques; leur rapport avec la théorie de Phérécyde. L'œuf du monde. Influences étrangères. Très anciennes relations entre les peuples. Traits panthéistiques.

I

Le penchant à la joie, le goût des plaisirs de la vie, la parfaite sérénité que manifeste l'épopée de cour, et qu'elle pousse parfois jusqu'à la frivolité, ont-ils produit une réaction? Ou bien, en s'élevant à la puissance et au bien-être, les couches inférieures du peuple ont-elles fait prévaloir leur conception de la vie — celle des bourgeois et des paysans? Ce qu'il y a de certain, c'est que la religion et la morale de la Grèce posthomérique offrent un caractère essentiellement différent de celles de l'âge précédent. Les traits sérieux, graves, sombres même commencent à prédominer. L'expiation du meurtre, le culte des âmes, les sacrifices en l'honneur des morts[1] apparaissent pour la première fois, ou deviennent la règle là où ils n'étaient auparavant que l'exception. Et nous ne nous trouvons pas ici en présence de créations exclusivement nouvelles, mais, pour une part au moins aussi importante, ce sont d'antiques insti-

---

[1] Cf. Lobeck, *Aglaophamus*, I 300 sq. et Grote, *Hist. de la Grèce*, I 28, qui cependant exagère ici les influences étrangères. Diels a montré, *Sibyllinische Blätter*, 42, 78 et ailleurs, que, plus probablement, les usages et les croyances les plus antiques ont été refoulés par la culture qui se reflète dans l'épopée; comp. aussi l'exposé magistral de Rohde dans *Psyché*, 2e éd., I 157 et 259 sq. — Tylor a excellemment montré dans sa *Civil. primitive*, II 77 sq., et en plusieurs autres endroits, comment la théorie de la rétribution est sortie de ce qu'il appelle *continuance-theory*.

tutions qui revivent ou qui, pour la première fois, deviennent visibles à nos yeux ; c'est ce que nous prouvent avant tout les nombreuses et profondes analogies de ces usages avec ceux des peuples de même race, et surtout des plus proches parents des Grecs, ceux de l'Italie. Mais, à n'en pas douter, la croyance à l'immortalité de l'âme éprouve une transformation progressive, et comme cette croyance a exercé une influence importante sur le développement de la spéculation philosophique en Grèce, nous devons lui consacrer une étude approfondie.

Les images de l'au-delà préoccupent de tout temps les esprits des hommes. Elles reçoivent leur forme et leur couleur des conditions et des dispositions changeantes des peuples. Tout d'abord, cet avenir apparaît comme une simple continuation du présent. Les gens heureux l'envisagent avec joie ; les malheureux avec une sombre appréhension. Pour les princes et les nobles, l'au-delà est une suite presque ininterrompue de parties de chasse et de banquets ; les valets et les esclaves y voient une série indéfinie de dures corvées. Mais tout avenir est incertain, et laisse libre champ aux perspectives les plus diverses : pressentiments angoissants, espérances exaltées. Car si le désir peut être appelé le père de la pensée, l'inquiétude en est la mère ; et leurs descendants reproduisent leurs traits dans des proportions variées. Quand l'ici-bas offre une surabondance de biens, l'avenir se montre volontiers comme un reflet terne et vaporeux de l'existence terrestre ; quand celle-ci laisse une large place aux vœux et aux regrets, la fantaisie aime à tremper son pinceau dans les couleurs de l'espérance ; enfin, l'excès de maux et l'habitude de souffrir qu'il engendre émoussent en même temps que la force de vouloir celle d'espérer, et confine l'imagination à de sombres perspectives d'au-delà. Aux circonstances extérieures, viennent se joindre les diversités de tempérament des peuples. Mais, en somme, et pour autant que les facteurs jusqu'ici énumérés entrent seuls en jeu, l'image de l'avenir ressemble à la réalité présente, bien que, du fait des conditions indiquées, elle présente des couleurs tantôt plus claires, tantôt plus foncées. Il n'est pas difficile de distinguer les motifs qui, dans le cours des siècles, produisent une évolution de cette image. Le dernier terme de la transformation se trouve dans cette conception de la vie future que l'on peut désigner du nom de rétributive. Or un premier linéament de cette conception est contenu dans cette constatation de fait : que le sort présent des individus est déterminé à beaucoup d'égards par leurs dispositions intellectuelles et morales. Le fort, le brave, le circonspect, le résolu parviennent souvent sur terre à la puissance et au bonheur ; de là, par un raisonnement tout indiqué — si ce n'est par le simple effet de la liaison des idées — ne sera-t-on pas porté à croire que la même destinée leur écherra aussi dans le royaume des âmes ? Un autre facteur est la faveur ou la défaveur que les dieux témoignent à l'individu. Leurs favoris et surtout leurs rejetons ne doivent-ils pas avoir le pas, dans l'au-delà, sur ceux qu'aucun lien de cette nature ne rattache aux maîtres de la destinée humaine ? Et si la prière et le sacrifice ont pour effet d'enchaîner la bienveillance des dieux, n'est-il pas naturel que la faveur ainsi obtenue se prolonge sur le sort futur des hommes ? Dans la mesure, enfin, où l'État et la société se fortifient, où les énergies puissantes de la Nature acquièrent une signification morale, et, à côté des ancêtres déifiés, sont considérées comme des gardiennes et des protectrices des institutions humaines, comment la pensée ne se ferait-elle pas jour — un peu tard peut-être et insensiblement — que la mort n'oppose pas à la puissance des juges célestes une barrière infranchissable, mais que, au contraire, la récompense et la punition peuvent trouver ou atteindre le bienfaiteur des hommes, comme le criminel, au delà du tombeau[1] ?

Le développement du peuple grec place nettement sous nos yeux quelques-unes de ces phases. A une époque ou dans une condition sociale remplie de passions indomptables, où retentit sans trêve le fracas des armes, et qui, par conséquent, offre le plus abondant aliment à toute l'échelle des sentiments humains, il n'y a guère plus de place pour les songes de l'au-delà que pour le regret des jours meilleurs d'autrefois. Le présent, saturé à tous égards, absorbe aussi bien le lointain avenir que le lointain passé. Même dans les rares heures de loisir, où ils se reposent des combats, les héros homériques prennent plaisir aux descriptions de batailles et aux récits

---

[1] La forme la plus simple de la punition est l'anéantissement. Les spécialistes discutent encore sur la question de savoir si, d'après les idées védiques, les méchants en général sont jugés dignes de la survivance. L'éminent sanscritiste Roth l'a nié, tandis que Zimmer, *Altindisches Leben*, 416, affirme le contraire en se basant sur des arguments qui ne paraissent pas décisifs. Pour une époque postérieure au *Rig-Véda*, la croyance en un lieu d'expiation et en des supplices infernaux est sûrement attestée (ibid. 420-21).

d'aventures : de celles où ils ont eux-mêmes pris part, aussi
bien que de celles de leurs ancêtres ou de leurs dieux, qu'ils
se représentent si parfaitement semblables à eux-mêmes. Les
âmes qui séjournent dans le monde souterrain y coulent une
existence terne, sans vigueur, nullement enviable. Se promener
à la lumière du soleil est le plus ardent désir des guerriers
qui combattent autour de Troie ; Achille préférerait — simple et
pauvre journalier — passer ici-bas une misérable existence que
d'exercer la royauté sur les Ombres. Si, parfois, un des combattants est enlevé par les dieux et admis à partager leur félicité, c'est là une faveur purement personnelle, et non la récompense de glorieux exploits, et celui qui en bénéficie — par
exemple Ménélas — n'est à aucun égard supérieur à ses compagnons d'armes moins heureux. Il en est autrement aux
époques — ou bien devons-nous dire dans les couches sociales ?
— auxquelles s'adresse Hésiode. Pour elles, le présent est
triste, et le désir de gloire et de bonheur pousse l'imagination
à embellir aussi bien le passé que l'avenir. Les hommes
tournent leurs regards avec regrets vers un « âge d'or » depuis
longtemps disparu ; la déchéance graduelle du lot terrestre
passe pour eux à l'état de fait et devient un problème dont la
solution, comme nous l'avons vu, préoccupe les esprits réflé-
chis ; la condition des âmes après la mort prend souvent
l'aspect d'une glorification. Les défunts sont fréquemment
élevés au rang de démons qui veillent sur la destinée des
vivants. Les « champs Elysées », les « îles Fortunées » commencent à se remplir d'habitants. Mais tout cela est absolument dépourvu de précision dogmatique ; tout cet ordre d'idées
reste longtemps vague, vacillant, confus. Et si, déjà chez
Homère, on peut reconnaître un premier germe du dogme de
la rétribution — dans les peines qu'encourent aux enfers
quelques criminels insolents et ennemis déclarés des dieux —
il s'écoule pourtant bien des siècles jusqu'à ce que ce germe
soit arrivé à son complet développement. Les tortures d'un
Tantale et d'un Sisyphe sont suivies de celles d'Ixion et de
Thamyras ; mais si l'insolence et l'insubordination à l'égard
des dieux sont punis par ceux-ci mêmes dans le Tartare, le sort
posthume de l'énorme majorité des hommes est regardé encore
comme complètement indépendant de leurs mérites ou de leurs
fautes. Et, par dessus tout, quelle que soit la bigarrure des
tableaux de la vie d'au-delà, la religion d'Etat, qui peut être

considérée comme l'expression de la conscience des classes dirigeantes, ne prend qu'une faible connaissance de la foi en l'immortalité ; c'est à la vie présente que vont, après comme avant, les préoccupations dominantes de l'homme antique, pour autant du moins que nous pouvons déduire des cultes officiellement reconnus ses pensées et ses désirs.

Mais, au courant principal de la vie religieuse s'opposent des contre-courants ; d'autre part il recouvre des courants cachés ; et ces courants secondaires gagnent peu à peu en force, bien qu'avec des affaiblissements momentanés, et finissent par constituer un fleuve qui ronge et évide le noyau même de la religion hellénique. Ils ont en commun — culte des mystères aussi bien que doctrines orphico-pythagoriciennes — une vive préoccupation de la destinée posthume de l'âme, qui leur fait rabaisser sa condition actuelle, c'est-à-dire, en définitive, leur fait envisager la vie sous de sombres couleurs.

II

Les doctrines orphiques, ainsi appelées du légendaire chantre thrace Orphée, sous le nom duquel circulaient les livres sacrés de cette secte, nous ont été conservées dans des rédactions multiples, souvent très divergentes. Mais notre source d'informations la plus abondante remonte aux derniers temps de l'antiquité ; nous la devons aux Néo-Platoniciens, ultimes héritiers du grand philosophe ; ils revenaient avec prédilection à ces doctrines qu'ils aimaient parce qu'elles présentaient une grande affinité avec les leurs, et en donnaient dans leurs écrits de nombreuses analyses partielles, accompagnées souvent de précieuses citations des poèmes orphiques[1]. Or, comme la doctrine orphique ne forme pas un tout strictement homogène, mais qu'elle a pris dans le cours du temps des développements variés, on comprend la méfiance avec laquelle ont été accueillis et examinés ces témoignages tardifs. A première vue, la critique paraît justifiée à ne les considérer comme pleinement valables que pour l'époque à laquelle ils remontent. Mais les voies dans lesquelles elle s'est souvent engagée en pareille matière sont bien glissantes ; quelques découvertes

[1] Les poèmes orphiques ont été réunis, en dernier lieu par Eug. Abel *(Orphica,* Leipzig-Prague. 1885); ils l'avaient été auparavant par Gottfr. Hermann, Leipzig 1805.

récentes[1] l'ont montré de la manière la plus frappante. Des tablettes d'or, trouvées dans des tombes de l'Italie méridionale datant en partie du IVme, en partie du commencement du IIIme siècle avant Jésus-Christ, nous donnent les échos de vers orphiques que nous ne connaissions jusqu'ici que par une citation de Proclus, néo-platonicien du Vme siècle de notre ère ; ainsi la garantie que nous avons de leur antiquité s'est accrue en un coup de sept siècles ! Une des plus importantes divinités du culte orphique, Phanès, ne nous était attestée jusqu'à aujourd'hui que par un historien de l'époque d'Auguste, Diodore ; une des tablettes de Thurium nous prouve qu'elle était déjà invoquée trois cents ans auparavant. Dans ces cas donc, la critique avait vraiment dégénéré en hypercritique ; l'excès de prudence scientifique s'est révélé défaut de saine intelligence scientifique. Mieux vaut, en somme, faire à l'erreur une légère part dans le détail que de s'interdire volontairement la connaissance intime du système par l'application trop rigoureuse d'une méthode en soi justifiée, mais qui n'attribuerait les éléments de ce système qu'à l'époque où leur existence est indubitablement attestée. D'ailleurs, les études récentes, en relevant et en examinant avec soin les allusions et les indications que nous offrent par-ci par-là les textes, ont réussi à suppléer sur bien des points à l'absence de témoignages directs.

Efforçons-nous d'abord de nous représenter l'état intellectuel des hommes qu'Aristote appelle les « théologiens[2] », et que nous pouvons peut-être désigner comme l'aile droite des plus anciens penseurs grecs. Leur tournure d'esprit est moins scientifique que celle des « physiologues », mais ils éprouvent d'autant plus vivement le besoin d'assister, par l'imagination, à la naissance et au développement de l'Univers. Les légendes divines qui circulaient parmi leurs compatriotes leur paraissaient insuffisantes, soit parce qu'elles contredisaient leurs aspi-

---

[1] Cf. Kaibel, Inscr. græcæ Siciliæ et Italiæ, n° 638-642. Quelques textes omis par lui se trouvent dans Comparetti, Notizie delle scavi, 1880, p. 155 et dans le Journal of Hellenic Studies, III p. 114 sq. Les tablettes appartiennent certainement, pour une partie au moins, au IVme siècle, en partie peut-être au commencement du IIIme. — Citation de Proklos, frg. 224 Abel : ὁππότε δ'ἄνθρωπος προλίπῃ φάος ἠελίοιο, frg. presque identique au n° 642, 1 : ἀλλ' ὁπόταμ ψυχὴ προλίπῃ φάος ἀελίοιο. O. Kern a aussi attiré l'attention sur cette coïncidence et sur d'autres analogues (Aus der Anomia, Berl. 1890, p. 87). — Phanès : cf. Diodore, I 11; 3. Une nouvelle comparaison de ces tablettes a fait douter que le nom de Phanès s'y trouve; cf. H. Diels, dans le recueil qui m'a été dédié, Vienne 1902, p. 1 sq.

[2] Les « théologiens » : Aristote, Métaph., XII c. 6, où les physiciens leur sont opposés.

rations morales, soit parce qu'elles ne donnaient que des réponses trop vagues ou trop grossières à la question de savoir d'où et comment sont sorties les choses. La pensée spéculative proprement dite ne peut donner que des indications pour résoudre ces énigmes vieilles comme le monde. Le plein développement de ces indications, que réclame une pensée encore sous l'influence dominante des mythes, ne peut se faire à moins que des légendes venues d'ailleurs ne comblent les lacunes. On les recherche donc avec ardeur, et l'on ne saurait s'adresser mieux pour en faire une ample moisson qu'aux traditions locales et à celles des nations étrangères, et surtout de celles de ces nations qu'entoure l'auréole d'une antique culture. Ces trois éléments : spéculation cosmogonique proprement dite, traditions locales grecques et traditions étrangères constitueront le tissu de la nouvelle doctrine. Qu'il en soit ainsi en réalité, c'est ce que montre un regard sur le contenu et surtout sur le caractère des doctrines orphiques et de celles qui sont avec elles dans un rapport étroit. Ce mélange ressort clairement de la cosmogonie de Phérécyde de Syros[1], dont nous nous occupons en premier lieu, quoiqu'il ne soit pas le plus ancien, mais le premier représentant de cette tendance auquel on puisse assigner une date avec une certitude presque entière. Il a publié vers le milieu du VIme siècle un écrit en prose intitulé *Pentemuchos* (l'antre aux cinq replis), dont il nous a été conservé quelques citations littérales. Il subit l'influence d'anciens coreligionnaires, en particulier peut-être du poète Onomacrite, qui vivait à la cour du tyran athénien Pisistrate et de ses fils. Phérécyde, donc, s'occupait d'astronomie ; il avait probablement emprunté aux Babyloniens les principes de cette science, et l'on montrait encore bien longtemps après lui son observatoire aux visiteurs de l'île. Comme philosophe, il admettait trois essences primordiales, existant de toute éternité : Chronos, ou le principe du Temps ; Zeus, appelé par lui Zas, dans le but, sans doute, de rappeler l'interprétation de ce mot que nous avons déjà rencontrée une fois chez Héraclite, et qui tendait à faire du dieu souverain le principe suprême de la vie ; enfin la déesse de la Terre, Chthonie. De la semence de Chronos sont sortis le Feu, l'Air et l'Eau, et de ceux-ci de mul-

---

[1] Les fragments de Phérécyde ont été réunis et joints à des débris analogues par O. Kern, *De Orphei, Epimenidis, Pherecydis theogoniis quæstiones criticæ*, Berlin 1888. Voir à ce sujet Diels dans l'*Archiv f. Gesch. der Philosophie* II 91; 93-4; 656-7.

tiples générations de dieux. Deux autres éléments, que nous ne trouvons que dans une tradition postérieure, et de ce fait peut-être adultérée, ont pour nom la « Fumée » et les « Ténèbres » et complètent le nombre des matières fondamentales indiqué par le titre de l'ouvrage[1]. Chacune de ces matières occupait à l'origine une région spéciale du monde. Mais un combat s'engagea entre les dieux, dans lequel le dieu-serpent, Ophioneus, marcha avec ses troupes à la rencontre de Chronos et de sa suite de dieux. A la fin de la mêlée, un des groupes de combattants est précipité dans les profondeurs de la mer, que Phérécyde appelle du nom vraisemblablement babylonien d'Ogènos[2], qui correspond au grec Okéanos. Voici quelques autres traits de sa cosmogonie. Zas ou Zeus, après avoir formé le monde, se transforme dans le dieu de l'amour, Eros ; puis il confectionne « un puissant et beau vêtement, dans lequel il tisse l'image de la Terre, d'Ogènos et des demeures d'Ogènos », et qu'il étend sur le « chêne ailé » ; enfin, « au-dessous de la Terre se trouve la région du Tartare, gardée par les filles de Boréas, les Harpyes et Thyella, et dans laquelle Zas précipite tous ceux des dieux qui se souillent d'actions

---

[1] Je puise ici dans Augustin, *Conf.*, III 11, et dans la note de K. Raumer sur ce passage. Il suffira sans doute que leur attention ait été attirée sur ce point pour que d'autres reconnaissent clairement que cette doctrine manichéenne remonte à Phérécyde.

[2] Hommel, *Der babylonische Ursprung der ägyptischen Kultur* p. 9, dérive le grec Ὠκεανός du sumérien *Ugina* = cercle, totalité. Il est plus naturel encore d'en dériver le mot énigmatique et complètement isolé d'*Ogènos*, bien entendu dans l'hypothèse — à établir plus tard — que Phérécyde s'est inspiré de traditions étrangères. Outre la ressemblance des noms, il y a lieu de considérer la circonstance suivante. Le parti qui succombe dans le combat des dieux est précipité dans l'Ogènos. Or le chef des vaincus, c'est-à-dire le dieu-serpent Ophioneus, est évidemment une divinité chthonienne ou tellurique. Sa demeure permanente et celle de ses compagnons est le monde d'en bas, qui, d'après la conception hellénique, se trouve dans les profondeurs de la terre, tandis que, d'après celle des Babyloniens, il se trouve sous l'Océan (cf. Hommel, loc. cit. p. 8). L'Ophioneus de Phérécyde n'est-il pas identique à la déesse babylonienne du Chaos, qui a la forme d'un serpent ? Comp. à ce sujet Jensen, *Kosmologie der Babylonier* p. 302. Un emprunt de ce genre à la mythologie phénicienne, qui est étroitement apparentée à celle de la Babylonie, est supposé du moins par Philon de Byblos (ap. Euseb. *Præp. evang.*, I 10 p. 41 = I 93 Gaisf.), et il n'est certes plus possible aujourd'hui de traiter avec Zeller (*Phil. der Griechen*, I 86, 5ᵉ éd.) Philon de « falsificateur » et de rejeter son témoignage. Cf. C. Wachsmuth, *Einleitung in das Stud. der alten Geschichte*, Leipzig 1895, p. 406. Sur ce point, il est particulièrement à remarquer que Halévy (*Mélanges Graux* 55 sq.) a établi l'identité essentielle de la cosmogonie phénicienne décrite par Philon (ou par sa source Sanchuniathon) avec la cosmogonie babylonienne; cf. aussi Renan dans les *Mém. de l'Académie des Inscr.* XXIII p. 251. — Un fragment nouveau, relativement important, a été publié par Grenfell et Hunt, *New classical fragments and other Greek and Latin papyri*, Oxford 1897. Il nous fait connaître en Phérécyde un narrateur enjoué; cf. le compte-rendu de l'auteur dans l'*Akad. Anzeiger*, 3 mars 1897. Quant à l'explication de ce fragment, on la doit surtout à H. Weil, *Revue des Etudes grecques* X 1 sq.

criminelles ». Si nous ajoutons encore que Chthoniè change de nom et devient Gè « depuis que Zas lui a attribué la Terre » (et que la mère des dieux, Rhéa, s'appelle chez lui Rhè, peut-être par opposition à Gè) nous aurons mentionné tout ce que nous connaissons des doctrines de Phérécyde relativement à la naissance des dieux et de l'Univers.

Etrange amalgame, où entre un peu de science, une dose d'allégorie et beaucoup de mythologie ! Essayons de nous orienter dans ce cycle déconcertant de pensées. Comme les « physiologues », notre penseur reconnaît des principes primordiaux éternels, et il s'efforce de ramener à quelques matières fondamentales la multiplicité des éléments qui constituent le monde matériel. Il se rencontre aussi avec eux sur ce point — très caractéristique — qu'il fait sortir de ces matières la foule des dieux secondaires. Il se sépare d'eux en ceci qu'il va moins loin dans la simplification de la matière, qu'il ne connaît pas une matière fondamentale seulement et que, si nous le comprenons bien, il ne considère pas même l'air comme formant un élément unique. Mais, surtout, ses matières fondamentales ne sont pas des matières primordiales ; en lieu et place de celles-ci, il admet des essences primitives qui, il faut le reconnaître, ne sont pas conçues comme grossièrement matérielles, et qui donnent naissance aux matières proprement dites. S'il ne nous décrit expressément que l'origine des trois éléments qui prédominent dans le monde supérieur, le parallélisme de l'exposition semble forcer à admettre que les deux autres, qui appartiennent au royaume des Ténèbres, (et dont nous ne devons la connaissance qu'aux allusions fortuites de St Augustin) sont produites par le dieu-serpent, qui préside au monde d'en bas. On serait tenté ici d'attribuer à notre « théologien » une position intermédiaire entre Hésiode et les philosophes naturalistes. Mais cela ne suffirait pas à donner une idée complète de leurs rapports. Dans la *Théogonie*, les facteurs naturels conçus comme vivants : la « Terre à la large poitrine », le « Ciel immense », etc., jouent les principaux rôles, à côté de quelques principes divins. Chez Phérécyde, il n'est plus permis de parler de fétiches naturels. Zas et Chronos apparaissent plutôt comme des essences divines, et Chthoniè est expressément distinguée de la « Terre », dont elle ne reçoit le nom qu'après avoir reçu des mains de Zas la terre proprement dite, matériellement parlant. C'est comme s'il voulait dire : « L'esprit de la Terre existe avant la Terre, et il ne lui est associé que postérieurement, comme l'âme au corps ». Ici donc s'annonce un mode de pensée très caractéristique, très important pour l'intelligence des rapports de l'esprit et du corps chez les Orphiques en général (au sens restreint du mot) et chez Phérécyde lui-même.

Qu'un combat des dieux précède l'établissement du régime auquel l'Univers est soumis, c'est là une conception si commune aux mythologies grecques et non grecques, que nous ne pouvons pas nous étonner de la rencontrer aussi chez Phérécyde. A la base de cette idée très répandue, se trouve sans doute, soit dit en passant, une double considération, qui devait s'offrir naturellement à l'esprit de l'homme primitif. Le règne de l'ordre ne pouvait guère lui apparaître comme un fait initial ; en effet, les êtres puissants qu'il croyait apercevoir derrière le monde extérieur, il se les figurait animés d'une volonté aussi arbitraire et de passions non moins indomptables que les membres les plus considérables de la société humaine, la seule qui lui fût connue, et qui était si éloignée de la discipline et de la paix. De là cette conjecture : que la régularité observable dans les phénomènes de la Nature est une loi imposée aux vaincus par la volonté du vainqueur. Et cette conjecture ne devait-elle pas s'imposer d'autant plus à eux que, précisément, les plus violents agents naturels n'exercent que d'une manière relativement rare leur pleine action ; que les tremblements de terre, les tempêtes, les éruptions volcaniques, ne sont que des interruptions occasionnelles et de courte durée de la paix habituelle de la Nature ? Cet état de choses, pensait-on, ne peut pas avoir toujours existé ; ces effroyables puissances, si hostiles à la vie humaine, se sont sans doute déchaînées jadis, libres de tout obstacle ; si, aujourd'hui, des limites étroites ont été imposées à leur fureur dévastatrice, ce ne peut être que par le triomphe d'êtres encore plus puissants, qui sont entrés un jour en lutte avec elles et les ont enfin domptées. La forme plus précise que ce combat des forces supra-terrestres avec les forces souterraines a prise chez Phérécyde rappelle tellement, dans nombre de détails, la légende babylonienne de l'origine du monde, que des juges très compétents penchent à admettre que le penseur grec les a empruntés à cette dernière. Si ensuite Zas, en vue de la formation du monde, se transforme en dieu de l'amour, nous n'avons pas à chercher bien loin le motif de cette conception. L'idée que l'instinct de la reproduction seul rapproche les principes de même nature et seul assure la durée des espèces et des genres existants n'est que la généralisation d'un fait constaté dans le domaine de la vie organique ; cette idée, nous l'avons déjà rencontrée chez Hésiode, et sous une forme pour ainsi dire cristallisée, d'où nous avons conclu qu'elle avait, et depuis longtemps, cessé de vivre. C'est sans doute au culte voué au dieu de l'amour dans quelques très antiques sanctuaires, par exemple à Thespies en Béotie, que s'est rattaché le mythe spéculatif d' « Eros créateur de l'Univers ».

Ce qu'il nous est le plus difficile de comprendre enfin, ce ne sont pas tant les détails des théories du théologien de Syros, mais l'état d'esprit d'où elles sont sorties, et où s'allient si étrangement la science et la foi aux mythes. Nous n'avons aucun motif de mettre en doute les aspirations de cet homme à la vérité ; rien ne dénote chez lui une tendance à frapper les imaginations par des miracles de charlatan. Comment nous représenter alors que, sans être un poète, sans se flatter de pénétrer les secrets de l'Univers dans l'ivresse du délire et de la possession démoniaque, il nous offre un tableau, poussé jusque dans le détail, de l'origine de cet Univers et des dieux avec la confiance de celui qui prétend avoir reçu une révélation ? Pour nous, du moins, il n'y a pas d'autre explication possible de l'énigme que celle que nous avons déjà indiquée. Sa pensée spéculative peut lui avoir fourni quelques-unes des parties constitutives de sa doctrine, notamment de la doctrine des matières primordiales; il en a emprunté d'autres, comme nous venons de le dire, aux recherches de ses prédécesseurs ; mais il ne pouvait puiser ni à l'une ni à l'autre de ces sources pour peindre avec de si riches couleurs son tableau d'ensemble ; il le doit sans doute à des traditions nationales ou étrangères auxquelles il a donné son assentiment parce que, dans leurs traits essentiels, elles s'accordaient avec les résultats de ses investigations ; il a dû, pour cette raison précisément, les transposer, les transformer, les fondre ensemble avec un arbitraire dont il était lui-même inconscient. Rien n'est plus difficile, mais rien n'est plus indispensable que de se faire une idée de cette critique incomplète qui rejette beaucoup de légendes, mais en accepte avec une foi parfaite d'autres qui reposent sur un fondement absolument identique ; qui, par conséquent, ne prend pas une position de principe à l'égard de la tradition comme telle, mais, avec une étonnante naïveté, prétend trouver dans les mythes divins comme dans les noms des dieux, la clef des profondeurs les plus secrètes de l'énigme universelle. Ainsi il nous est permis de voir en Phérécyde un des plus anciens représentants de cet éclectisme à moitié critique, à moitié croyant qui sera, en d'autres temps et chez d'autres peuples, celui de tant de penseurs.

III

Parmi les sectaires orphiques, des écrits divers et contradictoires ont circulé simultanément ou successivement au sujet de la vie et des enseignements du fondateur de la doctrine, comme cela a été le cas aussi pour d'autres communautés religieuses. Il nous paraît aussi déplacé de parler ici de « falsification » consciente ou d'ouvrages « apocryphes » qu'il le serait d'appliquer de tels qualificatifs au *Deutéronome* de Moïse dans l'Ancien Testament ou à la doctrine du Logos dans le Nouveau. La cosmogonie orphique, elle aussi, était exposée dans des rédactions multiples, dont il n'est pas possible de déterminer sûrement la succession. Mais rien n'empêche de supposer que plusieurs d'entre elles avaient cours en même temps, sans que les lecteurs pleins de foi de ces « saintes écritures » fussent choqués des contradictions flagrantes qu'elles pouvaient présenter. Nous en connaissons quatre d'une manière plus ou moins complète[1]. L'une d'entre elles a été analysée par Eudème, l'élève d'Aristote, qui avait composé une *Histoire de l'Astronomie*; mais de cette analyse il ne nous est guère parvenu que cette sèche mention : la Nuit jouait le rôle de principe primordial. Cette opinion transparaît dans le vers d'Homère où Zeus craint de rien faire qui puisse déplaire à la Nuit, et semble ainsi reconnaître celle-ci comme supérieure à lui. Les Maoris, eux aussi, connaissent « la Nuit, antique Mère », et cette divinité joue le rôle le plus important dans les doctrines cosmogoniques des Grecs, chez le légendaire Musée non moins que chez le voyant Epiménide ; chez le conteur de légendes, Akousilaos, non moins que chez un quatrième auteur dont le nom est resté inconnu. Il ne vaut guère la peine de

---

[1] Sur les quatre versions de la théogonie orphique, comp. Kern, op. cit.

mentionner la deuxième version, exposée dans une douzaine de vers relatifs à l'origine de l'Univers, que le poète alexandrin Apollonius, en ses *Argonautiques*, met dans la bouche d'Orphée. En effet, l'auteur du poème ne prétend pas faire une citation authentique, et le contenu de ce passage ne saurait justifier une telle prétention. Le principe de la « Discorde », qui y sépare les quatre éléments, appartient, comme ceux-ci, au philosophe-naturaliste postérieur Empédocle. En outre, le combat des dieux y est décrit en concordance partielle avec Phérécyde, sans cependant que les légères divergences d'Apollonius fassent l'impression de remonter à une plus haute antiquité. Car, tandis que le théologien de Syros nous montre le dieu-serpent et Chronos en lutte pour le pouvoir, et attribue au vainqueur le monde supérieur, et au vaincu le monde souterrain pour résidence et pour royaume, ici Ophioneus est au début maître de l'Olympe ; or, comme les serpents, en vertu de leur nature même, appartiennent, et sans doute dans toutes les mythologies, au domaine terrestre, nous ne pouvons voir ici qu'une déviation de la forme primitive, qu'un développement artificiel de la légende. Nous n'arrêterons pas longtemps non plus le lecteur à la troisième version. En effet, elle est expressément opposée par ceux qui nous la rapportent à la doctrine orphique courante ; les traits qui l'en différencient n'offrent nullement un caractère plus ancien, et les autorités sur lesquelles elle repose — Jérôme et Hellanikos — sont d'une date incertaine et d'une valeur douteuse. Il en est tout autrement de la quatrième et dernière, qui nous raconte à la fois la naissance des dieux et celle du monde, et qui se trouvait autrefois dans ce qu'on a appelé les *Rhapsodies*[1]. Les savants

---

[1] Après Lobeck (*Aglaophamus*), c'est surtout Kern, op. cit., qui a le plus travaillé à établir la haute antiquité — très contestée — de la théogonie rhapsodique, ou du moins de son contenu essentiel, et il a avancé dans ce but des motifs qui me semblent tout à fait excellents. Je considère comme absolument manquée, en dépit de la surprenante adhésion de Rohde, *Psyché*, 2ᵉ éd., II 416 note, la prétendue preuve de Gruppe, que Platon n'a jamais connu la théogonie rhapsodique (*Jahrb. f. Philol.*, suppl., XVII 689 sq.). Examinée sous son vrai jour, la divergence entre Rohde et moi se réduit à fort peu de chose. Car Rohde concède que « la concordance des rhapsodies avec la doctrine et la poésie orphiques » est encore démontrable sur plusieurs points, et moi je suis tout disposé à reconnaître que l'ampleur de cette œuvre (24 livres) et les indices certains de l'intercalation de diverses versions des légendes nous forcent à admettre que la théogonie rhapsodique est assez éloignée du point de départ de la littérature orphique. Nous manquons, pour le moment du moins, des moyens nécessaires pour transformer cette détermination relative d'âge en une détermination absolue. C'est aussi l'opinion de Diels : il tient pour « probable que la forme primitive de la théogonie orphico-rhapsodique remonte

modernes, s'inspirant de l'exemple d'un maître en cette science, Christian Auguste Lobeck, ont montré avec une entière certitude que les penseurs et les poètes du VIme siècle avant J.-C. la connaissaient et l'utilisaient, tandis que les motifs sur lesquels on s'appuyait et l'on s'appuie encore pour en contester la haute antiquité se sont révélés peu fondés. Nous ne pouvons laisser tout à fait de côté cette controverse, qui touche à des questions de principe de la plus haute importance. Mais, tout d'abord, indiquons le contenu essentiel de cette cosmogonie. A l'origine se trouve, comme chez Phérécyde, Chronos ou le Temps, qui était de toute éternité, tandis que le principe de la lumière ou du feu, nommé Aether, et le « gouffre immense », appelé Chaos, ne faisaient qu'entrer à l'existence. Ensuite le « puissant Chronos » forma, de l'Aether et du Chaos rempli de « sombre brouillard », un « œuf d'argent ». De celui-ci sortit le « premier-né » des dieux, Phanès ou le Brillant, appelé aussi dieu de l'Amour, Eros, la Sagesse, Mètis, ou encore Erikapâios, nom qui n'a pas encore été expliqué d'une manière certaine. Comme dépositaire de tous les germes de vie, il est à la fois mâle et femelle ; de lui-même, il produit la Nuit, puis

au VIme siècle », et ajoute que « le mysticisme orphico-eschatologique lui paraît encore considérablement plus ancien ». (*Archiv* II 91.)

La présence du nom de Phanès sur les tablettes trouvées dans l'Italie méridionale a été récemment remise en question, mais, indépendamment de ce fait, les arguments avancés par Zeller à l'appui de son opinion (*Phil. d. Griechen*, 5e éd., I 98, 88, note 5, et 90, note 3), me semblent peu concluants. De ce qu'Aristote, *Métaph.*, XIV 4, parle d'« anciens poètes » qui admettent des divinités primordiales « telles que la Nuit et le Ciel, ou le Chaos ou Okéanos », il n'aurait, suivant Zeller, connu aucun exposé dans lequel Phanès joue un rôle. En réalité, même d'après la théogonie rhapsodique, Phanès n'est pas, Zeller le reconnaît lui-même p. 93, la divinité primordiale proprement dite. Il est, bien au contraire, précédé par Chronos (le Temps) qui engendre « l'Aether et le sombre, incommensurable Abîme ou Chaos », et, de ces deux êtres, forme l'œuf du monde, d'où sort seulement Phanès. Je considère comme peu fondée la conclusion que Zeller tire de ce passage de la *Métaphysique* : « Ces mots... supposent une cosmologie dans laquelle la Nuit occupait la première place, soit à elle seule, soit avec d'autres principes également primordiaux. Il en est autrement de la phrase 6 du ch. XII de la *Métaphysique*, où il est question de « théologiens qui font tout sortir de la Nuit » οἱ ἐκ Νυκτὸς γεννῶντες. Je ne puis admettre avec Zeller que ces deux passages se rapportent exactement à la même cosmogonie orphique, car le mot « comme » (οἷον), dans le premier, semble déjà faire allusion à plusieurs. Les pluriels « les anciens poètes » et « les théologiens » font également penser à tout plutôt qu'à un système unique et bien défini. Ce qui me paraît le moins acceptable dans la discussion à laquelle Zeller soumet ce point, c'est la supposition que l'on a commencé au IIIme siècle environ à revêtir des pensées stoïciennes d'un vêtement mythique complètement neuf. Il est hasardeux, sans doute, d'affirmer d'une manière tout à fait générale que la force de création mythique était autant qu'éteinte à l'époque hellénistique. Mais il l'est certainement encore bien plus de prétendre que des mythes panthéistiques n'aient pas pu être créés au VIme ou au VIIme siècle, ou qu'ils n'aient pu être produits par la transformation de traditions en partie locales, en partie non grecques.

un effroyable dieu-serpent, Echidna ; en s'unissant à la Nuit, il engendre le Ciel et la Terre (Ouranos et Gaia), ancêtres de la race « secondaire » des dieux. Nous ne dirons rien des Titans, des Géants, des Parques et des monstres aux cent bras ou Hécatonchires, parce que la théogonie orphique ne différait pas essentiellement, au sujet de ces êtres, de celle d'Hésiode. Kronos et Rhéa appartiennent, eux aussi, à la seconde génération des dieux. Mais leur fils, « Zeus, tête et centre en même temps, duquel tout procède », « Zeus, origine de la Terre et du Ciel semé d'étoiles[1] », engloutit Phanès, et par là réunit en lui les germes de toutes choses ; il les fait renaître de lui-même en créant la troisième et dernière génération des dieux et tout le monde visible.

Efforçons-nous de saisir la pensée fondamentale de cette exposition, d'en pénétrer le caractère spécial, et en même temps, si possible, d'en déterminer l'origine historique afin de contribuer, pour notre part, à la solution du problème indiqué plus haut. On ne peut guère se défendre de l'impression que les éléments de cette cosmogonie ne sont pas absolument homogènes, et qu'ils n'ont été qu'assez tard fondus ensemble. En effet, le principe de la lumière et du feu, autrement dit l'éther, apparaît, dans la formation de l'Univers, antérieurement à Phanès, le premier-né des dieux, dont le nom signifie le Brillant. S'il n'y a pas là une contradiction, du moins est-ce une conception qu'on ne peut guère attribuer à la première période mythique. Celle-ci vise toujours aux puissants effets ; elle se garderait bien de les atténuer d'avance. On est tenté de penser qu'ici deux couches de spéculation mythologique se sont pénétrées, l'une en quelque sorte plus naturaliste, l'autre plus portée à créer des divinités proprement dites. « Dans le cours du temps, sous l'influence de la lumière et de la chaleur, le monde s'est formé de la matière obscure qui flottait dans l'espace », à peu près, pouvons-nous ajouter, comme une plante croît et se développe aux rayons vivifiants du soleil ; — telle est sans doute la pensée qui a trouvé son expression mythique dans la première partie de cette cosmogonie. « Des ténèbres primordiales et dépourvues de forme est sorti un principe lumineux et divin qui a formé le monde », voilà une seconde pensée, essentiellement différente de la première. Le lien entre ces

---

[1] Abel, *Orphica*, p. 167.

deux idées est représenté par le terme sous lequel les poèmes orphiques désignent Phanès : « fils du resplendissant éther ». Le mythe de l'œuf du monde ne paraît pas, lui non plus, se trouver ici sous sa forme originelle. Car il est sorti sans doute du raisonnement intuitif suivant : Le monde est animé, et il est né. Sa naissance doit avoir été analogue à celle d'un être vivant. Or la courbure du ciel en forme de sphère rappelle la forme de l'œuf ; il y a donc eu, se disait-on, autrefois un œuf qui s'est brisé ; la moitié supérieure s'est conservée et constitue la voûte céleste; de la moitié inférieure est sortie la terre avec les êtres qui la peuplent. Mais rien ne nous force d'admettre que la déformation de cette légende ne s'est produite que sur le sol grec. Ce mythe très répandu, les Grecs l'avaient en commun avec les Perses et les Hindous, avec les Phéniciens, les Babyloniens et les Egyptiens[1] ; chez ces derniers, il se présente exactement sous la même forme que dans la cosmogonie orphique. Voici, en effet, dans quels termes s'exprime une cosmogonie égyptienne : « Au commencement, il n'y avait ni Ciel ni Terre ; le Tout était entouré d'épaisses ténèbres et rempli d'une eau primordiale illimitée (appelée par les Egyptiens *Nun*), qui recélait dans son sein les germes mâles et femelles, ou les premiers linéaments du monde futur. L'esprit divin primitif, inséparable de la matière de l'eau, se sentit porté à l'activité créatrice, et sa parole appela le monde à la vie... Le premier acte de la création commença par la *formation d'un œuf*, qui fut tiré de l'eau primordiale, et duquel sortit la lumière du jour (Râ), cause immédiate de la vie dans

---

[1] Relativement aux Perses et aux Hindous, cf. Darmesteter, *Essais orientaux*, p. 169, 173, 176 ; relativement aux Phéniciens et aux Babyloniens, cf. Halévy, *Mélanges Graux*, p. 61, et en outre Welcker, *Griechische Götterlehre*, 1 195 ; enfin cette remarquable indication de l'*India* d'Alberuni, trad. Sachau, I 222-23 : « If this our book were not restricted to the ideas of one single nation, we should produce from the belief of the nations who lived in ancient times in and round Babel ideas similar to the egg of Brahman... » En ce qui concerne les Egyptiens, j'emprunte ma citation à Brugsch, *Religion und Mythologie der alten Aegypier*, 101. La version relative au dieu Ptah se trouve dans Erman, *Aegypten und ägyptisches Leben*, 253. Cf. aussi Dieterich, *Papyrus magica* dans le *Jahrb. f. Philol. Suppl.*, XVI 773. L'opinion de Lepage-Renouf, *Proceedings of the Soc. of Bibl. archeology*, XV 64 et 289 n. 2, qui dénie l'œuf du monde à la mythologie égyptienne, est jusqu'ici isolée. On ne doit pas passer sous silence que le mythe de l'œuf du monde se trouve même là où l'on ne peut guère ou même pas du tout songer à un emprunt, ainsi chez les Lettes, dans les îles Sandwich, chez les Péruviens (cf. Lukas, *die Grundbegriffe in den Kosmogonien der alten Völker*, 261 sq.), et chez les Finnois, d'après Comparetti, *il Kalevala*, 132. Un examen impartial ne devrait pourtant pas méconnaître la concordance assez exacte des formes que ce mythe a prises chez quelques-unes des nations citées dans le texte.

le domaine du monde terrestre ». Dans une autre version, il est vrai — et il ne sera sans doute pas inutile de rendre attentif aux formes multiples de la légende dans la vallée du Nil — c'est au dieu Ptah qu'est attribuée la création de l'œuf. C'est lui qui, suivant ses adorateurs, a tourné — tel un potier sur son tour — l'œuf duquel est sorti le monde. Il n'aura pas échappé au lecteur attentif que, par cette attribution à l'eau primordiale des germes mâles et femelles, le mythe égyptien offre une analogie remarquable avec la légende orphique, qui prête au dieu lumineux, organisateur du monde, les attributs à la fois mâles et femelles. Cette double nature nous rappelle encore plus vivement sans doute les divinités hermaphrodites qui ne sont rien moins que rares dans le panthéon babylonien[1]. Si nous ajoutons que le principe du temps qui figure en tête de notre cosmogonie, — pour ne pas parler de l'*Avesta* des Perses où il apparaît sous le nom de Zrvan Akarana[2] ou durée illimitée — se retrouve aussi, d'après le témoignage irrécusable d'Eudème, dans la cosmogonie des Phéniciens, nous en aurons assez dit pour faire admettre à nos lecteurs que les traditions étrangères ne sont pas restées sans influence sur l'origine de la doctrine orphique.

Le foyer d'où rayonnèrent ces traditions a, selon toute probabilité, été le pays que non seulement nous envisageons comme un des anciens centres, mais où l'on peut même voir le berceau de la civilisation, nous voulons dire le pays situé entre l'Euphrate et le Tigre, et sur lequel régnait Babylone. Cette manière de voir provoquera certainement les plus vives objections, peut-être même les sarcasmes des savants pour lesquels c'est déshonorer les Grecs que de les faire aller à l'école des nations qui les ont précédés dans la culture, et de leur faire emprunter d'elles leurs premières notions scientifiques et religieuses. Mais l'esprit d'étroitesse et d'entêtement qui voudrait, si l'on peut ainsi parler, faire monter le peuple grec sur un tabouret isolateur pour le soustraire à l'influence des peuples civilisés avant lui ne peut se maintenir, en présence des faits toujours plus nombreux, toujours plus importants et plus clairs qui ne ces-

---

[1] Cf. Lenormant-Babelon. *Hist. anc. de l'Orient*, 9ᵉ éd., V 250.

[2] Zrvan akarana : cf. *Avesta*, I, trad. de James Darmesteter (*Sacred Books of the East*, IV), Introd. p. 82 et Fargard, XIX 9, p. 206. Témoignage d'Eudème dans *Eudemi Fragmenta*, coll. Spengel, p. 172 ; cf. aussi p. 171, où il est question de la doctrine des Mages, c'est-à-dire de la religion de Zoroastre et de la place qu'y occupe le principe du temps.

sent de se manifester. Il ne se trouve presque plus personne aujourd'hui pour nier ce que, il y a quelques dizaines d'années seulement, on niait avec tant d'assurance et d'obstination : à savoir que les Grecs doivent à l'Orient les éléments de leur civilisation matérielle et les premiers modèles de leur art. La résistance qu'a rencontrée l'opinion correspondante dans les domaines scientifique et religieux, a sans doute été puissamment entretenue par les essais prématurés, partiaux et dépourvus de méthode, des générations précédentes ; mais ce courant, pour avoir été créé par des savants tout à fait éminents, tel que l'était par exemple Lobeck, n'en doit pas moins finir par céder à une appréciation complète et impartiale des faits historiques. Mercenaires et négociants, marins en quête d'aventures et colons avides de combats, les Hellènes, nous l'avons vu, se sont trouvés de bonne heure en rapports multiples et étroits avec les peuples étrangers. Au bivouac, au bazar et au caravansérail, sur les ponts des bateaux qu'éclairaient les étoiles, et dans le demi-jour intime de l'appartement conjugal que l'émigrant grec partageait si souvent avec une indigène, se faisait un échange perpétuel d'entretiens, qui sûrement, ne roulaient pas moins sur les choses du ciel que sur celles de la terre. Mais les doctrines religieuses étrangères — auxquelles l'Hellène devait depuis longtemps nombre de ses divinités et de ses héros, par exemple la sémitique Aschthoreth (Afthoret, Aphrodite) et son favori Adonis, et plus tard la déesse thrace Bendis et la phrygienne Kybèle — trouvaient un accueil d'autant plus empressé que les anciennes traditions nationales satisfaisaient moins l'ardeur toujours plus grande de savoir, l'instinct de recherche scientifique toujours croissant d'un âge porté à l'intellectualisme. La fierté chauvine n'opposait qu'une faible digue à ces influences. Les Grecs ont été de tout temps, et à un degré étonnant, disposés à reconnaître leurs propres dieux dans ceux des autres peuples, et à atténuer par des transpositions de sens ou de souples accommodations les contraditions qui existaient entre leurs traditions et les traditions étrangères ; l'historien Hérodote nous donne de ce procédé de très nombreux exemples, aussi amusants qu'instructifs. Mais, en ce qui concerne Babylone, sa position centrale et son influence prépondérante au point de vue de l'histoire religieuse, il suffira de mentionner en quelques mots quelques-uns des résultats décisifs des études actuelles. Pour prouver la simple possibilité du transport des doctrines religieuses de la Mésopotamie en Egypte, l'auteur de ce livre avait rassemblé, il y a quelques années, une foule de faits qui devaient prouver les anciennes et actives relations des habitants de ces deux pays. Les feuilles où ils étaient consignés peuvent maintenant, et sans regrets, prendre le chemin du panier, car ces preuves ont été confirmées et dépassées par les résultats merveilleux des fouilles récentes. Je parle des archives cunéiformes découvertes à Tell-el-Amarna en Egypte[1], qui non seulement ont mis au jour une correspondance diplomatique nouée vers l'an 1500 avant J.-C. entre les souverains des deux pays, mais encore — unies aux résultats des dernières fouilles de Lachisch en Palestine — nous ont appris que l'écriture et la langue babyloniennes servaient de moyen de communication dans de vastes territoires de l'Asie antérieure ; qu'il y avait en Egypte des savants très au courant soit de l'une soit de l'autre, et que, sur les bords du Nil, — ce qui auparavant eût paru presque incroyable — on s'intéressait suffisamment aux traditions religieuses de Babylone pour transcrire dans les bibliothèques de brique des sanctuaires babyloniens les documents les plus anciens qui s'y rapportaient. L'Inde n'est pas restée non plus sans subir l'influence de cette métropole de la civilisation ; c'est ce que prouve déjà suffisamment un mot significatif emprunté aux Babyloniens, et qui se rencontre dans les hymnes du *Rig-Véda*, le mot *mine*, comme désignation de poids. D'autres preuves importantes et de natures diverses tendant à établir les antiques échanges de culture entre les régions de l'Euphrate et du Tigre et celles de l'Indus et du Gange — échanges dans lesquels les premières donnaient plus qu'elles ne recevaient — seront bientôt publiées par un savant qui fait autorité.

Mais, après cette digression forcée, revenons à notre objet. L'absorption de Phanès par Zeus est calquée sur de plus anciens modèles : Kronos avait déjà englouti ses enfants ; Zeus lui-même engloutit Mètis pour tirer de sa propre tête Athéna, que celle-ci portait dans son sein[2]. L'emploi de ce pro-

---

[1] Sur les archives en caractères cunéiformes de Tell-el-Amarna et de Lachisch, cf. Winckler dans les *Mitteilungen aus den orientalischen Sammlungen der kgl. Museen zu Berlin*, I-III, Bezold et Budge, *The Tell el Amarna tablets in the Brit. Mus.* 1892 ; enfin Flinders Petrie, *Tell el Hesy*, (Lachisch) 1890. Sayce a traduit une partie de ces archives dans *Records of the Past*, N. S. Vol. III n° 4 (1890).

[2] Comparez aussi avec cela l'engloutissement du cœur de Zagreus par Zeus, engloutissement qui joue un rôle dans le mythe capital des Orphiques.

cédé grossier semble découler du désir de fondre en un seul tout des légendes divines auparavant isolées et indépendantes. Le procédé lui-même est basé évidemment sur une conception antérieure et panthéistique du dieu suprême, qui porte en lui toutes les énergies et les semences vitales. Or si, dans la nouvelle cosmogonie, ce rôle était attribué au dieu lumineux ou Phanès, on avait besoin d'un fait par lequel le dernier organisateur du monde, aboutissement final d'une série de générations de dieux, pût entrer en possession de la dignité que, sans y prendre garde, le mythe avait déjà conférée au « premier-né des dieux. » Le caractère panthéistique de la cosmogonie orphique qui se manifeste ici a jeté sur la haute antiquité de ce poème des doutes qui, à notre avis, sont absolument sans fondement. Il ne peut, nous semble-t-il, en aucune façon paraître incroyable que ce panthéisme relativement modéré ait fleuri au sixième ou même déjà au septième siècle dans le cercle nécessairement étroit des conventicules orphiques, si l'on se souvient du caractère clairement panthéistique des plus anciennes doctrines des philosophes naturalistes, ou encore du fait qu'Eschyle, avant le milieu du cinquième siècle, osait faire entendre du haut de la scène au peuple athénien rassemblé des vers comme les suivants :

> Zeus est le Ciel, Zeus est la Terre, Zeus est l'Air,
> Zeus est le Tout, et ce qui existe en plus du Tout[1].

Mais si nous comparons l'ensemble de cette doctrine avec celle de Phérécyde, nous remarquons des concordances aussi bien que des divergences tout à fait importantes. A la trinité des êtres primordiaux de Phérécyde : Chronos, Zâs et Chthoniè correspondent ici Chronos, Aether et Chaos. Ces deux derniers nous sont déjà connus depuis Hésiode, mais ils ont quelque peu changé de position et de caractère. Chez Hésiode, l'Aether n'est que l'un de plusieurs principes lumineux ; il n'occupe nullement une place privilégiée. Le Chaos a aussi changé de nature, puisqu'il ne désigne plus la simple fente béante entre la hauteur suprême et la plus extrême profondeur, mais une matière informe voguant dans cet abîme, « un sombre brouillard ». L'éther ou principe de la lumière et du feu est évidemment opposé ici à cette masse inerte ; il représente l'élé-

---

[1] Ces deux vers appartiennent au drame intitulé *Les Filles du Soleil*. (Fragm. tragicorum graecorum, 2ᵉ éd. Nauck, fr. 70, p. 24.)

ment animateur et vivifiant dont Phérécyde a fait, en le personnifiant sous le nom de Zâs, un divin principe de vie. Le même rapport existe sans aucun doute entre le Chaos et l'Esprit ou la divinité de la Terre, Chthonie. Pour autant que, dans des questions si difficiles, il est possible de se prononcer, on ne pourra guère s'empêcher, vu la forme en quelque sorte intermédiaire de cette doctrine entre Hésiode et Phérécyde, de la déclarer antérieure à celui-ci et postérieure à celui-là. Cette conclusion est appuyée par le fait que la théogonie orphique fait, comme Hésiode, naître l'Aether et le Chaos dans le temps, tandis que le penseur de Syros, d'accord en cela avec les physiologues auxquels il s'oppose essentiellement sous tous les autres rapports, réclame sans distinction une existence éternelle pour ses trois essences universelles. Mais bien plus fertile en conséquences que ces essais enfantins d'explication du monde a été la doctrine orphique de l'âme ; elle repose sur une conception essentiellement nouvelle de la vie, et elle a produit dans le cours de l'hellénisme une rupture qui en a sapé la beauté et l'harmonie et en a préparé la destruction finale. Seulement, au point où nous sommes arrivés, les traits de la doctrine orphique s'embrouillent tellement avec ceux d'un autre mouvement intellectuel plus profond encore, que nous ne pouvons poursuivre notre étude sans avoir étudié ce mouvement et dessiné la figure imposante de son auteur.

CHAPITRE III

Pythagore et ses disciples.

I. Pythagore; ses voyages. La confrérie pythagoricienne. — II. Fondement de la théorie des sons. La théorie des nombres; sa genèse. Mystique pythagoricienne. Nombres sacrés. L'esprit mathématique; ses avantages et ses faiblesses. — III. Forme sphérique de la terre.

I

« Pythagore, fils de Mnésarchos, a poussé l'étude et la recherche plus loin que tous les autres hommes ; il s'est procuré une sagesse faite de polymathie et de mauvais arts ». Cette invective d'Héraclite et une seconde qui nous est déjà connue (p. 68) forment les seuls témoignages presque contemporains que nous ayons sur l'activité de cet homme qu'une nombreuse foule de disciples a célébré et admiré au plus haut point, et que la postérité a honoré presque comme un demi-dieu. Le fils du tailleur de pierres Mnésarchos[1], né

---

[1] L'acmé de Pythagore est fixé par Apollodore (Diog. Laërce VIII 1) à l'an 532-1. Pour plus de détails, voir Diels, *Chronologische Untersuchungen über Apollodors Chronika* (Rhein. Mus. N. F. 31, p. 25-6). Il est question dans le texte des quelques indications des contemporains. Des renseignements plus circonstanciés sur sa vie — mêlés de beaucoup de fables — ne nous sont fournis que par Porphyrius (dans sa *Vie de Pythagore*) et par Jamblique dans un écrit qui porte le même titre. Ces deux biographies se trouvent en appendice au Diog. Laërce de l'édition Didot, Paris 1850. Cf. *Porphyrii opuscula selecta*, 2ᵉ éd. Nauck, Leipzig 1886 et *Iamblichi de vita Pythagorica liber*, éd. Nauck, Pétersbourg 1884. Cf. aussi Zeller, *Pythagoras und die Pythagorassage*, dans les *Vorträge und Abhandlungen geschichtlichen Inhalts*, Leipzig 1865, p. 47. — Le fait que Pythagore n'a rien écrit se déduit légitimement de Diog. Laërce VIII 6. Les *aurea dicta* qu'on lui attribue ne sont, dans leur ensemble, qu'une compilation qui appartient vraisemblablement au début du IVᵐᵉ siècle après J.-C. On y trouve cependant quelques fragments anciens et authentiques, des vers qui remontent à l'époque de Pythagore, et dont il est peut-être l'auteur. Voir à ce sujet la très remarquable dissertation de Nauck dans les publications de l'académie impériale russe des sciences (*Mélanges gréco-romains* III 546 sq.).

entre 590 et 570 dans l'île de Samos, célèbre alors par sa marine, par son commerce et le développement qu'y avaient pris les arts, est une des figures les plus caractéristiques que la Grèce — et peut-être le monde — ait produites. Mathématicien éminent, créateur de l'acoustique, auteur de découvertes astronomiques capitales, et en même temps fondateur d'une secte religieuse et d'une communauté que l'on peut rapprocher de nos ordres de chevalerie du moyen âge, théologien et réformateur moral, il réunit en lui une richesse de dons de la nature la plus variée et parfois la plus contradictoire. Il est difficile de dégager sa figure de traditions, qui, semblables à un fleuve, prennent d'autant plus d'extension qu'elles s'éloignent davantage de leur source ; il ne nous a pas été conservé une ligne de sa main, et même il semble presque établi qu'il n'a jamais recouru à l'écriture pour communiquer ses pensées, et qu'il a agi sur son entourage par la seule puissance de la parole et de l'exemple.

Une tradition qui, il est vrai, n'est pas absolument attestée, en fait un disciple de Phérécyde[1]. Sans avoir couru le monde, comme l'ont prétendu les anciens, il rassembla, cela paraît hors de doute, dans de lointains voyages, les éléments variés de sa culture, pour en construire ensuite un édifice spirituel aux couleurs multiples et chatoyantes. Comment aurait-il autrement apaisé sa soif de science dans une époque relativement pauvre en monuments littéraires ? Comment aurait-il mérité

[1] Le doute sur le bien fondé de cette tradition aurait pu être exprimé plus énergiquement que nous ne l'avons fait dans notre texte. Rohde fait observer, avec raison certainement (*Psyché*, 2ᵉ éd., II. 167, note 1), que c'est la coïncidence — prétendue, ajoutons-nous — des doctrines « qui porta les écrivains postérieurs à faire du vieux théologien le maître de Pythagore ». En réalité, le lexicographe byzantin Suidas est seul à nous apprendre que Phérécyde avait déjà enseigné la métempsychose (s. v. Φερεκύδης). Et encore le fait-il avec cette réserve : « quelques-uns racontent » (τινὲς ἱστοροῦσιν) ; s'il parle de Pythagore comme d'un élève de Phérécyde, il a soin d'ajouter de même que ce n'est qu'un « on dit », (λόγος). Tout cela repose sur une base bien fragile ; et ce qui le montre, c'est précisément l'indication à laquelle — à tort selon nous — Rohde attache quelque importance : « Dans son écrit mystique (celui de Phérécyde) on doit avoir trouvé des allusions à de telles doctrines » (Cf. Porphyr. *antr. nymph.* 31). Si Porphyrius dit dans ce passage que, par sa doctrine des diverses cavernes, portes, etc., Phérécyde a fait une allusion obscure (αἰνιττόμενος) au sort des âmes (γενέσεις et ἀπογενέσεις), je crois qu'on ne peut conclure de là avec certitude qu'une chose : à savoir qu'il a fallu recourir aux artifices d'interprétation des néo-platoniciens pour trouver une allusion à cette doctrine dans l'écrit de Phérécyde. Des preuves tentées par Preller (*Rhein. Mus.*, N. F. IV 388) et auxquelles renvoie Rohde, il ne reste en vérité rien que la vague indication de Cicéron (*Tuscul.* I 16 38) — que Phérécyde enseignait l'immortalité de l'âme — indication qui ne nous apprend rien sur la question décisive de savoir *en quoi* Phérécyde modifiait l'antique croyance grecque en la survivance des âmes.

l'éloge contenu dans l'insulte du sage d'Ephèse ? Ce serait vraiment un miracle que l'adepte de la mathématique n'eût pas visité l'Egypte, patrie de cette science, où, un ou deux siècles plus tard, un Démocrite, un Platon, un Eudoxe portaient encore leurs pas pour l'étudier. On ne peut d'ailleurs douter sérieusement qu'il n'ait emprunté aux prêtres égyptiens toutes sortes de pratiques qui ont passé pour caractéristiques de sa confrérie. L'historien Hérodote, dont on ne saurait infirmer le témoignage sur ce point, n'hésite pas à appeler « Pythagoréens et Egyptiens » les « Orphiques et les Bakchiques », et il attribue assez distinctement la même origine à une autre et capitale doctrine pythagoricienne, celle de la transmigration des âmes[1]. Pythagore a-t-il vu aussi les coupoles d'or de Babylone ? Nous ne le savons pas ; mais la vraisemblance porte à croire que le Grec avide d'instruction a aussi visité ce berceau d'une civilisation immémoriale, et qu'il y a recueilli des traditions nationales et étrangères. Parvenu à l'âge mûr, il quitta son île natale, que gouvernait alors le tyran Polycrate, et se rendit dans l'Italie méridionale, où ses tentatives de réforme trouvèrent le sol le plus favorable. Il déploya la plus grande activité dans la ville de Crotone, fameuse alors par la salubrité de sa situation, l'excellence de ses médecins et la vigueur de ses athlètes, et dont l'emplacement reste aujourd'hui désert, tandis que son nom, sous la forme Cortone, est devenu celui d'une modeste localité. La colonie achéenne venait de succomber dans la lutte avec son ancienne rivale, la frivole Sybaris ; l'humiliante défaite avait préparé les esprits à des innovations morales, religieuses et politiques. Ces dispositions favorables furent utilisées par le nouvel arrivant, qui brûlait de mettre ses idées en pratique. Il en résulta la fondation d'une communauté qui réunissait dans son sein les représentants des deux sexes, admettait divers degrés d'initiation, et grâce à de prudentes gradations dans la sévérité de la règle, exerçait son influence sur des cercles étendus. Un

---

[1] Chaignet, *Pythagore et la phil. pythag.* I 40-1 et 48, montre par de bonnes raisons qu'il est très croyable que Pythagore ait visité l'Egypte. — Sur les pratiques empruntées aux prêtres égyptiens, cf. Hérodote, II 81 (et II 37), où les Pythagoriciens ne sont, il est vrai, pas nommés, mais où l'accord sur la défense — bien connue de toute l'antiquité — de manger des fèves, est frappant. Rohde, op. cit., II 164, note 1, a très bien expliqué pourquoi Aristoxène a nié ce dernier point. Toutefois, comp. maintenant L. v. Schröder, *Das Bohnenverbot bei Pythagoras und im Veda.* (Wiener Zeitschrift f. Kunde d. Morgenlands XV 187 sq.)

réveil puissant des âmes, qui se manifesta à l'intérieur par l'établissement d'un régime aristocratique rigoureux, et à l'extérieur par des succès militaires, fut le fruit de cette réforme, qui ne resta pas longtemps confinée à Crotone, mais se propagea dans d'autres villes de la Grande Grèce, comme Tarente, Métaponte et Caulonia. Une réaction ne pouvait manquer de se produire. La lutte des classes, déjà existante, devait gagner en violence dès que le parti aristocratique, transformé par des dogmes et des usages particuliers en une confrérie religieuse et sociale fortement organisée, et devenu Etat dans l'Etat, se comporta à l'égard de la masse des citoyens avec plus de raideur et de morgue qu'auparavant. Le parti populaire se plaignait de n'avoir pas une part suffisante aux privilèges politiques ; à cela s'ajouta son aversion pour l'intrus et pour ses innovations singulières, et surtout le ressentiment personnel de ceux qui avaient demandé leur admission dans la communauté et n'en avaient pas été jugés dignes. Une catastrophe aussi terrible que celle qui a mis fin, au moyen âge, à l'ordre des Templiers frappa l'association pythagoricienne de Crotone, dont les membres, à ce que l'on prétend, trouvèrent la mort dans l'incendie du local de leurs réunions peu avant l'an 500. Nous ne sommes pas assez bien renseignés sur cet événement pour savoir si Pythagore lui-même en fut victime ou s'il était déjà mort à cette date. Les succursales de l'ordre éprouvèrent le même sort. Dès lors, sans doute, la doctrine de Pythagore eut encore des adhérents, mais c'en était fait de l'association elle-même. Dans la métropole, ce fut le sol de la Béotie qui se montra le plus favorable aux membres dispersés de l'école ; le grand Epaminondas reçut les leçons de quelques-uns d'entre eux ; d'autres se rendirent à Athènes, et préparèrent la fusion des doctrines pythagoriciennes avec celles des autres écoles philosophiques, et notamment de l'école socratique. A la fin, le Pythagorisme se décomposa pour ainsi dire dans les éléments disparates que le génie d'une personnalité puissante avait fait entrer dans le cadre d'un système. Le côté positif et scientifique de la doctrine, nous voulons dire les mathématiques et la physique, fut repris par des spécialistes, tandis que les pratiques et les maximes religieuses ou superstitieuses continuèrent à être observées dans les cercles orphiques.

II

C'est dans le premier de ces domaines que l'école pythagoricienne a acquis des titres impérissables. Nous nous inclinons avec respect devant le génie de ces hommes qui ont frayé la voie à la science, qui nous ont appris à pénétrer le secret des forces naturelles et, par suite, à les dominer. Et ici, une remarque d'une portée générale s'impose à nous. On a reproché aux Pythagoriciens, dans l'antiquité comme de nos jours, et pas tout à fait à tort, les caprices de leur imagination, le caractère aventureux de leur doctrine. Mais on éprouve un vrai plaisir à montrer que les facultés imaginative et émotive, et le sens du beau et de l'harmonieux qui réside en elles n'ont pas pour unique effet d'entraver parfois la recherche scientifique, mais qu'elles l'ont aussi fécondée de la manière la plus décisive ; qu'en lui donnant des ailes, elles lui ont permis d'atteindre à des sommets inaccessibles au simple raisonnement. Pythagore cultivait avec ardeur la musique, qui, dans le cercle de ses adhérents, a toujours joué un rôle considérable comme moyen d'exciter ou d'apaiser les passions. Or, sans cet art, il ne serait sûrement jamais arrivé à sa découverte la plus importante et la plus féconde, à démontrer que la hauteur des sons dépend de la longueur des cordes vibrantes. Le monocorde sur lequel il fit les expériences qui devaient fonder l'acoustique « se composait d'une corde tendue sur une caisse de résonance avec un chevalet mobile, qui permettait de partager la corde en parties de longueurs diverses, et ainsi de produire des sons différents, plus hauts ou plus bas, sur une seule et même corde[1]. » Grand fut l'étonnement de ce chercheur, versé à la fois dans les mathématiques et la musique, lorsque cette simple expérience lui eut révélé d'un coup le règne merveilleux d'une loi dans un domaine jusque là absolument fermé à l'investigation scientifique. Sans que, en réalité, il eût pu déterminer le nombre des vibrations nécessaires à la production de chaque son, mais seulement en mesurant la longueur de la corde, cause matérielle d'où résulte chacun de

---

[1] Röth, *Geschichte unserer abendländlischen Philosophie* II 785-6. Dans ce qui suit, je me conforme aussi à sa manière de représenter et de concevoir cette expérience fondamentale d'acoustique.

ces sons, il avait plié aux règles mathématiques et fait entrer dans la catégorie des quantités calculables un fait jusqu'alors insaisissable, indéterminable, et, pour ainsi dire, immatériel. C'est là l'une des chances les plus extraordinaires que connaisse l'histoire des sciences. Car tandis qu'ailleurs — qu'on songe à la chute des corps et au mouvement — les lois fondamentales sont profondément cachées et ne peuvent être isolées et rendues visibles à l'œil de l'observateur que par les appareils les plus ingénieux, ici l'expérience la plus simple qu'il soit possible d'imaginer suffit pour mettre en lumière un principe auquel est soumis un cycle immense de phénomènes naturels. Les intervalles des sons — quarte, quinte, octave, etc. — que, seule jusque là, avait pu distinguer avec certitude l'oreille fine et exercée du musicien, mais que l'on ne pouvait ni expliquer à d'autres ni ramener à des causes tangibles ou intelligibles, étaient maintenant liés à des rapports numériques clairs et précis. Le fondement de la mécanique des sons était posé ; quelle autre mécanique pouvait encore paraître inaccessible ? Grande fut la joie causée par cette merveilleuse découverte ; sûrement elle contribua à faire franchir aux spéculations des Pythagoriciens toutes les bornes de la prudence. De ce point, qui est le plus clair de la doctrine, il n'y a qu'un pas à faire pour tomber dans le plus obscur, la mystique des nombres, qui, à première vue, nous paraît si incompréhensible, si opposée même à la raison. Un des phénomènes les plus fugitifs, le son, s'était montré mesurable dans l'espace. Or la mesure de tout ce qui est espace, c'est le nombre. Rien de plus naturel, donc, puisqu'il exprime le règne de lois universelles, que de le considérer comme la base et l'essence des choses elles-mêmes !

Qu'on se rappelle les tentatives vaines, parce que contradictoires, des physiologues ioniens pour découvrir l'élément stable dans tous les changements, celui qui leur survit, la matière primordiale en un mot. Les hypothèses d'un Thalès et d'un Anaximandre ne pouvaient procurer une satisfaction durable, mais l'aspiration, qui leur était commune, de trouver, selon le mot de Schiller, « le pôle fixe dans le flux des phénomènes » pouvait et même devait survivre à leur échec. Alors s'ouvrit à l'œil étonné de Pythagore et de ses disciples le suggestif spectacle de la régularité universelle de la nature liée à des rapports numériques. Quoi d'étonnant que ce principe formel reléguât pour un temps le principe matériel à l'arrière-plan, et se substituât à lui, en se faisant envisager, pourrait-on dire, comme quasi-matériel ? La question du principe primordial fut abandonnée, ou, pour parler plus exactement, se présenta sous une autre forme. L'essence du monde, ce ne fut plus ni le feu, ni l'air, ni même une essence primitive embrassant en elle toutes les oppositions matérielles, comme l'infini d'Anaximandre ; le trône devenu vacant fut occupé par l'expression de la loi générale, par le nombre lui-même. Mais quant à considérer ce dernier comme l'essence intime du monde, et non comme la simple expression de rapports, — ce renversement presque incompréhensible de l'opinion naturelle découlait des solutions données jusque là à ce problème, et que nous venons de rappeler ; mais on y arrivait aussi en partant d'une autre considération. La qualité de la matière jouait dans les recherches de cette école un rôle infiniment moindre que les formes que cette matière était susceptible de revêtir dans l'espace. Ici l'habitude croissante de l'abstraction conduisait à accorder aux concepts d'autant plus d'autorité et de valeur qu'ils étaient plus éloignés de la réalité concrète. Nous possédons la faculté de séparer d'un corps par la pensée les surfaces qui l'entourent ; de ces surfaces les lignes qui les limitent, ou, plus exactement, de faire abstraction momentanément de ce qui est corporel ou superficiel, et de considérer les surfaces et les lignes comme si, en vérité, elles étaient quelque chose par elles-mêmes. Les Pythagoriciens attribuaient à ces abstractions, à ce que nous assure expressément Aristote[1], non seulement une entière, mais encore une plus haute réalité qu'aux objets concrets dont elles sont dérivées. Le corps, se disaient-ils, ne peut pas exister sans les surfaces qui l'entourent, mais celles-ci le peuvent sans lui. Ils n'en jugeaient pas autrement des lignes par rapport aux surfaces, et enfin des points dont se compose la ligne. Mais ces points, dernières unités de l'espace, que nous concevons comme dépourvus non seulement d'épaisseur, mais encore de longueur et de largeur, et par conséquent de toute étendue — abstraction qui a son utilité quand il ne s'agit pas de l'étendue elle-même, mais seulement d'une limitation de l'étendue — ces points, les Pythagoriciens les identifiaient avec l'unité, c'est-à-dire avec l'élément du nombre. C'est ainsi que celui-ci leur apparut en quelque sorte comme le principe fondamental dans lequel le

[1] *Métaphysique* I 5 ; III 5 ; VII 2.

monde non seulement se résout pour la pensée, mais encore dont il est sorti, dont il se compose, dont il est bâti. La ligne étant déterminée par deux points, était identifiée à la dualité ; la surface à la triade, le volume à la tétrade. Cette erreur fut favorisée par une particularité de la langue et de la pensée grecques, aussi innocente dans son principe que dangereuse dans ses conséquences[1]. L'analogie entre les nombres et les figures géométriques a conduit à nommer les propriétés des premiers par des expressions qui, en vérité, ne conviennent qu'aux secondes. Nous aussi, si nous ne parlons plus de nombres oblongs ou cycliques, du moins, suivant en cela l'usage de nos maîtres grecs, nous parlons encore de nombres carrés ou cubiques ; mais, par cette appellation, nous ne disons rien d'autre sinon que ces produits sont avec leurs facteurs dans le même rapport que l'étendue d'une surface ou d'un volume l'est aux nombres servant à mesurer ses dimensions linéaires. Est-ce aller trop loin de dire que ce procédé artificiel d'expression était fait pour embrouiller des esprits encore peu habitués à manier des abstractions ? Le parallélisme des deux séries de phénomènes ne pouvait-il pas être regardé comme une identité ? La forme ou la figure de l'étendue ne pouvait-elle pas paraître essentiellement identique au nombre qui exprime la quantité d'unités de l'espace contenues en elle ? Le nombre ne devait-il ou ne pouvait-il du moins pas être envisagé comme un principe, ou, comme nous disons encore aujourd'hui, une racine de la surface et du volume ? Et en particulier l'expression « élever un nombre au cube » ne pouvait-elle pas directement enfanter l'illusion qu'un corps, c'est-à-dire un objet, naît d'un nombre comme un composé se forme de ses éléments ? Et dans des expressions trompeuses comme celles que nous venons de citer, la doctrine pythagoricienne des nombres n'est-elle pas contenue en germe dans son entier ou du moins plus qu'à moitié ?

Plus de la moitié de la théorie des nombres, disons-nous ; car une partie de cette théorie, et même la plus surprenante, semble, au premier abord du moins, se dérober à cette explication. Non seulement le monde matériel, mais encore le monde spirituel fut ramené aux nombres. La santé, par exemple, était considérée comme identique au nombre 7 ; l'amour et l'amitié

[1] Sur ce point, Zeller exprime des idées tout à fait analogues aux nôtres, *Philos. d. Griechen*, 5ᵉ éd. I 404-406.

comme équivalant à l'harmonie, et comme celle-ci trouve sa plus parfaite expression dans l'octave, au nombre 8 ; la justice à un carré, évidemment pour cette raison que l'idée de la rétribution : « œil pour œil », fait songer à la formation d'un nombre au moyen de deux facteurs égaux. Une application analogue de la loi d'association des idées reliait sûrement les concepts aux nombres correspondants, même dans les cas où nous ne pouvons saisir le rapprochement. Mais quel était le but de ce jeu d'esprit poursuivi avec une absolue gravité ? Que pensaient les Pythagoriciens en déclarant que les nombres étaient la vraie essence des choses, même dans les domaines intellectuel et moral ? La réponse à cette question pourrait être formulée à peu près dans les termes suivants : Du moment que le nombre était devenu le type de la réalité dans le monde des corps, il devenait inévitable que l'on attribuât la même nature aux autres réalités — et à cette époque et longtemps après encore, les concepts que nous considérons comme des abstractions étaient tenus pour des réalités. Si difficile qu'il soit pour nous de nous replacer à ce point de vue, ils se trouvaient en quelque sorte obligés ou de nier l'existence de la santé, de la vertu, de l'amour, de l'amitié, etc., ou d'en voir l'essence intime dans ce qui s'était révélé l'essence de tout le réel, c'est-à-dire dans les nombres[1]. Il faut aussi se souvenir de la fascination qu'exercent ceux-ci non seulement, comme le montre l'histoire des religions, sur l'esprit des masses, toujours enclin à l'illusion, mais encore, à l'occasion, sur des esprits vigoureux et déliés ; il faut se représenter combien est enivrante l'atmosphère subtile de ces abstractions générales pour ceux qui en habitent exclusivement les hauteurs, ou qui ne trouvent pas un contrepoids suffisant dans des occupations ou des facultés d'un autre caractère. La « sainteté » du nombre trois se rencontre déjà chez Homère toutes les fois que l'on réunit dans une même invocation une trinité de dieux, par exemple Zeus, Athéné et Apollon. Le culte des ancêtres honore particulièrement, dans la série des ascendants, le père, le grand-père et l'arrière-grand-père sous le nom de *tritopatores* ou trinité des pères ; le chiffre trois et son carré neuf jouent le rôle le plus important non seulement chez les Grecs et les Italiens, mais encore chez les Ariens de l'Orient : dans le nombre des

---

[1] Voir les preuves, cette fois très dispersées, dans Brandis, *Handbuch d. Gesch. d. griechisch-römischen Philos.* I 469 sq.

victimes expiatoires, des libations, des cérémonies funèbres, des Grâces, des Parques, des Muses, etc. ; il n'est guère nécessaire de mentionner le *Trimurti* hindou, trinité de Brahma, Vischnou et Siva, et les conceptions religieuses analogues ; les trinités des essences primordiales chez les Orphiques et chez Phérécyde. Les Pythagoriciens attribuaient la sainteté de ce nombre au fait qu'il renferme en lui le commencement, le milieu et la fin, et cet argument n'a pas laissé de faire impression même sur un grand esprit comme Aristote[1]. Dans les spéculations d'un Giordano Bruno[2] et d'un Auguste Comte[3], nous ne sommes pas peu surpris de retrouver les échos de la théorie pythagoricienne des nombres. Le rôle que jouent dans celle-ci la triade, la tétrade et la décade, est remplacé, dans la phase religieuse de la pensée de Comte, par la signification qu'il attribue aux nombres premiers. Enfin, un des chefs des philosophes naturalistes du siècle passé, Laurent Oken, n'a pas hésité à écrire parmi ses aphorismes la phrase suivante : « Tout ce qui est réel, déterminé, fini, l'est devenu par des nombres, ou, pour parler plus exactement, tout ce qui est réel n'est absolument pas autre chose qu'un nombre[4]. » Nous ne devons donc absolument pas être étonnés d'entendre les Pythagoriciens nous dire que l'Unité ou Monade renferme les deux oppositions fondamentales, base de l'Univers, l'Illimité et le Limité ; que de leur mélange, opéré par l'Harmonie, sont sortis les nombres qui constituent l'essence de toutes choses et par là même le monde : en effet, les nombres impairs correspondent au Limité et les pairs à l'Illimité ; et que de plus la décade, en tant que somme des quatre premiers nombres ($1 + 2 + 3 + 4 = 10$) est le plus parfait de tous. Nous n'avons pas lieu d'être surpris davantage d'une doctrine d'origine babylonienne, accueillie avec empressement et tenue en grand honneur par les Pythagoriciens, celle qu'expose la « table des oppositions[5]. » D'après cette table, de l'opposition du Limité et de

---

[1] Cf. Aristote, *de Caelo* I 1. — Sur la sainteté du nombre 3, cf. Usener, *Der heilige Theodosios* 135, et aussi *Ein altes Lehrgebäude der Philologie* (Münchner akad. Sitzungsberichte 1892, pp. 591 sq.).

[2] Cf. son livre *de monade, numero et figura*.

[3] Cf. sa *Politique positive* I, préface, et sa *Synthèse subjective*.

[4] *Lehrbuch der Naturphilosophie*, 2ᵉ éd., p. 12. Relativement à ce qui suit, cf. Aristote, loc. cit.

[5] Le passage essentiel est Aristote, *Métaph.* I 5. C'est d'après une indication de Lenormand-Babelon, *Hist. anc. de l'Orient*, 9ᵉ éd. V 181, que j'attribue à cette table une origine assyrio-babylonienne.

l'Illimité, cause de l'Univers, est issue une série de neuf autres oppositions : impair et pair, unité et pluralité, droit et gauche, masculin et féminin, droit et courbe, lumière et obscurité, bien et mal, carré et rectangle. De ce point s'éleva de bonne heure un brouillard qui, dans l'esprit vieillissant de Platon, enveloppa la brillante théorie des Idées, et qui a étendu son obscurité sur de nombreux essais postérieurs de spéculation. Lorsque, au commencement de notre ère, l'ancien monde épuisé concentra en un seul la majorité des systèmes positifs, le néo-pythagorisme compléta le brouet peu appétissant ainsi obtenu en y ajoutant, pour sa part, le mysticisme, seul condiment qui pût le rendre acceptable aux palais blasés des contemporains.

Ainsi donc, s'écriera peut-être avec étonnement plus d'un lecteur, les premiers chercheurs « exacts » auraient été les premiers et les plus influents des mystiques ? Eh bien ! oui. Et cet étonnement nous paraît trahir une connaissance insuffisante de la nature de l'esprit mathématique. Sans doute la clarté et la pénétration de la pensée — qui parfois peuvent se développer au point de faire ignorer de parti pris les obscures énigmes du monde — sont le fruit de la recherche inductive, et celle-ci est toujours précédée du brillant flambeau de la science de l'espace et du nombre. Mais l'expérience et l'observation n'occupaient qu'une place relativement petite dans le Pythagorisme, parce que l'art de l'expérimentation était encore dans l'enfance, et que les disciplines mathématiques n'avaient pas fait encore assez de progrès pour s'appliquer d'une manière quelque peu étendue à l'étude de la nature. A part l'expérience d'acoustique que nous avons mentionnée plus haut, nous ne sachions pas que le fondateur de l'école ait rien tenté dans ce domaine, tandis que les services rendus par lui à la géométrie et à l'arithmétique ne sont contestés de personne : qu'on songe au théorème qui porte son nom et à la théorie des proportions[1]. Mais l'esprit exclusivement mathématique présente des caractères très différents. Le pur mathématicien est toujours enclin aux jugements absolus. Et comment en pourrait-il être autrement ? Il ne connaît que des démonstrations exactes ou des démonstrations fausses. Le sens des nuances, l'art de se plier aux faits, l'habile souplesse de l'esprit historique, lui

---

[1] Le témoignage principal est celui d'Eudème, p. 114, éd. Spengel. Cf. Cantor, *Vorlesungen über Gesch. der Mathematik*, 2ᵉ éd. 137 sq.

sont étrangers. De là, soit dit en passant, l'opposition tranchée que l'on constate entre Héraclite, le père du relativisme, et l'absolutisme des « mathématiciens ». L'attitude de ces derniers à l'égard de ce qui n'est que probable et de l'indémontrable dépend en une mesure étonnante des hasards du tempérament et de l'éducation. Ils se sentent tout à fait embarrassés à l'égard des traditions religieuses et populaires. L'un les rejette en bloc comme absurdes parce qu'elles insultent à sa raison ; l'autre les accepte sans la moindre objection, parce que leur antiquité les rend respectables à ses yeux. Enfin, le fier édifice de ces sciences est construit de déductions ; la base expérimentale sur laquelle reposent ces dernières disparaît sous l'immense superstructure qu'elle supporte ; elle est d'ailleurs, en elle-même, de surface médiocre, et l'esprit s'est depuis si longtemps familiarisé avec elle qu'il en méconnaît facilement l'origine empirique. Par là s'explique que, pour ceux qui cultivent ces disciplines, le solide enchaînement d'une doctrine ne tient que trop souvent lieu des preuves extérieures quand celles-ci font défaut ; la rigueur des déductions se concilie fort bien chez eux avec l'arbitraire et la subjectivité dans l'établissement des prémisses. Souvenons-nous en outre que l'école pythagoricienne fut fondée à une époque d'une extraordinaire crédulité ; que Pythagore lui-même était animé d'instincts religieux pour le moins aussi intenses que son ardeur scientifique ; que sa personnalité non seulement imposait par sa puissance, mais qu'elle était entourée de l'auréole que donnent souvent aux novateurs heureux la prédication de doctrines nouvelles et l'introduction de pratiques étranges ; souvenons-nous de tout cela, et alors nous trouverons compréhensibles bien des choses qui auparavant nous avaient paru inexplicables. Les anciens Pythagoriciens étaient décriés à cause de leur manque de critique et de leurs tendances superstitieuses ; ils étaient regardés comme des esprits lourds, et l'on pourrait presque dire grossiers. Plus que les adeptes des autres écoles, ils juraient sur la parole du maître : « C'est lui-même qui l'a dit » (αὐτὸς ἔφα), telle était leur exclamation favorite ; c'était pour eux le talisman qui devait bannir tous les doutes, déjouer toutes les attaques des adversaires. On n'a pas manqué de leur reprocher de plier les phénomènes naturels à des opinions préconçues et de remplir par des fictions les lacunes de leur système. « Vivant et se mouvant dans la science des nombres, ils ont, nous dit Aristote, rassemblé et coordonné toutes les concordances qu'ils pouvaient établir entre les nombres et les harmonies d'une part, les conditions et les parties du ciel et l'ensemble de l'Univers d'autre part. Et si, par-ci par-là, il y avait quelque lacune, ils usaient d'une douce violence pour que tout, dans leur théorie, réalisât l'accord parfait. Comme, par exemple, la décade était pour eux la perfection, et renfermait en elle toute la série des nombres, ils soutenaient que les planètes sont au nombre de dix ; mais comme, en réalité, on n'en voit que neuf, ils ont inventé l'Antiterre pour faire la dixième. » Le même écrivain caractérise avec plus d'acuité encore leur procédé par la phrase suivante : « Bien plus, ils construisent aussi une seconde terre, opposée à la nôtre, qu'ils désignent du nom d'Antiterre ; et, en faisant cela, ils ne considèrent pas les faits pour les expliquer et formuler des théories, mais ils sollicitent les faits en vue d'établir certaines opinions et théories favorites ; ils prétendent, pourrait-on dire, jouer le rôle d'auxiliaires du Créateur[1]. »

III

Mais pour apprécier la justesse de ce jugement, il est nécessaire de jeter un coup d'œil sur l'astronomie des Pythagoriciens. C'est dans ce champ d'activité que les faiblesses et les avantages de leur méthode se montrent le plus clairement et se combinent de la manière la plus intime ; parfois même, ils se fondent en un tout indissoluble. Anaximandre, on s'en souvient, avait déjà délivré la terre de son support imaginaire, et l'avait fait planer libre dans l'espace en la plaçant au centre de l'Univers. Pythagore et ses disciples immédiats ne semblent avoir mis en question ni son état d'équilibre ni sa position centrale[2]. Mais Anaximandre, abandonnant la conception primitive qui faisait de la terre un disque plat, s'était contenté

---

[1] Ces deux citations sont tirées de la *Métaph.* I 5 et du *de Caelo* II 13.

[2] A ce sujet, et sur ce qui suit, cf. avant tout Schiaparelli *I precursori di Copernico nell' antichità.* (Memorie del R. Istituto Lombardo. XII 383.) Cette argumentation concluante est empruntée par H. Berger, *Wissenschaftl. Erdkunde d. Griechen* II 4 sq., qui y ajoute, de son propre fonds, bien des choses excellentes. Cf. encore *Rudolf Wolf, Gesch. d. Astronomie* 5, 26 et 28. Berger laisse ouverte la question de savoir si la découverte de la sphéricité de la terre est d'origine non-grecque. Il aurait pu la résoudre négativement. Il sait fort bien lui-même que cette opinion était étrangère aux Babyloniens, d'après Diodore II 31, dont l'indication est absolument confirmée par l'étude des sources origi-

de lui donner la forme d'un tambourin. Pythagore alla plus loin. Il reconnut et proclama qu'elle était sphérique. Quelle considération l'a conduit à cette première découverte ? L'a-t-il due à une explication exacte des phénomènes ? Avait-il reconnu, par exemple, la rotondité de l'ombre que projette la terre sur la lune lors des éclipses ? Ou bien admettait-il sans raison que, le ciel lui-même étant une sphère, il devait en être de même de chacun des corps célestes ? Ou enfin se laissait-il guider par ce préjugé que la forme « la plus parfaite », c'est-à-dire la forme sphérique, devait être la leur ? Nous ignorons lequel de ces motifs eut la plus grande part à sa conclusion ou si l'un d'eux en eut le mérite exclusif. Quoi qu'il en soit, un nouveau et grand pas était fait dans le sens de la théorie de Copernic, c'est-à-dire de la vérité. Car le philosophe de Samos attribuait la forme sphérique non seulement à la terre, mais sans aucun doute aussi à la lune, dont les phases avaient peut-être donné la première idée de la vraie théorie, au soleil et aux planètes ; et par là le globe que nous habitons perdait la position particulière et privilégiée qu'on lui avait indûment accordée. Il devenait un simple astre au milieu des astres. La forme sphérique était celle aussi qui le rendait le plus propre à se mouvoir dans l'espace. Le navire, pourrait-on dire, avait reçu la forme la plus appropriée au voyage ; les câbles d'amarrage étaient coupés ; il ne manquait plus qu'un motif pour le faire sortir du port où il séjournait. Ce motif, la contrainte exercée par l'observation toujours plus attentive des faits, combinée avec les hypothèses de l'école pythagoricienne, l'a fourni. Et en même temps, elle a conduit à la conception d'un système astronomique qui, sans doute, a été assez souvent tourné en ridicule, mais qui, considéré à la claire lumière de la science impartiale d'aujourd'hui, se révèle comme l'une des créations les plus caractéristiques et les plus brillantes de l'esprit grec.

---

nales. Dans un essai cité par Berger, p. 7, note 3, H. Martin attribue aux Egyptiens la connaissance de la sphéricité de la terre. Cette opinion est contredite par l'exposé que fait un des savants les plus autorisés en cette matière, Maspero, *Hist. anc. des peuples de l'Orient classique*, Les Origines pp. 16 et 17, des conceptions égyptiennes à ce sujet.

CHAPITRE IV

Développement des doctrines pythagoriciennes.

I. Le système cosmique de Philolaos. Mouvement diurne de la terre. Le feu central. Motifs de la théorie de ce feu. Beauté de cette image du monde. — II. L'harmonie des sphères. La fictive Antiterre. Ekphantos enseigne la rotation de la terre autour de son axe. Aristarque, Copernic de l'antiquité.

I

Voltaire a appelé l'astronomie néo-pythagoricienne, à laquelle se rattache le nom de Philolaos, un « galimatias », et Sir George Cornewall Lewis la flétrit du nom de « fantasmagorie[1] ». Le grand Français, souvent précipité dans ses jugements, et l'Anglais, porté plutôt à trop de conscience, se sont ici également mépris. Cette astronomie est sans doute un mélange de vérité et de fiction. Mais la vérité en formait l'amande prête à germer, d'où devait sortir une pousse vigoureuse, tandis que la fiction n'en était que l'enveloppe qui allait bientôt se déchirer et se dissiper comme une nuée au souffle du vent.

[1] Voltaire, Œuvres complètes, éd. Baudouin, LVIII p. 249. Sir George Cornewall Lewis, An historical survey of the astronomy of the ancients, p. 189. Les indications de fait sur lesquelles se fonde notre exposé se trouvent réunies pour la plus grande part dans la magistrale dissertation citée plus haut de Schiaparelli. Nous avons beaucoup profité aussi de l'interprétation qu'il en donne dans ce travail et dans un second non moins remarquable : Le Sfere omocentriche, etc., Milan 1876. Le premier qui ait jeté quelque lumière dans cette confusion est Böckh dans son livre : Philolaos des Pythagoreers Lehren. Nous aurons à nous occuper ailleurs de la personnalité de ce Pythagoricien et des autres doctrines qu'on peut lui attribuer avec une assez grande certitude.

Pour comprendre les origines de cette cosmographie, il est nécessaire de s'arrêter un instant aux phénomènes les plus ordinaires du Ciel. Chaque jour, le soleil accomplit sa course de l'est à l'ouest. Mais, en même temps, à partir du solstice d'hiver, il s'élève plus haut dans le ciel, pour redescendre graduellement, dès le solstice d'été, du point culminant auquel il atteint. Combinés l'un avec l'autre, son mouvement diurne et son mouvement annuel nous offrent l'image de pas de vis ou de spirales analogues à celles que présente une coquille de colimaçon, c'est-à-dire que les intervalles compris entre les cercles deviennent de plus en plus étroits à mesure qu'ils s'approchent davantage du sommet. Cette image n'était pas pour satisfaire les esprits qui s'apprêtaient à étudier les mouvements célestes avec la conviction qu'ils doivent être « simples, constants et réguliers[1]. » On peut taxer cette conviction de préjugé. C'était, en partie du moins, une opinion préconçue, mais elle été légitimée par les faits en une mesure d'autant plus grande qu'ils ont été plus exactement connus, et même là où la confirmation a manqué, ce préjugé a rendu les meilleurs services comme méthode de recherche ; autant en peut-on dire de la présomption analogue d'une finalité générale dans la structure des organismes. Le moyen de se débarrasser de toute irrégularité et de toute confusion n'était pas impossible à trouver. Un mouvement composé peut être irrégulier, sans que le soient les mouvements simples dont il est la résultante. Il suffisait de considérer les choses séparément : le but était atteint si le mouvement diurne du soleil était envisagé indépendamment du mouvement annuel. Alors se fit jour dans l'esprit de ces investigateurs primitifs la pensée géniale que le mouvement diurne du soleil, de même qui celui de la lune et du ciel étoilé en général, n'est pas réel, mais seulement apparent. L'hypothèse que la terre se meut de l'ouest à l'est dispensait de croire au mouvement opposé du soleil, de la lune, des planètes et du ciel des étoiles fixes. Ces Pythagoriciens ont-ils donc immédiatement reconnu et enseigné la rotation de la terre autour de son axe ? Non pas tout à fait, mais un mouvement dont les effets étaient exactement les mêmes. C'était en quelque sorte la rotation autour de son axe d'un globe terrestre considérablement agrandi dans sa circonférence. Ils faisaient tourner la terre en vingt-quatre heures autour d'un centre dont la nature

[1] Cf. Geminus, chez Simplicius, *Phys.* 292, 26-7 Diels.

nous occupera tout à l'heure. Tout d'abord un instant de réflexion convaincra le lecteur que, pour n'importe quel point de la surface terrestre, en ce qui concerne sa position à l'égard du soleil, de la lune et des étoiles, il est parfaitement indifférent que la sphère sur laquelle il se trouve tourne autour de son axe dans l'espace d'un jour, ou que, en présentant toujours sa face du même côté, elle décrive un mouvement circulaire qui la ramène à son point de départ exactement au bout du même temps. On ne saurait trop apprécier la grandeur de cette découverte. En proclamant qu'il y a des mouvements célestes apparents, les Pythagoriciens avaient brisé la barrière qui s'opposait aux progrès ultérieurs. En cessant d'enseigner que la terre est au centre du monde et qu'elle s'y tient immobile, ils ouvraient la voie qui devait conduire à la théorie de Copernic et qui, en réalité — fait trop peu généralement connu — y a conduit en un temps étonnamment court. On n'a pas d'abord découvert la théorie de la rotation, mais seulement un équivalent? Et qui pourrait s'en étonner? Nous ne percevons jamais le mouvement d'un astre autour de son axe, tandis que nous observons jour par jour, heure par heure, ses déplacements dans l'espace. Il était donc tout naturel que l'imagination scientifique, dans le puissant effort qu'elle fit pour déjouer une première fois l'illusion des apparences sensibles, remplaçât l'immobilité apparente de la terre par un mouvement analogue aux modèles connus, et non par un mouvement unique en son genre, en dehors de tout ce qui avait été constaté.

Autour du même centre que la terre, on fit aussi tourner ces astres, que l'on avait cru jusque là se mouvoir autour de la terre elle-même comme autour d'un centre : d'abord la lune, qui devait accomplir sa course en un mois, puis le soleil qui devait accomplir la sienne en une année, puis les cinq planètes visibles à l'œil nu, qui devaient, à l'exception de Mercure et de Vénus, y mettre des temps incomparablement plus longs; enfin le ciel des étoiles fixes, dont la révolution diurne était reconnue purement apparente, était également doté d'un mouvement circulaire, mais extrêmement lent, soit simplement par analogie avec les autres corps célestes, soit, ce qui est beaucoup plus probable, parce qu'on s'était déjà aperçu de ce changement de position que nous connaissons sous le nom de précession des équinoxes[1]. Comme on connaissait aussi l'inclinaison du plan dans lequel s'accomplit chaque jour le mouvement du soleil (ou, comme on l'admettait maintenant, de la terre), par rapport au plan des mouvements annuels du soleil, de la lune et des planètes, en d'autres termes la position oblique soit de l'équateur, soit de l'écliptique, la nouvelle conception était absolument suffisante pour expliquer le changement des saisons.

Mais quel était le centre autour duquel les corps célestes devaient se mouvoir en cercles concentriques ? Ce n'était pas un centre idéal, mais un corps réel, le feu universel ou central, « fiction absurde et fantastique, » disent les détracteurs de la théorie de Philolaos ; — « résultat de raisonnements par analogie, dont la force devait être presque irrésistible », peuvent répondre ceux qui, d'un jugement équitable, savent se replacer dans les conditions où se trouvait alors la pensée scientifique. Que les corps célestes décrivent des cercles, cette opinion non seulement se rapprochait beaucoup de la vérité, mais — pour ne pas parler des arcs de cercle que le soleil et la lune décrivent au firmament, — elle était pour ainsi dire commandée par le fait que celles des étoiles fixes qui entourent le pôle et qui ne se couchent jamais, exécutent à nos yeux des

[1] C'est à tort, selon nous, que Schiaparelli nie le mouvement du ciel des étoiles fixes dans le système de Philolaos, *I precursori*, etc., p. 7 du tirage à part. Dans ce cas, nous devrions attribuer à nos autorités, notamment à Aristote, qui parle de dix corps célestes en mouvement (*Métaph.* I 5), une erreur à peine compréhensible. Il est d'ailleurs contraire au sens si fortement marqué des Pythagoriciens pour la symétrie de supposer qu'ils aient attribué le repos au seul ciel des étoiles fixes. Sans doute, ils ne pouvaient plus croire au mouvement diurne de ce ciel, qu'ils avaient justement remplacé par la rotation de la terre. « Quelle alternative reste-t-il donc, se demande Böckh, op. cit. 118, que d'identifier le mouvement du ciel des étoiles fixes avec la précession des équinoxes ? » Plus tard, Böckh a renoncé à cette opinion (*Manetho und die Hundsternperiode*, p. 54), mais il y est finalement revenu, quoique d'une manière hésitante (*Das kosmische System des Platon*, p. 95). Sur ce point, nous nous rangeons absolument à son avis, en raison surtout de la considération suivante. La précession des équinoxes est un phénomène dont la connaissance, comme le remarque justement Martin (*Etudes sur le Timée de Platon* II 98), n'exige que des observations longues et assidues, mais sans aucune théorie mathématique quelconque. Il est à peine croyable en soi qu'un changement dans la position des astres, qui, dans le cours d'une année seulement, s'élève à plus de 50 sec., ait pu rester longtemps inaperçu. Mais cela devient tout à fait incroyable quand on considère le fait sur lequel un spécialiste, le Dr Robert Fröbe, de l'observatoire de Vienne, a attiré mon attention. Les indications fournies par Philolaos et d'autres anciens Pythagoriciens sur la vitesse angulaire des mouvements planétaires sont approximativement exactes. Elles n'ont pu l'être que grâce à des observations prolongées et répétées, puisqu'on ne possédait aucun autre moyen d'éliminer les erreurs les plus grossières — alors inévitables — d'observation. Nous ne pouvons pas taire toutefois que Martin, dans l'article *Astronomie* du *Dictionnaire des Antiquités* I 493 b-494 a, est revenu comme Böckh de sa première opinion, et dénie la connaissance de la précession des équinoxes aux prédécesseurs d'Hipparque.

mouvements circulaires. Et si ce dernier mouvement, comme celui du ciel des étoiles fixes en général, avait été reconnu n'être qu'apparent, le mouvement diurne de la terre qui le remplaçait devait pourtant conserver le même caractère. Par là était donné le modèle auquel devaient correspondre les mouvements des corps célestes en général. Mais quelle expérience tentée sur la terre nous montre des mouvements circulaires sans un centre réel ? La roue se meut autour de son axe ; le caillou que nous lançons au moyen d'une fronde tourne autour de la main qui le tient et le met en mouvement. Et quand, enfin, une fête religieuse invitait à la danse les hommes et les femmes de la Grèce, c'est autour de l'autel d'une divinité que s'exécutait le rythme de leurs pas.

Mais pourquoi, demandera peut-être quelque lecteur, inventait-on un feu central alors qu'en réalité il en existe un visible à tous les yeux ? On avait besoin d'un centre de mouvement et d'une source de force et de vie. Pourquoi, au lieu d'attribuer au soleil qui nous éclaire tous le rang qui lui convient, imagina-t-on un corps lumineux dont jamais l'œil humain n'a contemplé, et ne devait contempler les rayons, puisque la terre n'était considérée comme habitable que sur celle de ses faces qui lui est opposée ? Pourquoi, au lieu de s'abandonner à des hypothèses vaines, soustraites comme de propos délibéré à toute vérification, n'arrivait-on pas plutôt en droite ligne et ne s'arrêtait-on pas, satisfait, à la théorie héliocentrique ?

A cette question, il n'y a pas moins, à notre avis, de trois réponses parfaitement concluantes. Indépendamment du fait que la rupture avec les apparences sensibles ne s'opère d'ordinaire que graduellement, et que l'esprit humain s'engage de préférence dans la voie de la moindre résistance, la théorie héliocentrique ne devait venir qu'après celle de la rotation autour d'un axe. Etait-il possible de faire tourner la terre autour du soleil à la fois en un intervalle d'un jour et d'une année ? Et nous avons déjà vu que la théorie de la rotation devait être précédée de son équivalent pythagoricien. Un second et puissant obstacle à la proclamation de la doctrine héliocentrique ou copernicienne gisait, croyons-nous, dans l'exacte similitude qui existe entre le soleil et la lune. Que le grand luminaire du jour et sa sœur plus modeste de la nuit, que les deux flambeaux du ciel qui se relayent réciproquement et dont la course mesure toute la durée — que les deux corps lumineux si étroitement liés diffèrent absolument l'un de l'autre sur le point le plus essentiel ; que la lune soit une infatigable voyageuse, et que le soleil soit voué au repos continuel, voilà ce que l'on ne pouvait sûrement se décider à croire à moins que toute autre alternative ne fût fermée à la connaissance. En troisième lieu, et surtout, le soleil, comme corps central, ne pouvait absolument pas donner à l'esprit la satisfaction que le feu central était destiné à lui donner. Notre soleil est le centre d'un système à côté duquel d'innombrables autres systèmes existent sans plan visible, sans ordonnance reconnaissable. A une constatation de cette nature, comme à tout ce qui exige un renoncement, l'esprit humain ne se résout pas, tant que la contrainte des faits ne lui enlève pas tout autre choix. En tout premier lieu, il cherche à se faire de l'Univers une image unique ; il lui répugne d'y introduire des disparates. Ce désir procède de la tendance naturelle de l'esprit à simplifier ses conceptions, et dans le cas particulier il s'y ajoutait certainement des besoins esthétiques et religieux fortement développés.

Car à l'idée de qui pourrait-il venir de contester que le sentiment et l'imagination aient eu une part essentielle dans la composition de ce tableau ? Le mouvement circulaire des corps divins dont se compose l'univers, et dont le nombre avait été élevé à la décade sacrée par la fictive Antiterre, était appelé une « danse ». Au rythme de cette danse sidérale s'ajoutait la grande vague sonore et sans cesse ondulante qui en résultait, et qui est si connue et si souvent citée sous le nom d'harmonie des sphères. Le centre du chœur céleste, le feu universel, parmi beaucoup d'autres noms — tels que ceux de « Mère des Dieux » et de « Citadelle de Zeus » — en portait deux tout à fait significatifs. Il s'appelait l' « Autel » et le « Foyer du Tout ». De même que les adorateurs entourent l'autel, les astres circulent autour de la source première et sacrée de toute vie et de tout mouvement. Et de même que le foyer constituait le centre de toute habitation humaine et était l'objet d'un culte ; de même que la flamme qui brillait sans interruption sur le foyer du Prytanée constituait le centre révéré de toute communauté grecque, ainsi le foyer universel était le centre du Tout ou du Kosmos. De ce point rayonnent la lumière et la chaleur ; là le Soleil emprunte les feux qu'il renvoie aux deux terres et à la lune ; telle, la mère de la fiancée, le jour des noces, allume la flamme qui brillera dans la nouvelle demeure à celle qui brille dans la sienne ; telle, la colonie nouvellement fondée emprunte son feu au foyer de la métropole. Tous les éléments de la conception hellénique du monde convergent ici : la joie exaltée de vivre, le sentiment d'amour et de respect qu'inspire un Univers pénétré des énergies divines, le sens élevé de la beauté, de la symétrie et de l'harmonie, et par dessus tout l'intime plaisir que procure la paix de l'Etat et de la famille. Aussi l'Univers, entouré par le cercle de feu de l'Olympe comme d'un rempart, a-t-il été pour ceux qui le considéraient ainsi en même temps une demeure aimée, un sanctuaire et une œuvre d'art. On ne s'est jamais, et nulle part depuis, fait du monde une image si élevée et si bienfaisante pour le cœur[1].

II

Mais nous avons maintenant à voir à quel prix l'intelligence payait cette satisfaction vraiment merveilleuse accordée au sentiment. Ce prix n'était pas exagéré. Car, même dans les « songes des Pythagoriciens », se cache habituellement un grain de vérité, et là où ce grain manquait, on s'était du moins engagé sur une voie que l'on ne pouvait poursuivre bien loin sans arriver finalement à la vérité. Qu'y a-t-il, à première vue, de plus arbitraire que la théorie de l'harmonie des sphères ? Sans doute, en dernière analyse, elle découlait d'un besoin esthétique qui peut se formuler par cette question : « Comment se pourrait-il que le plus magnifique des spectacles offerts à l'œil fût absolument nul pour l'oreille ? » Mais l'hypothèse sur laquelle reposait la réponse n'était pas déraisonnable. Si l'espace dans lequel gravitent les astres n'est pas absolument vide, la matière qui le remplit doit éprouver des vibrations qui, par elles-mêmes, peuvent être perceptibles à l'ouïe. N'y a-t-il pas peut-être, se demandait de nos jours un savant

---

[1] Cf. Stobée, *Ecl.* I 22 (I 196 Wachsm.) = Aëtius dans les *Doxogr. Gr.* 336-7. On a conjecturé, d'après les meilleures raisons, que le flambeau porté par la mère de la fiancée dans la cérémonie du mariage était allumé « au foyer familial ». (Cf. Hermann-Blümner, *Griech. Privataltertümer*, p. 275, note 1 : « De là l'expression ἀφ' ἑστίας ἄγειν γυναῖκα, Iambl. *Vit. Pythagor.* c. 18 § 84. ») Il semble impossible de ne pas admettre que le nouveau foyer était allumé avec ce même flambeau, surtout si l'on songe à l'usage tout à fait analogue lors de la fondation de colonies. Au sujet de cette dernière cérémonie, cf. Hérodote I 146; le Scholiaste à Aristide III p. 48,8 Dindorf; l'*Etym. Magn.*, p. 694, 29 Gaisford.

qui n'est rien moins que le distingué embryologiste Charles Ernest von Baer[1], une résonance de l'espace universel, une harmonie des sphères perceptible à de tout autres oreilles que les nôtres ? Et quand on s'étonnait devant eux de ce que nous n'entendons pas, en réalité, ces sons célestes, les philosophes pythagoriciens faisaient une réponse vraiment ingénieuse. Ils faisaient observer que les forgerons deviennent sourds aux coups continus et réguliers des marteaux dans leurs ateliers, et par là ils anticipaient sur la théorie de Thomas Hobbes en vertu de laquelle la sensation ne peut se produire à moins d'un changement dans l'excitation des sens, interruption, ou modification du degré ou de la qualité du phénomène extérieur. Le fait de croire que les différences de vitesse dans les mouvements des astres étaient capables de produire non seulement des sons de différentes hauteurs, mais encore un ensemble harmonieux, était fantaisie pure. En cela, l'imagination artistique des Pythagoriciens pouvait d'autant plus se donner libre carrière qu'ils déterminaient assez approximativement les arcs de cercle parcourus par les planètes dans des temps donnés, c'est-à-dire les vitesses angulaires de leurs mouvements, mais qu'ils étaient absolument hors d'état de calculer les distances des planètes et les vitesses absolues qui en découlent.

Mais, ici encore, nous nous sentirons aussitôt portés à les juger avec indulgence. Il y a lieu de considérer, en effet, que l'hypothèse bien fondée d'une ordonnance, d'une loi sévère régissant l'ensemble du Kosmos ne pouvait presque s'appliquer, dans le cercle des Pythagoriciens, qu'aux rapports géométriques, arithmétiques, et — en raison du fait que leur doctrine de la nature était partie de l'acoustique — aux rapports musicaux. A tous ces rapports étaient attribuées la simplicité, la symétrie, l'harmonie. Quant aux forces qui produisent les mouvements célestes, ils n'en savaient rien et ne s'en faisaient pas la moindre idée. C'est pourquoi, soit dit en passant, si les orbites elliptiques des planètes leur avaient été connues, leur besoin d'ordre n'en aurait reçu aucune satisfaction, car ils n'auraient pu reconnaître dans cette ligne courbe la résultante de deux forces agissant en ligne droite. « Leur ciel, nous

---

[1] Charles-Ernest von Bær, dans ses *Reden... und kleinere Aufsätze*, Pétersbourg 1864, 1 p. 264. Sur l'harmonie des sphères, cf. Th. Reinach, *La musique des sphères*, dans la *Revue des études grecques* XIII 432 sq. ; sur la raison pour laquelle on ne l'entend pas, cf. surtout Aristote, *de Caelo* II 9.

dit Aristote, est tout nombre et harmonie[1]. » Une vue juste et de la plus haute importance était, pouvons-nous dire, exprimée sous une forme encore peu appropriée ; on était incapable de trouver l'action d'une loi là où elle existe réellement, mais il valait pourtant mieux la chercher là où elle n'existe pas que de ne pas la chercher du tout. D'ailleurs, si, pour eux, le soleil brillait d'une lumière empruntée, il faut en accuser essentiellement le parallélisme, déjà mentionné plus haut, qu'ils établissaient entre le soleil et la lune. Peut-être aussi l'unité de l'univers telle qu'ils la concevaient leur eût-elle semblé compromise s'ils avaient supposé, si près du centre, une seconde source de lumière indépendante de la première. Se passer absolument de cette seconde source, on ne le pouvait sans doute pas. On la trouvait dans l'« Olympe », dont nous avons déjà parlé, et sous le nom duquel on entendait un cercle entourant tout l'univers et renfermant tous les éléments dans leur absolue pureté ; de ce cercle le ciel des étoiles fixes et peut-être les planètes tiraient toute leur lumière, et le soleil, qui sans cela eût été exposé à de trop nombreuses éclipses, une partie de la sienne. Ce dernier astre était considéré comme un corps à la fois poreux et vitreux, de façon à pouvoir rassembler en soi et projeter au loin les rayons lumineux. En ce qui touche l'Antiterre, nous devons certainement croire avec Aristote que la « sainteté » de la décade joue un rôle dans cette deuxième et étrange fiction. Toutefois, comme l'introduction d'un nouveau corps et son intercalation entre la terre et le feu central devait entraîner de nombreuses et importantes conséquences, on s'y arrêta, il est impossible d'en douter, au moins en partie, par égard pour ces conséquences, et elle se recommanda à l'esprit des Pythagoriciens pour d'autres motifs encore que celui dont parle le Stagirite. Faute d'informations, nous ne pouvons formuler ici aucun jugement sûr. Sans doute, l'opinion de Bœckh, qui voyait dans l'Antiterre un écran destiné à dérober aux habitants de la terre la vue du feu universel et à expliquer l'invisibilité de ce dernier, se révèle défectueuse. Car l'hémisphère occidental de la Terre, tourné du côté de ce feu, suffit parfaitement à ce but. Il est plus probable que l'Antiterre fut imaginée parce que l'on croyait pouvoir plus facilement expliquer l'extrême fréquence des éclipses de lune

---

[1] Arist. *Métaph.* I 5.

si, pour cela, on disposait non seulement de l'ombre de la terre, mais encore de celle de l'astre qu'on lui opposait[1].

Mais bien plus éloquente que la langue des raisonnements, est celle des faits historiques. Ceux-ci nous montrent dans l'hypothèse du feu central un ferment et non un empêchement de progrès scientifique. En moins d'un siècle et demi, s'en est dégagée la doctrine héliocentrique. Les excroissances fantastiques du système de Philolaos en sont tombées morceau après morceau, à commencer par l'Antiterre. Cette fiction a reçu le coup de mort de l'élargissement de l'horizon géographique. Lorsque, pour le plus tard au IVme siècle, on obtint des renseignements plus exacts sur le grand voyage d'exploration du Carthaginois Hannon, et que l'on apprit qu'il avait dépassé les colonnes d'Héraklès (Gibraltar) et franchi la limite occidentale de la terre, jusque là considérée comme infranchissable[2]; lorsque, peu après, la configuration de l'Asie orientale prit des contours plus précis, grâce à l'expédition d'Alexandre en Inde, le sol commença à vaciller, sur lequel s'était élevé l'échafaudage des hypothèses pythagoriciennes. On était pour ainsi dire monté sur la plate-forme de laquelle on aurait dû voir la prétendue Antiterre. Et comme on ne la voyait pas plus que le feu central, forcé lui aussi dans sa dernière retraite, cette partie de la cosmographie pythagoricienne s'écroula. Et ce ne fut pas tout. Avec le centre fictif du mouvement circulaire supposé de la terre, celui-ci fut également abandonné ; et à la place de ce que nous avons appelé l'équivalent de la théorie de la rotation, celle-ci fit son apparition. Ekphantos, l'un des plus jeunes Pythagoriciens, a enseigné le mouvement de la terre autour de son axe. Cette première étape sur le chemin de la théorie héliocentrique fut bientôt suivie d'une seconde. Le remarquable accroissement de clarté qu'éprouvent parfois les planètes avait d'abord été observé sur Mercure et Vénus. On ne pouvait manquer d'expliquer le phénomène par sa vraie cause, c'est-à-dire par une plus grande

---

[1] En elles-mêmes, sans doute, les éclipses de soleil sont plus fréquentes. Ainsi dans l'espace de temps envisagé par Oppolzer dans son *Canon der Finsternisse*, on compte 8000 éclipses de soleil contre 5200 de lune. Mais, sur n'importe quel point particulier de la terre, on observe un nombre sensiblement plus considérable des secondes que des premières.

[2] Sur le *Périple* d'Hannon, et sur l'importance de ce voyage de découvertes pour la transformation de la doctrine du feu central, cf. Schiaparelli, *I precursori*, etc., p. 25, et H. Berger, *Wissenschaftliche Erdkunde* II 387.

proximité de ces astres de notre terre. Et par là éclatait l'impossibilité de leur faire parcourir des cercles concentriques autour de celle-ci. Et comme précisément ces deux plus proches voisins du soleil trahissaient très manifestement leur dépendance de ce luminaire par une révolution qui s'accomplit dans le cours d'une année solaire, ils furent parmi toutes les planètes les premières dont on mit le mouvement en relation avec celui du soleil. Cette découverte capitale fut due à un homme qui, dans un corps informe, cachait un esprit supérieur, à un véritable génie, Héraclide d'Hérakleia, sur la Mer Noire[1]. Disciple de Platon et d'Aristote, il avait aussi suivi avec ardeur les leçons des derniers Pythagoriciens, et il était également versé dans tous les domaines de la science et de la littérature. Mais on ne devait pas s'en tenir là. Mars présentant également aux observateurs, malgré l'imperfection des moyens d'étude dont on disposait alors, des différences sensibles d'éclat lumineux, un lien était noué entre les deux planètes intérieures et une au moins des planètes extérieures. On s'approchait du point de vue soutenu dans les temps modernes par Tycho-Brahé, qui consiste à faire tourner toutes les planètes excepté la terre autour du soleil, mais à faire tourner celui-ci autour de nous avec tout son cortège planétaire. Enfin le dernier pas, le pas décisif, fut fait par le Copernic de l'antiquité, Aristarque de Samos (280 av. J.-C.) et,

[1] Sur Héraclide, cf. surtout Diog. Laërce V ch. 6. Nous faisons d'Héraclide, dans notre texte, un précurseur immédiat d'Aristarque. Pour cela, nous nous fondons sur l'indication de Geminus (Simplic. *Phys.* 292, 20 sq. D) qui n'est pas exempte de difficultés. Après les plus mûres réflexions, je ne crois pas pouvoir admettre l'explication que donne Diels de ce passage dans sa dissertation *Ueber das physik. System des Straton* (Berliner Sitzungs-Berichte, 1893, p. 18, note 1.) Il faut ou bien corriger ce passage comme le proposait Bergk (*Fünf Abhandl. zur Gesch. d. griech. Philos. und Astron.*, p. 149) ou d'une manière analogue, ou bien considérer les mots Ἡρακλείδης ὁ Ποντικός comme l'adjonction d'un lecteur — bien informé, du reste. Les preuves des progrès de l'astronomie que nous décrivons dans le texte, de même que leur explication, sont données par Schiaparelli, op. cit. La théorie d'Aristarque a été mentionnée par Copernic dans un passage supprimé plus tard par lui : « Credibile est hisce similibusque causis Philolaum mobilitatem terræ sensisse, quod etiam nonnulli Aristarchum Samium ferunt in eadem fuisse sententia, etc. » (*De revolut. caelest.*, éd. Thorun. 1873, p. 34, note.) Les questions traitées ici ont été dès lors discutées à plusieurs reprises : par Hultsch dans le *Jahrb. f. Philolog.* 1896 (*Ueber das astronomische System des Herakleides*) ; par Schiaparelli, *Origine del sistema planetario presso i Greci*, Milan, dans les Rapp. de l'Institut Lombard 1898 ; par Tannery dans la *Revue des Etudes grecques* XII 305 : *Sur Héraclide du Pont*. La conjecture de ce dernier, adoptée par H. Staigmüller (*Archiv*, XV 144) à savoir qu'Ekphantos ou encore Hiketas n'étaient pas des personnages réels, mais de simples interlocuteurs dans un dialogue d'Héraclide, me paraît peu fondée ; des spécialistes compétents la mettent également en doute.

avant lui, quoique d'une manière moins certaine, par celui que nous avons nommé plus haut. Cet événement scientifique fut préparé par les travaux d'Eudoxos, qui amenèrent à croire que le soleil est incomparablement plus grand que la terre. Aristarque calculait qu'il était sept fois plus grand. Si imparfaite que fût cette évaluation, si loin qu'elle restât de la réalité, elle suffisait pourtant pour montrer combien il était absurde de faire tourner en guise de satellite cette puissante sphère de feu autour du petit astre que nous habitons. La terre était dépouillée de la souveraineté qu'elle avait reconquise depuis peu ; la théorie géocentrique était remplacée par la théorie héliocentrique ; le but était atteint, auquel Pythagore et ses disciples avaient frayé la voie et tendu eux-mêmes... Mais il allait être bientôt après abandonné, et faire place, pour une longue suite de siècles, aux antiques illusions protégées par le sentiment religieux.

Mais revenons de cette anticipation sur les faits historiques à son point de départ, aux anciennes doctrines pythagoriciennes. Rien ne nous empêche plus de reprendre le fil que nous avons été obligés d'abandonner à la fin de l'avant-dernier chapitre.

CHAPITRE V

La doctrine orphico-pythagoricienne de l'âme.

I. La doctrine de la transmigration des âmes. Ses motifs psychologiques. Cette doctrine n'est pas originaire de la Grèce. — II. Le mythe principal des Orphiques. Délivrance du cycle des naissances. — III. Motifs de la psychologie orphique. Essence du mysticisme religieux. Les mystères grecs. Un parallèle égyptien ; est-ce plus qu'un parallèle ? L'Orphisme et la tyrannie. Influence ultérieure du mouvement orphique. — IV. Les âmes et les poussières qui s'agitent dans le rayon de soleil. Renouvellement futur de tous les êtres et de tous les phénomènes. Le processus cosmique fait retour sur lui-même. Théorie des cycles ; astrologie et métempsychose. La causalité et le retour d'un état primitif. La balance de la matière et des énergies de l'univers. Hippasos de Métaponte. — V. Alcméon de Crotone ; il reconnaît dans le cerveau l'organe central de la pensée. Physiologie et psychologie d'Alcméon. Son explication de la mort. Alcméon n'a pas créé de système.

I

La doctrine orphique et le pythagorisme pourraient être appelés les incarnations mâle et femelle de la même tendance fondamentale. Là prédomine l'imagination visionnaire, ici le désir de comprendre et de savoir ; là le besoin de salut personnel, ici le souci de l'Etat et de la société ; là l'aspiration à la pureté, la crainte de la souillure, ici la préoccupation d'améliorer les mœurs et l'ordre civil ; là le manque d'une confiance vigoureuse en soi-même et l'ascétisme contrit, ici la discipline sévère, la culture morale nourrie par la musique et par l'examen de conscience. Les membres de la communauté orphique forment une confrérie religieuse ; ceux de la communauté pythagoricienne sont réunis par le lien d'un ordre de chevalerie à moitié politique. L'Orphisme ne connaît point la recherche mathématique et astronomique ; le Pythagorisme ne cultive pas la poésie cosmogonique et théogonique. Mais malgré ces différences de degré, et au milieu même de ces divergences, on constate la plus surprenante concordance, une concordance telle que les deux sectes se confondent souvent l'une avec l'autre, et qu'il est parfois plus que difficile de dire laquelle des deux a donné et laquelle a reçu.

En ce qui touche une partie importante de la théorie de l'âme, celle que l'on appelle métempsychose, on peut toutefois tenter avec grande chance de succès de faire ce partage. « Selon les mythes pythagoriciens, nous dit Aristote[1], n'importe quelles âmes entrent dans n'importe quels corps. » Et — pour ne pas parler des témoignages de nombreux écrivains postérieurs — Xénophane[2], contemporain légèrement plus jeune que Pythagore, raconte dans des vers que nous possédons encore un fait caractéristique. Voyant un jour maltraiter un chien et l'entendant hurler, le philosophe de Samos, saisi de compassion, s'écria : « Lâche-le et ne le bats pas ! Car c'est l'âme d'un homme qui était mon ami, et que je reconnais au son de sa voix ». Une anecdote de ce genre — et Xénophane la caractérise comme telle en ajoutant les mots « à ce que l'on dit » — n'aurait sans doute pas pris naissance si la donnée sur laquelle repose cet incident particulier n'avait pas passé pour caractéristique de l'homme auquel on l'attribue ; d'ailleurs, à ce que nous assure déjà Empédocle, Pythagore racontait une foule de choses singulières sur la préexistence de sa propre âme. Arrêtons-nous quelques instants à cette croyance étrange. C'est à nous seulement, pour dire vrai, qu'elle semble étrange, cette croyance dans laquelle se rencontrent déjà les Druides gaulois et les Druses du moyen âge, à laquelle se rattachent encore aujourd'hui les Zoulous et les Grœnlandais, les Indiens de l'Amérique du Nord et les Dayaks de Bornéo, les Karéens de la Birmanie et les habitants de la Guinée, de même que les innombrables adhérents des religions brahmanique et bouddhique ; à laquelle enfin un Spinoza et un Lessing ne refusaient

---

[1] Aristote, de Anima I 3 fin.

[2] Diog. Laërce VIII 26. On a récemment mis en doute que ces vers fassent allusion à Pythagore. Ces doutes me semblent absolument sans fondement. Je ne crois pas plus justifié celui que l'on a exprimé relativement au témoignage d'Empédocle, v. 415 sq. Stein (l. 18).

pas leur sympathie et leur assentiment[1]. Sa large diffusion dans l'espace et dans le temps prouve déjà qu'elle plonge de profondes racines dans la pensée et dans le cœur des hommes. Tout d'abord, il faut le dire, ceux qui font passer des âmes humaines dans des corps d'animaux et même dans des plantes ou réciproquement (ce qui n'est pas le cas pour toutes les nations ou sectes que nous venons de mentionner), ne devaient pas éprouver le sentiment d'orgueil qui élève entre les règnes de la nature des barrières infranchissables. Voici quelles doivent avoir été les principales étapes du développement de cette idée. Tout d'abord, cette question : Pourquoi l'âme, dont on avait cru reconnaître la liberté de mouvement, ou si l'on peut ainsi dire, le droit de libre établissement, dans les phénomènes du songe, de l'extase et de la possession, pourquoi cette âme ne se choisirait-elle pas une nouvelle demeure quand son abri caduc tombe en ruines ? Pourquoi ne changerait-elle pas de corps à peu près comme l'homme change de vêtement ? D'où, pouvait-on se demander ensuite, proviennent toutes les âmes qui, pendant un court espace de temps, habitent et animent hommes, animaux et plantes ? Faut-il qu'elles soient aussi nombreuses que les êtres éphémères auxquels elles s'associent temporairement ? Un enfant, par exemple, meurt dans l'âge le plus tendre. Est-il possible que son âme ait été créée pour ce court moment et qu'elle ait dû attendre dès l'origine des choses cette passagère incarnation ? Et puis, après ? L'essence spirituelle qui possède la faculté d'animer un corps d'homme ou d'animal devait-elle l'exercer pendant quelques semaines, quelques jours, quelques heures ou même quelques instants seulement pour rentrer ensuite dans l'éternel repos ? Et même, abstraction faite de ce cas extrême, n'était-il pas plus naturel de se figurer ces essences supérieures impérissables ou à peine périssables en moins grand nombre que les êtres matériels et grossiers, sans cesse disparaissant et reparaissant, auxquels elles président ? Les officiers d'une armée ne sont-ils pas moins nombreux que les soldats sous

---

[1] Cf. la note de Wilkinson dans l'*History of Herodotus* de Rawlinson, 3ᵉ éd., II 196. Au sujet des Druses, cf. Benjamin de Tudela (XIIme siècle) dans Tylor, *Civil. primitive* II 20. Les autres détails ethnographiques sont aussi tirés de Tylor, op. cit. ch. 12 ; je ne puis toutefois admettre avec lui que la ressemblance corporelle et intellectuelle des descendants avec leurs ancêtres soit une explication suffisante de la croyance à la métempsychose.

leurs ordres ? Et enfin, aussitôt que la pensée commença à prendre un caractère plus rigoureux, les inférences par analogie qui s'offraient dans ce domaine durent prendre aussi une forme de jour en jour plus ferme. L'âme survit au corps, — telle a été et telle est encore presque sans exception la croyance générale de l'humanité. Aucun motif ne tendant à faire admettre qu'elle finisse par s'éteindre, sa survivance fut considérée de plus en plus comme illimitée, et, quand le concept d'éternité se fut formé, elle fut regardée comme absolument immortelle. Puis, comme tout ce qui est né se révélait périssable, la pensée devait s'imposer avec une force presque irrésistible que ce qui ne finit point n'a pas non plus commencé, qu'à la durée sans fin de l'existence future doit correspondre l'éternité de la préexistence. Et quand enfin, mais seulement, il est vrai, dans l'esprit des peuples à culture avancée, se fut fait jour cette idée que, même dans le domaine de la matière, il n'y a ni naissance ni destruction au sens propre de ces mots, mais seulement un cycle perpétuel de métamorphoses, pouvait-il se faire que l'on ne formulât pas l'hypothèse parallèle dans le domaine psychologique ? Ne devait-on pas se dire qu'il y a un cycle semblable dans le monde des esprits, qu'une seule et même essence revêt une foule innombrable d'enveloppes terrestres, pour revenir, après une série infinie de métamorphoses, à sa forme antérieure ?

Ces réflexions et d'autres de même nature pouvaient engendrer la croyance à la transmigration des âmes chez les Grecs aussi bien que chez beaucoup d'autres peuples. Il ne semble pourtant pas que ç'ait été le cas en effet[1]. Personne ne nous rapporte rien de semblable, et si cette croyance s'était établie en Grèce de toute antiquité, le fait ne fût pas resté inaperçu du philosophe Xénophane, qui avait beaucoup voyagé et qui était très versé en ces questions ; et, dans ce cas, il n'eût pu lui venir à l'esprit de mentionner cette doctrine comme caractéristique de Pythagore et de le railler à ce sujet. Une autre considération, d'une portée plus générale, vient encore confirmer notre opinion. L'amour des animaux, qui est pour ainsi dire le terrain sur lequel cette doctrine prend naissance, ne s'est jamais développé à un haut degré au sein du peuple

[1] L'origine non-grecque de la métempsychose est indirectement prouvée par les vains efforts de ceux qui la prétendent grecque ; c'est ainsi que Dieterich, dans le bel ouvrage intitulé *Nekyia*, se contente finalement de simples et vagues possibilités (p. 90).

grec ; jamais celui-ci n'a eu, à part quelques exceptions tout à fait isolées, d'animaux sacrés, comme en possèdent encore les Hindous et en possédaient les Egyptiens. Enfin que Pythagore ait inventé de toutes pièces une croyance populaire en tant d'endroits, cela peut a priori être regardé comme improbable au plus haut degré. Ainsi donc le problème général se réduit à cette question particulière : A quel peuple, à quel cycle de croyances ce philosophe, célèbre avant tout pour l'étendue universelle de ses « informations », a-t-il emprunté cette doctrine ? A cela, Hérodote répond en indiquant l'Egypte, d'où, à ce qu'il nous dit, des hommes dont il connaît bien, mais dont il ne veut pas donner les noms, l'ont transplantée en Grèce[1]. Mais les renseignements directs que nous possédons maintenant sur la théorie égyptienne de la transmigration des âmes nous empêchent d'accepter comme définitive l'explication de l'historien. Le « Livre des Morts » connaît le privilège des âmes vertueuses de revêtir des formes variées d'animaux et même de plantes ; l'âme vertueuse peut apparaître « aujourd'hui sous la figure d'un héron, demain sous celle d'un scarabée, après-demain sur la surface de l'eau comme fleur de lotus[2]. » ; elle peut s'incarner en phénix, en oie, en hirondelle, en pluvier, en grue, en vipère. L'âme criminelle, elle aussi, qui erre sans repos entre le ciel et la terre, est à l'affût d'un corps humain dont elle puisse faire sa demeure pour l'affliger de maladies, pour le pousser au meurtre et à la démence. Mais du cycle régulier de pérégrinations « accompli par l'âme du défunt à travers tous les animaux de la terre, de la mer et des airs pour ren-

---

[1] Hérodote II 123.

[2] La citation est tirée d'Erman, *Aegypten und aegypt. Leben* 413. Ce qui suit, d'après Maspéro, *Bibl. égyptologique* II 437 n. 3 et 466. — Maspéro, op. cit. I 349, attribue la métempsychose à la religion égyptienne de l'époque où ce pays est entré en contact avec la Grèce. Plus tard, selon lui, ces théories seraient tombées en discrédit ou même complètement disparues. Dans un travail postérieur (dans le passage cité en premier lieu) Maspéro modifie son jugement comme suit : « Il ne faut pas oublier que l'assomption de toutes ces formes est purement volontaire, et ne marque nullement le passage de l'âme humaine dans un corps de bête ». — Sur l'antériorité au bouddhisme de la croyance des Hindous à la métempsychose, cf. Jacob, *A manual of Hindu Pantheism*, 2ᵉ éd. p. 25. Cette croyance, à ce que m'a appris mon collègue, le prof. Bühler, a fait son apparition dans la religion et dans la littérature brahmaniques à une époque qu'on ne peut déterminer exactement, mais très ancienne. L'œuvre principale où se trouve exposée la nouvelle doctrine, apparaît déjà dans les plus anciens écrits bouddhiques comme remontant à une antiquité légendaire. L. von Schröder (*Pythagoras und die Inder*, 1884) s'est prononcé pour l'origine hindoue de la métempsychose; de même, récemment, Adolphe Furtwängler (*Die antiken Gemmen* III 262 sq.) qui approuve les arguments avancés par nous.

trer dans un corps d'homme au bout d'une période de trois mille ans », de ce cycle dont nous parle Hérodote, les textes égyptiens, ceux du moins qui ont été jusqu'ici déchiffrés, ne savent absolument rien. Que ce soit là ou non le dernier mot d'une science sans cesse renouvelée, et dont les matériaux sont riches en contradictions, nous devons, provisoirement du moins, refuser notre adhésion à l'affirmation d'Hérodote. En tous cas, la théorie pythagoricienne concorde bien plus exactement avec celle de l'Inde, non seulement dans ses traits généraux, mais jusque dans les détails — tels, par exemple, que le végétarisme, — et jusque dans les formules qui résument toute la croyance (le « cycle » et la « roue » des naissances). Ici il ne nous est pas facile de croire à un simple hasard. Sans doute, on devrait abandonner l'idée d'une dérivation de cette nature si elle nous obligeait à faire aller Pythagore à l'école des prêtres hindous, ou à lui faire subir, d'une manière même médiate, l'influence de la religion de Bouddha. Mais on peut se passer de l'une aussi bien que de l'autre de ces suppositions par trop aventureuses. La croyance hindoue à la transmigration des âmes a précédé l'éclosion du bouddhisme. Le philosophe grec était insatiable de savoir ; supposer donc que, par l'intermédiaire de la Perse, il ait reçu une notion plus ou moins exacte des doctrines religieuses de l'Orient, alors en proie à la plus puissante fermentation intellectuelle, ce n'est vraiment pas une trop grande témérité, surtout si l'on considère que les Grecs asiatiques et une partie de la nation hindoue obéissaient déjà avant que Pythagore quittât sa patrie ionienne, au même maître, au fondateur de l'empire perse, à Cyrus. Mais quelle que soit la source à laquelle a été puisée cette croyance, elle s'est en tous cas confondue de bonne heure avec les doctrines orphiques, et il est nécessaire de présenter aux yeux du lecteur la doctrine orphico-pythagoricienne dont nous ne connaissons plus que réunis les courants primitivement séparés, et avant tout la théorie fondamentale dont la métempsychose ne forme qu'une partie, il est vrai très importante.

II[1]

Cette théorie commune peut se résumer en une seule expression, mais très significative : la chute de l'âme par l'effet du péché. L'âme est d'origine divine, la terre est indigne d'elle ; le corps est pour elle une chaîne, une prison, un tombeau. Sa propre faute seule pouvait la précipiter des splendeurs célestes dans les souillures de la vie terrestre. Elle doit subir le repentir et porter la peine de ce crime ; l'expiation et la purification seules lui permettent de rentrer dans sa patrie première, dans le monde du divin. Cette purification et cette expiation s'accomplissent de deux manières : par les châtiments infernaux et par le cycle des naissances. Il est difficile de croire, d'ailleurs, que ces deux moyens, d'un caractère si différent, pour atteindre le même but aient été liés dès le début. C'est pourquoi, et pour d'autres motifs encore, il est permis de supposer que les châtiments infernaux se sont ajoutés, soudés à la métempsychose pythagoricienne, et d'y voir un apport postérieur des Orphiques.

Jusqu'ici, nous n'avons appris à connaître ces derniers que comme auteurs de doctrines cosmogoniques particulières, et à cette occasion nous avons pu nous faire une idée de leur manière de penser. Pour approfondir, pour compléter cette idée, nous devons envisager le mythe qui, dans leur doctrine, occupe la place centrale. Il s'agit de la légende de Dionysos-Zagreus. Le fils de Zeus et de Perséphone a reçu, encore enfant, de son divin père l'empire du monde. Il se voit en butte aux embûches des Titans, qui, déjà auparavant, s'étaient attaqués à Ouranos, et avaient été vaincus par lui. Le rejeton des dieux échappe à leurs rusés desseins en recourant à de multiples métamorphoses jusqu'à ce qu'enfin, saisi par eux sous la forme d'un taureau, il est mis en pièces et dévoré. Athéna réussit

---

[1] Relativement à ce qui suit, cf. avant tout Rohde, *Psyché*, qui a le seul tort, selon nous, d'exagérer l'influence du peuple thrace. En effet, Hérodote, IV 95, nous dit que ce peuple est peu intelligent et peu civilisé ; en réalité, il était grossier et vivait de rapine. D'autre part, Rohde déprécie les éléments moraux de l'orphisme. Cela nous mènerait trop loin de discuter ici ces questions controversées. Sur le second point, nous renvoyons à la *Nekyia* de Dieterich, pp. 193-4 ; sur le premier, nous nous contenterons de rappeler que les traits les plus caractéristiques de l'orphisme : conscience du péché, besoin de purification et de rédemption, châtiments infernaux, etc., n'ont jamais été relevés chez les Thraces.

à leur soustraire le cœur de leur victime, et Zeus l'avale pour donner naissance au « nouveau Dionysos ». Pour les punir de leur crime, Zeus frappe ensuite les Titans des traits de sa foudre. De leurs cendres sort le genre humain, dans la nature duquel l'élément titanique est mêlé à l'élément dionysiaque dérivé du sang de Zagreus. Les Titans sont l'incarnation du principe du mal, Dionysos celle du principe du bien. Leur réunion est cause de la lutte du divin et de l'anti-divin qui, si souvent, se déchaîne et fait rage dans la poitrine de l'homme. Ainsi cette étrange légende, dont nous n'avons pas à étudier ici les autres significations, aboutit à un mythe destiné à expliquer la dualité de la nature humaine, l'opposition qui règne dans son sein et le déchire.

Le sentiment profond de cette opposition, de ce saisissant contraste entre les souillures et les souffrances terrestres d'une part, la pureté et la félicité divines de l'autre, forme le noyau de la conception orphico-pythagoricienne de la vie. De cette source découle le désir de purification et d'expiation, condition de la rédemption finale. Il est difficile d'atteindre ce but ; une seule existence terrestre ne suffit pas pour délivrer l'âme de la tache originelle et des souillures qu'y ont ajoutées ses propres péchés. Une longue suite de nouvelles naissances forme pour ainsi dire une expiation prolongée pendant des milliers d'années, interrompue et aggravée par les châtiments qu'elle subit dans la « mare de boue » ; et ce n'est que tard — si toutefois elle y réussit — que, délivrée enfin de ses tourments, elle arrive au point de départ de son voyage ; pur esprit, elle reprend sa place au séjour des dieux d'où elle était descendue. « Je me suis enfuie du cercle des peines et des tristesses », s'écrie dans un transport d'espérance l'âme qui a « subi la peine complète de ses œuvres d'iniquité », et qui, maintenant, « implorant son secours », s'avance vers « la reine des lieux souterrains, la sainte Perséphone, et vers les autres divinités de l'Hadès »; elle se glorifie d'appartenir à leur « race bienheureuse », elle leur demande de l'envoyer maintenant « dans les demeures des innocents », et elle attend d'elles le mot sauveur : « Tu seras déesse et non plus mortelle ». Voilà, en effet, ce que nous lisons sur les trois tablettes d'or (cf. p. 92) qui, au IVme et au IIIme siècle avant J.-C., furent placées en des tombeaux dans le voisinage de l'antique Thurium, c'est-à-dire dans une contrée qui, autrefois, avait été hospitalière aux

Pythagoriciens. Dans ces morceaux poétiques, il faut voir des rédactions diverses d'un texte commun plus ancien. Plusieurs autres feuillets remontant en partie à la même époque ont été trouvés dans les mêmes localités ; d'autres ont été découverts dans l'île de Crète et datent de l'époque romaine postérieure[1] ; tous prescrivent à l'âme sa route dans le monde souterrain. Par des formes et des tournures particulières, ils concordent exactement les uns avec les autres et avec ceux dont nous avons donné plus haut le contenu. Tous ensemble forment les restes encore bien incomplets d'un ouvrage que nous pouvons à bon droit appeler le « Livre des Morts » orphique, et que nous espérons posséder bientôt, sinon dans son intégrité, du moins dans ses parties essentielles.

III

Mentionnons ici une possibilité. La « chute de l'âme par le péché » est aussi étrangère aux textes sacrés que nous venons de discuter qu'aux déclarations de nos plus anciennes autorités relativement à la doctrine orphique, le poète Pindare et le philosophe Empédocle. Ces deux faits peuvent être fortuits. Dans l'un comme dans l'autre cas, nos informations sont très fragmentaires. Mais il y a peut-être lieu aussi de chercher une autre explication. Ce dogme essentiel de l'orphisme a peut-être subi un développement ultérieur. Il se peut, et cela n'est nullement improbable, que la chute de l'âme n'ait été affirmée et motivée que plus tard, et de cette façon : « Et ce mal aussi est le châtiment d'une faute ». Si l'on adopte cette hypothèse, il nous reste comme éléments primitifs de la doctrine les trois suivants : conception pessimiste de la vie, qui dépréciait l'existence et les biens terrestres ; confiance absolue dans une justice divine qui punit tous les crimes et récompense toutes les bonnes actions ; enfin persuasion que l'âme est de nature et d'origine divines. De cette vue mélancolique, en si parfait contraste avec l'insouciance et la gaîté de l'époque homérique, nous nous contenterons provisoirement de prendre acte, sans tenter d'explication. Nous avons déjà pu constater les com-

---

[1] Au sujet de la Crète, voir Joubin, *Inscription crétoise relative à l'orphisme*, Bull. de corr. hellén. XVII 121-124. On trouve des parallèles bouddhiques à ce qui précède dans Rhys Davids *Buddhism*, p. 161.

mencements de cette transformation chez Hésiode ; on conviendra sans hésiter que ce sont des classes différentes de population qui manifestent leurs sentiments ici et dans l'épopée; on ne fera pas plus de difficulté pour reconnaître que de dures expériences dans la guerre et dans la paix ont préparé les esprits helléniques à recevoir ces sombres doctrines. La ferme croyance en une céleste rétribution suppose — chacun en tombera d'accord — la reconnaissance, au moins en principe, du règne du droit et de la loi ; aussi longtemps que les rapports politiques et sociaux sont régis par la faveur personnelle ou — au cas le plus favorable — par un contrat de fidélité personnelle (cf. p. 29), l'assurance de cette rétribution fait nécessairement défaut. La foi en une récompense ou en une punition, dont nous avons déjà une fois indiqué les germes, nous devient bien plus compréhensible si nous nous souvenons, par exemple, de la nature des Erinyes[1] : à l'origine, ces déesses n'étaient pas autre chose que les âmes irritées des victimes du meurtre, qui cherchaient à tirer vengeance de leurs assassins. De même que, sur la terre, le droit de l'Etat de punir est dérivé de la vengeance privée de l'individu et de la famille, de même, dans les cours pénales de l'au-delà, le droit de verser le sang a passé de l'offensé aux dieux. La preuve de la justesse de ce raisonnement nous est fournie par ces tableaux des enfers où nous voyons le malfaiteur tourmenté par l'âme ou par l'esprit vengeur de sa victime. C'est d'ailleurs surtout dans les époques ou dans les couches de la population portées au pessimisme que la croyance à la rétribution devait se reporter vers la vie future. Dans les classes ou aux époques heureuses, on n'y songe point ; Eschyle, par exemple, qui, plus que n'importe lequel des poètes grecs, était pénétré de cette croyance, jette à peine un regard au delà des limites de l'existence terrestre ; le héros de Marathon se contente du grand spectacle de la justice divine dont il a été le témoin et dans lequel il a joué le rôle d'acteur. Enfin si nous voulons comprendre et nous expliquer la croyance à l'origine divine de l'âme, il nous faut avant tout nous mettre en garde contre de trompeuses analogies.

Que l'âme du défunt jouisse dans le cercle des dieux d'une absolue félicité ; qu'avec eux elle fasse constamment bonne

---
[1] Au sujet des Erynies, cf. Rohde, *Psyché*, 2ᵉ éd., I 270; pour de plus amples détails, voir *Rhein. Mus.* L p. 6. (*Kleine Schriften* IV 229).

chère et se livre aux autres plaisirs des sens, c'est la conception des anciens Hindous et des anciens Germains ; c'était celle des Indiens de l'Amérique centrale et probablement aussi des Thraces, mais elle n'a autant dire rien de commun avec le noyau de la doctrine orphique[1]. Et rien n'autorise davantage à faire dériver purement et simplement cette croyance à la nature supérieure de l'âme des expériences morales communes aux mystiques de tous les pays et de tous les temps.

Communion directe avec la divinité, assimilation à la divinité, identification avec la divinité, tels sont les buts que se propose partout et toujours le mysticisme religieux. Mais si ce but est toujours le même, les chemins qui y conduisent sont d'autant plus nombreux. Aujourd'hui, c'est le bruit sourd des tambourins, le son grave des flûtes, le fracas assourdissant des cymbales ; demain c'est le tourbillon furieux d'une danse où sombre la raison ; d'autres fois, le fidèle s'abîme dans la contemplation la plus monotone ; enfin il s'hypnotise en fixant ses regards sur un objet brillant. Ainsi la bacchante grecque ou l'ascète brahmanique, le derviche musulman ou le moine bouddhique se plongent dans une extase qui les délivre du fardeau de la conscience et les transporte dans le sein de la divinité ou dans les abîmes de l'Absolu[2]. Dès que les orages d'une telle épidémie spirituelle sont calmés, au lieu de la frénésie ou de l'engourdissement nerveux, se répand dans de vastes cercles populaires le « mystèrion » ou « sacramentum », qui procure au fidèle le sentiment de la communion avec Dieu et le délivre momentanément des entraves gênantes de la vie individuelle. Au lieu des actes inspirés par le délire, dans lesquels l'homme perd la notion de sa nature et se croit un dieu — qu'on songe aux Βάχχοι et aux Σαβάζιοι, aux Ras et aux Osiris des Egyptiens, etc. — apparaissent des cérémonies symboliques : on porte des vases sacrés, on prend des mets et des breuvages divins ; parfois des images rap-

---

[1] Sur ces grossières représentations de la félicité de l'au-delà, cf. Dieterich, op. cit. p. 79-80. Les nombreux parallèles cités par lui, et auxquels je voudrais ajouter encore l'ample citation (empruntée aux sources les plus diverses de l'Inde ancienne) qui se trouve dans Muir, *Sanscrit Text* V 307 sq., font paraître très hasardée la conclusion que les dogmes orphiques sont originaires de la Thrace.

[2] Sur l'emploi de l'hypnose dans la méditation ascétique des Bouddhistes, cf. H. Kern, *Des Buddhismus und seine Geschichte in Indien* (trad. en allemand par Jacobi) I 502. On trouvera des preuves de ce qui suit dans Rohde, *Psyché*, 2ᵉ éd., II 14 sq. ; dans Ed. Meyer, *Geschichte Aegyptens*, p. 87 ; dans l'article *Eleusis* du *Dict. des Ant.* de Daremberg et Saglio (par F. Lenormant) et dans Dieterich, *de hymnis orphicis capitula quinque*, p. 38.

pellent l'union des sexes et contribuent ainsi à faire naître l'illusion d'une identification avec la divinité. Tel est, en particulier, le noyau des mystères grecs de Bakchos, d'Eleusis, etc. Là, comme ailleurs, la religion dans ses formes initiales n'a absolument rien à voir avec la morale. En supprimant toute règle de conduite, l'extase pousse bien plutôt à l'immoralité ; l'austérité de la vie et les fureurs des Ménades ont toujours formé le plus saisissant contraste. Nous ne parlons pas des désordres qui signalent souvent les mystères clandestins du monde hellénique comme ceux des autres peuples. Dans la mesure sans doute où se développent les éléments altruistes de la nature humaine contenus comme en germe dans les sentiments de la famille, les dieux qui, à l'origine, étaient conçus comme amoraux — pour ne pas dire immoraux — sont élevés à la dignité de gardiens et garants de tout ce qui est cher à l'Etat et à la société ; et les objets d'adoration ainsi moralisés réfléchissent à leur tour les rayons dont les ont éclairés les nouvelles et plus pures aspirations de l'humanité. C'est ainsi que les cultes mystiques de la religion hellénique, et surtout le plus influent d'entre eux, celui qui était voué, à Eleusis, aux divinités souterraines, ne sont pas restés non plus complètement indifférents aux exigences de la morale. Les malfaiteurs, et probablement pas seulement ceux qui s'étaient souillés d'un meurtre, étaient exclus de la participation à ces rites qui promettaient l'éternelle félicité. L'Orphisme possédait, lui aussi, son culte secret ; il nous est, il est vrai, presque inconnu ; nous savons toutefois que le mythe essentiel de cette secte y était l'objet d'une représentation dramatique tout comme le mythe de Déméter à Eleusis, quoique avec moins de magnificence et d'éclat. Mais ce qui distingue le rameau orphique de la religion grecque des autres mystères, c'est l'importance extraordinaire qu'il accordait à la morale ; à ce point de vue, il dépassait même la religion apollinienne, dont le centre était à Delphes. Dans cette exaltation de la conscience morale, nous sommes fondés à voir l'essence même du troisième élément de la doctrine orphique de l'âme, qui en est le plus important et le plus caractéristique.

Une comparaison fera mieux comprendre notre pensée. Le 125me chapitre du « Livre des Morts » égyptien contient une confession négative des péchés qui semble être l'amplification de ce que les tablettes d'or de l'Italie méridionale condensent en peu de mots[1]. Ici comme là, l'âme du défunt proclame avec emphase sa « pureté » ; et sur cette pureté seule elle fonde son espérance en une bienheureuse immortalité. Si l'âme de l'Orphique prétend avoir expié les « œuvres d'iniquité » et par conséquent se sait délivrée de la souillure qui en résulte, l'âme de l'Egyptien énumère toutes les fautes qu'elle a su éviter dans son pèlerinage terrestre. Peu de faits dans l'histoire de la religion et des mœurs sont de nature à nous étonner davantage que le contenu de cette antique confession. On y voit, mais non pas en nombre écrasant, des fautes rituelles. Et à côté des préceptes de morale civile qui sont reçus de toutes les communautés civilisées, se fait jour l'expression d'un sentiment moral peu commun, et qui même peut nous surprendre par sa délicatesse exquise : « Je n'ai pas opprimé la veuve ! Je n'ai pas éloigné le lait de la bouche du nourrisson !... Je n'ai pas rendu le pauvre plus pauvre !... Je n'ai pas retenu l'ouvrier à son travail au delà du temps fixé par son engagement !... Je n'ai pas été négligent ! Je n'ai pas été paresseux !... Je n'ai pas desservi l'esclave auprès de son maître !... Je n'ai fait verser des larmes à personne ! » Mais la morale qui ressort de cette confession ne s'est pas contentée d'interdire le mal ; elle a aussi prescrit des actes de bienfaisance positive : « Partout, s'écrie le défunt, j'ai répandu la joie ! J'ai rassasié celui qui avait faim, désaltéré celui qui avait soif, vêtu celui qui était nu ! J'ai pourvu d'une barque le voyageur menacé d'arriver trop tard ! » Et l'âme juste, après avoir subi des épreuves sans nombre, parvient enfin dans le chœur des dieux. « Mon impureté, s'écrie-t-elle pleine d'allégresse, est bannie, et le péché qui s'attachait à moi, je l'ai secoué... J'arrive en ce pays des élus glorifiés... Vous, qui vous tenez devant moi, — ajoute-t-elle en s'adressant aux dieux déjà nommés — tendez-moi les mains,... je suis devenue l'un de vous. »

Avons-nous devant les yeux plus qu'un simple parallèle ? Sommes-nous en présence d'une coïncidence fortuite ou bien devons-nous croire à l'influence d'un pays sur l'autre ? Nous

---

[1] Cf. Maspéro, *Bibl. Egyptol.* II 469 sq. J'ai ajouté deux points de la confession d'après Brugsch, *Steinschrift und Bibelwort*, contamination tout à fait légitime, à ce que m'assurent des savants compétents, parce que la confession négative des péchés offre de multiples variantes dans les divers textes. Sur ce point, cf. maintenant aussi Maspéro, *Hist. ancienne*, p. 191.

n'en savons rien. Il est permis seulement de rappeler que le développement de la doctrine orphique a suivi — et non de très loin — l'établissement de rapports étroits entre la Grèce et l'Egypte. Nous ne devrions pas être surpris non plus que les Grecs, qui contemplaient avec une vénération profonde les merveilles de l'architecture et de la sculpture égyptiennes, et qui, en raison de la jeunesse de leur civilisation, se sentaient, selon le mot de Platon[1], des « enfants » auprès de l'antiquité de cette culture, que les Grecs, disons-nous, aient éprouvé à son contact des impressions religieuses et morales ineffaçables. Les savants de l'avenir, on peut l'espérer, seront en mesure de dire, sans parti pris, s'il en est réellement ainsi. Pour nous, l'exemple que nous venons d'emprunter à l'Egypte nous suffit pour montrer comment une conception plus profonde de la morale et la croyance à la nature divine de l'âme ont aussi marché de pair dans d'autres pays. Rien n'est d'ailleurs plus compréhensible. L'écart entre les devoirs sévères qu'impose à sa volonté et à ses sentiments l'homme moralement supérieur et les instincts brutaux qui viennent si souvent faire obstacle à l'accomplissement de ces devoirs ne doit-il pas nécessairement pousser à croire qu'il y a un abîme entre les deux parties constitutives de la nature humaine et qu'elles ne se peuvent pas dériver de la même origine ? Cette opinion, qui partageait pour ainsi dire la nature humaine en deux moitiés étrangères et ennemies, devait se montrer au plus haut degré favorable au développement de la conscience, au combat contre les impulsions haineuses et méchantes. Mais par là aussi, ombre de cette lumière, commence le déchirement de la personnalité, la destruction de l'harmonie intérieure, l'hostilité contre la nature et le renoncement ascétique à ses exigences même inoffensives ou salutaires. Tout cela se trouve réuni chez les Puritains de l'antiquité, avec une longue série d'usages inutiles et d'interprétations mythiques sans beauté, qui ont fort souvent conduit à juger d'une manière injuste ce grand mouvement.

L'origine de celui-ci sera sans doute plus compréhensible pour nous si nous considérons les conditions historiques dans lesquelles il s'est produit. La crise religieuse nous apparaît comme la conséquence de la crise sociale. Elle est pour nous le phénomène concomitant de la lutte des classes qui a rempli

[1] *Timée* p. 22 B.

le VIIme siècle et une partie du VIme. Cette fois déjà, la dure nécessité des temps a appris à prier. Ce furent surtout les victimes de la conquête et d'un régime oligarchique sans pitié qui jetèrent leurs regards éperdus vers un au-delà meilleur, et demandèrent à la divinité une compensation aux maux qu'elles avaient subis ici-bas. En tous cas, l'Orphisme plonge ses racines dans les cercles bourgeois, non dans ceux de la noblesse. L'horreur de répandre le sang[1], qui joue un rôle si capital dans la morale de cette secte, dénote une classe sociale qui ne recherchait point la gloire militaire et ne brillait point par ses exploits guerriers. La « Justice » et la « Loi » (Dikè et Nomos)[2], qui occupent une place prépondérante dans le Panthéon orphique, sont toujours invoquées de préférence par les faibles et les opprimés, non par les forts et les puissants. Nous sommes autorisés à parler d'une opposition consciente à la conception que se faisaient de la vie les classes dirigeantes, d'une opposition à leur idéal, aussi bien que d'une révolte ouverte contre la religion régnante. Le résultat de cette révolte, c'est qu'une divinité accueillie relativement tard dans l'Olympe grec, nous voulons dire le Dionysos de Thrace, joue dans ce système le rôle le plus en vue. Et, remarquez-le bien, ce ne sont pas des prouesses comparables à celles d'Héraklès, le dieu de la noblesse, qui forment le noyau de la nouvelle foi ; ce sont, au contraire, les souffrances imméritées du dieu populaire Dionysos. L'excès de puissance des oppresseurs, qu'atteindra un jour la vengeance de la divinité suprême ; la faiblesse des innocents qui souffrent, mais qui ont confiance dans le triomphe définitif du droit, ne sont-ils pas l'exact parallèle des exécrables Titans et du jeune dieu sans appui ? Sans doute, ce n'était pas là le sens primitif de la légende, destinée plutôt, comme on l'a supposé vraisemblablement avec raison, à expliquer des orgies et des sacrifices grossiers, qui consistaient à déchirer et à dévorer des animaux vivants. Mais combien souvent l'imagination religieuse ne s'est-elle pas emparée des mythes que lui fournissait la tradition pour les remplir d'un contenu nouveau et les approprier à de nouvelles idées ? L'animosité contre ceux qui étaient en même temps les repré-

[1] Cf. Aristoph. *Grenouilles* 1032, Meinecke : Ὀρφεὺς μὲν γὰρ τελετάς θ' ἡμῖν κατέδειξε φόνων τ' ἀπέχεσθαι.

[2] Sur Dikè et Nomos, cf. les *Orphica* passim, et surtout les fragm. 33 ; 125, 1 ; 126 Abel.

sentants de la religion d'Etat et les gardiens des traditions nationales devait produire dans les conventicules orphiques des effets analogues à ceux qu'elle produisait dans les cours des « tyrans ». Les uns et les autres, orphiques et tyrans, n'étaient-ils pas, si notre manière de voir est la vraie, les représentants des mêmes classes populaires, des citoyens dénués de tous droits et des paysans asservis (cf. p. 9)? Le parallélisme est surprenant. Souvenez-vous que le même Clisthène, qui a brisé la puissance des nobles de Sicyone, et qui a remplacé par des termes grossiers et insultants les noms antiques et glorieux des tribus doriennes, a aussi interdit la récitation des chants homériques, et privé de ses honneurs le héros national Adraste, dont on avait fait un demi-dieu, pour les attribuer à Dionysos. Des tendances cosmopolites caractérisaient aussi ces dynasties qui aimaient à conclure des alliances avec les princes étrangers, et dont les membres, parfois, — comme cela est arrivé à Corinthe — portaient des noms exotiques, empruntés à la Phrygie et à l'Egypte, tels que Gordios et Psamméthichos. C'est exactement ainsi que les Orphiques ont associé à leurs dieux indigènes non seulement des dieux thraces, mais encore des dieux phéniciens, les Kabires, et, comme nous avons essayé de le montrer, ne dédaignaient pas de s'inspirer des cosmogonies égyptiennes et babyloniennes (cf p. 103). Ce n'est donc pas par un pur hasard que nous voyons Onomacrite, le fondateur de la communauté orphique d'Athènes, séjourner à la cour des Pisistratides et y jouir de la protection et de la faveur que ces princes lui accordaient.

Nous croiserons encore souvent le sentier de l'Orphisme. Nous apprendrons à en connaître les fruits bienfaisants, tout comme nous en observerons les excroissances grotesques. Nous noterons la puissante influence qu'il a exercée sur Platon et, par lui essentiellement, sur les temps postérieurs. Nous ne manquerons pas de noter alors que le divorce entre le corps et l'âme, le dualisme psychique, s'est amplifié chez lui jusqu'à devenir un divorce entre le monde et la divinité, un dualisme au sens propre du mot, tandis que l'Orphisme lui-même n'a jamais tiré cette conséquence qui sommeillait dans son principe fondamental, mais s'est contenté d'un panthéisme éclairé, qui faisait ressortir avec force l'unité de la Nature dans l'ensemble de ses manifestations. Enfin, grâce aux fouilles merveilleuses des derniers temps, et surtout grâce à la découverte de l'*Apocalypse* de Pierre, nous verrons, comme à la lumière du jour, le cours inférieur de ce fleuve puissant dont la source est encore enveloppée d'une obscurité profonde, déboucher dans la mer du christianisme primitif, et en colorer les eaux sur une vaste étendue.

IV

Si obscures que soient encore, à l'heure actuelle, les origines de l'Orphisme, il est absolument hors de doute qu'elles se sont croisées avec les débuts du Pythagorisme. A l'évidence interne s'ajoute le poids de traditions dignes de créance. Parmi les auteurs d'anciens poèmes orphiques, on citait dans l'antiquité des hommes dont les uns nous sont connus comme membres de la communauté pythagoricienne, et dont les autres appartenaient précisément à l'Italie méridionale et à la Sicile, c'est-à-dire aux contrées dans lesquelles les doctrines de Pythagore se sont répandues le plus tôt[1]. Si donc nous devons renoncer à faire un départ absolument exact entre les deux sectes, il ne manque pourtant pas, même dans le domaine qui nous occupe maintenant, de théories que, en nous fondant sur la tradition ou sur des motifs internes, nous pouvons tenir pour pythagoriciennes plutôt que pour orphiques. Si les Orphiques faisaient séjourner l'âme dans les lieux d'expiation de l'Hadès durant les intervalles de ses incarnations, les Pythagoriciens, animés de tendances plus scientifiques, devaient se poser cette question : Comment se fait-il qu'au lieu et au moment où un nouvel être entre à l'existence (que ce soit au moment de la conception, à celui de la naissance ou pendant la grossesse) il se trouve chaque fois une âme disponible, prête à entrer dans le nouveau corps ? Ils répondaient par l'exemple des corpuscules qui s'agitent dans les airs : ils nous entourent de toutes parts ; à chaque aspiration, nous en absorbons des centaines ; mais ils sont à la limite de la perception des sens, et ils ne deviennent visibles que par le rayon de soleil qui les traverse[2]. Il se peut que la vibration de ces grains de poussière, perceptible même quand l'air paraît absolument calme, ait rappelé le mouvement incessant que l'on attribuait à l'âme

---

[1] Cf. Rohde, *Psyché*, 2ᵉ éd. II 106.
[2] Voir à ce sujet : Aristote, *de Anima* I 2.

et favorisé cette identification ; mais, indépendamment de cela, cette théorie est fort compréhensible, et même, au point de vue de ses auteurs, parfaitement raisonnable. S'ils voyaient dans l'âme, comme c'était l'usage constant à cette époque, une essence non pas immatérielle, mais d'une matière extrêmement subtile et par conséquent invisible ou à peine visible, la question était aussi légitime que la réponse qu'on y faisait. D'une manière tout à fait analogue, du fait que certains micro-organismes apparaissent partout où se présentent les conditions favorables à leur développement, nos naturalistes ont tiré la conséquence naturelle et fondée que l'air est plein des germes invisibles qui leur donnent naissance.

Nous sommes beaucoup moins bien renseignés sur la théologie des Pythagoriciens que sur leur doctrine de l'âme. Nulle part on ne nous dit qu'ils se soient mis en opposition violente à n'importe quel point de vue avec la religion populaire. Quelques-uns leur ont attribué une tendance au monothéisme[1] ; d'autres, se fondant sur leur fantastique théorie des nombres, qui permettait d'identifier l'unité, en tant que principe du bien, avec la divinité, et la dualité, en tant que principe du mal, avec le monde matériel, leur attribuent une sorte de dualisme[2]. Mais ces indications, pour autant qu'elles méritent créance, se rapportent évidemment à des phases postérieures du développement de la doctrine. Il en est autrement sans doute de la théorie relative à la respiration du monde, qui fait apparaître celui-ci comme un être vivant[3], et de celle de sa formation qui, commençant par un point, se continue et s'achève grâce à l'attraction que ce point exerce d'abord sur son voisinage immédiat, puis sur des parties toujours plus éloignées de l'Illimité. Ces conceptions trahissent l'enfance de l'esprit scientifique ; incomparablement plus importante est une doctrine également ancienne, dont nous devons la connaissance à une déclaration tout à fait frappante d'Eudème[4]. Ce disciple d'Aristote, que ses savantes études sur l'histoire de l'astronomie et de la géométrie avaient dû familiariser avec le Pythagorisme, prononçait

---

[1] D'après Cicéron, de Deor. nat. I 11 (27).
[2] D'après Aétius, chez Stobée, Ecl. I 1 = Doxogr. Gr. 302.
[3] Aristote, Phys. IV 6 p. 213 b 22, où je lis αὐτό et où je raye πνεύματος, comme le propose aussi Chaignet, non sans hésitation.
[4] Eudème, p. 73-4 Spengel. La même doctrine a été récemment exposée à nouveau par Blanqui, Le Bon et surtout par Nietzsche.

la phrase suivante dans une leçon sur les concepts du temps et de l'identité temporelle : « Mais s'il faut en croire les Pythagoriciens..., ce bâton à la main, je causerai un jour avec vous, qui serez assis de nouveau devant moi tout comme maintenant, et il en sera ainsi de tout le reste ». Combien nous devons être reconnaissants à l'excellent Eudème d'avoir laissé échapper cette allusion dans le feu de son discours, et combien aussi à ses zélés auditeurs d'en avoir pris note dans leurs cahiers et de l'avoir ainsi conservée à la postérité ! Le délicieux tableau surgit vivement à nos yeux : le chef de l'école, sur son siège de marbre, est en bonne humeur et sourit en jouant avec l'insigne de sa dignité ; devant lui, ses disciples, en longues rangées, l'écoutent à moitié décontenancés, à moitié amusés. Mais il serait difficile d'épuiser le contenu de cette pensée, jetée pour ainsi dire en passant. Nous pouvons affirmer tout de suite qu'elle fait le plus grand honneur aux Pythagoriciens. Dans ces quelques mots gros de sens, ils ne proclament rien moins que le règne universel de la loi. Une conséquence se tire avec une absolue rigueur scientifique de cette proclamation et de la croyance à un cycle universel. Nous avons déjà rencontré cette croyance chez Anaximandre, chez Empédocle et chez des philosophes bien postérieurs. Ici nous avons à en rechercher l'origine.

Dans ce but, nous devons rappeler les motifs de la spéculation cosmogonique comme telle. Le problème de l'origine du monde se posa à l'esprit humain d'abord et surtout par suite de l'expérience journalière qui place devant nos yeux la naissance et la destruction d'objets toujours nouveaux, et qui, naturellement, conduit à rapporter au tout ce qui nous semble vrai des parties ; dans une phase subséquente, une préoccupation nouvelle s'imposa : d'où viennent l'ordre et la régularité que nous observons dans l'univers, et, en particulier, comment expliquer l'existence des grandes masses homogènes de matière, air, terre, mer, que l'on ne pouvait se résoudre à tenir pour primordiales ? Et enfin, plus tard encore, les transformations que subit le globe terrestre lui-même, et qui se révèlent à une observation attentive : formation de deltas, exondation de la terre, etc., devaient piquer encore la curiosité. Les plus anciens essais de cosmogonie se contentaient ordinairement de supposer et de décrire un commencement de l'état de choses existant, sans se demander encore ce qui pouvait avoir précédé ce commencement, ni si l'ordre actuel durerait à tout jamais. Aussitôt que ce nouveau problème s'offrit à la pensée plus exercée, on se trouva en présence de cette alternative : commencement absolu et fin absolue, ou bien processus universel sans commencement ni fin au sens propre. Les penseurs grecs, qui se laissaient guider par des analogies bien ou mal interprétées, mais pourtant sérieuses en une certaine mesure, adoptèrent aussitôt et presque à l'unanimité la seconde alternative : pas de commencement ni de fin au sens propre, mais une suite perpétuelle de changements. Là encore, on se trouvait à un carrefour. Le processus universel pouvait — pour parler le langage de la géométrie — être comparé à une courbe ouverte ou à une courbe fermée. D'après la première hypothèse, il apparaissait comme un voyage vers un but inconnu ; d'après la seconde, c'était un cycle de phénomènes qui revenait toujours au même point de départ. Et là encore, le choix ne pouvait guère être douteux. En faveur de la première alternative, on ne disposait d'aucune analogie décisive ; en faveur de la seconde, parlait en première ligne le spectacle sans cesse renouvelé de la vie végétale, qui meurt et renaît, puis le cycle des transformations de la matière, dont la connaissance était peut-être dès l'origine à la base de la théorie de la matière primordiale, et que, nous l'avons vu, Héraclite a décrit de la manière la plus claire. Le sort des âmes — qu'on les fît séjourner sous forme d'ombres dans l'Hadès ou qu'on se les figurât transportées au séjour des bienheureux — devait sans doute paraître une exception à cette règle universelle de la vie ; mais la théorie de la transmigration, qui trouvait certainement un sérieux appui dans cette analogie générale, était bien faite pour rétablir l'harmonie. En outre, le cycle des saisons, le retour régulier des astres brillants du ciel, qui commandent la vie de la nature et celle des hommes, et qui, à cause de cela, étaient adorés comme des dieux, devaient être d'une importance déterminante. A ce propos, nous pouvons noter en passant le plus grand des services que l'astronomie ait rendus à l'humanité. En elle, les idées de divinité et de régularité se sont pour la première fois rencontrées et associées. Par elle, un reflet du divin s'est répandu sur les concepts d'ordre et de règle, et, ce qui vaut encore mieux, l'idée de la souveraineté divine n'a pu se confondre avec celle du règne de l'arbitraire.

La croyance ainsi produite au retour cyclique des phénomènes a pris des formes plus précises en s'appuyant sur les doctrines relatives à l'année universelle ou grande année, doctrines basées sur les observations célestes des Babyloniens, peut-être de peuples encore plus anciennement civilisés, et qui embrassaient des milliers d'années. Ces observations, et les conséquences qu'on en tirait, faisaient connaître ou pressentir des durées immenses. Ainsi l'année ordinaire devait être à l'année universelle des Babyloniens ce qu'est une seconde à un jour, la seconde des Babyloniens étant comptée pour deux des nôtres, parce qu'ils divisaient le jour en douze heures au lieu de vingt-quatre[1]. Et une année de cette étendue était considérée comme un jour dans la vie de l'Univers. Si l'on établissait ces gigantesques unités de temps, c'était sans doute dans la pensée que les corps célestes, dont les changements de position s'étaient révélés à des observations séculaires, reviendraient, comme le soleil, la lune et les planètes, à la fin de périodes fixes, aux places qu'ils occupaient au début de ces périodes. Ce cadre, imaginé par l'astronomie de l'Orient, les doctrines cycliques des Grecs ne l'ont pas moins rempli que celles des penseurs hindous. La théorie héraclitique de l'embrasement périodique de l'Univers est déjà connue à nos lecteurs (cf. p. 72). Les Babyloniens avaient admis, eux aussi, des embrasements et des déluges périodiques de la terre[2]. Mais si, pour avoir les premiers formulé cette pensée, ils méritent que nous louions l'étendue de leur horizon intellectuel, nous devons déclarer que la façon dont ils se représentaient les choses était une fantaisie. Lorsque, pensaient-ils, toutes les planètes se réunissent dans la constellation du Cancer, il doit y avoir embrasement ; quand elles se rencontrent dans celle du Capricorne, il doit y avoir déluge ; et cela évidemment pour la simple raison que le premier de ces signes, où le soleil se trouve au moment du solstice d'été, fait songer à une chaleur dévorante, tandis que le second, qu'il occupe au moment du solstice d'hiver, éveille dans les esprits l'idée de pluies dévastatrices. Chez les Pythagoriciens, l'association des idées n'a probablement jamais joué un rôle aussi désordonné ; toutefois,

---

[1] Sur l'année universelle des Babyloniens, cf. Lenormant-Babelon, *Hist. de l'Orient*, 9ᵉ éd. V 175 et l'indication presque identique de Bérose dans Syncelle (C. Müller, *Fragm. hist. gr.* II 499).

[2] Cf. Sénèque *Quæst. Nat.* III 29, et Censorinus, *de die nat.* 18, 11.

ils professaient une théorie qui semble bien leur avoir été inspirée par celle des Babyloniens. Il y a, disaient-ils, deux causes de destruction : la chute du feu du ciel et celle de l'eau qui se trouve dans la lune. Mais on ne peut expliquer que par l'hypothèse d'une dissolution cyclique des éléments actuels de l'univers ou de la terre la curieuse théorie dont nous parle le disciple d'Aristote. Il nous paraît inadmissible de la dériver directement de la doctrine de l'année universelle en disant : « quand les astres reprendront leurs anciennes positions, tous les phénomènes se répéteront[1] ». Car ce serait attribuer à l'astrologie chaldéenne une influence déterminante sur les doctrines pythagoriciennes, alors que nous n'en constatons aucune trace quant au reste, et que Théophraste, qui était un camarade d'Eudème, manifeste le plus vif étonnement au sujet de la prétendue science babylonienne, dont la connaissance commençait à se répandre en Grèce[2]. Il n'est pas plus loisible, à notre avis, de chercher une explication dans la doctrine de la transmigration des âmes. Car, tout d'abord, la théorie du retour des phénomènes fut accueillie avec empressement par une école postérieure, celle des Stoïciens, à laquelle la métempsychose était étrangère ; secondement, l'âme, comme nous le reconnaîtrons bientôt clairement, ne représentait pas du tout pour cette époque la somme des qualités intellectuelles ou morales qui caractérisent l'individu ; enfin et surtout, la doctrine de la transmigration des âmes n'explique nullement ce qu'il y a lieu d'expliquer. La théorie qui nous occupe ne suppose-t-elle pas la résurrection d'hommes sans nombre, et cela avec leurs particularités corporelles aussi bien qu'avec leur individualité psy-

[1] Sur la double destruction, cf. *Doxogr. Gr.* 333, 7 sq. L'opinion ici combattue est celle de Zeller, *Phil. d. Gr.*, 5ᵉ éd. I p. 443 : « Si les astres occupent les mêmes positions qu'auparavant, toutes les autres choses doivent aussi se retrouver dans le même état, et par conséquent aussi les mêmes personnes être présentes dans les mêmes circonstances qu'auparavant ».

[2] Cf. Engelbrecht dans l'*Eranos Vindobonensis*, p. 129. On peut attribuer aux Pythagoriciens la connaissance de principes isolés de l'astronomie babylonienne ; Héraclite, lui aussi, ainsi que l'a montré justement Engelbrecht, loc. cit. p. 126, était au courant de leur doctrine astrologique fondamentale. Mais de là à admettre que les premiers philosophes grecs, qu'en particulier les Pythagoriciens ou une partie notable d'entre eux se soient contentés de marcher sur les traces des Babyloniens dans une question fondamentale, et dont dépend la conception de l'Univers dans son ensemble, ou plutôt qu'ils aient poursuivi le système astrologique de ce peuple jusque dans ses plus extrêmes conséquences et l'aient développé, il y a une distance par trop grande. On peut ajouter qu'Eudème, qui touche occasionnellement aux doctrines religieuses des Phéniciens et des Mages (de Zoroastre ; p. 171 Spengel) n'eût certainement pas manqué de connaître et de signaler une relation comme celle-là.

chique ? Considérez encore ce qui suit. Pour qu'Eudème revive
dans les mêmes conditions de corps et d'esprit, nous devons
d'abord rappeler à l'existence ceux qui lui ont donné le
jour ainsi que leurs ascendants ; nous devons faire revivre
aussi toute la série de ses ancêtres intellectuels : son maître
Aristote, le maître de celui-ci, Platon, Socrate, etc. Et s'il doit
brandir le même bâton que maintenant, il faut d'abord que
l'arbre dans le bois duquel ce bâton a été taillé croisse à nouveau ; il faut qu'il ait germé de la même graine, qu'il ait pris
racine dans le même sol qu'autrefois, etc. Mais il n'est pas
nécessaire de nous arrêter à ces détails, car Eudème, évidemment, en prenant comme exemple sa personne, ses disciples
et ses contemporains, entendait illustrer une règle générale,
également applicable à toutes les autres générations et à tous
les autres phénomènes. En un mot, ce retour de toutes les
personnes, de toutes les choses, de tous les événements ne peut
se produire que par un nouveau déroulement de toute la série
des causes antérieures.

Et ce n'est pas là, à notre avis, un simple accident dans
le système, mais le noyau proprement dit de la doctrine.
Deux choses y sont contenues : la croyance à l'enchaînement
causal, strict et absolu de tous les phénomènes, et la croyance
à un point de départ nouveau et absolument identique de cette
série de causes. Nous ne devons pas être le moins du monde
surpris de rencontrer la première de ces croyances chez les Pythagoriciens. Nous l'avons déjà constatée chez Héraclite, et
nous croyons avoir eu raison d'y voir chez ce philosophe
l'écho éveillé par les découvertes fondamentales de Pythagore
dans le domaine de l'acoustique. La théorie des nombres n'est
pas non plus fondée sur autre chose que sur la foi en une loi
embrassant l'ensemble des faits. De même Héraclite n'a pas
établi une distinction tranchée entre les phénomènes psychiques
et les phénomènes de la nature, et le déterminisme, naturel et
naïf, pourrions-nous dire, qui se manifeste ici et là à une
époque où le problème de la volonté n'avait pas encore été soulevé, n'a rien qui doive nous étonner. Mais la deuxième
prémisse de la doctrine pythagoricienne, qui nous est attestée
par la phrase d'Eudème, est l'expression rigoureuse, on peut même
dire mathématiquement exacte, de la théorie du retour cyclique
de l'état primordial de l'Univers. Supposer les mêmes facteurs
naturels, en nombre égal et également répartis, et doués des

mêmes énergies, qu'est-ce d'autre sinon supposer la source de laquelle se répandra une seconde fois le fleuve, absolument le même jusque dans les plus petits détails, de la causalité ? Si, parmi nous, également, plusieurs prévoient le retour de notre système solaire — sinon de l'Univers — au point de départ de son devenir, ne doivent-ils pas tirer les mêmes conclusions que tiraient les Pythagoriciens ? Si le fluide, résistant selon toute probabilité, qui remplit l'espace a pour effet de ralentir insensiblement l'impulsion primitive des planètes ; de faire prévaloir l'attraction centrale sans cesse renouvelée, et enfin de provoquer la chute des planètes sur le soleil et de produire ainsi un développement de chaleur tel que tout notre système retournerait à l'état de nébuleuse dont il est un jour sorti ; s'il en est ainsi, nous reste-t-il d'autre alternative que de conclure à la répétition universelle et jusque dans les plus petits détails, de tous les phénomènes terrestres ? Il ne nous en resterait pas d'autre, en effet, si la région de l'Univers occupée par le soleil, les planètes et leurs satellites, formait un tout absolument fermé extérieurement, dont rien ne pourrait sortir, où rien ne pourrait entrer. Mais aucun district de l'Univers ne saurait ressembler à la communauté fermée de Fichte. Pour ne pas parler des sommes énormes de chaleur cédées sans retour à l'espace cosmique dans le cours de millions d'années, tout météore, toute parcelle de météore même qui, de la sphère d'attraction d'un autre système est entrée dans le nôtre, ou inversement tout rayon de lumière venu de Sirius au Soleil ou qui, du Soleil, a volé vers Sirius, ont changé suffisamment le doit et l'avoir du compte de la matière et des énergies de notre système pour exclure le retour d'un point de départ absolument identique. La « formule universelle » de laquelle — pour rappeler une pensée fameuse de Laplace — un esprit capable de cette tâche pourrait déduire la série consécutive des phénomènes, cette formule ne saurait être la même dans l'un comme dans l'autre cas. Peut-être un de nos lecteurs serait-il tenté d'envisager, comme théâtre de ce déroulement identique de causes, non pas une partie de l'Univers, mais son ensemble. Nous lui ferions observer que l'analyse spectrale, à côté de mondes en décrépitude, nous montre des mondes en formation, et que, par conséquent, les diverses régions de l'Univers nous offrent simultanément des phases variées de ce développement. Ni l'une ni l'autre de ces objections ne pouvait se présenter aux sages de l'Antiquité, et, alors, comme si souvent depuis, ce fut le caractère relativement borné de leur science qui leur permit de soutenir de grandes et fécondes pensées, vraies d'ailleurs dans leur essence, mais que les connaissances de détail eussent nécessairement limitées ou obscurcies; rien ne les empêchait de les pousser à leurs conséquences dernières et de les exprimer en images grandioses, capables de saisir à jamais les imaginations.

On est tenté de reprocher à cette doctrine l'uniformité cosmique sans commencement ni fin à laquelle elle aboutit, les perspectives mornes et désolées auxquelles elle condamne ses adhérents. D'autant plus devons-nous honorer celui qui l'a formulée. Car il se montre tout à fait au-dessus de cette faiblesse de cœur qui fait regarder une thèse comme jugée quand elle ne flatte pas nos aspirations. Qui était-il ? Nous l'ignorons, mais le nom qui se présente le premier à l'esprit est celui d'Hippasos de Métaponte[1]. On le comptait au nombre des Pythagoriciens. Mais, de même qu'Héraclite, il proclamait le feu matière primordiale, et comme lui, il enseignait la destruction et la renaissance du monde à intervalles déterminés. Marchant sur les traces d'Héraclite, il devait aussi insister fortement sur la loi universelle qui régit la vie de la nature comme celle de l'humanité. D'autre part, les Stoïciens, qui gardaient à Héraclite un souvenir respectueux, devaient recevoir sans aucune difficulté des mains d'un Pythagoricien qui était en même temps à moitié disciple d'Héraclite, cette doctrine qui a joué dans leur système un rôle si considérable. Mais nous devons renoncer à une complète certitude. Quand il s'agit de cette école, tenter une distinction de cette nature est une tâche extraordinairement difficile, pour ne pas dire une vaine témérité. La piété des Pythagoriciens à l'égard du fondateur de leur secte leur faisait entasser sur sa tête tous les honneurs, et les empêchait de faire ressortir leurs mérites personnels. Les indications relatives à des travaux individuels nous renvoient la plupart du temps aux écrits apocryphes dont ce domaine de la littérature était rempli plus qu'aucun autre. Parmi les adeptes anciens de la doctrine, plusieurs sans doute nous sont connus de nom, mais ils ne le sont guère autrement. Hommes ou femmes — car les femmes, elles aussi, prirent une

[1] Cf. Aristote, *Métaph.* I 3; Théophraste (*Doxogr. Gr.* 475-6); et Aëtius, *ibid.* 283-4.

part active au mouvement religieux et philosophique provoqué par Pythagore — vivaient en une étroite union. Leur fidélité réciproque, la communauté des intérêts, qui créait entre eux des liens indissolubles, le sentiment de l'amitié poussé jusqu'au sacrifice, sont les traits caractéristiques de leur confrérie, de même que leur amour de la tempérance et de la modération en toutes choses. Car les concepts d'harmonie et de mesure qui formaient la base de leur édifice philosophique étaient aussi l'idéal de leur vie. Une seule personnalité ressort nettement de cette foule indécise. C'est un homme d'une individualité fortement marquée, que ses doctrines astronomiques nous montrent plus influencé par les anciens Ioniens que par Pythagore, mais qui, comme le prouve la dédicace de son œuvre, fut en rapports intimes avec les membres de l'association pythagoricienne.

V[1]

« Alcméon de Crotone, fils de Peirithoos, lit-on au début d'un livre dont il ne nous est malheureusement parvenu que quelques fragments, parle ainsi à Brontinos, à Léon et à Bathyllos : « Sur les choses invisibles, les dieux seuls possèdent une pleine certitude ; mais pour tirer, à la façon des hommes, des inférences probables... » Ici s'interrompt d'une manière bien fâcheuse cette petite phrase, mais non sans nous donner, toute mutilée qu'elle est, une précieuse indication. Le médecin de Crotone, contemporain de Pythagore, quoique un peu plus jeune que lui, est bien conscient des limites de la connaissance humaine ; il se résigne, en dehors de ce qui est du domaine de l'observation sensible, à exprimer des hypothèses ; les conclusions qu'il tirera, nous pouvons les supposer fondées sur des observations relativement sérieuses, et elles ne manqueront sans doute pas de prudence. Cette phrase ne nous

[1] Comp. avec ce chapitre la collection et la discussion des fragments dans l'appendice au programme du gymnase de Wittenberg pour 1893 : *Alkmæon von Kroton*, par Julius Sander. Cf. aussi Wachtler, *de Alcmæone Crotoniata*. Alcméon et sa valeur, comme penseur, ont été pour ainsi dire découverts à nouveau par Philippson dans un livre intitulé Ὕλη ἀνθρωπίνη, Berlin 1831. A noter, p. ex. ce qu'il dit, pp. 20 et 21 d'un passage de Théophraste qui avait échappé à tous les commentateurs avant lui. — Le prologue de son livre se trouve dans Diog. Laërce VIII 5, 2. J'ai traduit la déclaration finale en lisant non pas ὡς δ'ἀνθρώποις τεκμαίρεσθαι, ce qui me paraît impossible, mais ὡς δ'ἄνθρωπον τεκμαίρεσθαι. Après cela pouvait venir une phrase telle que ἔχει που ὧδε.

fait pas prévoir un système embrassant toutes choses, les divines et les humaines, mais seulement quelques enseignements particuliers ; mais elle nous autorise à attendre d'autant plus qu'elle promet moins.

Les travaux les plus importants d'Alcméon se rapportent à l'anatomie et à la physiologie. Le premier — et c'est là pour lui un titre de gloire impérissable — il a reconnu dans le cerveau l'organe central de l'activité intellectuelle[1]. Selon une tradition digne de foi, il se livrait à la dissection d'animaux ; lui-même se réfère à ces expériences d'une façon non équivoque. Aussi découvrit-il les plus importants des *nerfs sensitifs* — qu'il appelait, comme Aristote, « conduits » ou « canaux » — leur parcours et leur aboutissement au cerveau. La science moderne interprète cette disposition anatomique, et détermine les fonctions de ces nerfs en se fondant sur les observations auxquelles donnent lieu les maladies et les lésions organiques. Alcméon procédait d'une manière absolument analogue. Nous savons positivement qu'il étudia les troubles de la sensibilité causés par l'ébranlement du cerveau. Il expliquait ces troubles d'une manière rationnelle, bien qu'un peu exclusive, par ce que nous appelons une interruption des fils conducteurs. La surdité et la cécité se produisent, selon lui, lorsque le cerveau, dérangé de sa position normale, obstrue les voies par lesquelles lui parviennent les impressions sonores ou lumineuses. Il combattait par l'évidence l'opinion, très répandue alors, que le sperme de l'homme provient de la moelle épinière ; en effet si l'on tue des animaux immédiatement après l'accouplement, on constate que la moelle dont sont remplies les vertèbres n'a subi chez le mâle aucune diminution[2]. Ses hypothèses positives sur le processus de la génération et sur l'embryologie ne pouvaient, cela se comprend, avoir une grande valeur. Plus importante, du moins par l'influence qu'elle a exercée sur les théories postérieures, est sa théorie de la santé et de la maladie. La première est maintenue par l'équilibre ou *isonomie* des qualités matérielles contenues dans le corps ; la prédominance de l'une d'elles est cause de maladies ; la guérison a lieu soit artificiellement, soit naturellement, par le rétablissement de

---

[1] D'après Théophraste, *de sensibus* § 26 = *Doxogr.* 507.
[2] L'opinion que le sperme provient de la moelle épinière n'est pas seulement grecque, mais encore hindoue et persique ; cf. Darmesteter, *Zend-Avesta* I p. 164 note (*Sacred books of the East*, vol. IV).

l'équilibre rompu, et ce rétablissement est rendu possible en particulier par le fait que « la plupart des choses humaines », et dans le nombre aussi ces qualités, se présentent par couples opposés ; c'est ainsi qu'un excès de froid peut être neutralisé ou compensé par un apport de chaleur, un excès de sécheresse par l'action contraire de l'humidité. Cette théorie devait avoir la vie longue : n'apparaît-elle pas encore dans les écrits de Geber, le maître des alchimistes arabes ? A la fois rétrécie et figée, elle se retrouve dans la pathologie hippocratique des humeurs, selon laquelle les causes des maladies gisent dans la trop grande abondance ou dans l'anormale diminution des liquides les plus importants du corps[1].

Alcméon s'est livré à des recherches attentives sur chacun des sens, excepté le toucher ; mais nous ne pouvons que lui imputer cette omission à louange, car, s'il l'a commise, c'est évidemment qu'il ne voulait pas combler d'hypothèses arbitraires les lacunes de son savoir empirique, nécessairement incomplet sur ce point. En toutes ses études, il est parti de la constitution anatomique des organes des sens. Dans la cavité remplie d'air qui se trouve dans l'oreille, il voyait une caisse de résonance ; en ce qui concerne le goût, il rend attentif à l'état d'humidité de la langue, à la mollesse de sa chair, à sa flexibilité, à sa richesse en sang (qu'il appelle chaleur) ; ce sont ces qualités, pensait-il, qui lui permettent de transformer en liquides les corps solides et de préparer ainsi les sensations gustuelles. Il est d'ailleurs le premier qui ait voué son attention aux impressions subjectives des sens, et se soit engagé dans la voie qui devait conduire à examiner de plus près la nature de l'acte perceptif et de la connaissance en

[1] Cf. *Doxogr. Gr.* 442. Voir aussi à ce sujet la théorie très discutée des contraires, d'après Aristote, *Métaph.* I 5. — J'emprunte à un article de Berthelot dans la *Revue des Deux-Mondes* 1893, p. 551, les échos de cette théorie dans Geber : « Quand il y a équilibre entre leurs natures (il s'agit des quatre éléments et des quatre propriétés fondamentales du chaud et du froid, du sec et de l'humide), les choses deviennent inaltérables... Tel est encore le principe de l'art médical, appliqué à la guérison des maladies. » Berthelot reconnaît ici des influences grecques, sans rappeler précisément Alcméon. Sans doute, Alcméon n'est pas le seul qui ait nommé les quatre qualités fondamentales énumérées ici. Mais, chez Aristote déjà, elles se présentent exclusivement dans une connexion qui révèle clairement l'influence d'Alcméon. (Cf. Sander, loc. cit. p. 31.) De même dans l'écrit de Polybos, *de natura hominis*. (*Œuvres d'Hippocrate* VI 38, Littré). La trace d'Alcméon est tout à fait manifeste dans la phrase suivante, p. 36 : πολλὰ γάρ ἐστιν ἐν τῷ σώματι ἐνεόντα, ἃ ὁπόταν ὑπ' ἀλλήλων παρὰ φύσιν θερμαίνηταί τε καὶ ψύχηται καὶ ξηραίνηταί τε καὶ ὑγραίνηται, νούσους τίκτει. Littré (I 562) a déjà reconnu clairement en Alcméon un précurseur d'Hippocrate.

général. Sans doute, il n'a fait en cela que le premier pas. L'impression lumineuse produite sur l'œil par un coup violent l'avait vivement étonné, et son imagination scientifique en avait reçu une impulsion durable. Si nous ne faisons erreur, c'est une preuve de la profondeur de son intelligence que d'avoir saisi la signification de ce phénomène rare et anormal, et d'avoir cru y trouver la clef du phénomène normal de la vue. Son explication fut naturellement ce qu'elle devait être : grossière et puérile. Où nous parlons d'énergie spécifique des nerfs, il voyait l'action d'un agent purement matériel. L'œil, pour lui, contenait du feu, et dans ce feu imaginaire, ainsi que dans l'humeur aqueuse que renferme réellement le globe de l'œil, il croyait reconnaître les deux véhicules qui lui paraissaient indispensables à la perception visuelle, une source de lumière et un élément transparent[1].

Des rudiments de la physiologie des sens, Alcméon s'éleva à ceux de la psychologie[2]. En ce domaine, il essaya tout au moins de distinguer les fonctions de l'entendement, presque absolument confondues par ses contemporains. De la perception sensible, il faisait sortir la mémoire, et de celle-ci la représentation ou opinion (δόξα) ; de la mémoire et de l'opinion, l'intelligence ou raison qu'il n'attribuait qu'à l'homme, à l'exclusion des êtres inférieurs. Il accordait à l'âme l'immortalité, et il prouvait sa thèse par un raisonnement qui nous semble tout à fait étrange. L'âme serait immortelle parce qu'elle ressemble aux Immortels ; et elle s'accorderait avec eux en ceci qu'elle se meut incessamment comme eux, tous : la lune, le soleil, les étoiles, le ciel tout entier sont en proie à un mouvement qui ne souffre aucun arrêt. Il est évident qu'il ne pouvait, en raisonnant ainsi, tenir l'âme pour une essence

[1] Sur les doctrines d'Alcméon relatives aux différents sens, voir Théophraste, loc. cit. ; puis Aëtius et Areios Didymos dans les *Doxogr. Gr.* 223, 404 et 456. Ajoutez à cela d'excellentes remarques de Diels dans *Gorgias und Empedocles* (Berliner Sitzungsber. April 1884, pp. 11 et 12 et *Hermes* XXVIII 421, n. 2, où la référence à Aristote, *de gener. animal.* doit être corrigée en B 6 744 a 7, au lieu de 363 a 7). Mon collègue, feu le prof. Bühler, m'a rendu attentif à la surprenante concordance qui existe entre la théorie de la vision d'Alcméon, et la théorie hindoue, dont l'expression la plus complète se trouve dans le *Nyâya-Vaiseshika*. D'après cette théorie, l'organe de la vue se compose de « feu » ; celui-ci s'unit à l'objet et en prend la forme. L'impression ainsi produite est recueillie par l'« organe interne », le *manas*, et transmise à l'*âtman* ou âme proprement dite.

[2] Ce qui suit, d'après Théophraste, op. cit. § 25 = *Doxogr. Gr.* 506, complété par Platon, *Phédon* 96 b et *Phèdre* 249 b. Sur les effets ultérieurs de cette doctrine dans Aristote, cf. Sander, op. cit. pp. 25 et 26, spécialement avec référence aux *Analyt. post.* II 19. Sander a d'ailleurs suivi la voie tracée par Hirzel. — Quant à la preuve de l'immortalité de l'âme, voir Arist. *de Anima* I 2.

absolument immatérielle. Dans ce cas, en effet, il ne l'aurait pas comparée aux astres qui, il est vrai, passaient pour divins et impérissables, mais qui n'en sont pas moins corporels et remplissent l'espace ; et surtout il n'aurait pas fondé la prétention de l'âme à l'immortalité sur sa ressemblance avec ces astres au point de vue de leur mouvement incessant dans le ciel, mais au point de vue seulement de leur divinité. Et d'où, nous demanderons-nous, Alcméon concluait-il au mouvement continuel, dans l'espace, de l'agent psychique ? Assurément pas du cours ininterrompu des phénomènes animiques, concepts, passions, volitions. En effet, il ne pouvait pas, de là, évidemment dériver une supériorité de l'âme sur le corps, même s'il ne voulait pas admettre la possibilité d'un sommeil exempt de rêve, puisque le corps a également des mouvements ininterrompus : pulsations des artères, respiration, etc. Il devait donc, sous le nom de « psyché, » entendre l'âme au sens le plus étendu, et y voir la source de tous les actes corporels spontanés, la force vitale. Et il doit bien l'avoir considérée comme une source première de force au sens propre ; cette conception nous est complètement confirmée par Platon, qui a développé cette théorie en la modifiant, et qui, précisément sous ce rapport, a appelé l'âme « origine et source du mouvement[1] ». Cet argument, dans toutes ses parties, est devenu tout à fait étranger à notre époque. Car les astres ne sont plus pour nous vraiment impérissables, et nous ne croyons pas devoir chercher l'énergie productrice des phénomènes vitaux ailleurs que dans les processus chimiques résultant de la nourriture et de la respiration. Le penseur-médecin croyait aussi pouvoir fonder sur un raisonnement la caducité du corps. « Les hommes, disait-il, — et nous pouvons ajouter : les animaux — périssent parce qu'ils ne peuvent pas unir leur commencement à leur fin ». Ces mots, obscurs par eux-mêmes, reçoivent du contexte dans lequel nous les présente notre autorité — Aristote[2] — une pleine lumière. Ce qu'Alcméon veut dire par là, c'est simplement ceci : « Si la vieillesse était, non

[1] *Phèdre* 245 c.
[2] Arist. *Probl.* 17, 3. A propos de l'explication que donnait Alcméon du sommeil et de la mort (cf. *Doxogr.* 435, 11 sq.) — le sommeil est causé par le fait que le sang se retire complètement (de l'organe central, évidemment). — Jules Soury remarque : « La théorie du sommeil et de la mort d'Alcméon, une des plus anciennes sans doute, est encore aujourd'hui, sous la forme de l'anémie cérébrale, la plus répandue. » (*Le système nerveux central. Structure et fonctions, histoire critique des théories et des doctrines*, Paris 1899, I p. 5.)

pas au sens simplement figuré, mais littéralement une seconde enfance, les hommes (et les animaux) pourraient vivre éternellement, car alors ils parcourraient un cycle susceptible de se renouveler sans fin. Mais comme, en réalité, la série des transformations qu'éprouve le corps humain (et celui des animaux) aux divers âges ne forme pas un cercle, mais suit une progression, il est aisé de comprendre qu'elle aboutit à un terme final ». Il y avait lieu d'envisager une troisième possibilité, celle d'une série de transformations qui se poursuivraient, en ligne droite ou en ligne courbe, à l'infini ; mais Alcméon n'avait pas de sujet de s'y arrêter. Les phénomènes naturels par l'analogie desquels il se laissait guider ne lui présentaient que les deux alternatives dont il fait mention ; et c'est un grand honneur pour lui d'avoir ainsi conclu par analogie plutôt que de s'être contenté de l'affirmation a priori si souvent répétée dans les temps anciens comme à l'époque moderne ou contemporaine, à savoir que tout ce qui est né doit nécessairement périr, affirmation insoutenable en elle-même, et qui est maintenant réfutée par l'exemple de la formation organique la plus simple, le protoplasma. Nous pouvons ajouter que la science actuelle n'est pas beaucoup plus avancée dans l'étude de ce problème que le « père de la physiologie ». Elle est en mesure d'énumérer les changements dus à l'âge qui, indépendamment des innombrables atteintes auxquelles notre organisme compliqué est sans cesse menacé de succomber, sont de nature à amener sa dissolution finale. Mais les causes de cette suite de modifications sont encore aujourd'hui enveloppées de la même obscurité qu'il y a vingt-quatre siècles.

Nous aimerions jeter d'autres et de plus profonds regards dans les pensées du médecin de Crotone. Qu'est-ce que cet homme digne de la plus haute estime pensait de la divinité, de la matière primordiale, de l'origine du genre humain ? Nos sources ne nous permettent pas de répondre à ces questions. Et leur silence, qui n'est certainement pas dû au hasard, est tout à fait éloquent et significatif. L'apparition d'un penseur qui ne tient pas, comme ses prédécesseurs, une réponse prête pour tous les problèmes qui s'offrent à lui, nous prévient que nous ne sommes plus aux « débuts » de la science grecque ; elle nous avertit que nous avons déjà franchi le seuil d'une époque où l'esprit de critique et de doute agite ses ailes et se dispose à prendre son essor.

LIVRE DEUXIEME

De la métaphysique à la science positive.

> Une déduction métaphysique est ou bien une déduction fausse ou une vérité d'expérience déguisée.
>
> H. von Helmholtz
> *(Das Denken in der Medicin*, Vorträge und Reden II 189).

CHAPITRE PREMIER[1]

Xénophane[2].

I. Vie de Xénophane. Attaques contre l'anthropomorphisme. Rupture avec la tradition nationale. — II. La divinité suprême de Xénophane. Son rapport avec les dieux particuliers. — III. Xénophane comme géologue. Le développement de Xénophane.

I

Les voyageurs qui, vers l'an 500, parcouraient les provinces de la Grèce, rencontraient parfois un vieux ménestrel qui marchait d'un pas alerte, suivi d'un esclave qui lui portait sa guitare et son modeste bagage. Aux marchés, sur les

---

[1] Les restes des ouvrages des Éléates ont été réunis par Mullach : *Aristotelis de Melisso, Xenophane et Gorgia disputationes cum Eleaticorum philosophorum fragmentis*, etc., Berlin 1845. Ce livre, soi-disant aristotélicien, est l'œuvre d'un Péripatéticien postérieur, mal renseigné sur plusieurs points, fait enfin établi après de longues discussions. Diels, dans la préface à son édition du livre, en place la composition au 1ᵉʳ siècle après J.-C. La collection de fragments publiée par Mullach, et dans laquelle Zénon n'est pas représenté, a été complétée, en ce qui concerne Xénophane, par Ferd. Dümmler (*Rhein. Mus.* XLII p. 139 et 140 = *Kl. Schr.* II 482 sq.) et par N. Bach (*Jahrb. f. wiss. Kritik* 1831, I 480). Comp. aussi mes *Beiträge zur Kritik und Erklärung griech. Schriftsteller* III (*Wiener Sitzungsber.* 1875, p. 576 sq.). Karsten a réuni et expliqué les restes littéraires de Xénophane, de Parménide et d'Empédocle dans ses *Philosophorum græcorum veterum... operum reliquiæ*, Amsterdam 1830-38.

[2] Sources principales : Diog. Laërce IX ch. 2; Aristote, Clément d'Alexandrie, Sextus Empiricus. — Dans la chronologie de Xénophane, il faut tenir compte en premier lieu des témoignages qu'il nous fournit lui-même dans ses fragments; en second lieu du fait qu'il mentionne Pythagore, et qu'il est, de son côté, mentionné par Héraclite. D'après le frg. 24, il quitta sa patrie à l'âge de 25 ans; il est très possible que son départ ait été causé par la conquête perse (545 av. J.-C.); d'autant plus qu'il ressort presque certainement du frg. 17 qu'il n'a en tout cas pas eu lieu avant cette date. Si cette combinaison est exacte, il était né en 570, et comme, d'après le frg. 24, il atteignit l'âge d'au moins 92 ans et d'après Censorinus, *de die natali* 15, 3, l'âge de plus de 100 ans, on peut soutenir le bien fondé de l'indication de l'historien Timée (dans Clément d'Alexandrie *Stromates* I 353 Pott.) d'après laquelle Xénophane aurait vécu à l'époque de Hiéron Iᵉʳ (478-467).

places publiques, des foules serrées l'entouraient. Aux badauds, il offrait des marchandises variées : histoires héroïques ou de fondations de villes, les unes de sa composition, les autres de facture étrangère ; mais pour les clients attitrés, il tirait des compartiments secrets de sa mémoire des pièces choisies dont il savait habilement insinuer le captieux contenu dans les esprits récalcitrants. Ce pauvre rhapsode[1], qui, dans un bon morceau, voyait la meilleure récompense que puisse espérer un artiste, était le novateur le plus hardi et le plus influent de son époque. Le métier qu'il pratiquait lui procurait une bien maigre pitance, mais il le mettait à l'abri des dangers qui menaçaient son activité de missionnaire religieux et philosophique. Au moment où nous le rencontrons nous-mêmes, sa figure est entourée de mèches blanches. Dans sa verte jeunesse, il a combattu l'ennemi national ; mais quand la victoire s'est déclarée pour les drapeaux du conquérant, quand l'Ionie est devenue province perse (545), jeune homme de vingt-cinq ans, il s'est joint aux plus valeureux de ses concitoyens, les Phocéens, et il a trouvé dans le lointain Occident, dans l'italique Elée, une nouvelle patrie. Sur l'emplacement de cette ville ne s'élève plus aujourd'hui qu'une tour solitaire, au bord d'une baie qui s'enfonce profondément dans les terres, et à l'issue d'une large vallée partagée en trois vallons par deux chaînes de collines ; à l'horizon scintille la neige des montagnes calabraises. C'est là que Xénophane, âgé de plus de quatre-vingt-douze ans, a fermé ses yeux fatigués, après avoir suscité des philosophes qui firent de lui le chef d'une école influente[2]. Elles sont perdues les épopées, de plusieurs milliers de vers, dans lesquelles il chantait la fondation de sa ville natale, Colophon, la « riche en résine », et la colonisation d'Elée, la ville qu'il devait illustrer. Mais de son profond poème didactique, de ses élégies charmantes, assaisonnées d'un esprit aussi fin qu'enjoué, il nous est parvenu plusieurs fragments précieux, qu'on ne peut lire sans se sentir pénétré de sympathie et de respect pour ce penseur intrépide et droit. Sans doute, il

---

[1] Sa pauvreté nous est attestée par l'anecdote qu'on lit dans le *Gnomolog.* Paris, éd. Sternbach, Cracovie 1895, n° 160. Hiéron demande à Xénophane combien d'esclaves il possède. Deux seulement, répond Xénophane, et encore puis-je à peine les entretenir. Une anecdote de ce genre n'aurait pas pris naissance s'il avait été un des membres richement rétribués de la corporation des rhapsodes. Cf. aussi frg. 22.

[2] L'auteur a vu personnellement les lieux qu'il décrit. La tour qui s'élève solitaire s'appelle Torre di Vella et ne remonte pas à l'antiquité.

accable de ses sarcasmes bien des choses chères au cœur de son peuple. Et avant tout les dieux qui apparaissent dans l'épopée ; en les montrant sous ce jour, nous dit-il, Homère et Hésiode ont enseigné aux hommes le vol, l'adultère et la tromperie. La conception anthropomorphique de la divinité en général le choque au plus haut point. « Si les bœufs, les chevaux et les lions avaient des mains et pouvaient peindre des tableaux ou sculpter des statues, ils représenteraient les dieux sous forme de bœufs, de chevaux et de lions, semblablement aux hommes, qui les représentent sur leur propre modèle ». Il n'est pas moins étranger et hostile à d'autres côtés de la vie nationale. C'est pour lui le comble de l'absurde de voir le vainqueur au pugilat, ou à la palestre, à la course pédestre, à celle des chars, participer aux plus grands honneurs. L'humilité de sa propre condition lui paraît un scandale quand il la compare à l'auréole dont l'opinion populaire entoure la tête des plus grossiers athlètes. Car « il est injuste de préférer la force du corps à la bienfaisante sagesse », et « notre sagesse vaut mieux que la vigueur des hommes et des chevaux ». C'est ainsi qu'il attaquait les unes après les autres les idoles chères au génie hellénique, aussi bien l'adoration des célestes et radieux modèles des hommes que le culte de la force et de la beauté. D'où vient — nous demanderons-nous avant d'aller plus loin — d'où vient cette rupture soudaine avec les traditions de son peuple ? D'où vient cet éloignement des normes nationales de la pensée et de la sensibilité qui devait ouvrir la voie aux plus hardies innovations des temps postérieurs ?

Le fatal dénouement historique dont Xénophane a été le témoin aux jours impressionnables de sa jeunesse nous fournit la réponse à cette question. L'Ionie soumise au sceptre du grand roi, ses habitants se pliant sans résistance sérieuse au joug étranger ; les citoyens de deux villes seulement — Phocée et Téos — préférant la liberté dans l'exil à la servitude sur le sol natal : de telles impressions ne devaient-elles pas influencer les conceptions qu'allait se faire la génération grandissante de la vie et du monde ? La ruine de la patrie, la perte de l'indépendance nationale font toujours naître dans les grands esprits la conscience de leurs faiblesses et de leurs vices, et leur font éprouver un besoin de rénovation. De même qu'en Allemagne, après les triomphes de Napoléon, après Iéna et Auerstädt, le rationalisme et les tendances cosmopolites ont fait place au sentiment national et au romantisme historique, une transformation non moins profonde s'est accomplie après les victoires que Cyrus avait remportées sur les Grecs de l'Asie Mineure. Il ne suffisait pas de rejeter sur la frivolité et sur la mollesse orientales la responsabilité de cette écrasante défaite. Sans doute, le Colophonien ne manque pas d'accuser ses « mille » concitoyens, représentants des classes supérieures, qui, les premiers, ont appris des Lydiens un faste inutile, et ont traversé l'agora revêtus de pourpre et inondés de parfums. Mais sa pénétrante intelligence ne pouvait en rester là. Il soumit à une enquête minutieuse les règles de conduite et l'idéal du peuple, ses inspirateurs et ses maîtres. Quoi d'étonnant qu'un esprit robuste, un caractère énergique comme le sien crût découvrir dans la religion dégradée et dans la poésie épique — trop connue de lui — qui en était l'expression, la cause première du mal, et qu'il se séparât, bien que d'un cœur saignant, des traditions de sa nation ? Ainsi notre sage ne tourne pas seulement le dos à sa patrie déshonorée, mais à l'idéal qu'elle chérissait[1]. L'extraordinaire durée de son vagabondage, qu'il évalue lui-même à soixante-sept ans, l'extraordinaire étendue, dans le temps et dans l'espace, de son horizon historique étaient aussi exceptionnellement favorables à la critique dissolvante qu'il pratiquait. Non seulement les contradictions, les absurdités et les détails révoltants des nombreuses légendes divines et héroïques de la Grèce offraient prise à l'acuité de ses jugements, mais il a aussi jeté des regards profonds dans l'officine des créations religieuses anthropomorphiques ; il les a vues aussi contradictoires que variées, et se détruisant les unes les autres. Il sait que les Nègres peignent leurs dieux noirs avec des nez retroussés, tandis que les Thraces donnent aux leurs des yeux bleus et des cheveux rouges. Et pourquoi les Grecs seuls auraient-ils raison, les Thraces et les Nègres tort ? Il connaît les lamentations des Egyptiens sur Osiris aussi bien que celles des Phéniciens sur Adonis. Il les condamne les unes et les autres, et, avec elles, les cultes parents de la Grèce. Faites votre choix, crie-t-il à ceux qui gémissent sur les dieux défunts ; pleurez-les comme hommes et mortels ou adorez-les comme dieux immortels. Ainsi, le premier, il a manié les méthodes de l'attaque indirecte et de la réfutation

[1] L'auteur doit les idées exprimées ici à une conversation avec Hermann Usener, lors du Congrès de Philologie de Vienne, mai 1893.

réciproque, fondées sur la comparaison et le parallélisme, méthodes qui, aux mains d'un Voltaire et d'un Montesquieu, se sont montrées si efficaces dans le combat contre les croyances et les principes positifs.

II

A vrai dire, le sage de Colophon était aussi peu que le sage de Ferney un simple contempteur de la religion. Lui aussi adore un « être suprême ». Car « il y a un dieu souverain parmi les dieux comme parmi les hommes, mais il n'est pas semblable aux mortels en forme, pas semblable en pensées ». Ce dieu n'est pas le créateur de l'Univers ; il n'est ni en dehors ni au dessus du monde, mais, sans être expressément nommé ainsi, du moins, en fait, il est l'âme du monde, l'esprit universel. « Les yeux fixés sur l'édifice entier du ciel, nous dit Aristote qui, dans ce passage, ne tire évidemment pas une inférence, mais rapporte une opinion, Xénophane a déclaré cette Unité divinité[1] ». D'autre part, Timon de Phlionte (né vers l'an 300) auteur d'un poème satirique dans lequel il ridiculise les doctrines des philosophes, le fait parler ainsi : « Où que je laisse errer mes pensées, tout se résout pour moi en une Unité ». Lorsque le penseur lui-même dit de son dieu suprême qu'il « domine tout de la force de son esprit », il a l'air de tendre à une conception dualiste du monde. Mais, en même temps, nous trouvons chez lui des déclarations qui s'accordent mal avec cette interprétation. « Tout entier, il voit ; tout entier, il entend, et tout entier il pense », voilà une phrase qui refuse au dieu suprême la possession des organes humains des sens et de la pensée ; mais ce dieu n'est pas encore, pour cela, considéré comme en dehors de l'espace. En effet, plus loin Xénophane nous dit de lui : « Eternellement, il reste sans remuer, à la même place ; tout mouvement lui est étranger ; » et ces termes le caractérisent précisément comme étendu, comme Univers, pouvons-nous ajouter, puisque l'Univers, en tant que Tout, reste immobile et immuable, bien qu'il n'en soit pas de même des parties dont il se compose. Mais nous ne pouvons réprimer un sourire quand nous voyons l'ardent adversaire de l'anthropomorphisme en proie parfois lui-même

[1] Aristote, Métaph. I 5; et Timon (Wachsmuth, Corpusc. poes. ludib. p. 156).

à des accès du mal qu'il combat. Ne justifie-t-il pas le repos immuable de la divinité suprême par cette considération qu'il ne lui convient pas de se mouvoir de côté et d'autre ? N'est-ce pas dire, en d'autres termes, que l'être suprême ne doit pas ressembler à un domestique que sa besogne appelle en cent endroits, et qui y vague essoufflé et haletant, mais à un roi qui trône dans une majestueuse tranquillité ?

On peut encore, et par une autre voie, déterminer d'une manière certaine cette conception d'une divinité oscillant entre l'esprit et la matière. Le théisme dualiste est aussi étranger aux prédécesseurs de Xénophane qu'à ses contemporains et à ses successeurs. L'essence primordiale, à la fois matérielle et divine, d'Anaximandre, le feu intelligent d'Héraclite ne doivent nous paraître ni plus ni moins surprenants que le dieu-nature de notre philosophe. Et dans le système de ses disciples, il n'y a pas la plus petite place ni pour un créateur du monde, ni pour un artisan poursuivant un but, encore moins pour un père céleste manifestant sa bienveillance par des interventions spéciales ou pour un juge distribuant la récompense et la punition. Or à qui serait-il jamais venu à l'esprit de tenir les métaphysiciens d'Elée pour les disciples de Xénophane s'ils l'avaient contredit — lui, bien plus théologien que métaphysicien — relativement à sa théorie fondamentale de Dieu ? De plus, son panthéisme est moins une violente nouveauté qu'un développement de la religion populaire, développement causé par l'intelligence croissante de l'unité des phénomènes de la nature et par les progrès de la conscience morale. La religion populaire avait toujours été, essentiellement et dans son principe, une adoration de la nature, et par conséquent nous ferions peut-être mieux de parler de réaction que de développement. Dans le cas qui nous occupe, le réformateur est en même temps, et non dans une faible mesure, un restaurateur. Sous les murs du temple qu'il a détruit, il rencontre un sanctuaire plus ancien. En abattant la couche religieuse la plus récente, la couche anthropomorphique, qui est propre à la Grèce, et qui a trouvé son expression dans les poèmes d'Homère et d'Hésiode, il a mis au jour la couche primitive, commune à toute la race arienne, celle de la religion de la nature, qui s'est conservée presque intacte chez les Hindous, et surtout chez les Perses.

De ce point de vue, nous avons à examiner la question très

controversée de savoir si Xénophane a reconnu des dieux particuliers à côté de son Etre universel[1]. Les sources littéraires, dont le témoignage est maintenant reconnu sans valeur, l'ont nié. Des déclarations du penseur lui-même, déclarations au dessus de tout doute, tranchent la question dans le sens affirmatif. Nous nous en référons surtout à l'explication qu'il donne des rapports entre les dieux subordonnés et le dieu suprême, et dont l'authenticité nous est attestée par une imitation d'Euripide. Ces rapports ne doivent pas ressembler à ceux qui unissent le despote à ses sujets. A la domination arbitraire, Xénophane oppose la domination basée sur les lois, et dans cette phrase nous avons de plus le droit de voir la proclamation plus ou moins claire d'un ordre souverain et régulier. Et nous n'avons pas l'ombre d'un motif pour nous refuser à cette interprétation. Le sage de Colophon n'a assurément pas adressé ses prières aux enfants de Latone ni élevé ses mains devant Héra aux bras blancs. Car si « les mortels se figurent que les dieux sont créés et possèdent une sensibilité, une voix et une forme semblable à la leur, » ils sont dans une illusion profonde, et cette illusion, Xénophane croit devoir la combattre de la manière la plus énergique. Mais vouloir priver la nature elle-même d'une âme en la privant de dieux, cela est aussi éloigné de sa pensée que de celle de ses prédécesseurs et contemporains les Orphiques ; eux aussi, ils ont insisté avec force sur l'unité du gouvernement de l'Univers, mais sans nier, pour cela, la multiplicité des êtres divins. Héraclite a pareillement toléré des dieux individuels et subordonnés à côté de son feu primitif et pensant ; Platon et Aristote eux-mêmes n'ont pas sacrifié les dieux sidéraux à leur divinité suprême ; le mono-

---

[1]. Xénophane a passé autrefois pour le plus ancien des monothéistes grecs. Contre cette manière de voir, Freudenthal a émis des arguments décisifs dans sa dissertation *Ueber die Theologie des Xenophanes*, Breslau 1896, à laquelle nous devons beaucoup. Toutefois Zeller a le mérite d'avoir éliminé quelques-unes des preuves les plus faibles de Freudenthal (cf. *Deutsche Litteraturzeitung* du 13 novembre 1886 et *Archiv.* II 1 sq.). Le prétendu monothéisme de Xénophane est déjà réfuté d'une manière absolue par ce vers, frg. 1 : εἷς θεὸς ἔν τε θεοῖσι καὶ ἀνθρώποισι μέγιστος, dont on ne pourrait affaiblir le témoignage qu'en l'interprétant d'une manière contraire au bon sens : « comparé aux hommes réels et aux dieux *imaginaires* ». Je ne puis, cette fois, souscrire à l'opinion contraire de v. Wilamowitz, *Euripides Herakles*, 1re éd. II 246. Je vois bien plutôt dans ce vers une allusion à un dieu suprême, qui ne l'emporte guère moins sur les dieux inférieurs que sur les hommes. Cf. le *Rig-Véda*, X 121, 8 : « Celui qui contemplait d'en haut les fleuves des nuées, qui donnent la force et produisent le feu, *Lui qui est seul dieu sur tous les dieux* ; — quel est le dieu que nous honorons de sacrifices ? » — L'imitation d'Euripide se trouve dans *Herakles* 1343, comparé avec Pseudo-Plutarque *Stromat.* dans Euseb. *Praep. evang.* I 8, 4.

théisme pur, absolu, est toujours apparu aux esprits helléniques comme une impiété. Ne serait-ce donc pas le plus grand des miracles si, animé d'un profond sentiment religieux, mais du sentiment religieux des Hellènes, Xénophane avait fait exception à une époque si reculée ? Ainsi nous avons beaucoup de raisons de croire et pas un seul motif de douter qu'il ait payé un tribut d'adoration aux grandes puissances de la nature. Le chef de l'école éléate n'a donc pas été le premier monothéiste, mais il a annoncé un panthéisme conforme aux idées de ses compatriotes sur la nature et imprégné des éléments de civilisation de son époque.

III

Mais nous n'avons pas encore épuisé la signification de ce puissant esprit. Ce poète, ce penseur était aussi un savant hors ligne, et en cette qualité, il reçoit de son jeune contemporain Héraclite un blâme où nous voyons un éloge. Et cela n'a rien qui puisse nous surprendre. Car il est presque certain que ce fut sa soif de savoir qui lui fit prendre le bâton de pèlerin et « lui fit promener d'un lieu à l'autre dans le pays grec » pendant des décades et sans aucun repos son « esprit pensant ». Dans ses pérégrinations, il a plutôt recherché qu'évité les extrémités de l'immense ligne de côtes colonisée par les Grecs. Car c'est précisément dans ces avant-postes de la culture hellénique, dans l'égyptienne Naukratis ou dans la scythique Olbia, qu'un héraut de la poésie nationale devait être bien accueilli ; de même qu'aujourd'hui c'est à Saint-Louis ou à New-York que l'on fait fête à un conférencier français ou allemand. Ainsi, à une époque où l'information personnelle jouait un rôle beaucoup plus important que le savoir livresque, toutes les occasions possibles s'offraient à lui d'emmagasiner des connaissances, dont il ne manquait pas de tirer profit. Parmi les sciences spéciales, ce fut surtout à la géologie qu'il s'appliqua, et elle compte en lui un de ses plus anciens adeptes. Autant que nous pouvons le savoir, il fut le premier qui, de la découverte de restes d'animaux et de végétaux fossiles, tira des conclusions justes et étendues. Dans les couches tertiaires récentes des célèbres carrières de Syracuse, il trouva des empreintes de poissons et — probablement — de varechs ; dans le terrain tertiaire plus ancien de Malte, des coquilles marines de toutes sortes[1]. De là, il déduisit que la surface terrestre avait, dans des périodes antérieures, subi des transformations ; — anticatastrophiste, si nous pouvons l'appeler d'un mot emprunté à Sir Charles Lyell — il ne voyait pas dans ces changements le résultat de crises momentanées violentes, mais d'une série de faits sans importance apparente et qui, en s'accumulant, avaient produit peu à peu les effets les plus grandioses. Il supposait une alternance lente et périodique de la terre ferme et de la mer ; cette opinion rappelle la théorie du cycle, que nous avons déjà rencontrée chez son prétendu maître Anaximandre, et il y joignait une théorie analogue relativement au développement naturel et graduel de la civilisation humaine :

Les Dieux n'ont pas tout montré aux Mortels dès le début,
Mais en cherchant, ceux-ci trouvent eux-mêmes petit à petit
le meilleur.

Ici, il est impossible de méconnaître l'expression d'une pensée rigoureusement scientifique, qui nous permet d'ajouter à l'image du Colophonien un trait nouveau et non des moins significatifs.

Jetons encore une fois les yeux sur les étapes successives de cet homme extraordinaire. Les expériences douloureuses de sa jeunesse ont éveillé en lui de bonne heure des doutes sur la valeur des traditions populaires, des traditions religieuses surtout, et sur la possibilité de s'y tenir. Une vaste enquête, prolongée pendant près de soixante-dix années de voyages, sur les croyances, les mœurs et les usages des divers peuples a accusé et fortifié ces doutes, et a fourni à Xénophane les armes les plus efficaces pour en prouver la légitimité. La voie étant ainsi devenue libre, le réformateur religieux s'y engage en se laissant guider par son propre idéal moral, par des tendances que l'on pourrait qualifier d'héritées ou d'ataviques, et par les

---

[1] Outre Syracuse et Malte, notre source (Hippolyte I, 14) nomme encore Paros. Mais mon collègue, le Prof. Suess, m'a appris, par la lettre dont j'ai parlé p. 60, qu'on n'y trouve pas de pétrifications. Il me fait remarquer que les empreintes de phoques dont parle Hippolyte sont une impossibilité paléontologique, ce qui me conduit à conjecturer qu'au lieu de φωκῶν il y aurait lieu de lire, par une très légère correction, φυκῶν ou φυκίων, fucus. Sur cette conjecture, Suess remarque : « Non pas dans les latomies (de Syracuse) elles-mêmes, mais à une assez faible distance, et sur beaucoup de points de la Sicile, on voit dans un schiste marneux grisâtre, alternant avec la molasse, des empreintes extrêmement nettes et frappantes de fucoïdes, que le profane lui-même reconnaît pour telles. » — Cf. le Pseudo-Plutarque dans Eusèbe, loc. cit. : τῷ χρόνῳ καταφερομένην συνεχῶς καὶ κατ' ὀλίγον τὴν γῆν ἐς τὴν θάλασσαν χωρεῖν.

résultats de la culture scientifique de son temps. Son caractère, auquel répugne toute violence grossière, mais où se révèlent le sentiment de l'humanité et l'amour de la justice, le porte à supprimer tous les éléments de la religion populaire qui contredisent ses hautes aspirations ; l'adoration de la nature, que les Grecs suçaient pour ainsi dire avec le lait maternel, et qui, dans une personnalité aussi bien douée que la sienne aux points de vue poétique et religieux, devait trouver sa plus complète expression, s'allie à la conception de l'ordre régulier de l'Univers qu'il partage avec ses contemporains les plus éminents, et le conduit à la représentation qu'il se fait de la divinité suprême : pour lui c'est une énergie primordiale unique, qui pénètre le Tout, qui règne en lui comme l'âme dans le corps, qui le meut et l'anime, qui lui est indissolublement liée, qui se confond avec lui. Mais, à tous ces facteurs s'en ajoute encore un autre : le sens profond qui le poussait vers la vérité, et qu'avait mûri et fortifié la critique des créations mythiques. Ce sens lui fait condamner la théologie traditionnelle non seulement à cause de son insuffisance morale, mais encore en raison de son peu de fondement scientifique. Les doctrines courantes, se dit-il évidemment, ne nous affirment pas seulement sur les plus hauts sujets ce que nous ne devons pas, mais encore ce que nous ne pouvons pas croire. Il est choqué non seulement de la frivolité, mais encore de l'arbitraire de leur contenu. Les créations moralement innocentes, mais fantaisistes et contraires à la nature, comme les Géants, les Titans et les Centaures, il les stigmatise avec une âpre sévérité comme « inventions des anciens ». D'ailleurs, non seulement il enseigne autre chose que ses prédécesseurs théologiens, mais il enseigne moins qu'eux. Il se contente d'indiquer quelques notions fondamentales, sans les étudier et les développer complètement. C'est de quoi se plaint Aristote : « Sur rien, dit-il, Xénophane ne s'est expliqué avec une clarté suffisante[1] ». Sa discrétion s'étend encore plus loin. Dans des vers à jamais mémorables, il a contesté toute certitude dogmatique, par conséquent aussi celle de ses propres doctrines, et l'on peut dire qu'il a dégagé d'avance sa responsabilité des excès de dogmatisme de ses élèves. « Personne, s'écrie-t-il, n'a jamais atteint et n'atteindra jamais une entière certitude rela-

---

[1] Aristote, *Métaph.* I 5, 986 b 21 : Ξενοφάνης δὲ... οὐθὲν διεσαφήνισεν.

tivement aux dieux et à ce que j'appelle l'universelle Nature. Et si même un homme réussissait à découvrir la vérité, il ne le saurait pas, car l'apparence est répandue sur toutes choses ». Nous rencontrerons encore plus d'une fois cette impérissable maxime. Et d'abord chez un éminent champion des saines méthodes scientifiques, chez l'auteur de l'écrit *sur l'ancienne Médecine*, qui touche de près à Hippocrate, si ce n'est Hippocrate lui-même ; quel qu'il soit, cet écrivain s'inspire du mot de Xénophane que nous venons de citer pour combattre avec énergie l'arbitraire appliqué à l'étude de la Nature. Nous reviendrons plus tard sur ce point ; terminons notre exposé en faisant observer que Xénophane, comme tous les esprits vraiment grands, réunit en lui des qualités extraordinaires, en apparence opposées et inconciliables : un enthousiasme ivre du divin et une conscience parfaitement sobre et claire des limites de la connaissance humaine. Il est à la fois semeur et moissonneur. D'une main, il répand dans la forêt de la spéculation grecque une graine d'où devait sortir un arbre superbe ; de l'autre, il aiguise le tranchant de la hache destinée à abattre ce tronc puissant, et beaucoup d'autres avec lui[1].

---

[1] Mentionnons brièvement ici le surprenant parallélisme que présente le développement de la pensée grecque avec celui de la pensée hindoue. D'après Oldenberg, *Buddha*, 2ᵉ éd., 45, « les premières traces de la doctrine de la métempsychose apparaissent dans les textes védiques peu avant l'apparition de la doctrine de l'éternelle Unité » ; de même, en Grèce, la métempsychose pythagoricienne précède immédiatement la doctrine de l'Unité universelle de Xénophane. D'autre part, la doctrine de l'*âtman* rappelle étonnamment la théorie éléatique de l'Être. Mais cette concordance ne doit pas nous faire perdre de vue des divergences très importantes. Ce qui, chez les Hindous, est *surtout* enthousiasme visionnaire, est *surtout* chez les Grecs fondé sur la réflexion et le raisonnement. La différence saute aux yeux quand on se souvient p. ex. des spéculations géologiques de Xénophane ou des essais de Parménide pour expliquer scientifiquement, dans la seconde partie de son poème didactique, les phénomènes cosmiques. Dans la spéculation hindoue, la métaphysique est en relation presque exclusivement avec la religion, tandis que, dans la spéculation grecque, elle est aussi en rapport étroit avec la science. C'est pourquoi, bien que les résultats auxquels la pensée arrive de part et d'autre offrent une frappante analogie, j'étais en droit de supposer, du côté des penseurs grecs, des motifs d'un ordre essentiellement différent.

CHAPITRE II

Parménide[1].

I. Les philosophes ennemis de la Nature. — II. Parménide d'Élée. La thèse de Mélissos. Polémique contre Héraclite. — III. Origine de la doctrine de l'Unité. La constance qualitative. Les deux postulats de la matière. Ces postulats et la science moderne. — IV. Rejet du témoignage des sens. L'Univers de Parménide. La forme sphérique. La matière universelle en même temps esprit universel. — V. Les *Paroles de l'Opinion*. Cosmogonie de Parménide. Ses théories physiologiques.

I

Polybos, gendre du fondateur de la médecine scientifique, Hippocrate, ouvre par une vive polémique son ouvrage *sur la Nature de l'Homme*[2]. Il prend à partie les médecins et les littérateurs selon lesquels le corps humain est composé d'une seule substance. Cette unité-totalité, les uns disent que c'est de l'air, d'autres du feu, d'autres encore de l'eau, et chacun d'eux « invoque à l'appui de sa thèse des témoignages et des preuves qui, en réalité, ne signifient rien ». Cela se manifeste clair comme le jour, dit-il, quand on assiste aux tournois oratoires qu'ils organisent en vue du public. Car, alors que celui qui se trouve en possession de la vérité devrait partout et toujours la faire triompher, c'est chaque fois un autre qui remporte la victoire, celui qui a la langue la mieux pendue. « Pour moi, telle est la conclusion de cette polémique mémorable, ces gens me paraissent s'étendre réciproquement sur le sable au moyen de leurs discours, mais remettre sur pied la thèse de

---

[1] Les fragments du poème de Parménide ont été réédités, après Mullach, par H. Stein dans les *Symbola philologorum Bonnensium*, Leipzig 1867, fascic. post. 765-806, et par H. Diels : *Parmenides' Lehrgedicht, griechisch und deutsch*, Berlin 1897. (Le savant berlinois a publié depuis les *Fragmente der Vorsokratiker, griechisch und deutsch*, Berlin 1903, que j'ai connus trop tard pour les utiliser dans l'édition française. A. R.)

[2] *De la Nature de l'Homme*, œuvres d'Hippocrate VI 32 sq. Littré.

Mélissos ». Des doctrines qui remettent une thèse sur pied, c'est-à-dire l'appuient et la consolident, lui auront sans doute — on peut le supposer sans témérité — aplani aussi la voie, provoqué et favorisé sa première apparition. Nous ferons donc bien de ne pas perdre de vue cette pénétrante observation, et de nous en souvenir quand nous aurons à rechercher les principes fondamentaux de la doctrine éléate. Cette doctrine a atteint sa plus haute expression chez Mélissos, noble Samien dont la date est déterminée avec certitude par la victoire navale qu'il remporta en 441 sur les Athéniens. Avant tout, nous devrons avoir présent à l'esprit le rapport dans lequel se trouve le naturaliste dont nous venons de citer les paroles, d'une part avec les philosophes-naturalistes qu'il combat si âprement et d'autre part avec le métaphysicien de Samos ou d'Élée — si nous le nommons d'après l'école à laquelle il se rattachait. Des premiers, Polybos est séparé par de profondes divergences d'opinion ; mais le pire qu'il trouve à leur reprocher, c'est d'avoir aidé au triomphe de la doctrine de Mélissos. Ses avertissements font l'effet de ceux qu'un bon patriote adresse aux meneurs des partis pendant la guerre civile : « N'ouvrez pas la porte à l'ennemi ! » Les dissensions intestines doivent s'effacer quand il s'agit de repousser un adversaire également funeste à tous les citoyens. Et tel est bien le cas ici. Ils sont dans l'opposition la plus accentuée avec les naturalistes et avec les philosophes-naturalistes de tout ordre et de toute tendance, ceux que les contemporains, dans une plaisanterie cinglante, appelaient les « philosophes contraires à la nature » ou encore les « hommes de l'universel repos[1] ». La proposition de Mélissos dit, en effet, — pour employer les termes mêmes dont il s'est servi : « Nous ne voyons ni ne connaissons ce qui est ». Le monde prestigieux qui nous entoure, et dont nos sens nous révèlent la connaissance, n'est qu'un fantôme, une simple illusion ; tout changement, tout mouvement, toute croissance, tout devenir, tout, en un mot, ce qui forme l'objet de la science de la nature et de la spéculation sur la nature est ombre vaine, pure apparence. La vraie réalité est cachée derrière cette trompeuse fantasmagorie, elle consiste... Mais ici les pensées des deux principaux représentants de cette école bifurquent. Elles ne coïncident pas, du moins pas com-

[1] Cf. Platon, *Théétète* 181 a, et Aristote dans Sextus *adv. Math.* X 46 (p. 485, 25 Bekker).

plètement, dans leurs solutions positives, mais bien dans la
négation par laquelle elles commencent. Il convient donc d'envisager les doutes et les négations qui leur sont communs,
mais, avant tout, de nous renseigner sur la personnalité du
plus ancien et du plus important d'entre eux.

II

Le vrai fondateur de la célèbre doctrine de l'unité, Parménide, était l'aîné de Mélissos[1]. C'était un fils d'Élée, rejeton
d'une famille riche et considérée, et comme tel il ne pouvait
rester étranger à la vie politique. Il donna, dit-on, des lois à
sa ville natale, et c'est sûrement à cet acte public ou à un acte
du même genre que se rapporte l'indication bien établie qui
place son *acmè* dans la 69me Olympiade (504—501 av. J.-C.).
Il a sans doute été en relations étroites avec Xénophane, qui
n'est mort qu'un quart de siècle plus tard, en tous cas après
478. Toutefois nous hésiterions à l'appeler l'élève de ce dernier, au sens propre du mot, pour cette raison surtout que le
rhapsode ne faisait jamais que de courts séjours dans sa patrie adoptive, et ne peut guère avoir réellement enseigné. En
revanche, un Pythagoricien, Ameinias, fils de Diochaitès, passe
pour l'avoir encouragé aux études philosophiques. Parménide
en éprouva une telle reconnaissance qu'il lui éleva après sa
mort un *hérôon*, c'est-à-dire une chapelle commémorative. Et
en fait, comme nous le verrons, le système de Parménide
n'offre pas moins de points de contact avec celui de Pythagore
qu'avec celui de Xénophane. Il convenait sans doute à un disciple de Pythagore de construire selon les déductions rigoureuses de la science mathématique la théorie de l'unité absolue :

---

[1] La source principale pour la biographie de Parménide est Diog. Laërce IX ch. 3.
(Diels y apporte une correction sérieuse dans l'*Hermès*, 35, 196 sq.) Pour fixer les dates
de sa naissance et de sa mort, il y a lieu de considérer qu'il est contemporain quoique
cadet de Xénophane, et pareillement d'Héraclite, dont il connaît et raille la doctrine,
tandis qu'il est l'aîné de Mélissos et (d'après l'indication sans doute digne de foi de
Platon, *Parménide* 127 b) d'un quart de siècle plus âgé que Zénon. Nous ignorons sur
quoi repose l'indication d'Apollodore sur son *acmè*; mais il me semble tout à fait illégitime d'attribuer, sur ce point, des combinaisons arbitraires au savant consciencieux
qui n'a voulu se fier qu'à des témoignages autobiographiques relativement à la chronologie d'Anaximandre et de Démocrite, et qui discute de la façon la plus minutieuse
celle d'Empédocle dans des vers qui nous ont été conservés.

mais la direction proprement dite qu'il donna à ses idées met hors de doute que le contenu de la philosophie pythagoricienne ne le satisfaisait pas pleinement. Si donc l'édifice de sa pensée doit son fondement au panthéisme de Xénophane et sa forme à la mathématique de Pythagore, c'est un troisième système, celui d'Héraclite, qui lui a donné son orientation. En effet, c'est la doctrine de l'écoulement du sage d'Ephèse qui a ébranlé le plus profondément l'esprit de Parménide, qui lui a inspiré les doutes les plus persistants et l'a, de même que ses successeurs, conduit aux solutions dans lesquelles l'originalité spéculative des Eléates s'est le plus fortement empreinte. Mais ces doutes et les négations qui en découlent, entendons-les d'abord de la bouche du plus jeune représentant de l'école, dont la prose claire et peu avare de ses développements nous servira mieux que la poésie didactique de son maître, où les arguments se pressent, s'entassent sous la forme la plus concise. « Car, s'écrie Mélissos, si la terre, l'eau, l'air et le feu, de même que le fer et l'or, *sont;* si l'un est vivant et l'autre mort ; si ceci est blanc et cela noir, et s'il en est de même de tout ce dont les hommes disent que cela *est* en vérité, — si ces choses *sont,* et si nous voyons et entendons d'une manière vraie ; alors chaque chose devrait être comme elle nous est d'abord apparue, non pas se transformer et changer de nature, mais être toujours ce qu'elle est réellement. Or nous prétendons voir, entendre et connaître d'une manière vraie, mais le chaud nous semble devenir froid, et le froid devenir chaud ; le dur devenir mou et le mou devenir dur ; le vivant nous semble mourir et sortir de ce qui ne vit pas. Tout paraît se transformer ; ce qu'une chose était et ce qu'elle est maintenant sont deux objets qui ne se ressemblent en rien. Bien plus, le fer, qui est dur, semble être usé par le doigt qu'il entoure (comme anneau) ; de même l'or et les pierres précieuses et tout ce que nous considérons comme tout à fait dur ; la terre et les pierres nous paraissent être engendrées par l'eau. *Il résulte de tout cela que nous ne voyons ni ne connaissons ce qui est réellement*[1] ». Deux conditions sont ici requises des choses qui frappent nos sens : l'absolue permanence de leur existence, et l'absolue permanence de leurs propriétés. Sous chacun de ces

---

[1] Sur la citation de Mélissos, cf. Mullach, op. cit 82-83. J'ai corrigé la phrase finale de ce passage par une transposition qu'exigeait le sens. Cf. *Apologie der Heilkunst* 167 (*Wiener Sitzungsber.* 1891, n° IX).

rapports, elles sont pesées et trouvées trop légères : elles pèchent à la fois par leur caducité et par leur variabilité. Si les deux exigences, et partant les deux jugements paraissent se confondre, la faute en est à l'équivoque, non encore reconnue alors, que présente le verbe *être;* tantôt il est pris au sens d'exister, tantôt employé comme simple copule : le soleil *est;* le soleil *est* un astre lumineux. Nous pouvons nous dispenser d'examiner si l'on avait le droit de reléguer immédiatement dans le domaine de la vaine apparence tout ce qui est périssable ou peut varier. En revanche, il est très facile de comprendre que l'on cherchât un objet de connaissance sûr et solide, et que, en raison de l'imperfection où se trouvait alors la science de la matière, on ne pût le trouver dans les objets qui affectent les sens. Aujourd'hui, la feuille de l'arbre est verte et pleine de sève ; demain, elle sera jaune et sèche, plus tard elle sera brune et recroquevillée. Où donc devons-nous saisir l'objet ? Comment reconnaître et tenir en lui quelque chose de permanent ? Héraclite avait embrassé la somme de ces expériences de chaque jour, il l'avait amplifiée au delà des limites de la perception proprement dite, et au doute qui en résultait il avait prêté une forme paradoxale, défi jeté par lui au sens commun. Par là, le penseur avide de connaître — pour autant qu'il ne se contentait pas de contempler l'uniforme et régulière succession des phénomènes — voyait non seulement le sol se dérober sous ses pas, mais sentait blesser en lui le désir légitime de l'harmonie intérieure de la pensée ; il se trouvait en proie aux contradictions et ne pouvait s'empêcher de protester avec véhémence. « Les objets du monde sensible sont dans un perpétuel changement », voilà une opinion déjà assez peu rassurante ; mais que dire de celle-ci : « Les choses sont et ne sont pas ? » Pour le coup, la saine raison se révolta, et sa révolte fut d'autant plus violente que les esprits étaient plus sévèrement disciplinés. Pour ceux qui avaient reçu une culture pythagoricienne, c'est-à-dire avant tout mathématique, le choc dut être particulièrement vif. Rien d'étonnant donc à ce que Parménide, élevé dans cette doctrine, caractérise comme « les deux chemins » de l'erreur l'opinion commune qui trouve sa satisfaction dans la réalité du monde sensible et la doctrine d'Héraclite. C'est contre cette dernière qu'il dirige les traits les plus venimeux de sa polémique. Ceux « qui considèrent l'être et le non-être d'abord comme une seule et même chose puis comme deux choses différentes » sont pour lui « en même temps sourds et aveugles, interdits, troupeau confus » ; il les appelle philosophes « à deux têtes », — têtes de Janus, dirions-nous — à cause du double aspect que, selon eux, présentent les choses ; « ignorants, ils sont entraînés » — par le courant dont parle leur théorie — et « leur sentier est rétrograde » tout comme les métamorphoses de leur matière première[1].

Si caractéristiques que soient ces explosions de colère de l'état d'esprit du philosophe d'Elée et de sa position à l'égard de l'héraclitisme, sa lutte contre sa seconde et principale adversaire, l'opinion générale des hommes, est encore plus piquante et plus instructive. On croit sentir la rage concentrée dans les phrases, dans les vers qui se précipitent haletants ; dans les coups, pareils à de violents coups de hache, qui pleuvent sans trêve sur les idées courantes, pour anéantir la foi en la réalité des objets sensibles, en la naissance et en la corruption, en tout mouvement, en toute transformation, quels qu'ils soient. « Comment l'être pourrait-il jamais s'abîmer dans le néant ? Comment pourrait-il jamais en sortir ? S'il est devenu, alors il y a eu un temps dans lequel il n'était pas ; et il en est de même si sa naissance se trouve dans l'avenir ». « Quelle naissance chercheras-tu pour l'être ? Comment et d'où se serait-il formé ? Je ne te permettrai pas de dire ou de penser qu'il est sorti du non-être, car le non-être ne se saurait ni concevoir ni exprimer. Et quelle nécessité l'aurait fait surgir à l'existence à un moment plutôt qu'à un autre ! ... Que, d'ailleurs, de l'être, et à côté de lui, un autre être puisse devenir, c'est ce que t'empêchera de croire la force de l'intelligence ». Et le côté positif qui accompagne toutes ces négations ? Voici. L'être, non seulement est « indevenu et impérissable », et par conséquent sans commencement ni fin ; non seulement « il n'admet ni changement de lieu, ni variation de couleur ; c'est un Etre limité et pensant, un Tout indivisible, unique, continu, partout semblable à lui-même, n'ayant pas plus d'existence ici que là : il ressemble à la masse d'une sphère partout bien arrondie, parfaitement équilibrée dans toutes ses parties ». A ces derniers mots, le lecteur ressent un contre-coup semblable à celui que l'on éprouve en sortant d'un rêve enchanteur ; tout

[1] Cf. Mullach op. cit. vers 45-51. C'est Bernays qui a reconnu et démontré la référence à Héraclite. (*Rhein. Mus.* N. F. VII 114 sq. = *Ges. Abhandl.* I 62.)

à l'heure, nous planions, libres de toute entrave, au delà des étoiles, et maintenant l'étroite réalité nous ressaisit. Parménide lui-même, semble-t-il, a pris son vol, nouvel Icare ; il s'est élancé par delà le domaine de l'expérience jusque dans les horizons éthérés de la pure Essence. Mais ses forces l'ont abandonné au milieu de sa course, et il s'est lourdement abattu dans les régions banales de l'existence corporelle. En fait, sa théorie de l'Etre a préparé les conceptions analogues des ontologistes subséquents. Mais il est encore trop imprégné des effluves terrestres pour leur ressembler ; il nous conduit dans l'antichambre, mais non dans le sanctuaire de la métaphysique.

III

Arrivés ici, nous ferons bien de reporter notre attention sur la phrase de Polybos que nous avons prise pour point de départ de notre exposition. Le médecin-penseur avait reconnu que les thèses contradictoires des philosophes naturalistes servaient de point d'appui au scepticisme des Eléates. Ce qu'il voulait dire par là, c'était évidemment ceci : Celui qui déclare que l'essence de toutes choses est l'air conteste la valeur du témoignage des sens sauf une seule réserve ; celui qui assigne le même rôle à l'eau fait de même avec une autre réserve ; de même celui pour qui toutes choses sont du feu. Les représentants de ces doctrines devaient par conséquent se faire les complices des penseurs — nous pouvons même ajouter : devaient susciter les penseurs qui firent la somme de ces négations concordantes et de ces affirmations opposées. Ces penseurs supprimèrent les affirmations parce qu'elles se détruisaient membre à membre comme les termes d'une équation, et en résumèrent dans une grande négation totale les négations partielles qui se complétaient réciproquement (cf. p. 55). Pour qui se rend compte de ce procédé, l'origine de la doctrine parménidienne de l'Etre ne saurait être douteuse un seul instant. Cette doctrine est le produit d'une décomposition ; c'est le résidu où le précipité de la décomposition spontanée de la doctrine de la matière primordiale. Plus les formes contradictoires dans lesquelles s'était successivement exprimée cette doctrine étaient propres à se détruire réciproquement, plus le noyau qui leur était commun et que n'entamait pas la mêlée des opinions, devait s'imposer aux esprits. Que la matière ne naisse ni ne périsse, telle est, pour parler avec Aristote, la doctrine commune des physiciens ; et par ce terme, il entend les philosophes naturalistes à partir de Thalès[1]. Durant un long siècle, cette doctrine avait été présente et familière à l'esprit des Grecs cultivés et pensants. Se pouvait-il qu'après avoir si souvent changé de peau, et toujours heureusement survécu à ce changement, elle ne finît pas par paraître inattaquable et par acquérir presque la valeur d'un axiome ? Mais, à la vérité, l'antique proposition qui n'était contestée d'aucun côté — c'est, encore ici, Aristote qui parle — a non seulement pris une pointe plus affinée et une forme plus rigoureuse par suite de la réaction contre la doctrine de l'Éphésien, mais elle a encore reçu des adjonctions dont il y a lieu de rechercher l'origine.

La première et la plus importante de ces adjonctions nous est déjà connue. L'Être universel de Parménide, qui remplit l'espace, a pour attribut non seulement l'éternité, mais encore l'immutabilité. C'est une matière primordiale qui ne souffre pas, comme celles de Thalès et d'Anaximandre, d'Anaximène et d'Héraclite, de multiples modifications, qui ne déploie pas des formes variées pour les réabsorber ensuite en soi ; elle est aujourd'hui non seulement *ce* qu'elle était, mais *comme* elle était et *comme* elle sera de toute éternité. Un passage de Parménide[2] semble même mettre en question le cours du temps, et, en effet, que signifie l'idée de temps lorsque rien n'arrive dans le temps, lorsque la réalité est refusée à tous les processus impliquant la notion du temps ? Toutefois l'Éléate ne paraît pas s'être préoccupé longtemps de ce problème, qui marque le point culminant de sa puissance d'abstraction. Il insiste d'autant plus fort sur l'immutabilité de l'Être qui remplit l'espace. Au postulat de la constance *quantitative* qui, implicitement au moins, était contenu dès le début dans la doctrine de la matière primor-

[1] Comme on attribue toujours aux Éléates et non à leurs prédécesseurs la négation de la naissance et de la mort de la matière, il semble nécessaire de reproduire ici les témoignages formels d'Aristote : *Phys.* I 4, 187 a 26 : διὰ τὸ ὑπολαμβάνειν τὴν κοινὴν δόξαν τῶν φυσικῶν... ὡς οὐ γιγνομένου οὐδενὸς ἐκ τοῦ μὴ ὄντος. — *Métaph.* I 3, 984 a fin. : τὸ ἓν ἀκίνητόν φασιν εἶναι καὶ τὴν φύσιν ὅλην οὐ μόνον κατὰ γένεσιν καὶ φθορὰν (τοῦτο μὲν γὰρ ἀρχαῖόν τε καὶ πάντες ὡμολόγησαν). — 984 a 11 : καὶ διὰ τοῦτο οὔτε γίγνεσθαι οὐδὲν οἴονται οὔτε ἀπόλλυσθαι (à savoir les anciens physiologues à partir de Thalès). — *Métaph.* XI 6, 1062 b 24 : τὸ γὰρ μηδὲν ἐκ μὴ ὄντος γίγνεσθαι πᾶν δ' ἐξ ὄντος σχεδὸν ἁπάντων ἐστὶ κοινὸν δόγμα τῶν περὶ φύσεως.

[2] Il s'agit du v. 66 Stein.

diale et qui acquit peu à peu une forme plus précise, grâce
surtout à Anaximène, s'ajoute celui de la constance *qualitative*.
Non seulement la somme de la matière ne doit éprouver ni
accroissement ni diminution, mais sa nature doit rester invariablement la même. A quel point cette extension se trouvait
dans l'esprit de la doctrine elle-même, c'est ce que nous
apprendra une brève considération qui, il est vrai, sort un peu
du cadre chronologique de notre exposition. Anaxagore, dont
nous aurons bientôt à nous occuper, n'a été, d'après tout ce
que nous savons, influencé en aucune manière par Parménide.
Cependant, chez lui aussi, la doctrine fondamentale commune
a donné naissance au même développement. Comment est-il
arrivé à cet élargissement de la doctrine ? Comment plus d'un
autre philosophe devait-il y arriver ? Un court fragment de son
livre, récemment mis au jour, va nous le dire[1]. « Comment le
cheveu pourrait-il sortir du non-cheveu, la chair de la non-
chair ? » Telle est la question que se pose Anaxagore, et il
croit par là avoir formulé une absolue impossibilité. Cette
façon de penser nous paraît tout à fait compréhensible si nous
tenons compte de la fascination qu'exerce la langue sur l'esprit des penseurs même les plus profonds. La matière est
indevenue ; de rien ne naît jamais rien, voilà, nous l'avons
remarqué plus haut, ce dont les siècles avaient fait un lieu
commun. Avec quelle facilité, et sans y prendre garde, on avait
passé au nouvel axiome ! Si du non-être ne naît jamais un
être, pourquoi de ce qui n'est pas tel ou tel être, tel ou tel être
pourrait-il sortir ? Une seule formule embrassa les deux postulats : du non-être ne peut sortir aucun être ; du non-blanc
ne peut rien sortir de blanc, etc. Nous avons eu déjà l'occasion de mentionner l'emploi quelque peu lâche et oscillant du
mot *être*, tantôt pour exprimer l'existence, tantôt pour relier
le prédicat au sujet. Mais si c'est là la voie par laquelle le
nouveau postulat fit et devait faire son apparition, si c'est la
puissance de l'association des idées et de l'équivoque du langage qui devait l'appeler à la vie, la valeur et la signification
n'en sont absolument pas jugées. La foi en la causalité, enfant
d'un aveugle instinct d'association, ne peut pas se glorifier d'une plus noble origine, et cependant qui voudrait, maintenant que l'expérience confirme sans cesse ce que nous

[1] Ce court mais très important fragment d'Anaxagore a été tiré par Diels d'une scholie
à Grégoire de Naziance (Migne, *Patrol. Gr.* XXXVI 901) et publié dans l'*Hermès* (13, 4)

attendons d'elle, et surtout depuis que la greffe de la méthode expérimentale a anobli le sauvageon, renoncer à se laisser conduire par elle ? Oui, même si l'impossible venait à se produire, si le bâton qui, pendant des myriades d'années, a dirigé les pas de nos prédécesseurs sur cette planète venait à se briser dans nos mains ; si l'eau cessait tout d'un coup d'apaiser la soif et l'oxygène d'entretenir la combustion ; — même alors le choix nous eût été imposé. Nous n'aurions pas à regretter d'avoir cru jusqu'ici que l'avenir ressemblera au passé et de nous être engagés dans le seul sentier praticable au milieu du labyrinthe, du chaos des phénomènes naturels.

Il n'en est pas exactement ainsi en ce qui concerne les deux postulats affirmant la constance de la matière, mais on ne saurait nier l'analogie. Pas exactement ainsi, disons-nous, car l'Univers ne devenait pas nécessairement un chaos, et l'action en vue d'un but ne devenait pas nécessairement impossible, s'il n'y avait que des phénomènes reliés par une loi, mais absolument, derrière eux, aucun substrat permanent. Mais il n'y a pas lieu de nous arrêter à de pareilles suppositions. L'existence du corporel étant présupposée, et présupposées de même les séries d'expériences desquelles nous avons vu qu'était sortie la théorie de la matière primordiale, et par lesquelles elle fut confirmée, (cf. p. 50) le progrès de la connaissance exigeait en vérité que l'on vît dans l'élément étendu qui remplit l'espace un élément permanent, permanent aussi bien au point de vue de la qualité qu'à celui de la masse. Ainsi seulement l'univers pouvait devenir intelligible, ainsi seulement l'avenir se déduire du présent, et le désir qu'il en fût ainsi devait favoriser puissamment le développement de la nouvelle croyance, s'il n'était même en mesure de lui donner naissance. Mais il y a lieu, encore aujourd'hui, de distinguer avec soin entre les deux rameaux de cette doctrine. Nous croyons que rien ne naît de rien et que rien ne s'abîme dans le néant parce que, dans une suite innombrable de cas, surtout dans les domaines où notre intelligence a le plus profondément pénétré, l'apparence contraire s'est révélée sans aucun fondedement, et parce que cette proposition n'a jamais été ébranlée par un seul exemple contraire nettement établi. Que rien ne *puisse* sortir de rien, et que rien ne *puisse* passer au non-être, c'est là, à vrai dire, une concession que nous ne pouvons faire ni à Parménide, ni à aucun de ceux qui, en grand nombre, l'ont, après lui, affirmé a priori. La prétendue nécessité, pour la pensée, de l'admettre est une apparence trompeuse. Pour arriver à cette conclusion, on a d'abord introduit dans le concept de l'être des caractères nouveaux, qui ensuite se soudent entre eux et avec l'enveloppe verbale dont ils sont revêtus avec une telle force que le produit artificiel fait l'effet d'un produit naturel, pour ne pas dire surnaturel. On a d'abord appelé du nom d'*être* la permanence absolue, et ensuite on nous prouve clairement qu'un tel être ne peut ni naître ni périr, parce que, sans cela, ce ne serait pas un être. Cela soit dit en passant. Mais le second de ces deux postulats si étroitement apparentés est encore aujourd'hui l'apanage presque exclusif des hommes qui ont acquis une haute culture scientifique. Il contredit l'évidence en une beaucoup plus grande mesure que le premier ; à l'heure qu'il est, c'est encore l'astre qui guide les ouvriers de la pensée plutôt qu'un résultat acquis et définitivement confirmé par l'expérience. Exprimé en peu de mots, et dans l'esprit de la science actuelle, ce postulat revient simplement à ceci : Dans tous les processus naturels, il y a comme un cordon central, duquel rayonnent de nombreuses ramifications. Ce cordon central se compose exclusivement de mouvements, et nous pouvons, avec une exactitude approximative, appeler corps dépourvus de qualités les substrats de ces mouvements ou changements de position. Les ramifications ou rayonnements constituent les impressions sensibles qui produisent l'apparence du changement de qualité. Une vague aérienne et l'impression acoustique qui y correspond, une vague de l'éther et l'impression lumineuse qui se produit en même temps, un processus chimique (c'est-à-dire en définitive une séparation, une union ou un déplacement de molécules) et l'impression de goût ou d'odorat correspondante, autant d'exemples qui peuvent faire comprendre ce que nous venons de dire. Dans le domaine de l'acoustique et de l'optique, nous connaissons déjà les mouvements correspondants aux impressions qualitatives qui s'en détachent ; dans le domaine de la chimie, le problème est résolu dans une si faible mesure qu'un naturaliste éminent[1] disait récemment : « La représentation mathématique et mécanique du plus simple des processus chimiques est digne de tenter le Newton de la chi-

[1] Un naturaliste éminent : Du Bois-Reymond dans les *Sitzungsber. d. kgl. preuss. Akademie f. Wissensch.* (Begrüssung des Hrn. Landolt) février 1882.

mie ». « La chimie, continue le même savant, ne serait une science au sens le plus élevé que les hommes donnent à ce mot, que si nous pouvions pénétrer jusque dans leurs causes comme nous le faisons pour les mouvements des astres, les énergies latentes, les vitesses, les équilibres stables ou instables des molécules ». Parlant des premiers pas déjà faits dans le domaine de cette science idéale, le même savant déclare qu'il n'y a peut-être pas un produit plus admirable de l'esprit humain que la chimie de structure : « Déduire de ce qui apparaît à la perception naïve des sens comme qualité et transformation de la matière, en déduire, dis-je, et construire peu à peu une théorie comme celle des relations isomériques des hydrocarbures, ce n'était guère plus facile que de déduire la mécanique du système planétaire des mouvements de points lumineux ».

IV

Nous voilà bien loin de Parménide. Mais ceux de nos lecteurs qui ne se contentent pas d'une vue superficielle nous sauront peut-être gré de cette digression. En tous cas, nous estimions devoir au souvenir du vieux penseur de faire entrevoir les fruits contenus en germe dans sa théorie de l'immutabilité de la matière. Nous sommes d'ailleurs mieux préparés maintenant qu'auparavant à comprendre et à apprécier les parties les plus paradoxales de sa doctrine. La récusation du témoignage des sens, qu'est-ce d'autre que la contre-partie du postulat ou de l'assertion de l'immutabilité matérielle, postulat ou assertion impliqués dans la théorie de la matière primordiale et entretenus à la fois par un soupçon juste et par une association trompeuse ? Les témoignages des sens contredisaient ce postulat ; aussi leur valeur fut-elle niée. Pas avec une logique bien rigoureuse, assurément, car sur quoi, peut-on se demander, repose la croyance en l'existence du contenu de l'espace, et de l'espace lui-même, si ce n'est sur le témoignage du toucher ou, pour parler plus exactement, du sens de résistance ou sens musculaire ? Mais Parménide était évidemment, et avec une entière bonne foi, convaincu qu'il avait exclu de son univers tout ce qui dérive de la perception sensible. Il se trompait en cela, et il a méconnu — comme

devaient le faire Emmanuel Kant et tant d'autres après lui,
— l'origine sensible du concept de l'espace. Mais on ne peut
vraiment lui en faire un reproche. Ce qui est plus surprenant,
c'est que, laissant subsister l'espace et son contenu corporel,
il ait relégué au domaine de l'apparence le mouvement dans
l'espace, qui repose sur le même témoignage. Il y a là une
réelle contradiction, et elle peut probablement s'expliquer comme
suit. Le mouvement dans l'espace, dans lequel se trouve compris le changement de volume, est intimement lié, dans de
vastes domaines de la nature, à ce qui, pour Parménide, était
le plus inadmissible, c'est-à-dire au changement de propriétés.
Songez à tout ce que nous entendons par les termes de structure organique, de croissance, de développement, et de décrépitude. L'interdépendance naturelle des deux séries de faits a
trouvé son expression la plus élevée dans la théorie héraclitique de l'écoulement des choses, où s'associent l'incessant changement de lieu et l'incessant changement de qualité. Il est
donc bien compréhensible que l'ennemi juré de cette doctrine
n'ait pas essayé de faire le partage des éléments qui y étaient
si étroitement unis, mais qu'il ait préféré les envelopper tous
les deux dans une même condamnation. Cette tendance, puissante par elle-même, fut sensiblement renforcée d'autre part.
Dans un passage non équivoque, quoique rarement bien compris, notre penseur a contesté l'existence de l'espace vide[1],
contestation qui, soit dit en passant, est d'une grande importance historique. Car par elle, et par elle seule, nous savons
que cette conception existait déjà alors, et non pas sous une
forme rudimentaire, mais déjà sous cette forme développée qui,
sous la même dénomination de vide, distingue entre un espace continu, dépourvu de tout contenu matériel, et des espaces interstitiels qui se trouvent dans les corps et en séparent les
molécules. Ce n'est qu'une conjecture, mais une conjecture
bien fondée, que cette théorie, qui avait surtout pour but,

---

[1] Le mot *vide* (κενεόν) n'est sans doute entré dans le texte (v. 84 Stein) que par une fausse conjecture. Mais ce concept joue déjà un rôle très important chez Parménide. Une fois, il y apparaît comme contraire du plein (ἔμπλεον) ; une autre fois le vide ou non-être doit être suppléé comme sujet au verbe ἀποτμήξει, que l'on a suspecté à tort et cherché à remplacer par de vaines conjectures dans les vers 38-40 Stein. Ces vers doivent être séparés de ce qui précède, et n'appartiennent nullement au prologue :

οὐ γὰρ ἀποτμήξει τὸ πέλον τοῦ ἐόντος ἔχεσθαι,
οὔτε σκιδνάμενον πάντη παντὸς κατὰ κόσμον
οὔτε συνιστάμενον.

évidemment, d'expliquer le mouvement, prit naissance dans les seuls cercles où, alors, on vouait une attention sérieuse aux problèmes de la mécanique, c'est-à-dire dans les cercles pythagoriciens[1]. Celui donc qui, comme Parménide, estimait qu'en admettant le vide on reconnaissait implicitement l'existence du non-être, se voyait contraint de le nier, et le fait du mouvement pouvait lui paraître inexplicable et par conséquent impossible. C'est ainsi que nous voyons surgir à nos yeux l'Univers tel que se le figurait Parménide. Ne devons-nous pas pas dire plutôt : C'est ainsi que nous le voyons de plus en plus s'évanouir ? En effet, que subsistait-il quand toutes les différences que nos sens nous font constater entre les choses et les états qu'elles présentent, eurent disparu, quand on eut biffé tout changement de lieu d'un Univers auquel on ne déniait pas l'étendue et la faculté de remplir l'espace ? Rien qu'une masse absolument uniforme, dépourvue de toute différenciation, un morceau de matière dénué de toute forme et de toute délimitation, pourrions-nous dire, si le métaphysicien Parménide n'avait pas été en même temps un Grec doué du sens plastique, un poète, et un disciple de Pythagore. Cette triade de qualités seule, à notre avis du moins, a pu faire que chez lui l'illimité soit devenu limité, que l'informe ait pris la forme où l'on voyait l'expression de la beauté, celle « d'une sphère bien arrondie ». Car il est bien évident que les prémisses du système faisaient attendre l'étendue infinie plutôt que l'étendue finie de l'espace. Toute limitation est une barrière : comment l'être vrai et unique, qui renferme tout en soi, et qui ne souffre rien en dehors de soi, pas même le non-être, pourrait-il être en même temps fini et limité ? C'est par des considérations de cette na-

[1] Cf. la remarque de Natorp à ce sujet (après Bäumker), *Philosoph. Monatshefte* XXVII 476. Cela ressort en outre d'Aristote, *Phys.* IV (213 b 22) où le vide, il est vrai, reçoit une autre application. Peut-être devrait-on, d'ailleurs, s'enquérir non pas des auteurs de cette théorie, mais de ceux de la théorie opposée. Car l'antique conception mythique était qu'à l'origine un vide s'étendait du plus haut au plus bas, et que l'espace actuellement béant entre le ciel et la terre n'en est qu'un reste. Et dans la conscience commune, l'air a été regardé comme un vide et non pas comme un quelque chose (cf. Aristote, *Phys.* IV 6, 213 a 25) aussi longtemps que sa pression et sa résistance n'ont pas été démontrées par des expériences telles que celles d'Anaxagore. C'est par ces expériences seulement, et par d'autres analogues, que le problème du mouvement est entré dans le monde. Il est très facile, sans doute, d'affubler le problème physique d'un manteau métaphysique, et d'en découvrir l'essence dans cette proposition : « que le plein ne peut accueillir rien d'autre en soi ». (Cf. l. III, ch. II, 6.) Cependant personne ne se serait jamais senti embarrassé d'une telle aporie aussi longtemps que le milieu dans lequel les mouvements s'exécutent pour ainsi dire sans résistance n'avait pas été reconnu comme plein ou du moins comme ne différant pas essentiellement du plein.

ture qu'on aurait sûrement comblé une lacune éventuelle de la doctrine de Parménide, et cette restitution eût pu revendiquer le plus haut degré de probabilité interne. Mais il n'y a pas de lacune à combler. L'Éléate nous dit exactement le contraire dans des termes qui ne souffrent aucune équivoque. La démonstration de cette partie de sa thèse est perdue ou du moins irrémédiablement mutilée, et nous ne pouvons plus savoir comment il la défendait logiquement ; mais il n'est pas impossible de deviner sur quoi elle était fondée psychologiquement. Nous avons déjà anticipé un peu sur cette explication. Le sens plastique, le génie poétique de l'Hellène se sont révoltés contre la conclusion finale qui paraît découler nécessairement de ses prémisses. A cela s'ajoutait cette circonstance que, dans la table pythagoricienne des oppositions, l'illimité se trouvait du côté de l'imparfait. De plus, si plaisant que cela puisse paraître, cela est presque incontestable : l'ennemi juré de l'apparence sensible a été ici victime d'une grossière illusion d'optique. La prétendue sphère céleste qui s'arrondit au-dessus de la terre n'a-t-elle aucun rapport avec la forme sphérique du seul Etre vrai ? Mais une autre question encore se pose à nous : l'Etre universel de Parménide n'était-il que matière, que corporel et étendu ? Son auteur, qui plaçait au-dessus de tout la rigueur du raisonnement, a-t-il laissé tomber la pensée et la conscience dans le domaine de la simple apparence ? Cela semble absolument incroyable. Tout nous pousse plutôt à admettre que pour lui le réel était en même temps étendu et pensant, nous dirions presque que, comme devait le faire plus tard Spinoza, il considérait la pensée et l'étendue comme les deux attributs d'une substance unique. Pas un passage, dans ce qui nous reste de son poème didactique, ne vient, il est vrai, à l'appui de cette opinion. Deux phrases semblent, à première vue, l'autoriser : « La pensée et l'être sont une seule et même chose » et plus loin : « La pensée et ce à quoi s'applique la pensée sont identiques », mais le contexte interdit dans les deux cas cette interprétation. Assurément, ces phrases signifient seulement que l'être véritable est le seul objet de la pensée, que la pensée ne peut en aucun cas s'appliquer au non-être. Mais, à défaut de renseignements directs, de témoignages irréfutables, le jugement décisif peut être prononcé par l'évidence interne. La doctrine de Parménide a fourni au matérialisme dogmatique quelques-unes de ses armes les plus fortes, mais il n'a pas été lui-même un matérialiste conséquent. Car alors, comment aurait-il pu être considéré comme le disciple de Xénophane ? Comment, dans une telle hypothèse, sa position au milieu de l'école d'Elée entre les panthéistes Xénophane et Mélissos serait-elle compréhensible ? Et Platon, l'ardent adversaire des matérialistes et des athées l'aurait-il en ce cas appelé le « Grand », et lui eût-il rendu un hommage qu'il ne rend à aucun de ses prédécesseurs en philosophie ? Tout cela doit nous sembler vraiment incroyable, mais s'il n'en était pas ainsi, l'exemple déjà cité de Spinoza et le parallèle des philosophes Vedanta suffiraient à dissiper toute trace d'hésitation. L'être matériel de Parménide était sans aucun doute en même temps un être spirituel. Il était à la fois universelle matière et universel esprit, infécond en tant que matière parce qu'il n'était capable d'aucune expansion, et impuissant en tant qu'esprit parce qu'il n'était capable d'aucune énergie.

V

Une impression de désespérante monotonie se dégage pour nous de ce sombre édifice intellectuel. Celui qui l'a construit ne l'a-t-il pas éprouvée lui-même ? On est en droit de le supposer. Du moins, il ne s'est pas senti satisfait de ses *Paroles de Vérité*, et il les a fait suivre d'un supplément dans ses *Paroles d'Opinion*, où il se place, comme nous dirions en langage moderne, sur le terrain du monde phénoménal. En le faisant, il a provoqué un étonnement sans bornes chez un grand nombre de nos devanciers. Il nous paraîtrait beaucoup plus étonnant qu'il s'en fût abstenu ; beaucoup plus étonnant qu'un esprit imprégné de la science de son siècle, qu'un esprit exceptionnellement inventif et mobile se fût contenté de répéter sans cesse un petit nombre de sentences, grosses de conséquences sans doute, mais d'un maigre contenu en somme, et la plupart négatives. Il se sentit poussé, ou comme Aristote le dit[1], « forcé de tenir — ou de rendre — compte des phénomènes ». Et il en avait bien le droit. Car s'il rejetait la perception des sens comme illusoire, il ne la chassait pas pour cela de l'univers. Après comme avant, il voyait les arbres

[1] *Métaph.* I 5, 986 b 31.

verdir, il entendait les ruisseaux murmurer, il aspirait le parfum des fleurs et appréciait la saveur des fruits. Et comme lui l'avaient fait aussi — il ne pouvait avoir le moindre doute à ce sujet — les autres hommes et les animaux, non seulement en un lieu et à un moment donnés, mais partout et à toutes les époques. Il ne lui était pas défendu de franchir ces limites de l'espace et du temps. Quand il parlait de l'apparition du genre humain, de l'origine de la terre ou des transformations de l'Univers, il pouvait se dire : « Tous ces phénomènes se seraient offerts à mes semblables et à moi, si nous avions déjà vécu alors et dans tel ou tel lieu ». L'*Histoire et Théorie générale du Ciel* de Kant a précédé sans doute la *Critique de la Raison pure*, mais elle aurait tout aussi bien pu venir après. La persuasion que l'« objet en soi » possède seul la réalité objective ne devait pas plus empêcher le philosophe de Königsberg de faire sortir le système solaire d'une nébuleuse primitive que la théorie de l'Etre ne pouvait faire obstacle à l'essai cosmogonique du penseur d'Elée. Tel fut le point de vue auquel se plaça Parménide pour écrire la seconde partie de son poème didactique ; ou plutôt auquel il se serait placé avec une pleine et entière conscience s'il avait saisi tout à fait clairement les distinctions dont il est question ici (objectif et subjectif, absolu et relatif), si elles étaient devenues familières à son esprit en s'y gravant par une terminologie appropriée. Mais tel n'était pas le cas, comme nous le prouve sa manière de s'exprimer, et avant tout le mot grec que nous avons dû traduire par « opinion », (δόξα), mais qui, en réalité, est élastique et comporte des nuances multiples, puisqu'il signifie aussi bien la perception des sens (ce qui apparaît aux hommes), que la représentation, la vue, l'opinion (ce qui leur paraît être vrai). De parler de vérité subjective ou relative, et d'en discuter avec une ferme assurance, l'Eléate en est empêché par les habitudes de pensée et de langage de son époque. Ce qu'il expose dans ses *Opinions des Mortels*, ce ne sont donc pas simplement les opinions des autres, mais encore les siennes propres, pour autant qu'elles ne reposent pas sur le fondement inébranlable d'une prétendue nécessité philosophique. Il les soumet au lecteur en l'avertissant en même temps de ne pas leur accorder une entière croyance ; en effet, dit-il, son exposition est une « construction trompeuse », et la doctrine qu'il y développe n'est que « plausible » ou acceptable, tandis que la connaissance fondée sur l'idée ou sur la raison possède une force de persuasion véritable. A ce qu'il nous dit dans sa solennelle introduction, les deux parties de son poème didactique lui ont été inspirées par une divinité. La seconde contient bon nombre de théories caractéristiques, qui ont été prises au sérieux et, en partie, tenues dans la plus haute estime par toute l'antiquité ; il ne faut donc pas s'imaginer qu'il ne l'ait écrite que pour faire ressortir, par contraste, sa « doctrine de la vérité ». Sans aucun doute, il était heureux de pouvoir déployer, sous cette forme, la richesse de son savoir : le lecteur de son livre « ne doit être dépassé en instruction — ou en intelligence — par aucun des mortels » ; d'ailleurs, il y trouvait l'avantage, tout en satisfaisant un désir de son cœur, de montrer à ses compatriotes qu'il ne voulait pas être en opposition trop choquante avec leurs sentiments et leurs traditions. De même qu'il s'était placé sur le terrain des phénomènes en matière de science, il se place en matière de religion sur celui de la foi populaire, en tenant compte des modifications qu'y avaient apportées les influences orphiques[1] ; il introduit des divinités telles que « la déesse qui trône au centre de l'Univers et qui gouverne le Tout », et qu' « Eros, le premier dieu créé ». En quelle mesure ces divinités sont-elles des personnifications de forces et de facteurs naturels ? C'est ce qui reste douteux. On ne se trompera guère d'ailleurs en supposant que deux tendances se disputaient l'âme du poète-penseur, comme deux tendances se sont disputé de nos jours celle de Fechner, qui à côté de sa *Théorie des Atomes*, a publié ses *Vues de Jour et de Nuit (Tages- und Nachtansicht)*.

La cosmogonie de Parménide part de l'hypothèse de deux matières primitives, qui rappellent d'une manière surprenante la première des différenciations de la matière primordiale d'Anaximandre : d'une part, l'élément subtil, lumineux et léger, de l'autre l'élément épais, sombre et lourd. Le philosophe ne peut s'expliquer la naissance de l'Univers que par la coopération de ces deux facteurs, qu'il appelle directement Lumière et Nuit ; il condamne expressément la supposition d'une matière primitive unique, et la prétention de se passer d'une seconde, condamnation qui atteint les théories de Thalès, d'Anaximène et d'Héraclite, mais qui vise sans doute en première ligne le

---

[1] Cette influence a été démontrée par O. Kern, *de Orphei etc. theogoniis*, p. 52 et dans l'*Archiv*, III 173.

dernier de ces philosophes, principal ennemi de celui qui nous occupe. Dans des vers qui ne nous ont pas été conservés, Parménide décrivait la naissance « de la Terre, du Soleil, de la Lune qui brille d'une lumière empruntée, du commun Ether, du Lait céleste, de l'Olympe extérieur (déjà connu de nous) et de la force chaude des Astres ». Nous pouvons avec une entière certitude lui attribuer la connaissance de la sphéricité de la terre ; il passe pour l'avoir, le premier, répandue sous une forme écrite, mais d'accord en cela avec les premiers Pythagoriciens, il continua à faire de notre globe le centre de l'Univers[1]. Il a, de plus, développé la théorie des diverses zones de la terre, mais, induit en erreur probablement par les fausses analogies des zones célestes, qu'il transportait à son astre central, il a considérablement exagéré la grandeur des contrées inhabitables à cause de la chaleur. Il donnait aux différentes régions du ciel le nom de « couronnes », et se les représentait sous forme de cercles concentriques s'enveloppant les uns les autres, et consistant en partie en « feu sans mélange », en partie en mélanges de ce feu avec l'élément sombre ou terrestre. En matière de philosophie naturelle, il dépend en partie d'Anaximandre, en partie de Pythagore. Nous avons, une fois déjà, cru constater en lui l'influence de la « table des oppositions ». Cette influence se reconnaît plus clairement dans sa théorie de la génération. Pour lui, la différence de sexe de l'embryon se rattachait à la différence de position dans le sein maternel, et l'opposition de « masculin et féminin » coïncidait avec celle de droit et gauche. Dans cette même théorie se manifeste aussi la tendance caractéristique des esprits imbus de pythagoréisme, à savoir de réduire, en tant que mathématiciens, les différences de qualité à des différences de quantité. Selon lui, les rapports de quantité dans lesquels se trouvent l'élément générateur de la femelle, admis par lui comme, antérieurement, par Alcméon, et l'élément du mâle, expliquent les particularités de caractère de leurs descendants, et surtout leur tendance sexuelle. Parménide s'efforce de même, sous l'influence du même principe, de ramener la diversité mentale des individus et de leurs états intellectuels successifs à la proportion plus ou moins grande, dans leurs corps, des deux éléments primordiaux. Nous retrouverons bientôt la

[1] Sur l'Univers de Parménide, cf. H. Berger, *Gesch. d. wissenschaftl. Erdkunde*, II 31 sq.

même manière de voir chez Empédocle, qu'elle a conduit à une modification importante et vraiment scientifique de la théorie des éléments. Quant aux autres points de contact des deux philosophes, nous les mentionnerons plus tard. Il nous reste à formuler notre conclusion définitive sur l'ensemble de l'œuvre de Parménide, mais nous croyons devoir la réserver jusqu'à ce que nous ayons passé en revue les plus jeunes représentants de la doctrine éléatique[1].

---

[1] Il est instructif, pour l'intelligence de Parménide et des Eléates en général, de rapprocher de leurs doctrines quelques-unes des déclarations d'un philosophe qui présente avec eux une grande affinité intellectuelle, Herbart. Lui aussi prend absolument au sérieux les « paroles de l'opinion », et félicite Parménide d'avoir tout à fait séparé « l'inévitable opinion sur la Nature... de l'exposition de la vérité » (Werke I 226). Quelques citations montreront au lecteur combien nous sommes justifiés à appeler les Mégariques et leurs prédécesseurs éléates les Herbartiens de l'antiquité : « De la proposition du § 135 découle immédiatement qu'à l'Etre comme tel ne peuvent être attribuées des déterminations ni d'espace ni de temps. — Si l'Etre était étendu, il contiendrait une pluralité, etc. » (Werke I 223.) Cette dernière phrase est tout à fait zénonienne. Dans le § 135 dont il est question plus haut, Herbart s'en réfère à ses prédécesseurs antiques, au sujet desquels il remarque : « Les Eléates peuvent être regardés comme les inventeurs de cette proposition métaphysique fondamentale : La qualité de l'Etre est absolument simple, et ne peut en aucune manière être déterminée par des oppositions internes. »

CHAPITRE III

Les disciples de Parménide.

I. Mélissos de Samos. Sa démonstration. L'Unité confondue avec l'homogénéité. L'Univers exempt de peine et de souffrance. L'Etre en même temps étendu et incorporel. — II. Zénon d'Elée. Ses « apories ». L'argument du grain de millet. — III. Critique du concept de l'espace. Achille et la tortue. Difficultés du problème. La flèche et l'argument de l'hippodrome. — IV. Négation de la pluralité des choses. Les choses en même temps dépourvues de grandeur et infiniment grandes. Critique du concept de la matière. Son fondement partiel. Décomposition spontanée de la doctrine éléatique de l'Etre. Distinction entre la science et la croyance. Influence ultérieure de l'éléatisme.

I

Mélissos est l'enfant terrible de la métaphysique[1]. La gaucherie naïve de ses faux raisonnements trahit plus d'un secret que l'art plus raffiné de ses successeurs a su soigneusement garder. De là, le curieux et perpétuel changement d'attitude dont ils usent à son égard. Tantôt ils s'effrayent de l'affinité qu'ils ont avec lui et ils renient leur grossier prédécesseur, à peu près comme on tourne le dos à ceux des membres de sa famille dont on croit devoir rougir. Tantôt ils sont heureux

[1] Détails sur sa personnalité dans Diog. Laërce IX ch. 4. Apollodore y place son *acmè* à la 84me Olympiade. Il s'agit évidemment, et on ne le conteste pas, de la 4me année de cette Ol., à savoir de l'année 441, dans laquelle Mélissos remporta la victoire navale mentionnée dans le texte. Ici nous pouvons saisir sur le fait la méthode d'Apollodore, — qui consiste à rattacher un incident personnel à un événement historique dont la date peut être fixée avec certitude. Dans les autres cas, nous en sommes souvent réduits à la supposer. — Les restes de l'ouvrage de Mélissos *Sur la Nature ou l'Etre* nous ont été conservés presque uniquement par Simplicius dans ses commentaires sur la *Physique* et le *de Caelo* d'Aristote, dont nous avons maintenant les éditions très améliorées de Diels et de Heiberg. Cf. en outre la dissertation de A. Pabst *de Melissi Samii fragmentis*, Bonn 1889. Les recherches de Pabst rendent pour le moins très probable qu'une partie seulement de ces fragments méritent ce nom, tandis que, dans les autres, les pensées de Mélissos n'ont pas été rendues avec une fidélité littérale.

de voir leurs propres théories soutenues à une date si ancienne ; alors ils frappent amicalement à l'épaule le maladroit qui a engagé la lutte, et s'efforcent, par toute sorte d'interprétations, de débarrasser son argumentation de ses taches les plus compromettantes. C'est ainsi que Mélissos est tour à tour traité de « rustre » et de « lourdaud », ou salué comme un penseur vaillant et digne de toute considération ; et ces jugements se succèdent de la manière la plus variée depuis Aristote[1] jusqu'à l'heure actuelle.

Nous connaissons déjà le point de départ de la doctrine de Mélissos ; nous connaissons aussi le but qu'il poursuivait, pour autant du moins que ce but coïncidait avec celui de Parménide. A notre connaissance, il y avait divergence sur trois points. Mélissos conservait à l'Etre l'attribut de l'étendue, mais il le dépouillait de tout élément grossier et corporel ; à l'infinité dans le temps, il ajoutait l'infinité dans l'espace ; enfin il reconnaissait à l'Etre une vie affective exempte de toute peine, de toute souffrance, et que nous pouvons par conséquent considérer comme un état de félicité parfaite[2]. Il a fait, comme on voit, des progrès considérables dans la voie d'abstraction inaugurée par Parménide ; il pousse si loin la volatilisation de l'Univers qu'il est sur le point de le faire évanouir tout à fait et de le remplacer par un pur esprit. A cet égard, Mélissos se place parmi les mystiques ; mais il se distingue de la grande majorité de ceux de l'Orient ou de l'Occident par l'effort qu'il fait — couronné de succès ou non — pour s'appuyer non pas sur la simple lumière intérieure ou intuition, mais sur

---

[1] Aristote qualifie Mélissos de « lourdaud » (φορτικός), *Physique*, I 3. Mélissos et Xénophane sont déclarés ensemble « un peu grossiers » (μικρὸν ἀγροικότεροι), dans *Métaph.* I 5.

[2] « Quelqu'un s'est-il jamais demandé quels états de conscience Mélissos a bien pu attribuer à son Etre absolu ? Car il le concevait comme conscient, puisqu'il lui déniait la peine et la souffrance. Il vise sans doute par là à lui attribuer la félicité pure et inaltérable. » Voilà ce que nous écrivions en janvier 1880, et nous pouvions bientôt après ajouter cette remarque : « C'est ce que reconnaît enfin Fr. Kern dans son importante dissertation, importante aussi pour l'intelligence de Parménide : *Zur Würdigung des Melissos von Samos* (Festschrift des Stettiner Stadtgym. zur Begrüssung der 35. Vers. deutscher Philologen u. s. w., Stettin 1880. » Si Mélissos se contentait de ces déterminations négatives, et s'interdisait de célébrer son Etre universel et bienheureux comme tel, il obéissait sans doute à des considérations de prudence. L'homme qui occupait une situation éminente dans la vie publique de sa patrie avait encore plus de raisons que d'autres philosophes de ménager les susceptibilités religieuses de ses concitoyens. C'est évidemment pourquoi il préférait ne pas attribuer directement à son Unité universelle la félicité des dieux populaires (μάκαρες θεοί), mais se contentait de le faire entendre indirectement.

une démonstration rigoureuse. Nous allons donc envisager la marche de cette dernière, quoiqu'il paraisse à peine possible d'en faire une analyse compréhensible sans la soumettre en même temps à un examen critique. « Si rien n'est, comment pourrions-nous en arriver à parler de quelque chose comme étant ? » Tels sont les mots que Mélissos a placés en tête de son livre, et c'est un honneur pour lui d'avoir eu l'idée que le point de départ de son exposition pouvait être illusoire, et qu'il ait essayé d'écarter cette possibilité par un argument. Nous ne voulons pas nous attarder à examiner si cet argument est concluant, ou si l'on n'aurait pas pu répondre avec raison : Le concept de l'Etre, au sens rigoureux dans lequel seul il peut supporter les conséquences qui y sont ici attachées, repose peut-être réellement sur une illusion de l'esprit humain, que Mélissos, précisément, a déclaré sujet à tant d'illusions. « Ce qui existe, dit-il ensuite, était de toute éternité et sera de toute éternité. Car s'il était né, il aurait nécessairement, avant de naître, dû être le Néant. Mais si un jour il était le Néant, nous sommes en droit de dire que jamais rien ne peut sortir du Néant. Si donc il n'est pas né, et si cependant il est, c'est qu'il était de toute éternité et qu'il sera de toute éternité ; il n'a ni commencement ni fin, mais il est infini. Car s'il était né, il aurait un commencement (car, étant né, il aurait commencé une fois) et une fin (car, étant né, il aurait fini une fois). Mais s'il n'a jamais commencé et jamais fini, s'il a toujours été et sera toujours, alors il ne possède ni commencement ni fin. Il est d'ailleurs impossible qu'une chose soit éternelle, si elle ne renferme tout en soi ». Pour prévenir tout malentendu, il est nécessaire de citer encore deux courts fragments : « Mais s'il est à jamais (l'Etre), il doit être aussi à jamais infini en grandeur », et ensuite : « Ce qui a un commencement et une fin n'est ni éternel ni infini ».

Qui ne voit ici le saut périlleux que tente Mélissos de l'infinité du temps à celle de l'espace ? Aristote y a déjà rendu attentif avec beaucoup de raison et avec l'insistance qu'il fallait[1]. Mais voici ce qu'il y a de plus étonnant et de plus remarquable dans cette démonstration. Ce qui réellement a besoin de preuve est supposé évident par soi-même, ou du moins, il faut en lire la preuve entre les lignes ; au contraire,

[1] Aristote, *Sophist. Elench.* ch. 5, 107 b 13 et *Phys.* I 3, 186 a 10.

ce qui est vraiment évident par soi-même, parce que tautologique, est enveloppé dans les formes rigoureuses d'une argumentation prolixe jusqu'à la satiété. A la première catégorie appartient cette thèse : « Ce qui est né doit périr », bien moins prouvée qu'affirmée par cette petite phrase incidente : « Car s'il est né, il aurait fini une fois ». Du reste, cette proposition, qui n'est ni plus ni moins que la généralisation bien compréhensible de l'expérience, n'aurait pu, à proprement parler, se prouver. A la même catégorie appartient aussi cette thèse, également dérivée de l'expérience : « Seul, ce qui n'a rien hors de soi par quoi il pourrait être compromis ou détruit, peut être éternel », pensée qui devait être présente à l'esprit de notre philosophe, car on ne peut guère imaginer une autre défense de cette affirmation que seul le Tout peut prétendre à l'éternité. Pas prouvée davantage, la proposition qui forme la base de toute l'argumentation : « Jamais rien ne peut sortir de rien ». Ici le métaphysicien a fait un emprunt aux physiciens ; il leur a pris le principe essentiel de la doctrine de la matière, principe issu des constatations de fait, confirmé de plus en plus par le progrès de l'observation, mais qu'il est impossible de déduire jamais des nécessités de la pensée. Tout au contraire, on voit apparaître les formes rigoureuses de la démonstration, on voit Mélissos tirer des conséquences et des conclusions là où, en vérité, il ne prouve ni ne conclut quoi que ce soit, mais où il ne fait que donner un autre vêtement à ses assertions : « Ce qui commence a un commencement ; ce qui finit a une fin ; ce qui ne commence ni ne finit n'a ni commencement ni fin ; ce qui n'a ni commencement ni fin est infini ». Cette prétendue série de raisonnements ne dénote-t-elle, pour cela, absolument aucun progrès de pensée ? Si bien, mais si elle ne piétine pas sur place, si elle franchit le cercle vicieux de la tautologie, elle le doit exclusivement à l'équivoque ou à l'ambiguïté de la langue, qui remplace sans qu'on y prenne garde le commencement et la fin dans le *temps* par les termes correspondants dans l'*espace*. De telle sorte que nous pouvons voir dans l'ensemble du morceau un modèle, un chef-d'œuvre de démonstration a priori et répudiant tout appel à l'expérience. Si le conducteur d'une telle démonstration ne veut pas arriver au but dans un dénuement aussi complet qu'à son départ, il faut qu'en route il remplisse sa poche vide. Il fera donc main basse sur toutes les proies qui s'offriront à lui, vaines chimères aussi bien que substantiels produits de l'expérience. Il trouvera une complice de cette contrebande intellectuelle dans l'équivoque, qui remplit d'un contenu nouveau et toujours enrichi les vieilles enveloppes des mots. Une partie de cette marchandise suspecte éblouira notre œil, grâce à l'éclat emprunté dont la revêtiront de prétendues fières nécessités de la raison ; le reste échappera à nos regards en se dissimulant derrière des présomptions tacites ou des parenthèses insidieuses.

La notion de l'infinité de l'Etre dans l'espace ainsi acquise, Mélissos en dérive son *unité*. « Car s'il y avait deux êtres, l'Etre serait limité par autre chose ». En d'autres termes : ce qui est illimité dans l'espace ne peut pas être limité ou borné par un autre élément étendu. Proposition aussi incontestable que stérile. Elle ne devient féconde qu'au moment où l'équivoque entre en jeu et transforme l'attribut de la quantité en celui de la qualité. De l'*un* sort immédiatement l'*uniformité* et l'*homogénéité*. Par l'intermédiaire de ces concepts, se tirent, touchant le caractère de l'Etre, des conclusions d'une valeur exactement pareille à celle de ce raisonnement : Un dé cesse d'être *un* aussitôt que ses six faces cessent d'être teintes de la même couleur. Mais écoutons le philosophe de Samos lui-même : « Ainsi donc, il (l'Etre) est éternel, infini, un et absolument homogène ; et il ne peut ni s'anéantir, ni devenir plus grand, ni éprouver une transformation cosmique ; il ne ressent pas davantage la peine ou la souffrance, car s'il était sujet à quoi que ce soit de tout cela, il ne serait plus un ». De la démonstration détaillée de ces propositions, nous nous contenterons de relever quelques points. L'impossibilité de tout « changement » est fondée sur ce que, l'Etre cessant d'être homogène, ce qui existe devrait tomber dans le néant pour faire place au non-être. L'homogénéité ne s'étend donc pas seulement, selon Mélissos, aux états simultanés, mais aux états successifs de l'Etre, et cette extension de l'idée est motivée par le fait que l'impossibilité de la naissance et de la destruction n'est pas limitée à l'existence de l'Etre, mais s'étend à sa nature. Ce passage du « quoi ? » au « comment ? » nous est déjà connu ; il n'y a de neuf pour nous que l'argument sur lequel il est fondé : la perte de propriétés anciennes et l'acquisition de propriétés nouvelles sont assimilées à une destruction de l'Etre précédent et à une naissance du Non-Etre.

Mais la pensée suivante ne manque pas d'imprévu : « Si le Tout se modifiait en dix mille ans de la largeur d'un cheveu, il périrait au cours de la durée entière. » Ce qui frappe ici, ce n'est pas seulement la grandeur de la perspective, qui contraste si fort avec l'horizon borné des anciennes et enfantines représentations cosmogoniques et mythologiques. Mélissos s'est aussi approprié la doctrine, développée surtout par Xénophane dans ses spéculations géologiques, de la totalisation des plus infimes phénomènes pour aboutir à des effets immenses, et cela lui fait grand honneur, bien que la rigueur de son raisonnement ait quelque peu souffert à cette occasion. En effet, que signifient les conclusions tirées des faits expérimentaux dans une méthode qui déclare la guerre à toute expérience ? Nous rencontrons à la fois le même emploi et la même et illégitime généralisation des résultats de l'expérience dans le raisonnement destiné à prouver que l'Etre est exempt de peine et de douleur. « Il n'éprouve non plus aucune douleur. Car il est impossible qu'il soit *absolument* rempli de douleur, puisque l'objet qui en serait rempli ne saurait durer éternellement. D'ailleurs l'objet qui éprouve de la douleur n'a pas la même nature que celui qui est sain ; par conséquent, s'il éprouvait une douleur (partielle), il ne serait plus homogène. D'ailleurs il ne pourrait éprouver de la douleur que s'il perdait une partie de lui-même ou s'accroissait, et alors (pour le même motif) il ne serait plus homogène. Il est impossible aussi que ce qui est sain éprouve de la douleur, car alors ce qui est sain et ce qui *est* périrait, et l'on verrait se produire le Non-Etre. En ce qui concerne le chagrin (le mot grec signifie affliction, tristesse de l'âme), la preuve est la même qu'en ce qui concerne la douleur ». Quelques-uns des paralogismes qui se rencontrent ici sont déjà connus des lecteurs, et il n'est pas nécessaire de les relever en détail. Ce qu'il y a de frappant, c'est l'analogie tirée de ce fait d'expérience : que la douleur est le phénomène concomitant d'un trouble intérieur, et que celui-ci, très souvent du moins, est l'avant-coureur de la dissolution ; ce fait, emprunté à l'organisme animal, Mélissos le transporte à l'Etre absolu, qui lui ressemble si peu. Dans ce qui suit, il paraît avoir oublié une des causes les plus ordinaires de la douleur corporelle, c'est-à-dire les troubles des fonctions, et son regard s'est attaché évidemment aux causes les plus manifestes, c'est-à-dire à la perte des membres et à la formation d'excroissances pathologiques. On se demande en vain comment il aurait modifié sa démonstration pour l'appliquer à la seconde partie de sa thèse et prouver que l'Etre n'est sujet à aucun chagrin, à aucune souffrance psychique ; on pourrait presque supposer que la difficulté de l'entreprise l'en a détourné. Quant à la possibilité du mouvement de l'Etre, il la combat par l'argument qu'employait déjà Parménide. Sans espace vide, pas de mouvement ; — c'est ce qu'avaient vu et reconnu les physiciens — or le vide n'est rien, et un rien ne peut pas exister. Notre philosophe refuse aussi à l'Etre la différence de densité en s'en référant à son homogénéité qu'il croit avoir déjà démontrée.

Nous arrivons à la dernière partie de la doctrine de Mélissos, qui est aussi la plus difficile. Il admettait, comme nous l'avons vu surabondamment, que l'Etre était étendu dans l'espace ; comment expliquer alors qu'il lui refusât la corporalité ? Il le fait dans les termes que voici : « Puisque l'Etre est un, il ne peut pas posséder de corps, car s'il possédait l'épaisseur, il se diviserait en parties et ne serait par conséquent plus un ». Parménide, il est vrai, a aussi dit de son essence primordiale qu'elle « n'était pas divisible ». Mais rien ne nous oblige de supposer qu'il lui ait attribué la forme sphérique, et que par un non-sens manifeste, il lui ait en même temps dénié la possession de parties. Nous pensons avoir des raisons de croire que, par là, il ne niait pas la possibilité d'une division idéale, mais celle seulement d'une division de fait. L'indivisibilité de l'Etre conçue dans ce sens n'est qu'un cas spécial de l'impossibilité de mouvement que lui attribuait Parménide. En ce qui concerne Mélissos, on ne peut recourir à cette échappatoire, puisqu'il conteste expressément non pas la séparabilité, mais l'existence même de parties. Personne ne soutiendra sérieusement que par l' « épaisseur », il n'entendait que la troisième dimension de l'espace, et que, par conséquent, l'Etre, pour lui, n'en avait que deux et se réduisait à une simple surface. Car non seulement une telle pensée est étrangère à toute l'antiquité, mais elle est en contradiction avec le fait que l'espace entier est rempli par l'essence primordiale de Mélissos. Il ne reste guère qu'un parti : admettre que Mélissos n'a pas identifié la plénitude de l'espace avec la corporalité, et qu'il a voulu débarrasser de tout grossier matérialisme son Etre universel, partout présent et parfaitement heureux. Cette conception qu'on ne peut, à cause de son caractère peu clair, préciser d'une manière un peu nette, ne manque pas de parallèles, même dans les temps les plus modernes ; qu'on songe à l'identification tout récemment renouvelée de l'espace et de la divinité. La doctrine serait sans doute plus compréhensible et en tous cas plus conséquente si le penseur de Samos, en se fondant sur les motifs que nous venons de citer, avait refusé à son Etre la catégorie de l'espace comme celle du temps. Car l'unité, conçue absolument, ne souffre aucune coexistence et aucune succession. Dès que l'on oublie que nous ne connaissons que relativement les concepts de nombre, et parmi eux aussi celui de l'unité — l'arbre est une unité à côté des autres arbres de la forêt, une pluralité par rapport à ses rameaux ; de même ceux-ci à l'égard les uns des autres et à l'égard de leurs feuilles, etc., etc., — et qu'on prend tout à fait au sérieux l'unité ainsi entendue, on s'engage dans une voie qui n'aboutit à rien moins qu'au complet « évidement » non seulement de l'existence matérielle, mais encore — étant donnée la succession dans le temps des états de conscience — de toute existence spirituelle. A ce moment, l'unité, dépourvue de tout contenu, se transforme en pur néant. Nous aurons, dans la suite, à nous occuper de l'histoire d'une transformation de ce genre, laquelle, de l'ontologie ou doctrine de l'Etre des Eléates, a fait sortir le nihilisme ou doctrine du Néant.

II

Malgré tout ce que l'on peut trouver à blâmer dans les méthodes de Mélissos et dans les résultats auxquels elles le conduisent, — et nous ne nous sommes pas fait faute de lui adresser des reproches, — il lui reste un titre de gloire qu'on ne saurait entamer. Le valeureux amiral était un penseur d'une tranquille hardiesse. Il poursuit le cours de ses méditations sans se préoccuper de savoir s'il sera salué à la fin par des huées ou par des applaudissements. Si grossiers que soient les paralogismes que nous avons dû mettre à sa charge, nous n'avons pas le moindre motif de croire qu'il ait trompé de propos délibéré. Tout porte à supposer, au contraire, qu'il a été lui-même dupe de ses erreurs. Ce grand et loyal courage philosophique est le meilleur héritage que Xénophane ait laissé à son école ; il caractérisait aussi le puissant champion de la critique que nous allons maintenant considérer. Zénon d'Elée, était un bel homme, d'une remarquable prestance ; ami intime de Parménide, il était d'un quart de siècle plus jeune que lui, et, comme lui, il prit part à la vie politique[1]. Une conjuration à laquelle il s'affilia et dont le but était de renverser un usurpateur causa sa mort. Celle-ci fut précédée d'un cruel martyre, qu'il supporta avec une constance célébrée par ses contemporains et par la postérité. Zénon mania dès sa jeunesse les armes de la dialectique, obéissant en cela au penchant de sa nature combative et au besoin de mettre en œuvre ses étonnantes aptitudes. Son talent fut éveillé par la nécessité de se défendre. La doctrine de l'unité de Parménide avait provoqué dans toute la Grèce de bruyants éclats de rire. Il y a moins de deux siècles, pour avoir nié la matière, l'évêque Berkeley n'a pas été salué de plus de moqueries et de dédains. Il n'en fallait pas davantage pour entraîner Zénon dans la lutte. Il voulait se venger et il se vengea. « Il rendit aux railleurs la monnaie de leur pièce, nous dit Platon, et il ajouta même quelque chose avec[2] ».

« Vous vous moquez de nous, leur cria-t-il à peu près, parce que nous rejetons tout mouvement comme ridicule et impossible ; vous nous traitez de fous parce que nous traitons les sens de menteurs ; parce que, dans la multiplicité des choses, nous ne voyons qu'une vaine illusion, vous nous lancez des pierres. Prenez garde de ne pas habiter vous-mêmes une maison de verre ». Et aussitôt il se mit à vider sur eux son

[1] Sur Zénon cf. Diog. Laërce IX ch. 5. Diogène, c'est-à-dire Apollodore, place son *acmè* à la 79ᵐᵉ Olympiade, tandis que Platon (voir plus haut) le dit d'environ 25 ans plus jeune que Parménide, dont l'*acmè* est fixée à la 69ᵐᵉ Olympiade. Ces indications peuvent fort bien reposer toutes deux sur la vérité. Car, d'après ce que nous avons remarqué plus haut dans notre note sur Mélissos, et déjà auparavant à propos de la méthode d'Apollodore, nous n'avons aucune raison du tout de supposer qu'aux différences d'*acmè* correspondent nécessairement des différences égales ou même approximativement égales d'âge. — Nous parlerons plus loin de la discussion critique à laquelle Zénon avait soumis la doctrine d'Empédocle (ἐξήγησις Ἐμπεδοκλέους dans Suidas, au mot Ζήνων). On a souvent, mais sans raison, mis en doute que Zénon ait, comme son maître Parménide, exposé des doctrines se rapportant à la philosophie naturelle. Le titre d'un ouvrage *Sur la nature* (Suidas, *ibid.*) et surtout les propositions qui lui sont attribuées dans Diog. Laërce (IX 29) prouvent que ces questions l'ont préoccupé. — Les sources principales où nous puisons la connaissance de ces arguments sont : Arist. *Phys.* IV 1 ; IV 3 ; VI 2 et surtout VI 9, ainsi que les commentaires de Simplicius à ces passages.

[2] *Parménide* 128 d. Platon décrit dans le *Phèdre*, 261 d, l'impression déconcertante que produisaient les discours de Parménide.

carquois de polémiste, qui était plein de traits acérés. Comme des perles, il laissa tomber de sa dialectique souple et légère et réunit en un même collier cette chaîne de subtils arguments qui ont fait le désespoir de tant de générations de lecteurs, et dans lesquels plus d'un esprit puissant — il suffira de mentionner ici Pierre Bayle[1] — a trouvé des obstacles qu'on ne peut emporter qu'en les tournant.

Nous prenons un grain de millet, et nous le laissons tomber. Il arrive à terre silencieusement. Ainsi d'un second, d'un troisième, et, successivement, de chacun des dix mille grains que contenait le boisseau. Puis nous réunissons ces grains, nous les remettons dans le boisseau, et nous le renversons. La chute des grains est accompagnée d'un grand bruit. Comment se peut-il faire, demande Zénon, que les dix mille chutes silencieuses, en se réunissant, forment une chute si bruyante ? N'est-il pas inexplicable que la somme de dix mille zéros ne soit pas égale à zéro, mais qu'au contraire elle produise une grandeur perceptible, et même très nettement perceptible ? Il y a là, nous le pensons aussi, une sérieuse difficulté, que l'on ne peut résoudre sans avoir examiné de plus près la nature du phénomène en question[2]. Cet examen plus approfondi n'avait pas été fait à l'époque de Zénon, et l'« aporie » ou embarras de l'Éléate a le grand mérite d'avoir fait sentir cette lacune à tous les esprits pensants. Elle appelle, pour ainsi dire, une psychologie de la perception par les sens. Aussi longtemps que les propriétés sensibles sont considérées comme des qualités purement objectives des choses, l'aporie est insoluble. Mais la solution est trouvée dès le moment où nous envisageons l'acte de la perception, et que nous nous apercevons du caractère toujours compliqué, et souvent extrêmement compliqué, que présente ce phénomène si simple en apparence. De même, l'idée doit d'abord se faire jour en nous que, en cela comme ailleurs, une dépense de force n'est pas perdue et sa valeur pas égale à zéro, bien qu'elle ne soit pas suivie d'un effet visible. Un exemple fera ressortir ces deux vérités. De sa petite main, un enfant essaye de tirer la corde d'une cloche. Il n'imprime pas à la cloche un mouvement perceptible. Si plusieurs enfants viennent ajouter leurs mains à la sienne, leurs

---

[1] Pierre Bayle : *Dict. historique et critique* IV 536, éd. de 1730.

[2] Aristote fait allusion à cette aporie, *Phys.* VII 5, et elle est développée dans la note de Simplicius à ce passage sous forme d'un dialogue entre Zénon et Protagoras.

efforts réunis réussiront peut-être à faire balancer la cloche avec le battant. Le nombre des menottes est-il doublé ou triplé, il suffira pour faire frapper le battant contre le métal, mais le choc ne sera peut-être pas assez fort, et l'ébranlement de l'air causé par lui peut-être pas assez puissant pour produire dans notre appareil auditif les modifications physiques d'où résulte la perception d'un son. La dépense de force suffisante pour cela peut encore être inférieure à la force requise pour réaliser l'effet physiologique que nous appelons une excitation du nerf auditif. De plus, cette excitation peut avoir lieu, mais non pas avec le degré d'intensité voulu pour produire dans l'organe central le phénomène décisif qui dépend de l'excitation nerveuse. Et enfin, ce phénomène peut même se réaliser, mais non pas avec une vigueur suffisante pour faire franchir le seuil de la conscience à l'impression psychique qui y correspond. Il y a lieu de tenir compte aussi chaque fois de notre état psychique général. Lorsque le sommeil enveloppe nos sens ou que notre attention est fixée sur autre chose, la résistance à vaincre est plus grande que dans des conditions différentes et plus favorables. Si le résultat final ne se produit pas, cela ne prouve nullement que l'un quelconque des actes intermédiaires — dont nous avons certainement dressé une liste trop courte — n'était pas, en lui-même, propre à en assurer l'apparition. On ne peut pas même l'affirmer du premier effort, en apparence si parfaitement stérile, de la petite main de l'enfant ; n'a-t-il pas contribué pour sa part à diminuer la résistance, que le nombre des mains seul, en s'accroissant, a pu finir par vaincre ? Mais on ne saurait légitimement demander en pareil cas que chaque unité de la force initiale produise la centième partie du résultat final atteint par cent unités de même espèce. Une roue dentée peut avoir un pouce ou quatre-vingt-dix-neuf pouces de rayon sans pour cela s'engrener dans la roue dentée voisine ; ce n'est que lorsque son rayon atteint les cent pouces qu'elle atteindra la roue placée à cette distance de son centre et transmettra la série d'effets qui dépendent de la rotation de cette seconde roue. Il en est de même de cette deuxième roue par rapport à une troisième, etc., etc. La présence ou l'absence de ce dernier pouce décide de l'exécution ou de la non-exécution du travail final de la machine. C'est à ces considérations et à des considérations analogues que devait conduire l' « embarras » de Zénon. La théorie correcte de la perception sensible est à peu près contemporaine de ce philosophe ; dès après lui, on sait que la perception n'est pas un simple reflet de propriétés objectives, mais le résultat d'une action de l'objet sur le sujet et que ce résultat est assuré par une longue chaîne d'actes dépendant les uns des autres. — N'est-il pas évident que l' « aporie » dont nous venons de parler si longuement peut revendiquer une part de cette découverte féconde dont les bienfaisants effets n'ont pas manqué de se répandre au loin ?

III

Nous arrivons maintenant aux fameuses apories relatives au mouvement dans l'espace. Tout d'abord, Zénon soumit le concept même de l'espace à une critique qui n'avait rien de particulièrement pénétrant. Si chaque être, chaque objet réel se trouve dans l'espace, l'espace lui-même, à moins qu'il ne soit dépourvu de réalité, doit se trouver dans l'espace, c'est-à-dire dans un second espace ; celui-ci, pour le même motif, dans un troisième, et ainsi de suite à l'infini. Ainsi il ne nous reste d'autre choix que d'admettre cette conséquence extravagante, ou de nier la réalité de l'espace. Ce serait faire trop d'honneur à Zénon que de rapprocher de la sienne la critique exercée par Kant et d'autres modernes sur l'idée de l'espace, et de prétendre que le philosophe grec avait anticipé sur elle. On peut parfaitement traduire le mot grec (τόπος), par notre mot « lieu », sans influencer en rien le contenu du raisonnement. Tout objet est situé dans un lieu ; ce lieu doit, s'il est réel, être situé dans un autre lieu, etc. Et l'aporie que Zénon applique à la situation des choses aurait tout aussi bien pu s'appliquer à leur existence. Tout ce qui est réel ou existe possède une existence ; sous peine d'être une pure chimère, celle-ci doit en posséder une elle aussi, etc. C'est que nous nous trouvons ici en présence d'une tendance profondément conforme au génie de la langue : comme nous employons des substantifs pour désigner les abstractions de toute espèce (énergies, propriétés, états, rapports), nous sommes portés à mesurer les concepts abstraits avec la même mesure que les objets concrets. Un tel concept devait être une espèce d'objet ou ne pas être. Selon qu'il supportait cette épreuve, ou, plus exactement, selon qu'on croyait pouvoir renoncer, ou non, à son existence, il était ou bien relégué dans le domaine de la fantaisie, ou bien — et c'est le cas de beaucoup le plus fréquent — il était conçu comme concret, considéré pour ainsi dire comme le spectre d'un objet. Cette aporie a pour avantage de placer sous nos yeux, de nous faire voir clairement cette fâcheuse tendance de l'esprit humain, origine d'erreurs et d'illusions d'autant plus funestes qu'il est presque impossible de les déraciner, — et aussi de nous avertir de son influence en nous montrant les conséquences absurdes qui en découlent.

Incomparablement moins élémentaires sont les objections formulées par Zénon concernant le mouvement lui-même. Chacun connaît le problème d'Achille et de la tortue. La vitesse personnifiée et l'incarnation de la lenteur se provoquent à la course. Et, chose étrange, il nous est difficile de comprendre comment le fils de Thétis peut atteindre ou devancer son adversaire ! Achille — telle est la donnée du problème — accorde une avance à la tortue, et court dix fois plus vite qu'elle ; donc pendant qu'il franchit la distance rendue par lui — disons un mètre, — la tortue avance d'un décimètre ; pendant qu'il parcourt cet espace, elle avance d'un centimètre ; tandis qu'il la suit jusque là, elle couvre un millimètre, et ainsi de suite à l'infini ; nous voyons les deux concurrents se rapprocher toujours davantage, mais nous sommes dans l'impossibilité de comprendre comment sera jamais franchie la distance minimum qui les sépare : Achille, telle est par conséquent la conclusion du problème, ne rattrapera jamais la tortue. Grand est l'étonnement des profanes en mathématiques quand ils apprennent qu'à part sa conclusion finale, cette démonstration est absolument approuvée par tous les experts en cette science. Achille aux pieds légers n'atteindra en effet sa concurrente à la lourde carapace en aucun des points que nous venons d'indiquer, ni quand elle aura fait un dixième, ni quand elle aura fait encore un centième, un millième, un dix-millième, un cent-millième, un millionième, etc., du second mètre de la piste ! Mais il l'atteint — un calcul bien simple nous l'apprend — à l'instant où elle a parcouru la neuvième partie de cette distance[1]. En effet, pendant qu'elle s'avance d'un neuvième de mètre, Achille en fait $10/9 = 1\ 1/9$ m. La progression

[1] Sur ce qui suit, cf. Fried. Ueberweg, *System der Logik*, 3ᵉ éd., 409.

infinie : $1/10 + 1/100 + 1/1000 + 1/10\,000 + 1/100\,000$ etc., ne dépasse jamais la valeur d'un neuvième. Ou, pour donner au problème et à sa solution une forme générale : si les deux vitesses sont dans le rapport de $1 : n$, les deux adversaires ne s'atteindront en aucun des points de la série : $\frac{1}{n} + \frac{1}{n^2} + \frac{1}{n^3} + \frac{1}{n^4} \ldots$; mais cette progression infinie se trouve comprise dans la grandeur finie $\sum \frac{1}{n}$. Jusqu'à ce point tout est en règle. Une grandeur peut être divisible à l'infini, elle ne cesse pas, pour cela, d'être une grandeur finie. Divisibilité infinie et grandeur infinie sont deux concepts très différents, si facile qu'il soit de les confondre[1]. Il est facile aussi d'expliquer le semblant d'intervalle qui sépare toujours les deux compétiteurs pour notre œil intellectuel. La faculté que nous avons de nous représenter les espaces extrêmement petits est très limitée. Nous arrivons très vite au point que notre force d'imagination ne peut plus franchir. Tandis donc que nous diminuons de plus en plus par le langage la plus petite unité d'espace que nous puissions nous représenter, tandis que nous parlons de cent millièmes et de millionnièmes de mètre ou de pied, notre imagination se figure, en réalité, toujours la même unité d'espace, la plus petite qu'elle puisse saisir. A chaque nouvelle division, elle reparaît à nos yeux, malgré tous les efforts que nous faisons pour la rapprocher de zéro.

Mais toutes ces explications suffisent-elles en vérité à résoudre complètement et définitivement la difficulté aperçue et si brillamment exposée par Zénon ? Le puissant athlète de la dialectique nous a facilité la réponse à cette question en donnant à son aporie une seconde forme, dépouillée de tout sortilège. Comment pouvons-nous, se demande-t-il, franchir jamais un espace quelconque ? Il faut, en effet, avant d'atteindre le but, que nous parcourions la moitié de la distance, puis la moitié de la moitié qui reste, c'est-à-dire un quart ; puis, de nouveau, la moitié du quart qui reste, c'est-à-dire un huitième, puis un seizième, un trente-deuxième, etc., à l'infini. La réponse communément donnée est celle-ci : Pour parcourir un espace infiniment divisible, il ne faut ni plus ni moins qu'un temps également divisible à l'infini. Si on lui donne la portée qu'elle a réellement, — cette réponse est exacte. Mais cette

[1] C'est dans cette confusion de l'infinie divisibilité et de l'infinie grandeur que St. Mill (*Examination of Sir William Hamiltons philosophy*, 3ᵉ éd., 533) voit le nœud de l'aporie. C'est ainsi qu'en avait déjà jugé Aristote ; cf. *Phys*. VI 2, 233 a 21 sq.

portée ne va pas bien loin. Car la difficulté qui résulte de la question ainsi posée gît aussi dans le rapport d'une progression infinie à une grandeur finie. Sans doute, les mathématiciens nous assurent et nous prouvent que la progression résultant ici de la division par 2, comme celle qui résultait plus haut de la division par 10, ne dépasse pas la valeur d'une quantité finie. De même que la première ($1/10 + 1/100 + 1/1000 \ldots$) ne dépasse pas la valeur de $1/9$, la seconde ($1/2 + 1/4 + 1/8 \ldots$) ne dépasse pas la valeur de 1. Et cela n'est pas difficile à comprendre, mais ce qui nous rend perplexes, c'est l'assurance qu'ils nous donnent ensuite, et qui seule satisfait dans le cas qui nous occupe, à savoir que l'une comme l'autre de ces progressions infinies atteint réellement la quantité finie dont il s'agit. Nous franchissons d'un pas une distance quelconque, et nous ne sommes nullement surpris d'entendre dire que cette distance est divisible à l'infini. Mais faisons le contraire, procédons non pas analytiquement, mais synthétiquement, et essayons de construire la quantité finie au moyen de cette infinité supposée de parties. Ne manque-t-il pas toujours quelque chose, si peu que ce soit, pour que la quantité finie soit complète ? Est-il possible d'épuiser l'inépuisable ? La mathématique se tire d'affaire ici en négligeant les valeurs infinitésimales qui terminent les progressions, de même qu'elle les néglige dans la transformation d'une fraction décimale périodique en fraction ordinaire. Ce sont là des artifices légitimes et qui contribuent en une grande mesure aux progrès des sciences, mais dans lesquels on croit lire l'aveu de l'impossibilité où nous sommes de jamais pénétrer à fond le concept de l'infini. C'est, à notre avis du moins, contre ce concept, et non contre le fait empirique du mouvement, que portent, en réalité, et tout à fait contre le gré de leur auteur, les apories que nous venons de discuter.

Les deux dernières apories, relatives au problème du mouvement, nous délasseront des fatigues et des perplexités intellectuelles que nous ont fait éprouver les deux premières. La troisième ne nous est pas parvenue sous une forme très claire, mais nous croyons pouvoir l'exprimer comme suit : Une flèche se détache de la corde de l'arc ; elle mesure un pied de longueur et parcourt dix pieds à la seconde. Ne sommes-nous donc pas en droit de dire que, dans chaque dixième de seconde, elle a occupé un espace égal à sa longueur ? Mais occuper un espace équivaut à rester au repos ; et comment dix états de repos pourraient-ils engendrer un état de mouvement ? Le problème pouvait aussi prendre cette forme, plus captieuse encore : Un objet se meut-il dans l'espace où il est, ou bien dans celui où il n'est pas ? Ni dans l'un ni dans l'autre, car être dans un espace et l'occuper, c'est être au repos ; d'autre part, un objet ne peut ni agir ni souffrir dans l'espace où il n'est pas. Ici il y a lieu de répondre simplement : l'hypothèse est insidieuse, mais fausse ; un corps toujours en mouvement n'occupe pas, même dans les unités de temps les plus petites qu'il soit possible de concevoir, un espace unique, il est *toujours en train de passer d'une partie de l'espace à une autre.* Cependant cette aporie ne manque pas non plus de valeur, car elle nous oblige à nous faire et à garder rigoureusement l'idée de la continuité[1]. La difficulté résulte du manque de délimitation précise de cette idée, de la confusion du continu et des unités discontinues, opposition que nous rencontrerons bientôt sous une autre forme. — La quatrième aporie se rapporte à la rapidité du mouvement ; et le plus simple est peut-être de la représenter comme suit, en modernisant l'antique hippodrome : Trois voies parallèles portent trois trains d'égale longueur. Le premier, A, est en mouvement ; le deuxième, B, au repos ; le troisième, C, se meut dans le sens contraire à A, mais avec une égale vitesse. Le temps nécessaire à A pour arriver à la fin de B sera, comme chacun le comprend, le double de ce qu'il lui faudra pour arriver à la fin de C. Mais si l'on nous demande à quelle vitesse a marché A, nous sommes obligés de donner des réponses contradictoires, suivant que nous nous reportons au train C, qui se mouvait aussi, ou au train B qui était immobile. On peut évidemment objecter que la seconde façon de mesurer est seule normale, que nous

[1] Au sujet du concept de la continuité et de son contraire, cf. maintenant les excellentes remarques d'Ernest Mach (*Principien der Wärmelehre*, Leipzig 1896, p. 77). Pour lui, ce concept est « une fiction qui n'est que commode, mais n'est nuisible en aucune manière ». Les propositions suivantes sont directement applicables aux démonstrations de Zénon : « Si l'on peut partager à l'infini le nombre qui sert à exprimer la distance sans jamais rencontrer une difficulté, il n'en est pas ainsi quand il s'agit de la distance elle-même. Tout ce qui *apparaît* comme continu pourrait parfaitement bien se composer d'éléments séparés, si ceux-ci étaient suffisamment petits en comparaison des plus petites mesures que nous employons pratiquement, c'est-à-dire suffisamment nombreux. » N'est-on pas en droit de rappeler ici le cinématographe, qui donne à une série limitée de moments d'un phénomène l'apparence d'une complète continuité dans le temps ? Quoi, si la réalité dans le temps (et peut-être aussi dans l'espace) produisait exactement le même effet que cet appareil ?

l'employons dans l'immense majorité des cas, et que nous sommes obligés de l'employer toutes les fois qu'il s'agit de déterminer la dépense de force nécessaire pour obtenir telle ou telle vitesse. — « C'est égal, répondrait Zénon, la vérité et l'erreur ne sont pas affaire de majorité et de minorité ; il me suffit de pouvoir m'en référer à des exemples tels que le précédent, où l'on peut soutenir avec raison que la masse en mouvement a parcouru le même chemin dans le temps entier que dans la moitié de ce temps. Si la mesure du mouvement dans le temps n'est que relative, comment le mouvement lui-même pourrait-il être quelque chose d'absolu, de purement objectif, et par conséquent de réel[1] ? »

IV

Le double raisonnement suivant était destiné à prouver que nos sens nous trompent en nous affirmant la multiplicité des choses. En effet, si l'on admet cette pluralité, on se trouve conduit à deux conséquences qui s'excluent réciproquement. Les choses, étant multiples, seraient en même temps dépourvues de grandeur et infiniment grandes. Dépourvues de grandeur, car elles ne seraient pas multiples si chacune d'elles ne représentait pas une unité. Une véritable unité ne peut être divisible. Une chose reste cependant divisible tant qu'elle renferme plusieurs parties. Elle renferme des parties dès qu'elle est étendue. Si donc elle doit posséder une véritable unité, elle doit être privée d'étendue et par conséquent de grandeur. Mais, d'autre part, les objets multiples seraient aussi infiniment grands. Car chacun d'eux doit, si l'on veut lui attribuer une existence quelconque, posséder une grandeur. S'il possède une grandeur, l'objet se compose de parties, auxquelles revient pareillement une grandeur. Mais ces parties doivent être séparées les unes des autres, car comment seraient-elles autrement des parties distinctes ? Elles ne peuvent être séparées les unes des autres que s'il y a entre elles des parties intermé-

---

[1] L'esprit subtil des Chinois fournit de curieux pendants à ce que l'on appelle les sophismes des Eristiques, et en particulier à « l'Achille et la tortue » de Zénon. Cf. H.-A. Giles *Chuang Tzu* (Londres 1889) 453 : « Si vous prenez une canne d'un pied de long, et que vous la coupiez chaque jour en deux, vous n'arriverez jamais au bout ».

diaires. Ces parties intermédiaires, enfin, doivent de nouveau être séparées par d'autres parties, douées, elles aussi, d'une certaine grandeur, etc., etc. Ainsi donc, chaque corps recélera en soi un nombre infini de parties, dont chacune possède une certaine grandeur ; en d'autres termes, il devra être infiniment grand.

Les prémisses de ce raisonnement ne sont pas tout à fait si forcées qu'elles le paraissent au premier moment. Il faut d'abord se rendre compte que l'unité et la pluralité ne doivent pas être entendues ici au sens relatif que nous sommes habitués à leur donner. Qu'une unité qui doit partout et toujours rester telle ne puisse, en effet, pas renfermer de parties ; que, par conséquent, elle ne puisse pas plus se rencontrer dans le monde de la coexistence que dans celui de la succession, c'est ce que nous avons tout à l'heure et surabondamment démontré (p. 205). Une unité non relative, mais absolue, est donc en réalité inconciliable avec le concept de l'étendue et de la grandeur dans l'espace, et si l'on part de ce point de vue, la première partie du raisonnement est réellement irréfutable. La deuxième partie repose, elle aussi, sur l'hypothèse d'une absolue pluralité. Pour que deux parties d'un corps ne puissent jamais et nulle part être considérées comme une unité, il faut au moins — et en ajoutant ces deux mots, nous voulons faire entendre que cet argument a moins de force que sa contrepartie — il faut au moins, disons-nous, qu'il y ait entre elles, pour les séparer, une limite bien marquée. De son côté, cette limite doit être réelle ; elle doit donc posséder une grandeur, c'est-à-dire une étendue corporelle, du moment que nous admettons qu'il n'y a pas de réalité sans grandeur. Mais un objet étendu se compose de nouveau de parties, et par conséquent tout ce que nous venons de dire des parties corporelles séparées par une limite s'applique de nouveau à celle-ci. Et ainsi de suite à l'infini. Nous pouvons ramener les deux démonstrations à deux brèves formules conçues dans les termes suivants : « Si chaque objet est réellement un, il doit être indivisible, c'est-à-dire inétendu et par conséquent dépourvu de grandeur ». Et ensuite : « S'il y a une pluralité d'objets, les objets, pris deux à deux, doivent être séparés par un objet intermédiaire qui possède l'étendue et par conséquent des parties ; celles-ci, de leur côté, doivent être séparées de la même manière, et ainsi de suite, à l'infini ». Ce double raisonnement ne nous semble pas non plus dénué de toute valeur pour le progrès de la science. Unité et pluralité ne sont pas des concepts absolus, mais purement relatifs. Suivant le point de vue auquel je me place, le but auquel je prétends atteindre, je considère la pomme placée devant moi comme une unité, en tant que partie d'une collection de pommes, ou comme une pluralité, en tant qu'agrégat des parties qui la constituent. Pour pouvoir parler d'unité et de pluralité au sens absolu d'unités qui en aucun cas ne sauraient être des pluralités, de pluralités qui en aucun cas ne sauraient être des unités, il faudrait, en réalité, partir de suppositions aussi grotesques que celles d'où découle cette série de raisonnements, et qu'infirment les résultats contradictoires auxquelles elles conduisent.

Cette aporie nous fait d'ailleurs toucher les racines de plusieurs autres apories réelles ou possibles. Nous voulons parler de l'opposition qui se manifeste ici entre l'unité et la pluralité, et de la contradiction que présentent ces deux concepts avec celui de la réalité. Suivant les principes de l'école, ne peut être considéré comme réel que ce qui possède une grandeur, et par conséquent est étendu, divisible, multiple ; mais le multiple présuppose les unités dont il est précisément la réunion ; les unités, cependant, doivent, en tant qu'unités vraies ou absolues, être tenues comme indivisibles, comme inétendues, comme sans grandeur et par conséquent sans réalité. Ainsi le concept de l'être ou de la réalité se montre lui-même ici fragile, en proie à une contradiction interne. Tout réel est un multiple composé d'unités ; mais les unités sont dépourvues de réalité ! Le colosse du Réel repose sur les pieds d'argile de l'Irréel ! Mais essaye-t-on de débarrasser le réel de son illusoire fondement, et de le placer sur une autre base, non pourrie celle-là, il n'en va pas moins mal pour lui: il s'écroule sur lui-même. Car si le multiple reste un multiple, si les parties dont il doit se composer pour posséder étendue, grandeur et partant réalité ne se réduisent pas à des unités, alors il est privé de tout fondement, solide ou caduc ; il devient divisible à l'infini ; il se désagrège tant et si bien qu'il finit par s'anéantir tout à fait. Ainsi les concepts de l'Unité et de la Pluralité ne se montrent, ni isolément, ni pris ensemble, les soutiens vraiment résistants de celui de l'Etre ou de la réalité. L'« Un » — ou simple — est irréel ; le « Multiple » devient irréel soit que, fondé sur lui-même, il s'écroule et s'anéantisse ;

soit que, fondé sur le sable mouvant de l'« Un », il soit dissipé avec lui.

On aurait tort de ne voir, dans les pensées que nous avons librement développées ici d'après Zénon, qu'un jeu d'abstractions creuses et inconsistantes. Au contraire, elles renferment une critique très sérieuse et non tout à fait stérile de l'idée de la matière telle qu'elle était conçue alors, et telle qu'elle est encore en partie conçue aujourd'hui. L'infinie divisibilité qu'on lui attribuait semblait la menacer de ruine. Alors se fit jour, probablement dans des cercles pythagoriciens, l'idée que cette divisibilité ne franchissait pas une certaine limite, conçue d'ailleurs comme très éloignée ; des particules très petites, comparables à des pointes d'épingles ou à des grains de poussière qu'on voit s'agiter dans le rayon de soleil, mettaient, disait-on, un terme à toute division ultérieure. Zénon a eu le mérite incontestable de faire saisir la contradiction que présente cette manière de voir. Ou bien ces particules possèdent grandeur et étendue, et alors elles sont soumises aussi à la loi de la divisibilité ; ou bien elles ne possèdent ni l'une ni l'autre, et alors on ne peut en faire les moellons nécessaires à la construction de l'édifice de la matière. Car ajouter ce qui n'a pas de grandeur à ce qui n'a pas de grandeur, cela ne donne aucune grandeur ; échafaudons une montagne de zéros les uns sur les autres, le total sera toujours égal à zéro.

Mais ici doit s'arrêter notre acquiescement. Et même dans cette limite, nous devons le tempérer d'une importante réserve. Les auteurs de la théorie que Zénon a si victorieusement réfutée partaient d'une conception contradictoire. Mais, malgré cela, ils ne s'étaient pas engagés sur une fausse piste. Bientôt nous ferons la connaissance d'une doctrine de la matière qui, en suivant pour le reste la même voie, a su éviter cette contradiction ; les sciences naturelles modernes n'ont fait que poursuivre cette voie, qui les a conduites de triomphe en triomphe. Pour qu'un tout se désagrège, il faut qu'il se compose de parties, mais celles-ci peuvent exister sans que la désagrégation soit à craindre dans un avenir prochain, lointain ou même très lointain. La divisibilité idéale et la séparation actuelle sont, il est vrai, deux choses connexes, mais il n'en résulte pas qu'elles doivent, en fait, marcher l'une à la suite de l'autre. L'hypothèse de particules de matière non dépourvues d'étendue, mais indestructibles en fait, peut, comme nous l'avons déjà remarqué une fois (p. 64) ne pas être une vérité définitive ; elle n'en a pas moins fait faire un pas considérable vers la vérité, ou, pour parler plus exactement, les conclusions qu'on en a déduites s'accordent en une si grande mesure avec les phénomènes de la nature qu'elle est devenue, entre les mains des physiciens, un instrument d'une puissance incomparable. Si ce n'était pas un blasphème, on serait presque tenté de s'écrier : « Le Créateur du monde n'était peut-être pas tout à fait aussi subtil que Zénon ». Dans tous les cas, la sublime sagesse ne devait pas être aussi avide d'arguties et de raisonnements captieux que le sagace et combatif Eléate. Mais, à parler sérieusement, la rigueur de pensée de ce dernier n'est pas toujours de bon aloi. Au milieu de ses raisonnements, on rencontre parfois deux points de vue qui, tous deux, peuvent se défendre, mais qui s'excluent absolument. Zénon joue tour à tour l'un contre l'autre ; tantôt il associe l'idée du fini avec celle de l'infini, tantôt l'espace continu avec les unités distinctes du temps, tantôt enfin le temps continu avec les unités distinctes de l'espace.

Mais, pour en revenir au point de vue qui nous guide, au point de vue historique, Zénon est-il resté en fait jusqu'à la fin ce qu'il était au commencement de son entreprise, le fidèle écuyer de Parménide ? On le soutient souvent, mais cela ne paraît pas soutenable. L'arme de la dialectique, qu'il maniait avec tant de vigueur, devait d'abord sans doute réduire à la raison les adversaires des Eléates. Mais ceux-ci purent-ils vraiment jouir de leur victoire ? Qu'il nous soit permis d'en douter. L'« Unité continue » de Parménide, son « Tout sphérique », son « Etre étendu » sont-ils sortis sains et saufs de la mêlée ? On ne peut l'assurer qu'en recourant à une interprétation artificielle et forcée. Pour tout esprit non prévenu, il est clair, au contraire, que les concepts fondamentaux de l'Eléatisme, ceux de l'Unité, de l'Etendue, de la Réalité même ont été ébranlés ou plutôt réduits en poussière par cette critique. On s'en rendait bien compte dans le cercle des amis et des adhérents de l'école. Platon fait dire à Zénon[1] que son ouvrage avait été le produit de la pétulance juvénile et d'une indomptable combativité ; qu'il lui avait d'ailleurs été soustrait, et publié sans son consentement. Qui connaît Platon comprend ce que

[1] Platon : *Parménide*, 128 c.

cela signifie. L'admirateur du « grand » Parménide a bien vu qu'elles étaient à deux tranchants les armes que le disciple de celui-ci n'avait que trop habilement maniées ; l'auréole qui entourait la tête de l'« inventeur de la dialectique » ne devait pas illuminer également toutes les parties de son œuvre. En vérité, il a été évidemment entraîné par l'impétuosité de son génie bien au delà du but qu'il s'était proposé. Quand il est parti pour le combat, c'était un disciple fervent de la doctrine de l'unité, un ontologue convaincu ; il en est revenu sceptique ou plutôt nihiliste. Nous avons dû à plusieurs reprises parler de la décomposition spontanée de la théorie de la matière primordiale ; l'œuvre de Zénon nous fait voir la décomposition spontanée de la doctrine éléatique de l'Etre.

Quel chemin parcouru de Xénophane à Zénon ! Et comme, cependant, le point de départ et le point d'arrivée se touchent de près ! Là, la possibilité de résoudre les grandes énigmes du monde est contestée en principe (p. 176) ; ici, les tentatives faites pour les résoudre sont épluchées et anéanties sans pitié. L'histoire de l'école est celle du développement graduel et puissant de l'esprit critique. Quand nous voyons Héraklès au berceau étrangler deux serpents, nous pressentons de sa part d'autres et de plus glorieux exploits. Tout d'abord, la critique porte la main sur le riche et éclatant tissu des mythes divins ; ensuite elle fait évanouir le monde brillant des apparences sensibles ; elle finit par mettre au jour les contradictions intérieures qui déchirent les parties encore intactes de la conception de l'Univers. Ce développement se poursuit en ligne droite. Les trois principaux représentants de l'éléatisme appartiennent à cette classe de trouble-fête intellectuels dont la mission est de secouer l'humanité pour la tirer de son indolence de pensée, de sa tendance à s'endormir dans un dogme. La témérité de ces initiateurs de la critique était grande, et ils croyaient avec une fermeté inébranlable que le monde devait porter l'empreinte de ce qu'ils envisageaient comme la Raison. Mais, de même que la pétulance, l'impatience de toute règle ne sied pas mal à la jeunesse, de même une science qui essayait ses forces pouvait bien avoir en elle-même une confiance orgueilleuse et sans bornes. Ce qui, au terme moyen de ce développement, dispose peu favorablement le spectateur, c'est le caractère incomplet et incohérent des solutions cherchées, et un reste injustifié de dogmatisme. Ce dernier fait une impression d'autant plus choquante que, au lieu de laisser debout un reste de la conception antique de l'Univers, il la remplace par une transformation bizarre, aussi peu satisfaisante pour l'esprit naïf de l'enfant que pour l'esprit réfléchi de l'homme fait. Mais cette impression s'atténue dès que l'on considère à la fois, et que l'on joint dans une vue d'ensemble l'affirmation téméraire et la négation qui lui succède. C'est dans ce progrès continu du criticisme que consiste la vraie valeur et la signification historique du développement de l'école d'Elée. Elle a été la grande arène dans laquelle la pensée occidentale s'est assouplie et trempée, dans laquelle elle a pris conscience de sa force.

Un fruit de ce progrès se trouve dans la distinction rigoureuse — entrevue déjà par Xénophane, mais nettement formulée par Parménide — entre la science et la croyance, entre la connaissance et l'opinion ; et cette distinction prend toute sa valeur pour qui se souvient dans quelle confusion les deux éléments étaient encore associés, amalgamés dans les doctrines de l'école pythagoricienne. Nous sommes ici, pour ainsi dire, sur la ligne de partage des eaux ; deux fleuves y prennent leur source et coulent dans des directions différentes ; leurs flots ne se réuniront que plus tard, quand la décadence sera venue.

Le philosophe d'Elée traitait de monstres à deux têtes les disciples de l'Ephésien. Cette épithète retombe sur lui-même. Car, nouvelle Jocaste, sa doctrine porte en son sein deux frères ennemis. Le matérialisme conséquent et le spiritualisme conséquent, ces deux pôles extrêmes du monde de la métaphysique, sont sortis de la même racine, à savoir du concept rigoureux de la substance, qui n'a pas été sans doute une création originale des Eléates, mais qui a été extrait par eux, sous sa forme la plus pure, de la doctrine de la matière primordiale. La tendance au spiritualisme — plus exactement d'abord à l'anti-matérialisme — devait se faire jour dès que l'abstraction, déjà très développée, ferait un pas de plus et rejetterait le témoignage du sens musculaire — ou de la résistance — comme celui des autres sens, pour ne rien laisser subsister que le pur concept de la substance, c'est-à-dire le complexus des attributs de l'éternelle permanence et de l'éternelle immutabilité. Là encore, on se trouvait à un tournant de route. Les entités métaphysiques que l'on avait ainsi créées, on pouvait, à volonté, en faire ou n'en pas faire les véhicules de la force et de la conscience. La décision dépendait des exigences individuelles ou, comme nous l'apprendra l'exemple de Platon, des préférences et des tendances, changeantes suivant les temps et les occasions, du même individu. Sur ce point, l'influence indirecte de l'Eléatisme fut plus puissante que l'influence directe. Car l'exemple de Mélissos n'a pas trouvé de successeurs dignes d'être mentionnés ; nous ne retrouverons un écho de ses créations que dans la moins importante des écoles socratiques, dans celle de Mégare. Pour trouver un parallèle tout à fait exact de l'essence première et bienheureuse de Mélissos, de cette essence inactive et inféconde, nous sommes obligés de tourner nos regards vers l'Inde, où la doctrine des philosophes Vedanta nous fait voir également dans l'Univers une simple et illusoire apparence, et comme centre de cet Univers un Etre dont les seuls attributs sont l'existence, la pensée et le bonheur (*sat*, *cit* et *ânanda*). Quant à l'autre tendance, incomparablement plus importante pour l'histoire de la science, et qui consiste à remplacer l'Un étendu par des substances matérielles innombrables, nous la rencontrerons bientôt dans les débuts de l'atomistique ; cette tendance reste d'accord avec Parménide dans sa conception rigoureuse de la substance ; mais elle s'en écarte en cessant de nier la multiplicité des choses, l'existence de l'espace vide qui les sépare et du mouvement dépendant de ce vide. Ici encore, il est pour le moins probable qu'il y a relation historique entre les deux doctrines. Mais y avait-il besoin de cet intermédiaire entre les formes anciennes de la doctrine de la matière et cette forme récente et mûrie ? Et si oui, en quelle mesure y en avait-il besoin ? La réponse à cette question nous sera fournie par l'étude de deux philosophes, qui présentent trop de points de contact et trop d'oppositions pour pouvoir être traités séparément.

CHAPITRE IV

Anaxagore.

I. Anaxagore de Klazomènes. Doctrine de la matière d'Anaxagore. Innombrables matières primordiales. Tous les phénomènes naturels ramenés à des mouvements. — II. Cosmogonie d'Anaxagore. Intervention du *Nous*. Problème de la causalité. Le soleil, pierre incandescente. — III. Supériorité intellectuelle de l'homme. L'astronomie d'Anaxagore. Explication de la voie lactée. — IV. Les présuppositions de la doctrine de la matière d'Anaxagore. Le mouvement spéculatif échoue sur un banc de sable. Anaxagore et ses contemporains.

I

Deux contemporains se présentent à nous. Leur pensée scrute les mêmes problèmes ; leur étude repose sur les mêmes principes ; les résultats auxquels ils arrivent offrent des traits de la plus surprenante analogie. Et cependant quel contraste ! L'un est poète, l'autre géomètre ; l'un est doué d'une imagination ardente, l'autre fait preuve d'un jugement froid et sobre ; l'un brille par sa jactance et son orgueil démesuré, l'autre disparaît absolument derrière son œuvre ; l'un s'abandonne à une débauche d'images éclatantes, l'autre écrit en une prose simple et sans ornements ; l'un est d'une souplesse telle que l'expression « ondoyant et divers » semble avoir été créée pour lui ; l'autre est, dans ses raisonnements, d'une raideur poussée jusqu'à l'absurdité. Chacun des deux se distingue surtout par les qualités qui font défaut à l'autre ; Empédocle par une foule d'aperçus brillants, ingénieux et souvent allant droit au but ; son aîné, Anaxagore, par la solide charpente d'un système où tout se tient et s'enchaîne puissamment.

Avec Anaxagore[1], la philosophie et les sciences de la nature ont passé d'Ionie en Attique. Ce penseur est né en ou vers l'an 500 avant J.-C. à Klazomènes, dans le voisinage immédiat de Smyrne ; il appartenait à une famille aristocratique. Il négligea, dit-on, son patrimoine et se voua de bonne heure et exclusivement à la recherche philosophique. Nous ignorons quelles écoles il fréquenta, où il acquit sa science. Car s'il se rattache en bien des points aux doctrines d'Anaximandre et d'Anaximène, la tradition qui fait de lui l'élève de ce dernier contredit les données chronologiques. A l'âge d'environ quarante ans, il vint se fixer à Athènes ; et il y fut jugé digne de l'amitié du grand homme d'Etat qui cherchait à faire de cette ville le centre littéraire aussi bien que le centre politique de la Grèce. Pendant toute une génération, il fut l'ornement du cercle choisi que Périklès avait rassemblé autour de lui. Mais il devait, lui aussi, être entraîné dans le tourbillon des luttes de partis. Lorsque, vers le commencement de la guerre du Péloponnèse, l'astre du maître des destinées d'Athènes commença à pâlir, une accusation d'impiété fut portée contre la gracieuse et intelligente compagne de sa vie, et aussi contre celui que la philosophie lui avait rendu cher. L'exil ramena Anaxagore dans sa patrie, en Asie-Mineure, et il termina à Lampsaque, à l'âge de soixante-douze ans, et au milieu de ses fidèles disciples, une vie sans tache. Nous possédons des fragments notables de son œuvre, qu'il avait divisée en plusieurs livres, et qu'il avait écrite en une prose dénuée d'art, mais non de grâce. Il l'avait publiée après 467, date de la chute d'une

---

[1] Cf. surtout : *Anaxagoræ Clazomenii fragmenta* coll. Ed. Schaubach, Leipzig 1827, ou bien W. Schorn, *Anaxagoræ Claz. et Diogenis Apolloniatæ fragmenta*, Bonn 1829. La source presque exclusive des fragments est le commentaire de Simplicius à la *Physique* d'Aristote. Une petite phrase oubliée par les collectionneurs de fragments se trouve dans Simplic. *in Arist. de Caelo* 608, 26 Heiberg ; un mot plein de sens, également omis dans les collections, se trouve dans Plut. *Moral.* 98 sq. (*de Fortuna* c. 3). Sur les détails de sa biographie, voir Diog. Laërce II ch. 3. Apollodore place sa naissance dans la 70ème Olympiade (500-497), et sa mort dans la 1re année de la 88me (428). Diog. Laërce donne comme un on-dit (λέγεται) le fait qu'il naquit en 500 et qu'il atteignit par conséquent l'âge de 72 ans. Sur les relations d'Anaxagore avec Périklès, cf. Platon, *Phèdre* 270 a, et la biographie de Périklès par Plutarque, en particulier le ch. 32. La résignation avec laquelle il supporta la perte de son fils unique a été admirée de toute l'antiquité. Sur l'époque de la publication de son livre, cf. Diels, *Seneca und Lucan* (Berl. Akademie-Abhandlungen 1885, p. 8, note). Dans Diog. Laërce, II 11, il faut certainement lire ἐπὶ ἄρχοντος Αὐσ[ιστράτου] = 467. Que ce fût le premier livre illustré de figures (indépendamment, je pense, des traités de géométrie destinés à un public spécial et peu nombreux ?) c'est ce que Kothe a conclu récemment et avec raison de Clément d'Alex. *Strom.* I 364 Pott. et de Diog. Laërce loc. cit. (*Fleckeisens Jahrb.* 1886, p. 769 sq.).

météorite, car il y mentionne ce fait ; son livre est, soit dit en passant, le premier livre pourvu de figures que la littérature grecque ait possédé.

Le problème de la matière l'a préoccupé, comme il avait préoccupé avant lui ses compatriotes ioniens. Mais la solution qu'il y donna fut tout à fait originale ; elle le sépare entièrement de ses prédécesseurs et fournit en même temps la preuve que le mouvement critique inauguré par les Eléates n'avait exercé sur lui aucune espèce d'influence. S'il a connu le poème didactique de Parménide, le contenu en a glissé sur son esprit sans y laisser la moindre trace. Car pas une syllabe des fragments que nous possédons de lui, pas un mot des témoignages antiques qui les complètent ne fournit le plus léger indice qu'il ait — pour ne pas parler du reste — pris garde aux doutes exprimés avec tant de force par Parménide sur la valeur du témoignage des sens et sur la multiplicité des choses, le plus léger indice qu'il ait fait une tentative quelconque pour les combattre. Tout au contraire. Sa confiance absolue dans les indications fournies pas les sens forme la base de son système ; et ce n'est pas la simple multiplicité des choses, mais une foule inépuisable d'entités radicalement différentes dès le principe qui en constitue le caractère distinctif. On est d'autant plus surpris, au moins au premier moment, de le voir prendre exactement la même position que Parménide relativement au double postulat que nous venons d'exposer si longuement. Pas de naissance ni de destruction, pas de changement de propriétés. « Les Grecs ont tort de parler de naissance et de destruction. Car aucune chose ne naît et aucune ne périt, mais chacune se forme par mélange des objets existants, et se résout en eux par séparation. Ils auraient donc plus de raison de donner à la naissance le nom de mélange, et à la destruction celui de séparation ». Nous avons déjà appris comment le second et le plus récent de ces postulats (que nous avons déjà vu poindre chez Anaximène) a pu sortir du premier, « de l'ancienne et commune doctrine des physiciens, qui n'a été combattue d'aucun côté », pour citer encore une fois les mots significatifs d'Aristote ; quant à la question de savoir comment, en fait, la pensée d'Anaxagore l'en a fait sortir, nous n'en sommes plus réduits à des suppositions depuis qu'un court fragment de son œuvre, longtemps négligé malgré l'importance de son contenu, a jeté une pleine lumière sur ce point. La nature des choses est telle que les sens nous la montrent ; les choses sont indevenues et indestructibles ; il en est de même de leurs qualités — telles sont les trois propositions d'où est sortie la théorie de la matière qui porte le nom d'Anaxagore ; cette théorie est aussi caractéristique de la rigueur implacable de sa pensée que des lacunes de son esprit ; elle dénote en lui l'absence de cette peur instinctive — peut-être plus précieuse encore pour le naturaliste — des méthodes trop inflexibles ; faute de cela, il s'est éloigné d'autant plus de la vérité qu'il les suivait avec plus de conséquence. Cette doctrine est, en effet, à peu près exactement le contraire de ce que la science nous a appris sur la matière et sur sa composition. Les combinaisons en réalité les plus compliquées — les combinaisons organiques, notamment — sont pour le Klazoménien les matières fondamentales ou éléments ; des matières infiniment moins compliquées — bien que non simples — comme l'eau ou le mélange qui constitue l'air atmosphérique, représentent pour lui les combinaisons les plus disparates. Si jamais un puissant esprit s'est engagé dans une voie trompeuse et l'a suivie avec une inlassable persévérance, on peut dire que c'est Anaxagore dans sa théorie de la matière, puisque cette théorie est aux résultats de la chimie exactement ce qu'est le mauvais côté d'un tapis à son beau côté.

Voici comment il a raisonné. Un pain est devant nous. Il est fait de matières végétales, et contribue à nourrir notre corps. Mais le corps de l'homme ou de l'animal est formé d'éléments multiples : peau, chair, sang, veines, tendons, cartilages, os, poils, etc. Chacun de ces éléments se distingue des autres par sa couleur claire ou sombre, sa mollesse ou sa dureté, son élasticité ou son manque de souplesse, etc. Comment se peut-il qu'une aussi abondante multiplicité d'objets sorte d'un pain constitué de parties uniformes ? Il n'est pas croyable qu'il se produise un changement de propriétés. Il ne reste donc qu'une alternative : admettre que les nombreuses formes de matière contenues dans le corps humain sont déjà contenues comme telles et sans exception dans le pain qui nous nourrit. Leur petitesse se dérobe à notre perception. Car nos sens ont un défaut, une « faiblesse », qui est de ne percevoir que dans d'étroites limites. Le processus de la nourriture associe les particules imperceptibles à cause de leur petitesse, et les rend visibles à notre œil, sensibles à notre toucher, etc. Ce qui est vrai du pain, est vrai aussi du blé avec lequel il a été préparé. Mais comment cette étonnante variété de particules de matière pourrait-elle se rencontrer dans le pain si elle n'existait pas déjà dans la terre, dans l'eau, dans l'air, dans le feu (du soleil), desquels le blé a tiré sa nourriture ? Et puisque tant d'êtres et des êtres si différents tirent leur substance des mêmes sources, on doit admettre en celles-ci la présence d'innombrables particules de natures différentes. La terre, l'eau, le feu, l'air, apparemment les plus simples de tous les corps, sont en réalité les plus composés. Ils sont pleins de « semences » ou de matières premières de toutes les espèces imaginables ; — ce ne sont guère que des collections ou des entrepôts où s'approvisionnent animaux et végétaux. Toutes les qualités des diverses parties du corps humain appartiennent de toute éternité aux particules primitives, et se manifestent quand les circonstances sont favorables ; ainsi s'élabore le parfum de la rose, ainsi l'aiguillon de l'abeille acquiert son acuité, ainsi se réunissent les couleurs chatoyantes qui brillent comme des yeux sur la queue du paon. Autant d'impressions les sens nous transmettent, en tenant compte des plus légères, des plus insaisissables nuances ; autant de combinaisons se révèlent dans l'unité d'un objet matériel ; — autant il doit exister de particules primordiales ; l'énumération en serait donc inépuisable. Qui ne voit que le contenu de cette doctrine contredit de la façon la plus évidente les faits constatés par la science moderne ? Mais, et qu'on le remarque bien, il règne, malgré tout, entre la méthode et les aspirations d'Anaxagore et celles de nos savants la plus surprenante concordance. Lui aussi, se propose de faire comprendre jusque dans leur essence intime les phénomènes de l'Univers. Les processus chimiques sont ramenés par lui aux mouvements ; même les faits physiologiques sont dépouillés par lui de toute apparence de mysticisme et étudiés au point de vue mécanique. Car c'est aux combinaisons et aux séparations, c'est-à-dire aux changements de situation qu'il recourt pour expliquer les altérations, les transformations les plus mystérieuses. La théorie du philosophe de Klazomènes est une tentative, grossière sans doute et prématurée, pour montrer que tous les phénomènes matériels sont les conséquences de mouvements. Quant au détail de cette théorie, nous l'ignorons presque complètement. Comment, par exemple, Anaxagore rendait-il compte du changement d'aspect et de qualité des choses qui se produit lorsque change leur état d'agrégation ? Nous ne pouvons donner aucune réponse à cette question. Sur ce point, nous n'avons qu'une indication tout à fait énigmatique : la neige, prétendait Anaxagore, doit être sombre comme l'eau dont elle est formée, et, à quiconque le sait, elle n'apparaît plus du tout blanche. Nous saisissons la difficulté à laquelle s'est ici heurtée sa théorie de la matière : Comment le rapprochement des particules de l'eau causé par le froid pourrait-il expliquer le changement de couleur qui se produit en même temps ? Il n'aurait servi de rien d'invoquer, en ce cas, la faiblesse de notre vue. Fermement convaincu que, en tout état de cause, les molécules de l'eau doivent garder une couleur foncée, le grand penseur s'est laissé prendre — nous serions tenté de le supposer — à une grossière erreur des sens. Pour l'examiner avec toute la netteté possible, il a sans doute contemplé le tapis blanc de l'hiver éclairé par le soleil jusqu'à ce que son œil ébloui ait commencé à le voir noir, et, dans cette illusion d'optique, il a cru trouver la confirmation d'une opinion préconçue[1]. Souvenons-nous de l'interprétation à peine plus extravagante des faits naturels que nous avons rencontrée chez Anaximène (p. 64), et la grandeur de cette méprise ne nous paraîtra plus guère impossible. Quant à l'objection que ne pouvaient s'empêcher d'élever contre lui les représentants de l'ancienne théorie de la matière : Comment des objets essentiellement différents pourraient-ils agir les uns sur les autres, souffrir les uns par les autres ? cette objection avait perdu une partie de sa valeur depuis qu'Héraclite avait émis l'hypothèse de particules et de mouvements invisibles. « En tout, répondait-il, il y a des parties de tout » ; dans ce monde, « les objets ne sont pas (absolument) séparés et comme coupés les uns des autres avec une hache ». (C'est là, soit dit en passant, la seule expression figurée que l'on trouve dans la longue série de ses fragments.) Mais

---

[1] Cette explication — si hasardée à première vue — de la déclaration d'Anaxagore est fondée sur la contradiction choquante qu'il y aurait sans cela entre la base de toute sa théorie de la matière — foi inébranlable dans la vérité qualitative des perceptions sensibles — et l'affirmation que nous sommes en ce cas particulier trompés par la vue. D'ailleurs mon explication s'accorde de la manière la plus exacte avec les termes dont se sert Cicéron (*Acad. quæst.* IV 31), et dont les interprètes antérieurs n'ont pas trouvé le sens vrai : « sed sibi quia sciret aquam nigram esse, unde illa concreta esset, albam ipsam esse ne videri quidem ».

chaque objet est dénommé d'après l'espèce de matière qui se rencontre en lui en plus grande quantité, et qui, par conséquent, prédomine. Enfin, il cherchait à supprimer tout doute sur la réalité de l'Invisible en général, en faisant remarquer quelle résistance l'air invisible emprisonné dans une outre gonflée oppose à nos tentatives de compression.

II

La cosmogonie d'Anaxagore se meut jusqu'à un certain point dans les voies frayées par Anaximandre, et que ses successeurs n'ont guère abandonnées[1]. Au commencement, pour lui aussi, règne une sorte de chaos. Mais, au lieu d'une matière primordiale unique, nous sommes en présence d'un nombre indéfini de matières primitives, également étendues au delà de toute limite : « Toutes choses étaient réunies » ; les particules primitives, infiniment petites, entassées pêle-mêle, formaient la confusion initiale. Il eût été impossible de les distinguer les unes des autres, en quoi elles rappelaient l'indétermination primitive de l'Etre universel d'Anaximandre. Douées dès le principe de qualités matérielles particulières, les « semences » ou éléments n'avaient pas besoin d'être différenciées dynamiquement, mais seulement d'être séparées mécaniquement. Anaxagore ne se croyait pas tenu d'imaginer le phénomène physique nécessaire à cet effet ou de le construire d'après des analogies connues ; il croyait le voir dans un mouvement qui se passe encore aujourd'hui, et que notre œil peut observer tous les jours, toutes les heures ; dans la révolution apparente du ciel. Non seulement cette révolution a opéré à l'origine la première séparation des particules matérielles ; elle continue à l'opérer encore dans d'autres parties de l'espace universel. Cette tentative de rattacher le passé le plus reculé au présent immédiat,

---

[1] Sur la cosmogonie d'Anaxagore, cf. l'instructive discussion de W. Dilthey (*Einleitung in die Geisteswissenschaft* I 200 sq.). Je ne puis cependant, pas plus que Zeller (*Ph. d. G.* I 5ᵉ éd. 1002 n.), me ranger à l'opinion que l'Univers, selon Anaxagore, ait la forme d'un cône. On peut sans doute attribuer avec probabilité au Klazoménien l'idée que la sphère céleste, produite par rotation (περιχώρησις), gagne en circonférence dans la mesure où des masses de matières toujours plus grandes entrent en mouvement. Il n'est peut-être pas sans utilité de rappeler qu'Anaxagore ne semble en tout cas rien savoir d'une sphère céleste matérielle ou d'un ciel matériel des étoiles fixes. Même là où l'on serait le plus en droit d'en attendre la mention (ainsi frg. 8 Schaub.), il n'y a pas la moindre allusion à une représentation de cette nature.

et celui-ci à l'avenir le plus lointain, dénote la ferme conviction que les forces agissantes de l'Univers sont toujours les mêmes, que les phénomènes auxquels elles donnent naissance sont réguliers et constants ; et cette conviction, bien faite pour exciter en nous l'étonnement le plus vif, contraste de la manière la plus saisissante avec les conceptions mythiques des époques précédentes. Et si maintenant nous demandons comment cette révolution peut produire l'effet qu'on lui attribue, voici à peu près la réponse que nous recevons. Sur un point de l'Univers a commencé un mouvement rotatoire qui s'est propagé et ne cessera de se propager à des cercles toujours plus étendus. On peut, avec quelque probabilité, considérer le pôle septentrional du ciel comme point de départ de ce mouvement ; quant à sa transmission, elle ne peut guère s'opérer qu'en lignes circulaires, et elle est due au choc ou à la pression que chaque particule de matière exerce sur son entourage. Ainsi seulement, le premier choc, dont l'origine va bientôt nous occuper, pouvait produire naturellement les extraordinaires effets qu'Anaxagore lui attribue. L'inconcevable puissance, l'inconcevable rapidité de ce mouvement rotatoire avaient, selon la pensée évidente du Klazoménien, produit un tel ébranlement dans la masse sphérique de la matière, que la ferme cohésion en avait été relâchée, que la friction des particules avait été surmontée, et qu'ainsi il leur avait été possible de suivre la sollicitation de leur pesanteur spécifique. Alors seulement, pouvaient et devaient se former les masses de matière homogène auxquelles étaient réservées les diverses régions de l'Univers. « L'épais, le fluide, le froid et le sombre se sont réunis à l'endroit où se trouve actuellement la terre (à savoir au centre de l'Univers) ; le subtil, le chaud et le sec se sont élancés bien haut dans l'éther ». On voit que la chaîne d'effets rattachée à ce phénomène initial, qui se produit dans un lieu limité de l'espace, s'étend à perte de vue. Mais ce phénomène lui-même nécessitait une explication. Il devait avoir, lui aussi, une cause. Ici les analogies physiques laissent notre philosophe dans l'embarras ; il recourt à ce que l'on peut appeler avec une demi-raison une intervention surnaturelle. Avec une demi-raison, disons-nous. Car si l'agent qu'il appelle à son secours n'est pas absolument matériel, il n'est pas non plus absolument immatériel ; si ce n'est pas la matière ordinaire, ce n'est pas non plus la divinité ; et surtout s'il est proclamé souverain et sans limites, il fait de sa puissance un si mince et même si exceptionnel usage qu'on peut bien lui attribuer en principe la domination sur la nature, mais non pas, assurément, la lui accorder en fait. Quoi qu'il en soit, la première chiquenaude est censée avoir été donnée par le *Nous*, mot que nous préférons ne pas traduire, parce que toute traduction, que ce soit par *esprit* ou par *matière pensante* introduit dans sa signification un élément étranger[1]. C'est, d'après la propre déclaration d'Anaxagore, « la plus subtile et la plus pure des choses » ; « seule, elle n'est mélangée d'aucune autre chose, car si elle était mélangée à une autre chose quelconque, elle aurait (d'après ce que nous avons dit plus haut de la séparation incomplète des matières) part à toutes les autres, et ce mélange l'empêcherait d'exercer sur n'importe quoi la même puissance » qu'elle exerce maintenant dans son état de pureté. Selon des déclarations ultérieures, le *Nous* possède toute science sur toute chose, sur le passé, le présent et l'avenir, et le suprême pouvoir lui appartient. Mais si, d'après tout cela, on est tenté de l'identifier à la divinité suprême, on se trouve arrêté par d'autres et non moins importantes déterminations. Anaxagore parle d'un « plus et d'un moins » du *Nous*; il le représente comme « divisible », et comme « inhérent à bien des choses », par lesquelles il entend tous les êtres vivants.

Deux mobiles très différents ont contribué à l'élaboration de cette doctrine, et se sont en même temps tenus réciproquement en échec. Tout ce qui, dans l'Univers, trahit l'ordre et la beauté, tout ce qui, par une habile adaptation à d'autres facteurs, fait l'impression d'un moyen approprié à un but, donne l'idée d'une action consciente, d'un déploiement de forces intentionnel. En fait, l'argument téléologique ou de la finalité est encore à l'heure qu'il est l'arme la plus redoutable de l'arsenal

---

[1] Les tentatives sans cesse renouvelées pour prouver la nature purement spirituelle du *Nous* d'Anaxagore se condamnent elles-mêmes, soit par les contradictions dans lesquelles elles se trouvent avec les déclarations non équivoques du Klazoménien lui-même, soit par les artifices subtils auxquels leurs auteurs se voient forcés de recourir. Ainsi les mots d'Anaxagore, λεπτότατον πάντων χρημάτων sont interprétés « la plus perspicace de toutes choses » au lieu de « la plus fine » ; ainsi encore dans le ἁπλοῦν (simple) d'Aristote on voit autre chose que la reproduction du prédicat ἀμιγές (sans mélange). La méthode employée ici consiste essentiellement à combattre par des indications aristotéliciennes, plus ou moins arbitrairement expliquées, le texte clair et précis des déclarations d'Anaxagore. On trouvera de bons arguments contre l'absolue immatérialité du *Nous* dans Natorp, *Philos. Monatshefte* XXVII 477. L'expression « matière pensante » (Denkstoff) est de Windelband (Iw. Müllers *Handbuch d. Klass. Altertums* V 1, 165).

du théisme philosophique. Mais si d'autres penseurs, après Anaxagore, ont jugé que cette mission ne pouvait être dignement remplie que par une essence dépouillée de tout élément matériel, il croyait, lui, qu'il suffisait pour cela d'une sorte de fluide ou d'éther ; c'est ainsi qu'Anaximène avait considéré l'air et Héraclite le feu comme les supports d'une intelligence universelle qui, il est vrai, ne se proposait aucun but ; c'est ainsi que les neuf dixièmes des philosophes de l'antiquité ont vu dans l'« âme » individuelle non pas une substance immatérielle, mais une substance matérielle extrêmement subtile et mobile. Mais la théorie avec laquelle a fait son apparition le problème de la finalité, qui ne devait plus disparaître des préoccupations, renfermait un sérieux danger pour le progrès des sciences de la nature. Heureusement, le penseur ultra-conséquent d'habitude s'est montré, cette fois, inconséquent. Aristote, aussi bien que Platon, le blâme à ce propos ; tous deux se déclarent tout à fait ravis de l'introduction de ce nouvel agent, mais peu édifiés du rôle de bouche-trou ou d'expédient qui lui est attribué. Anaxagore, disent-ils, emploie le *Nous* comme le poète dramatique emploie le *Deus ex machina* qu'il fait descendre du ciel pour trancher violemment le nœud de l'intrigue lorsqu'il ne trouve aucun moyen plus doux de terminer la pièce. Mais, dans l'explication du détail, il préfère recourir aux « airs, aux courants éthérés et à d'autres choses singulières » ; bref, à n'importe quoi plutôt qu'à son fluide intelligent. Ainsi parlent Aristote et Platon[1]. Pourtant, s'il avait agi autrement, si, comme l'aurait voulu ce dernier, il avait poursuivi ses recherches en se plaçant complètement au point de vue du « meilleur », si, à propos de chaque phénomène particulier, au lieu de se demander comment et dans quelles conditions il se produit, il s'était demandé pourquoi et dans quel but, alors sa contribution au trésor de la science humaine eût été incomparablement plus modeste qu'elle ne l'a été en réalité. Mais il sut éviter ce sentier d'illusion ; il semble avoir compris que l'étroitesse de notre horizon intellectuel nous empêche de deviner jamais les intentions de l'Etre qui gouverne le monde. Il n'a été qu'un demi-théologien, mais un naturaliste complet, quoique ses facultés, à cet égard, fussent très inégalement développées. Son siècle l'a même con-

[1] Ces plaintes se trouvent dans le *Phédon* de Platon, 97 b sq. et chez Arist. *Métaph.* I 3 985 b 17.

sidéré comme le modèle du naturaliste, pour cette raison surtout, sans doute, que la théologie nouvelle, si l'on peut donner ce nom à la doctrine du *Nous*, l'a complétement dégagé des liens de l'ancienne mythologie.

Pour lui, les grands objets de la nature n'étaient plus des êtres divins, mais seulement des masses matérielles obéissant aux mêmes lois que les autres accumulations, grandes ou petites, de matière. Ses contemporains se plaignent sans cesse qu'il ait vu dans le soleil non plus le dieu Hélios, mais ni plus ni moins qu'une « masse ignée ». Sur un point seulement de sa théorie, toute mécanique et physique quant au reste, de la formation du ciel et de l'univers, il s'est vu forcé d'admettre une intervention ; encore cette intervention n'a-t-elle lieu qu'une fois. Mais cette première impulsion, par laquelle l'Univers, jusqu'alors au repos, entre en mouvement, rappelle de la manière la plus surprenante la première chiquenaude que, selon maint astronome moderne, la divinité a donnée aux astres. Que dis-je ? L'une des hypothèses ne rappelle pas simplement l'autre ; il est plus vrai de dire qu'elles sont à peu près identiques. Toutes deux sont destinées à combler la même lacune dans notre connaissance. Elles répondent exactement au même besoin, à savoir d'introduire dans la mécanique du ciel, à côté de la gravité, une seconde force d'origine inconnue. Que l'on ne se méprenne pas sur notre pensée. Nous n'entendons pas attribuer au penseur de Klazomènes une anticipation sur la doctrine newtonienne de la gravitation, ou la connaissance du parallélogramme des forces ; il ignorait à coup sûr que les courbes décrites par les astres résultent de la combinaison de deux forces, dont l'une est la gravitation, et l'autre la force tangentielle résultant de cette impulsion première. Mais une courte réflexion fera comprendre combien ses idées se rapprochent des principes de l'astronomie moderne. Dans la suite de sa cosmogonie, il enseignait que le soleil, la lune et les étoiles avaient été arrachés du point central de l'Univers — la terre — par la force de la révolution cosmique. Il admettait donc des projections tout à fait analogues à celle que suppose la théorie de Kant et de Laplace sur la formation du système solaire. Il en trouvait la cause dans ce que nous appelons force centrifuge, force qui, toutefois, ne pouvait déployer cet effet avant que cette révolution eût commencé et qu'elle eût acquis une force et une vitesse considérables. D'autre part, à propos de la chute, que nous avons déjà mentionnée, d'une météorite gigantesque, comparable à une meule de moulin, Anaxagore avait déclaré, comme si cette pierre était tombée du soleil, que toutes les masses sidérales s'abîmeraient sur la terre aussitôt que la force de révolution diminuerait et ne les maintiendrait plus dans leurs orbites. Ainsi les considérations les plus diverses le ramenaient toujours au même point de départ, à ce que nous pouvons appeler le secret primordial de la mécanique. La gravitation (dont il se faisait d'ailleurs une idée insuffisante, puisqu'elle impliquait l'absolue légèreté de certaines matières) ne lui paraissait suffisante pour expliquer ni la séparation des masses de matière, ni la naissance, la permanence, et les mouvements des astres et du ciel. Il en déduisait l'action d'une force opposée qui, directement ou indirectement, dégage une série d'effets indispensable à l'intelligence des phénomènes universels. Et parmi ses effets indirects, il rangeait en premier lieu l'occasion qu'elle fournit à la force centrifuge de se manifester. Quant à l'origine de cette force, elle lui paraît enveloppée d'une impénétrable obscurité. Il la réduit à un choc destiné à compléter l'effet de la gravitation, tout comme l'est le choc dans lequel les prédécesseurs de Laplace ont cru trouver le point de départ de la force tangentielle.

III

Anaxagore — et cela montre son esprit vraiment scientifique, — ne recule pas, il est vrai, devant les hypothèses les plus hardies quand les faits ne lui laissent pas d'autre choix ; mais grâce à la vigueur de sa pensée, il sait leur donner la forme qui satisfait au plus grand nombre d'exigences. Ainsi se distinguent aussi les produits les plus parfaits de la législation. Un minimum d'hypothèses doit expliquer un maximum de faits. A quel degré il y a réussi en recourant à cette unique et presque surnaturelle intervention, c'est ce qu'a suffisamment montré le chapitre précédent. A la même tendance d'esprit se rattache la mémorable tentative qu'il a faite, et que nous devons à cause de cela mentionner ici, pour expliquer la supériorité intellectuelle de l'homme. Anaxagore la réduit à la possession d'un seul organe, la main ; et il comparait sans doute celle-ci au membre correspondant des animaux les plus rapprochés de nous par leur structure. Ceci nous rappelle le mot de Benjamin Franklin sur « l'être qui crée des outils ». Il est possible que cette déduction, dont nous ne connaissons pas les détails, substituât la partie au tout ; mais elle nous fait voir en lui, profondément enracinée, la crainte d'entasser les différences spécifiques et les faits primordiaux inexplicables, et cette crainte, plus que tout autre trait, distingue de sa contrefaçon la physionomie du vrai penseur.

Le reste de l'astronomie d'Anaxagore[1] n'est guère que la reproduction des théories de ses devanciers milésiens. On serait presque tenté d'attribuer au grand homme un peu de la suffisance qu'Hérodote a si amèrement reprochée aux Ioniens des douze Cités, tellement il se montre peu accessible aux influences intellectuelles qui ne proviennent pas de sa patrie. La sphéricité de la terre, proclamée par Parménide, lui était inconnue ou lui paraissait inadmissible. D'accord avec Anaximène, il regarde la terre comme un disque plat immobile dans l'espace. Mais ici nous nous trouvons en présence d'une difficulté insoluble pour le moment, et qui a même à peine été aperçue[2]. A ce qu'Aristote nous assure, il se représentait la terre sous forme d'un couvercle qui forme le centre du Kosmos et qui repose sur l'espèce de coussin formé par l'air emprisonné sous lui ; d'autre part, si l'on en croit des témoignages également dignes de foi, il enseignait que les astres se meuvent au-dessous de la terre. Comment concilier ces deux théories ? Dans les temps primitifs, sans doute, selon lui, les astres se mouvaient latéralement à la terre, et par conséquent ne descendaient jamais au-dessous d'elle. L'inclinaison de l'axe terrestre, qui semble avoir contredit le besoin de régularité si vivement ressenti par notre philosophe, et dont il n'indique

---

[1] Sur les doctrines astronomiques et météorologiques d'Anaxagore, cf. Doxogr. Gr. 137 sq.

[2] Cette difficulté (Aristote, de Caelo II 13) a, je le vois maintenant, été étudiée, mais sans avoir été, selon moi, résolue par Brieger, Die Urbewegung der Atome, u. s. w. (Gymnasial-Progr., Halle 1884, p. 21). Il résulte des témoignages réunis par Schaubach, pp. 174 sq., qu'Anaxagore attribuait à la terre la forme d'un disque plat. Simplicius seul indique par le mot τυμπανοειδής (in Arist. de Caelo II 13 p. 520, 28 sq. Heiberg) qu'il lui attribuait la forme d'un cylindre ou d'un tambourin. Mais Simpl. affaiblit son témoignage en disant la même chose d'Anaximène, qui, nous le savons avec une pleine certitude, était d'accord, relativement à la forme de la terre, non pas avec Anaximandre, mais avec Thalès. Il est donc erroné de dire, comme Zeller, Ueberweg et d'autres, qu'Anaxagore faisait de la terre un « cylindre plat ».

pas la cause, ne date, à son avis, que d'un temps relativement récent, postérieur en tout cas au commencement de la vie organique. Anaxagore estimait évidemment que l'extraordinaire phénomène de l'apparition des animaux et des végétaux supposait des conditions tout autres que les conditions actuelles, et se conciliait peut-être mieux avec le règne d'un perpétuel printemps qu'avec les changements de saisons. L'idée qu'il se fait de la grandeur des corps célestes est très enfantine. Le contour du soleil, disait-il, était plus grand que celui du Péloponnèse. Son explication du solstice n'est pas plus heureuse : si l'astre lumineux revient en arrière, c'est que la densité de l'air l'oblige à rétrograder. A cause de sa chaleur moindre, la lune doit être moins capable de résister à l'air épaissi, et par conséquent obligée de se retourner plus fréquemment. Malgré cela, Anaxagore, si les témoignages des anciens ne nous trompent pas, a une importante découverte astronomique à son actif. C'est lui qui, le premier, formula la théorie exacte des phases de la lune et des éclipses ; toutefois, il gâta son explication de ces dernières en supposant qu'elles pouvaient être causées non seulement par l'ombre de la terre et de son satellite, mais encore, comme le pensait Anaximène, par l'interposition d'astres dépourvus de lumière. Ce qui caractérise au plus haut degré les faiblesses aussi bien que les mérites de son esprit scientifique, c'est la tentative qu'il fit pour rendre compte de l'accumulation d'étoiles qui forme la voie lactée[1]. Il n'y voyait qu'une apparence, et cette apparence était due, à l'en croire, au fait que, dans cette région du ciel, la lumière des étoiles ressort plus vivement à cause de l'ombre projetée par la terre. Il est évidemment arrivé à cette théorie par le raisonnement suivant : La lumière du jour nous empêche d'apercevoir les astres qui se trouvent dans le ciel ; seule, l'obscurité de la nuit les rend visibles ; un accroissement d'obscurité est donc parallèle à un accroissement de visibilité, et là où notre œil voit la plus grande quantité d'étoiles, il n'est pas nécessaire, en vérité, qu'il y en ait un plus grand nombre ; il suffit que, dans cette partie du ciel, il règne une obscurité plus grande. Et, pour expliquer ce maximum d'obscurité, il ne s'offrait à lui aucune hypothèse à part celle que nous avons

[1] Au sujet de l'explication que donnait Anaxagore de l'entassement d'étoiles dans la voie lactée, cf. Tannery, Pour l'histoire, etc., 279. Au sujet du problème lui-même, cf. entre autres Wundt, Essays 70 sq.

indiquée. Sans doute, cette théorie contredit les faits les plus faciles à observer, et nous montre encore une fois combien Anaxagore était exclusivement déductif, combien peu il se préoccupait de vérifier ses hypothèses. La voie lactée n'est-elle pas inclinée sur l'écliptique, alors que, si cette explication était vraie, elle devrait coïncider avec elle ? Et pourquoi la lune ne s'éclipse-t-elle pas toutes les fois qu'elle traverse la voie lactée ? Mais cela ne doit pas nous empêcher de reconnaître que cette déduction était des plus ingénieuses, et que la question à laquelle il voulait répondre était plus que l'amusement d'un esprit oisif. Vraisemblablement, Anaxagore, comme le fait supposer sa doctrine du *Nous*, et comme nous avons eu déjà l'occasion de le remarquer, était très exigeant en fait de symétrie cosmique. Mais l'astronomie actuelle ne se contente pas simplement non plus, pour expliquer ce fait surprenant, d'admettre une irrégularité dans la distribution originelle de la matière. Elle cherche plutôt — comme autrefois le Klazoménien — sous cette extraordinaire irrégularité une simple illusion d'optique ; si ces astres nous paraissent si rapprochés, nous dit-elle, c'est que le système de la Voie lactée, auquel nous appartenons, présente une forme lenticulaire.

Dans le domaine de la météorologie, nous devons mentionner son explication des vents par des différences de température et de densité de l'air ; dans celui de la géographie, il rendit compte des crues du Nil en les rapportant à la fonte des neiges dans les montagnes de l'Afrique centrale. Cette supposition, au moins partiellement exacte, provoqua les moqueries de toute l'antiquité. En ce qui touche les commencements de la vie organique, Anaxagore suit les traces d'Anaximandre ; sa seule originalité consiste à faire précipiter sur la terre avec la pluie les premiers germes des plantes qui se trouvaient dans l'air avec les « semences » de toute nature. Cette doctrine, selon toute apparence, est en rapport avec la haute signification que notre sage attribuait à l'air pour toute la vie organique. N'a-t-il pas, par exemple, attribué aux plantes — sans se fonder sans doute sur des observations précises, — une sorte de respiration ? C'est lui aussi qui a découvert que les poissons respirent par des branchies. Pour lui, d'ailleurs, il n'y a pas d'abîme béant et infranchissable entre le règne végétal et le règne animal. Les plantes doivent, pour le moins, dit-il, éprouver des sensations agréables et des sensations désagréables, les premières durant leur croissance, les secondes au moment où elles perdent leurs feuilles. De même, pour lui, les divers degrés du monde animal n'étaient pas « séparés comme à coups de hache », et cependant sa théorie de la matière devait lui interdire tout pressentiment de l'évolution des espèces. Sa préoccupation — que nous avons déjà louée, mais qu'on ne saurait assez louer — de ne pas entasser sans nécessité les différences spécifiques, l'a préservé de plusieurs des erreurs dans lesquelles sont tombés ses successeurs. Il ne reconnaissait dans les dons intellectuels que des différences de degré, puisqu'il faisait participer au *Nous*, en une mesure plus ou moins grande, tous les animaux sans exception, les plus gros comme les plus petits, les plus élevés comme les plus infimes dans l'échelle des êtres.

IV.

Nous ne croyons pas devoir nous arrêter longtemps à la théorie des sens d'Anaxagore. Ce qui la caractérise surtout, c'est qu'elle ne reconnaît le principe de la relativité que là où les faits ne permettent aucun doute, par exemple en ce qui concerne le sentiment de la température. Le philosophe sait bien que la même eau paraît plus ou moins chaude suivant que l'on a plus ou moins froid à la main. A part cela, il considère les sens comme des témoins dont les informations sont limitées, mais dont la véracité ne laisse rien à désirer. Leur témoignage nous permet, il en est persuadé, de nous faire une image absolument fidèle du monde extérieur. Nous avons fait suffisamment connaître à nos lecteurs la théorie de la matière qu'il en a déduite. Cependant il ne sera pas mauvais de se la remettre ici en mémoire avec les considérations sur lesquelles elle est fondée. De ces deux prémisses : « Il ne se produit pas de changements de propriétés », — « les objets possèdent réellement les propriétés que les sens nous révèlent », découlait inévitablement cette conclusion : « Toute différence des propriétés sensibles est fondamentale, primordiale et immuable; il n'y a donc pas une ou plusieurs matières primitives, mais il y en a une foule innombrable ». Ou, pour parler plus exactement, il ne subsiste de distinction qu'entre les agglomérations de particules homogènes (auxquelles Anaxagore donne le nom d'*homoioméries*[1]) et les agglomérations de particules hétérogènes ; la distinction entre les formes matérielles primitives et les formes matérielles dérivées tombe. Ainsi, Anaxagore était retourné à la naïve conception que se fait de la nature l'homme primitif ; il avait reculé bien au delà de la théorie de la matière de ses prédécesseurs, et même au delà des premiers essais de simplification du monde matériel que l'on rencontre déjà dans Homère, dans l'*Avesta* ou même dans le livre de la *Genèse*. Mais les arguments sur lesquels repose cette théorie, et qui imposent à la pensée humaine avec une force irrésistible la croyance à l'intime affinité des innombrables éléments de la matière, n'en avaient point été ébranlés. Des postulats d'une importance égale, mais opposés et inconciliables, se trouvaient, semblait-il, en présence les uns des autres ; on aurait pu croire que le problème de la matière aboutissait à une impasse. Seule, la considération suivante pouvait le tirer de cette fâcheuse situation. Les prémisses de la théorie de la matière avaient été définitivement réfutées par les conséquences qu'on en avait tirées, conséquences radicalement fausses, comme nous le savons aujourd'hui, et difficiles à croire, comme pouvaient déjà s'en rendre compte les contemporains d'Anaxagore. Mais il n'en résultait pas que ces prémisses fussent nécessairement inexactes ; il se pouvait qu'elles fussent seulement incomplètes. Il n'était pas indispensable de les rejeter ; il suffisait de les compléter. La pierre d'achoppement était écartée ; ce que nous avons appelé le second postulat de la matière, à savoir la croyance à la constance qualitative de celle-ci, pouvait être maintenu, si l'on considérait comme vraiment objectives non pas l'ensemble des qualités perceptibles par les sens, mais seulement une partie d'entre elles. La nouvelle théorie de la connaissance vint au secours de l'ancienne théorie de la matière. La distinction entre les propriétés objectives ou primaires et les propriétés subjectives ou secondaires des choses, tel fut le grand exploit intellectuel qui devait opérer et qui opéra en effet la réconciliation entre des prétentions jusqu'alors incon-

---

[1] Depuis Schleiermacher, on a contesté à Anaxagore l'expression de *homoioméries* pour en faire une invention d'Aristote. On trouvera réunis dans Schaubach, p. 89, les témoignages inéquivoques de l'antiquité contre cette opinion. Ce qui montre, clair comme le jour, que cette supposition est insoutenable, c'est qu'Epicure, et après lui Lucrèce, qui n'avait pas le moindre motif d'employer les expressions techniques d'Aristote, ont fait usage de ce terme. (Cf. à ce sujet le commentaire de Munro sur Lucrèce I. 834, et notre étude dans la *Zeitschrift f. d. öst. Gymn.* XVIII 212.)

ciliables. Par là, une nouvelle cime, incomparablement plus haute, quoique sûrement pas la cime suprême, était escaladée. Cet exploit, c'est Leucippe qui l'a accompli. Ainsi il a rendu des ailes à la spéculation philosophique, qui semblait condamnée à l'immobilité, ainsi il s'est acquis un titre impérissable. Le mérite, à peine moins grand, d'Anaxagore, son plus grand mérite, à notre avis, est d'avoir, par la rigueur implacable de déductions qui ne reculaient pas devant les conséquences les plus absurdes, rendu visible même aux yeux les moins exercés, la nécessité de compléter la théorie de la matière.

Anaxagore a joui dans l'antiquité d'une haute estime, et cette estime, il l'a due, comme cela arrive si souvent, à peu près autant aux lacunes qu'à la grandeur de son génie. Le caractère démodé de son dogmatisme, la raideur et l'intransigeance de sa méthode et sans doute aussi de sa personnalité, l'assurance d'oracle avec laquelle il proclamait des théories dont plusieurs contredisaient étrangement le sens commun, tout cela exerçait, à n'en pas douter, et sur des cercles étendus, une véritable fascination. Ces caractères formaient le contraste le plus violent qu'il soit possible d'imaginer avec la flottante incertitude, avec la souplesse intellectuelle exagérée d'une époque où la pensée était aussi imprégnée de germes de scepticisme que l'est l'air ou l'eau de « semences », d'après les enseignements de notre philosophe. Mais il était impossible qu'on ne ressentît pas aussi une autre impression. Quand le vénérable philosophe énonçait sur tous les secrets de l'Univers des jugements aussi précis que s'il avait assisté lui-même comme témoin oculaire à la naissance du Kosmos ; quand il exposait du ton de l'infaillibilité les opinions les plus paradoxales, telles que, par exemple, ses vues sur la matière ; et surtout quand, avec la confiance d'un homme qui a reçu une révélation, il parlait d'autres mondes où tout se passe exactement comme sur la terre, où il y a des hommes comme nous, qui se construisent des demeures, cultivent leurs champs et portent leurs produits au marché ; quand il faisait tout cela en ayant soin de terminer toujours par ce refrain : « tout à fait comme chez nous » ; — alors plus d'une bouche devait esquisser un sourire, et nous croyons sans peine que Xénophon n'exprimait pas seulement son opinion personnelle, mais une opinion très répandue autour de lui, quand il disait que

« le grand philosophe n'avait pas tout à fait sa tête à lui[1] ». Une seule chose le rattachait au scepticisme de l'époque d'effervescence intellectuelle à laquelle il appartenait : son attitude parfaitement dédaigneuse à l'endroit des croyances populaires. A part cela, doué d'une foi dans la perception sensible qui rappelle, par sa robustesse, l'ingénuité des moins philosophes de nos naturalistes ; n'ayant pas le moindre atome d'intelligence dialectique, et par conséquent passant sans les remarquer, ou en les méprisant, à côté des doutes et des arguments subtils de Zénon ; — poursuivant le solitaire sentier de ses pensées avec l'inconsciente témérité d'un somnambule, sans prévoir les objections, sans être égaré par les doutes ou arrêté par les difficultés ; — proclamant sèchement, sans poésie et sans humour, des théories aussi absolues qu'aventureuses, il ne devait pas toujours faire la meilleure figure au milieu des esprits si souples, si ouverts, si peu exclusifs de son temps. Beaucoup s'en laissaient imposer par son calme aristocratique, par sa confiante dignité ; d'autres le haïssaient parce qu'il s'immisçait trop, à leur gré, dans les secrets des dieux ; à d'autres enfin, qui n'étaient sans doute pas les moins nombreux, il devait paraître pour le moins un tantinet naïf, pour ne pas dire toqué. Nous-même, nous voyons en lui un esprit d'une grande puissance déductive, étonnamment inventif, doué d'un sens très développé de la causalité ; mais ces avantages nous paraissent plus que balancés par son manque surprenant de saine intuition et par son indifférence regrettable à vérifier par les faits ses ingénieuses hypothèses.

---

[1] Le jugement dédaigneux de Xénophon se trouve dans les *Mémor.* IV,7.

CHAPITRE V

Empédocle.

I. Personnalité et biographie d'Empédocle. — II. Empédocle et la chimie moderne. Doctrine des quatre éléments. Son mal-fondé et sa fécondité. Empédocle reconnaît une multiplicité de proportions chimiques. — III. Explication de la perception visuelle. Mérites de la physiologie des sens. — IV. Attraction réciproque des semblables. L'Amitié et la Discorde. Conditions de la vie organique. — V. Cosmologie d'Empédocle. Explication erronée de l'immobilité de la terre. — VI. Empédocle, précurseur de Darwin et de Gœthe. Il n'est pas adversaire des hylozoïstes. Théorie de l'animation universelle. — VII Physique et théologie des âmes. Théorie homérique de l'âme double. L'âme-fumée et l'âme-souffle. Empédocle à moitié mystique, à moitié naturaliste. — VII. Sa théologie. Empédocle et les Eléates.

I

Le voyageur qui, aujourd'hui, visite Girgenti, retrouve à chaque pas le souvenir d'Empédocle[1]. Car la noble piété des Italiens, entretenue par la continuité de leur civilisation, ne connaît pas les barrières plantées par la chronologie. Virgile

[1] Cf. *Empedoclis Agrigentini fragmenta*, éd. H. Stein, Bonn 1852 ; Diels, *Studia Empedoclea* dans l'*Hermès* XV ; Knatz a édité un frg. nouveau d'un vers et demi dans les *Schedæ philol.*, Bonn 1891 ; *Doxogr. gr.* passim. Diog. Laërce consacre à Emp. le ch. 2 du l. VIII. Comp. en outre l'excellente critique de sources de J. Bidez, *La biographie d'Empédocle*, Gand 1894. — Ce que nous disons, ici et dans la suite, de Girgenti repose sur nos impressions personnelles de voyage ; cf. aussi *Vingt jours en Sicile* dans les *Mélanges de voyages et d'histoire* d'E. Renan, p. 103 sq. Pour la chronologie, nous disposons d'une série de vers de la chronique d'Apollodore, reproduite par Diog. Laërce, loc. cit. Le passage très discuté d'Aristote, *Métaph.* I 3, d'après lequel Anaxagore était l'aîné d'Empédocle au point de vue des années, mais son cadet au point de vue de la philosophie, ne contient ni une indication sur l'époque de la publication de leurs ouvrages, ni un jugement sur leur valeur, mais sert simplement à motiver le renversement de l'ordre chronologique qu'affectionnait Aristote pour des motifs didactiques. En effet, Aristote traite Empédocle avant Anaxagore parce que les quatre éléments du premier étaient beaucoup plus près du monisme matériel des anciens philosophes naturalistes que les substances premières, infinies en nombre, du second. Cf. la petite phrase qui précède : Ἐμπεδοκλῆς δὲ τὰ τέτταρα, πρὸς τοῖς εἰρημένοις τὴν προστιθεὶς τέταρτον.

est encore cher à Mantoue, Stésichore à Catane, leur éminent
« concitoyen » Archimède aux Syracusains, et les habitants de
Girgenti (Agrigentum, Akragas) sont fidèles au culte de leur
grand compatriote, le philosophe et homme d'Etat Empédocle.
Les disciples de Mazzini et de Garibaldi l'honorent comme
démocrate parce qu'il mit fin au régime aristocratique qui,
pendant trois ans, opprima Agrigente, et qu'il refusa de placer
sur sa tête la couronne qu'on lui offrait. Cette tradition n'a
rien d'inacceptable en soi. Elle ne contredit pas ce que nous
savons de la vie d'Empédocle et de l'histoire de sa ville natale
à ce moment. D'autres villes aussi de la Sicile étaient alors le théâtre de profondes dissensions. La famille d'Empédocle était
parmi les plus considérables du pays. Quand il vint au
monde, entre 490 et 500 ou, au plus tard, entre 480 et 490,
elle était dans toute sa prospérité, dans tout son éclat. Son
grand-père, dont il avait reçu le nom, avait remporté en 496
à Olympie la victoire au concours des quadriges. Son père,
Méton, contribua en 470 à la chute du tyran Thrasidaeos, et
acquit ainsi une influence prépondérante sur ses concitoyens.
Il n'est donc pas absolument invraisemblable que le trône fût
offert à son héritier, éminent à la fois par l'esprit et par la
naissance. Toutefois, ce ne fut pas nécessairement par esprit
démocratique qu'il renonça à régner seul comme il avait refusé
de prendre part au gouvernement oligarchique. Cette décision
pouvait aussi lui être dictée par l'intérêt personnel bien compris. Cet homme, aussi habile à parler que remarquable penseur, et qui est même cité parmi les fondateurs de l'art oratoire, pouvait espérer jouer un rôle plus considérable dans une
communauté douée d'institutions populaires que dans le cercle
plus étroit de ses égaux. Le refus d'une couronne constitue en
soi un titre de gloire qui n'est pas à dédaigner. Et de plus,
ce titre ne peut être souillé ni de boue ni de sang, tandis que
le trône qui s'élève des flots impurs d'une révolution peut facilement y retomber. Dans ces périodes agitées, la dignité de
prince ne conférait aucune protection contre les caprices de la
faveur populaire. Mais le simple particulier n'était pas menacé
du poignard vengeur d'un fanatique de la liberté. Si la foule
changeante se fatiguait de son autorité, elle le frappait d'une
sentence d'exil. Tel paraît justement avoir été le sort d'Empédocle, qui, à l'âge de soixante ans, fut victime d'un accident
en terre étrangère, dans le Péloponnèse. Cette fin n'a pas

paru digne, d'ailleurs, d'un homme aussi extraordinaire ; aussi quelques-uns racontaient-ils qu'il s'était précipité dans les laves incandescentes de l'Etna, tandis que d'autres voulaient qu'il se fût élancé vers le ciel dans un nuage de flamme...

En réalité, l'ambition de cet homme avait de plus hautes visées que la royauté, et elle l'emporta bien au-dessus des trônes humains. Sans doute, un palais superbe sur les rivages de la « blonde Agrigente » pouvait avoir ses charmes et sa séduction. Mais qu'était-ce que de régner sur huit cent mille sujets pour le Sage, le Voyant, le Thaumaturge qui pouvait prétendre régner sans limite de nombre, de temps ou de lieu sur les âmes des autres hommes ? Et qu'est-ce, au surplus, qu'un roi en comparaison d'un dieu ? Or Empédocle ne se flattait-il pas d'en être un, quand il disait à ses fidèles : « Je ne suis plus pour vous un mortel, mais un dieu immortel ? » Il était vêtu de pourpre bordée d'or ; ses cheveux, couronnés de laurier comme ceux d'un prêtre, retombaient des deux côtés de sa tête et encadraient ses traits austères ; quand il parcourait les campagnes de la Sicile, des foules d'adorateurs et d'adoratrices l'entouraient et lui offraient l'hommage de leur admiration. Par milliers, par dizaines de mille, ils l'acclamaient, s'attachaient à ses pas et réclamaient de lui quelque prédiction favorable, l'adoucissement de quelque chagrin, la guérison de quelque maladie. Il se flattait de commander aux vents et aux orages ; il prétendait imposer sa volonté aux ardeurs dévorantes du soleil, aux trombes dévastatrices. Son génie était admirable, en effet. Il a, en desséchant le marais qui l'entourait, délivré Sélinonte de l'épidémie par laquelle elle était ravagée ; à sa ville natale, il a assuré un climat salutaire en ouvrant passage, à travers un rocher, au vent rafraîchissant du Nord. Voilà pour l'ingénieur. Comme médecin, il a peut-être accompli des choses étonnantes ; il en a promis de plus étonnantes encore. Il a, dit-on, réveillé de sa léthargie une femme qui, depuis trente jours, morte en apparence, gisait « sans pouls et sans respiration[1] ». Gorgias, qui fut son élève, l'a vu se livrer à la magie, et l'on a peine à croire qu'il s'agît

---

[1] Sur le dessèchement des marais de Sélinonte, et sur le percement d'une montagne à Agrigente par Empédocle, cf. la variété parue dans le supplément de l'*Allgem. Zeitung* d'Augsbourg du 15 nov. 1881. Bidez, op. cit. p. 34, paraît avoir démontré, après Diels, que l'histoire de la femme tirée d'un sommeil léthargique provient du traité d'Héraklide de Pont περὶ τῆς ἄπνου, et reposait sur une légende déjà en cours à cette époque.

là seulement de cures obtenues au moyen de l'hypnotisme ou par le pouvoir de l'imagination.

Il est difficile de formuler un jugement équitable sur un homme en qui l'or pur du vrai mérite se mêlait si étrangement au vil métal des prétentions sans fondement. Pour expliquer, sinon pour excuser ces dernières, il faut se souvenir du caractère de ses compatriotes, et peut-être aussi de ses concitoyens. Les habitants de l'île qui a été le berceau de la rhétorique semblent avoir eu dès l'origine, dans le sang, un penchant à l'ostentation et à la mise en scène. Dans les débris des temples qui couronnent les collines des environs de Girgenti, nous sommes frappés désagréablement par la recherche de l'effet, par la tendance à l'exagération. Mais, s'il est difficile d'apprécier la personnalité de ce philosophe, il est plus difficile encore de remonter à la source primitive de ses doctrines, qui paraissent manquer d'unité et de consistance, et auxquelles on a fait le reproche d'être un éclectisme par trop facile.

II

Pour le médecin, pour l'hiérophante, pour l'orateur, pour l'homme d'Etat, pour le créateur d'œuvres utiles, le principal intérêt réside toujours dans l'homme. Par conséquent, nous devons nous attendre à trouver dans Empédocle, comme philosophe, un anthropologiste autant qu'un cosmologiste ; comme investigateur de la nature un physiologiste, un chimiste et un physicien plutôt qu'un astronome et un mathématicien. Et les faits justifient cette attente. Le philosophe agrigentin ne s'est presque pas occupé de la science des nombres et de l'espace, et, dans l'étude des astres, il n'a pas fait preuve d'une originalité marquée. En revanche, dans le domaine de la biologie, il a trouvé des points de vue nouveaux à bien des égards et d'une remarquable fécondité. Mais le centre de gravité de son œuvre se trouve dans sa théorie de la matière. On ne s'avance guère trop en disant qu'avec Empédocle, nous nous trouvons tout à coup en plein dans la chimie moderne. Nous rencontrons chez lui, et pour la première fois, trois des principes fondamentaux de cette science : il enseigne une pluralité, mais une pluralité limitée de matières primordiales ; il suppose les combinaisons dans lesquelles ces matières s'unissent entre elles ; et enfin il reconnaît de nombreuses différences quantitatives, c'est-à-dire des proportions variables dans ces combinaisons.

Peut-être est-ce le médecin pratiquant qui, ici, a montré le chemin au chimiste spéculatif[1]. Les maladies sont dues à un conflit ou à une disproportion des matières hétérogènes que renferme le corps animal, telle est la théorie que nous avons trouvée chez Alcméon, à peu près un demi-siècle avant Empédocle. Elle avait pris de fortes racines, au moins parmi les médecins, et l'on y voyait, comme le montre clairement l'ouvrage déjà cité de Polybos (p. 178), l'objection capitale à opposer au monisme de la matière. Toutefois, indépendamment de cela, ce dernier se révélait impuissant à rendre un compte exact des phénomènes. Et plus on se livrait à l'étude de la nature, plus l'on devait, chacun le comprend, abandonner les généralités vagues pour consacrer son attention à l'examen approfondi des questions de détail. Du moment que le transformisme imprécis des anciens Ioniens (exception faite d'Anaximène), qui ne s'appuyait ni sur des faits sûrement établis ni sur des idées claires, se montrait insuffisant, il ne restait plus, en vérité, qu'à ramener la multiplicité des phénomènes à une multiplicité primordiale des éléments matériels. Mais, tandis que le contemporain et rival de notre philosophe jetait le vin avec les lies, tandis qu'Anaxagore renonçait à toute distinction entre les éléments et les corps qui en dérivent, et retournait à cet égard jusqu'à l'enfance de la pensée humaine, Empédocle s'engageait dans une voie moins violente. Il n'a pas, en même temps que l'unité de la matière, abandonné la doctrine des éléments elle-même. Peut-être est-ce l'école de la politique pratique qui lui avait appris la valeur des compromis et l'avait heureusement mis en garde contre l'absurdité de ce dilemme radical : ou bien une seule matière primitive ou bien rien que des matières primitives. Pour obtenir une pluralité de matières fondamentales, il suffisait de réunir les doctrines de Thalès, d'Anaximène et d'Héraclite, ou, pour parler plus exactement, de la physique populaire et spontanée qui en formait le fonds, et, en suivant l'exemple de celle-ci, d'ajouter la terre à l'eau, à l'air et au feu. Les « quatre éléments » qui forment et maintiennent le monde, et qui aujourd'hui ne survivent plus que

[1] Tannery, *Pour l'histoire*, etc., est probablement le premier qui ait signalé un rapport entre les études médicales d'Empédocle et sa théorie anti-moniste de la matière.

dans les croyances populaires et dans la poésie, ont une longue et glorieuse histoire[1]. L'autorité d'Aristote, qui les a accueillis dans sa théorie de la nature, leur a fait franchir le cours des siècles et leur a imprimé le sceau de l'infaillibilité. Et cependant la doctrine est dépourvue, dès le principe, de toute justification intrinsèque. Elle ne repose visiblement que sur la plus grossière des confusions. Est-il nécessaire, en effet, de prouver qu'elle se ramène, en dernière analyse, à la distinction des trois états d'agrégation — solide, liquide et gazeux, — et que le quatrième état ajouté à ces trois états fondamentaux n'était qu'un accessoire, que le phénomène concomitant du processus de la combustion, qui éblouit les sens, et auquel on donnait à cause de cela une valeur usurpée ? Les *formes* fondamentales, communes à tout ce qui est matériel, prenaient ici une individualité propre et devenaient les seules *matières* fondamentales.

Malgré tout, la valeur de cette doctrine était inestimable. L'histoire de la science ne considère pas toujours et uniquement le degré de vérité objective. Une théorie peut être absolument vraie, et cependant rester sans applications et sans utilité parce que l'esprit humain est insuffisamment préparé à la recevoir ; inversément, une théorie peut être fausse en tout point, et cependant servir grandement au progrès de la connaissance, dans la même phase de développement intellectuel. Si nous considérons l'époque dont nous nous occupons ici, et même les époques récentes, nous rangerions dans le premier de ces cas la doctrine d'une matière primordiale unique ; si nous envisageons cette époque et celles qui la suivent immédiatement, nous rangerions dans le second la théorie des quatre éléments. Sans doute, aucun d'entre eux n'était un élément réel ; celui même qui mérite le mieux cette qualification, l'eau, est un corps composé ; la terre et l'air ne sont que des noms sous lesquels s'abritent une foule de matières, les unes simples, les autres composées, et seulement sous une de leurs formes res-

---

[1] Les quatre éléments se retrouvent dans la physique populaire non seulement des Grecs, mais encore des Hindous (cf. Kern. *Buddhismus*, übers. von H. Jacobi, I 438). Cf. aussi la doctrine persique des éléments dans le *Vendidad*, trad. de James Darmesteter, *The sacred books of the East*, IV p. 187. Kopp, *Die Entwicklung der Chemie in d. neueren Zeit*, p. 110, nous apprend combien tard cette antique doctrine a disparu : « Si, à l'époque qui a précédé l'apparition du système de Lavoisier, on demandait quels étaient les éléments des corps, on recevait pour réponse que la terre, l'eau, l'air et le feu devaient toujours être regardés comme des éléments, ou du moins que la plupart croyaient à ces éléments ».

pectives ; quant au feu, loin d'être un élément, ce n'est pas même une chose... Cela est vrai, mais cette apparence de science n'en était pas moins la chrysalide d'où la science vraie devait un jour sortir. Un modèle était donné, qui représentait les conceptions fondamentales de la chimie, et sans lequel il était même impossible de les dégager. Si l'on eût attendu, pour former les concepts d'élément et de combinaison, que l'on eût réussi à isoler des éléments réels et à se rendre compte de réelles combinaisons, on aurait attendu en vain pendant l'éternité, car on ne pouvait atteindre le but auquel visait la théorie de la matière — comme celui auquel tendait l'astronomie (cf. p. 125) — que par les chemins de l'erreur.

Les pensées d'Empédocle relativement à cet objet étaient aussi justes que l'application en était fausse. Non seulement, il ne voulait pas plus que ses prédécesseurs, entendre parler de naissance et de destruction au sens absolu, mais il se faisait une idée plus claire que n'importe lequel d'entre eux de la contre-partie positive de ces négations. Toute prétendue naissance, pour lui comme pour Anaxagore, n'est en réalité qu'un mélange ; toute destruction apparente n'est qu'une dissociation des éléments mélangés. Mais il connaît de plus ce fait que les qualités sensibles d'un composé dépendent de la nature de sa composition. Il l'exprime en tout premier lieu par une comparaison tout à fait significative. Pour expliquer la multiplicité infinie des propriétés que les choses manifestent à nos sens, il rappelle ce qui se passe continuellement sur la palette du peintre. A ses quatre matières primordiales, il compare les quatre couleurs fondamentales dont se servaient habituellement les artistes de son temps, et au moyen desquelles, grâce à d'habiles mélanges, ils obtenaient une quantité innombrable de tons et de nuances[1]. C'est là, peut-on objecter justement, une simple comparaison, et non une explication. Oui, mais, pouvons-nous répliquer, c'est là une comparaison qui implique quelques-uns des éléments de l'explication. Tout d'abord, nous constatons ici l'intelligence de ce fait que la simple différence quantitative dans la combinaison de deux ou de plusieurs matières produit une différence qualitative dans les propriétés sensibles du composé. Que notre philosophe ait réellement possédé cette intelligence, nous n'avons pas besoin, d'ailleurs, de

[1] Sur la comparaison des quatre éléments avec les couleurs fondamentales, voir Galien, *Commentaire au « de natura hominis » d'Hippocrate* (XV 32 Kühn).

l'inférer de cette comparaison ; les documents nous permettent de le prouver directement. Il a essayé, d'une manière, il est vrai, assez aventureuse dans le détail, de ramener à des différences quantitatives de composition la différence de qualité des diverses parties de l'organisme animal. La chair et le sang, par exemple, contiendraient des proportions égales — en poids, et non en volume — des quatre éléments, tandis que les os seraient composés pour une moitié de feu, pour un quart de terre, et pour un quart d'eau. Il devait — cela est hors de doute — faire le plus grand usage de ce moyen d'explication. Car, sans cela, comment aurait-il pu soutenir que les qualités sensibles dépendent de la nature de la composition matérielle, et le soutenir aussi expressément qu'il le fait dans la comparaison dont nous parlons plus haut ? Les quatre éléments, pris en eux-mêmes, ne donnent qu'un très petit nombre de combinaisons possibles, à savoir une combinaison à quatre, quatre à trois et six à deux éléments. Mais, du moment que chacun de ces éléments peut entrer en combinaison dans des proportions variées, le nombre des combinaisons possibles s'accroît à l'infini, et la méthode d'explication réalise les conditions voulues pour rendre compte de la richesse vraiment inépuisable des objets matériels. Avant d'aller plus loin, faisons remarquer ici une des anticipations les plus remarquables sur la science moderne. Quel rôle ne joue pas, depuis Dalton, la théorie des proportions ou des équivalents dans la chimie de notre siècle ! Quelle signification n'a-t-elle pas acquise, en particulier dans le domaine de la chimie organique, où les quatre éléments principaux (carbone, hydrogène, oxygène et azote) permettent d'appliquer à la lettre la comparaison empruntée aux quatre couleurs fondamentales de la peinture antique ; et surtout dans ces tout derniers temps, où l'on a pu constater que certains atomes entrent au nombre de plusieurs centaines, par exemple dans l'albumine !

III

En admettant que les éléments premiers de la matière, sans jamais éprouver eux-mêmes le moindre changement, donnent naissance à une foule de composés différents, Empédocle était absolument d'accord avec les chimistes modernes. Mais de toutes les connaissances nécessaires à l'élaboration de cette théorie, nous ne pouvons lui en attribuer avec certitude qu'une seule : il s'est rendu compte, comme nous l'avons expliqué, de la valeur des proportions dans les combinaisons des éléments. Mais il y a un autre fait, plus important encore à considérer : c'est que les propriétés d'un composé sont déterminées par sa structure, par la disposition ou par les mouvements des particules dont il est formé ; et que, par conséquent, un corps qui diffère d'un autre sous ce rapport exerce aussi d'autres effets sur d'autres corps, entre autres sur les organes de nos sens. Ce fait, Empédocle ne l'a jamais exprimé d'une manière précise. Et cependant il doit avoir pressenti quelque chose d'analogue, sans quoi il aurait renoncé tout à fait à comprendre la circonstance que, pour employer sa propre expression, les éléments, dans leurs combinaisons, « en passant les uns à travers les autres, présentent un aspect différent ». Il semble que le philosophe aurait dû reconnaître pleinement à ce propos, et apprécier à sa juste valeur le rôle que joue la subjectivité dans nos perceptions sensibles. Tel n'est pas le cas. Toutefois il est beaucoup plus près de s'en rendre compte que ses prédécesseurs, à l'exception d'un seul : nous voulons parler de ce penseur et observateur original qui appartenait au cercle des Pythagoriciens, de ce médecin Alcméon auquel on a si longtemps refusé l'estime et le respect qui lui sont dus. Alcméon a eu, le premier, l'idée de sensations subjectives. On peut démontrer rigoureusement qu'Empédocle se rattache à lui sur ce point[1]. Comme Alcméon, et sans aucun intermédiaire, il enseigne que l'intérieur de l'œil se compose presque entièrement de feu et d'eau. Et partant de là, il compare la structure de l'œil à celle d'une lanterne. Aux parois transparentes qui dans celle-ci protègent la flamme contre les vents, correspondent, dans l'organe de la vue, de fines membranes qui en recouvrent et en maintiennent le contenu. Ici entre en jeu le principe, fondé probablement sur l'analogie du sens du toucher ou de la résistance, que le semblable est connu par le semblable. Conformément à ce principe, les parties ignées de l'œil servent à la perception du feu extérieur, et les parties aqueuses à celle de l'eau extérieure, ces deux éléments étant pour lui les types de la clarté et de l'obscurité. L'acte per-

---

[1] La preuve qu'Empédocle dépend d'Alcméon a été faite par Diels, *Gorgias und Empedokles* p. 11.

ceptif s'accomplit de la manière suivante : quand les effluves ignés ou aqueux émis par les corps s'approchent de l'œil, les particules correspondantes de celui-ci vont à leur rencontre par les pores de cet organe, semblables à des entonnoirs, grâce à l'attraction réciproque des éléments de même nature. Les particules pénétrant du dehors dans les pores, et celles qui sortent par les pores opèrent leur contact en dehors de l'œil, mais probablement tout près de sa surface, et ce contact produit la sensation de la vue. Ainsi la perception visuelle est assimilée au toucher : elle résulte du contact de deux clartés ou de deux obscurités. Et selon que l'œil des diverses espèces d'animaux et des divers individus renferme en quantité moindre, et par conséquent plus susceptible d'être complétée, l'un ou l'autre des deux éléments en question, il est plus ou moins apte à percevoir les impressions lumineuses et à voir clair pendant le jour ou au demi-jour de l'aube et du crépuscule.

Si grossière, si fantastique que soit cette représentation du mécanisme de la vue, si peu qu'elle explique ce qu'elle prétend expliquer, et si nombreuses que soient les questions auxquelles elle ne songe pas même à fournir une réponse, il lui reste un mérite incontestable. C'est une tentative, très insuffisante, il est vrai, mais enfin une tentative pour expliquer la perception par des phénomènes intermédiaires (cf. p. 207); elle laisse en outre au facteur subjectif une certaine part, très modeste encore, dans l'acte perceptif et constitue par conséquent une étape sur le chemin de la vérité ; en suivant cette voie, nous finirons par apprendre que nos perceptions sensibles ne sont rien moins que les simples reflets des propriétés extérieures et objectives des choses. D'ailleurs cette théorie ne méconnaît pas absolument le principe de la relativité. Car non seulement la quantité plus ou moins grande de matière ignée ou aqueuse qui se trouve dans les différents yeux doit, comme nous l'avons déjà vu, expliquer les différences de vision, mais la forme et la grandeur des pores doit, en ce qui concerne ce sens comme en ce qui touche aux autres, permettre ou défendre l'entrée des effluves. Seuls, ceux de ces derniers qui correspondent aux pores sont déclarés perceptibles. Ainsi, même par cette théorie erronée, le chemin était aplani pour l'intelligence vraie de la sensation. On s'éloignait tout doucement de ce point de vue qui obligeait l'esprit humain à choisir entre deux alternatives : ou accepter aveuglément ou rejeter non moins aveuglément le témoignage des sens. Ce témoignage fut de plus en plus protégé contre les objections résultant des différences individuelles ou occasionnelles d'impression ; le trésor de connaissance puisé à cette source vit sa valeur réduite à de plus étroites limites, mais en dedans de ces limites cette valeur ne fut que mieux garantie.

IV

Les mérites et les défauts qu'on relève dans la théorie physiologique des sens d'Empédocle caractérisent aussi ses doctrines sur les questions qui s'en rapprochent. Elles tendent toutes à ramener aux phénomènes généraux de la nature les processus physiques et psychiques de la vie chez l'homme, les animaux et même les végétaux. Le philosophe fit de son mieux pour abattre les barrières ou plutôt pour ne pas en élever entre l'organique et l'inorganique, entre le conscient et l'inconscient. Ce pressentiment, cette intuition de l'unité de la vie sous toutes ses formes constitue la force, mais aussi la faiblesse d'Empédocle. Sa faiblesse, parce que ses larges généralisations ne reposent pas tant sur la connaissance de ce qui est commun dans le divers que sur l'ignorance de la diversité; parce que l'entreprise, en un mot, était aussi peu préparée, aussi prématurée que l'essai analogue d'Anaxagore (cf. p. 226). Une constatation a fait la plus vive impression sur l'esprit d'Empédocle, à savoir que le semblable est attiré par le semblable. Les agglomérations de matières homogènes (air, terre, nuages, mer) peuvent tout aussi bien être entrées en jeu ici que l'observation parallèle empruntée à la vie sociale, et devenue proverbiale chez les Grecs : « qui se ressemble s'assemble. ». En revanche, l'attraction qui repose sur la différence des sexes était presque négligée, et les phénomènes naturels qui contredisent ce principe, en particulier ceux que relève la théorie de l'électricité, étaient encore inconnus.

Empédocle fait partout et toujours usage de cette prétendue loi universelle de la nature. S'agit-il d'expliquer la croissance des plantes ou la naissance du genre humain, c'est, dans l'un comme dans l'autre cas, le feu contenu dans l'intérieur de la terre qui aspire à se joindre au feu extérieur, et qui, par là, soulève jusqu'à la surface du globe et élève au-dessus d'elle la plante et les « mottes » humaines formées d'eau et de terre. S'agit-il de rendre compte de la respiration des animaux, c'est le feu contenu dans l'organisme qui, obéissant à la même tendance, chasse l'air dont il est entouré et provoque ainsi l'expiration. La prédominance de l'un ou de l'autre des éléments dans les diverses espèces d'animaux détermine non seulement leur caractère particulier, mais encore, en vertu du même principe, le lieu qu'ils habitent : les animaux riches en air recherchent l'air, ceux qui sont riches en eau recherchent l'eau, ceux qui sont riches en terre recherchent la terre. Le semblable est connu par le semblable : voilà qui devient la règle générale, applicable non seulement, comme nous l'avons déjà vu, à la perception sensible, mais encore à la pensée proprement dite. Ce besoin de compléter le semblable par le semblable, que nous avons déjà rencontré dans la théorie de la vision, se trouve aussi à la base de tout désir, par exemple du désir de nourriture ; c'est ce besoin qui, satisfait, produit la sensation de plaisir, et, non satisfait, celle de la douleur.

Si exclusives, si fantastiques même que soient ces théories, elles ont quelque chose de grandiose, qui fait songer à la puissance de pensée d'Héraclite. Mais on éprouve aussi un sentiment de soulagement, quand, par-ci par-là, la monotonie de ces explications est interrompue par une observation réelle, même mal appliquée, de la nature. C'est à une observation de ce genre, ou, pour parler plus exactement, à une vérité fournie par l'expérience, qu'Empédocle recourt pour rendre compte de la respiration cutanée. Il fait remarquer que si l'on plonge dans un bassin rempli d'eau un vase, en ayant soin d'en tourner l'orifice du côté d'en bas et de le boucher avec le doigt, ce vase ne se remplit pas lorsqu'on ôte le doigt, tandis que, si l'orifice est en haut, l'eau s'y précipite immédiatement. Il comprend très bien que, dans le premier cas, c'est l'air contenu dans le vase, et qu'on empêche de s'échapper, qui barre le passage à l'eau[1]. De même, l'air extérieur ne pourra pénétrer dans le

---

[1] L'expérience ici indiquée (v. 294 sq. Stein) présuppose l'existence d'espaces vides, au moins temporairement. On est donc étonné de voir que, malgré cela, Aristote (de Caelo, IV 2) de même que Théophraste (De Sensu dans les Doxogr. gr. 503 9-12) attribuent à Empédocle la négation de l'espace vide. Théophraste, il est vrai, a soin d'ajouter qu'en cela Empédocle n'est pas conséquent avec lui-même, et Aristote fait entendre à peu près la même chose dans le de Generat. et Corrupt. I 8. Il nous semble donc naturel de supposer qu'il y a eu un malentendu. Nous possédons encore les vers auxquels on attribue la négation du vide (91 sq. Stein), mais ils paraissent admettre une autre inter-

corps que lorsque le sang se retirera de sa surface et affluera vers les organes intérieurs. L'alternance régulière avec laquelle cet afflux se produit commande la respiration, non moins régulière, qui se fait à travers les pores de la peau.

Mais si puissante que soit, pour Empédocle, l'influence de ce prétendu principe universel, de cette attraction du semblable par le semblable, il était impossible qu'il le tînt pour le seul principe agissant. Il y avait, à n'en pas douter, en face de ce principe, pour en limiter ou en paralyser les effets, un principe exactement contraire, tendant à la séparation des semblables et à l'union des dissemblables. Autrement, devait-il se demander avant tout, comment les êtres organiques auraient-ils pu naître, et comment pourraient-ils se conserver, puisque, dans chacun d'eux, plusieurs éléments, sinon les quatre à la fois, sont réunis en un tout ? L'état actuel de l'Univers représente pour ainsi dire un compromis des deux tendances ; en effet, dans la formation de tout être individuel se manifeste l'action de la seconde, tandis que dans sa nourriture (étant données surtout les idées d'Empédocle à ce sujet), et dans sa

prétation. J'en rendrais librement le sens comme suit : Nulle part on ne peut dire : « Ici n'est pas le Tout » ; nulle part: « Ici est autre chose que le Tout ». Il faut, je crois, faire dépendre le génitif τοῦ παντός de κενεόν (cf. v. 111 τούτων... κεινώσεται). Si κενεόν était employé ici absolument, dans le sens d'« espace vide », que signifierait le οὐδὲ περισσόν dont il est accompagné ? On ne peut en tous cas pas tirer argument de ce vers pour tirer la supposition d'interstices vides soit d'une manière permanente, soit momentanément.

Il est assez étrange de voir qu'Aristote (loc. cit. et Phys. IV 6) conteste également à Anaxagore le concept du vide en faisant observer que l'expérience de l'outre gonflée (cf. p. 226) et la tentative de compression de l'air — qui doit avoir été celle d'Empédocle mentionnée plus haut — ne prouvent pas qu'il n'y a pas d'espace vide, mais « que l'air est quelque chose ». Ici encore, il nous sera permis de supposer qu'Aristote a quelque peu méconnu l'intention de ces anciens investigateurs. Anaxagore avait fait un si ample usage de l'Invisible qu'on ne manqua sans doute pas de lui reprocher d'user de non-entités. Alors il prouva aux sceptiques qu'il y a des corps invisibles, que là où il ne semble y avoir rien, il y a en réalité quelque chose. Une outre vidée semble au premier abord ne rien contenir. Mais gonflez-la — et telle est précisément l'expérience attribuée par Aristote à Anaxagore —; rapprochez-en et liez-en l'ouverture, puis essayez de la presser. La résistance qu'elle opposera à vos tentatives de compression vous apprendra bientôt que l'Invisible qui est en elle est quelque chose de matériel. Nous avons la témérité de croire qu'Anaxagore voulait prouver précisément ce qu'il a prouvé en effet. Comme la supposition du vide ne date pas de Leucippe, mais d'avant lui, il ne résulte absolument pas de ce que nous venons de dire qu'Empédocle ait été influencé par l'Abdéritain. Cette conjecture, émise à plusieurs reprises dans les tous derniers temps, me semble sans fondement non seulement parce qu'Aristote ne sait rien du tout de cette dépendance (cf. de General et Corrupt. I 8 et en particulier, 324 b 32 sq. et 325 b 36 sq.), mais surtout parce que les doctrines d'Empédocle se comprennent fort bien sur plusieurs points comme étapes préliminaires à l'atomisme, tandis que, si l'on admettait cette influence, il faudrait y voir — chose bien plus difficile — un recul sur les résultats déjà acquis.

décomposition, qui rend la terre à la terre, l'air à l'air, etc., se révèle clairement l'influence de la première. Mais, on se le rappelle, la différenciation de la matière où la séparation des éléments ne s'est produite, d'après la doctrine d'Anaximandre comme aussi d'après celle d'Anaxagore, que dans le cours du temps, et elle a été précédée d'un état d'homogénéité absolue ou de mélange et de pénétration complète des éléments. Si Empédocle, suivant en cela la trace de ce philosophe ou se fondant sur ses réflexions personnelles, s'en tenait à cette conception, il remontait à un point du temps où l'une de ces deux tendances naturelles exerçait une influence illimitée, où l'attraction du semblable par le semblable était absolument annihilée par le principe opposé de l'attraction du dissemblable par le dissemblable. Alors devait lui apparaître une nécessité presque inéluctable de l'architecture intellectuelle : accorder au premier de ces principes, et cela d'autant plus qu'il l'emporte en puissance sur le second, une période de domination unique et absolue. Et si enfin l'Agrigentin n'était pas moins sollicité par les motifs si longuement développés plus haut (p. 152) qu'Anaximandre, Héraclite et au moins une partie des Pythagoriciens à considérer les phénomènes comme formant un cycle, la succession de ces deux époques ne pouvait se borner, pour lui, à se produire une fois ; elle devait se renouveler dans une alternance indéfinie de périodes cosmiques. Et c'est ce qu'il a enseigné en effet ; quant aux causes de cette alternance, c'est un couple de forces opposées l'une à l'autre, qui acquièrent tour à tour la prépondérance, et exercent une domination temporaire. Ces puissances qui régissent la matière, il les appelle l'« Amitié » et la « Discorde » ; la première rapproche et unit les éléments hétérogènes ; la seconde, aussitôt qu'elle entre en jeu, brise cette union et permet aux éléments de suivre la tendance qui leur est inhérente et de s'unir de semblable à semblable. Ni l'une ni l'autre ne supplante soudainement et d'un seul coup sa rivale, mais elles se combattent sans trêve dans le cours de chacune des périodes cosmiques alternantes. Tantôt c'est l'une, tantôt c'est l'autre qui grandit, et, au prix de longues luttes, parvient à triompher. Mais la victoire finale est suivie d'un déclin : la force vaincue se réveille et reprend l'offensive qui lui donnera, à elle aussi, son jour de règne absolu. Ainsi Empédocle distingue pour ainsi dire deux hauts et deux bas dans ce mouvement de flux et de reflux : victoire de l'Amitié, suivie de la croissance de la Discorde ; victoire de la Discorde, suivie de la croissance de l'Amitié.

Si, comme nous l'espérons, notre exposition a bien déterminé le point de départ de cette conception, il nous reste pourtant à rendre compte d'un élément, que nous n'avons pas suffisamment expliqué, c'est-à-dire du passage graduel de la prédominance de l'une de ces puissances à celle de l'autre. Si la transition est ainsi ménagée, c'est évidemment à cause du sentiment profond de la nature qui distinguait Empédocle, lui faisait rejeter comme incroyables les changements trop brusques et soudains, et lui montrait au contraire dans la continuité des phénomènes une loi fondamentale de l'Univers. Le premier de ces points culminants, à savoir le règne de l'Amitié, est caractérisé par un état que nous pouvons comparer à la « confusion » primordiale d'Anaxagore, et à son analogue chez Anaximandre. Une sphère énorme enveloppe les éléments mélangés, brouillés les uns avec les autres en un chaos où l'on n'en peut plus distinguer aucun. Mais le règne de la « Discorde » nous offre une contre-partie exacte de ce tableau : les quatre éléments se trouvent alors presque complétement séparés les uns des autres, et la quasi totalité de chacun d'eux est agglomérée en une masse indépendante. La vie organique, sur laquelle se dirige principalement l'attention du philosophe agrigentin, ne peut naître et prospérer ni à l'un ni à l'autre de ces moments. En effet, tout organisme se compose de plusieurs éléments, constitués en proportions variables, qui doivent se trouver au moins en partie séparés (nous dirions plutôt facilement séparables) dans le monde extérieur d'où il tire sa nourriture, mais qui, en même temps, doivent être aptes à s'unir les uns aux autres. La première de ces conditions n'est pas réalisée au premier de ces points culminants ; la seconde ne l'est pas au second. Elles ne peuvent se trouver réunies qu'aux étapes intermédiaires qui séparent l'un de l'autre les deux extrêmes du développement cosmique. Ainsi la vie organique ne pourra naître et se développer qu'au point où les deux tendances se croisent, c'est-à-dire au milieu des deux grandes ondulations ; elle est anéantie chaque fois que l'un ou l'autre des deux mouvements ascendants atteint son point culminant et final.

V

Nous ne nous arrêterons pas aux détails de la cosmologie d'Empédocle[1]. Elle n'a été vraiment féconde ni par ses mérites ni par ses défauts ; et d'ailleurs nous n'en avons qu'une connaissance très incomplète. Même à la question essentielle de savoir si, pour lui, la terre a la forme d'une sphère ou d'un tambourin, on ne peut répondre que par une conjecture incertaine. Pour lui, comme pour Anaxagore, une partie seulement de la matière primordiale a été jusqu'ici ordonnée, transformée en Kosmos. La réunion intime, la pénétration des éléments, telle qu'elle existait à l'époque où régnait l'Amitié, nous montre cette matière sous forme d'une balle immobile, douée de personnalité et de bonheur, et à laquelle le philosophe donne le nom de Sphairos. La séparation des éléments commença, ainsi que nous l'apprend un vers du poème, par la séparation du « lourd » et du « léger ». L'agent mécanique en était — cela est presque certain — une sorte de tourbillon qui réunit à son centre, c'est-à-dire à l'endroit qui nous sert aujourd'hui de demeure, le « lourd », c'est-à-dire un mélange de terre et d'eau. Quelle fut la cause initiale de ce phénomène qui permit à « tous les membres du dieu de se mouvoir à leur tour ? » Cela n'est pas clair pour nous. L'air d'abord, puis une partie du feu, s'échappèrent par en haut. Sous l'influence du feu, l'air se fixa et devint, en se vitrifiant pour ainsi dire, la voûte cristalline du ciel. La masse qui subsistait au centre rentra bientôt au repos, mais les régions qui entouraient la terre, entraînées encore par le tourbillon, continuèrent leur mouvement rotatoire, et firent sortir de celle-ci l'eau qui s'y trouvait renfermée. En même temps, le feu céleste extrayait de la mer, « transpiration de la terre », par le processus de l'évaporation, l'air qui, nous ne savons par quelle cause surprenante, y était resté.

Mais pourquoi la terre demeure-t-elle en repos, et pourquoi, surtout, ne s'enfonce-t-elle pas ? A cette question, notre philosophe répond par une analogie qui, à défaut d'autre mé-

---

[1] Sur la cosmologie d'Empédocle, cf. Karsten, *Empedoclis Reliquiæ* 416 sq. ; Gruppe *Kosmische Systeme der Griechen* 98-100 ; Tannery, *Pour l'histoire*, etc., 316 sq. : *Doxogr. gr.* passim.

rite, doit nous faire admirer la vivacité, la mobilité d'une imagination habile à rapprocher les choses les plus éloignées. Il se creusait la tête pour découvrir la cause de cette prétendue immobilité de la terre, quand tout à coup il se souvint d'un tour d'adresse offert à l'admiration des badauds dans les foires de l'antiquité comme dans celles d'aujourd'hui. Des gobelets remplis d'eau ou d'un liquide quelconque sont fixés à un cerceau, le fond tourné du côté extérieur, l'ouverture tournée du côté intérieur ; un mouvement circulaire rapide est imprimé au cerceau, et l'eau ne sort pas des gobelets[1]. Voilà le jeu dans lequel Empédocle crut avoir trouvé la solution de l'énigme. Rotation très rapide des gobelets, pas une goutte d'eau ne s'échappe de leur milieu ; rotation très rapide du ciel, la terre qui se trouve à son milieu ne tombe pas : cette analogie lui suffisait, tandis qu'à nous, cette comparaison nous paraît étrange et même incompréhensible au premier abord. Nous savons, en effet, que, dans l'expérience en question, c'est la force centrifuge qui presse l'eau contre le fond des gobelets, et l'empêche de s'écouler. Mais la force centrifuge n'entrerait pas en ligne de compte si le liquide ne tournait pas lui-même avec les gobelets qui en sont remplis. Comment donc, nous demandons-nous avec étonnement, pouvait-il venir à l'idée d'un philosophe de comparer le repos relatif du liquide avec le repos absolu — présumé — de la terre ? Mais Empédocle n'était pas au fait de cette cause ; dans l'un comme dans l'autre cas, le mouvement circulaire « plus rapide » lui paraissait l'emporter sur la force et la rapidité moindres de la tendance de haut en bas. Cette pseudo-explication caractérise bien le Sicilien au sang chaud : impatient de se procurer des preuves, il épie et ramasse partout des analogies ; mais son regard voit plus loin que profond. L'alternance du jour et de la nuit ont pour cause, à l'en croire, la révolution du ciel, celui-ci étant composé de deux hémisphères, l'un sombre, l'autre brillant. Le soleil n'éclaire pas par lui-même ; c'est — et sur ce point Empédocle peut bien avoir précédé les derniers des Pythagoriciens — un corps vitreux qui recueille et réfléchit la lumière de l'éther. C'est de lui, pour le philosophe d'Agrigente comme pour celui de Klazomènes, que la lune emprunte

[1] Sur cette expérience, et sur les conclusions qui en sont tirées, cf. Aristote, *de Caelo* II 13. Gruppe, op. cit. p. 99, s'est grossièrement mépris sur l'indication, très brève, il est vrai, d'Aristote.

son éclat ; comme Anaxagore, il explique exactement les éclipses des deux astres. Avec Alcméon, il distinguait entre les étoiles fixes, réellement attachées à la voûte céleste, et les planètes, qui s'y meuvent librement. Quant aux explications qu'il donnait des phénomènes météorologiques, elles étaient en partie exactes, et presque toujours ingénieuses, mais nous les laissons de côté pour venir à ses importantes théories relativement à la vie organique et à son origine.

VI

Les êtres organiques se sont formés, selon Empédocle, de deux manières[1]. L'une consiste dans la continuation du processus de séparation des éléments ; en ce qui la concerne, nous sommes insuffisamment renseignés. La seule indication que nous ayons à ce sujet est déjà connue de nos lecteurs : il

---

[1] Sur la théorie d'Empédocle relativement à la naissance des êtres organisés, il règne de grandes divergences entre les savants, et il ne semble guère possible d'arriver à une pleine certitude. Contre l'interprétation de Dümmler (*Akademika* 218 sq.) à laquelle je me suis rangé dans le texte, Zeller (5ᵉ éd. I 795-96) élève des objections que je ne puis regarder comme décisives. Si l'on en croit Zeller, Empédocle ne songeait pas à une transformation progressive des êtres organisés, mais pensait que « ceux-ci disparaissent simplement de la scène, et que, pour ceux qui les remplacent, il faut une création nouvelle et intégrale ». Cette manière de voir a contre elle le fait que, des quatre modes de naissance qu'Aëtius décrit probablement d'après Théophraste (*Doxogr.* 430-1), le premier et le second ne se trouvent en tout cas pas dans cette relation. Car les formations grotesques (εἰδωλοφανεῖς) de la seconde « genèse » sont évidemment supposées produites par l'agrégation des membres non combinés de la première (cf. ἀσυμμιγέσι... τοῖς μορίοις ἀλλ' ὁμοφυρομένων τῶν μερῶν). Et le caractère grotesque des organismes de la seconde série résulte évidemment de l'union des formations partielles disparates de la première genèse (cf. Emped. frgg. 244-261 Stein). De plus, la quatrième genèse concerne certainement les premiers êtres engendrés, non ceux qui engendrent au début. Le sens est celui-ci : « quatrièmement, naquirent les êtres animés par génération sexuelle » et non pas : « des êtres animés naquirent rapidement, qui engendrèrent les autres sexuellement ». Cela n'a guère besoin d'être prouvé. Je n'insiste pas sur l'argument, peut-être un peu subtil, qu'autrement l'énumération serait incomplète, car alors les êtres appelés à l'existence par génération formeraient une cinquième genèse ! Mais la détermination causale qui suit : (ἐνίοις δὲ... ἐμποιησάσης, *Doxogr.* 431) ne permet qu'une interprétation : c'est qu'il est fait mention ici d'une modification d'êtres déjà existants, modification nécessaire pour que la génération pût s'accomplir. Donc la relation supposée par Zeller entre la troisième et la quatrième genèse n'existe pas non plus. La troisième genèse seule fait exception dans son rapport avec la seconde, mais elle constitue aussi à tous les autres points de vue une exception dans la série. Seulement il ne faut pas oublier que le texte est corrompu. Le mot décisif, ὁλοφυῶν, repose sur une conjecture. Sans doute, cette conjecture trouve un appui dans Empédocle, v. 265, mais quel appui ! Ici, selon toute apparence (même si l'on ne veut pas insister sur le mot πρῶτα) il n'est pas question d'une genèse postérieure à d'autres modes de génération, ni d'un mode de génération des êtres animés en général, mais seulement de la naissance des êtres humains. La ten-

s'agit de ces « mottes » informes qui sortent de terre, et qui donnent naissance aux hommes. Sur la seconde manière, nous avons des données plus abondantes. Sous le signe de l'Amitié, le monde des plantes et celui des animaux se forment peu à peu pour aller sans cesse en se perfectionnant. Le premier de ces mondes a précédé le second, et remonte à une époque où l'inclinaison actuelle de l'axe terrestre — ceci nous fait songer de nouveau à Anaxagore — n'existait pas. Le plus parfait sort du moins parfait, telle est la pensée directrice de cette zoogonie assez aventureuse, mais qui n'est pas dépourvue, cependant, de toute valeur scientifique. Tout d'abord, des membres isolés ont surgi du sol : têtes sans cou et sans tronc, bras auxquels manquaient les épaules, yeux que n'entourait aucun visage. Le lien de l'Amitié réunit bon nombre de ces créations fragmentaires ; d'autres, poussées çà et là, restèrent solitaires, et n'abordèrent point au « rivage de la vie ». Cette réunion produisit des êtres étranges et monstrueux : êtres à deux têtes et à deux poitrines, corps d'hommes avec des têtes de taureaux, corps de taureaux avec des têtes d'hommes, etc. Ces combinaisons monstrueuses disparurent bientôt, comme d'ailleurs les membres isolés du début de cette création ; celles seulement qui répondaient à la loi de l'harmonie intérieure se montrèrent viables, se consolidèrent et se propagèrent enfin par les voies de la procréation. Qui ne reconnaît ici l'idée darwinienne de la « survivance des plus aptes » ? Rien ne nous empêche de voir, que dis-je ? tout nous porte à voir là une tentative, aussi gauche qu'on voudra, mais pourtant digne d'attention, pour résoudre par les voies naturelles

tative de Dümmler, de placer cette anthropogonie dans une autre période cosmique que le reste des zoogonies, ne s'accorde pas, il faut le concéder à Zeller, avec le passage d'Aëtius. Mais comme cette partie du passage ne concorde pas non plus sous d'autres rapports avec le contexte, l'hypothèse de Dümmler n'est pas condamnée par là. Moi, du moins, je ne regarde pas comme trop téméraire de supposer qu'Aëtius avait dans l'esprit les vers décrivant la naissance des hommes comme procédant directement des éléments, mais que, par erreur, il l'a intercalée dans cette série d'évolutions, et que, de ce fait, il a supprimé ce que l'on pouvait avec raison s'attendre à trouver ici : à savoir les organismes subsistant après l'élimination des créatures non viables. Il a bien pu considérer comme terme d'une série ce qui avait sa place à côté de celle-ci, ce qui n'était relié qu'extérieurement aux membres de cette série, complète par elle-même, dans l'énumération des divers modes de naissance. (Soit dit en passant, ne faut-il pas, dans Doxogr. 530, 27-28, lire ἐκ τῶν ὁμοστοίχων au lieu de ἐκ τῶν ὁμοίων ?) — H. von Arnim élève des objections contre cette partie de mon exposé dans le recueil de dissertations qui m'a été offert, p. 16 sq. — On trouve d'ailleurs dans Diderot un frappant parallèle de la doctrine d'Empédocle sur l'origine des animaux ; cf. John Morley *Diderot and the Encyclopaedists* I 141 (*Fortnightly Review* 1875, I 686).

l'énigme de la finalité dans le monde organique. Les phénomènes de la vie végétale et de la vie animale sont le champ dans lequel s'exerce de préférence la curiosité scientifique de notre philosophe. Les intuitions du génie se croisent en lui avec les audaces d'une naïveté qui se flatte d'enlever à la volée le voile dont s'enveloppe la nature, et qui n'a pas encore appris l'alphabet à l'école du renoncement. Dans la première catégorie, on doit ranger cette pensée : « C'est une seule chose que les cheveux, les feuilles et le plumage serré des oiseaux », pensée qui fait d'Empédocle un précurseur de Gœthe dans le domaine de la morphologie comparée ; en même temps, c'était une seconde pierre — mais dont il ne fit pas usage — qui devait servir à édifier la théorie de la descendance[1]. A la deuxième catégorie appartiennent ses tentatives fantastiques pour expliquer les énigmes les plus obscures de la reproduction : la naissance de rejetons mâles ou femelles, leur ressemblance avec le père ou avec la mère, la procréation de jumeaux, la prétendue influence, sur la conformation de l'enfant à naître, de tel ou tel spectacle qui s'offre à la mère, l'origine des monstruosités, la stérilité des mules. Avec moins d'extravagance peut-être, il se représentait le sommeil comme un refroidissement partiel, et la mort comme un refroidissement total du sang.

Nous avons déjà parlé de l'étroite relation qui existe entre la théorie de la matière d'Empédocle et sa théorie de la connaissance. Le principe que le semblable est connu par le semblable, que nous percevons « la terre par la terre, l'eau par l'eau, le divin éther par l'éther, et le feu par le feu funeste » fait déjà présumer que pour lui la matière elle-même est douée de conscience, et qu'il n'a pas distingué rigoureusement le monde animé du monde inanimé. Telle est bien, en réalité, l'opinion d'Empédocle. Non seulement il attribue, comme Anaxagore, la sensibilité aux plantes, mais, pour lui, « tout sans exception possède la faculté de penser, tout participe à l'intelligence ». On reconnaît encore ici à quel point se méprenaient ceux qui le séparaient de ses prédécesseurs, les hylozoïstes, et même voulaient le placer en opposition de principe avec eux parce qu'il admettait, en dehors de la matière, deux forces

---

[1] Parmi les pressentiments de génie d'Empédocle, on peut aussi citer ce fait que, le premier, mais nous ignorons absolument en vertu de quels motifs, il a reconnu que la lumière ne se propage pas instantanément (Aristote, *de Sensu*, c. 6 446 a 25).

déterminant l'alternance des périodes cosmiques. Sans doute, cette doctrine introduisait dans son système un germe de dualisme, mais ce germe n'y a pas pris racine et ne s'y est pas développé. Car à côté et au-dessus de ces deux puissances qui prédominent tour à tour, règne, nos lecteurs le savent déjà, une force inhérente à la matière elle-même, et vraiment universelle, l'attraction du semblable par le semblable. Et maintenant voici que la conscience, que la faculté de penser même sont accordées à la matière ! Nous sommes donc autorisés à voir dans cette doctrine un hylozoïsme au second degré[1]. Elle a pour caractère non pas tant de prêter la vie, que de donner une âme à la matière. Considérez encore ceci : s'il avait fait de la matière quelque chose d'inerte et de mort, n'obéissant qu'aux impulsions extérieures, mais ne possédant en soi-même aucune tendance au mouvement, par quelle insigne folie eût-il donné à ses quatre éléments des noms de dieux, et surtout les noms des dieux qui occupent les premières places dans le panthéon hellénique, Zeus et Héra ? Cette appellation, a-t-on objecté, n'est qu'un ornement poétique de la doctrine et n'a pas la valeur d'un argument. Mais ce n'est pas là une concession que l'on puisse faire sans plus. Car celui qui professe une doctrine nouvelle a habituellement conscience de sa nouveauté et du contraste qu'elle présente avec les doctrines plus anciennes, et il est beaucoup plus porté à accentuer ce contraste qu'à l'af-

[1] Dernièrement, Rohde a appelé le système d'Empédocle un « hylozoïsme entièrement développé » (*Psyché*, 2ᵉ éd., II 188). Je considère comme absolument sans fondement l'opinion soutenue par Windelband et d'autres savants, si éminents soient-ils, et qui consiste à dire qu'en admettant des forces motrices Empédocle a voulu satisfaire aux postulats de Parménide ; « en tant qu'Etre pur et Immuable, les éléments ne peuvent pas *se mouvoir*, mais seulement *être mis en mouvement* ». (Iw. Müllers *Handbuch* V 1, 161.) Est-il nécessaire de rappeler que, pour Parménide, le mouvement est impossible en lui-même, soit que l'impulsion vienne du dehors, soit qu'elle vienne du dedans ? Ce qui a amené Empédocle à l'hypothèse des deux énergies extra-matérielles, c'est seulement, autant que je puis m'en rendre compte, l'impossibilité de ramener à une tendance inhérente à la matière comme telle, et par conséquent agissant d'une manière toujours identique, les tendances prédominantes dans les deux périodes cosmiques alternantes, et qui se font sentir tour à tour. Le dualisme est aussi peu fondamental chez lui que chez Anaxagore, pour qui l'intervention du *Nous* sert uniquement à résoudre un problème déterminé de mécanique et de téléologie. De même que la gravité inhérente à la matière était gardée par Anaxagore comme source indépendante de mouvement à côté de l'impulsion du *Nous*, ainsi Empédocle conservait l'attraction du semblable par le semblable à côté des impulsions dérivant de la « Discorde » et de l'« Amitié ». Aristote lui-même (*de Generat et Corrupt.* II 6), dit que l'Amitié et la Discorde ne sont les causes que d'un mouvement déterminé (ἀλλὰ τινος κινήσεως ταῦτα αἰτία), prouvant ainsi qu'Empédocle ne considérait pas ces deux énergies comme les seules forces motrices, et réfutant lui-même ce qu'on peut lire dans les premiers chapitres de la *Métaphysique*, où il défend une thèse.

faiblir ou à le faire disparaître par la forme sous laquelle il l'exprime. Il y a lieu d'ailleurs de rappeler qu'Aristote, du moins, n'a pas vu dans ces désignations de simples ornements oratoires, puisqu'il dit expressément : «Ceux-ci (les éléments) sont aussi pour lui des dieux[1] ». Mais il n'est pas nécessaire de s'étendre sur ces arguments plus ou moins accessoires. Le vers que nous avons cité plus haut nous montre dans son auteur un champion de la théorie de l'animation universelle, et tranche définitivement la question. Toutefois, s'il restait encore l'ombre d'un doute, la considération suivante y mettrait fin. Toutes les fois que l'ensemble de la matière, au moment de la victoire de l'Amitié, s'agglomère en une unité complète, elle devient Sphairos, « divinité bienheureuse ». Est-il possible d'admettre que ce qui, à l'état de réunion, est conçu comme divin et bienheureux, donc doué de conscience et de force, puisse devenir, à l'état de séparation, une masse inerte et morte, dépourvue de toute énergie et ne recevant ses impulsions que du dehors ? D'ailleurs la rigoureuse logique avec laquelle l'Agrigentin a poursuivi ici sa pensée jusqu'à ses extrêmes conséquences éclate en un fait. Ce dieu bienheureux, auquel il serait tenté d'accorder une connaissance entière et absolue, est pris en défaut sur un point. Il lui manque la connaissance de la Discorde, parce que celle-ci est exclue de l'agglomération pacifique du Sphairos, et parce que, semblables aux éléments qui ne se connaissent point les uns les autres, l'Amitié n'est vue et connue que de l'Amitié, la Discorde n'est vue et connue que de l'horrible Discorde.

VII

Nous venons de louer Empédocle de son impeccable logique. Mais n'allons-nous pas être obligés de retirer immédiatement cet éloge en raison du caractère discordant que présente sa psychologie ?

Il y a d'abord en elle ce que l'on pourrait avec raison appeler sa *physique de l'âme*[2]. Tout ce qui concerne l'âme est

---

[1] Le mot cité ici d'Aristote se trouve dans le *de Generat. et Corr.* II 6 (p. 333 b 21); immédiatement avant, les éléments sont déclarés plus anciens que la divinité, c'est-à-dire que le Σφαῖρος, par ces mots : τὰ φύσει πρότερα τοῦ θεοῦ.

[2] Sur la « physique de l'âme » d'Empédocle, cf., outre les fragments (notamment v. 329-332 St.), *Doxogr.* 502.

ramené immédiatement à l'élément matériel, sans même l'intervention d'une matière psychique particulière ; toutes les différences de qualités ou de fonctions psychiques sont fondées sur des différences matérielles correspondantes, chez les espèces aussi bien que chez les individus, et qu'en ce qui touche aux états successifs et variables de ces derniers. « L'intelligence varie chez les hommes suivant la matière dont ils sont faits ». « Autant les hommes se modifient, autant vient à eux, dans un perpétuel changement, pensée après pensée ». Toute supériorité a son origine dans la richesse de la composition matérielle et dans l'heureuse combinaison des éléments. Les êtres organiques s'élèvent au-dessus des êtres inorganiques parce que ceux-ci ne renferment que peu d'éléments, ou même qu'un seul. Là-dessus repose la supériorité des dons individuels : chez l'orateur, c'est la langue, chez l'artiste, c'est la main qui se distingue de cette manière ; la partie du corps dans laquelle le mélange des éléments est le plus parfait est aussi la mieux appropriée à remplir les plus hautes fonctions psychiques : « le sang du cœur, nous dit Empédocle, est la pensée », et cela suppose que le sang, au moment où il afflue de sa source, dans toute sa fraîcheur et dans toute sa pureté, renferme les quatre éléments dans la proportion la plus favorable.

D'autre part, nous trouvons chez notre philosophe, si l'expression est permise, la théologie de l'âme. Chaque âme est un « démon » qui, précipité de sa patrie céleste, est tombé dans la « prairie ténébreuse », dans le « lieu sans joies », dans la vallée de larmes. Là, il prend les formes les plus variées, tantôt jeune garçon, tantôt jeune fille, tantôt arbrisseau, oiseau ou poisson (Empédocle affirme avoir subi lui-même toutes ces métamorphoses) ; il y est retenu, vagabond fugitif, en punition de ses crimes, meurtre ou parjure, et il peut rentrer dans son premier séjour au plus tôt au bout de trente mille « hores » ou dix mille ans[1]. Cette doctrine nous est déjà connue. C'est la doctrine orphico-pythagoricienne de l'âme, revêtue des couleurs éclatantes de la poésie, de la magie d'une élo-

[1] Dans les 30 000 ὧραι de la transmigration des âmes, je vois avec Dieterich (*Nekyia* 119) 10 000 années, chacune d'elles consistant en trois saisons ou ὧραι, ce qui concorde avec les indications de Platon à ce sujet. Rohde, au contraire (*Psyché*, 2ᵉ éd., II 179 n. 3, et 187), considère les ὧραι comme des années, et ne voit dans le nombre de 30 000 que l'expression d'une quantité illimitée d'années. Cependant il parle, comme Dümmler (*Akademika* 237), du parallélisme dont nous parlons dans notre texte, p. 268.

quence inspirée et enthousiaste. Le penseur d'Agrigente célèbre le puissant esprit de Pythagore et lui paie le tribut de l'admiration la plus reconnaissante. Dans des vers touchants, il décrit les funestes méprises auxquelles sont exposés les croyants pieux, mais non initiés à la doctrine de la métempsychose. Le père aveuglé s'imagine qu'il va offrir aux dieux un sacrifice agréable ; il immole son propre fils et se prépare en prononçant des prières un repas exécrable. De même, les fils dévorent leur mère, et, conscients de leur crime, invoquent trop tard la mort, qui les eût préservés de cet horrible forfait. Il n'est donné à ces infortunés de regagner leur divinité perdue que graduellement, après une expiation qui dure des siècles ; encore faut-il qu'ils aient gravi les plus hauts échelons de la condition humaine et soient devenus devins, poètes, princes ou médecins. Ce perfectionnement moral doit être accompagné de cérémonies extérieures, d'initiations, d'aspersions ; le philosophe a consacré à ces pratiques un poème spécial, le livre des « purifications », dont les restes forment, avec les débris des trois livres *de la Nature*, la collection de fragments auxquels nous devons surtout la connaissance de son système.

Comment se peut-il que deux doctrines si foncièrement différentes, et s'excluant absolument, semble-t-il, l'une l'autre, aient pu habiter à la fois, et sans se combattre, un seul et même esprit ? Le mot d'éclectisme n'explique que peu de chose ou même rien du tout. Car si, en réalité, un abîme aussi profond qu'il le paraît au premier abord est béant entre la doctrine spiritualiste que nous venons d'indiquer et la doctrine matérialiste analysée plus haut, à quel point doit-il être dénué d'intelligence et de jugement, le penseur qui les expose successivement, ou à quel degré s'en représente-t-il dénués les lecteurs auxquels il les donne comme l'expression de ses convictions réfléchies ! En fait, ce n'est point ainsi que les choses se présentent. La contradiction est, en partie, inexistante ; et pour une autre part, elle n'est nullement limitée à Empédocle. Pour lui, comme pour la plupart de ses prédécesseurs, l'âme-démon est aussi peu que l'« âme » proprement dite (psyché) le support des qualités psychiques qui caractérisent un individu ou une espèce d'êtres (cf. p. 154 sq.). C'est ce qu'il nous dit lui-même en termes non équivoques dans le passage où il nous parle de sa vie antérieure ; car l'« arbrisseau », l'« oiseau », ou le « poisson » qu'il se figure avoir été ne ressemblaient sûrement en rien à la haute personnalité humaine qu'il sent en lui. Il n'en est pas autrement de la croyance populaire que nous font connaître les poèmes homériques. Il est surprenant au plus haut degré, mais il est absolument incontestable que, pour Homère, la psyché joue dans l'existence terrestre des hommes un rôle aussi inutile que celui de l'« âme-démon » d'Empédocle. Elle ne semble exister que pour se séparer du corps au moment de la mort et pour lui survivre dans le monde souterrain. Pas une seule fois, elle n'est désignée comme l'agent qui, en nous, pense, veut ou sent. Toutes ces fonctions sont attribuées à un être tout autrement organisé, à un être périssable qui, à la mort des hommes ou des animaux, se dissipe dans les airs. On est donc fondé à parler d'une âme double chez Homère. Cette seconde âme, mortelle, s'appelle *thymos* (θυμός). Ce mot est identique au latin *fumus* (fumée), au sanscrit *dhumas*, à l'ancien slave *dymu*, etc. La nature, jusqu'ici ignorée, de cette âme-fumée apparaît aujourd'hui ; une note d'Alfred von Kremer[1] nous a fait deviner ce qu'il faut entendre par là : au cours de ses études sur les peuples et les civilisations de l'Orient, ce savant a établi que la vapeur qui s'élève du sang fraîchement répandu et encore chaud a été regardée comme l'agent psychique. Cette âme-fumée, dont la signification originelle se trahit encore dans quelques tournures homériques — au moment où l'homme sort de l'évanouissement, par exemple, le *thymos*, qui a failli se dissiper, se rassemble dans la cavité thoracique ou dans le diaphragme — cette âme-fumée est, comme le prouve la présence de ce mot, avec la même signification parfois, dans les langues indo-européennes, d'origine plus ancienne que la « psyché » exclusivement grecque. Lors donc que l'âme-souffle fit son apparition, elle trouva le terrain déjà occupé par l'âme-sang, et dut se contenter d'un rôle à la fois plus modeste et plus relevé. Pendant de longs siècles, cette doctrine n'a pas changé. « La psyché, qui seule descend des dieux, dit Pindare, dort aussi longtemps que les membres remuent[2] »; dans le songe seulement, le poète, comme la croyance populaire, con-

---

[1] Dans les *Wiener Sitzungsber*, (Phil. hist. cl. 1889 n° III, *Studien zur vergleich. Culturgeschichte*) p. 53.

[2] Frg. 131 Bergk. Cette assertion est modifiée par Wilh. Schrader, *Die Seelenlehre der Griechen in der älteren Lyrik*, Halle 1902 (Gedenkschrift für Rud. Haym.). Cf. aussi H. Weil, *Etudes sur l'antiquité grecque*, p. 4.

sentaient à lui accorder quelque activité. Et lorsque la recherche scientifique commença à s'étendre aux phénomènes psychiques, la pensée parcourut à nouveau les phases par lesquelles elle avait passé de longs siècles auparavant. La conception du *thymos*, à force de s'écarter de son origine, avait perdu sa signification ; son contenu s'était, c'est le cas de le dire, dissipé, et ne pouvait plus satisfaire à l'explication des choses par un principe matériel. C'est pourquoi Empédocle, en plaçant l'activité psychique dans le sang du cœur, a en quelque sorte inventé pour la seconde fois l'âme-sang. Si, pour cela, il n'a pas cessé de croire à une âme immortelle, il ne s'est dans tous les cas pas comporté avec plus d'inconséquence que les poètes de l'époque homérique ou que son prédécesseur immédiat, Parménide. Car celui-ci aussi a ramené à des causes matérielles les particularités de caractère et les états d'esprit momentanés des hommes (cf. p. 196) ; il a, de plus, attribué aux cadavres une perception partielle, à savoir celle de l'obscurité, du froid et du silence[1] ; il a même accordé une sorte de connaissance à tout ce qui existe, par conséquent aussi aux objets qui, à aucun moment de leur existence, n'ont été doués d'une psyché. Mais il n'a nullement, en raison de cela, brisé avec la croyance à l'âme et à l'immortalité ; bien au contraire, sous l'influence évidente des Orphiques, il a fait descendre les âmes dans le Hadès, et revenir de là dans le monde supérieur. De même le jeune Pythagoricien Philolaos. Car, tout comme Parménide dérive le « sens des hommes » de la composition des parties de leur corps et de la façon dont les éléments y sont « mélangés », Philolaos appelle l'âme elle-même un « mélange » et une « harmonie » du corporel, ce qui ne l'empêche pas d'admettre une âme substantielle et de croire d'après la doctrine « d'anciens théologiens et devins » qu'elle a été exilée dans le corps en punition de ses fautes.

Et maintenant récapitulons. La superfluité de la foi en l'immortelle psyché n'a pas empêché Empédocle de la conserver, pas plus qu'elle n'en avait empêché les représentants des croyances populaires ou ses prédécesseurs et ses contemporains

---

[1] Sur la perception partielle que Parménide attribuait même aux cadavres, cf. Théophraste, *de Sensibus* (Doxogr. 499). Ibid. : καὶ ὅλως δὲ πᾶν τὸ ὂν ἔχειν τινὰ γνῶσιν. Nous connaissons sa théorie du sort des âmes par Simplicius, *Phys.* p. 39, sq. Diels. — La κρᾶσις μελέων de Parménide a pour parallèle la κρᾶσις καὶ ἁρμονία de Philolaos (d'après Platon, *Phédon* c. 36 comp. avec 61 d).

en philosophie. Ce qui signifie seulement que, comme eux tous, il était animé d'instincts religieux aussi bien que de besoins scientifiques. Mais ne se contredit-il pas en faisant dépendre le sort de l'âme des actions des hommes dans lesquels elle a fixé provisoirement sa demeure, puisqu'en même temps il déduit les dispositions mentales de ces hommes, c'est-à-dire la source de leurs actions, de la composition matérielle de leur corps ? Sans aucun doute. Seulement cette contradiction lui est commune avec les Orphiques, pour lesquels assurément la psyché n'a rien signifié d'autre et de plus que pour un Pindare ou un Parménide ; et on peut en retrouver nettement les germes déjà dans les poèmes homériques. Que répondre, en effet, à celui qui taxerait d'inconséquence l'auteur de la *Nekyia* ? Là, nous voyons des âmes comme celles de Titye, de Tantale, de Sisyphe, en proie à d'atroces châtiments en punition de crimes que, d'après les idées régnantes jusque dans les parties les plus récentes de l'*Iliade* et de l'*Odyssée*, les âmes immortelles n'ont pas commis elles-mêmes. D'ailleurs l'histoire religieuse de tous les temps fourmille de semblables anomalies. Est-il nécessaire de rappeler la contradiction dans laquelle tombait l'Eglise du moyen âge en enseignant à la fois la prédestination et le châtiment ? Ou celle que commet la doctrine bouddhique, si complètement équivalente à l'Orphisme, quand elle affirme la réincarnation, à titre de châtiment, de défunts auxquels elle dénie en même temps toute âme substantielle ? Il était bien difficile, pour ne pas dire impossible, d'écarter cette contradiction de la doctrine centrale de la plus répandue de toutes les religions ; on peut le voir par les observations si ingénieuses et si subtiles que renferment à ce sujet les *Questions du roi Milinda*[1]. Ce qu'il y a de particulier à Empédocle, c'est l'intensité extraordinaire avec laquelle les deux tendances en conflit se sont emparées, l'une de sa pensée scientifique, l'autre de son sentiment religieux. Il nous apparaît donc, — et cela donne à sa physionomie un trait étrange — comme un membre sincèrement croyant de la communauté orphique, et comme un champion zélé des recherches scientifiques ; comme un retardataire des mystiques et des hiérophantes et comme un précurseur immédiat des physiciens atomistes. Cette dualité peut compromettre jusqu'à un certain point la cohésion si rigou-

[1] The « questions of King Milinda ». (*Sacred Books of the East*, XXXV pp. 40 sq. et 71 sq.)

reusement maintenue de son système ; mais elle fournit un témoignage éclatant de la multiplicité de ses dons, de l'universalité de son génie.

VIII

C'est à peine, d'ailleurs, si l'on trouve une trace de ce dualisme là où l'on s'attendrait surtout à le trouver, c'est-à-dire dans la théologie proprement dite d'Empédocle. Ici il a réussi à fondre en une harmonie presque complète les deux moitiés de son système. La matière douée de force et de conscience ne laissait sans doute aucune place pour une divinité extérieure à l'univers, capable de l'ordonner, de le gouverner, pour ne pas dire de le créer. Mais rien n'empêchait de croire à des êtres divins de la nature de ceux que nous avons rencontrés chez les autres hylozoïstes, et qualifiés de dieux de second rang (cf. pp. 62, 80, 173). Les quatre éléments conçus comme divins (cf. p. 260) s'évanouissent au moment de leur union dans le Sphairos et perdent leur existence particulière ; le même sort, au moment sans doute du rétablissement de l'unité primitive du Tout, attend les autres dieux, auxquels Empédocle refuse formellement l'immortalité, puisqu'il en fait des êtres « à longue vie », mais non des êtres éternels. Les périodes universelles qui déterminaient la durée de leur existence servaient sans doute aussi à mesurer les destinées des âmes-démons. Ainsi un trait commun relie la théologie et la psychologie de notre penseur : le même terme est fixé à toutes les vies individuelles qui compromettraient la pleine unité de l'Etre. Nous n'avons de renseignements un peu précis que sur un seul de ces dieux secondaires, sur Apollon, auquel Empédocle, dans des vers mémorables, dénie la possession de membres humains, et qu'il appelle une intelligence (φρήν), sainte, ineffable, dont la rapide pensée parcourt le monde entier[1]. Il nous paraît également inadmissible d'identifier ce « démon » avec le « Sphairos », — divinité universelle ou Univers animé — ou de lui subordonner le « Sphairos », qui renferme tout en lui.

[1] L'identification de cette divinité intellectuelle avec Apollon remonte à Ammonius, qui a probablement lu encore dans leur contexte original les vers qu'il est seul à nous communiquer intégralement (vv. 347-351 St.).

On n'est donc pas sérieusement fondé à reprocher à Empédocle d'avoir été éclectique, c'est-à-dire de s'être approprié des pensées étrangères sans bien se préoccuper de les mettre d'accord les unes avec les autres. Toutefois un défaut de son organisation intellectuelle, conséquence directe d'ailleurs de ses qualités, lui en donne une certaine apparence. C'était un esprit d'une activité incessante, constamment engagé dans la poursuite de nouveaux problèmes, et toujours en communion intime avec la nature, mais il n'avait pas la patience nécessaire pour poursuivre ses pensées jusqu'au bout. En même temps, en dépit d'une richesse débordante d'imagination, il manquait de cette souveraine insouciance des limites qu'oppose la connaissance des faits, de cette insouciance qui permit à Anaxagore, par exemple, d'ériger sa pseudo-chimie en un système aussi dépourvu de preuves extérieures que bien coordonné dans toutes ses parties. Cette particularité se trahit surtout dans ses rapports avec les doctrines des Éléates. Qu'il ait connu le poème didactique de Xénophane, cela serait certain pour nous, même si, occasionnellement, il ne manifestait à son égard une hostilité qui nous donne une entière certitude sur ce point[1]. Son panthéisme, dont la doctrine du Sphairos est la plus haute expression, son aversion, qui se manifeste ouvertement, au moins en un cas, contre l'anthropomorphisme de la religion populaire, semblent trahir l'influence du Colophonien. Empédocle a plus d'une fois imité des vers de Parménide, dont on voit que le poème lui était familier. Les théories exposées par son prédécesseur relativement à la physique, au sens le plus étendu du mot, dans ses *Paroles de l'Opinion* ont fait sur lui une impression durable. Cela est vrai aussi, mais dans une mesure moindre, de la métaphysique de Parménide. Empédocle s'est approprié presque mot pour mot les preuves a priori données par le philosophe d'Élée de l'impossibilité de la naissance et de la destruction. Mais ce que nous avons appelé le second postulat de la matière se manifeste d'une manière infiniment plus claire et plus frappante dans la doctrine d'Anaxagore que dans celle d'Empédocle. Celui-ci, il est vrai, affirme aussi que les éléments restent les mêmes, mais il ne fait nulle part une application précise de ce principe. Son optique est basée sur l'hypothèse que tout élément a, dès l'origine, une

---

[1] L'attitude occasionnelle d'hostilité contre Xénophane se trouve dans les vers 146 sq. Stein.

couleur fixe et déterminée, mais comment, de ces couleurs fondamentales, peut sortir l'infinie variété de couleurs des diverses matières, comment il est possible que les quatre éléments « en se traversant les uns les autres, nous offrent un aspect différent », c'est ce qu'il ne nous dit pas nettement. La théorie de la matière d'Anaxagore est en contradiction avec les faits, sans doute, mais elle donne à cette question une réponse qui satisfait à la logique et sauvegarde en même temps la « constance qualitative ». Et comme nous n'avons pas la moindre preuve qu'Anaxagore ait étudié le poème didactique de Parménide, ou qu'il en ait apprécié les traits essentiels, nous sommes toujours plus fermement persuadé que les deux postulats de la matière — le second aussi bien que le premier — résultent d'une évolution nécessaire des théories des physiologues ioniens où ils étaient impliqués, et que, si les Éléates leur ont donné leur expression rigoureuse, ce n'est pas à eux que revient l'honneur de les avoir découverts (cf. p. 185). A la fin d'un précédent chapitre (p. 221), nous nous posions, sans la résoudre, la question de savoir si, et dans quelle mesure, il était nécessaire d'admettre un intermédiaire entre les théories des Ioniens sur la matière et les théories de leurs successeurs. Cette question, nous croyons y avoir répondu maintenant, et d'une manière satisfaisante.

CHAPITRE VI

Les Historiens.

I. Hécatée de Milet. La méthode semi-historique. Interprétation rationaliste des mythes. — II. Hérodote d'Halicarnasse. Son explication des légendes. Exemples de la méthode semi-historique. — III. Hérodote géologue. Hérodote et le polythéisme. L'historien n'est pas un monothéiste déguisé. La « Providence » et la « jalousie » des dieux. Autres contradictions de la théologie d'Hérodote. — IV. Absence de critique et hypercritique d'Hérodote. Accès de positivisme. Fin de l'époque de transition.

I

La recherche scientifique appliquée à la nature ne fut pas la seule voie par laquelle se prépara l'affranchissement intellectuel du peuple grec. Pour que la pensée mythique se prolongeât, il fallait une certaine étroitesse de l'horizon dans le temps comme de l'horizon dans l'espace. Les circonstances avaient élargi peu à peu ce dernier. Simultanément, et pour toujours, les limites de tous les deux furent reculées par l'apparition de deux disciplines sœurs, dont la culture fut aussitôt réunie dans les mêmes mains.

Les chroniques des villes, les listes de prêtres, les catalogues des vainqueurs aux jeux nationaux ont donné naissance à l'historiographie grecque. Mercenaires, flibustiers, marchands et colonisateurs ont été les pionniers de la géographie. Un puissant et original esprit, Hécatée de Milet, a, le premier, réuni ces deux domaines du savoir[1]. Des voyages éten-

[1] Les fragments d'Hécatée se trouvent dans C. Müller, *Fragmenta historicorum Græcorum* I sq. Sur son rôle politique, cf. Hérodote, V 36 et 125 sq. ainsi que Diod. X 25, 2 Dindorf. Son aventure à Thèbes est racontée par Hérodote, II 143. Sa tendance rationaliste est déjà caractérisée par Grote, *Hist. de la Grèce*, II 121 sq.; dernièrement, elle a été mise en lumière par Diels, dans l'*Hermès*, 22, 411 sq. Ed. Meyer a exprimé des idées analogues aux nôtres dans le *Philolog.* N. F. II 270.

dus, des informations plus étendues encore, lui avaient procuré un trésor de connaissances qui le mit à même de donner de sages conseils à ses compatriotes de l'Ionie, pendant leur grande insurrection contre la domination perse (502-496), et d'intervenir habilement comme négociateur entre les deux partis. Il avait consigné le résultat de ses recherches dans deux ouvrages dont nous ne possédons plus que quelques misérables restes, dans les livres de sa *Géographie*, qui portaient les titres des trois continents : Europe, Asie et Libye (Afrique), et dans les quatre livres de ses *Généalogies*. En tête de ces dernières, il écrivait, fier de ne s'appuyer que sur la raison, cette phrase qui témoigne d'un esprit clair et positif, et qui résonne à nos oreilles comme une éclatante fanfare dans l'air pur du matin : « Hécatée de Milet parle ainsi. J'ai transcrit ce qui suit comme chaque chose me paraissait être vraie : car les discours des Hellènes sont multiples, et, à ce qu'il me semble, ridicules. » De nouveau, nous nous trouvons au berceau de la critique. De même que Xénophane introduit l'esprit d'examen dans l'étude de l'univers, Hécatée l'introduit dans celle des choses humaines. Pourquoi et comment il le fait, cela ressort en bonne partie déjà des termes de cet audacieux prélude. Les contradictions des traditions historiques le forcèrent à faire un choix entre elles. Leurs absurdités, c'est-à-dire ce qui, dans leur contenu, ne se conciliait pas avec ce qu'il considère comme croyable et possible, — ici nous reconnaissons que l'esprit de recherche fondé sur la raison s'était déjà emparé de lui — lui donnèrent le courage d'exercer sur elles une critique incisive. Il ne lui suffit pas non plus d'admettre une tradition et d'en rejeter une autre : il s'estime en droit de remanier ces récits pour en dégager le vrai noyau de son enveloppe légendaire. Car il veut représenter les faits tels qu'ils lui paraissent s'être passés. Il n'a pas devant lui des documents ou des témoignages dont il puisse examiner l'âge, la provenance ou la dépendance réciproque, car l'usage de fixer d'une manière fidèle les événements contemporains n'apparaît que tard en Grèce ; la connaissance de la plus grande partie des faits historiques n'est transmise que par la tradition et par ses représentants, les poètes, auxquels s'ajoutent, à partir de l'an 600 environ, les prosateurs. Il n'est donc pas en mesure d'apprécier les témoins des événements et le degré de confiance qu'ils méritent ; son jugement ne peut se baser que sur des critères internes ; il est obligé de renoncer à la critique ou de faire de la critique subjective. Sa méthode ne peut être autre que celle que l'on a appelée semi-historique, ou désignée d'un mot que nous préférons éviter à cause des abus auxquels il donne facilement lieu, celui de rationaliste.

Il nous reste encore à mentionner une circonstance décisive en pareille matière. Le large regard porté sur les légendes et les histoires des pays étrangers n'a pas seulement contribué essentiellement à éveiller la méfiance à l'endroit de la tradition nationale, il a aussi prescrit la voie à suivre à tous ceux qui n'étaient pas assez téméraires pour jeter pardessus bord l'ensemble de la tradition mythique. Hécatée, cet explorateur qui se trouvait partout chez lui, fit à Thèbes, en Égypte, une expérience qui nous paraît typique des impressions que ses semblables et lui ont dû éprouver souvent au contact des peuples de civilisation plus ancienne. Il avait fait voir aux prêtres de Thèbes, non sans complaisance, son arbre généalogique, d'où il résultait que son premier ancêtre était un dieu, et qu'il n'en était séparé que par quinze générations. Alors ils le conduisirent dans une salle où étaient exposées les statues des grands prêtres de Thèbes. Il n'y en avait pas moins de trois cent quarante-cinq ! Chacune de ces statues, à ce que lui assuraient ses guides à la face glabre, avait été élevée du vivant de son modèle ; la dignité de prêtre était héréditaire, et avait passé toujours de père en fils dans cette longue série; tous avaient été des hommes comme nous ; pas un seul n'avait été dieu, ni même demi-dieu ; auparavant, sans doute, ajoutaient les prêtres, des dieux avaient séjourné sur la terre, mais dans ce long espace de temps, il ne s'était déroulé que de l'histoire humaine, attestée par des documents ! L'impression que produisit cette révélation sur le Grec à la fois décontenancé et convaincu, n'est pas facile à décrire. Ce fut sans doute comme si le plafond de la salle dans laquelle il se trouvait s'élevait à ce moment à perte de vue au-dessus de sa tête et envahissait une grande partie des régions célestes. Le domaine de l'histoire humaine s'étendait pour lui à l'infini, tandis que le champ de l'intervention divine se rétrécissait d'autant. Il était impossible que des dieux et des héros eussent pris part à des événements que des traditions incontestées plaçaient à une date relativement récente, comme, par exemple, à l'expédition des Argonautes ou à la guerre de Troie. Là les choses devaient s'être passées à peu près comme elles se passent actuellement ; la norme du possible, du naturel et par conséquent du croyable, pouvait être appliquée aux traditions d'une époque qui avait été jusqu'alors considérée comme le théâtre des interventions surnaturelles et des faits merveilleux. Et c'est bien ce qu'Hécatée comprit. Il lui parut inadmissible qu'Héraklès eût conduit les bœufs volés par lui à Géryon de la fabuleuse Erytheia, située, disait-on, dans le voisinage de l'Espagne, jusqu'à l'hellénique Mycènes ; ce Géryon avait dû régner plutôt sur un territoire du nord-ouest de la Grèce (en Epire), dont les bœufs étaient célèbres par leur force et leur beauté, et qui, par sa terre rouge-brique, semblait mériter le nom d'Erytheia (Terre Rouge). Ces ressemblances de noms, et l'inépuisable ressource que fournissait l'étymologie, en général, ont joué un rôle considérable dans l'interprétation que le géographe donnait des mythes. Les faits qui se rattachent à la guerre de Troie étaient également ramenés par lui aux proportions de l'histoire, comme ils allaient l'être, nous le verrons, par Hérodote. Les monstres fabuleux, comme Cerbère, ne trouvaient pas davantage grâce devant la sévérité de ce juge des légendes. Le chien infernal aux trois têtes était identifié par lui, sur la foi de nous ne savons quels arguments, à un énorme serpent qui avait habité autrefois le promontoire laconien du Ténare. Mais bornons-nous à ces indications. Notre but était seulement de montrer la première apparition de l'esprit de critique et de doute dans le domaine des études historiques, et d'expliquer la forme que le scepticisme y prit et y garda, par nécessité interne ; car le grand successeur de l'historien milésien, Hérodote, auquel nous arrivons maintenant, suivit la même ligne de conduite.

II

Hérodote d'Halicarnasse (né peu avant 480), auteur du chef-d'œuvre historique le plus parfait qui puisse jamais ravir les cœurs des hommes, était aussi à sa manière un penseur[1]. Faute des termes de comparaison nécessaires, il nous est dif-

[1] Parmi les nombreux ouvrages consacrés à Hérodote, je me fais un plaisir de citer le petit livre, aussi modeste que plein de mérite, de Hoffmeister, *Sittlich-religiöse Lebensanschauung des Herodotos*, Essen 1832.

ficile de mesurer à quel point il était original. Mais précisément parce qu'Hérodote est représentatif non seulement de lui-même, mais encore de plus d'un de ses contemporains dont les écrits ne nous sont pas parvenus, il convient de s'arrêter un peu à son œuvre. Quoi de plus agréable, d'ailleurs, pour nous que de puiser à cette source délicieuse quelques gorgées rafraîchissantes ? Son exposition, poursuivie avec un art consommé, ne se contente pas d'unir, mais fond ensemble l'histoire des hommes et la science de la terre ; elle groupe en un tout harmonieux, en un seul tableau, les histoires isolées des divers peuples, et dès le début elle nous offre de précieux enseignements. Hérodote se demande quelle a été l'origine de la vieille querelle qui divise l'Orient et l'Occident, et qui a atteint son paroxysme dans les guerres persiques, sujet et point culminant de son livre[1]. Avant d'en arriver au premier souverain de l'Asie qui ait fait la guerre aux Grecs et les ait soumis, au roi Crésus de Lydie, il fait mention de la guerre de Troie et de sa cause, l'enlèvement d'Hélène, ce qui l'amène à remonter aux récits, connexes selon lui, des aventures d'Io, d'Europe et de Médée. Mais quelle empreinte particulière, on pourrait presque dire moderne, il donne à ces figures, à ces événements si connus par les légendes divines et héroïques des Grecs ! Ce n'est pas la jalousie d'Héra qui force à fuir dans les pays lointains Io, l'amante de Zeus changée par lui en génisse ; ce n'est pas le dieu du Ciel qui, sous forme de taureau, séduit Europe ; il n'est plus question de Médée, la magicienne, petite-fille du Soleil, de la part qu'elle prend à la conquête de la toison d'or et de ses enchantements. Ces radieuses héroïnes sont devenues de pâles princesses ; le dieu suprême et Jason, le héros semblable aux dieux, ont fait place à des marchands phéniciens, à des pirates crétois, à des flibustiers grecs. Le second rapt d'une femme nous est donné comme la punition du premier ; le troisième a pour but de venger le second. Des hérauts et des ambassadeurs formulent des griefs contre la violation du droit des gens ; et si les offensés se font eux-mêmes justice en rendant œil pour œil et dent pour dent, c'est uniquement parce que les coupables se refusent à donner satisfaction. Qui ne reconnaît ici la méthode semi-historique d'Hécatée, à cette différence près qu'elle est maintenant appliquée plus largement et qu'elle établit un lien

[1] I 1 sq.

de causalité entre de prétendus événements historiques ? A titre d'autorités, Hérodote invoque les Phéniciens et les Perses, au dire desquels les Grecs sont coupables d'avoir envenimé la querelle. N'ont-ils pas, les premiers, entrepris de venger sérieusement l'enlèvement d'Hélène, équipé une flotte puissante, assiégé et détruit Ilion pour rendre une femme à son époux ? D'autre part, les Phéniciens ne se font pas faute d'excuser leurs compatriotes : Io, affirment-ils, n'a pas été entraînée de force à bord du navire qui l'a arrachée à sa patrie argienne ; loin de là, elle s'est elle-même gravement compromise avec le commandant du vaisseau, et quand elle s'est rendu compte des suites de sa faute, elle s'est volontairement enfuie pour échapper à la colère de ses parents.

A quoi attribuer cette tendance terre à terre de l'histoire et la chute profonde des grandes figures légendaires qui en est la conséquence ? Sans aucun doute, en dernière analyse, au désir que nous avons déjà constaté chez Hécatée d'élargir l'horizon historique et à la nécessité, pour cela, de resserrer de plus en plus les limites du surnaturel. Par là les sublimes créations de la légende, auréolées par la poésie, s'abaissent au niveau du naturel et du croyable, pour tomber enfin dans la trivialité. Hérodote lui-même est assez clairvoyant pour s'abstenir de toute appréciation sur la valeur historique des récits qu'il reproduit. Mais, en mettant ainsi en évidence les combinaisons des savants étrangers versés dans les légendes, et si indifférents, pour ne pas dire si hostiles au mythe grec, il donne clairement à entendre que, chez lui aussi, le développement de la raison avait porté un coup sensible à la foi confiante d'une époque plus naïve. Il le montre encore plus clairement par la manière dont il raconte la légende de Troie[1]. Hélène, pense-t-il avec Hécatée, ne séjournait pas à Troie pendant le siège de cette ville, mais en Egypte. C'est là que Pâris avait été entraîné par les vents contraires, et le magnanime roi Protée retint l'épouse de Ménélas pour la restituer à son légitime époux, si gravement offensé. Comment cette croyance pouvait-elle naître en Egypte même ? Comment le poète Stésichore a-t-il travaillé à la préparer ? Et comment Hérodote a-t-il cherché à la défendre par des vers de l'*Iliade* ? Autant de questions dont nous n'avons pas à nous préoccuper ici. Mais la nouvelle tendance est caractérisée au plus haut

[1] II 113 sq.

degré par la peine qu'il se donne pour démontrer seule vraie et possible, pour des raisons internes, cette version pseudo-historique. Si les Troyens n'ont pas mis fin aux longues calamités de la guerre en rendant Hélène, c'est qu'elle ne se trouvait pas dans leur ville. « Car, vraiment, ni Priam ni les siens n'étaient assez fous du cerveau pour mettre en jeu leur vie, la vie de leurs enfants et le salut d'Ilion uniquement pour qu'Hélène restât l'épouse de Pâris. » Le refus aurait été compréhensible tout au plus au commencement de la lutte, mais non pas au moment où, à chaque rencontre, tombaient un si grand nombre de citoyens et au moins deux ou trois des fils de Priam ; songez aussi que l'aîné et de beaucoup le plus capable des deux princes n'était pas Pâris, mais Hector, l'héritier présomptif du trône, etc., etc.

Encore un exemple pour éclairer tout à fait la méthode semi-historique. Les prêtresses de Dodone avaient raconté à l'historien l'origine de l'oracle[1] ; à les croire, une colombe noire s'était enfuie de l'égyptienne Thèbes à Dodone, et, du haut d'un arbre, avait ordonné, d'une voix humaine, la fondation d'un oracle. « Mais, objecte aussitôt Hérodote non sans une certaine mauvaise humeur, comment pouvait-il se faire qu'une colombe parlât avec une voix humaine ? » Et comme, en même temps, ces prêtresses racontaient qu'une seconde colombe noire s'était envolée du côté de la Libye, et qu'elle y avait fondé l'oracle d'Ammon, l'historien n'hésite pas à reconnaître dans cette légende l'écho d'un fait qu'il avait lui-même appris à Thèbes. Deux femmes employées dans le temple, lui avait-on dit, avaient été enlevées par des Phéniciens et vendues comme esclaves, l'une en Libye, l'autre en Grèce, où elles avaient fondé ces deux antiques et célèbres oracles. Cette hardie invention de l'orgueil égyptien provoqua d'abord chez Hérodote un doute passager qui se traduisit par cette question : « Comment êtes-vous renseignés si exactement à ce sujet ? » Mais bientôt il y vit une vérité établie, tant les deux récits concordaient bien : les habitants de Dodone avaient évidemment vu dans l'étrangère un oiseau parce que la langue incompréhensible dont elle se servait se rapprochait davantage du babil des oiseaux que des discours humains. Et si l'Égyptienne était devenue une colombe noire, c'est à cause de la couleur de sa peau. Au bout d'un certain temps, elle

[1] II 54 sq.

avait appris la langue du pays, et alors on avait dit que la colombe parlait à la manière des hommes. Enfin elle avait été renseignée sur le sort de sa sœur qui avait été emmenée en Libye, et elle avait parlé de la chose à Dodone. Nous sourions de ce curieux mélange de simplicité enfantine et de subtilité de raisonnement. Mais nous retrouvons notre sérieux, et la mauvaise humeur qu'a éveillée en nous cette vilaine transformation des naïves légendes populaires se dissipe dès que nous nous souvenons du rôle important qu'a joué dans le progrès intellectuel de l'humanité cette tendance à voir de l'histoire sous le voile du mythe. La poésie s'était donnée comme réalité ; quoi d'étonnant si, de son côté, la réalité cherchait à empiéter sur le champ de la poésie ? Avec les moyens de recherche dont on disposait alors, il n'était pas possible de déterminer, même approximativement, la limite entre les deux domaines. Même aujourd'hui, on n'a pas réussi à trancher complètement la question de savoir à laquelle des deux appartient le territoire contesté. Le « père de l'histoire » penchait à revendiquer pour l'histoire toutes les créations de la légende qui pouvaient, à la rigueur, être d'origine historique ; actuellement, c'est la tendance opposée qui prévaut.

III

Nous avons constaté que la transformation des mythes s'était opérée sous l'empire de deux causes : par l'élargissement de l'horizon dans le temps et dans l'espace, et par les échanges d'opinion avec les juges étrangers, et de ce fait impartiaux ou indifférents, des traditions nationales. Il nous reste à mentionner le plus puissant facteur de cette transformation : nous voulons parler du conflit douloureux qui s'élève entre l'ancienne croyance et la science nouvelle, et des efforts que l'on tente pour y mettre fin. Le trésor accru des connaissances empiriques, la domination toujours plus grande qu'on exerçait sur la nature, avaient visiblement fortifié la croyance à la continuité du cours des événements. Alors se posa une question : comment éviter, si possible, une rupture funeste avec les vénérables traditions de l'antiquité ? L'interprétation des légendes au sens de l'histoire en sacrifie une partie pour sauver le reste. C'est une de ces demi-mesures, un de ces moyens termes auxquels on recourt d'instinct, que l'ignorance superficielle a toujours dédaignés, mais qui n'en sont pas moins, en réalité, de la plus haute valeur. On peut les comparer aux « fictions » juridiques qui, à un moment donné, ont été la condition de tous les progrès durables. Un autre de ces utiles compromis se rapportait à l'activité des dieux eux-mêmes. Les Thessaliens, nous dit Hérodote, considèrent comme une œuvre de Poseidôn la profonde gorge qui forme le lit du Pénée[1]. « Et non sans raison, ajoute-t-il d'une manière très significative, car celui qui croit que Poseidôn ébranle la terre et que les gorges formées par des tremblements de terre sont les œuvres de ce dieu, ne pourra s'empêcher, en voyant celle-ci, de la tenir aussi pour un ouvrage de Poseidôn. En effet, à ce qu'il me semble, cette fissure de la montagne est le résultat d'un tremblement de terre. » Cela signifie-t-il que l'historien d'Halicarnasse ait rejeté tout à fait et par principe les interventions surnaturelles, et qu'il ait considéré chaque dieu comme présidant simplement à un département de la nature ou de la vie soumis à l'action de forces régulières ? Absolument pas. Des dispositions marquées à une science positive se croisent dans son esprit avec des tendances non moins fortes dérivées de l'antique conception religieuse. Il avait voué une attention en une certaine mesure systématique aux transformations de la surface terrestre, et ramené les phénomènes particuliers à des causes générales ; c'est pourquoi il peut, dans ce domaine, se passer des interventions divines directes. Sur ce point, il a été l'élève de ses prédécesseurs Anaximandre et Xénophane ; il l'a été aussi, et cette fois sans dommage pour lui, des prêtres égyptiens. Grâce à ces derniers, il est en mesure d'expliquer la formation du delta du Nil d'une manière parfaitement exacte et rationnelle, faisant preuve d'un don d'observation pénétrante et parlant en même temps et sans hésitation de périodes extrêmement longues : n'évalue-t-il pas l'âge actuel de la terre à vingt mille ans environ[2] ? En d'autres occasions encore, il exprime des doutes sur l'intervention immédiate d'êtres divins. Les mages de la Perse avaient, disait-on, apaisé un violent orage par des sacrifices et des exorcismes ; Hérodote rapporte cette version, mais non sans ajouter cette sceptique remarque : « Ou peut-

[1] VII 129.
[2] II 11 sq.

être l'orage s'est-il calmé de lui-même[1] ». Et précisément à propos de cet orage qui fut si funeste à la flotte perse, il laisse en suspens la question de savoir s'il a, oui ou non, été provoqué par les prières et les sacrifices des Athéniens à Borée. Ici, sans doute, ses doutes ont été éveillés par la proximité immédiate des prétentions contraires émises en même temps par les Grecs et par les Barbares.

En revanche, quand un correctif comme celui-là lui a fait défaut, et surtout quand une émotion violente a relégué ses réflexions à l'arrière-plan, notre historien accumule les apparitions merveilleuses des dieux, les songes envoyés par eux, auxquels il oppose ceux que produisent des causes naturelles, — les présages significatifs et les prédictions étonnantes. Les divergences que l'on constate à cet égard entre les diverses parties de l'ouvrage sont si fortes que certains critiques se sont hasardés à déterminer par elles la date de composition des différents livres, et à affirmer que dans l'intervalle les idées religieuses d'Hérodote s'étaient modifiées. De telles hypothèses, nullement indispensables en elles-mêmes, et dépourvues de toute base certaine, ne suffiraient d'ailleurs pas pour écarter de la théologie d'Hérodote toutes les contradictions. Sa conception des choses divines est essentiellement vacillante, et présente les nuances les plus changeantes. Sa tendance marquée à ramener à des modèles égyptiens ou à des influences égyptiennes nombre de divinités ou de cérémonies religieuses de la Grèce[2]; la hardiesse avec laquelle il affirme, « que ce n'est qu'hier ou avant-hier — c'est-à-dire à peu près quatre cents ans avant lui — qu'Homère et Hésiode ont donné aux Grecs leur théogonie, et qu'ils ont attribué aux dieux leurs noms, leurs emplois et leurs dignités aussi bien que leurs formes[3] », tout cela peut le faire passer pour un adversaire non seulement de l'anthropomorphisme, mais encore du polythéisme en général. On peut le croire adversaire de l'anthropomorphisme quand on le voit opposer expressément la religion naturaliste des Perses aux dieux à figure humaine des Grecs, et nous dire des premiers, non sans une approbation intérieure, qu'ils offrent des sacrifices aux grandes puissances naturelles, « au Soleil, à la Lune, à la Terre, au Feu, à l'Eau

[1] VII 189 sq.
[2] II passim.
[3] II 53.

et aux Vents », et que, sous le nom de Zeus ils n'entendent pas autre chose que l'ensemble du firmament[1]. Il serait difficile de contester qu'il n'ait éprouvé quelques accès d'un doute analogue, sous l'influence peut-être des doctrines de Xénophane et d'autres philosophes. Mais ces doutes n'avaient pris dans son esprit que de bien légères racines : il lui suffit d'avoir, un jour, soumis à une critique incisive une légende héroïque de la Grèce, pour se sentir pénétré d'un véritable effroi et pour se croire obligé d'en demander humblement pardon aux dieux et aux héros offensés par lui[2]. Dans le même passage précisément, il accorde la préférence, parce qu'elle est la « plus juste, » à la doctrine de ceux de ses compatriotes qui admettaient un double Héraklès, l'un ancien et vraiment divin, l'autre plus jeune et qui n'est qu'un héros ou un homme divinisé. Il approuve ces Grecs de distinguer entre les deux, et de leur consacrer des sanctuaires séparés. C'est là, soit dit en passant, la plus ancienne application de cet expédient de la critique, qui, plus tard, a si souvent servi à faire disparaître les contradictions de la tradition légendaire. Ces accès de scepticisme n'ont guère laissé en lui, comme résidu solide, qu'une conviction : pour lui, la certitude du savoir humain, en ce qui concerne les choses divines, n'est pas bien grande, et nous les voyons, à travers les descriptions des poètes, comme à travers un voile qui les trouble. « Si d'ailleurs on peut se fier aux poètes épiques », voilà la réserve qu'il exprime dans une occasion particulière[3], mais cette réserve a pour lui une portée tout à fait générale. Et nous le voyons se plaindre très sérieusement de ce que « tous les hommes en savent autant les uns que les autres sur les choses divines », c'est-à-dire aussi peu les uns que les autres[4].

Nous ne pourrons pas non plus, par conséquent, considérer Hérodote comme un monothéiste déguisé, quoiqu'il soit assez compréhensible que, aux yeux de plusieurs, il ait passé pour tel. Ce n'est pas sans étonnement sans doute que nous l'entendons, quand il discute avec indépendance des questions religieuses, parler non pas d'Apollon ou d'Athéna, d'Hermès ou d'Aphrodite, mais presque exclusivement de « Dieu » et de la

[1] I 131.
[2] II 45.
[3] II 120.
[4] II 3.

« divinité ». Mais notre surprise diminue lorsque nous y regardons de plus près : il ne s'agit, dans tous ces passages, que des lois générales qui régissent le monde. En pareil cas, Homère fait intervenir presque sans distinction, et même dans une immédiate proximité, les dieux et Zeus. Ainsi, dans les vers magnifiques où il fait ressortir à nos yeux la fragilité de la destinée humaine avec d'incomparables accents : « Rien n'est plus misérable que l'homme parmi tout ce qui respire ou rampe sur la terre, et qu'elle nourrit. Jamais, en effet, il ne croit que le malheur puisse l'accabler un jour, tant que les dieux lui conservent la force et que ses genoux se meuvent ; mais quand les dieux heureux lui ont envoyé les maux, il les supporte malgré lui d'un cœur patient. Tel est l'esprit des hommes terrestres, semblable aux jours changeants qu'amène le père des hommes et des dieux[1]. » Partout où les dieux agissent ensemble, partout où il n'est pas question de leurs visées séparées, mais d'une manifestation commune de leur volonté, on est tenté de les considérer soit comme les exécuteurs des ordres du dieu suprême, soit comme les représentants d'un principe qui leur est également inné à tous. Telle est la conception d'Hérodote ; si incertaine que soit sa science relativement aux dieux individuels, et si profonde que soit sa répugnance pour tout grossier anthropomorphisme, nous n'avons pas le droit de lui attribuer une attitude négative à l'égard du panthéon hellénique.

Sa pensée, à ce sujet, se distingue de celle d'Homère sur trois points principaux. Une méditation prolongée et sérieuse sur l'ordre de la nature et sur la destinée humaine, jointe à l'intelligence plus développée qu'on avait de l'unité du gouvernement de l'univers, offrait des occasions incomparablement plus fréquentes de parler des lois générales qui le régissent. D'autre part, la foi en la vérité littérale des récits mythiques avait diminué, et l'image du dieu suprême se voyait, par suite, dépouillée de plus d'un trait humain inséparable autrefois de son essence. Enfin, on relève ici les traces de l'influence des philosophes, qui depuis longtemps avaient trouvé la source primitive de toute existence dans un principe impersonnel supérieur aux dieux particuliers. Le régulateur de l'univers, auquel obéit aussi bien la volonté des dieux eux-mêmes que la destinée des hommes, ne possède plus maintenant de caractère stricte-

[1] *Od.* XVIII 139 sq., trad. Leconte de Lisle.

ment personnel, ou du moins il a perdu sa richesse en traits individuels ; c'est pourquoi, sans une trop grande inconséquence, on peut l'appeler tour à tour le dieu ou la divinité. Mais voici encore une contradiction, et la plus importante de toutes. Ce principe primordial, qui oscille entre le personnel et l'impersonnel, apparaît tantôt comme un être secourable et plein de bienveillance, tantôt comme un être défavorable et malveillant, et vaines sont toutes les tentatives pour faire disparaître ou même seulement pour atténuer cette opposition. « Dans sa sagesse », la « Providence divine » a accordé une très grande fécondité aux animaux faibles et craintifs, mais elle a limité la multiplication des animaux forts et malfaisants ; il n'en fallait pas moins pour la conservation et la prospérité des créatures[1]. Souvent aussi, elle bénit les actions et assure le salut des hommes par des décrets et des dispensations favorables. Mais, d'autre part, elle se plaît à précipiter tout ce qui « se glorifie », à abaisser « tout ce qui s'élève », « tout comme la foudre se décharge sur les hautes demeures et les grands arbres ». C'est pourquoi, dans le discours qu'il fait prononcer au sage Solon, Hérodote dit que la divinité est jalouse et trouve son plaisir à tout bouleverser[2]. Et cette divinité suprême, qui se confond ici avec le destin, ne se contente pas de manifester, suivant l'occasion, la tendresse d'un père ou l'envie d'une marâtre ; il y a aussi en elle une justice sévère qui la porte à punir inexorablement les fautes des hommes. Ces éléments contradictoires n'étaient pas complètement étrangers non plus à l'ancienne mythologie. Mais dès lors les esprits avaient scruté plus à fond l'idée de la finalité de l'univers ; les subites vicissitudes du sort et les grandes révolutions historiques les avaient assombris ; en même temps, la conscience morale avait acquis plus de profondeur ; aussi, non seulement les divergences et les contradictions des théories destinées à expliquer les phénomènes avaient-elles pris plus d'intensité, mais la dissonance était devenue plus aiguë parce que les tendances et les volontés en conflit, au lieu de se répartir sur une foule d'êtres individuels en lutte les uns contre les autres, s'étaient concentrées dans un être, c'est-à-dire dans la suprême divinité.

En ce qui concerne le rôle de juge attribué à celle-ci, et

[1] III 108.
[2] VII 10 ; I 32.

auquel nous venons de faire allusion, nous constatons une distinction tout à fait étonnante. Tantôt ce rôle apparaît comme une partie de ce qu'on pourrait appeler l'ordre naturel agissant automatiquement ; tantôt il s'exerce suivant un plan arrêté : le juge divin choisit avec un art sûr de lui-même les moyens les mieux appropriés à ses buts, se joue de toutes les intentions humaines et les force à servir ses propres desseins. Lorsque Darius envoya dans les villes grecques pour les sommer de se soumettre, les prescriptions sacrées du droit des gens furent violées, à Athènes aussi bien qu'à Sparte, par le massacre des hérauts. « Comment donc les Athéniens furent punis de ce qu'ils avaient fait », Hérodote reconnaît franchement qu'il n'est pas en mesure de le dire, « si ce n'est que le Perse détruisit leur ville et dévasta leur territoire ». Mais, ajoute-t-il immédiatement, « je ne crois pas que ce fut pour cette raison ». Quant aux Spartiates, nous dit-il ensuite, le courroux du divin ancêtre de leurs hérauts, Talthybios, se déchaîna sur eux, provoqué par le meurtre des messagers des Perses. Pendant des années, les sacrifices offerts aux dieux furent accompagnés de présages funestes. Alors deux Lacédémoniens, des plus distingués par leur naissance et leurs richesses, Bulis et Sperthias, consentirent à purifier leur ville natale de son crime en se rendant à Suse pour s'y offrir, comme victimes volontaires, aux successeurs de Darius. Quoique le grand roi eût refusé cette offre, leur démarche suffit pour apaiser momentanément la colère de Talthybios. Mais, longtemps après, dans les premières années de la guerre du Péloponnèse, elle se réveilla, et les fils de Bulis et de Sperthias, qui avaient été envoyés en ambassade en Asie, furent faits prisonniers par un roi thrace, livrés aux Athéniens et mis à mort par ceux-ci. Cet événement est pour Hérodote une des preuves les plus éclatantes de l'intervention immédiate de la divinité dans les choses humaines. « Car, que la colère de Talthybios se soit déchaînée sur des ambassadeurs, et qu'elle ne se soit pas apaisée avant d'avoir eu son effet, tout cela était dans l'ordre ; mais qu'elle soit tombée sur les fils de ces hommes qui, pour la fléchir, s'étaient précédemment rendus chez le grand roi, qui ne verrait là le doigt de la divinité ? »

[1] VII 133 sq.

IV

Même dans les cas où sa sensibilité religieuse ne l'égare ni ne le détourne, le jugement d'Hérodote oscille étrangement entre la critique et l'absence de critique. Les Anciens ont raillé sa crédulité, et l'ont appelé, non sans quelque blâme, un conteur d'histoires. En ce qui nous concerne, nous sommes à peine moins surpris de l'excès de critique auquel il s'abandonne parfois. S'il croit souvent quand il devrait douter, il n'est pas rare qu'il doute quand il devrait croire. Il avait entendu parler des longues nuits polaires, d'une manière, il est vrai, un peu fabuleuse. Au lieu de dépouiller ce renseignement de son alliage légendaire en employant, comme il pouvait le faire, la méthode des variations (plus on se rapproche du pôle, plus les nuits deviennent longues), il préfère le reléguer dans le domaine des contes, en s'écriant avec emphase : « Qu'il y ait des hommes qui dorment pendant six mois, je n'en admets pas le premier mot[1]. » Il sait parfaitement bien que les Grecs tirent du nord de l'Europe l'étain aussi bien que l'ambre ; mais il leur en veut de chercher la patrie de ce métal dans le groupe d'îles que, précisément à cause de cet important produit, ils appelaient les « îles d'Etain » (Cassitérides). Malgré tous ses efforts, dit-il, il n'a pu trouver un voyageur qui lui affirme avoir vu de ses propres yeux la mer dont l'Europe est limitée au Nord[2]. Il connaît la tendance qu'a l'esprit humain d'attendre dans les produits de la nature une mesure plus que commune de régularité et de symétrie, et il se moque, non sans quelque raison, de ses prédécesseurs, qui, dans leurs cartes, prêtaient à l'Asie et à l'Europe des contours égaux. Mais il ne peut que « rire » également en voyant que ces mêmes géographes — c'est surtout d'Hécatée qu'il veut parler — représentent la terre parfaitement ronde, « comme si elle avait été faite au compas[3] ». On voit comme il était peu préparé à accepter la doctrine, proclamée par Parménide, de la sphéricité de la terre. Mais le plus fort, c'est qu'il s'abandonne lui-même une fois à cette tendance trompeuse qui pousse

---

[1] IV 25.
[2] III 115.
[3] IV 36.

à admettre des régularités fictives, tendance qu'il reproche, comme nous venons de le voir, à ses prédécesseurs, même quand ils avaient trouvé la vraie piste. C'est ainsi qu'il flaire un certain parallélisme entre le cours du Nil et celui du Danube, et pour ce motif seulement que ce sont les deux plus grands fleuves à lui connus[1]. En tout temps, il a été particulièrement difficile de juger avec certitude des limites de variation possibles dans le monde organique. Nous ne blâmerons donc pas Hérodote de ne pas avoir tenu a priori pour incroyable l'existence de serpents ailés en Arabie[2], mais il nous sera bien permis de nous étonner qu'il n'ait pas relégué au nombre des êtres fabuleux les prétendues fourmis géantes du désert Indien, qui sont plus grosses que des renards, plus petites que des chiens, et qui entassent un sable mélangé d'or[3], tandis qu'il conteste l'authenticité des Arimaspes qui n'auraient qu'un œil, en déclarant expressément : « qu'il ne croit pas que des hommes, constitués pour le reste comme les autres, naissent avec un seul œil[4] ».

Pour terminer, nous relèverons une déclaration de l'historien qui marque le point culminant auquel devait atteindre sa pensée scientifique. Parmi les diverses tentatives faites pour expliquer le débordement du Nil, Hérodote en traite une avec un dédain particulier ; c'est celle qui rattache l'énigmatique phénomène — d'une manière qu'il nous est impossible de comprendre aujourd'hui — au fleuve Océan qui entoure la terre. Il la cite comme une des deux théories qu'il juge à peine dignes d'être mentionnées, et « comme la plus absurde des deux, quoiqu'elle paraisse la plus merveilleuse ». Quand il dit précisément de cette tentative d'explication : « Mais celui qui fait intervenir l'Océan, et qui transporte ainsi la question dans le domaine de l'impénétrable, se dérobe à toute réfutation », veut-il peut-être faire entendre qu'il est impossible de dire si cette théorie est juste et s'abstenir de prononcer un jugement ? Assurément pas ; car alors le dédain si ouvertement exprimé dans ce qui précède s'accorderait mal avec une pareille opinion, de même que l'âpre moquerie de la phrase suivante : « Car je ne sache pas qu'il y ait un fleuve Océan, et je pense

[1] II 33.
[2] III 107.
[3] III 102.
[4] III 116.

qu'Homère ou l'un des plus anciens poètes, en ayant inventé le nom, l'a introduit dans ses vers[1] ». Evidemment, il n'a rien pu vouloir dire que ceci : une opinion qui s'éloigne si complètement du domaine des faits et de la perception sensible qu'elle n'offre pas la moindre prise à la réfutation, est par cela même jugée. En d'autres termes : pour qu'une hypothèse mérite quelque considération, pour qu'elle soit digne d'être discutée, il faut, en dernière analyse, qu'elle puisse être vérifiée. Cette fois, Hérodote se place à un point de vue purement positif ; on pourrait même dire positiviste. Entre le chercheur qui étudie les faits scientifiques et le poète qui crée de brillantes fictions, il voit un abîme impossible à combler. Sans doute, ce n'est là qu'un trait de lumière tout à fait unique, mais ce trait le rapproche des plus modernes parmi les modernes. Enflammé par l'ardeur de la polémique, brûlant du désir de laisser derrière lui ses prédécesseurs et ses rivaux, il aperçoit, très distinctement, une loi fondamentale de la méthode, à savoir celle-ci : les hypothèses seules qui peuvent, partiellement ou en entier, être soumises à vérification, sont scientifiquement légitimes. S'il s'était représenté toute la portée de cette pensée, il eût certainement été alarmé de sa hardiesse. C'est pourtant bien là ce qu'il a dit. Seulement, il y a lieu d'appliquer ici la profonde remarque de Batteux : « On n'a jamais le droit de prêter aux Anciens les conséquences de leurs principes ou les principes de leurs conséquences. » Et surtout pas, pouvons-nous ajouter, à ceux d'entre eux qui se trouvent au milieu d'une importante époque de transition, précisément comme Hérodote et Hécatée, d'une époque de transition dont nous prenons désormais congé, pour y revenir sans doute occasionnellement dans le but d'élucider plus d'un point de détail.

---

[1] II 21. A ce sujet, voir la dissertation de l'auteur dans les *Herodoteische Studien* II 8 (526 sq.) *Wiener Sitzungsber.* 1883.

LIVRE TROISIÈME

L'Epoque des Lumières.

> Ce furent les Grecs qui... fondèrent... la science rationnelle, dépouillée de mystère et de magie, telle que nous la pratiquons maintenant.
>
> MARCELIN BERTHELOT
> (La Chimie dans l'Antiquité et au moyen âge ; *Revue des Deux-Mondes*, 15 sept. 1893).

> Peut-être l'hypothèse atomistique sera-t-elle un jour supplantée par une autre ; peut-être, mais ce n'est pas probable.
>
> LUDWIG BOLTZMANN
> (Der zweite Hauptsatz der mechanischen Wärmetheorie ; *Almanach der kais. Akad. der Wissensch.*, Wien 1886, p. 234).

> ...τὸν μὲν βίον ἡ φύσις ἔδωκε, τὸ δὲ καλῶς ζῆν ἡ τέχνη.
>
> POÈTE DRAMATIQUE INCONNU
> (Passage tiré par nous d'une paraphrase de Philodème trouvée dans les papyrus d'Herculanum ; *Wiener Studien*, 11 5.)

CHAPITRE PREMIER

Les Médecins.

I. Supériorité scientifique des Hellènes. Médecine des peuples sauvages, des Indo-Européens et des Hindous. Débuts de la médecine grecque. — II. Situation et devoirs des médecins. — III La collection hippocratique. Influences réciproques de la médecine sur la philosophie et de la philosophie sur la médecine. Médecine et superstition. Influence de la philosophie naturelle. — IV. L'ouvrage *Sur le Régime*. Bien-fondé de la pensée qui en fait le fond. Héraclitisme et éclectisme. Le livre *Sur les Chairs*. Questions et réponses téméraires. Noyau sérieux dans une enveloppe fantastique. Le livre *Sur le nombre sept*. Excès d'imagination. — V. Années d'apprentissage, de voyages et de maîtrise de la médecine. Réaction contre la méthode de la philosophie naturelle. La médecine et la science « exacte ». Violente polémique contre Empédocle. Science et beaux-arts. Prétentions modestes de la vraie science. — VI. Nature des recherches hypothétiques. Leur nécessité et leurs dangers. Hypothèses « vides » et hypothèses légitimes. Querelle des méthodes. Induction et déduction. Le vrai mérite de l'école de Cos. — VII. Le fondateur de la psychologie ethnique. Les hippocratiques et le « divin ». Essais de science rigoureuse. Un penseur noble et profond.

I

La nation grecque a plus d'un titre de gloire. Il lui était donné, ou du moins il était donné aux grands génies qu'elle a produits, de faire les plus brillants rêves spéculatifs. N'avaient-ils pas reçu le don de créer, par la poésie ou les arts plastiques, des chefs-d'œuvre incomparables ? Il est toutefois une autre création de l'esprit grec que l'on peut qualifier non seulement d'incomparable, mais d'unique : la science positive ou rationnelle. Nous pouvons nous glorifier aujourd'hui de la souveraineté que nous exerçons sur la nature grâce à la connaissance que nous avons acquise de ses lois ; chaque jour, nos regards pénètrent plus profondément non pas sans doute l'essence des choses, mais la suite des phénomènes ; les sciences de l'esprit, suivant les traces de celles de la nature, ont commencé à se rendre compte de la causalité à laquelle sont soumises même les choses humaines et à modifier, doucement mais sûrement, la tradition pour fonder sur des principes nouveaux une règle de vie rationnelle, basée sur les moyens dont nous disposons et appropriée au but à atteindre. Ces triomphes éclatants, à qui les devons-nous si ce n'est aux créateurs de la science grecque ? Les liens qui, à cet égard, unissent les temps modernes aux temps antiques ne se dérobent point aux regards ; ils apparaîtront, dans le cours de cette exposition, avec toute la netteté désirable. Sur quoi repose ce privilège de l'esprit hellénique ? Non pas, pouvons-nous répondre avec une pleine confiance, sur un don particulier accordé aux seuls Hellènes et refusé aux autres nations. Le sens scientifique ne ressemble pas à une baguette magique qui, dans leurs mains, mais non dans celle des autres, aurait pu arracher aux mines des faits le trésor de la connaissance. D'autres peuples aussi ont pu à bon droit se vanter de travaux vraiment scientifiques ; la chronologie des Egyptiens, la phonétique des antiques grammairiens de l'Inde n'ont pas à redouter la comparaison avec les produits de l'esprit grec. Quand nous essayons de nous expliquer l'avantage de ce dernier, il nous vient à l'esprit un mot d'Hérodote : le père de l'histoire félicite son pays d'avoir obtenu en partage le plus heureux mélange des saisons. Ici comme ailleurs, le secret de l'excellence et du succès se trouve dans la réunion, dans la pénétration réciproque des contraires. A côté d'une imagination constructive d'une richesse débordante, le Grec possède un esprit de doute toujours en éveil, qui examine tout froidement, et ne recule devant aucune audace ; un irrésistible besoin de généralisation uni à une observation si active et si pénétrante qu'elle ne laissait pas échapper le plus menu détail des phénomènes ; une religion qui accordait pleine satisfaction aux besoins du cœur, et malgré cela n'entravait point la libre action d'une intelligence qui menaçait et même détruisait ses créations. Ajoutez à cela une foule de centres intellectuels ayant chacun son caractère propre et rivalisant les uns avec les autres ; une friction des forces continuelle qui excluait toute possibilité de stagnation ; enfin une organisation politique et sociale assez stricte pour réfréner les désirs vagues et puérils des gens médiocres, mais assez élastique pour ne pas mettre sérieusement en danger l'essor hardi des esprits supérieurs : telle est la réunion de dons naturels et de conditions favorables qui a valu à l'esprit grec sa prééminence et lui a permis de se placer et de se maintenir au premier rang dans le domaine de la recherche scientifique. Au point de développement où nous sommes maintenant arrivés, la faculté critique, malgré le puissant essor qu'elle avait pris, avait besoin de se fortifier encore davantage. Nous avons appris à connaître les deux courants qui l'avaient alimentée : les discussions métaphysiques et dialectiques engagées par les Eléates, et la critique semi-historique des légendes, telle que l'ont pratiquée Hécatée et Hérodote. Un troisième courant est sorti des écoles des médecins. Celles-ci prirent pour tâche d'éliminer de l'étude et de la science de la nature l'élément d'arbitraire qui était, en une mesure plus ou moins grande, mais pour ainsi dire sans exception et en raison d'une nécessité interne, inséparable de leurs débuts. En invitant à une observation plus attentive des faits, la médecine mettait en garde contre les généralisations prématurées ; en exerçant la perception des sens et en inspirant en elle plus de confiance, elle poussait à rejeter les fictions insoutenables, produits d'une imagination excessive ou de la spéculation a priori : tels sont les principaux fruits que nous verrons résulter de la pratique de la médecine. Mais avant de porter nos regards sur celle-ci et d'étudier l'influence qu'elle a eue sur la pensée de l'époque, nous devons envisager les rudiments de cette branche de la science, ses auteurs et ses représentants.

« Un homme habile à guérir vaut plusieurs hommes[1] », tel est l'éloge par lequel la profession médicale est saluée au seuil de la littérature grecque, et que la postérité ne devait pas démentir. La médecine des peuples naturels est issue de superstitions grossières, et d'une expérience à peine moins grossière, ordinairement incapable de bien interpréter les faits. C'est un informe mélange d'exorcismes et de pratiques, les unes absurdes, les autres efficaces, quoique dictées par des observations à peine analysées. Le « médecin » des sauvages est pour une bonne moitié un conjureur, et pour le reste le gardien des vieux secrets de la corporation, secrets qui reposent sur un empirisme vrai ou seulement apparent. L'art médical du peuple indo-européen primitif n'avait sans doute guère dépassé ce niveau. Nous en possédons encore un souvenir dans une

[1] *Iliade*, XI 514.

formule de bénédiction dont les rédactions germanique et indienne concordent d'une manière si parfaite qu'il n'est guère possible de douter de leur identité originelle[1]. Nous avons aussi conservé de la plus ancienne pratique de la médecine en Inde un agréable tableau dans la *Chanson d'un Médecin*. Le guérisseur s'en va gaîment à travers la campagne avec son élégante boîte de drogues en bois de figuier ; il souhaite pleine guérison à ses malades, et à lui-même de beaux honoraires, puisqu'il est obligé d'avoir habit, bœuf et cheval. Ses « herbages détruisent tout ce qui afflige le corps » et « la maladie fuit devant eux comme devant les griffes de l'huissier ». D'ailleurs il ne se qualifie pas seulement d'« expulseur de la maladie », mais encore de « tueur de démons[2] ». En effet, en Inde comme partout ailleurs autrefois, la maladie était regardée soit comme une punition envoyée par Dieu, soit comme l'œuvre de démons hostiles, soit enfin comme la conséquence des malédictions et des maléfices des hommes. La colère de la divinité offensée doit être apaisée par des sacrifices et des prières ; le génie malfaisant est adouci par des paroles aimables ou conjuré par des exorcismes ; pareillement, le mauvais sort est combattu par des sortilèges contraires, et, si possible, reporté sur celui qui l'a jeté. A côté des formules de conjuration, des amulettes et des actes symboliques, les herbes médicinales et les onguents trouvent aussi leur emploi, et il n'est pas rare que l'on recoure à un seul et même remède contre les maux les plus divers. Tout cela est vrai de la médecine, telle qu'elle nous est révélée en particulier par l'*Atharva-Véda*, mais cela ne l'est pas moins de celle de tous les peuples naturels, ainsi que de la médecine populaire du moyen âge et même des temps modernes ou même contemporains. Le champ de l'élément fantastique y est d'autant plus grand que le choix des médicaments est déterminé autant, si ce n'est davantage, par l'association des idées que par l'expérience spécifique. L'eufraise passait pour guérir les maux d'yeux parce que sa corolle porte une tache noire qui fait songer à la pupille, tandis que la couleur rouge de l'hématite paraissait la désigner

---

[1] Cette formule de bénédiction indo-européenne est due à Ad. Kuhn, *Zeitschr. f. vergl. Sprachforschung* XIII 49.

[2] La « chanson d'un médecin » a été traduite par Roth, dans Grassmann, *Rig-Véda*, X 97 (vol. II 378 sq.). A ce sujet et au sujet de la plus ancienne médecine hindoue, cf. Zimmer, *Altindisches Leben* 375, 394, 396, 398, 399.

pour arrêter l'hémorrhagie. Pour empêcher les cheveux de blanchir, il fallait, à en croire les Egyptiens, recourir au sang d'animaux noirs, et aujourd'hui encore, en Styrie, comme autrefois en Inde, en Grèce et en Italie, la jaunisse est exilée dans le corps d'oiseaux jaunes[1]. En raison de sa nature, la chirurgie, petite ou grande, devait échapper plus facilement à la superstition, et l'on sait qu'elle a atteint un étonnant développement chez les Sauvages d'aujourd'hui comme chez les nations de l'antiquité, même à une époque que nous ne connaissons que par les découvertes préhistoriques ; de part et d'autre, les praticiens ne reculent pas devant des interventions aussi hardies que la trépanation ou l'opération césarienne[2].

Si nous en venons aux plus anciens témoignages de la littérature grecque, nous ne sommes pas peu surpris de voir que l'*Iliade* ne mentionne nulle part les incantations. Des traits sont retirés du corps des héros blessés, le sang des blessures est étanché, et celles-ci sont ointes de baumes ; les guerriers épuisés sont ranimés au moyen de vin pur ou associé à l'orge et au fromage, mais il n'est nulle part question de pratiques ou de formules superstitieuses quelconques. Ce fait, qui avait déjà frappé les anciens commentateurs d'Homère, s'accorde au mieux avec les autres traits qui dénotent un précoce épanouissement des « lumières » (cf. p. 32 sq.). Mais les « lumières » ne sortaient guère des cercles de la noblesse ; c'est ce que nous prouve la littérature plus jeune, à partir d'Hésiode, où les incantations, les amulettes, les songes salutaires, etc., jouent un rôle si important. L'*Odyssée* déjà, qui nous décrit les débuts de la vie civile, et dont le héros est plutôt l'idéal des marchands astucieux et des intrépides marins que celui des nobles guerriers, connaît au moins en un passage, dans l'épisode de la chasse au sanglier sur le Parnasse, l'incantation ou épode comme moyen de soigner les blessures[3]. C'est aussi dans la plus jeune des épopées homériques que nous voyons

---

[1] Ces exemples de superstitions populaires sont fournis par : le D* Paris, *Pharmacologia*, cité par J.-S. Mill, *Logique* l. V, ch. 3 § 8 ; Erman, *Aegypt. Leben* I 318 : Pline, *Nat. Hist.* 30, 11 (94) ; Anonyme, dans le *Thesaurus ling. græcæ*, au mot ἴκτερος ; Fossel, *Volksmedicin u. medic. Aberglauben in Steiermark* (cité dans la *Münch. Allg. Zeitung* du 23 sept. 1891).

[2] Sur la chirurgie des sauvages et ses interventions hardies, cf. Bartels, *Die Medicin der Naturvölker*, Leipzig 1893, pp. 300 et 305-6 ; von den Steinen, *Unter den Naturvölkern Centralbrasiliens* p. 373 ; *Corresp.-Bl. d. deutschen Gesellsch. f. Anthropologie*, u. s. w. Avril 1900, p. 31 sq.

[3] Ici, nous avons utilisé à plusieurs reprises l'essai de Welcker, *Epoden oder das*

apparaître pour la première fois les professionnels de l'art de guérir ; semblables au médecin du *Rig-Véda*, ils parcourent le pays ; on réclame leurs services comme ceux du charpentier, de l'aède ou du devin, et ils les font payer à tous ceux qui en ont besoin.

II

Les médecins acquirent de bonne heure en Grèce une grande considération. L'aimable île de Cos, non loin de là la presqu'île de Cnide, au sud de la ligne occidentale des côtes de l'Asie Mineure, Crotone, dans l'Italie méridionale, Cyrène, sur les bords de la lointaine Afrique, telles furent les plus anciennes et les plus célèbres écoles de médecine. Autour de Cyrène, croissait une ombellifère nommée Silphion, dont on appréciait au plus haut degré les vertus curatives, et qui faisait l'objet d'un monopole royal. Cités et princes se disputaient à l'envi et à prix d'or les services des médecins éminents. Ainsi étaient recherchés ceux du Crotoniate Démocédès, qui passa une année à la solde d'Athènes, une à celle des Eginètes et une troisième à celle de Polycrate. Ses honoraires annuels s'élevèrent rapidement à une hauteur dont témoignent les chiffres éloquents de 8 200, 10 000 et 16 400 drachmes ou francs. Encore ces chiffres ne nous en donnent-ils une idée suffisante que si l'on tient compte de l'énorme diminution de la valeur de l'argent depuis l'antiquité. Après la chute du tyran de Samos, il fut emmené comme prisonnier à Suse, où nous le retrouvons bientôt commensal et conseiller intime du roi Darius (521-485). Il avait, en effet, si bien soigné ce monarque et son épouse Atossa que les médecins égyptiens, jusqu'alors extrêmement estimés, tombèrent en disgrâce et se virent même en danger de mort[1]. Vers le milieu du Vme siècle, le Chypriote Onasilos et ses frères avaient rendu,

---

Besprechen (Kleine Schriften III 64 sq.), de même que plus loin, p. 300. Sur ce qui suit, comp. *Odyssée* XIX 457 sq. et XVIII 383 sq. Sur les médecins itinérants de l'Inde à l'époque la plus ancienne, cf. Kaegi, *Der Rig-Véda*, p. 111.

[1] Sur Démocédès et ses aventures, cf. Hérod. III 125 sq. Sur le médecin chypriote Onasilos, cf. l'inscription d'Edalion, dans Collitz, *Griech. Dialektinschr.* I 26 sq. ; en ce qui concerne la date de cette inscription, je me range à l'opinion de O. Hoffmann, *Die griech. Dialekte* I 41, de préférence à celle de Larfeld dans le *Burslans Jahresber.*, vol. LXVI (1892) p. 36.

comme médecins militaires, des services pendant le siège de la ville d'Edalion par les Perses ; ils en furent récompensés par de grands honneurs et par le don d'un riche domaine de la couronne. Mais si l'on tenait les médecins en une haute estime, on exigeait d'eux de sérieuses qualités morales. Il ne manquait sans doute pas de charlatans et d'ignorants présomptueux dans une confrérie dont les membres pouvaient aspirer à des gains aussi élevés et à de si rares honneurs. Mais la majorité était formée de médecins qui à l'honorabilité alliaient la valeur scientifique, et qui avaient pleine conscience de la hauteur de leur mission. Aussi ces parasites de la médecine furent-ils toujours tenus en respect, et même souvent expulsés de la corporation.

Au début de notre étude, nous rencontrons un document que son âge n'est pas seul à rendre respectable : le serment des médecins. C'est une pièce de la plus haute valeur pour l'histoire de la civilisation ; elle renferme des renseignements précieux sur l'organisation intérieure de la confrérie, et sur les règles auxquelles les médecins étaient tenus de se conformer. Nous y saisissons sur le fait le passage du régime de la caste fermée à celui du libre exercice de l'art. L'étudiant promet d'honorer son maître à l'égal de ses parents, de lui prêter secours toutes les fois qu'il en aura besoin, et d'en instruire gratuitement les descendants s'ils choisissent la même profession que lui. A part cela, il ne peut former à la médecine que ses propres fils et les jeunes gens qui se lieront à lui par contrat et par serment. Il jure d'assister les malades « selon sa science et son pouvoir », et de s'abstenir de la manière la plus rigoureuse de tout emploi blâmable ou criminel des moyens thérapeutiques. Il ne donnera pas de poison, même à ceux qui lui en demandent ; ne fournira aux femmes aucun abortif, et enfin ne pratiquera pas — même là où la guérison paraîtrait la demander — l'opération de la castration, que réprouvait si vivement le sentiment populaire de la Grèce. Enfin il promet de s'abstenir de tous les abus que sa position lui permettrait de commettre, et spécialement des abus érotiques à l'égard des libres ou des esclaves des deux sexes, et il s'engage à garder inviolablement tous les secrets auxquels il peut être initié dans l'exercice de sa profession ou même en dehors[1].

---

[1] Voir ce serment dans les *Œuvres d'Hippocrate*, trad. E. Littré, IV 628 sq. Je trouve l'interdiction de la castration dans les mots οὐ τεμέω δὲ οὐδὲ μὴν λιθιῶντας, qui ne peu-

C'est par ces engagements, et par de réitérées et solennelles invocations aux dieux, que se termine ce mémorable document, d'autant plus significatif que, en l'absence de toute surveillance de l'Etat, il formait la seule règle officielle pour la pratique de la médecine. Il est heureusement complété pour nous par de nombreux passages des ouvrages médicaux de cette époque, où la vanité de l'ignorance est percée de traits aussi acérés que le charlatanisme des vendeurs d'orviétan. Ceux qui, sans être en fait médecins, en prennent le titre, sont comparés aux personnages muets ou simples figurants du drame. A la hardiesse fondée sur la science est opposée la témérité qu'engendre l'ignorance. On enjoint aux médecins de ne pas trop se préoccuper des honoraires ; le recours à d'autres médecins en cas d'incertitude et d'embarras est instamment recommandé. C'est là que nous rencontrons cette belle parole : « Là où est l'amour des hommes est aussi l'amour de l'art ». Lorsque s'offrent diverses méthodes de traitement, il faut choisir la moins surprenante, la moins sensationnelle ; laissez les charlatans éblouir l'œil du patient par la montre d'une habileté inutile. Sont réprouvés ceux qui visent à augmenter la considération dont ils jouissent en organisant des séances publiques, surtout quand ils émaillent leurs exposés de citations empruntées aux poètes. La raillerie s'attaque aux médecins qui se flattent de s'apercevoir avec une sûreté infaillible de toutes les infractions à leurs ordonnances, même des plus petites. Enfin, on trouve des prescriptions détaillées relativement à l'attitude personnelle du médecin ; il doit s'astreindre à la plus scrupuleuse propreté, se mettre avec élégance tout en fuyant le luxe ; il usera des parfums, mais sans en faire abus[1].

vent se traduire que comme ceci : « Je ne couperai pas, pas même ceux qui souffrent d'indurations pierreuses. » Or comme une défense générale d'opérer serait incompréhensible à une époque où « le fer et le feu » étaient les principaux insignes de la pratique médicale, il ne reste d'autre alternative que de prendre le mot τέμνειν dans un sens particulier, c'est-à-dire dans celui d'émasculer, où il est d'ailleurs employé par Hésiode, *Œuvres et Jours* 786 et 790 sq., par le Pseudo-Phocylide, v. 187 Bergk, et par Lucien, *de Syria dea* § 15 (cf. aussi τομίας = ἐκτομίας). Dans ce cas, par λιθιῶντας il ne faut pas entendre les calculs vésicaux, mais ces indurations pierreuses auxquelles on ne peut remédier que par la castration ; et, en fait, ce verbe désigne les indurations les plus diverses. Cette conjecture, émise par nous depuis longtemps, a été communiquée au monde médical et discutée par feu mon collègue, Dr Théod. Puschmann dans les *Jahresber. über die Fortschritte der gesamten Medicin* de Virchow-Hirsch, 1883, I p. 326, et plusieurs fois depuis.

[1] Les passages qui se rapportent à la conduite et à l'attitude personnelle des médecins en général se trouvent dans Littré : IV 182, 184, 188, 312, 638, 640 ; IX 141, 204, 210, 254, 258, 259, 266, 268.

III

Sans nous en apercevoir, nous voici arrivés au cycle d'ouvrages en tête desquels est écrit le nom du « père de la médecine ». Hippocrate, « le Grand », comme l'appelle déjà Aristote[1], est né dans l'île de Cos en 460, et toute l'antiquité l'a envisagé comme le type du parfait médecin, du parfait écrivain médical. Sa gloire a éclipsé de beaucoup celle de tous ses confrères. Ainsi s'explique qu'une importante collection d'ouvrages ait circulé sous son nom, quoiqu'elle soit composée, de toute évidence, de travaux d'auteurs différents et se rattachant même à des écoles contraires. Les Anciens le savaient déjà, mais les essais de triage des savants de l'époque n'ont guère été féconds, pas plus que ceux des critiques modernes et même des plus modernes. Il ne nous appartient pas de traiter ici ce problème, un des plus difficiles que connaisse l'histoire de la littérature. Dans la plupart des cas, les dates de composition des ouvrages sont aussi obscures pour nous que les noms des auteurs. Il nous suffira d'exprimer la conviction qu'aucune partie de ce que l'on pourrait appeler le *Corpus Hippocraticum*, à part quelques exceptions insignifiantes, n'est postérieure à la fin du Vme siècle[2]. Ces ouvrages peuvent donc être considérés comme des témoignages certains du mouvement intellectuel de l'époque qui nous occupe. Et même le sujet spécial de notre exposition nous fournit, de l'exactitude de cette manière de voir, une preuve qui ne souffre aucune contradiction. Dans cette vaste pile de livres, deux noms de philosophes seulement sont cités : Mélissos (cf. p. 178) et Empédocle. Les autres penseurs dont l'influence est reconnaissable dans l'un

---

[1] Aristote parle d'Hippocrate comme d'un grand médecin, *Polit.* IV (vulgo VII) 4, 1326 a, 24.

[2] Diels place à une date plus basse que nous, c'est-à-dire au milieu du IVme siècle, les parties les plus récentes de la collection hippocratique. (Déclaration verbale dans un exposé fait au congrès des philologues de Cologne, septembre 1895.) — Le papyrus de Londres a d'abord plus embrouillé que fait avancer la question hippocratique. Il semblait, en effet, nous placer dans l'alternative ou de ne tenir aucun compte de l'autorité de Ménon, l'élève d'Aristote, ou de considérer comme l'œuvre d'Hippocrate le traité assez insignifiant, et d'une rhétorique ampoulée, intitulé περὶ φυσῶν. Le moyen de sortir d'embarras paraît avoir été trouvé par Blass, *Hermès* 36, 405. Ce n'est pas l'ouvrage qui nous a été conservé, mais celui dont s'est servi son auteur, que Ménon considérait comme hippocratique.

ou dans l'autre de ces ouvrages, sont Xénophane, Parménide, Héraclite, Alcméon, Anaxagore et un dernier, encore inconnu de nos lecteurs, Diogène d'Apollonie. Pas un indice, même le plus faible, ne nous porte à leur assigner une date plus récente. Et il serait bien étonnant pourtant qu'à une époque de développement intellectuel si rapide, d'une circulation d'idées si active, les auteurs d'ouvrages de médecine n'eussent admis ou combattu que des systèmes déjà surannés ou en voie de le devenir. Si, d'ailleurs, il y a eu réellement quelques retardataires, cela ne peut ébranler en aucune façon la certitude de nos conclusions relativement à l'influence réciproque de la médecine et de la philosophie.

Car des influences de ce genre sont incontestables, mais on a souvent eu le tort de les chercher là où elles n'ont point existé et de les chercher rarement à une suffisante profondeur. Il n'y a pas lieu de s'arrêter sérieusement ici à des concordances extérieures, comme la tétrade des humeurs corporelles (sang, phlegme, bile jaune et bile noire) qui, selon Hippocrate, déterminent la maladie et la santé, et à son parallélisme avec les quatre éléments d'Empédocle ; pas lieu de s'arrêter à des analogies verbales qui ne reposent pas nécessairement et toujours sur des emprunts, et qui, même en ce cas, ne prouveraient pas nécessairement un emprunt de doctrines. Ce qui est réellement important, c'est l'esprit et la méthode de la recherche. De nouveau, nous devons reporter nos regards en arrière. A un moment donné, sans aucun doute, le trésor scientifique du praticien grec, à peu près comme celui du praticien égyptien, ne consistait guère qu'en formules magiques et en recettes. L'émancipation des superstitions antiques, qui s'est accomplie étonnamment tôt dans certaines classes de la société, relativement tard et jamais complètement dans d'autres, a conduit à l'abolition des éléments superstitieux de la thérapeutique. Jamais complètement, disons-nous, car la médecine populaire, dans laquelle les amulettes et les charmes jouaient le rôle essentiel, n'a jamais disparu tout à fait. En ceci seulement se révèle une différence des temps, c'est que la superstition vieillissante a recouvert de plus en plus sa nudité d'oripeaux brillants, et s'est plu à se parer d'autorités étrangères, telles que les médecins thraces, les thaumaturges gètes et hyperboréens (Zalmoxis et Abaris) et les mages perses, jusqu'à ce qu'enfin le fleuve débordant de la pseudo-science chaldéenne et égyptienne souleva cette masse bigarrée et l'entraîna avec lui dans son lit élargi. D'ailleurs, à côté de l'art laïque de guérir, l'art sacerdotal ou hiératique a toujours revendiqué sa place. Nous ne mentionnerons qu'en passant l'effet attribué au sommeil dans les temples et aux rêves salutaires qui l'accompagnaient, et que l'on allait surtout chercher dans les sanctuaires d'Asklépios. Ces pratiques superstitieuses, sanctifiées par la religion nationale, devinrent également de très bonne heure un objet de raillerie pour les gens éclairés (que l'on songe à une scène connue du *Plutus* d'Aristophane), mais, dans les couches populaires, la croyance en leur efficacité ne reçut pas la plus légère atteinte ; à l'occasion, elles furent glorifiées par des hommes cultivés, mais extravagants, tels que le rhéteur Aristide pendant l'époque impériale, et elles ont même survécu au paganisme. Sans doute, si les lieux où s'exerçaient ces cures n'ont guère perdu de leur force d'attraction, c'est en partie aussi grâce à l'emploi de méthodes rationnelles et à la salubrité de leur situation et de leur voisinage. C'est ainsi que la plus renommée de ces stations sacerdotales, Epidaure, située non loin de la mer, et sur une chaîne de collines recouvertes de magnifiques forêts résineuses, protégée contre le rude vent du Nord par une chaîne de hauteurs, et pourvue de la plus excellente eau de source, répondait à toutes les exigences d'un sanatorium moderne[1]. Les besoins de récréation et de divertissement des baigneurs étaient satisfaits par un hippodrome et par un théâtre dont nous admirons encore les ruines imposantes. Que la médecine laïque ait tiré grand profit des observations des prêtres sur le cours et la guérison des maladies, c'est ce qu'ont soutenu les Anciens. Il nous paraît difficile, à nous, de le croire. Nous possédons depuis peu une longue série de notes de ce genre, découvertes précisément à Epidaure ; elles sont tout ce que l'on voudra plutôt qu'un auxiliaire de recherche médicale. Elles pourraient avec plus de raison revendiquer une place dans les *Mille et une Nuits*. Une coupe brisée se répare sans intervention humaine ; une tête a été séparée du tronc, les démons inférieurs qui l'ont coupée ne peuvent la remettre en place, mais Asklépios accourt en

---

[1] Nous avons nous-même visité les lieux. Les inscriptions dont nous parlons ici ont été recueillies par Kavvadias, *Les fouilles d'Epidaure*, I pp. 23-24. Cf. du même savant Τὸ ἱερὸν τοῦ Ἀσκληπιοῦ κτλ. Athènes 1900. Epidaure n'offre pas seulement une excellente eau de source ; il y jaillit aussi une eau minérale active. Les inscriptions figurent maintenant au complet dans le *Corp. Inscr. græc. Peloponnesi*, etc. I p. 221 sq.

personne pour accomplir ce prodige — voilà des échantillons des historiettes dont nous devons la connaissance à ces pierres couvertes d'inscriptions. Les facteurs de nature diététique ou thérapeutique qui ont réellement amené les guérisons dans ces cures merveilleuses opérées par des prêtres, comme dans les autres miracles de cette espèce, ont été soit inaperçus de leurs auteurs, soit relégués intentionnellement dans l'ombre et soustraits à la curiosité des générations suivantes. La médecine laïque fit des progrès parce que les sujets d'observation s'accroissaient constamment, parce que les descendants bénéficiaient d'un trésor d'expériences séculaires, et parce que les médecins grecs possédaient la même faculté d'observation pénétrante et de reproduction fidèle de la chose vue dont ont été si largement doués les poètes et les sculpteurs de leur nation. Mais cette accumulation, ce triage des matériaux a fourni tout au plus la pierre d'angle d'une médecine scientifique ; la construction de l'édifice lui-même était encore dans un avenir bien éloigné. Pour qu'elle se réalisât un jour, il fallait d'abord d'autres travaux préliminaires, d'autres impulsions ; et ces travaux, ces impulsions devaient sortir du besoin de généralisation qui s'était fait jour et s'était développé dans les écoles philosophiques de la Grèce plus que partout ailleurs.

Il n'est guère nécessaire de rappeler à nos lecteurs le philosophe-médecin Alcméon et ses découvertes fondamentales. La variété des aspects sous lesquels se présente la personnalité d'Empédocle ne nous a pas permis non plus d'ignorer le médecin qui était en lui. Chez d'autres encore, le médecin apparaît derrière le philosophe : tels sont, comme nous l'a appris une trouvaille toute récente[1], Philolaos, Hippon, et celui que nous nommions plus haut, Diogène d'Apollonie. Mais la combinaison des deux sciences fut bien autrement féconde que leur réunion occasionnelle chez un même savant. Et cette combinaison fut amenée par une conviction qui se dégagea peu à peu de l'état de la culture à cette époque, et qui peut se formuler ainsi : « L'homme, étant une partie de la Nature, ne

---

[1] Il s'agit du papyrus de Londres : *Anonymi Londinensis ex Aristotelis Iatricis Menoniis et aliis medicis eclogæ*, éd. H. Diels, Berlin 1893. Cf. l'examen de son contenu par Diels dans l'*Hermès* XXVIII, *Ueber die Excerpte von Menons Iatrika*. — Sur les ouvrages de la collection hippocratique qui appartiennent à l'école de Cnide, cf. en particulier Littré VIII 6 sq. et Joh. Ilberg dans les *Griech. Studien... H. Lipsius dargebracht*, Leipzig 1894, p. 22 sq.

peut être compris indépendamment de celle-ci. Ce qu'il faut posséder, c'est une vue d'ensemble satisfaisante des phénomènes universels. Quand nous l'aurons acquise, elle mettra dans nos mains la clef qui nous ouvrira les recoins les plus secrets de l'art médical ». Tel est le point de vue auquel se placent bon nombre des ouvrages attribués à Hippocrate. Ceux-là s'appuient tous sur les systèmes de philosophie appliquée à la nature ; tous en usent d'une manière plus ou moins éclectique ; la majorité, sinon l'ensemble, se rattachent aux doctrines médicales de l'école de Cnide, sans qu'il soit possible de déterminer, pour le moment, avec une pleine certitude si leur adhésion est plutôt fortuite, ou si elle est fondée sur le caractère de ces doctrines. En faveur de cette dernière alternative, on peut pourtant invoquer le fait que les médecins de Cnide envisageaient en général — avec Empédocle (cf. p. 251 sq.) — les phénomènes de la vie comme des phénomènes physiques. Nous distinguons en conséquence deux grands groupes d'écrits médicaux : ceux dans lesquels domine ce point de vue et ceux qui le combattent. Nous étudierons d'abord les ouvrages du premier de ces groupes, non pas que nous puissions affirmer avec certitude qu'ils sont, sans exception, antérieurs à ceux du second, mais parce que ces deux tendances fondamentales et les productions essentielles qui en sont découlées se sont sans doute succédé dans cet ordre. La philosophie de la nature acquiert de l'influence sur la science médicale et commence à la transformer ; il s'ensuit une réaction contre cette influence et une tentative de retour à l'ancienne et plus empirique médecine. Le récit de cette lutte et de son issue formera le sujet des pages qui vont suivre ; mais, pour nous conformer au plan de ce livre, nous devons nous contenter de relever les points les plus caractéristiques des doctrines et des méthodes relevant de ces deux tendances.

IV

L'auteur de l'ouvrage en quatre livres intitulé *Du Régime*[1], — et qui est peut-être bien Hérodikos de Sélymbrie —

---

[1] Les livres *Sur le Régime* ont presque seuls, parmi les ouvrages hippocratiques, attiré l'attention des philosophes et des philologues. Cf. Bernays, *Gramm. Abhandl.* I. 1 sq.; Teichmüller, *Neue Studien z. Gesch. d. Begriffe* II 3 sq.; Weygoldt dans les

commence son exposé par une déclaration de principe. « Je dis, s'écrie-t-il à la fin de son préambule, que celui qui veut écrire raisonnablement sur le régime de l'homme doit avant tout connaître et comprendre la nature humaine. Il doit connaître de quoi elle est composée à l'origine et comprendre par laquelle de ses parties elle est surmontée. Car s'il n'en connaît pas la composition originelle, il ne pourra discerner ce que produisent ces éléments primitifs ; et s'il ne sait pas ce qui l'emporte dans le corps, il ne sera pas en état d'administrer les choses utiles ». L'écrivain formule ensuite une nouvelle exigence : il faut connaître la composition de tous les mets et de toutes les boissons, et comprendre en outre l'opposition fondamentale qui existe entre les exercices et la nutrition. « Car les exercices tendent à consommer ce qui existe, tandis que les aliments et les boissons ont pour effet de combler le vide (ainsi créé) ». La condition fondamentale de la santé est d'observer une juste proportion entre le travail et la nourriture, en tenant compte de la constitution de l'individu, des différences d'âges, de saisons, de climats, etc. L'homme serait

Jahrb. f. Philol. 1882, 161 sq.; Zeller, *Ph. der Gr.* I, 5ᵉ éd., p. 694 sq. Weygoldt et Zeller ne me paraissent pas avoir réussi à prouver que cet ouvrage est de date plus récente. Il est certain que l'auteur a été influencé par Héraclite et par Empédocle ; et la façon dont il a utilisé les deux systèmes nous reporte à une époque où ils étaient encore parfaitement vivants tous les deux, à une époque, par conséquent, où la doctrine d'Empédocle était encore jeune, et où celle d'Héraclite n'était pas encore vieillie. En revanche, je considère comme réfutée par Teichmüller (pp. 48-50) la supposition que le diététicien a utilisé aussi Archélaos. S'il faut lui trouver un prédécesseur quant au dualisme de la matière, ce prédécesseur doit bien plutôt avoir été Parménide, qui, d'après Aristote *Métaph.* I 3, envisageait le feu, tout comme notre auteur, comme une sorte de cause motrice. Anaxagore paraît ne pas lui être resté non plus inconnu, mais n'avoir pas exercé sur lui une influence durable. Même dans les chapitres dont Weygoldt, p. 174, ramène le contenu à Anaxagore et à Archélaos, se trouve une phrase qui contredit directement la doctrine fondamentale d'Anaxagore : ἅτε γὰρ οὔποτε κατὰ τωὐτὸ ἱστάμενα, ἀλλ' αἰεὶ ἀλλοιούμενα ἐπὶ τὰ καὶ ἐπὶ τά (VI 374 Littré). Immédiatement avant, on lit une phrase qui, il est vrai, rappelle un fragment d'Anaxagore (3 Schaub). Elle est là comme pour nous avertir de ne pas regarder ces ressemblances comme preuves concluantes. Si l'auteur avait réellement ce fragment sous les yeux, il n'en a en tous cas pris que la forme verbale et non la pensée, car il emploie le mot σπέρματα dans un sens tout différent. Je ne puis percevoir les réminiscences de Démocrite qu'y découvre Zeller ; son argument fondé sur les sept voyelles est sans valeur, car si les signes distinctifs de l'Η et de l'Ω n'ont été introduits officiellement à Athènes qu'en 403, ils étaient en usage longtemps auparavant non seulement en Ionie, mais encore à Athènes même, où Zeller fait vivre l'auteur. Les passages cités en premier lieu du traité *Sur le Régime* se trouvent à VI 468, 470 (cf. aussi 606) ; 742.

La conjecture qu'Hérodikos de Sélymbrie est l'auteur de ce livre a été émise par Franz Spät, *Die geschichtliche Entwicklung der sogenannten hippokratischen Medicin im Lichte der neuesten Forschung*, Berlin 1897, p. 22 sq. ; elle s'appuie sur des raisons auxquelles les recherches ultérieures donneront peut-être la pleine évidence qui leur fait encore défaut.

à l'abri de toutes les maladies si un de ces facteurs, la constitution individuelle, pouvait être déterminé par le médecin avant qu'elles se déclarassent. Après cela, l'auteur indique les éléments du corps animal et du corps humain ; il en trouve deux, à savoir — et ici nous croyons reconnaître l'influence de Parménide chez un auteur qui suit d'habitude la bannière d'Héraclite — le feu et l'eau. Dans le feu, il voit le principe universel du mouvement ; dans l'eau le principe universel de la nutrition. « Quand le feu est arrivé à la limite extrême de l'eau, lisons-nous dans un passage qui se rapporte manifestement au mouvement des corps célestes, il manque de nourriture ; alors il se retourne et revient aux sources de son alimentation ; quand l'eau est arrivée à l'extrême limite du feu, elle manque de mouvement, elle reste immobile et est consommée par le feu qui se précipite sur elle pour s'en nourrir ». L'Univers se maintient dans son état actuel à la condition que l'un de ces deux éléments ne prévale pas sur l'autre. Le lien intime qui unit ces doctrines physiologique et matérielle est l'idée — empruntée peut-être à Alcméon — de l'équilibre, d'une part entre le travail et la nutrition, et de l'autre entre les agents cosmiques de ces fonctions.

Nous nous arrêtons. Nous en avons assez dit pour que le lecteur attentif se rende compte du caractère de l'œuvre, de sa force et de ses faiblesses. Nous nous trouvons en présence d'une grande pensée, dont l'auteur s'exagère sans doute la portée : « L'intégrité de l'économie organique repose sur l'équilibre de ses recettes et de ses dépenses[1] ». Nous n'avons pas craint de citer mot à mot de longs passages pour éviter qu'on ne nous soupçonne de prêter, même sans le vouloir, une pensée moderne à cet antique auteur. Cette grande généralisation nous devient plus compréhensible si nous nous souvenons qu'une pensée analogue, quoique d'une portée moindre, a été exprimée par d'autres écrivains médicaux, et probablement dans des temps plus anciens. Euryphon, le chef de l'école de Cnide, contemporain aîné d'Hippocrate, supposait que les maladies avaient pour cause une « surabondance » de nourriture. Un autre (?) Cnidien, du nom d'Hérodikos, se rapprochait encore davantage du point de vue de notre diététicien quand il écrivait : « Les hommes tombent malades quand, avec

[1] La théorie de l'équilibre organique est formulée le plus nettement à VI 606 Littré, et aussi à la fin du l. III p. 636.

trop peu de mouvement, ils prennent beaucoup de nourriture[1] ». Toutefois il reste à notre auteur le mérite d'avoir exprimé le premier une vérité fondamentale sous sa forme la plus générale ; et le reproche d'avoir vu, dans une seule des conditions de la santé, sa seule cause réelle, ne le touche pas davantage que ses prédécesseurs, qu'il dépasse par l'étendue du regard. Découvrir de nouvelles et importantes vérités et se rendre compte en même temps des limites au delà desquelles elles cessent d'être légitimes sont deux choses distinctes ; il est difficile d'exercer d'une manière géniale l'instinct de la généralisation, et de le contenir en même temps dans de justes bornes ; aussi ne saurait-on raisonnablement demander au pionnier d'une science à ses débuts de déployer à la fois ces qualités opposées. La valeur de cette tentative fut plus sérieusement affectée par le désir, louable en soi, mais irréalisable par les moyens dont disposait alors et dont dispose encore aujourd'hui la science, de fonder la physiologie sur la cosmologie. La théorie purement spéculative de la matière et l'astronomie étrangement primitive et anthropomorphique de l'époque devaient déjà, par elles-mêmes, entraîner de graves inconvénients. De même, cette pensée que l'homme est une image du Tout, un microcosme à côté du macrocosme, ne pouvait conduire qu'à des comparaisons fantastiques, semblables à celles de Schelling et d'Oken dans leur philosophie de la Nature. Grande pensée en elle-même, elle a servi plus souvent, même dans les époques plus avancées, à obscurcir qu'à éclairer le chemin de la science ; dans celle qui nous occupe, par exemple, elle a fait établir un rapport entre la mer et le ventre, ce dernier étant « le réservoir universel qui donne à tous et reçoit de tous[2] ». Mais ce n'est pas seulement contre ces barrières objectives que vient se briser la haute ambition de notre diététicien. Il brille beaucoup plus par la richesse que par la clarté de la pensée. La sagesse énigmatique d'Héraclite l'avait pour ainsi dire grisé. Son désir d'illustrer les théories de son maître par des exemples toujours nouveaux, et empruntés aux domaines les plus divers de la vie, trouble de

---

[1] Ce que nous disons ici des Cnidiens Euriphon et Hérodikos est tiré du *Papyrus de Londres* (page 7) dans l'index duquel tous les fragments d'Euryphon sont indiqués.

[2] Les citations se réfèrent au l. I *Sur le Régime*, VI 484, 474, 476. Sur l'expérience mentionnée plus bas, cf. la remarque de Littré, VI 527.

la manière la plus fâcheuse le cours tranquille, l'ordonnance méthodique de son exposition. Il fait aussi le plus grand usage du droit, légitimé au moins en apparence par l'exemple de l'Éphésien et de son style paradoxal, de se contredire lui-même. Une fois, il parle, tout à fait selon l'esprit et dans les termes mêmes d'Héraclite, d'une « transformation » continue et incessante de la matière ; une autre fois, comme Anaxagore et Empédocle, il ramène toute naissance et toute destruction à une combinaison et à une séparation, et il s'excuse de l'emploi de ces expressions en disant qu'il se conforme à la manière de voir et de s'exprimer du peuple. Il a d'ailleurs beaucoup emprunté à Empédocle, sans se donner la peine de mettre ces emprunts, même extérieurement, en harmonie avec ses principes héraclitiques. C'est pourquoi il ne tient aucunement, dans l'exposition de détail, ce qu'il promettait en faisant la déclaration fondamentale par laquelle s'ouvre son livre. Cette déclaration forme, il est vrai, l'idée directrice d'un grand nombre de ses prescriptions diététiques, en particulier quand il traite les questions de l'alimentation et celles qui concernent les exercices gymnastiques, et à propos desquelles il entre dans une foule de détails intéressants. Mais cette partie de son entreprise, la plus importante, a pâti des tentatives, vaines et répétées jusqu'à la satiété, qu'il fait pour dériver du rapport de ses deux prétendues matières primordiales les différences des états corporels et même psychiques. Pour être juste, ajoutons qu'il y a mis à profit une quantité de faits constatés, et qu'il a imaginé une expérience particulièrement originale, à savoir de provoquer le vomissement chez un individu afin de juger du degré de digestibilité des divers aliments pris en même temps.

Arrivons au livre par lequel se termine l'ouvrage. On peut lui appliquer le vers d'Horace : consacré aux songes, il fait songer à la belle femme dont le corps se termine en queue de poisson. Il commence par établir la distinction, que nous connaissons déjà par Hérodote, (p. 280) entre les visions surnaturelles et les visions naturelles. L'explication des premières est abandonnée aux interprètes qui possèdent — et cela est malheureusement dit sans la moindre ironie — « une science exacte » sur ce sujet[1]. Mais les songes qui dérivent de causes

[1] Une science exacte est attribuée aux interprètes de songes, VI 642 (οἳ κρίνουσι περὶ τῶν τοιούτων ἀκριβῆ τέχνην ἔχοντες).

naturelles permettent de tirer des inférences relativement à la constitution du corps. Ici, on ne fera pas trop de difficulté pour admettre que certains songes dénotent un état d'obstruction, et qu'il y a lieu, par conséquent, de prescrire des purgatifs. Mais les limites en dedans desquelles, sans promettre une riche moisson, cette enquête évite l'absurde, sont bien vite franchies. Il ne faut pas longtemps à notre auteur pour voguer à pleines voiles dans une superstition puérile, et pour arriver — en se fondant sur des raisonnements dans le style d'Artémidore — à des ports où nous n'avons nulle envie de le suivre.

Un autre type, caractéristique également, se révèle à nous dans un petit livre intitulé *Des Chairs*, qui renferme des traits non moins contradictoires et par suite non moins attrayants que le précédent[1]. Ce livre renvoie à des pages dont il est la suite et annonce la continuation ; nous sommes donc en présence d'une section seulement d'un ouvrage étendu *Sur la Médecine*. On reconnaît dans son auteur un praticien riche d'expérience, qui a vu beaucoup de choses et sait observer d'une manière pénétrante, aussi longtemps du moins que des opinions préconçues ne l'empêchent pas de voir et d'observer sans parti pris. Il est le premier à savoir que la moelle épinière n'a rien de commun avec la moelle des os proprement dite, qu'elle est entourée de membranes et en relation avec le cerveau ; il est donc infiniment plus près que ses prédécesseurs d'en connaître la vraie nature et la vraie fonction. Il a vu des individus qui avaient tenté de se couper la gorge, qui se trouvaient dans l'incapacité de parler parce que le couteau avait pénétré jusque dans la trachée-artère, et à qui la parole avait été rendue par le rapprochement des lèvres de la plaie. Il tire de ce fait la conclusion exacte que s'ils ne pouvaient plus se faire entendre, c'est que leur souffle s'échappait à travers la blessure, et il met à profit cette observation pour confirmer la théorie vraie de l'émission de la voix. Mais il ne se contente pas de simples observations de cette nature, de l'expérience fortuite que pouvait lui fournir une lésion et le traitement chi-

[1] Le petit traité περὶ σαρκῶν (*Des Chairs* ou *des Muscles*) se trouve dans le VII⁰ vol. de Littré. Vouloir, avec Littré, le tenir pour postaristotélicien parce que l'auteur sait que les deux artères principales partent du cœur n'est certes pas justifié. Il est impossible de dire avec certitude à quelle date des faits anatomiques évidents comme celui-là ont été connus, même dans l'antiquité. La date de composition du livre ressort surtout de son caractère éclectique, que nous montrerons un peu plus loin.

rurgical qu'elle réclame : il imagine lui-même des expériences proprement dites, bien que sur une modeste échelle. Il sait que le sang se coagule quand il est extrait du corps, mais il a su prévenir, en le secouant, la formation des caillots. Pour se rendre compte de la constitution diverse des tissus, il les soumet à la cuisson ; il distingue ceux qui se cuisent plus, ceux qui se cuisent moins facilement, et il tire de là des conclusions relativement à leur composition. Mais, à côté de ces observations excellentes, de ces expériences méthodiques, de ces conclusions logiques, combien d'observations incroyablement erronées, d'affirmations arbitraires : il est persuadé que le nombre sept règle tous les phénomènes de la vie de la nature et de celle de l'homme, et cette croyance l'aveugle positivement sur l'évidence des faits. Il soutient hardiment, par exemple, que jamais un fœtus de huit mois n'a pu vivre ! A part la durée normale de la grossesse, neuf mois et dix jours (280 ou 40 fois 7 jours), le terme de sept mois est le seul selon lui, qui offre des chances de vie. Par contre, il prétend avoir vu des embryons de sept jours chez lesquels tous les organes étaient déjà clairement reconnaissables. C'est pareillement chose prouvée pour lui que l'abstention d'aliments et de boisson ne peut pas durer plus de sept jours sans amener la mort, soit dans le cours de cette période, soit — à ce qu'il ajoute assez naïvement — à une époque ultérieure. Même ceux qui, au bout des sept jours, se sont laissé détourner de cette sorte de suicide assez fréquente dans l'antiquité, n'ont pu être sauvés, parce que leur corps était devenu incapable de s'assimiler la nourriture.

Non seulement la rigueur de sa pensée n'était pas suffisante pour préserver notre médecin du sortilège du nombre ; il ne savait pas résister non plus à d'autres séductions de l'imagination. Mais comment répondre alors autrement que par la fantaisie à des questions que la science de notre époque, avec les moyens dont elle dispose, ne peut résoudre sûrement, même d'une manière approximative ? Il y a plus. Les tentatives auxquelles il se livrait étaient d'avance frappées de stérilité ; la science moderne écarte même définitivement comme au delà de ses prises les problèmes qu'il se posait. Il ne se préoccupait de rien moins en effet que de résoudre l'énigme de la création organique. Mais comme tout pressentiment de la théorie de l'évolution lui est étranger, il ne se demande pas ce que les plus hardis de nos contemporains se sont en vain demandé jusqu'ici : comment les organismes les plus simples ont pu faire leur apparition sur la terre, mais il veut faire sortir des substances matérielles, sans aucun intermédiaire, l'homme lui-même, le couronnement des existences terrestres. Et de quelles substances ! C'est du chaud et du froid, de l'humide et du sec, du gras et du glutineux que, par la putréfaction et la coagulation, par la condensation et la raréfaction, par la fusion et la cuisson, se sont formés nos divers tissus et les organes qui en sont composés. Par exception seulement un « me semble-t-il » vient introduire un élément de doute et de réserve dans cette exposition d'un caractère tout à fait dogmatique et tranchant. « Ainsi est né le poumon » ; « ainsi s'est formé le foie » ; « la rate a pris naissance comme suit » ; « les articulations se sont composées de cette manière » ; « ainsi se sont formées les dents » ; — voilà de quelle façon commencent les uns après les autres les divers paragraphes dans une désolante monotonie. Le contenu de ces paragraphes est sans doute indifférent à nos lecteurs ; mais ils n'apprendront pas sans intérêt à quel stade de développement intellectuel se rattachent ces tentatives prématurées pour pénétrer dans les secrets les plus intimes de la nature. Or il est nécessaire de faire une remarque importante. Si difficile que cela puisse être pour nous, nous devons surmonter l'accès de mauvaise humeur que nous cause au premier abord la témérité de l'entreprise, afin de pouvoir reconnaître dans cette enveloppe fantastique le noyau de raison qui s'y trouve renfermé. Ici, nous voyons poindre une pensée que la science même de nos jours ne désavouera pas. La médecine, disons-nous aussi, doit se fonder sur la connaissance des phénomènes pathologiques, et celle-ci sur la connaissance de la vie normale ; la connaissance des fonctions corporelles présuppose la connaissance des organes dont elles dépendent ; celle-ci ne peut s'acquérir si l'on ne se rend compte d'abord de leurs parties constitutives ainsi que des matières et des forces qui agissent en eux et sur eux, et finalement, pour parler avec Aristote : « Celui qui verrait croître les choses dès le commencement, les verrait de la manière la plus parfaite[1] ». En d'autres termes : la thérapeu-

---

[1] Aristote, *Pol.* I 2, au commencement.

tique doit se fonder sur la pathologie, celle-ci sur la physiologie et l'anatomie ; ces deux dernières sur l'histologie, la chimie et la physique ; la théorie de la descendance nous montre le chemin qui conduit des organismes les plus infimes ou les plus simples jusqu'aux plus élevés et aux plus compliqués ; et, comme but suprême de ce long voyage, brille enfin à nos yeux la perspective de jeter un jour un regard sur la naissance du monde organique lui-même. Dans l'essai en présence duquel nous nous trouvons, tous les degrés intermédiaires font défaut ou du moins ne sont indiqués que de la manière la plus vague et la plus indécise ; la fin de cette longue série est rattachée, autant dire sans aucune transition, à son commencement. Mais la témérité qui caractérise en une mesure si exceptionnelle l'œuvre de notre auteur, cesse de nous surprendre dès que nous envisageons cette œuvre comme le produit d'une pensée encore dans l'enfance. Animé d'espérances démesurées, l'esprit qu'aucun échec n'a rendu prudent se flatte d'atteindre sans difficulté les buts les plus élevés de la connaissance, parce qu'il les voit à la portée de ses prises. L'auteur du livre *Sur les Chairs* est précisément un disciple de la philosophie de la Nature ; non seulement l'esprit dans lequel il entreprend ses recherches, mais encore, de nombreux détails de sa doctrine nous font reconnaître en lui un homme qui s'est inspiré d'Héraclite, d'Empédocle et d'Anaxagore, et qui a écrit dans un temps où la fusion éclectique de leurs doctrines avait déjà commencé. Ne se réfère-t-il pas, au début de son livre, aux « enseignements communs » de prédécesseurs à l'œuvre desquels il a contribué pour sa part, et ne se croit-il pas obligé de parler « des choses célestes autant qu'il faut pour montrer, quant à l'homme et au reste des animaux, quelles parties sont nées et se sont formées, ce qu'est l'âme, ce qu'est la santé et la maladie, ce qu'est le bien et le mal dans l'homme, et par quelle cause il meurt ». Comme principe primordial, il indique « le chaud, qui est immortel, a l'intelligence de tout, voit, entend, connaît tout, le présent comme l'avenir ». La plus grande partie de la masse constituée par ce corps premier a disparu dans les régions supérieures de l'espace céleste lors de cette « secousse » du Tout qui, pour notre médecin comme pour Anaxagore et pour Empédocle, est le point de départ des phénomènes cosmiques ; c'est précisément, nous dit-il, ce que les Anciens ont appelé « éther ».

Quand nous aurons ajouté que la révolution de l'univers lui apparaît aussi comme une suite de cette secousse, nous aurons indiqué tout ce qui, dans sa théorie fondamentale, mérite d'être relevé.

Nous ne nous arrêterons pas longtemps non plus à un livre *Sur le Nombre Sept*, dont la plus grande partie ne nous a été conservée que dans une traduction arabe et dans une traduction latine, et que nous considérons comme la suite de l'ouvrage très improprement intitulé *Des Chairs*[1]. La croyance populaire en l'extraordinaire signification de ce nombre y acquiert son plus merveilleux développement et y déploie les floraisons les plus luxuriantes. Une fois encore, nous y apprenons que « l'embryon prend forme au bout de sept jours et dénote alors son origine humaine ». De nouveau, on nous présente, comme dans les livres *Sur le Régime*, les sept voyelles, c'est-à-dire les signes des voyelles grecques, parmi lesquelles figurent le e et le o longs, tandis que le a, le i et le u longs ne sont l'objet d'aucune mention particulière, parce que, par hasard, l'écriture grecque ne les distingue pas des mêmes lettres, mais brèves ! Le grave Solon lui-même avait déjà traité de la valeur du nombre sept pour la délimitation des âges de l'homme. Mais, pour notre auteur, l'Univers lui-même, les vents, les saisons, l'âme humaine, le corps humain, les fonctions de la tête, tout sans exception, doit ressentir les effets et porter l'empreinte du chiffre sept. Une seconde pensée domine ce petit écrit, pensée que nous a déjà fait connaître le livre *Sur le Régime* : c'est la comparaison des individus avec le Tout, l'analogie du microcosme et du macrocosme. Écoutons à ce sujet notre auteur lui-même : « Les animaux et les plantes qui vivent sur la terre ont une constitution qui ressemble à celle du Tout. Donc, grâce à cette ressemblance collective, les parties de ces êtres doivent révéler une composition analogue à celle des parties du monde. La terre est ferme et immobile ; elle ressemble, dans ses éléments pierreux et solides, aux os... Ce qui entoure ces éléments est analogue à la chair de l'homme

---

[1] Au sujet du traité *Sur le Nombre Sept* (Littré VIII, 634 sq. et meilleure version IX 433 sq.), cf. Ilberg op. cit. et Harder, *Zur pseud-hippokratischen Schrift περὶ ἑβδομάδων* (Rhein. Mus. N. F. XLVIII 433 sq.). — Les remarques que nous faisons à la fin de ce paragraphe sur le rôle du nombre sept dans l'alchimie arabe sont empruntées à un article de Berthelot, *Rev. des Deux-Mondes* du 1ᵉʳ oct. 1893 (p. 557). A ceci se rapporte aussi un fragment nouvellement découvert d'Héraclite (n° 4 a, dans la collection de Diels, dont nous ne partageons pas les doutes sur son authenticité).

et est soluble... L'eau, dans les rivières, ressemble au sang qui coule dans les veines », etc., etc. Les deux pensées s'amalgament dans cette comparaison de la terre avec le corps humain, qui frise l'absurde, et où l'écrivain envisage, avec un égal arbitraire, sept parties de chaque côté pour les opposer l'une à l'autre. Le Péloponnèse, « demeure des hommes au grand esprit, » est mis en parallèle avec la « tête et le visage » ; l'Ionie avec le diaphragme, l'Egypte et la mer égyptienne avec le ventre, etc. Ces écarts d'une imagination déréglée n'ont d'analogues peut-être que dans l'alchimie des Arabes avec ses sept métaux, ses sept pierres, ses sept corps volatils, ses sept sels naturels et ses sept sels artificiels, ses sept sortes d'alun, ses sept opérations chimiques fondamentales, etc. Ils étaient faits pour produire une réaction. La réaction n'a pas manqué, en effet, et elle a été l'aurore de la vraie science grecque et occidentale.

V

Sans intrépidité, sans mépris du danger, pas de science, ou du moins pas de science de la nature. La conquête d'un domaine nouveau de la connaissance ressemble sous beaucoup de rapports à la prise de possession d'un pays encore vierge. Tout d'abord, des généralisations puissantes et qui ne reculent devant aucun obstacle relient — semblables à autant de grandes routes — une foule de points disséminés et jusqu'alors isolés. De hardis raisonnements par analogie franchissent ensuite, tels des ponts immenses, des abîmes béants. Enfin la construction d'hypothèses fournit des demeures qui offrent, provisoirement au moins, un abri jusqu'à ce que des constructions moins frustes, assises sur des fondements plus profonds et faites de matériaux plus durables, viennent prendre leur place. Mais malheur à la colonie, si la main de ses fondateurs s'est laissé guider par un zèle aveugle plutôt que par le froid raisonnement. Le trafic se retirera de ses routes désertes; ses somptueux palais tomberont en ruines, ses habitations seront abandonnées. Voilà le sort qui menaçait les produits intellectuels de l'époque dont nous nous occupons. Aux *années d'apprentissage*, consacrées simplement à réunir des faits, avaient succédé les *années itinérantes* marquées par une spéculation inquiète et vagabonde. Ces années avaient assez longtemps duré ; elles devaient, pour que la science pût devenir stable et se fixer, au lieu de dégénérer en un jeu d'esprit vain et de se perdre dans des cercles vicieux, faire place aux *années de maîtrise*; il fallait en un mot élaborer, dans un travail tranquille et méthodique, les matériaux que l'on avait amassés. C'est la gloire éternelle de l'école de Cos, d'avoir provoqué cette révolution dans le domaine de la médecine, et d'avoir, par là, exercé la plus salutaire influence sur l'ensemble de la vie intellectuelle de l'humanité. « Fiction à gauche ! Réalité à droite ! » tel fut son cri de guerre dans la lutte qu'elle engagea la première contre les excès et les défauts de la philosophie de la nature. Et qui donc aurait pu engager cette lutte à sa place ? La sérieuse et noble profession du médecin le met chaque jour, chaque heure, en communion intime avec la nature ; les erreurs théoriques qu'il peut commettre en l'exerçant produisent les conséquences pratiques les plus funestes ; elle a donc contribué en tout temps à développer le sens le plus pur et le plus incorruptible de la vérité. Les meilleurs médecins doivent être les meilleurs observateurs. Or celui qui a la vue perçante, qui entend distinctement, qui possède des sens vigoureux, fortifiés encore et affinés par un exercice continuel, ne peut, à part de rares exceptions, être un rêveur ou un visionnaire. La ligne de démarcation qui sépare la réalité des créations de l'imagination devient pour lui plus profonde, et s'élargit en quelque sorte en un abîme infranchissable. La guerre contre les irruptions de la fantaisie dans le domaine de la connaissance le trouvera toujours à son poste. Dans notre siècle également, c'est par les médecins que nous avons été délivrés d'une philosophie arbitraire. Les réquisitoires les plus amers contre les écarts de la pensée et contre les funestes effets qui en découlent sortent encore aujourd'hui des lèvres d'hommes qui se sont assis un jour aux pieds du grand physiologiste et anatomiste Jean Müller. Qu'on n'objecte pas qu'entre la philosophie de la nature d'un Schelling ou d'un Oken et celle d'un Héraclite ou d'un Empédocle, il n'y a qu'une ressemblance purement nominale, extérieure et fortuite. Il est plus important de faire remarquer que le défaut de rigueur dans la pensée, qui forme le trait caractéristique commun de cette tendance dans les temps modernes comme dans l'antiquité, était infiniment plus pardonnable alors que de nos jours. Ce qui,

aujourd'hui, nous apparaît comme une dégénérescence, une
réaction, comme une faiblesse sénile, était alors le phénomène
concomitant de la lutte que soutenait l'esprit scientifique pour
se dégager peu à peu des conceptions mythiques de l'enfance
du monde. Quoi qu'il en soit, dans un cas comme dans l'autre,
il s'agissait de dissiper des ombres ; là elles tendaient à obscurcir une lumière à peine allumée ; ici, elles menaçaient
d'éteindre un flambeau qui brillait depuis longtemps déjà d'un
vif éclat.

C'est l'auteur de l'ouvrage *Sur l'ancienne Médecine* qui ouvre
le combat sur toute la ligne[1]. Pénétré de l'élévation et de la
dignité de son art, persuadé de son immense valeur pour le
bien-être et la prospérité des hommes, il ne veut pas rester
indifférent en présence d'un mouvement qui tend à le déprécier, à supprimer toute distinction entre bons et mauvais médecins, et, ce qui est plus important encore, à saper l'édifice
de la science elle-même. Ce n'est pas contre tel ou tel résultat des recherches de ses adversaires qu'il s'insurge ; il
attaque le mal à sa racine. C'est la méthode elle-même de l'art
« nouveau » de guérir qu'il condamne sans égard et sans réserve. « On n'a pas le droit, dit-il, de fonder sur une
hypothèse l'art de la médecine. Sans doute, cela est assez commode. On se rend les choses tout à fait faciles en admettant
une seule cause fondamentale de maladies et de mort, la même
pour tous les hommes, et en la représentant par un ou deux
facteurs, le chaud ou le froid, l'humide ou le sec, bref la première chose venue... Mais l'art de guérir — qui n'est pas
un semblant d'art et qui d'ailleurs a affaire aux objets sensibles — possède depuis longtemps tout ce qui lui est nécessaire : un principe et une voie frayée, le long de laquelle,
dans le cours des âges, de nombreuses et magnifiques découvertes ont été faites ; le long de laquelle, il découvrira ce qu'il
ignore encore, si des hommes suffisamment doués et armés
des connaissances acquises jusqu'ici les prennent pour point
de départ de recherches ultérieures. Mais celui qui rejette et
méprise tout cela pour poursuivre ses investigations dans une
autre voie et sous d'autres formes, et prétend avoir fait quelque découverte, celui-là est trompé et se trompe lui-même, car

[1] Le traité *Sur l'ancienne Médecine* se trouve à la fin du premier vol. de Littré. Les
passages cités plus loin se trouvent à pp. 570-606. L'important ch. 20, que nous étudions
ensuite, est à pp. 620-624.

c'est là chose impossible. » Au premier abord, il semble qu'on entende la voix de quelque partisan encroûté des traditions, de quelque réfractaire à toutes les nouveautés. En réalité, il n'en est point ainsi, et ce serait faire tort à notre auteur que de le croire. Il justifie fort bien sa préférence exclusive pour la méthode ancienne et empirique — nous ne disons pas inductive. En premier lieu, il en indique les mérites, et les met dans la plus vive lumière en élargissant considérablement l'idée de la médecine au delà de ce que l'usage ordinaire de la langue entendait par ce mot. Non seulement la diététique, au sens complet de ce terme, fait pour lui partie intégrante de l'art de guérir ; il fait aussi rentrer dans son étude le changement d'alimentation de l'humanité depuis l'époque reculée où, comme il le remarque excellemment, elle partageait la rude nourriture des animaux, jusqu'au moment où la civilisation amène les raffinements de la table. Si simple et naturelle que la chose nous paraisse maintenant, cela n'en a pas moins été « une grande invention, qui, pour se développer et se perfectionner dans le cours des siècles, a exigé une mesure peu ordinaire d'intelligence et d'imagination ». Les expériences que l'on a faites, dans les temps primitifs, de la difficulté de supporter cette nourriture sauvage, sont tout à fait analogues à celles qui ont porté les médecins à interdire à leurs patients le régime de l'homme sain pour leur en prescrire un approprié à leur état. Mais il n'y a pas lieu de s'étonner que la partie de l'art de se bien porter que chacun connaît jusqu'à un certain point ait été séparée de celle que possède seul le médecin professionnel. En vérité, toutefois, la science est une, et dans les deux cas elle a procédé exactement de la même manière. Il s'agissait de mélanger, d'adoucir, de diluer les mets que le corps humain ne pouvait digérer, et cela de telle façon que l'organisme sain, dans le premier cas, l'organisme malade dans le second, pussent se les assimiler et en tirer profit. Après ces considérations, notre auteur en vient aux différences individuelles qui se font jour en ce qui concerne le régime alimentaire, et qu'il illustre par une riche collection d'exemples. Ces différences reposent en partie sur des différences de tempérament, en partie sur l'habitude, et l'on ne peut en rendre compte par un principe général quelconque, mais seulement par une observation suivie et des plus attentives. La nécessité qui résulte de là d'un traitement strictement individuel ne permet pas de prescrire chaque fois le traitement approprié avec une précision mathématique. L'auteur aperçoit une autre et non moins féconde source d'erreur dans le fait qu'il y a des dangers de nature exactement contraire. Il s'agit d'être en garde également contre le trop et contre le trop peu, contre une alimentation trop forte et concentrée et contre une alimentation trop diluée et trop faible. Dans cette exposition, nous voyons poindre pour la première fois l'idée d'une science exacte, c'est-à-dire qui admette la détermination de quantités, mais comme un idéal qu'il ne peut être question d'atteindre jamais dans le domaine de la diététique et de la médecine. « Il faut viser à une mesure, lisons-nous chez le médecin grec, mais une mesure, poids ou nombre, qui puisse te servir de norme, tu ne la trouveras pas, car il n'y en a pas d'autre que la sensibilité corporelle. » Et puisque cette mesure n'est qu'approximativement exacte, et non rigoureusement, on ne peut éviter de s'écarter légèrement, à droite ou à gauche, de la ligne moyenne du vrai. Honneur au médecin qui ne se rend coupable que de légères fautes ! Mais la majorité ressemblent sans doute à ces pilotes qui, par une mer tranquille et un ciel serein, commettent impunément de nombreuses erreurs, et dont l'incapacité se révèle de la manière la plus funeste quand se déchaîne une tempête violente.

D'une importance plus décisive est l'objection élevée ensuite contre la nouvelle médecine, à savoir que ses prémisses et ses prescriptions ne répondent pas aux multiples aspects de la réalité. La doctrine nouvelle — et par là il faut entendre aussi bien celle d'Alcméon que celle que développent les livres *Du Régime* — ordonne « de recourir au froid contre le chaud, au chaud contre le froid, à l'humide contre le sec, au sec contre l'humide » ; chaque fois que l'un de ces facteurs a exercé quelque influence fâcheuse, il faut y parer en faisant intervenir son contraire... Malheureusement ces médecins n'ont encore, que je sache, découvert rien qui soit chaud, froid, sec ou humide, en soi et sans mélange d'aucune autre qualité. A ce que je pense, ils n'ont à leur disposition que les mets et les boissons dont nous autres nous nous servons tous. Il est donc impossible qu'ils ordonnent au malade « un chaud ». Car aussitôt le malade demanderait : Quel chaud ? Sur quoi ils en seraient réduits de toute nécessité ou à un verbiage vide de sens ou à l'emploi de l'une des choses connues ». Dans ce cas, en revanche, il serait de la plus haute importance de distinguer si le chaud est en même temps astringent ou laxatif... ou de laquelle il est doué des nombreuses autres propriétés qui se rencontrent dans la nature — car ces différences de propriétés font sentir leurs effets non seulement aux hommes, mais encore au bois, au cuir et à beaucoup d'autres objets infiniment moins sensibles que le corps humain.

Mais le passage le plus important du livre dont nous nous occupons est bien celui-ci, dans lequel l'auteur exprime d'une manière particulièrement incisive son principe fondamental : « Quelques-uns disent, médecins aussi bien que sophistes (par quoi, à notre avis, il entend désigner simplement des philosophes), qu'il n'est pas possible de savoir la médecine sans savoir ce qu'est l'homme, et que celui qui veut habilement pratiquer l'art de guérir doit posséder cette connaissance. Ce discours fait allusion à la philosophie telle que l'ont pratiquée Empédocle et les autres qui ont écrit et disserté sur la nature, sur l'essence de l'homme, sur son origine, sur la façon dont ses diverses parties se sont jointes les unes aux autres. Je crois, pour ma part, que toutes les choses de ce genre qu'un sophiste ou un médecin a dites ou écrites sur la nature sont moins du ressort de la médecine que de celui de la peinture. Je pense, au contraire, qu'on ne peut acquérir une connaissance certaine de la nature qu'en prenant comme point de départ la science médicale. Or celle-ci peut s'acquérir à la condition qu'on l'étudie selon les moyens propres à ce but et en l'embrassant dans toute son étendue. Mais il me semble qu'il y a encore un bien long chemin à parcourir pour arriver à une science qui puisse nous dire, jusque dans le plus petit détail, ce que c'est que l'homme et pour quelle raison il est venu au monde ».

Certains points, dans ce passage, réclament des éclaircissements ; d'autres demandent qu'on s'y arrête un peu. Tout d'abord, ce qui surprend, c'est la répétition presque littérale des premiers mots du passage que nous avons emprunté au livre *Sur le Régime*, et dans lequel la proposition si vigoureusement contestée ici est soutenue avec non moins de vigueur[1]. Il n'est guère possible de méconnaître une intention de polémique directe, et cet exemple nous montre d'une manière saisissante

---

[1] Rapprocher I 620 de VI 468.

ce que nous devons penser de l'unité de la collection des ouvrages attribués à Hippocrate. L'évocation de la peinture dans ce raisonnement peut nous rendre un moment perplexes. Mais un peu de réflexion nous montre que l'auteur n'aurait guère pu donner à sa pensée une expression plus appropriée. Ce qu'il veut dire, c'est évidemment ceci: « Des tableaux comme ceux que nous fait Empédocle de la naissance des animaux et de l'homme peuvent être attrayants, séduisants, fascinants, mais ce n'est pas de la science. La science ne vise pas à l'amusement, mais à la vérité ; à ce point de vue, le domaine des beaux-arts peut être envisagé comme son contraire, car ce qui prédomine en lui, c'est le jeu de l'invention qui dispose librement des lignes et des couleurs. » Comme type des beaux-arts, c'est la poésie que nous nommons le plus volontiers ; mais elle n'eût pas été à sa place ici en raison de la forme poétique de l'œuvre d'Empédocle, et elle eût peu convenu pour en désigner précisément le contenu. La manière rude, presque brutale, avec laquelle l'écrivain oppose l'une à l'autre la fiction et la réalité et bannit pour ainsi dire la première du domaine de la discussion sérieuse nous rappelle la déclaration, à peine moins tranchante, d'Hérodote relativement à l'Océan (cf. p. 286). Nous aimerions voir développée plus à fond cette idée que la science médicale, cultivée comme elle doit l'être et dans toute son ampleur, est le point de départ de toute connaissance vraie de la nature. Avons-nous le droit de supposer que l'auteur de cette phrase a au moins entrevu la vérité, à savoir que toute science de la nature n'est que relative, que le but de la connaissance à laquelle nous pouvons atteindre n'est point ce qu'elle est en elle-même, mais seulement ce qu'elle est par rapport aux facultés perceptives de l'homme ? C'est du moins à une conclusion de ce genre que tend la suite de cet important passage, dont nous ne voulons pas priver nos lecteurs : « Car il me semble nécessaire, à moi aussi, continue l'auteur, que tout médecin ait une connaissance de la nature, et qu'il fasse dans ce but ses plus grands efforts, s'il veut être à la hauteur de sa tâche. (Il doit savoir notamment) ce que l'homme est relativement aux aliments et aux boissons qu'il prend, ce qu'il est par rapport à ce qu'il fait : quel effet chaque chose produit sur chaque homme. Et (il ne suffit pas) de penser que le fromage est une mauvaise nourriture parce qu'il cause des désagréments à celui qui en mange trop, mais (il s'agit de savoir) quels désagréments il cause, pourquoi il les cause, et à quelle partie du corps humain il est contraire. Car il y a beaucoup d'autres mets et de boissons qui, par leur nature, sont nuisibles, et qui cependant n'affectent pas l'homme de la même manière. Comme exemple, je citerai le vin qui, pris non coupé d'eau et en grande quantité, affecte l'homme d'une certaine manière. Et l'évidence apprend à tous que cela est l'œuvre et l'effet du vin. Nous savons également par l'intermédiaire de quelles parties du corps il produit surtout cet effet. Je désirerais voir répandre une égale clarté sur les autres cas de ce genre. » Cette citation, aussi, demande un mot d'explication. Tout d'abord, que l'on note le contraste frappant et voulu, croyons-nous, entre l'exemple trivial invoqué plus haut et le ton familier dans lequel il est exposé d'une part, et, d'autre part, les pensées sublimes et le style généralement magnifique d'Empédocle et de ses adhérents. « Moi aussi, semble crier l'adversaire des philosophes à ceux-ci, j'aspire à une connaissance compréhensive de la nature, aussi bien que vous qui croyez déjà avoir débrouillé les fils de ses énigmes les plus cachées, et qui proclamez votre triomphe en termes ampoulés. Mais combien sont modestes mes buts immédiats, comme je reste en arrière du vol audacieux de vos pensées, comme je m'attache au terre à terre des événements ordinaires et des questions de tous les jours, qui cependant n'ont trouvé jusqu'ici leur solution qu'en très petit nombre ! » L'excellent écrivain se croit aussi dégagé que possible de toute témérité et de tout orgueil de savant. Et pourtant, c'est justement là que l'attend le destin : la Némésis le châtie de la raillerie amère qu'il déverse si généreusement sur ses prédécesseurs. En raison de la preuve qu'il fournit du bon aloi de sa science, on serait tenté de s'écrier que sa modestie se révèle immodeste, que son humilité et son renoncement ne sont qu'orgueil et présomption ! Le peu qu'il se flatte de savoir d'une manière si précise, ce qui pour lui est vérité évidente, n'est qu'un semblant de science. Car la chimie de la digestion lui étant aussi étrangère que la connaissance des fonctions du cerveau, du cœur et des vaisseaux sanguins, les explications qu'il donnait du peu de digestibilité du fromage et de l'ivresse produite par l'absorption du vin étaient, quelles qu'elles aient été, radicalement fausses.

Cette étrange, nous allions presque dire humiliante, constatation provoque chez nos lecteurs et en nous-mêmes une question. Que servait au clairvoyant médecin toute son horreur de l'arbitraire, toute la satisfaction qu'il éprouvait à se borner à l'investigation des faits, ses perpétuels emportements contre ceux qui détournaient la médecine de son ancienne voie pour l'entraîner dans celle de l'hypothèse ? N'a-t-il pas cédé lui-même, sans s'en apercevoir, aux séductions de la recherche conjecturale ? Car, si l'on y regarde de près, on voit qu'il ne s'agit pas ici simplement d'une ou de plusieurs observations fausses, ni de l'interprétation erronée de faits isolés, mais de tentatives d'explication qui découlent évidemment de vues purement hypothétiques sur la physiologie. Cela nous donne-t-il le droit de rabaisser ou de condamner les travaux scientifiques de cet homme, ou du moins de tenir sa polémique pour absolument oiseuse et frivole ? Ni l'un ni l'autre. Nous devons sans doute recourir à une digression pour fonder notre jugement, mais nous ne craignons pas ce détour qui nous conduira sur une hauteur d'où, nous l'espérons, nous pourrons apprécier d'une manière plus juste et plus compréhensive les deux tendances qui se trouvent ici en conflit.

VI

Une hypothèse consiste à admettre ou à supposer quelque chose. Lorsque, et aussi longtemps que la pleine certitude de la science nous échappe, il est nécessaire, et nécessaire doublement, de recourir à de simples suppositions ; l'objet même de l'étude nous y force, et elles s'imposent à la personne du chercheur. Elles s'imposent à nous parce qu'il n'a pas été donné à l'esprit humain d'emmagasiner et de garder une longue série de détails sans les rattacher les uns aux autres par un lien commun. La mémoire veut être soulagée ; et ce soulagement lui est apporté, dans le domaine de la coexistence, par la classification ; dans celui de la succession et de la causalité par l'hypothèse. En dehors même de ce cas, l'aspiration à la connaissance et à l'intelligence des causes ne peut exister réellement sans se manifester, au moins à titre de tentative, déjà dans les premiers stades d'une investigation. Mais des tentatives de ce genre sont absolument indispensables aussi comme préliminaires des solutions vraies, réservées à une phase ultérieure et plus mûre de développement. Presque tout ce qui, aujourd'hui, est théorie certaine, a été un jour, comme on l'a remarqué avec raison, hypothèse. Il est impossible subjectivement de garder comme éléments épars d'une conception, et d'isoler pour ainsi dire psychiquement les uns des autres, les innombrables faits de détail qui serviront à l'élaboration finale d'une théorie compréhensive jusqu'au moment où celle-ci sera construite ; de même, il est absolument impossible, objectivement, de rechercher, de réunir, de trier des faits isolés ou même de les produire en recourant à des moyens artificiels tels que les expériences scientifiques, à moins qu'une supposition ou hypothèse préalable et anticipant sur le résultat final ne vienne guider les pas du chercheur et éclairer son sentier. Même là où il ne s'agit pas de formuler des vérités générales, mais seulement d'établir des faits qui ne se sont produits qu'une fois, on se sert exactement du même procédé. Avant de prononcer sa sentence, le juge apprécie les soupçons qui pèsent sur l'accusé, et chacun de ces soupçons s'exprime par une supposition ou hypothèse. De plus, si son esprit a quelque vivacité, il ne pourra prendre connaissance des dépositions des témoins et des autres indices recueillis sur la base d'une première hypothèse, sans qu'à chaque phase du procès surgissent de nouvelles hypothèses, et celles-ci équivaudront, si son esprit est non seulement vif, mais juste, à de nouvelles et toujours plus exactes approximations de la vérité qu'il s'agit d'établir. La supposition préalable ne faut qu'en deux cas à son but, qui est de préparer le triomphe final de la vérité : par suite d'une erreur du sujet imputable à quelque défaillance d'intelligence ; ou par suite d'une erreur objective résultant des moyens d'investigation employés. L'hypothèse ne facilite pas, mais elle complique, au contraire, ou empêche la solution définitive lorsque l'esprit du chercheur n'a pas la mesure nécessaire de souplesse, oublie le caractère provisoire de ses conjectures, s'y arrête prématurément, et considère le chemin parcouru par lui — peut-être très court — comme représentant tout le chemin à parcourir. Mais une hypothèse est aussi dépourvue en soi de valeur scientifique, ou du moins elle n'a cette valeur qu'à un faible degré, lorsqu'en raison de sa nature elle n'est pas susceptible de devenir de vérité provisoirement accueillie, vérité définitivement démontrée, en d'autres termes, lorsqu'elle se refuse tout à fait à la vérification. Il serait déraisonnable d'attendre une pleine clarté sur cette question et sur les questions connexes de méthode de la part du premier écrivain chez lequel nous trouvions des considérations sur la valeur des investigations par le moyen de l'hypothèse, du premier même — pour autant que l'on peut l'affirmer en présence de tant d'ouvrages perdus — qui ait employé le mot *hypothèse* lui-même dans un sens technique. Il est d'autant plus honorable pour lui que la plus importante des distinctions applicables ici ne lui ait pas échappé. Il emploie, il est vrai, le terme d'hypothèse d'une manière un peu lâche, sans distinguer expressément les hypothèses vérifiables de celles qui ne le sont pas ; mais la fureur de son attaque est dirigée contre ces dernières, et c'est à cette sorte de contrefaçon de l'hypothèse qu'il paraît songer clairement toutes les fois qu'il brise une lance contre la recherche hypothétique en général. Car lorsqu'il réclame contre l'application de la nouvelle méthode à la médecine, il fonde son objection sur une remarque très significative. Cette science, dit-il en substance, n'a pas besoin, comme les choses invisibles et insondables, d'hypothèses *vides*. Sans doute, celui qui veut énoncer quelque opinion relativement à ces choses doit recourir à l'hypothèse. Ainsi quand il s'agit des choses du ciel ou de celles qui sont sous la terre. Même si quelqu'un savait et disait la vérité à ce sujet, ni lui ni ses auditeurs ne sauraient clairement si c'est la vérité ou pas. Car il *ne peut recourir à rien pour acquérir une pleine certitude*[1].

Inscrivons tout d'abord à l'actif de la science ce qualificatif précieux de vide appliqué à l'hypothèse indémontrable, indémontrable et par conséquent analogue à une fiction oiseuse, qu'il faut bannir du domaine de la vraie recherche. Souvenons-nous en outre de cette déclaration par laquelle Xénophane (cf. p. 177) insistait avec tant de force sur l'importance de la vérification, et avec laquelle le passage que nous venons de citer offre, du moins dans le texte original, une analogie frappante. Enfin n'oublions pas non plus l'opinion exprimée par l'historien Hérodote (cf. p. 287), et qui témoigne d'un sentiment tout à fait identique. Et maintenant, cherchons à nous rendre compte du gain qui découle de ces déclarations de principe. Le combat que livre notre auteur à la recherche hypothétique, dans la-

---

[1] Voir trad. Littré I 572.

quelle nous avons reconnu qu'il condamnait une espèce particulière d'hypothèse, ne l'empêchait pas nécessairement de recourir lui-même à l'hypothèse, et l'on ne peut, de ce chef, lui faire le reproche d'inconséquence. Qu'il se formât sur le processus de la digestion et sur les causes de l'ébriété des conceptions hypothétiques, cela était inévitable ; il était inévitable également que ces conceptions et toutes celles qu'a formulées l'enfance de la physiologie et des sciences sur lesquelles s'appuie celle-ci se révélassent erronées à mesure que la science progressait. Mais autre chose est une hypothèse inexacte, autre chose et même chose très différente est une hypothèse contraire à la science, c'est-à-dire une hypothèse qui se soustrait à toute possibilité de vérification totale ou partielle. Mais, pourrait-on objecter, une hypothèse ne porte pas toujours la marque visible de son appartenance à l'une ou à l'autre de ces catégories ; on ne voit pas toujours au premier abord si elle est condamnée à rester éternellement hypothèse, ou si elle porte en elle la possibilité de développer elle-même ses moyens de preuve, qui permettront de juger définitivement, au moins d'une manière approximative, de son exactitude ou de sa fausseté. Pas toujours, répondons-nous, assez souvent pourtant. Mais nous n'avons pas à nous arrêter sur ce point ; car le « chaud » et le « froid », le « sec » et l'« humide, » envisagés comme les parties constitutives essentielles de l'organisme humain ou comme les principaux parmi les facteurs qui agissent sur lui, n'étaient pas même, à parler rigoureusement, des hypothèses ; ce n'étaient que des fictions, ou mieux encore des abstractions revêtues d'une apparence de réalité. Des qualités isolées avaient été séparées de l'ensemble de propriétés avec lesquelles elles sont indissolublement liées en réalité, et en outre elles avaient été investies d'une suprématie à laquelle elles n'ont évidemment pas droit ; en effet, le changement de température et d'état d'agrégation dont il s'agit ici n'a pas absolument et toujours pour suite un changement décisif de tous les autres attributs. C'est un des plus grands mérites positifs de l'écrit qui nous occupe d'avoir insisté sur cette circonstance, et montré l'importance bien plus considérable des propriétés chimiques des corps, en jetant en même temps un coup d'œil sur les effets que celles-ci produisent sur des substances qui n'appartiennent pas à l'organisme vivant (cf. p. 318). C'est donc avec raison que l'auteur du livre pouvait ne voir dans le froid et la chaleur que des qualités et ne leur attribuer qu'une influence (relativement) très restreinte sur le corps ; avec raison qu'il pouvait rappeler, par exemple, la réaction de chaleur produite intérieurement par un bain froid, et les réactions analogues.

Mais laissons là ces détails, et même la question de savoir laquelle de ces hypothèses présentait le caractère le plus scientifique, la plus grande mesure de légitimité, pour revenir à la querelle de méthodes dont nous avons occupé nos lecteurs, et à laquelle nous devons accorder une attention prolongée et exclusive. Cette querelle peut s'apaiser sans de trop grandes difficultés. « Partir du connu ou du sensible pour conclure à l'inconnu », telle est la règle de la saine raison ; elle était aussi familière à un Hérodote et à un Euripide que plus tard à un Épicure[1], mais elle a été violée d'une manière aussi évidente que grossière par les médecins qui suivaient les traces des philosophes — naturalistes. Des problèmes que la science actuelle considère encore comme insolubles, tels que celui de l'origine de la vie organique ou de l'origine du genre humain furent inscrits en tête de leur programme, et les principes de l'art de guérir furent fondés sur les essais non seulement hypothétiques, mais fantastiques que l'on fit pour les résoudre. Qui donc pourrait être surpris de la réaction qui se produisit, et qui pourrait en mettre en doute les effets salutaires ? Toutefois il y a lieu, encore ici, de se garder de partialité et d'exagération. Non seulement il était inévitable qu'on s'engageât dans la « nouvelle voie », mais celle-ci n'était pas non plus absolument et exclusivement une voie d'erreur. Il ne pouvait pas se faire que les doctrines de la philosophie appliquée à la nature ne pénétrassent pas les sciences particulières et ne commençassent pas à en transformer les méthodes. L'élément d'arbitraire inhérent à la plupart de ces doctrines devait, comme nous l'avons déjà remarqué une fois, être éliminé, mais cette élimination n'a pas annulé tous les effets, dont plusieurs très heureux, de ces influences. Et d'abord, l'idéal qu'on se propose n'est jamais complètement perdu pour la postérité, même si les tentatives qu'on fait pour le réaliser échouent d'une manière pitoyable, voire grotesque. Or c'était un idéal que d'arracher la science médicale à l'isolement dans lequel elle était

[1] Hérodote, II 33 ; Euripide, frg. 574 Nauck, 2ᵉ éd. ; Épicure, chez Diog. Laërce X 32.

menacée de s'étioler avec le temps, et de la considérer comme un rameau de l'arbre puissant des sciences de la nature. Tout d'abord, il est vrai, et pour de longues années encore, cette ambitieuse entreprise manquait de la base nécessaire, et il fallait par conséquent une volte-face, qui fût en même temps un retour aux méthodes de recherche plus anciennes et confinées dans de plus étroites limites. Ici encore, il convient de se garder de plus d'un malentendu. Il est peu exact de résumer les rapports des deux tendances en conflit dans la formule conventionnelle, et de dire qu'avec la philosophie de la nature a succombé la fausse méthode déductive, et qu'avec Hippocrate a triomphé la vraie méthode, qui est celle de l'induction. Car, lorsqu'il s'agit de phénomènes extrêmement compliqués, de processus généraux composés d'une infinité de processus particuliers, quelle méthode pourrait être appropriée et recommandable, si ce n'est celle qui consiste à bâtir l'ensemble au moyen de ses parties, et à ramener les lois soi-disant empiriques (c'est-à-dire dérivées) aux lois causales simples ou dernières d'où elles résultent ? Si alors, la science devait et si elle doit même encore aujourd'hui faire usage de méthodes plus grossières et répondant moins bien à leur objet, ce n'est pas que celle de la déduction soit fausse ou contradictoire, c'est qu'elle ne peut être employée avec succès que dans un stade infiniment plus avancé de développement scientifique ; c'est qu'alors la pathologie manquait — comme elle en manque encore partiellement aujourd'hui — de base anatomique et physiologique, que la physiologie ne connaissait point l'organisation de la cellule et les lois de la physique et de la chimie. On inaugurait une période de transition dont nous ne sommes point encore sortis, puisque les parties les plus avancées de la biologie commencent seulement à admettre l'emploi, et l'emploi partiel, de la déduction, et ne font par conséquent que d'entrer dans la dernière et plus haute phase de l'étude scientifique. Le type de la déduction est le calcul, et celui-ci trouve actuellement son emploi tous les jours dans l'oculistique, dans la mesure où celle-ci est fondée sur l'optique. Mais d'autres branches encore, et des branches très développées de la thérapeutique reposent déjà sur une base déductive. Que l'on songe, par exemple, au traitement des blessures par l'antisepsie. L'antisepsie a pour but l'anéantissement des micro-organismes dans lesquels on a reconnu avec une parfaite certitude des agents pathogènes, et elle y arrive par l'emploi de substances dont les propriétés chimiques garantissent le succès avec une certitude égale. Combien il en est autrement lorsque les causes de la maladie ne sont pas clairement connues, que des guérisons directes et indiscutables ne viennent pas suppléer à cette ignorance (vraie méthode expérimentale), ou encore que l'on n'est pas assuré de résultats favorables par une foule d'observations suffisante pour exclure tout hasard (méthode statistique) ! Alors se prescrivent les médicaments dont on a dit avec raison « qu'ils sont recommandés aujourd'hui, universellement loués demain, et qu'ils seront oubliés dans deux ans[1] ». Le titre de gloire de l'école de Cos ne se trouve donc pas dans le choix ou dans l'application de méthodes meilleures par elles-mêmes ou plus rapprochées de la perfection idéale. Ce qui constitue un très grand honneur pour elle, c'est plutôt d'avoir compris que les prémisses indispensables à l'emploi de la méthode déductive restaient à découvrir, qu'on ne les pressentait même pas encore, et qu'au lieu des inductions solides par lesquelles seulement on pouvait les établir, on n'avait que des conceptions fantastiques. Une sage abnégation, une résignation prudente, le renoncement provisoire à des ambitions attirantes et vraiment hautes, mais irréalisables alors et pour longtemps encore, voilà les vertus qui distinguent ses adhérents de leurs adversaires, et elles sont dignes de toute notre admiration. Les membres de cette école ont déployé les plus grands mérites ; sans se lasser jamais, grâce à une foule d'observations ingénieuses et pénétrantes, ils ont poussé fort loin les branches de la médecine susceptibles de se développer sans être fondées sur de plus profondes assises, et en particulier la séméiologie, c'est-à-dire l'étude des symptômes des maladies, et, dans ce domaine, ils font encore le plaisir et l'instruction des adeptes de cette science par la richesse presque infinie et par la finesse de leurs constatations, par l'acuité des distinctions qu'ils établissent. Ils ne pouvaient pas se condamner à ne formuler aucune théorie d'ensemble ; pour cela, ils devaient, eux aussi, recourir à des hypothèses, et celles-ci, dans la mesure de leur compréhension, n'étaient pas moins fausses que celles de leurs prédécesseurs ; si elles étaient entachées d'une dose moindre d'erreur, c'est seulement qu'elles étaient beau-

[1] Cette citation est empruntée à Bunge, Lehrbuch der physiol. und pathol. Chemie, 2° éd., p. 86.

coup plus limitées dans leur objet. La pathologie des humeurs, par exemple, qui est l'œuvre par excellence de l'école hippocratique, et qui ramenait toutes les maladies internes à la constitution et à la proportion des quatre prétendues humeurs cardinales, renferme, au jugement de la science moderne, tout juste autant de vérité que la théorie exposée dans le livre *Sur les Chairs* relativement à l'origine de l'homme, ou que la théorie fictive de la matière que combat l'ouvrage *Sur l'ancienne Médecine*.

VII

Mais, qu'elles fussent vraies ou fausses, le génie des médecins de Cos s'est révélé extraordinairement fertile en généralisations de toute espèce, dont le mobile peut, croyons-nous, être cherché avec raison dans la spéculation des philosophes naturalistes. L' « ancienne médecine » à laquelle on s'efforçait et se flattait de retourner était aussi peu l'ancienne que la France de la Restauration n'a été celle de l'ancien Régime. Mais le but et la tendance du mouvement étaient désormais déterminés par l'esprit critique, par le génie sceptique de l'école d'Hippocrate. Comme elle l'avait fait à l'égard des excès fantastiques de mainte doctrine philosophique et des théories des métaphysiciens qui franchissaient toutes les limites de l'expérience, (cf. p. 178 sq.), elle a pris de bonne heure position à l'égard de la théologie supranaturaliste. Encore ici, comme cela nous est arrivé à plus d'une reprise, nous nous trouvons en présence de l'opposition entre l'école de Cos et celle de Cnide. Dans l'ouvrage *Sur la Nature des Femmes*[1], qui, comme l'ouvrage plus considérable auquel il se réfère, et intitulé *Des Maladies des Femmes*, dénote des influences cnidiennes, le « divin » et les « choses divines » jouent un rôle prédominant à la différence et aux dépens d'autres facteurs. Au début du *Pronostic* hippocratique, le « divin » est mentionné comme un agent d'une effi-

---

[1] Le traité *Sur la Nature des Femmes* se trouve dans Littré, VII 312; lire l'introduction de ce traité ainsi que celle du *Prognostikon* (II 110-112 L.); lire aussi *Sur l'Air, l'Eau et le Site*, II 12 sq. et *Sur la Maladie Sacrée*,VI 352 sq. Les phrases sur les maladies « à la fois divines et humaines », sont à VI 394 et 364 et II 76. — Les passages polémiques cités plus bas se trouvent à VI 354-362.

cacité occasionnelle, si peu étranger au cours naturel des choses, que le médecin est invité à ne point en perdre le rôle de vue dans ses « prévisions ». Mais la guerre est déclarée avec une extraordinaire véhémence à tout supranaturalisme dans deux productions de l'école d'Hippocrate. La première est une des plus étonnantes de la collection ; elle a pour titre *Des Airs, des Eaux et des Lieux*. L'auteur est un homme dont le pied a foulé le sol de la Russie méridionale comme celui de la vallée du Nil, dont l'œil scrutateur s'est reposé sur une foule inépuisable et infiniment variée d'objets, et dont la pensée puissante s'est efforcée de combiner ensemble, en un seul dessin, cette masse innombrable de détails. Mais ses nombreuses et précieuses observations, ses nombreuses mais prématurées conjectures sur le rapport qui existe entre le climat et la santé, entre la succession des saisons et le cours des maladies, tout cela est dépassé et de beaucoup par l'immortel honneur d'avoir, le premier, tenté d'établir un lien de causalité entre les caractères des peuples et les conditions physiques dans lesquelles ils vivent. Ce précurseur de Montesquieu, ce fondateur de la psychologie des peuples, proteste énergiquement, à propos de la soi-disant « maladie féminine » des Scythes, contre l'idée que cette maladie ou une maladie quelconque puisse être l'effet d'une dispensation divine. La même illusion est combattue en termes partiellement identiques dans l'ouvrage *Sur la Maladie sacrée*, c'est-à-dire sur le mal caduc ou épilepsie, qui passait, aux yeux du peuple, pour être envoyé par les dieux. Et, dans l'un comme dans l'autre de ces traités, la négation de toute intervention surnaturelle est tempérée par cette affirmation : que la rigoureuse et absolue obéissance des phénomènes naturels à une loi se concilie parfaitement avec la foi religieuse en une source divine primordiale de laquelle découlent, en dernière analyse, ces mêmes phénomènes. « Tout est divin, et tout est humain » — telle est la formule merveilleusement suggestive que l'auteur du livre *Sur la Maladie sacrée* a frappée, et qui, ainsi qu'il l'explique lui-même, signifie seulement qu'il n'y a pas de motif d'appeler une maladie plus divine que les autres. En effet, ne sont-elles pas toutes produites par les grands agents naturels, tels que la chaleur, le froid, le soleil, les vents, qui, sans exception, sont de nature divine ? Et y en a-t-il parmi elles une seule qui soit « impénétrable et intraitable », c'est-à-dire qui se dérobe à l'intelligence et à l'influence de l'homme ? Et plus loin, sous une forme encore plus générale : « La nature et la cause de cette maladie procèdent précisément du même principe divin qui donne naissance à tout le reste ». Tel est aussi le langage de l'auteur du livre *Des Airs, des Eaux et des Lieux* : « A moi aussi, s'écrie-t-il, ces maux me paraissent divins, et pareillement tous les autres ; aucun plus divin, aucun plus humain que l'autre ... Chacun d'eux possède une nature (c'est-à-dire une cause naturelle), et aucun ne se produit sans elle ». L'auteur du livre *Sur l'Épilepsie* est plus porté à la polémique. Il se répand en plaintes prolixes et pleines d'une ironie amère contre les « charlatans et les vendeurs de fumée » qui prétendent guérir les maladies par des pratiques superstitieuses, par « des purifications et des incantations », qui s'efforcent « de cacher leur ignorance et leur impuissance sous le manteau du divin », et qui, si on les examine à la lumière du jour, — ceci est le trait le plus acéré qu'il leur décoche — ne croient pas eux-mêmes à la vérité de leur doctrine. — « Car si ces maux cèdent à ces « purifications » et aux autres traitements que certains prescrivent contre eux, rien n'empêche qu'ils ne se produisent et ne fondent sur les hommes en suite de simagrées analogues. Mais alors leur cause ne serait plus divine ; elle serait purement humaine. Car celui qui est en mesure d'écarter une telle maladie par des sortilèges et des purifications pourrait aussi les produire, en mettant en jeu d'autres moyens, et alors c'en serait fait du divin (et de son efficacité). » Il n'en est pas autrement des autres artifices de ce genre, qui reposent, dit-il, sur la supposition qu'il n'y a pas de dieux, ou du moins qu'ils sont dépourvus de tout pouvoir : « Car s'il était vrai qu'un homme puisse, par des sacrifices et des charmes, faire descendre la lune et disparaître le soleil, soulever la tempête ou rendre le ciel serein, alors je ne tiendrais rien de tout cela pour divin, mais pour humain, puisque, en ce cas, la puissance de la divinité serait domptée et asservie par l'intelligence humaine ». Cet écrit est encore extrêmement remarquable, soit dit en passant, par le fait que la théorie d'Alcméon relativement au cerveau et à son rôle dans la vie corporelle et surtout dans la vie psychique (cf. p. 160) y est développée et défendue avec une conviction ardente. L'auteur, qui, comme médecin, n'est pas un pur hippocratique, et qui, comme philosophe, est un éclectique, a découvert — et la science moderne l'a confirmé — que l'épilepsie est due à une anomalie de l'organe central, et c'est ce qui l'a amené à cette importante digression.

Nous pourrions terminer ici ce chapitre. En effet, que nous manque-t-il encore pour prouver notre thèse, à savoir que, de l'étude de la médecine, est sortie la troisième et non la moins puissante vague de criticisme, et que, de là, elle s'est répandue, répandant avec elle une bienfaisante fécondité, sur les champs de la science hellénique ? Les auteurs du livre *Sur l'ancienne Médecine* et des deux ouvrages dont nous venons de parler se sont, en particulier, montrés aussi libres et même plus libres qu'Hécatée ou que Xénophane de toute influence mythique. Et non seulement ces champions des lumières ont banni de leur esprit toute trace de la manière primitive de penser, mais — et c'est en cela qu'ils se distinguent de ceux de leurs prédécesseurs qui ouvrent la grande période de transition — ils ne se sont pas arrêtés à la simple négation ; ils ont pris pour objet de leurs méditations les méthodes de recherche positive et scientifique, en se laissant guider par cette maxime d'Epicharme, le poète comique et philosophe de Syracuse : « Sobriété et doute constant, c'est là le nerf de la sagesse ». De plus, non contents de frayer la voie à tous les progrès ultérieurs concevables, par une conception des choses divines qui n'entravait point l'essor de la science, ils ont réalisé eux-mêmes des progrès considérables dans le domaine spécial de leurs investigations. Il ne rentre pas dans le plan de cet ouvrage d'en fournir la preuve. Mais nous ne voulons pas nous séparer de la précieuse collection hippocratique, malheureusement encore peu connue et peu appréciée, sans offrir à nos lecteurs encore quelques-uns des traits par lesquels se manifeste le véritable esprit scientifique dont elle est animée dans sa plus grande partie. Les grandes pensées exprimées pour la première fois dans le camp adverse, ne sont pas, en raison de leur origine, dédaignées ou démenties. C'est ainsi que la très importante doctrine de la nécessité de l'équilibre entre la dépense d'énergie et la nourriture, dont nous avons trouvé la première expression chez les médecins de Cnide, réapparaît dans un livre qui a pour titre : *Du Régime dans les Maladies aiguës*, et qui s'ouvre cependant par une polémique acerbe contre l'œuvre essentielle de cette école : les *Sentences cnidiennes*. Le praticien de Cos est donc aussi éloigné de toute prétention vaine à l'originalité que de toute recherche de succès superficiels et de triomphes à bon marché. Car, selon le vrai esprit de la science, il s'efforce, à l'occasion, de fortifier d'abord par de nouveaux et sérieux arguments une doctrine qu'il combat. « On peut aussi, dit-il une fois, appuyer l'opinion contraire par la considération suivante ». On relève un sens aussi puissant et aussi incorruptible de la vérité chez l'auteur de l'ouvrage *Sur les Articulations*, que Littré a pu nommer « le grand monument chirurgical de l'antiquité », en ajoutant : « et c'est aussi un modèle pour tous les temps ». Ce médecin, aussi noble de caractère que distingué d'esprit, ne craint pas de signaler à ses confrères, même les insuccès de ses traitements. « J'ai consigné ceci à dessein, — ainsi s'exprime-t-il en termes inoubliables — car il est précieux d'apprendre à connaître même les essais qui échouent, et de savoir pour quelles raisons ils ont échoué ». Ici, il tenait à ne priver ses successeurs d'aucun moyen quelconque de connaissance qui pût leur être utile ; une autre fois, c'est le désir d'épargner aux patients toute espèce de souffrance évitable qui l'entraîne au delà des limites habituelles de l'exposition didactique : « On prétendra peut-être que des questions de ce genre sont en dehors du domaine médical, et qu'il ne sert à rien de vouer une plus longue étude à des cas qui se sont déjà révélés incurables. Grave erreur, répondrai-je…. Dans les cas curables, il faut tout mettre en œuvre pour empêcher qu'ils ne deviennent incurables… Mais les cas incurables doivent être reconnus comme tels, afin de préserver les malades de tortures inutiles. » Cet homme, rempli de l'ardeur au travail que donne le génie, n'a d'ailleurs pas l'habitude d'imposer des limites à ses efforts. En effet, il a étendu ses recherches anatomiques au monde des animaux, comparé la structure du squelette humain à celle des autres vertébrés, et il l'a fait d'une manière si complète — comme en font foi deux de ses propres déclarations — que nous n'hésitons pas à l'appeler un des premiers, si ce n'est le premier représentant de l'anatomie comparée. Nous terminons en citant une généralisation superbe, également importante par son ampleur, par la vérité toujours confirmée de son contenu, et par l'immense portée de ses conséquences ; nous voulons parler de la phrase par laquelle il établit la nécessité de la fonction pour la préservation et la santé de l'organe : « Toutes les parties du corps, étant destinées à un usage précis, se maintiennent saines, et conservent une longue jeunesse quand elles servent à cet usage, et qu'on leur demande, dans une mesure raisonnable, les services auxquels chacune d'elles est habituée. Mais si elles restent sans emploi, elles deviennent malades, s'étiolent et vieillissent prématurément[1] ».

---

[1] Les déclarations ici utilisées de médecins hippocratiques se trouvent dans Littré II 302, 328 ; IV 212, 252 et 254 ; le jugement de Littré sur le livre *Sur les Articulations*, IV 75. J'appelle l'auteur de ce livre un représentant de l'anatomie comparée en raison des déclarations qu'on y lit, IV 192 et 198.

CHAPITRE II

Les Atomistes.

I. Leucippe et son disciple. Démocrite « a réfléchi sur tout ». — II. Opposition entre la « vérité » et la « convention ». Démocrite et Galilée. Différences fondamentales des corps. Bases expérimentales de la théorie atomistique. Impénétrabilité de la matière. Le monde matériel n'est pas continu. — III. Mérites de l'hypothèse atomistique. La déduction dans la chimie. L'atomistique antique et la moderne. Nombre infiniment grand des formes atomiques. Explication de la dureté et du poids. — IV. Matières simples et matières composées. « Crochets » des atomes. Cosmogonie des atomistes. Genèse de la théorie cosmogonique. Le tourbillon cosmogonique. Le mouvement primordial des atomes. Double sens du mot « cause ». Sur la manière dont Leucippe et Démocrite ont posé le problème. Le mouvement est-il extérieur à la matière ? — V. Atomistes et Éléates. Parménide a-t-il préparé la théorie des atomes ? Précurseurs plus anciens, mais inconnus, de Leucippe. — VI. Le vrai mérite de Leucippe. Ce qu'il y a d'impérissable dans son œuvre. Démonstrations aprioristiques de Leucippe. Caractère hypothétique de la théorie atomistique. — VII. Valeur durable de l'hypothèse atomistique. Les atomistes étaient-ils matérialistes ? — VIII. Psychologie des atomistes. Leurs théories optiques. Démocrite était-il un sceptique ? Polémique de Kolotès. La connaissance « vraie » et la connaissance « obscure ». La vraie nature du scepticisme de Démocrite. — IX. Critique d'Aristote. La discussion du problème de la finalité. Fécondité de l'explication mécanique de la nature. — X. Démocrite précurseur de Galilée. — XI. Noyau de l'éthique de Démocrite. Authenticité douteuse des fragments éthiques.

I

Entre le père de la médecine et l'homme que nous pouvons appeler le père de la physique, la légende s'est appliquée de bonne heure à imaginer des relations. Les citoyens d'Abdère, nous dit-elle, frappés de l'étrange conduite de leur grand compatriote, conçurent des doutes sur son état mental et prièrent le maître en l'art de guérir de venir l'examiner. Hippocrate apparaît, les convainc de leur erreur et trouve plaisir et profit à s'entretenir, puis à correspondre avec le sage Démocrite. Le roman épistolaire qui nous a été conservé dans la collection hippocratique reflète jusqu'à un certain point peut-être la réalité des faits[1]. Il est pour le moins très vraisemblable que ces deux naturalistes, nés tous deux en 460, et qui tous deux ont beaucoup voyagé, ont eu des rapports personnels. Et l'on sait qu'en effet Hippocrate a séjourné à Abdère. Ne pouvons-nous pas l'accompagner dans ses visites professionnelles une fois à la « Porte de Thrace », une autre à la « Voie sacrée », une troisième à la « Voie haute » ? Et la légende s'éloigne-t-elle beaucoup de la vérité quand elle nous montre le sage d'Abdère assis dans son jardin, derrière une des tours du mur d'enceinte de la ville, sous l'ombre épaisse d'un platane, entouré de rouleaux de papyrus et de cadavres d'animaux et écrivant sur ses genoux, lorsque le grand médecin vient frapper à sa porte ?

La riche cité commerçante d'Abdère, fondée par des Ioniens à la frontière de la Thrace et de la Macédoine, dans le voisinage de mines d'or très productives et en face de l'île de Thasos, ne joue dans l'histoire de la science grecque qu'un rôle éphémère, mais extrêmement brillant. L'ami et maître de Démocrite, Leucippe, de quelques décades plus âgé que lui, était probablement originaire de Milet ; il reçut à Élée, à ce que raconte une tradition non indigne de foi, les leçons du subtil Zénon ; il a en tous cas fini ses jours dans la ville des Abdéritains, et il y a fondé l'école à laquelle son élève Démocrite a procuré une gloire impérissable[2]. Le maître a presque complètement disparu derrière la figure beaucoup plus impo-

---

[1] Voir Œuvres d'Hippocrate IX 320 sq., particulièrement 350 et 354. Sur les visites faites par Hippocrate à des malades à Abdère, voir le l. III, certainement authentique, du traité Sur les Épidémies, pp. 122, 124, 128.

[2] Sur Leucippe, cf. Diog. Laërce IX ch. 6. Il semble plus probable que sa ville natale ait été Milet, car si on le fait naître aussi à Élée et à Abdère, c'est sans doute par suite des erreurs auxquelles donnèrent lieu ses relations avec Zénon et avec Démocrite. La discussion sur sa réalité historique s'est poursuivie en dernier lieu entre Rohde (Verhandl. d. 34. Philol.-Vers. pp. 64 sq. et Fleckeisens Jahrb. 1881, 741 sq. = Kl. Schr. I 205 sq. et 240 sq.), Natorp (Rhein. Mus. XLI 349 sq.) et Diels (Verhandl. d. 35. Philol. Versammlung, p. 96 sq.) ; cf. aussi Rhein. Mus. XLII 1 sq. L'autorité d'Aristote et de Théophraste est décisive contre les doutes exprimés dans Diog. Laërce, X 13. Si je suis absolument d'accord sur ce point avec Diels, je ne puis admettre avec lui que Leucippe ait été considéré par Théophraste comme un élève de Parménide. Car les mots κοινωνήσας Παρμενίδῃ τῆς φιλοσοφίας (Doxogr. 483, 12) ne signifient pas nécessairement cela, à mon avis ; pas plus que la déclaration exactement pareille sur la relation d'Anaxagore avec la doctrine d'Anaximène : κοινωνήσας τῆς Ἀναξιμένους φιλοσοφίας ne nous oblige à endosser à Théophraste l'anachronisme correspondant. C'est encore Théophraste qui a attribué à Leucippe (Diog. Laërce IX 46) le Grand Ordre de l'Univers. Le seul fragment existant, et que nous citons dans notre texte, provient du traité Sur l'Esprit (Aët. dans Doxogr. 321 b 10). — Zeller fournit une nouvelle preuve de la réalité historique de Leucippe dans l'Archiv XV 137-140.

sante du disciple. Ses peu nombreux écrits trouvèrent accueil dans la vaste collection de ceux de Démocrite ; sur sa personnalité et sur les circonstances particulières de sa vie, on savait déjà si peu dans l'antiquité que le doute a pu s'élever sur la réalité de son existence. Toutefois nous savons aujourd'hui, sur la foi de témoignages assez rares, mais dignes de foi, qu'il avait esquissé les contours du système construit par Démocrite, et que celui-ci devait étayer d'une infinité de faits d'expérience et exposer dans un style si parfait qu'il fut compté parmi les premiers prosateurs de la Grèce. C'est à lui que remonte ce mot qui proclame d'une façon non équivoque la loi absolue de la causalité : « Rien n'arrive sans cause, mais tout procède d'une cause et de la nécessité ». Son livre, intitulé *l'Ordre de l'Univers*, et que l'on appelait, pour le distinguer d'une exposition plus brève de la même doctrine due à la plume de Démocrite, *Le grand Ordre de l'Univers*, contenait le noyau de la physique atomistique, tandis que son écrit *Sur l'Esprit* développait évidemment dans ses lignes principales la psychologie particulière à cette école. Il ne nous est plus possible de distinguer dans le détail la part de chacun de ces hommes dans l'œuvre intellectuelle commune. Force nous est donc de renoncer à établir entre eux des différences, et de considérer la théorie atomistique comme un seul bloc. Cependant nous tenons tout d'abord à envisager la personnalité incomparablement plus illustre du plus jeune de ses représentants.

Nous ne manquons pas, pour le faire, d'indices précieux. Ecoutons d'abord cette déclaration de Démocrite lui-même : « Parmi mes contemporains, personne n'a plus voyagé que moi ; j'ai étendu mes recherches plus loin que tout autre, vu plus de pays et de climats, entendu plus de discours d'hommes instruits ; personne ne m'a surpassé dans la composition de lignes accompagnées de preuves, pas même les noueurs de cordes (géomètres) égyptiens ». L'insistance surprenante de Démocrite sur la simple *étendue* de sa culture et de ses acquisitions intellectuelles s'accorde au mieux avec l'image de cet homme, dans lequel nous devons voir plutôt un savant continuateur qu'un initiateur et un créateur proprement dit. Quant au ton de suffisance qui caractérise cette phrase, il faut, pour l'apprécier, se reporter aux mœurs antiques. Lessing remarque, non sans quelque exagération, que la politesse était chose inconnue aux Anciens ; il aurait pu ajouter, et avec plus de raison, la modestie. L'exemple d'Empédocle n'a pas pu sortir encore de la mémoire de nos lecteurs ; le froid Thucydide, qui a l'habitude de peser ses mots avec soin, ne s'est pas fait scrupule d'appeler son histoire une « acquisition pour l'éternité » ; Platon lui-même, ce Platon qui s'efface si complètement dans ses dialogues derrière son maître Socrate, n'hésite pas à citer un vers qui le représente, avec ses frères, comme la « postérité divine d'un père glorieux ». Une circonstance particulière contribue encore à expliquer et à excuser l'éloge que fait Démocrite de sa propre personne. Il paraît n'avoir, de son vivant, acquis qu'une notoriété locale. « Je vins à Athènes, et personne ne me connaissait », dit-il dans un second fragment autobiographique. Peut-être le dépit qu'il éprouva de voir que, malgré ses travaux extraordinaires, il restait un inconnu dans la capitale intellectuelle de la Grèce, l'a-t-il déterminé à se faire le héraut de sa propre gloire. Et cette gloire était des plus méritées. Démocrite a cultivé avec un zèle égal toutes les branches de la science, depuis les mathématiques et la physique jusqu'à l'éthique et à la poétique. Ses écrits étaient presque innombrables, et la valeur scientifique en était très grande. C'est ce que nous prouve en particulier le témoignage du juge à la fois le plus compétent et le plus impartial, Aristote, qui écrit au sujet de Démocrite : « Personne n'a, avant lui, parlé si ce n'est de la manière la plus superficielle de la croissance et du changement », et voit en lui un homme « qui paraît avoir réfléchi sur tout ». La piété qu'il témoigne à son maître ne l'empêche pas plus que l'abîme qui le sépare des atomistes d'accorder à Leucippe et à Démocrite, et aux dépens de Platon, un éloge des mieux sentis. Leur théorie de la nature, dit-il à peu près, soulève de grandes difficultés, mais elle est basée sur une hypothèse fertile en conséquences... La différence est celle-ci : l'habitude d'observer sans cesse la nature confère la faculté de bâtir des hypothèses qui relient ensemble de longues séries de faits, tandis que le commerce habituel des concepts diminue cette faculté. Il nous fait perdre de vue la contemplation du réel, ne nous laisse plus apercevoir qu'un cercle étroit de faits, et nous pousse, en limitant ainsi notre champ d'observation, à construire des théories insuffisantes[1].

[84] Sur Démocrite, cf. Diog. Laërce IX ch. 7. Au sujet de la date de sa naissance, qui, sur la foi de témoignages autobiographiques, a été placée dans la 80ᵐᵉ Olympiade

II

Notre tâche est maintenant d'exposer cette « hypothèse ». Mais nous avons à en considérer la base non hypothétique, qui appartient à la théorie de la connaissance et était destinée à résoudre le problème de la matière. Ce problème, nous l'avons perdu de vue depuis longtemps. Nous l'avons laissé aux mains d'Anaxagore, dans la plus critique des conditions. Des postulats d'une valeur égale se trouvaient en présence, irréconciliés et irréconciliables (cf. p. 238). Il s'agissait de renoncer ou à la constance qualitative ou à la parenté interne des matières. Il ne restait plus à choisir qu'entre un ou quelques éléments peu nombreux changeant brusquement de propriétés, et d'innombrables substances premières étrangères les unes aux autres et dépourvues de tout lien, de toute relation réciproque. Nous avons déjà remarqué par anticipation que les philosophes d'Abdère intervinrent et mirent fin à ce dilemme funeste. Quoique la gloire de cet exploit intellectuel — ainsi que cela ressort d'une déclaration d'Aristote — appartienne à Leucippe, nous ne connaissons plus cette théorie mémorable que sous la forme que lui donna Démocrite : « Convention que le doux, convention que l'amer ; convention que le chaud, convention que le froid, convention que la couleur : en réalité des atomes et le vide[1] ». Laissons d'abord de côté les atomes et l'espace vide, et concentrons notre attention sur la partie négative, si importante, de ce passage. A la partie négative, disons-nous, parce qu'en les opposant à ce qui existe « en réalité », Démocrite dénie toute vérité objective aux propriétés citées en premier lieu : au goût (nous pouvons ajouter : à l'odeur et au son) à la couleur, à la température. L'expression un peu étrange de « convention » demande un mot d'explication. Le contraste entre la nature et la convention était familier à la

---

(= 460-457 ; il s'agit probablement de la 1ʳᵉ année de l'Olympiade), cf. Apollodore dans Diog. Laërce IX 41. Les fragments ont été très insuffisamment recueillis par Mullach (*Democriti Abderitæ operum Fragmenta*, Berlin 1843). Les deux fragments cités plus loin se rencontrent dans Clément d'Alexandrie, *Stromat.* I 357 Potter, et dans Diog. Laërce IX 36. La citation de Platon est tirée de la *République*, II 368 a. Les deux déclarations d'Aristote se trouvent dans le *de Gener. et Corrupt.* I 2, 315 a 34 sq. et 316 a 6 sq. Comp. en outre les passages importants *de Gen. et Corr.* I 8, 324 b 35 sq. et 325 a 23 sq.

[1] Mullach, p. 204.

pensée de cette époque. La convention qui change de ville à ville, de pays à pays, d'époque à époque (usages, mœurs, lois) était souvent opposée à l'immutabilité de la nature. C'est ainsi que cette idée devint pour ainsi dire le symbole du changeant, de l'arbitraire ou de l'accidentel. En ce qui concerne les perceptions des sens, Démocrite disposait de nombreuses observations prouvant d'une manière certaine leur dépendance de la constitution changeante des individus, des états changeants du même sujet, et enfin aussi des dispositions multiples des mêmes particules de matière. Le miel paraît amer à celui qui a la jaunisse ; l'air ou l'eau nous paraissent plus ou moins chauds ou froids selon que nous avons ou que nous n'avons pas chaud nous-mêmes (cf. p. 237) ; beaucoup de minéraux présentent une autre couleur sous forme de poudre que lorsqu'ils ne sont pas pulvérisés, etc., etc. Nous autres modernes, nous exprimons ces différences d'une manière plus exacte et plus appropriée ; nous parlons de propriétés relatives par opposition aux propriétés absolues, ou encore de vérité subjective par opposition à la vérité objective. Une analyse plus pénétrante et plus approfondie nous a, de plus, appris à reconnaître aussi dans ce que nous appelons les propriétés objectives ou primaires des choses au moins un élément subjectif, et d'autre part il est absolument hors de doute pour nous que la production des impressions subjectives, dans leur infinie variété, n'a rien d'anarchique, mais qu'elle est indissolublement liée aux lois d'une stricte causalité. La première de ces vues nous occupera dans une phase ultérieure de cette exposition, quand nous parlerons des antiques précurseurs d'un Berkeley et d'un Hume, c'est-à-dire de ceux qu'on appelle les Cyrénaïques ; la dernière n'était pas, comme nous le verrons bientôt, plus étrangère à Démocrite lui-même qu'à ses successeurs modernes Hobbes ou Locke ; en effet, Leucippe enseignait le règne absolu, et sans la moindre exception, de la causalité. Mais, en cette occasion, il ne s'agissait, pour le grand penseur, que d'exprimer sous la forme la plus emphatique, et par suite la plus étendue possible une vérité nouvelle et d'une importance fondamentale. La manière dont un autre, et peut-être plus grand penseur, a conçu et exposé la même distinction nous fournit un frappant parallèle. Galileo Galilei, car c'est de lui que nous voulons parler, a écrit sans avoir peut-être subi l'influence de Démocrite, la phrase que voici dans son pamphlet intitulé : *Il Saggiatore* (l'Essayeur) (1623[1]) : « Dès que je me représente une matière ou substance corporelle, je ne puis m'empêcher de me représenter en même temps qu'elle est limitée et en possession de telle ou telle forme... qu'elle se trouve en tel ou tel endroit... qu'elle est en repos ou qu'elle se meut, qu'elle touche ou ne touche pas un autre corps. », etc.; par contre, il n'est pas moins persuadé « que ces goûts, ces odeurs, ces couleurs, etc., par rapport à l'objet dans lequel ils paraissent avoir leur siège, ne sont pas autre chose que de simples noms (non sieno altro che puri nomi.) » Les deux illustres penseurs, celui du Vme siècle avant J.-C. et celui du XVIIme siècle après J.-C., savent aussi bien l'un que l'autre que, dans ce que l'on nomme les propriétés secondaires des choses, il y a plus que des suppositions purement arbitraires, que des opinions ou des appellations conventionnelles. Mais ils ne s'accordent pas seulement à proclamer cette très importante distinction ; ils s'accordent encore à la proclamer d'une façon qui (en elle-même et aussi longtemps que nous ne la complétons pas par d'autres déclarations des mêmes hommes), est propre à produire une impression louche et trompeuse. Et pourtant, nous sommes en droit de l'ajouter, rarement ou jamais de nouvelles et fondamentales vérités ne sont venues au monde ou ne se sont même formées dans l'âme de ceux qui les ont découvertes sous une forme plus irréprochable.

Mais en voilà assez sur la forme extérieure de cette proposition. Venons-en à son contenu, qui a droit à notre plus vif intérêt. Son apparition écartait la pierre d'achoppement à laquelle la recherche, devenue majeure, avait dû si longtemps se heurter. Qu'importait-il désormais de voir une feuille, verte un jour, jaunir le lendemain pour passer au brun le jour suivant ? Y avait-il lieu de s'étonner encore que la fleur, qui naguère embaumait, se fût fanée en peu de temps et eût perdu son parfum ? Ou de ce que le fruit dont la saveur plaisait au palais fût devenu immangeable par la pourriture ? Même l'aporie des grains de millet du subtil Zénon perdait sa troublante signification, et ne devait plus jeter personne dans l'embarras. Toutes ces propriétés des choses n'avaient-elles pas été dépouillées de leur valeur objective, et exilées du domaine de la réalité ? — Nous comprenons maintenant, soit dit en pas-

[1] Édition de Florence, 1844, IV p. 333 sq.

sant, que Leucippe ait pu être poussé précisément par Zénon à résoudre le problème de la matière. — Quoi qu'il en soit, un objet vrai, stable, immuable, de connaissance était acquis dans le monde des corps ; aux propriétés sensibles fugitives, changeantes, et non proprement inhérentes aux choses, que nous appelons propriétés secondaires, s'opposait, comme vraie réalité, la matière permanente et durable. Les parties constitutives, les corps individuels, ne devaient, en effet, se distinguer les uns des autres que par leur grandeur et leur forme, et par la faculté, dépendant de celles-ci, d'agir sur d'autres corps par la pression et le choc.

Démocrite a aussi exposé, et plus clairement encore, ces différences fondamentales des corps au point de vue de leurs relations réciproques. Il distinguait — et il exprimait ces distinctions par des termes techniques particuliers — la forme (en y impliquant la grandeur), l'arrangement et la position des corps. Aristote rend ces trois idées sensibles par des exemples empruntés aux formes des lettres grecques. Il illustre la différence de forme en opposant la lettre A à la lettre N, celle de l'arrangement — que Démocrite appelait « contact », — par le double symbole AN et NA, et enfin celle de la position — appelée par Démocrite « tournure » — par le renversement de l'H, qui en fait un T[1]. Il faut remarquer toutefois que Démocrite ne considérait pas, en cela, les formations matérielles assez grandes pour entrer dans le champ de notre visibilité, et qu'il appelait « apparentes à l'œil », mais qu'il n'avait en vue que leurs plus petites parties constitutives, si petites qu'on ne peut plus les percevoir, mais seulement en inférer l'existence, et qu'il désignait du nom d'atomes ou insécables. Quant à la question de savoir comment les deux philosophes d'Abdère sont arrivés à cette dernière conception ainsi qu'à l'emploi particulier qu'ils firent de l'espace vide, nous ne pouvons y répondre qu'en rappelant au lecteur des choses depuis longtemps connues de lui. Car, ici comme sur d'autres points, leur théorie est pour ainsi dire la somme des travaux antérieurs ; l'atomistique est le fruit mûr tombé de l'arbre cultivé par les anciens philosophes-naturalistes de l'Ionie.

[1] Ce que nous disons ici est fondé sur Aristote, *Métaph.* I 4 fin. La leçon erronée des manuscrits a été rectifiée en premier lieu par Bernays : *Ueber die unter Philon's Werken stehende Schrift über die Unzerstörbarkeit des Weltalls*, p. 75. (Abhandl. der kgl. preuss. Akademie 1882 III.)

En faisant procéder de la condensation et de la raréfaction les différents changements de forme de sa matière primitive, et en enseignant que la forme fondamentale de cette matière sortait toujours indemne de ces transformations, il est difficile qu'Anaximène n'ait pas eu l'idée, plus ou moins claire, que de petites particules se dérobant à notre perception, tantôt se rapprochaient, tantôt s'éloignaient les unes des autres pour les effectuer (p. 63). Lorsque Héraclite enseignait l'incessante transformation des choses et déclarait que la permanence d'un objet particulier n'était qu'une pure apparence résultant du remplacement des particules désagrégées par un afflux de particules nouvelles, il supposait nécessairement et aussi bien l'existence de parties invisibles de matière que celle de leurs invisibles mouvements (cf. p. 73). Lorsque enfin Anaxagore se plaint de la « faiblesse » de nos sens, réunit dans chaque corps un nombre infini de « semences » ou particules primitives très petites, et attribue l'aspect de ce corps à la prédominance de l'un de ses innombrables éléments (cf. p. 225), il nous dit en termes précis ce que nous avons dû inférer des théories de ses prédécesseurs. Et, en fait, tant de constatations, et d'un caractère si évident, devaient conduire à ces hypothèses, que nous ne devons pas être surpris le moins du monde de leur prompte apparition. Un morceau de toile ou de drap est trempé par la pluie et ensuite séché par le soleil qui réapparaît ; les particules d'eau dont il était humecté se sont éloignées sans que l'œil ait pu percevoir leur départ. Une essence a rempli de son parfum l'appartement dans lequel elle était conservée ; personne n'a vu se répandre dans l'espace les particules odorantes, et cependant le flacon témoigne que son contenu a diminué dans le cours du temps. Ces expériences, ou d'autres d'une égale fréquence, ont fait conclure, à côté des particules et des mouvements invisibles, à des voies ou sentiers invisibles qui viennent interrompre la continuité apparente des corps. La conception très voisine, et due probablement aux Pythagoriciens, d'espaces vides de matière, était, on s'en souvient, déjà connue de Parménide, qui la prend pour but de ses plus vives attaques (cf. pp. 190 et 191).

Si ces deux facteurs — corpuscules invisibles en mouvement et interstices vacants, également invisibles — constituent pour ainsi dire les matériaux de la théorie atomistique, elle n'a reçu son empreinte et sa forme que de deux autres agents, idéaux ceux-là. Nous voulons parler des deux postulats de la matière, que nous avons longuement exposés, et dont nous attribuons également, et de toute notre énergie, la paternité aux philosophes naturalistes de l'Ionie. C'est Parménide sans doute qui les a coulés dans des formules définitives, mais le premier, celui de la constance quantitative, est le noyau de toute la théorie de la matière primordiale, et a, à partir de Thalès, produit et dominé tous les essais relatifs à cette question ; quant au second, celui de la constance qualitative, nous en avons déjà découvert la première trace chez Anaximène (cf. p. 66) et nous en avons vu le germe prendre son plein épanouissement chez Anaxagore qui, pourtant, nous l'avons constaté, n'est d'accord sur aucun autre point avec les Eléates, et s'oppose même diamétralement à eux dans les questions les plus essentielles. Il est à remarquer d'ailleurs qu'Empédocle, qui a sans aucun doute subi l'influence de Parménide, insiste beaucoup plus faiblement sur ce postulat et l'a exprimé d'une manière beaucoup moins parfaite (cf. p. 269). Leucippe s'est tenu avec la plus extrême rigueur à ces deux postulats, dans l'existence desquels on voyait avec raison la condition indispensable de toute constance dans le domaine du corporel ; mais cette rigueur ne l'a cependant pas conduit à nier la Nature, comme Parménide, ou à lui faire violence, comme Anaxagore. Se rendait-il compte clairement que même ces très importants postulats ne sont au fond que des questions posées à la Nature par celui qui l'explore ? On a toute raison d'en douter, comme on en a de douter qu'il n'ait tiré la nouvelle doctrine que par des inférences légitimes des faits empiriques. On connaît la tendance de beaucoup de grands esprits de fonder leurs découvertes les plus considérables non pas sur la seule base vraie de connaissance, à savoir l'expérience, mais d'en vouloir élever la certitude en les dérivant de prétendues nécessités de la pensée. On peut s'attendre à priori, non sans quelque probabilité, à quelque chose de tel de la part du disciple de Zénon le métaphysicien. Quoi qu'il en soit de ce point, sur lequel nous reviendrons d'ailleurs plus tard, il nous manque en tous cas un facteur et même le facteur le plus décisif pour expliquer la genèse de la théorie atomistique. Aux concepts contenus dans les deux postulats, ceux de l'indestructibilité et de l'immutabilité de la matière, s'est ajoutée une découverte physique de la plus haute valeur, celle de son impénétrabilité. Des expériences de la nature de celle que nous avons vu tenter par Anaxagore devaient amener à considérer cette propriété comme absolument générale (cf. p. 228). On ne pouvait, en effet, s'empêcher de constater non seulement que l'air contenu dans une outre gonflée oppose une résistance à toute tentative de compression, mais encore que cette résistance s'accroît d'une manière visible et rapide. Une nouvelle difficulté s'offrait de ce chef, difficulté que l'on n'avait point ressentie auparavant, et que l'on ne pouvait ressentir aussi longtemps que le caractère strictement homogène du monde matériel n'avait pas été reconnu, mais plutôt obscurci et masqué par la diversité des états d'agrégation. Quand l'air est calme ou à peu près, aucun obstacle digne de mention, et en tous cas aucun obstacle insurmontable ne vient gêner les mouvements de notre corps. Mais lorsque des expériences telles que celle que nous venons d'indiquer, et celle d'Empédocle, dont nous avons parlé dans le chapitre relatif à ce philosophe (cf. p. 252) eurent prouvé la pression de l'air ; de même lorsque les théories de la matière, en particulier celle d'Anaximène, qui reposaient presque certainement sur des constatations analogues, cessèrent de faire envisager comme un fait fondamental la différence des états d'agrégation, alors cette difficulté, qui réclamait une solution, s'imposa impérieusement aux esprits. Qu'il s'agît de l'air, de l'eau ou d'un corps solide, c'était partout — on n'en pouvait douter — l'impénétrable matière que l'on avait devant soi. Comment, devait-on par conséquent se demander, un mouvement quelconque est-il possible à travers elle ? D'où proviennent les différences si sensibles de résistance que le même mouvement rencontre dans des milieux différents ? Comment se fait-il que l'air n'oppose aucune résistance appréciable à la flèche qui vole, tandis que la roche est pour elle une infranchissable barrière ? Ici intervint la théorie du vide qui, comme nous l'avons remarqué, n'était plus entièrement nouvelle, et elle offrit au penseur embarrassé une issue bien accueillie. La matière, se dit-on, ne forme pas une masse continue ; elle se compose bien plutôt de noyaux absolument impénétrables, séparés les uns des autres par des interstices absolument pénétrables. Le mouvement est donc possible parce que et dans la mesure où un impénétrable peut livrer passage à un autre impénétrable. Et selon que la constitution et les distances de ces noyaux rendront aisé, difficile ou impossible que l'un fasse place à l'autre, le mouvement sera aisé, difficile ou n'aura pas lieu du tout. L'indestructibilité, l'immutabilité et l'impénétrabilité de la matière sont en réalité l'indestructibilité, l'immutabilité et l'impénétrabilité de ces noyaux que leur petitesse rend invisibles, de ces unités de matière ou atomes qui ne sont nullement inétendus ou idéalement indivisibles, mais qui, en fait, ne peuvent se diviser. C'est dans la forme et dans la grandeur de ces corpuscules primitifs qu'on trouva la clef des propriétés du composé qui en résulte.

III

Il est difficile d'exprimer par des paroles la valeur et la portée de cette grande théorie. Tout d'abord, il convient de parler des services qu'elle pouvait rendre en elle-même, et de ceux qu'elle rend en effet à la science moderne. Après cela, il ne sera pas trop tard de mentionner les insuffisances qu'elle présentait sous sa plus ancienne forme et dans ses premières applications. Toute espèce de mouvement dans l'espace devient explicable par elle, c'est-à-dire conciliable avec l'impénétrabilité de la matière, quel que soit le degré de grandeur auquel il atteint, que son théâtre soit l'univers ou une goutte d'eau. Non moins compréhensibles deviennent les différences des trois états d'agrégation : les mêmes groupes d'atomes ou molécules qui forment un liquide se rapprochent sous l'influence du froid et, se congelant, deviennent un corps solide ; une autre fois, sous l'influence de la chaleur, ils s'éloignent les uns des autres et se volatilisent en gaz. L'apparence extérieure et superficielle est seule à contredire maintenant l'indestructibilité de la matière. La naissance d'un corps matériel nouveau en apparence se révèle comme l'union de complex atomiques jusque là séparés ; sa destruction comme la séparation de complex jusque là unis. De la mécanique des masses, c'est-à-dire des rapports de mouvement et d'équilibre dans les groupes étendus d'atomes, nous descendons à la mécanique des atomes eux-mêmes et des groupes qui leur sont immédiatement supérieurs, à savoir des plus petites combinaisons d'atomes ou molécules, qui forment l'objet de la chimie. Les proportions, en volume et en poids, dans une pareille combinaison de plusieurs substances peuvent être nombreuses, mais jamais elles ne varient d'une manière arbitraire, et ce fait, la science moderne l'explique par la théorie des équivalents ou des poids atomiques, selon laquelle un nombre fixe d'atomes d'une espèce entre en combinaison avec un nombre fixe d'atomes d'une autre ou de plusieurs autres espèces. Les propriétés sensibles et, en partie du moins, les propriétés physiques d'un corps dépendent nécessairement des rapports de position et des conditions de mouvement de ses plus petites parties. Il est donc tout à fait naturel que la même réunion d'atomes, et d'atomes de même espèce, change de couleur, selon que les groupes d'atomes ou molécules sont disposés de telle ou telle manière. Ainsi, par suite d'une disposition différente des atomes ou allotropie, le phosphore ordinaire est jaunâtre, tandis que le phosphore amorphe est rouge. Il n'en est pas autrement dans les combinaisons chimiques. Les mêmes espèces d'atomes, réunis dans des proportions exactement identiques (isomérie), manifestent des propriétés diverses, selon la structure du composé. « Et là — ajoutons-nous avec Fechner — où les atomes se groupent différemment dans des directions différentes, l'objet acquiert des qualités diverses selon la diversité des directions (telles que les divers degrés d'élasticité, de fissilité, de dureté des minéraux[1].) » Le rapport des propriétés d'un composé avec celles de ses parties constitutives ne peut jamais être entièrement simple et transparent. Car la formation d'une combinaison chimique entraîne des modifications profondes, (condensation, dégagement de chaleur, etc.) de sorte que l'on ne peut s'attendre légitimement à ce que les propriétés de la combinaison équivalent tout à fait à la somme de celles des parties constitutives. Le fait que les qualités de l'eau ne sont pas le simple total de celles de l'oxygène et de l'hydrogène ou que la couleur du vitriol bleu ne représente pas le simple mélange de celles de l'acide sulfurique et du cuivre, — ces faits et des faits analogues ont rendu perplexes bien des penseurs, John-Stuart Mill, par exemple, et leur ont fait émettre des doutes sérieux sur la perfectibilité de la chimie[2]. Cependant, et pour la raison que nous

---

[1] Cette citation est empruntée au livre de Fechner *Ueber die physikalische und philosophische Atomenlehre;* lire toute cette discussion (pp. 79-81) aussi remarquable par la profondeur de la pensée que par l'éclat de la forme.

[2] J.-S. Mill, *Logique*, l. III ch. 6. — Au sujet de ce qui suit, cf. Lothar Meyer, *Die modernen Theorien der Chemie*, 4e éd. passim, notamment pp. 253, 273, 183.

venons d'indiquer, ils ne contredisent pas du tout l'opinion que les atomes restent absolument tels dans une combinaison qu'ils étaient avant d'y entrer, et qu'ils seront encore en en sortant. La permanence invariable de plusieurs de leurs propriétés peut d'ailleurs se prouver directement aujourd'hui, et la science s'est engagée ces dernières années dans des voies qui nous font espérer soit cette preuve directe en une large mesure, soit la démonstration plus claire et plus compréhensive de la dépendance des propriétés du composé de celles de ses parties constitutives. La chaleur spécifique des éléments persiste dans leurs combinaisons ; la puissance réfringente du carbone se retrouve dans les siennes ; d'autres relations entre les propriétés d'un complex chimique et celles de ses parties viennent constamment au jour ; il n'est pas rare non plus que l'on réussisse à prédire les qualités d'une combinaison non encore réalisée expérimentalement, etc. Ainsi la chimie, qui repose entièrement sur la théorie atomique, se rapproche de plus en plus de l'état de perfection dans lequel la déduction remplace le simple et grossier empirisme. N'a-t-elle pas réussi dernièrement encore à prouver que les propriétés physiques des éléments (extensibilité, fusibilité, volatilité) dépendent du poids et du volume de leurs atomes, et même, rivalisant avec les résultats stupéfiants de l'astronomie, à prédire l'existence et la nature de certains éléments, et à confirmer ensuite l'exactitude de ses prévisions par des découvertes de fait? Nous n'en dirons pas davantage sur les services rendus par la théorie des atomes et les confirmations qu'elle a déjà reçues ; ce que nous en avons dit suffit pour justifier entièrement le mot de Cournot : « Aucune des idées que l'antiquité nous a transmises n'a eu une plus grande, ni même une pareille fortune[1] ». La théorie atomique moderne n'est d'ailleurs pas une simple réédition de la doctrine de Leucippe et de Démocrite. Mais elle est os de ses os et chair de sa chair. Il sera difficile de déterminer en quelle mesure le créateur de la science moderne de la nature, Galilée (né en 1564), qui connaissait à n'en pas douter les enseignements de Démocrite, en a été influencé, et en quelle mesure il a repensé par lui-même quelques-unes de ses idées fondamentales. Mais l'homme qui a définitivement introduit la théorie atomique dans la science moderne,

[1] *Traité de l'enchaînement des idées fondamentales dans les sciences et dans l'histoire* 1 245.

le chanoine Pierre Gassendi, né en 1592, est directement parti de l'étude des doctrines, des écrits et aussi de la vie d'Epicure, le continuateur de la théorie des Abdéritains, et a beaucoup contribué à la faire mieux comprendre et mieux apprécier. René Descartes, enfin, né en 1596, rejetait, il est vrai, la doctrine des atomes, mais, abstraction faite de la source originelle du mouvement, il était si complètement sur le terrain de l'explication strictement mécanique de la Nature impliquée dans cette doctrine, qu'il crut devoir répondre au reproche de n'avoir, dans cette partie de son système, fait que « rapetasser les haillons de Démocrite [1] ».

La théorie atomique a une histoire longue et mouvementée; elle a été écrite récemment d'une manière aussi chaleureuse que savante, dans un ouvrage qui, malheureusement, n'en raconte pas les débuts. Il ne rentre pas dans notre cadre de parler de ses vicissitudes et de ses transformations, pas plus que des objections qui ont été soulevées contre elle par ceux que l'on appelle les philosophes dynamiques. Contentons-nous de relever quelques-unes des différences essentielles qui séparent la moderne atomistique de l'ancienne. La physique actuelle n'admet plus le concept du vide. Elle l'a remplacé par celui de l'éther, hypothèse qui, pour l'explication des phénomènes naturels, se montre infiniment plus commode. Mais, sur le point décisif qui nous occupe ici, les deux conceptions s'accordent de la manière la plus exacte. L'éther est, comme le vide, absolument pénétrable, il entoure les corps impénétrables et les baigne dans toutes leurs parties ; comme au vide, on lui reconnaît une absolue élasticité. Mais voici une différence d'une portée plus considérable. La chimie d'aujourd'hui se contente d'un peu plus de soixante-dix éléments, et ses représentants ne doutent plus, surtout depuis la découverte de la « série naturelle » des matières fondamentales, que la science de l'avenir ne réduise considérablement ce nombre, ou même qu'elle ne ramène tous les éléments à un seul. Leucippe croyait devoir supposer une infinie variété d'atomes aux

---

[1] Descartes écrit à Mersenne : « J'admire ceux qui disent que ce que j'ai écrit ne sont que centones Democriti, etc. ». Œuvres, éd. Cousin, VIII-328. Il est juste de rappeler ici le grand Rob. Boyle (1627-1691) qui disait « qu'une seule et même matière fondamentale, étendue, divisible et impénétrable est peut-être à la base de tous les corps, et que les différences que nous percevons en eux ne sont la conséquence que de grandeurs et de formes inégales, de repos ou de mouvement, et de la position réciproque des atomes ».

points de vue seulement, il est vrai, de la grandeur et de la forme. Ainsi donc son hypothèse — et ce n'est pas un médiocre honneur pour lui, — s'est révélée infiniment plus féconde qu'il ne le supposait. Le nombre des différences qualitatives qui résultent des simples variations dans le nombre et la disposition des atomes combinés est incomparablement plus grand que ne le pressentaient Leucippe et Démocrite. L'alcool et le sucre offrent une apparence et produisent des effets si différents que les fondateurs de cette grande doctrine ne pouvaient s'imaginer qu'ils fussent composés des trois mêmes espèces d'atomes, mais combinés dans des proportions autres. La muscarine est un violent poison, et la choline est une substance qui se rencontre dans toutes les cellules animales et végétales : auraient-ils pu supposer que la première ne diffère de la seconde qu'en ce qu'elle contient un atome d'oxygène de plus? Ils ne se fussent guère doutés davantage que les êtres organisés, dans leur inépuisable variété, sont formés pour la plus grande part de quatre sortes seulement d'atomes, mais dans des dispositions et en nombre différents. Et pourtant on se demande avec quelque étonnement pourquoi les atomistes ne se sont pas contentés d'une hypothèse plus modeste. Cette surabondance, peut-on sans doute se dire avec raison, a pour cause une sorte de réaction contre la conception populaire et non scientifique du monde matériel, et, pour autant qu'il s'agit de Démocrite, d'une réaction contre la théorie de la matière professée par Anaxagore. « Il n'est pas nécessaire, criaient les créateurs de la nouvelle doctrine à leurs adversaires, d'admettre, comme vous le faites, des différences qualitatives sans nombre ; en réalité, rien ne force à en supposer même une seule. Des variations de grandeur et de forme dans la substance primordiale suffisent amplement par elles-mêmes à expliquer l'inépuisable abondance des différences phénoménales. » Un pas immense était fait par là dans le sens de la simplification des suppositions fondamentales. D'un coup, on avait paré à la prodigalité de la nature au point de vue qualitatif. Devait-elle être rappelée à l'économie sous le rapport de la quantité ?

[1] L'original indique la *neurine* au lieu de la *choline*, en s'en référant à l'ouvrage de Bunge, cité plus haut. A l'époque où a paru cet ouvrage, il y avait, en effet, confusion entre les deux substances. Les formules aujourd'hui admises sont les suivantes : *muscarine*, $C_5H_{15}NO_3$; *choline*, $C_5H_{15}NO_2$; *neurine*, $C_5H_{13}NO$. La neurine est d'ailleurs une base très vénéneuse. A. R.

Il n'y avait, au premier abord, aucune raison de le faire. Il s'agissait avant tout de mettre la nouvelle hypothèse en mesure de répondre aux exigences les plus étendues et même les plus excessives, et il ne pouvait sembler déraisonnable d'attendre de la nature, sous ce rapport essentiel, la prodigieuse abondance de formes qu'elle déploie dans les autres domaines. L'accroissement graduel des connaissances positives pouvait seul apporter en cela une mesure et une limite. D'ailleurs, si la doctrine de Démocrite connaît, dans des cas isolés du moins, des atomes doubles, la conception du groupe d'atomes ou molécule lui est en général étrangère ; le rôle que la science d'aujourd'hui attribue à cette dernière incombait par conséquent à l'atome lui-même, et c'est pour cela aussi qu'il fallait lui accorder une plus riche variété de formes. En admettant que, sur ce point, l'hypothèse péchât par trop de générosité, la richesse n'en était du moins pas dilapidée, mais devait trouver l'emploi le plus productif qui se puisse imaginer. Toutes les différences physiques des substances simples étaient, en effet, ramenées sans exception à ces différences de grandeur et de forme. Démocrite estimait pouvoir se dispenser d'admettre n'importe quelle autre diversité. Malheureusement, nous ne sommes pas suffisamment renseignés sur ce sujet. Nous savons du moins l'explication qu'il donnait du poids spécifique : selon lui, il résultait absolument de la plus ou moins grande densité de la structure matérielle. Si une matière est plus légère, à volume égal, qu'une autre, c'est qu'elle renferme plus de vide[1]. Toutefois, une difficulté se présentait. La dureté, elle aussi, devait, en raison de la conception fondamentale, s'accroître avec la densité, et seulement avec celle-ci. Que se passe-t-il donc quand la dureté et le poids spécifique ne marchent pas d'accord ? Le fer est plus dur que le plomb, mais le plomb est plus lourd que le fer. Démocrite imagina, pour se tirer d'affaire, un nouvel et ingénieux expédient. Il trouva la clef de cette contradiction dans une différence de distribution du vide. Un morceau de plomb, pensait-il, contient une masse plus grande de matière, et moins de vide que le morceau de fer de volume égal, autrement son poids ne pourrait pas être supérieur. Mais la répartition du vide doit être plus

[1] Sur l'explication que donnait Démocrite du poids spécifique, voir Mullach p. 215. Le témoignage est celui de Théophraste, *de Sens.*, auquel nous devons aussi nos autres informations sur la théorie des sens de Démocrite (*Doxogr.* p. 516 sq.).

égale dans le plomb, et la masse de matière qu'il contient interrompue par des interstices plus nombreux, mais plus petits : autrement sa dureté ne pourrait pas être moindre.

IV

Nous ne sommes d'ailleurs pas exactement renseignés sur la question de savoir quels corps Démocrite envisageait comme simples et lesquels comme composés. En deux points seulement de ce que l'on peut appeler sa physiologie des sens, un rayon vient éclairer notre obscurité. Nous savons au moins que, s'il admettait cette infinie multiplicité de grandeurs et de formes d'atomes, ce n'était pas qu'il fût dans l'impossibilité de reconnaître ou de supposer un corps composé dans un corps simple en apparence. Sa très remarquable théorie des couleurs qui, soit dit en passant, mériterait d'être étudiée à nouveau par quelque savant compétent, part de la supposition de quatre couleurs fondamentales : le blanc, le noir, le rouge et le vert. C'étaient, excepté la dernière, qui a pris la place du jaune, celles qu'Empédocle avait déjà reconnues comme telles. Toutes les autres sont désignées comme mixtes. Nous concluons de là que les nombreux corps dont la couleur n'est pas une de celles que nous venons d'indiquer étaient, en tous cas, de nature composée, c'est-à-dire ne devaient pas contenir seulement des particules homogènes. Quant à la tentative que fit Démocrite pour rendre compte de la différence des impressions du goût, elle était basée d'abord sur les différences de forme, et, dans une mesure moindre, sur les différences de grandeur des atomes contenus dans chaque matière. Un goût piquant provient, pour lui, d'atomes pointus ; le goût doux de la forme ronde d'atomes de grandeur modérée ; de la même manière, il expliquait les goûts âcres, salés, amers, etc. Une remarque, d'abord, à propos de ces essais d'explication, basés surtout sur de simples et vagues analogies entre les impressions du goût et celles du toucher. Sans aucun doute, elles sont radicalement fausses, et, de plus, d'une grossièreté dont nous avons le droit d'être surpris. Pourtant nos lecteurs les jugeront peut-être avec plus d'indulgence quand ils auront appris par l'essai d'Alexandre de Humboldt *sur les fibres nerveuses et musculaires excitées* que des théories à peu près identiques, rapportant comme celles de Démocrite, les différences de goût à des différences de formes des atomes, avaient cours encore au XVIIIme siècle, et jouissaient d'une autorité pour ainsi dire incontestée[1]. Mais ce qui, actuellement, excite notre intérêt, c'est un autre point. Ces indications sur les formes atomiques propres à exciter telle ou telle sensation de goût éveillent tout d'abord l'impression que chaque matière sapide, chaque « suc » doit être formé d'une seule espèce d'atomes, à savoir de ceux qui possèdent la forme et la grandeur appropriées. Mais il suffit de nous rappeler ce que nous avons remarqué plus haut au sujet des couleurs composées pour reconnaître que telle ne peut avoir été l'opinion de Démocrite. Il pouvait sans doute supposer sans se contredire que le sel de cuisine — qui est blanc — est composé d'atomes homogènes, mais il ne pouvait en dire autant ni du miel « doré », ni de la bile humaine, qui est d'un jaune-brun. Il devait évidemment ramener la douceur du premier et l'amertume de la dernière à la présence des formes atomiques dont dépendent ces impressions gustuelles ; mais comme pour lui le jaune et le brun étaient des couleurs composées, la conclusion s'imposait à lui que le miel aussi bien que la bile contiennent, outre ces atomes, des atomes d'une autre nature. Cette théorie revient donc, en réalité, à dire que l'espèce d'atome à laquelle est dû le goût spécifique de toutes les matières à couleur composée, ne fait que prédominer en elles et n'y a que la valeur prépondérante. D'ailleurs Théophraste, notre meilleure autorité en ce qui concerne la doctrine des sensations de Démocrite, nous affirme que celui-ci l'enseignait expressément.

Des atomes individuels, passons aux groupes atomiques. Démocrite n'y voyait pas des combinaisons proprement dites, mais des assemblages au sens technique de ce mot. Pour lui, les atomes se touchaient immédiatement et s'entrelaçaient ou s'accrochaient les uns aux autres. Cela ne pouvait se faire que si les atomes étaient pourvus de crochets, et, en effet, Démocrite a imaginé et devait imaginer, en raison de l'infinie

[1] Alex. de Humboldt, *Versuch über die gereizte Nerven- und Muskelfaser*, Berlin 1797, I 429. Mais de H. ne communique pas ces opinions comme étant les siennes. Le représentant moderne le plus important de cette théorie est sans doute Nic. Lemery, auquel Kopp, dans sa *Gesch. d. Chemie* III 14, emprunte la citation suivante : « Je ne crois pas qu'on me conteste que l'acide n'ait des pointes..., il ne faut que le goûter pour tomber dans ce sentiment, car il fait des picotements sur la langue, etc. ». (*Cours de chimie* 1675).

variété de formes que suppose sa doctrine, une foule d'atomes crochus. Des particules dépourvues de toute emboîture, et qui ne pouvaient rester en combinaison que si elles étaient emprisonnées au milieu d'autres particules, il distinguait celles qui étaient munies d'anses ou de crochets, de bords infléchis, de convexités ou de cavités, d'appendices de toute forme, et qui, par conséquent, pouvaient s'attacher des manières les plus variées, les unes sur un point, les autres sur deux. Cette dernière différence et quelques autres analogues devaient évidemment servir à justifier aussi le degré plus ou moins grand de mobilité, la cohésion plus intime ou plus lâche des atomes, et la constitution correspondante des corps qui en étaient formés. Cette explication des combinaisons de la matière, dont nous percevons le dernier écho chez Descartes et chez Huyghens, nous est devenue étrangère[1]. Toutefois il y a lieu de remarquer que la théorie moderne des affinités chimiques, qui a remplacé en partie cette conception mécanique et grossière, est également loin d'être satisfaisante; elle n'a de raison d'être qu'en ce qu'elle constitue une manière de s'exprimer très commode, une fiction utile, mais, pour parler avec un chimiste philosophe du temps présent, « elle use de phrases à défaut d'une conception claire ». Nous pouvons aussi observer que la science de nos jours est de plus en plus portée, pour expliquer toute interaction des particules, à abandonner la théorie de l'attraction à distance pour recourir à celle du contact par l'intermédiaire de l'éther, et que cette révolution a été préparée par le profond discours de Huyghens *De la Cause de la Pesanteur* (1690). Mais, en dépit de ces considérations, on pourrait adresser à Démocrite le mot de Pascal relativement à la théorie cartésienne de la matière : « Il faut dire en gros : cela se fait par figure et mouvement, car cela est vrai. Mais de dire quels, et composer la machine, cela est ridicule ; car cela est inutile et incertain et pénible[2] ».

[1] Cf. Lasswitz, *Gesch. d. Atomistik* II 91, et Huyghens, *Discours de la cause de la pesanteur*, dans l'appendice au *Traité de la lumière*, p. 102 (éd. de Leipzig) : « des corps faits d'un amas de petites parties accrochées ensemble... ». On trouve cependant encore des pensées analogues chez Lemery (1645-1715), d'après Kopp, op. cit. II 308. Descartes, selon l'expression concise que donne Huyghens à son point de vue, op. cit. 33, ramène tout à des principes « tels que sont ceux qui dépendent des corps considérez sans qualitez et de leurs mouvements ». Sur ce qui suit, cf. Meyer, op. cit. 223 : « Le terme de *saturation* n'est qu'un mot tenant lieu d'une idée, d'une représentation nette, qui fait défaut » ; cf. aussi à ce sujet la p. 387.

[2] *Pensées* II 17 (II 249 de l'édit. de Paris de 1823).

Voltigeant dans l'espace vide, ces atomes faits pour entrer en combinaison se heurtent au gré du hasard, s'enlacent les uns aux autres en plus grands groupes, et forment peu à peu une enveloppe qui entoure et emprisonne les bandes d'atomes errant isolés. Se séparant ainsi de l'infinité du vide, ils finissent par devenir un monde particulier ou Kosmos, et ces mondes sont en nombre infini[1]. Ils se construisent là où se trouvent réunies les conditions favorables à leur naissance ; ils sont détruits, c'est-à-dire qu'ils se résolvent en leurs parties constitutives, aussitôt que les conditions cessent d'être propices à leur maintien. Mais pour qu'il se forme un Kosmos, — tel du moins que celui que nous connaissons, — il ne suffit pas de la présence d'immenses complex atomiques ; il ne suffit pas qu'ils se combinent sur la plus grande échelle ; il faut encore, et dans la même mesure, qu'il se produise une séparation des matières. Ce que nous avons sous les yeux, ce n'est pas un entassement d'atomes confus, mais un petit nombre de masses matérielles entièrement ou presque entièrement homogènes : en haut le ciel, ici la terre, dont les abîmes sont recouverts par la vaste étendue des mers. L'antique énigme se pose devant les atomistes, et reçoit d'eux une nouvelle, quoique pas absolument nouvelle réponse. L'attraction du semblable par le semblable, que nous avons vue jouer chez Empédocle le rôle d'ordonnatrice de l'univers, se représente à nous, mais sous une forme un peu modifiée. Démocrite, lui aussi, reconnaît dans la tendance des semblables à s'associer une norme régulatrice des processus universels. Mais il ne la considère pas comme un fait dernier dont on ne saurait donner ou dont il n'y a pas lieu de donner l'explication ; il veut la comprendre, c'est-à-dire la ramener à sa cause, et comme il s'agit d'un phénomène matériel, à sa cause physique ou mécanique. L'existence de ces agglomérations de matières homogènes, le fait qu'une motte de terre a pour voisine une autre motte, qu'une goutte d'eau se trouve en compagnie d'autres gouttes, équivaut pour lui à ce fait que les atomes ou complex d'atomes dont dépendent les qualités de la terre, de l'eau, etc.,

---

[1] Les témoignages essentiels sur la cosmogonie de Démocrite se trouvent dans Diog. Laërce IX 31 ; Hippolyte I 10 ; Démocrite, frg. 2 *(Phys.)*, p. 207 et frg. 6, p. 208 Mull. Cf. Platon, *Timée* 52 e. Toute cette question a été traitée récemment, et excellemment par Brieger, *Die Urbewegung der Atome und die Weltentstehung bei Leukipp und Demokrit* (Progr. du gymn. de Halle 1884) et par Hugo-Karl Liepmann, *Die Mechanik der leucipp-democrit'schen Atome*, dissertation de doctorat, Berlin 1885.

se sont trouvés un jour réunis, associés en masses énormes. Il se voit ainsi en présence d'un problème dont la solution le préoccupe. Il la trouve dans une loi que l'on pourrait exprimer en ces termes : « Les particules de forme et de grandeur égales ont une puissance égale de réaction ; les particules de grandeurs et de formes différentes ont une puissance différente de réaction ». En réfléchissant aux phénomènes grandioses qui ont donné à notre terre son aspect actuel, il se souvient des effets produits par le van ou par le choc des vagues sur les rivages des mers. Les grains de diverses sortes que le laboureur secoue dans son van sont séparés et triés, pense-t-il, par le courant d'air qui résulte de cette opération : « les lentilles viennent se joindre aux lentilles, les grains d'orge aux grains d'orge, ceux de froment à ceux de froment ». Il n'en est pas autrement sur la plage marine, où « le mouvement de la vague associe les cailloux allongés aux cailloux allongés, les cailloux ronds aux cailloux ronds ».

Le rôle du van et du choc des vagues est joué dans le processus cosmique par le *tourbillon des atomes*. Partout où, dans l'espace universel, des chaînes d'atomes en mouvement viennent à se rencontrer de flanc, elles produisent un mouvement giratoire ou tourbillon qui, entraînant d'abord ces deux chaînes, se propage de plus en plus loin, saisit les tissus d'atomes voisins, et finalement trie et sépare toutes les masses ainsi agglomérées. La séparation s'opère suivant la loi formulée plus haut : les atomes de même forme et d'égale grandeur réagissent de la même manière sur l'impulsion reçue ; la résistance qu'ils opposent est proportionnée à leur masse : les plus grands sont mus moins facilement, les plus petits moins difficilement. De cette manière, non seulement la réunion du semblable, des particules d'eau aux particules d'eau, de celles de l'air à celles de l'air, est rapportée à une cause, mais encore l'ordre dans lequel ces masses se disposent trouve son explication : les atomes plus petits et plus mobiles en raison de leur forme opposent une plus faible résistance à l'impulsion qu'ils ont reçue ; les plus grands, que leur forme rend aussi moins mobiles, opposent une résistance plus forte. C'est pourquoi la masse terrestre, composée d'atomes de cette dernière espèce, forme le point central, tandis que l'éther, constitué par les atomes plus petits et ronds du feu, forme l'enveloppe extérieure du Kosmos ainsi produit. L'intelligence exacte de cette doctrine cosmogonique ne date que d'une dizaine d'années ; nous la devons à deux savants qui, indépendamment l'un de l'autre, ont réussi à écarter le fatras d'absurdités entassées par les siècles, et à rétablir dans leur pureté originelle les pensées de Leucippe et de Démocrite. Ces deux remarquables investigateurs ont négligé toutefois d'insister sur un point. Ni l'un ni l'autre n'a fait observer que l'emploi du tourbillon comme agent de l'ordonnance cosmique n'a pas été tout à fait une innovation des atomistes. Nous avons déjà rencontré des hypothèses analogues chez Anaxagore aussi bien que chez Empédocle, et nous pouvons, avec un haut degré de probabilité tout au moins, indiquer la source primitive à laquelle ces divers penseurs — les Abdéritains comme celui de Klazomènes et celui d'Agrigente — ont puisé ; cette source, c'est la doctrine du patriarche de la spéculation cosmogonique, d'Anaximandre de Milet. C'est ce que nous apprend, avec une certitude presque complète, un passage d'Aristote pendant longtemps négligé[1]. Mais les divergences que nous constatons dans l'emploi de cet agent cosmogonique ne sont pas moins remarquables que les concordances. C'est à un principe immatériel, ou du moins à moitié immatériel, qu'Anaxagore attribue l'impulsion qui donne naissance au mouvement rotatoire. Ce mouvement, en triomphant de la friction interne, dégage les masses jusqu'alors entassées pêle-mêle, dans une complète confusion, et leur permet de suivre la sollicitation de leur pesanteur spécifique et de se ranger dans l'ordre où nous les voyons. Nous n'avons pas pu déterminer en quel point Empédocle a trouvé l'origine du mouvement qui, chez lui aussi, produit un tourbillon, et, par l'intermédiaire de celui-ci, sépare la masse confuse de matière réunie jusqu'alors dans le « sphairos » divin. La seule chose que nous ayons pu affirmer avec certitude, c'est que le processus mécanique s'est accompli chez lui au service de la « Discorde », l'une des deux puissances extérieures à la matière. Chez les atomistes, toute trace d'une telle dépendance a disparu. Le processus cosmogonique n'est le moyen d'aucun but quelconque préconçu ; il ne découle pas davantage de l'intention d'un *Nous* qui ordonne le Tout, qu'il

[1] Aristote, *de Cælo* II 13, où la théorie du tourbillon est attribuée à « tous », c'est-à-dire, comme le montre le contexte, à tous les anciens philosophes-naturalistes et à tous les auteurs de cosmogonies (295 a 9 sq.). Le premier, Teichmüller a vu et démontré qu'Aristote pense presque certainement aussi à Anaximandre (*Studien z. Gesch. der Begriffe*, Berlin 1874, p. 83).

n'émane d'une autre puissance quelconque réglant et dominant les phénomènes universels. Il est dérivé entièrement et exclusivement de forces naturelles au sens le plus strict du mot, de forces inhérentes à la matière elle-même. L'hypothèse de Démocrite répond uniquement au besoin d'explication scientifique ; elle a pour but unique de résoudre, sans aucune visée accessoire et d'une manière absolument impartiale, la question que voici : Comment a-t-il pu se faire que, sur tel ou tel point de l'infinie étendue du vide, en tel ou tel point du cours sans fin du temps, se soit produite cette séparation, cette ordonnance des masses de matière, dont le monde qui nous entoure n'est assurément pas un exemple isolé ? Une partie de cette réponse a été particulièrement et de bonne heure l'objet d'explications erronées, et il est nécessaire de s'y arrêter un peu longtemps pour l'exposer avec une entière clarté.

Nous avons parlé, au commencement de cette exposition, d'atomes qui voltigent dans l'espace vide. Nous avons raconté comment, selon les théories de Leucippe et de Démocrite, des multitudes d'atomes se rencontrent, comment ceux d'entre eux qui sont susceptibles de se combiner se combinent, comment ceux qui ne le sont pas sont, en partie du moins, maintenus par un tissu d'atomes qui les enveloppe et les empêche de se disperser tout à fait. Nous avons enfin mentionné les complex d'atomes en mouvement qui, se heurtant latéralement, produisent un tourbillon ordonnateur de mondes. Deux questions se posent ici, une question de détail et une question de principe ; la première concerne le tourbillon et les effets qui lui sont attribués. Ceux-ci ne sont-ils pas précisément le contraire de ce qu'ils doivent être selon les lois de la physique ? La force centrifuge développée par un mouvement circulaire est admirablement propre à opérer le triage d'un amas de matière. Mais, comme peut le montrer toute machine centrifuge, ce sont les matières les plus lourdes qui sont projetées par elle à la plus grande distance. Comment Anaximandre a-t-il raisonné sur ce point ? Nous l'ignorons. Mais ses successeurs, tout en s'appropriant l'hypothèse de la rotation, cherchaient sur la terre des parallèles exacts du tourbillon cosmogonique. Ils en trouvèrent un dans le domaine des phénomènes météorologiques, et se laissèrent induire en erreur ! Un tourbillon de force modérée — comme les vents étésiens en produisent assez souvent en Grèce — entraîne les objets légers, mais est trop faible pour soulever ceux d'un certain poids. En outre, le mouvement de tout vent tourbillonnant dans le voisinage du sol prend, par suite du frottement qui s'y produit, la direction de l'extérieur à l'intérieur, et, à cause de cela, forme un amas de matière près de son point central qui se trouve en repos. Ainsi peut avoir pris naissance l'idée erronée que le mouvement giratoire porte en lui-même des conséquences de cette nature, et que le tourbillon cosmique supposé devait en entraîner, lui aussi, de telles[1].

Incomparablement plus importante est la question des causes de tous ces mouvements et de toutes ces inhibitions de mouvements. De toute antiquité, cette question a préoccupé les esprits et donné lieu aux principales objections soulevées contre la théorie atomique. En une certaine mesure, et même en une mesure très étendue, cette question admettait une réponse immédiatement satisfaisante, une réponse lumineuse. Coup, pression, contre-coup, résistance croissant avec la masse, tels étaient les facteurs essentiels empruntés à l'expérience, que l'on se figurait avoir agi aussi dans ces processus cosmiques. Qu'en outre, les Abdéritains aient supposé que l'atome, après en avoir heurté un autre, rebondit, et affirmé ainsi l'élasticité de corps absolument durs, ce fait peut être des plus fâcheux pour la théorie atomique dans sa forme traditionnelle, mais cela n'a aucune importance pour la question de principe dont nous nous occupons ici. Pour expliquer même les premières phases du processus cosmique, ces facteurs se montraient suffisants en une bien plus grande mesure que ne pourrait le faire croire un examen superficiel. Car les atomes qui voltigeaient dans l'espace vide pouvaient, eux aussi, avoir, dans le cours infini du temps passé, été heurtés par d'autres atomes et mis en mouvement par les chocs qu'ils en avaient reçus. Mais cet expédient ne pouvait assurément pas être définitif. Si l'on supposait que A avait reçu une impulsion de B, B de C, C de D, etc., etc., la pensée, en remontant la série de ces impulsions, en arrivait inévitablement à se demander quel en avait été le point de départ, si nombreux que pussent être les termes dont se composait cette série. La réponse que Démocrite faisait à cette question a été désapprouvée d'un grand nombre de pen-

[1] Ce que nous disons ici de l'action des vents tourbillonnants, et en particulier des vents étésiens, a été approuvé de notre collègue le prof. Jules Hann, et s'appuie en partie sur une aimable et instructive communication de sa part.

seurs, et nous avons à voir maintenant jusqu'à quel point cette désapprobation était fondée. L'explication de Démocrite consistait à dire que ce mouvement des atomes était originel, éternel, sans commencement, et qu'il était oiseux, absurde même de chercher un commencement ou une cause à un processus qui n'en a point. Alors on lui reprocha de violer le principe, si solennellement proclamé par lui-même et par son maître, de l'universelle causalité, de faire du pur accident, de l'arbitraire, le souverain du monde, de placer le hasard au début du processus cosmique, etc., etc. Et le haro n'a pas cessé depuis Aristote jusqu'à nos jours[1]. Pour se prononcer équitablement dans cette querelle, il s'agit avant tout d'envisager avec le plus de précision possible le concept de cause. Le mot même qui, en français, exprime ce concept, nous permet de constater l'ambiguïté qu'il renferme, et de toucher du doigt le motif principal de cette ancienne querelle, puisque, étymologiquement, le mot *cause* est l'équivalent du mot *chose*. (Comparez l'allemand Sache et Ursache.)

Par le mot *cause*, on peut entendre une *chose* qui existe avant un événement, et l'appelle à l'existence, une *chose* au sens le plus étendu du mot, objet, être, substance de n'importe quelle nature. Démocrite avait évidemment et incontestablement le droit de ne pas assigner une telle cause à un processus primordial. Car s'il considérait les atomes comme existant de toute éternité, il n'était certainement pas contraint par sa foi en la causalité de placer avant le primordial un fait plus primordial encore. Mais le mot *cause* a encore une autre signification, celle qui aujourd'hui prévaut dans le langage scientifique. Nous comprenons par là *l'ensemble des conditions* qui produisent un événement quelconque. Peu importe que ces conditions soient — au moins en partie — extérieures à l'objet qui forme le théâtre de cet événement, ou qu'on veuille parler exclusivement des énergies ou propriétés inhérentes à cet objet et qui en déterminent l'action. Dans ce dernier sens, on peut légitimement se demander la cause d'un processus même primordial. Répondre à cette question signifiait, dans le cas particulier, indiquer la *propriété* des atomes qui les pousse à se mouvoir indépendamment de tout choc extérieur et antérieur. Et pour que cette réponse pût satisfaire à des exigences plus

---

[1] Les déclarations d'Aristote à ce sujet se trouvent dans le *de Caelo* III 2 (300 b 8) et dans la *Métaph.* I 4 (985 b 20).

rigoureuses, elle devait indiquer, outre cette propriété, la loi qui la régit, ou, en d'autres termes, la force et la direction de ce mouvement primordial. Démocrite a rempli la première partie de ce programme, mais non la seconde. Il a déclaré que le mouvement était l'état primitif ou naturel des atomes, mais il n'a cru pouvoir affirmer quoi que ce soit quant à la direction et à la force de ce mouvement. Et, en fait, s'il ne le pouvait pas, c'est simplement qu'il ne disposait d'aucun des éléments d'observation nécessaires à ce but. Toute la matière qu'il connaissait, et que nous connaissons, nous autres hommes en général, était depuis longtemps sortie de l'état primordial qui seul pourrait nous révéler cette loi du mouvement. Pour Démocrite, en particulier, et en raison de ses hypothèses, elle a passé par ce mouvement tourbillonnant qui a précédé l'état actuel de l'univers, et en a été le point de départ. D'ailleurs, indépendamment de cela, où trouver la particule de matière qui, dans le cours des siècles, n'ait pas été heurtée par d'autres particules, qui n'en ait éprouvé ni le choc ni la pression ? Mais cette particule existât-elle, se prêtât-elle même à l'observation et fût-elle par conséquent en mesure de livrer la loi de ce mouvement primordial, comment pourrait la lui demander le penseur qui ne connaît pas son histoire passée au point de vue mécanique, ou plutôt, dans le cas particulier, le défaut d'une telle histoire ? Ainsi Démocrite pouvait, bien plus, il devait se dérober à cette exigence, parce qu'elle n'était pas fondée et qu'il ne pouvait y faire droit. Il se contenta de déclarer que les atomes se mouvaient de toute éternité. Quiconque lui en refuse le droit, méconnaît la base et la marche de son exposition ou n'a pas, sur ce sujet, des données suffisamment claires. Leucippe et son élève s'étaient donné pour tâche d'expliquer l'état actuel de l'Univers ; et, dans ce but, ils ont étudié en première ligne la condition préalable de tous les processus actuels, l'existence et l'origine même d'un kosmos tel que le nôtre, la différenciation et l'ordonnance des masses matérielles dont il se compose. En leur qualité de penseurs vraiment scientifiques, partant du connu pour conclure de là à l'inconnu, il s'agissait pour eux de formuler ce minimum d'hypothèses qui, de concert avec les propriétés empiriquement établies de la matière pouvait rendre compte de la construction de l'Univers et du fonctionnement de ses parties constitutives. Une de ces hypothèses consistait à dire que les corpuscules primitifs se trouvent dès l'origine en état de mouvement et non de repos. Alors ils pouvaient se heurter les uns les autres, alors ils pouvaient s'entrelacer, alors les agrégats d'atomes pouvaient et devaient, dès qu'ils se rencontraient de la façon convenable, produire un tourbillon, etc., etc. Mais vouloir émettre des affirmations ou des conjectures sur le caractère de ce mouvement, c'eût été une témérité que rien ne justifiait, surtout pas la nature du problème. En refusant de se rendre à cette exigence de leurs adversaires, les Abdéritains ont donné de leur réserve scientifique une preuve qui leur fait le plus grand honneur, en dépit de toutes les audaces de leur pensée.

Mais, sur ce point précisément, de prétendues difficultés métaphysiques, qui ne sont en réalité que des préjugés métaphysiques profondément enracinés, viennent se mettre en travers de notre chemin. On serait tenté de les déclarer indéracinables quand on songe que l'un des naturalistes philosophes les plus éminents vient de traiter à nouveau la question du lien qui rattache le mouvement à la matière, et la range parmi les énigmes insolubles de l'Univers[1]. Et c'est là une des formes les moins prétentieuses sous lesquelles on présente cette soi-disant difficulté. Énigmatiques, c'est-à-dire inaccessibles à ce que nous appelons explication sont sans doute au fond tous les faits derniers du monde et de sa constitution, l'existence de la matière elle-même aussi bien que son mouvement. Mais que, dans le concept de la matière, soit contenu un élément qui rende particulièrement difficile ou, comme le prétendent la majorité des métaphysiciens, tout à fait impossible d'admettre qu'elle soit associée dès l'origine au mouvement, cela nous paraît une des plus étonnantes illusions auxquelles l'esprit humain, si enclin aux illusions de toute espèce, se soit jamais laissé prendre. Dans cette difficulté comme dans les difficultés ou impossibilités analogues de pensée, on ne peut voir qu'un produit de l'habitude. Le merveilleux, l'unique en son genre dans cette habitude qui usurpe la valeur d'une norme de pensée, c'est le fait que nous pouvons, avec une parfaite précision, déterminer les limites, les limites très étroites, de celles de nos facultés perceptives dont elle découle. Dans l'univers, pour autant que nous le connaissons, ce n'est pas la matière immo-

[1] A ce sujet, comp. *Ueber die Grenzen des Naturerkennens. Die sieben Welträtsel*. Zwei Vorträge von Emil du Bois-Reymond, éd. 3, p. 83. Leipzig 1891.

bile, mais la matière en mouvement qui est la règle pour ainsi dire sans exception. La science tout entière ne connaît pas d'état de repos proprement dit ; elle ne connaît que le repos relatif. La planète que nous habitons et les corps célestes vers lesquels nous élevons nos regards sont entraînés dans une fuite aussi incessante, ils connaissent aussi peu le repos que les atomes et les molécules dont se compose tout ce qui est corps. C'est par un pur hasard que nous ne nous apercevons pas immédiatement de la rotation qui nous entraîne nous-mêmes à travers l'espace avec le globe que nous habitons et tout ce qu'il contient ; c'est par un pur hasard aussi, c'est-à-dire à cause de l'extrême étroitesse de nos facultés perceptives, que l'incessante circulation des particules de matière se dérobe à notre vue. C'est grâce à cette réunion de causes fortuites que notre œil s'attache presque exclusivement à des objets matériels de moyenne grandeur ; et un objet de grandeur moyenne représente assez souvent, en effet, dès qu'on ne le considère pas comme une partie de son tout ou comme le tout de ses parties, une trêve des énergies motrices qui lui donne la fausse apparence d'un éternel repos. C'est là, et là seulement, à notre avis, qu'il faut chercher la racine de cette singulière opinion, élevée à la dignité d'un dogme, qu'il est plus *naturel* à la matière comme telle de rester immobile que de se mouvoir, ou même qu'il est absurde de compter le mouvement au nombre des propriétés primordiales de la matière.

Dès l'aurore des temps modernes, un groupe d'esprits choisis se sont opposés à l'établissement de ce dogme : Giordano Bruno non moins que Bacon de Verulam ; en dépit de l'autorité de Descartes, Leibniz et Spinoza l'ont de même répudié ; les plus éminents naturalistes de notre siècle le rejettent à leur tour. Un de ces derniers, John Tyndall, a écrit cette belle parole : « Si la matière passe dans le monde en mendiante, c'est que les Jacobs de la théologie l'ont privée de son droit d'aînesse[1] ». Nous voudrions seulement substituer à la théologie la métaphysique, qui prend si souvent pour tâche d'embellir, de transfigurer les préjugés humains. Car les théologiens reconnaissent à la Divinité les attributs de la toute-puissance et de la toute-sagesse ; et il serait par conséquent plus naturel

---

[1] Grote a réuni dans son *Plato*, I 92 sq., un certain nombre de déclarations de Bacon à ce sujet ; cf. en outre L. Stein, *Leibniz und Spinoza* 66 sq. J'emprunte le mot de Tyndall à ses *Fragments of Science*, 5ᵉ éd., 355.

pour eux de croire qu'elle a doté la matière de mouvement dès l'origine. Ne serait-il pas contradictoire de supposer qu'elle le lui a ajouté plus tard seulement, et pour réparer une omission? Assurément, Démocrite n'avait pas à se préoccuper de ces questions. La conception de la matière comme masse inerte, n'obéissant qu'à des impulsions extérieures, est de date plus récente. Cette « invention de l'esprit humain.... la matière dépouillée et passive, » pour parler avec Bacon, était encore à naître ; elle était inconnue aux hylozoïstes, et il semble à propos de faire remarquer que les atomistes eux-mêmes, bien que disposés à considérer le monde comme une machine, ont su heureusement se préserver de cette fausse généralisation fondée sur la mécanique des masses terrestres. A cet égard, comme à d'autres, ils ont recueilli la succession de leurs grands prédécesseurs, les physiologues de l'Ionie.

V

Il est, d'ailleurs, d'usage d'insister plutôt sur la dette de reconnaissance contractée par les fondateurs de l'atomistique à l'égard des créateurs de la doctrine de l'Unité. Qu'en est-il réellement de ce point? Ceux de nos lecteurs qui ont suivi attentivement notre exposé jusqu'ici, peuvent répondre eux-mêmes, et d'une manière assez exacte, à cette question. Mais peut-être ne seront-ils pas fâchés d'entendre la réponse qu'y faisait un des savants de l'antiquité les plus compétents en ce domaine : « Leucippe, originaire d'Elée ou de Milet, nous dit Théophraste, était familier avec la doctrine de Parménide ; toutefois il ne s'engagea pas dans la même voie que celui-ci et que Xénophane, mais, à ce qu'il me semble, dans la voie opposée. Car, tandis que ceux-ci représentaient l'Univers comme unique, immobile, indevenu et limité, et se refusaient même à traiter la simple question du non-être (c'est-à-dire du vide), Leucippe a supposé des corps premiers infiniment nombreux et entraînés dans un perpétuel mouvement, les atomes, et en a déclaré les formes également infinies en nombre », pour cette raison, entre autres, « qu'il observait dans les choses une incessante production et un changement incessant. En outre, il n'a pas tenu l'être pour plus réel que le non-être (c.-à-d. le vide), et il voit également dans les deux la cause de tous les processus[1] ». Si l'on veut conclure de la première phrase que Leucippe a été un disciple de Parménide, — ce qui, à notre avis, n'en ressort nullement, — il faut reconnaître qu'il n'a guère donné plus de satisfaction à son maître que Voltaire n'en a donné aux bons pères Jésuites dont il a suivi les leçons. Sans doute, ceux qui voient dans le second postulat de la matière une création de Parménide doivent penser sur ce point autrement que nous, et soutenir, en dépit de l'opposition diamétrale que Théophraste relève avec tant de raison et de force entre les doctrines fondamentales des deux philosophes, que l'atomistique dépend en une large mesure de l'éléatisme. Nous craindrions d'abuser de la patience de nos lecteurs en leur exposant encore une fois les raisons qui nous ont fait reconnaître dans les deux postulats de la matière le fruit et l'aboutissement de la spéculation ionienne. Nous ne voulons en aucune manière diminuer le mérite qui revient à Parménide de les avoir, le premier, rigoureusement formulés ; nous constaterons seulement que ce mérite serait plus grand si leur auteur ne s'était vainement efforcé de les fonder sur des arguments a priori. Assurément, les métaphysiciens d'Élée n'ont pas exercé sans aucune utilité leur puissante faculté d'abstraction. La proclamation du second postulat de la matière, celui de la constance qualitative, ne laissait à la pensée que ces deux alternatives : admettre ce que nous pouvons désigner brièvement comme la théorie de la matière d'Anaxagore ou celle à laquelle nous pouvons donner le nom de Leucippe : autant de matières primitives qu'il se produit, en fait, de combinaisons des qualités sensibles, ou bien une seule matière primitive douée de toutes les propriétés fondamentales communes aux corps, mais dépourvue, en revanche, des qualités sensibles divergentes. Parménide a préparé la voie à cette dernière opinion en ce sens qu'il a, lui aussi, établi une distinction entre les propriétés qui caractérisent les substances corporelles comme telles, et celles qui ne sont pour ainsi dire que des accidents de ces substances. Son « être », en réalité, ne fait que remplir l'espace et se réduit à être éternel et immuable. Comme, pour lui, le mouvement est inconcevable et par conséquent impossible, les propriétés mécaniques des corps, desquelles dépend et qui produisent tout mouvement, n'ont pour lui aucune signification ; son système

---

[1] Théophraste, *Doxogr.* 483, 12 sq.

garde le silence le plus absolu sur le choc et sur la pression, ainsi que sur les modifications de ces processus. Quoique, par conséquent, la ligne de démarcation qu'il tire entre l'être vrai et la simple apparence trompeuse ne coïncide absolument pas avec celle que Leucippe tire entre la réalité objective et la réalité simplement subjective, entre les qualités primaires et les qualités secondaires des choses ; quoiqu'il relègue dans le domaine de l'apparence précisément ce qui forme le centre de la théorie atomistique, c'est-à-dire le mouvement, il a, on pourrait dire malgré lui, travaillé à l'éclosion de cette théorie par le fait même qu'il a établi un partage, quel qu'il fût, qu'il a distingué en son être des propriétés essentielles et des propriétés non-essentielles, et qu'il a établi entre ces deux catégories une barrière infranchissable. Les voies du progrès intellectuel s'entrelacent étrangement : le penseur précisément qui niait tout mouvement, tout changement, tout processus, et qui, par conséquent, privait l'étude de la nature de son contenu a, inconsciemment et sans le vouloir, servi la cause de la science qui reconnaît pleinement le changement et les processus, les ramène au mouvement mécanique et s'occupe exclusivement de ces problèmes. Mais, en reconnaissant cela, nous avons attribué à la spéculation éléatique toute la part qui lui revient dans le progrès direct de la science positive. Peut-être même lui avons-nous fait large mesure. Car qui sait si Leucippe, placé en face de ces alternatives, n'aurait pas, même sans le secours de Parménide, choisi la bonne voie et ne fût pas entré en lice contre Anaxagore ? Il serait oiseux, sans doute, de discuter à ce sujet. Mais il est absurde, parce que les deux doctrines présentent des points de contact, de soutenir que l'une est dépendante de l'autre. Elles se touchent en fait sur nombre de points, comme, et précisément parce que les contraires se touchent. Les Eléates raisonnaient comme ceci : Sans vide, pas de mouvement ; il n'y a pas de vide ; donc il n'y a pas de mouvement. Les Atomistes, au contraire, ont dit : Sans vide, pas de mouvement ; le mouvement existe ; donc le vide existe aussi. Mais si saisissant que soit le contraste entre ces deux conclusions, l'Atomiste ne doit-il pas à l'Eléate la prémisse majeure qui leur est commune à tous deux, et par conséquent l'impulsion première d'où est sortie au moins cette partie de sa doctrine ? On l'a souvent soutenu, mais, à notre avis, complètement à tort. Car les Eléates ne peuvent pas avoir été

les auteurs de cette prémisse commune. Mélissos traite déjà
de l'espace vide, et cela non pas comme s'il avait imaginé cette
hypothèse dans le seul but de la combattre. Parménide lui-
même connaît et réfute l'hypothèse du vide ou du non-être dans
un ton qui ne permet pas de douter qu'il n'ait trouvé cette doctrine tout établie, et qu'on n'y eût déjà recouru pour expliquer la
nature. Ce n'est pas par Parménide que Leucippe a été influencé ici, mais bien par des penseurs dont les noms se sont
perdus, probablement, comme nous l'avons déjà remarqué une
fois (p. 190; cf. p. 342), par des Pythagoriciens, qui les avaient
précédés tous les deux. Nous osons même faire un pas de
plus. Ces inconnus avaient déjà imaginé non seulement le vide,
mais encore un analogue des atomes. En effet, Parménide
parle d'une chose dans laquelle nous ne pouvons voir que le
vide, et qui, selon la supposition des adversaires qu'il combat
avec acharnement, occupe, pour une part, un espace continu,
et pour l'autre « est régulièrement distribuée en tous lieux[1] ».
En d'autres termes, il connaît une doctrine qui suppose non
seulement un espace continu dépourvu de matière, mais encore
des interstices de vide traversant tout le monde des corps. Les
îlots de matière — si nous pouvons les appeler ainsi — entourés par ces interstices comme par un réseau de canaux, devaient avoir une destination pour le moins très analogue à celle
des atomes de Leucippe. La conception d'une masse matérielle
interrompue régulièrement et sans exception ne pouvait guère
avoir pour but que d'expliquer un fait universel, et ce fait, quel
pouvait-il être, sinon précisément celui du mouvement ? Telles
sont nos conclusions, et leur force ne nous paraît pas être
moindre parce que, jusqu'ici, elles n'ont encore été tirées par
personne. Ici encore, donc, le lecteur attentif aperçoit la croissance organique des idées et cette continuité de développement
qui, sans diminuer sérieusement le mérite de leurs auteurs,
rehausse la valeur des travaux scientifiques.

VI

En quoi, nous demandons-nous maintenant, consiste le mérite essentiel de Leucippe ? Quelle partie de sa doctrine porte
au plus haut degré l'empreinte de son génie original ? Ce n'est

---

[1] Cf. la citation de Parménide dans la note à p. 190.

pas lui qui a introduit dans la science la conception de l'espace vide ; les germes de la théorie atomistique existaient avant lui ; ce n'étaient toutefois, selon toute probabilité, que des rudiments grossiers qu'il a développés, perfectionnés et élevés à la dignité d'un système. Parménide avait préparé la distinction entre les qualités essentielles et les qualités non essentielles des choses, ou, comme nous disons depuis John Locke, entre les qualités primaires et les secondaires ; reste à savoir si ses indications, sur ce point, étaient indispensables ou non. En revanche, personne n'avait essayé avant Leucippe de rattacher au monde des substances le monde des phénomènes, au lieu de rejeter ce dernier, à la manière des Eléates, comme simple illusion et fantasmagorie, et de le bannir du temple de la connaissance. Leucippe jeta un pont entre ces deux mondes, qui, après avoir été confondus l'un avec l'autre, n'avaient été distingués, depuis peu, que pour être violemment séparés l'un de l'autre ; il essaya de montrer que l'ensemble des propriétés sensibles des choses sont, pour parler le langage des mathématiques, une fonction de leurs propriétés corporelles, de leur grandeur, de leur forme, de leur position, de leur situation, de leur voisinage ou de leur éloignement, et par là d'expliquer l'Univers au lieu de le nier ou de lui faire violence, et cette grandiose entreprise constitue le point capital de son œuvre de penseur. Et ce n'en est pas seulement là la partie la plus originale, mais aussi la plus durable, la partie vraiment indestructible. L'hypothèse atomistique fera peut-être un jour place à une autre ; au point de vue de la théorie de la connaissance, la distinction entre les propriétés primaires et les propriétés secondaires a beaucoup perdu de sa signification ; mais la tentative de rattacher toutes les différences de qualité à des différences de grandeur, de forme, de position et de mouvement est de nature à survivre à tous les changements d'opinion et de point de vue. Sur cette théorie, qui ramène les qualités à des quantités ou, pour parler plus exactement, établit entre qualités et quantités des rapports précis, repose toute connaissance exacte de la nature. En elle, est contenue comme en germe toute la physique mathématique. C'est d'elle qu'a pris son point de départ la science des temps modernes. Galilée, Descartes, Huyghens ont suivi exactement la même voie. « Qu'il faille, dit Galilée, pour produire en nous les goûts, les odeurs et les sons autre chose que des grandeurs, des formes, des quantités et des mouvements lents ou rapides, c'est ce que je ne crois pas[1] ». Huyghens suppose des corps formés d'une seule et même matière, et « dans lesquels on ne considère aucune qualité,.... mais seulement des *(sic)* différentes grandeurs, figures et mouvements, » et c'est exactement là aussi le point de vue soutenu avant lui par Descartes. Ces précurseurs de la science moderne de la nature connaissent tous, comme ils en témoignent eux-mêmes expressément, la doctrine qui, pour eux, est celle de Démocrite, mais qui, en réalité, a pour auteur Leucippe. Et, qu'on le remarque bien, les vues que nous avons gagnées par cette voie sur l'enchaînement des phénomènes naturels et la souveraineté que, grâce à elles, nous exerçons sur la nature, sont complètement indépendantes des systèmes philosophiques que nous préférons ou auxquels nos descendants pourront se rallier. La lampe électrique brille pour l'agnostique qui, pourtant, considère l'essence des phénomènes comme un mystère à jamais impénétrable. Les lois de la réflexion et de la réfraction de la lumière sont les mêmes pour l'ami de la conception mécanique de l'univers que pour celui qui cherche ailleurs que dans la matière et dans ses mouvements la cause intime des phénomènes. Quelle que soit la réponse de l'avenir à ces questions fondamentales de la connaissance humaine, il est un fait désormais hors de toute contestation : les mouvements des corps, comme constituant un élément quantitativement déterminable, sont une clef qui a permis et permettra de pénétrer encore bien des secrets de la nature. Sur ce point, s'il est permis de le faire jamais, nous pouvons parler de résultats définitifs. En donnant cette clef à l'humanité par

---

[1] Galilée, op. cit. 336 : « Ma che ne' corpi esterni, per eccitare in noi i sapori, gli odori e i suoni, si richiegga altro che grandezze, figure, moltitudini, e movimenti tardi o veloci, io non lo credo ». De même Huyghens, op. cit. p. 96 : « En ne supposant dans la nature que des corps qui soient faits d'une mesme matière, *dans lesquels on ne considère aucune qualité* ni aucune inclination à s'approcher les uns des autres, *mais seulement des différentes grandeurs, figures et mouvements...* ». Il ressort de l'évidente allusion citée par Lasswitz, op. cit. II 49, que Galilée connaissait bien les doctrines de Démocrite. Löwenheim, *Der Einfluss Demokrits auf Galilei*, a d'ailleurs montré dernièrement que Galilée avait étudié Démocrite de près *(Archiv* VII 230 sq.). En ce qui touche Huyghens, cf. la déclaration, op. cit. p. 93, dans laquelle il exprime son étonnement de ce que non seulement les autres philosophes, mais même Démocrite, ont négligé d'expliquer la pesanteur : « On peut le pardonner à ceux qui se contentaient de pareilles solutions en bien de *(sic)* rencontres ; mais non pas si bien à Démocrite et à ceux de sa Secte, qui, aiant entrepris de rendre raison de tout par des Atomes, en ont excepté la seule Pesanteur ». Platon suit d'ailleurs évidemment les traces des Atomistes dans les *Lois*, X 897 a.

sa théorie, Leucippe s'est acquis un titre de gloire impérissable au sens absolu de ce mot.

Les tentatives qu'il a faites pour prouver la grande doctrine qu'il donnait au monde portent assez souvent le caractère du raisonnement a priori ; cela tient peut-être à l'influence de Zénon, et cela ne doit pas diminuer sa gloire. Non seulement il a fondé sa hardie hypothèse sur les faits d'expérience qui, en réalité, en constituent la base, non seulement il s'est référé aux faits, devenus explicables par elle, du mouvement dans l'espace, de la raréfaction et de la condensation, de la compression et du changement de volume en général, (dont la croissance des êtres organiques n'est qu'un cas particulier important[1]) ; il a voulu donner aussi à ses arguments cette forme impérieuse qui devait fermer toute issue à ses contradicteurs, les réduire à l'absurde, et les forcer de se contredire dès qu'ils s'en prendraient à la nouvelle théorie. « Le plein, disait-il, à ce qu'on rapporte, au début d'une de ses preuves, ne peut rien admettre au-dedans de lui ». Assurément non, pouvons-nous ajouter, puisque « être plein », au sens rigoureux, et « ne rien pouvoir admettre en soi » sont deux expressions absolument synonymes. Quand nous avons versé dans un vase autant d'eau qu'il en peut contenir, nous disons qu'il est plein ; et si l'on nous dit qu'un vase est plein, ce que nous comprenons par là, c'est qu'on n'y peut plus rien faire entrer. Mais peut-être cette tautologie était-elle innocente, destinée seulement à faire comprendre la notion du « plein » ? C'est ce que nous allons voir tout de suite. « Mais si le plein, continuait-il, selon Aristote, pouvait admettre en soi quelque chose encore de plus, et si, par conséquent, deux corps (également grands) trouvaient place là où, auparavant, un seul l'avait fait, alors un nombre quelconque de corps pourraient trouver place au même endroit, et alors le plus petit pourrait admettre en soi le plus grand ». Cette phrase, c'est l'atout décisif de Leucippe. Elle recèle cependant une équivoque qu'il suffit de mettre en lumière pour renverser tout l'argument. Que le plus petit puisse admettre en soi le plus grand comme tel, que, par exemple, une coquille de noix puisse donner asile à un éléphant, c'est ce qu'aucun adversaire de la théorie atomistique n'était contraint de concéder. Qu'un volume de matière de la

---

[1] Preuves de l'existence du vide dans Aristote, *Phys.* IV 9 (213 b 5 sq.).

grosseur de l'éléphant puisse se comprimer au point de tenir dans une coquille de noix ou d'œuf, cela est, en fait, contraire à la vérité, mais ce n'est pas là une supposition absurde ou contradictoire en soi. Elle le devient seulement quand l'incompressibilité de la matière est admise, si, par conséquent, ce qu'il faut prouver est supposé prouvé. Le début de l'argument sert à cette pétition de principe; la notion du « plein » y apparaît d'abord dans un sens purement empirique, et qui peut se concilier avec n'importe quelle théorie; puis, par cette détermination en apparence purement explicative « qu'il ne peut rien admettre au-dedans de lui », elle se transforme dans la notion de l'impénétrable ou de l'incompressible, par laquelle elle est désormais remplacée. Ce n'est qu'après cette substitution que la prémisse permet de tirer la conclusion désirée d'elle; autrement, le raisonnement cesse d'être concluant.

A la même catégorie de preuve appartient celle par laquelle les atomistes — et déjà Leucippe lui-même[1], — prétendaient établir l'infinité de formes des atomes. Mais elle est moins innocente encore. « Il n'existe pas de raison, disait-il, pour que les atomes affectent une forme plutôt qu'une autre; c'est pourquoi toutes les formes imaginables doivent être représentées en eux. » Si l'on se contente de dire par là que l'exubérante richesse de

---

[1] Dans Théophraste (Doxogr. 483, 17 sq.). Je tiens pour une parenthèse la phrase καὶ τῶν ἐν αὐτοῖς σχημάτων ἄπειρον τὸ πλῆθος διὰ τὸ μηδὲν μᾶλλον τοιοῦτον ἢ τοιοῦτον εἶναι, et comme sujet de τοιοῦτον, je supplée τὸ σχῆμα αὐτῶν. On identifie habituellement cette affirmation de Leucippe avec celle de Démocrite touchant les qualités secondaires οὐ μᾶλλον τοῖον ἢ τοῖον (chez Plutarque, adv. Colot. 4, 1 et Sext. Emp. Pyrrh. hyp. I 213 = 48, 13 sq. Bekker). Mais, si pardonnable que soit cette confusion, le contexte dans lequel se trouvent les deux phrases ne permet aucun doute sur leur différence. Que ne faut-il pas faire entrer dans la phrase de Théophraste pour en tirer, dans cette supposition, un sens à moitié intelligible! Comment cette déclaration de Démocrite, qui, de l'aveu même de Zeller, 5ᵉ éd., p. 920 n. 2, « se rapporte seulement aux qualités secondaires sensibles », peut-elle servir à prouver le nombre infini des formes atomiques? Le nombre des variations subjectives dont l'exemple typique, cité aussi par Sextus, est le fait que le miel paraît amer à l'homme atteint de jaunisse, peut s'élever à trois ou à quatre, à dix même, si l'on veut. Mais, même s'il y en avait cent ou mille, cela ne signifierait rien quant au nombre infini des formes atomiques. Et, chose plus significative, l'existence de ce nombre infini et leur combinaison dans chaque objet sensible sont deux choses différentes. Et ce serait une violence intolérable que de devoir ajouter par la pensée la seconde de ces hypothèses à la première, la seule dont il soit question dans Théophraste, et la seule dont il puisse être question d'après tout le contexte. Et par dessus tout, Théophraste (Doxogr. 518, 20 sq.) ne parle que de la combinaison de *beaucoup* de formes atomiques, mais nullement de celle d'une infinité de ces formes dans un seul objet sensible. D'ailleurs il s'agit chez lui d'un cas spécial, et non d'une règle générale. (Soit dit en passant, ce passage nécessite une correction, et se lisait peut-être à l'origine comme suit : ἀλλ' ἐν ἑκάστῳ [λείῳ] πολλὰ εἶναι [καὶ τραχέα] καὶ τὸν αὐτὸν [χυλὸν μετ'] ἔχειν λείου καὶ τραχέος κτλ.

formes déployée dans d'autres domaines par la nature ne doit pas, selon toute attente du moins, se démentir dans ce domaine particulier, nous nous trouvons en présence, comme nous l'avons déjà remarqué une fois, d'une conclusion par analogie à laquelle on ne peut, en tant que présomption ou conjecture provisoire, refuser un faible degré de légitimité. Mais si cet argument revendique un caractère vraiment impérieux, il est, cela se comprend de soi, nul et non avenu. Car il présuppose une connaissance des ressources de la nature, un jugement sur leur limitation ou leur illimitation, qui nous est à jamais interdit. Au point de vue de la méthode, cela nous rappelle la preuve fallacieuse que donnait Anaximandre de l'état d'immobilité de la terre, de même que les essais analogues de preuve, déjà mentionnés par nous, de ces mécanico-métaphysiciens qui s'efforçaient de fonder la loi de l'inertie sur des considérations a priori au lieu de la fonder sur l'expérience (cf. p. 58). Encore faut-il ajouter que ces derniers penseurs donnaient une raison insoutenable d'un fait réel, tandis que, cette fois-ci, non seulement la raison donnée est erronée, mais le fait à prouver est lui-même douteux. Démocrite avait l'esprit plus porté à l'empirisme ; aussi peut-on lui attribuer avec probabilité le raisonnement que voici pour prouver directement l'existence de l'espace vide. Un récipient rempli de cendre admet en soi autant d'eau — il a sans doute voulu dire : à peu près autant — que s'il ne s'y trouvait pas de cendre ; cela ne se peut que parce que la cendre renferme une très large proportion de vide. Est-il nécessaire de dire d'abord que l'interprétation du fait était fausse ? Un corps poreux, comme l'est la cendre, contient une grande quantité d'air, et cet air est chassé par l'eau qu'on verse dans le récipient. Sans doute Démocrite, s'il avait été renseigné sur ce point, aurait pu répondre : « Où peut donc s'échapper l'air qui fait place à l'eau si tout l'espace est déjà occupé par une matière impénétrable ? » Et, ainsi modifié, l'argument n'eût eu ni plus ni moins de portée que ceux qui se fondent sur le mouvement progressif dans l'espace, car celui-ci suppose nécessairement l'existence d'espaces vides du moment que l'impénétrabilité de la matière a été établie par une autre voie.

VII

Ces méprises ne sont, ni isolément, ni réunies, de nature à peser gravement sur la mémoire de ceux qui les ont commises. Toutefois nous ne pouvions nous dispenser de les mentionner pour divers motifs dont voici le plus important ; Il devrait être absolument hors de doute que la théorie atomique n'a jamais, pas plus dans les temps modernes que dans l'antiquité, été, à proprement parler, *prouvée*. Elle était, elle est et elle reste non pas une théorie au sens rigoureux de ce mot, mais une hypothèse. Une hypothèse, il est vrai, d'une vitalité, d'une vigueur sans exemple, d'une fécondité incomparable, le flambeau des recherches physiques et chimiques jusqu'aux jours où nous vivons. Comme, par son aide, des faits anciens ont toujours été expliqués d'une manière satisfaisante, et de nouveaux faits découverts, elle doit renfermer un élément important de vérité objective, ou, pour parler plus exactement, elle doit, sur un long parcours, être parallèle à la condition réelle et objective des choses. Mais elle n'en est pas moins une hypothèse, et une hypothèse qui se dérobera à tout jamais à la vérification directe, parce qu'elle porte bien au delà des limites de notre faculté de perception. Quant à la vérification indirecte d'une hypothèse, elle ne peut être complète qu'à deux conditions : si l'on peut établir non seulement qu'elle s'accorde au mieux avec les faits expliqués par elle, mais encore qu'aucune autre hypothèse imaginable ne remplirait ce but ni mieux ni même aussi bien. Or on ne pourra certainement jamais donner une preuve plus qu'approximative dans le cas qui nous occupe, où il s'agit des processus les plus cachés, les plus éloignés des prises de nos sens. C'est pourquoi quelques-uns des penseurs les plus circonspects du temps présent, quoique tenant en grand honneur l'hypothèse atomistique, ne la regardent cependant que comme une conjecture, qui se rapproche certainement assez de la vérité dernière pour pouvoir être employée avec le plus grand profit, mais qui ne devrait jamais l'être sans la réserve tacite que cette hypothèse n'est peut-être pas la vérité dernière ni même la dernière à laquelle nous puissions atteindre.

Nous nous voyons forcés de faire une réserve d'une tout autre nature et d'une portée plus étendue dès que nous abandonnons le point de vue du naturaliste-philosophe pour nous placer à celui du théoricien de la connaissance. Celui-ci se demande s'il peut, en dernière analyse, apprendre quoi que ce soit du monde extérieur, ou du moins s'il peut en apprendre plus que ne lui en révèle l'existence de séries de sensations reliées par des lois ; pour lui, la distinction, si importante et si utile au premier plan de la connaissance, des propriétés primaires et des propriétés secondaires, perd sa signification fondamentale ; un examen plus approfondi de sa conscience l'oblige à ramener à des sensations non seulement les odeurs, les goûts, les couleurs ou les sons, mais encore les caractères proprement dits de la substance matérielle, et à s'avouer que le concept de la matière lui-même est dépouillé de son contenu dès qu'on fait abstraction de tout sujet qui perçoive et qui soit susceptible d'éprouver ces impressions. Mais, même pour les penseurs qui se placent à ce point de vue, la théorie atomistique n'a pas perdu sa haute valeur. Ils voient en elle un modèle mathématique pour la représentation des faits, et lui attribuent dans la physique une fonction analogue à celle que remplissent certains concepts mathématiques auxiliaires[1]. Mais nous aurons à revenir plus loin et avec plus de détail sur ce point, comme nous l'avons déjà donné à entendre une fois (p. 339). Ici, nous devions, au préalable, et au moins en passant, mentionner aussi ce courant intellectuel, ne fût-ce que pour faire remarquer à ce propos que les auteurs de l'atomistique ne soupçonnaient absolument pas ces scrupules, réservés à une phase ultérieure du développement spéculatif. Et cela était heureux pour la science, car rien ne pourrait en compromettre plus gravement le progrès que si l'énergie de ses représentants aux diverses époques — dont chacune a à remplir une tâche strictement circonscrite — était paralysée par la contemplation de buts plus lointains et plus élevés.

Ainsi Leucippe et Démocrite se sont naïvement tenus au monde des corps, sans s'embarrasser d'aucun scrupule inspiré par la théorie de la connaissance ; si l'on veut appeler cela du matérialisme, comme on a décoré du nom d'idéalisme la contre-partie de cette philosophie, alors les Abdéritains étaient des matérialistes. Ils l'étaient aussi en ce sens qu'ils ne sup-

---

[1] Ernst Mach, *Die Principien der Mechanik*, u. s. w. (Internationale wissenschaftl. Bibliothek) 463 sq.

posaient pas la survivance de la psyché ou âme-souffle, et que, plus conséquents que Parménide et qu'Empédocle, chez lesquels cette conception ne jouait, comme nous l'avons vu, qu'un rôle tout à fait oiseux et sans portée pour l'explication des faits, ils la bannissaient complètement et la remplaçaient par celle d'une âme formée d'atomes. Mais ils n'étaient pas matérialistes si, par ce nom, on désigne des penseurs qui contestent ou nient l'existence des substances spirituelles — pour la simple raison que le concept de la substance n'avait pas encore été transféré du domaine de la matière, où il a pris naissance, à celui de l'esprit. Ils étaient de nouveau matérialistes, ni plus ni moins que tous leurs prédécesseurs et leurs contemporains qui s'étaient voués à l'étude de la nature, à l'exception du seul Anaxagore, par le fait qu'ils cherchaient dans le monde matériel seulement les causes ou les conditions des états ou des qualités de conscience. Leur attitude à l'égard du divin n'était pas non plus essentiellement différente de celle de la grande majorité de leurs devanciers. Ils connaissaient aussi peu qu'eux tous une divinité créatrice des mondes ; ils n'admettaient pas plus qu'Empédocle des dieux individuels doués d'immortalité au sens propre du mot. Démocrite dérivait la foi en ces dieux et en leur puissance de la crainte dont le tonnerre et l'éclair, les éclipses de soleil et de lune, et autres phénomènes terrifiants ont rempli les âmes des premiers hommes. Cependant on dit qu'il admettait la divinité des astres, parce que, sans doute, leur nature est ignée, c'est-à-dire qu'ils sont composés d'atomes psychiques ; et il croyait, comme Empédocle, à l'existence d'êtres supérieurs à l'humanité, et doués d'une vie très longue, sans être illimitée. En somme, il pensait que le cours de l'Univers n'est pas soumis à leur action, mais il ne put néanmoins se résoudre à rejeter dans le domaine de la fable tout ce que l'on racontait des dieux et de leur influence sur les destinées humaines[1]. C'est ainsi que,

---

[1] Au sujet des doctrines théologiques de Démocrite, voir surtout Sext. Emp. *adv. Math.* IX 1, 19 et 24 = p. 394, 28 sq. et 396, 5 sq. Bekker ; Tertull. *ad Nation.* II 2 (rapproché avec raison par Zeller du commentaire d'Eustathe sur *Odyss.* XII 63). A remarquer son explication rationaliste de la divination par les entrailles (Cic. *de Divinat.* II 13, 30) qu'Ihering a déclarée récemment la vraie, *Vorgesch. d. Indoeuropäer* 448. Quoique bien loin de l'être en effet, cette tentative d'explication est caractéristique de Démocrite. Ailleurs, il s'efforce de trouver un fonds de réalité dans les coutumes et les croyances religieuses ; il ne tenait pas pour de simples fictions les apparitions divines et les songes significatifs, et dans les dieux de la foi populaire, il apercevait des désignations de facteurs naturels

sans aucun doute par la rencontre et l'enchaînement des atomes dont le nombre infini et la variété de formes lui offraient d'inépuisables ressources pour de telles constructions, il expliqua la naissance d'êtres qui dépassent de beaucoup les hommes en grandeur et en beauté. Ce êtres se meuvent dans les champs de l'air ; les images qui s'en détachent s'insinuent en nos corps, jusque dans leurs organes les plus divers ; et par là directement ou indirectement, en pénétrant jusqu'aux organes des sens, en nous apparaissant en songe ou même en nous parlant, elles provoquent les effets les plus variés, les uns salutaires, les autres funestes.

VIII

Dans ce que nous venons de dire, le lecteur a trouvé un avant-goût de la psychologie et surtout de la théorie de la perception de Démocrite, laquelle était sans doute aussi celle de son maître. Cette partie de leur doctrine n'a produit que peu de fruits, quoique Epicure et ses disciples ne se soient fait aucun scrupule de l'incorporer à leur système. Pour ces deux raisons, nous serons ici aussi brefs que possible, nous réservant de traiter cette question avec de plus amples développements quand nous étudierons l'épicurisme ; nous disposerons alors de sources plus abondantes et n'en serons pas réduits aux renseignements que nous fournissent les adversaires de l'atomisme lorsque, comme Théophraste, par exemple, ils relèvent des points isolés de la théorie démocritique de la connaissance pour les soumettre à une critique incisive[1]. Les supports des fonctions psychiques se trouvaient pour Démocrite dans les atomes les plus mobiles, pour cette raison d'abord que la rapidité proverbiale de la pensée — « rapide comme une aile ou comme une pensée », dit déjà Homère — paraissait exiger un tel véhicule, mais aussi parce que le processus de la vie,

ou même de forces morales, défigurées sans doute et mal interprétées par le caprice des poètes. (Cf. Clément d'Alex., *Protrept.* ch. 6 p. 59 Potter, et *Stromat.* V ch. 14, 709 P.) Pour rétablir les mots corrompus, consulter aussi Eusèbe *Præp. Evang.* XIII c. 13 § 27, III 322 Gaisf. ; Diog. Laërce IX 46). — Diels, *Archiv* VII 154-157, discute *Ueber Demokrits Dämonenglauben*.

[1] Voir l'exposé et la critique de la théorie de la connaissance de Démocrite par Théophraste dans les *Doxogr.*, 516 sq. Sur les atomes psychiques de Démocrite et de Leucippe, et sur le rôle de la respiration, cf. Aristote, *de Anima* I 2, 403 b 31 sq.

où l'on voyait un produit de l'âme identifiée à la force vitale, nous offre l'image de changements incessants. C'est pourquoi on se représenta comme supports des fonctions de l'âme des atomes particulièrement petits, ronds et lisses ; et comme ces atomes devaient tendre sans cesse, à cause précisément de leur grande mobilité, à s'échapper du corps, on attribua à la respiration la mission de les y retenir par un courant d'air, et de les renouveler constamment ; si cette mission cesse d'être remplie, les atomes psychiques se dispersent définitivement. Comme ils provenaient du monde extérieur, il est parfaitement compréhensible que Démocrite, suivant en cela les traces de Parménide et d'Empédocle, n'ait pas tiré entre le monde animé et le monde inanimé de ligne de démarcation stricte, mais qu'il n'ait établi entre les deux qu'une différence de degré[1]. C'est en raison sans doute de la chaleur vitale des organismes supérieurs aussi bien que de l'incessant mouvement, propre à la flamme, qu'il identifia, comme autrefois Héraclite, ces atomes avec ceux du feu.

Des divers processus de perception, c'est celui de la vue qu'il a étudié avec le plus d'attention. Ce fait merveilleux — merveilleux encore aujourd'hui pour tous ceux chez lesquels l'habitude n'a pas émoussé l'admiration — que des objets éloignés affectent nos organes visuels, il le tenait pour inexplicable sans l'admission d'un agent intermédiaire. Mais, tandis que notre physique recourt à l'éther, il croyait pouvoir se contenter de l'air. Celui-ci, pensait-il, reçoit des objets des impressions identiques à celle du cachet sur la cire, — et les transmet à nos organes. Des objets eux-mêmes se détachent continuellement de fines pellicules ou membranes ; quand l'œil se trouve dans le voisinage immédiat, elles y pénètrent, et l'image devient visible sur la pupille ; dans l'autre cas, cet effet se produit par l'intermédiaire de l'air. Mais si indispensable que l'air parût dans ce but, ce n'était pas un agent invariablement favorable à la perception visuelle ; si les objets s'obscurcissent et finissent par disparaître au fur et à mesure qu'on s'en éloigne, c'est qu'il exerce aussi une influence troublante. S'il n'en était ainsi, pensait Démocrite, nous aperce-

---

[1] Cf. *Doxogr.* 390, 19 sq. Il est important d'insister sur la durée de la doctrine de l'animation universelle, surtout parce que la plupart des historiens de la philosophie font cesser beaucoup trop tôt le mode de pensée hylozoïstique, en général déjà avec Anaxagore et Empédocle.

vrions même une fourmi qui se promènerait sur la voûte du ciel. Cette courte esquisse suffit pour montrer au lecteur que les éléments de l'optique étaient complètement étrangers au grand penseur ; et qu'il a été ici induit en erreur par l'effort qu'il a tenté, non tout à fait sans succès, dans d'autres domaines pour rapporter au contact immédiat et à ses effets immédiats et mécaniques (pression et choc) toute action d'un objet sur un autre. Nous ne pouvons nous dissimuler non plus que par ce trait de sa doctrine fondamentale, ses spéculations sur les questions d'optique sont en recul sur les essais moins grossiers d'Alcméon et d'Empédocle. Nous ne pouvons d'ailleurs pas dire comment il s'est tiré des difficultés que soulevait son hypothèse elle-même. N'aurait-il pas songé, par hasard, que l'incessante émission de ces pellicules ou membranes qu'il appelait « idoles » ou images devait entraîner dans le cours des temps une diminution sensible du volume des corps, ou bien a-t-il paré à cette objection en s'en référant à la caducité de tous les objets qui tombent sous nos sens ? Un point seulement, dans cette étrange théorie, mérite d'être loué. En ramenant les hallucinations et en général ce que l'on appelle des sensations subjectives à des « images » qui pénètrent du dehors, il se rencontre avec la science d'aujourd'hui en ce sens qu'il ne supprime pas toute parenté entre les sensations produites par les agents excitateurs les plus divers. Mais, au lieu de mettre en lumière le facteur subjectif qui leur est commun, il fait plutôt le contraire ; au lieu de connaître et de relever l'énergie spécifique des nerfs sensitifs, et d'assimiler ainsi la perception à l'hallucination, il assimile plutôt l'hallucination à la perception. Et cela était naturel, et ne doit pas nous surprendre, car sa doctrine partait d'une croyance inébranlable et irraisonnée, d'une croyance que n'avait effleurée aucun scepticisme, aucune espèce de subjectivisme, dans la matière comme seule et absolue réalité.

Nous avons dit que Démocrite n'avait aucune tendance au scepticisme, et nous le répétons, quoique, dans les trop courts fragments qui nous restent de ses œuvres, nous rencontrions plusieurs affirmations de nature à faire supposer le contraire. Mais il n'y a là qu'une apparence, et rien de plus. Ces affirmations se répartissent en trois groupes que l'on n'a pas toujours distingués avec assez de soin. Comme celui de Faust, son cœur est « consumé » de ce que, au terme d'une longue vie de pensée et de travail scientifique, il ne peut jeter sur les secrets de la nature que des regards dérobés, furtifs et à bien des égards incertains. « La vérité habite dans les profondeurs » ; « la réalité est inaccessible aux hommes » ; telles sont les plaintes qui se sont échappées de sa poitrine ; elles nous sont parvenues dans les fragments du livre intitulé *Confirmations*, qui dénotent une tendance essentiellement inductive ou empirique, en opposition peut-être aux tendances aprioristiques de Leucippe[1]. La phrase suivante de cet ouvrage nous fait entendre une plainte plus pathétique encore : « En réalité, nous ne percevons rien de certain, mais seulement les choses telles qu'elles se transforment suivant la constitution de notre corps, de ce qui y entre et de ce qui lui résiste ». Tirer de ce passage, avec ce sceptique de l'antiquité qui le cite et qui le plie au service de sa doctrine, la conclusion que Démocrite a été en proie, ne fût-ce que momentanément, à un scepticisme de principe, c'est négliger un point qui, cependant, est assez évident. En effet, cette plainte est précisément fondée sur la nature de l'élément corporel, de laquelle le philosophe a aussi peu douté en écrivant ces mots qu'à n'importe quel moment. « En vérité, il y a des atomes et du vide », voilà la doctrine fondamentale de Démocrite, sur la valeur absolue de laquelle il n'a jamais exprimé ni même laissé entrevoir le moindre doute. Et cela, nous pouvons l'affirmer catégoriquement, car Sextus, le sceptique dont il est question plus haut, qui brûlait du désir de saluer dans le grand atomiste un esprit parent du sien, et ne s'est pas lassé de feuilleter ses ouvrages pour y trouver des passages favorables à sa thèse, n'a cependant pas pu en dénicher un seul qui lui donnât raison.

Mais ne nous trompons-nous pas ? Un disciple favori

---

[1] Ces plaintes sont mentionnées par Sext. Emp. *adv. Math.* VII 135 sq. p. 220 sq. Bekker ; cf. en outre Diog. Laërce IX 72. A. Brieger a traité récemment et excellemment, *Hermès* 37, 56. sq. de la *Demokrit's angebliche Leugnung der Sinnes-Wahrheit*. Du plus haut intérêt est le fragment de Démocrite dont l'original nous a été rendu depuis peu accessible ; cf. H. Schöne, *Eine Streitschrift Galen's gegen die empirischen Aerzte*, Berliner Sitz.-Ber. 1901, LI p. 5. Les sens y adressent la parole à l'esprit en ces termes : τάλαινα φρήν, παρ' ἡμέων λαβοῦσα τὰς πίστεις, ἡμέας καταβάλλεις; πτῶμά τοι τὸ κατάβλημα. Ils reprochent à l'esprit de rejeter leur témoignage, et, par là, pour ainsi dire, de s'enlever à lui-même toute autorité. L'image de Démocrite est empruntée à la palestre ; il fait penser à deux lutteurs dont l'un terrasse l'autre, mais tombe en même temps que lui. On aimerait savoir ce que Démocrite faisait répondre à l'esprit. Il ne pouvait sans doute guère lui faire dire que ceci : la méfiance contre les sens se justifie quand leurs affirmations se contredisent (c'est-à-dire en ce qui concerne les propriétés secondaires) : en revanche, leur témoignage concordant, relativement, par exemple, à la matière et à ses propriétés primaires ou fondamentales, reste inattaquable et constitue le fondement de la connaissance.

d'Épicure, nommé Kolotès, n'a-t-il pas relevé un mot de Démocrite qui supprime radicalement toute certitude de connaissance, et même, si l'on en croit Kolotès, « met la vie elle-même sens dessus dessous ». Le malentendu est depuis longtemps éclairci, et dans ce mot auquel on a attribué une si fâcheuse portée, nous ne trouvons pas la preuve de la fluctuation des principes de Démocrite, mais, bien au contraire, de la confiance sans réserve qu'il avait dans sa pensée fondamentale et dans les conséquences qui en découlent. Cette fameuse proposition, la voici : « Une chose n'est aucunement constituée de telle manière plutôt que de telle autre ». Elle se rapporte, comme le montre incontestablement le contexte, précisément aux propriétés des choses que les penseurs modernes appellent secondaires, et auxquelles Démocrite, comme nos lecteurs le savent depuis longtemps déjà, a refusé la réalité objective. Or la déclaration réprouvée par le disciple d'Épicure était conçue comme il le fallait pour faire ressortir cette distinction de la manière la plus efficace et la plus frappante. Que le miel soit doux pour l'homme sain, mais que l'homme atteint de jaunisse le trouve amer, ce fait et les faits analogues étaient généralement connus et reconnus ; mais la manière ordinaire de les exprimer était en contradiction non seulement avec cette importante distinction, mais encore avec la saine raison. On ne s'exprimait pas alors à ce sujet plus exactement et plus correctement que ne le font aujourd'hui la plupart des gens cultivés. « Le miel, disait-on et dit-on encore, *est* doux, mais il *paraît* amer à ces malades ». Non, répondait Démocrite, il n'en est pas ainsi ; ce n'est pas le nombre qui peut décider de la vérité et de l'erreur. Car alors, si la majorité des hommes étaient en proie à la jaunisse, et si la minorité seulement en étaient épargnés, la norme de la vérité serait changée ; ce que nous constatons ici, ce n'est pas la différence de l'*être* et du *paraître*, mais seulement celle du grand nombre et du petit. L'une des sensations est aussi subjective, aussi relative, aussi extérieure à l'objet lui-même que l'autre. La douceur normale est aussi peu une qualité objective du miel que son anormale amertume. Le miel n'est « en rien plus » doux qu'il n'est amer. C'est un corps composé d'atomes de telle ou telle forme, de telle ou telle grandeur, disposés de telle ou telle façon, et renfermant telle ou telle proportion de vide ; tout le reste est un effet qu'il exerce sur d'autres corps, entre autres sur les organes gustatifs de l'homme, effet qui, par conséquent, dépend aussi de ceux-ci et de leur condition permanente ou momentanée, générale ou individuelle. Démocrite n'a éprouvé aucun doute quelconque sur l'existence objective des corps et de leurs propriétés. Il était, au contraire, animé du désir de séparer aussi nettement et aussi précisément que possible l'invariabilité de ces causes de la variabilité des effets qu'elles produisent de concert avec le facteur subjectif et changeant, et de prévenir ainsi tout empiétement sur le domaine de l'immuable du scepticisme engendré par ce changement. Voilà le seul motif qui a dicté à Démocrite la phrase que nous venons de discuter.

A la troisième catégorie, enfin, appartient la célèbre phrase qui établit une distinction entre la vraie connaissance et la connaissance obscure[1]. Elle se trouvait dans un ouvrage en trois livres intitulé le *Canon* et qui, à ce que l'on peut supposer, exposait et fondait la logique inductive, et elle était conçue comme suit : « Il y a deux sortes d'intelligence, la vraie et l'obscure. A l'obscure appartiennent toutes ces choses : vue, ouïe, odorat, goût, toucher ; mais la vraie, séparée de celle-ci... » Sextus était malheureusement trop pressé pour citer la phrase tout entière, et nous n'en connaissons pas la fin. En apparence, sur ce point, ceux-là ont partie gagnée qui, du physicien d'Abdère, veulent faire un métaphysicien ou un ontologue. Il rejette — peuvent-ils dire en effet — en bloc le témoignage des sens ; quel parti lui reste-t-il à prendre que de se réfugier dans les hauteurs de l'Etre pur ! Mais si hâtivement que Sextus ait transcrit son auteur, il nous en donne un extrait suffisant pour rectifier cette première et inexacte impression. Après une ou deux lignes de son crû, il recommence à citer, et ajoute une seconde phrase, malheureusement mutilée aussi, mais dont il semble que nous ayons perdu le commencement : La vraie intelligence commence « lorsque l'obscure ne (suffit) plus, où elle ne peut ni voir, ni entendre, ni sentir, ni goûter, ni percevoir par le toucher les choses parce qu'elles deviennent trop petites ». L'ardent désir de Démocrite, pouvons-nous dire en deux mots, eût été de posséder un microscope d'une puissance idéale. De ce que lui eût montré cet instrument, il eût déduit la couleur, comme adjonction subjective, et considéré le reste comme la plus haute vérité objective

---

[1] Les déclarations sur la connaissance vraie et la connaissance obscure sont également mentionnées par Sext. Emp. *adv. Math.* VIII 138 sq. p. 221 Bekker.

accessible. Ce qu'il reproche aux sens dans leur ensemble, c'est de n'avoir pas assez d'acuité, c'est de nous laisser dans l'embarras dès que nous cherchons à saisir les corps les plus petits, les phénomènes les plus subtils dont se composent les masses matérielles et les processus qui se déroulent en elles. Choses corporelles et processus matériels, tels sont pour lui les objets de l'intelligence vraie ou *non troublée*, de celle qui dépasse les limites de la connaissance obscure ou *troublée*. Manquant, comme nous en manquons encore, de ces instruments de précision d'une perfection idéale, ses moyens de connaissance dans ce domaine ne sont naturellement que des inférences, et ces inférences ne visent qu'à découvrir les rapports qui existent dans le monde matériel ; comme fondement de ces inférences, il ne pouvait admettre que les indications des sens, car s'il leur reprochait vivement leur insuffisance, il ne les dédaignait pas à proprement parler ; au contraire, grâce au contrôle qu'ils exercent les uns sur les autres et qui nous permet d'en rectifier les erreurs, il les considérait manifestement comme capables de rendre de précieux services. Ces inférences étaient évidemment des inférences par analogie ou, quand elles affectaient une forme plus rigoureuse, des inférences par induction ; elles prenaient comme point de départ les faits perceptibles et, dans la supposition que les énergies ou les propriétés ainsi obtenues conservent leur valeur au delà des limites de la perception, elles aspiraient à les franchir aussi bien dans l'espace que dans le temps. Ce qu'il en est du scepticisme de Démocrite, nous pouvons maintenant le dire en peu de mots. Il faut en exclure non seulement la croyance au monde des corps, mais encore les hypothèses fondamentales concernant les atomes et le vide et les propriétés primaires de la matière. Si cette région suprême de la connaissance est au-dessus du doute, il en existe une autre qui est au-dessous, si j'ose le dire. Elle est occupée par ces phénomènes secondaires ou subjectifs qui, strictement parlant, ne sont ni vrais ni faux, mais simplement des produits nécessaires et irrécusables. La région intermédiaire, située entre les deux précédentes, celle de l'explication de la nature dans le détail, est l'arène où s'agitent les doutes et les scrupules dont Démocrite est assailli et troublé. Le philosophe était constamment préoccupé d'éclaircir les rapports de ces deux domaines, et il se posait sans cesse ces questions : Quels processus réels échappant à la perception directe, pouvons-nous conjecturer derrière les phénomènes qui s'imposent à nos sens ? Quels mouvements corporels devons-nous présupposer pour expliquer les phénomènes sans faire violence aux énergies naturelles connues ou aux propriétés des choses ? Et ces problèmes, qui obsédaient l'esprit de l'Abdéritain, de préférence porté à l'étude des faits particuliers, lui faisaient constamment sentir l'insuffisance de ses ressources internes et externes, et lui arrachaient cette plainte sans cesse renouvelée qui témoigne avec une force égale de son insatiable soif de connaître et de la vigilante critique qu'il exerçait sur lui-même.

IX

Les règles d'investigation que renfermait le *Canon* de Démocrite sont disparues et oubliées. Nous ne pouvons donc plus connaître sa théorie à ce sujet qu'en la déduisant de sa pratique, ou plutôt de la critique dont cette pratique a été l'objet. C'est Aristote qui a surtout exercé cette critique, et en cela il a mérité notre reconnaissance la plus vive, même sur les points où nous ne pouvons en aucune manière nous associer à ses objections. Le blâme qu'il a exprimé relativement à la méthode de recherche de Démocrite prend à nos yeux la valeur du plus grand éloge qu'il soit possible d'imaginer. Le Stagirite reproche à son prédécesseur de ne savoir jamais, quand il se demande les raisons dernières des processus naturels, répondre que par ces phrases : « Cela est ou arrive toujours ainsi » ou bien : « Cela s'est passé ainsi déjà précédemment[1] ». En d'autres termes, l'*expérience* est pour lui la source dernière de la science de la nature. Si longue que puisse être la chaîne de nos déductions, quel que soit le nombre des anneaux dont elle se compose, nous arrivons finalement, pensait-il, à un point où l'explication n'est plus possible et où il ne nous reste d'autre alternative que de reconnaître un fait irréductible. Aristote lui-même n'a pas méconnu en principe cette vérité fondamentale : que toute déduction, en dernière analyse, se ramène

---

[1] La remarque critique d'Aristote se lit dans la *Phys.* VIII 252 a-b. Cf. à cela les déclarations de Théophraste, qui, cette fois, n'ont rien d'aristotélicien, sur Platon, et que cite Proclus dans son commentaire au *Timée*, p. 176 de l'édition de Bâle (et aussi dans *Doxogr.* 485, 13 sq.).

à des inductions. Mais, dans les cas particuliers, son désir d'explication ne trouve pas son compte à admettre des faits derniers basés seulement sur l'expérience et absolument impénétrables à notre esprit. Bien souvent, dans sa théorie de la Nature, nous rencontrons un semblant d'explication là où il eût convenu, en vérité, de renoncer à toute tentative ultérieure. Démocrite ignorait ces pseudo-explications, qui découlent la plupart du temps de préjugés séduisants. Ainsi la théorie platonico-aristotélicienne des « lieux naturels » (l'élément igné tend en haut, l'élément terrestre en bas, etc.) lui est aussi étrangère que l'affirmation arbitraire déjà longuement discutée par nous, selon laquelle la matière doit avoir reçu du dehors la première impulsion. Quand donc Aristote lui reproche, comme à Leucippe, d'avoir, par légèreté, négligé d'étudier l'origine du mouvement, la science moderne de la nature prend parti non pas, certes, pour celui qui inflige le blâme, mais pour celui qui en est l'objet. La critique qu'Aristote exerce[1], à propos de ces questions fondamentales, sur la façon dont les traitent les atomistes, ressemble d'une manière surprenante aux objections que soulève Descartes, dans ses lettres à Mersenne, contre Galilée et sa méthode de recherche naturelle. Dans l'un comme dans l'autre cas, l'esprit métaphysique se montre incapable de rendre justice à l'œuvre moins prétentieuse, mais plus féconde, des méthodes empiriques.

Il est plus difficile de se prononcer sur les mérites et les démérites des deux tendances en ce qui concerne le problème de la finalité et la manière de le traiter. Les atomistes ont laissé complètement de côté la préoccupation du but en ce qui touche à la naissance et à l'ordonnance du monde ou, pour parler plus exactement, des mondes ; ils ne sont pas sortis de la voie de l'explication mécanique et l'ont poursuivie aussi loin que possible. Fait plus significatif encore : même les phénomènes de la vie organique n'ont pu les amener à se placer à un autre point de vue. En ces deux circonstances, ils ont encouru les foudres d'Aristote[2]. Le disciple de Platon juge inadmissible que l'ordre et la beauté du Kosmos se soient produits spontanément ; il est au même degré incroyable pour lui

---

[1] *Métaph.* I 4 fin. Au sujet de ce qui suit, cf. Dühring, *Kritische Gesch. d. allg. Principien d. Mechanik*, 109-112.

[2] Les blâmes d'Aristote sont exprimés dans la *Phys.* II 4, 196 a 24 sq. et dans la *Generat. animal.* V, 789 b 2.

que les organes des animaux et des plantes fussent appropriés à leurs fonctions s'ils ne s'étaient développés en vertu d'un principe, à eux inhérent, de finalité, ou, pour employer un terme créé par Charles Ernest von Baer, et qui correspond exactement à la conception d'Aristote, sans *Zielstrebigkeit*, c'est-à-dire sans aspiration à un but. Il ne serait pas plus choquant, à ses yeux, de soutenir que si l'on fait une ponction à un hydropique, cette opération a pour cause la lancette du chirurgien, mais non le désir de guérir le malade. Ici, nous nous engageons sur le terrain d'une controverse qui passionne encore aujourd'hui. Nous connaissons d'ailleurs si mal la façon de procéder des atomistes dans chaque cas particulier qu'il nous serait difficile de porter un jugement sur sa légitimité, même si les questions qui se posent à ce sujet étaient tranchées, au moins en principe. Dans les manuels populaires de matérialisme, on trouve assez souvent, il est vrai, une solution assez sommaire, et que l'on peut exprimer par cette formule : « Ce n'est pas pour courir rapidement que les cerfs ont de longues jambes ; mais c'est parce qu'ils ont de longues jambes qu'ils courent rapidement ». Sans doute une telle transformation du rapport de cause à effet en rapport de moyen à fin joue un rôle assez important dans la pensée des hommes. Sans doute, on peut à bien des égards réfuter victorieusement le point de vue téléologique en disant que les formes capables de durée peuvent seules se développer et se maintenir ; que des formes ne remplissant pas cette condition ont pu assez souvent venir au jour, mais que, tôt ou tard, elles ont dû disparaître, et que la plupart, notamment, ont succombé à la lutte pour l'existence. Mais pour que l'un ou l'autre de ces expédients résolût complètement le problème de la finalité, il faudrait supprimer dans le domaine de la vie organique au moins deux faits fondamentaux, qui paraissent exiger des explications d'une autre nature. C'est d'abord la coopération — dont ils rendent si peu compte — de plusieurs et souvent de très nombreux organes et parties d'organes à une seule fonction commune ; c'est ensuite la structure, si merveilleusement appropriée à l'action des agents extérieurs, des organes des êtres vivants, et surtout des organes des sens. La science conserve, inébranlable, l'espoir de résoudre un jour ces redoutables énigmes, bien que les perspectives qu'avait fait naître il y a près d'un demi-siècle la théorie de Darwin aient été quelque peu déjouées par les recherches subséquentes, et que les savants les plus versés dans cette question penchent à ne voir dans la « variation spontanée » et dans la « survivance des plus aptes » qu'un des facteurs ici en cause et non leur totalité. Mais, quoi qu'il en soit de ce point, la tentative que firent les atomistes pour expliquer mécaniquement la nature s'est en tous cas montrée féconde, incomparablement plus féconde que les théories qu'on lui a opposées, et qui, faisant halte à une étape moins avancée de l'investigation, assignent prématurément une fin au besoin de savoir, soit en supposant des interventions surnaturelles, soit en introduisant des forces équivoques et dépourvues de toute détermination précise, telle que l'est, par exemple, la fameuse « force vitale » des anciens Vitalistes.

X

Si Démocrite a soigneusement évité de planter entre les divers départements de la vie naturelle terrestre des barrières infranchissables, il ne s'est pas moins gardé de souscrire à la division, fondée sur des apparences extérieures, de l'Univers en régions essentiellement différentes. Il ne sait rien de l'opposition qui sépare le monde sublunaire et changeant du monde immuable et constant des astres divins, distinction qui a pris une signification si grande et si funeste dans la philosophie aristotélicienne. Ici encore, Démocrite se trouve dans le plus parfait accord tant avec les grands hommes qui, comme Galilée, ont délivré la science moderne des chaînes de l'Aristotélisme, qu'avec les résultats, dans le domaine des faits, de la recherche des trois derniers siècles. Le voile qui s'étendait sur les yeux des autres ne troublait pas son intelligence ; et ce seul avantage lui a fait pressentir ce que le télescope et l'analyse spectrale ont révélé à nos regards étonnés. Cela touche vraiment au merveilleux. Un nombre infini de mondes différents en grandeur, les uns pourvus de plusieurs lunes, les autres sans soleil ni lune ; les uns en formation, les autres en train de disparaître par suite de quelque collision ; quelques-uns d'entre eux entièrement dépourvus d'eau, voilà de quoi nous parle Démocrite ; ne semble-t-il pas, en l'entendant, que nous entendions la voix d'un astronome de nos jours qui a vu les lunes de Jupiter, reconnu l'absence d'eau dans la nôtre, observé les nébuleuses et les étoiles éteintes, grâce aux admirables instruments dont nous disposons aujourd'hui ? Et pourtant cette concordance repose entièrement ou presque entièrement sur l'absence d'un préjugé puissant, qui obscurcit le véritable état des choses, et sur cette hypothèse hardie mais non téméraire : que, dans l'infinité du temps et de l'espace, les possibilités les plus diverses ont pu devenir des réalités. En ce qui concerne le nombre infini des formes atomiques, cette théorie n'a pas trouvé grâce devant la science actuelle ; mais sous le rapport des processus et des transformations cosmiques, elle a reçu une pleine confirmation. On a pu dire avec raison que la théorie démocritique de l'Univers a dépassé en principe le point de vue géocentrique[1]. Et si Aristarque de Samos l'a abandonné en fait, on peut dire dès maintenant et avec le plus haut degré de probabilité que la voie lui avait été frayée par le disciple de Leucippe. Nous reviendrons sur ce sujet dans un chapitre subséquent, et nous rechercherons les fils en partie cachés qui relient ce dernier au Copernic de l'antiquité ainsi qu'aux grands physiciens d'Alexandrie et à leur élève Archimède, et par lesquels Archimède, à son tour, est relié à Galilée et aux autres pionniers de la science moderne.

Aujourd'hui, comme il y a deux mille ans, se pose la question de savoir si notre globe seul sert de demeure à des êtres vivants, et aujourd'hui, nous ne disposons guère, pour la résoudre, de plus de données expérimentales qu'alors. Mais Démocrite et les siens ne méritent guère le reproche de témérité pour avoir refusé de faire une exception, sous ce rapport aussi, en faveur du seul astre que nous connaissions un peu exactement. Quelques mondes seulement, déclarait Démocrite lui-même, sont dépourvus de plantes et d'animaux, parce qu'ils manquent de l'eau nécessaire à leur entretien. Déclaration particulièrement remarquable parce qu'elle était fondée de toute évidence sur l'hypothèse de l'unité de composition de l'Univers, tant au point de vue des matières dont il est formé qu'à celui des lois qui en régissent le cours, et que cette hypothèse a été mise en pleine lumière par la physique astrale de nos jours. En lui se révèle le même esprit qui inspirait plus tard à un de ses disciples, Métrodore de Chios, cette éclatante comparai-

---

[1] Cf. surtout Hippolyte I 13, dont Löwenheim a tiré un heureux parti en faisant observer que Démocrite « avait déjà abandonné en principe le point de vue géocentrique ». (*Archiv* VII 246).

son : « Un seul épi de blé sur une plaine immense ne serait pas plus extraordinaire qu'un seul Kosmos dans l'infinité de l'espace[1] ».

XI

Mais plus importante encore que cette géniale anticipation sur les théories les plus modernes est la conception de la vie impliquée dans cette vue du monde, et qui s'en dégage de toute nécessité. Comme l'homme doit paraître mesquin à ses propres yeux, combien insignifiants les buts que poursuivent avec une ardeur fiévreuse la plupart de ses semblables ; comme son orgueil doit faire place à la modestie et à l'humilité quand il voit le globe qu'il habite dépouillé de tout privilège, de toute supériorité, pour ne plus être qu'un grain de sable sur le rivage de l'infini ! Là, croyons-nous, se trouve le noyau de l'éthique de Démocrite.

La postérité a vu dans l'Abdéritain le philosophe « Jean qui rit », parce que la conduite des hommes lui paraissait absolument absurde, absolument en désaccord avec leur importance et leur valeur. Malheureusement, les sources dans lesquelles on a l'habitude et où l'on est en une certaine mesure obligé de puiser la connaissance détaillée de sa philosophie morale sont pour la plupart peu limpides. Nous savons juste assez d'un de ses principaux ouvrages éthiques pour pouvoir en esquisser, au moins partiellement, le plan et les idées directrices[2]. Cet ouvrage traitait de la tranquillité de l'âme et était remarquable déjà par la modestie du but qu'il proposait à l'activité humaine. Ce n'était pas le bonheur ou la félicité, mais simplement le bien-être, la paix du cœur que ne vient troubler aucune crainte superstitieuse, aucune prédominance des passions, cette assurance ou cet équilibre psychique que rien ne déconcerte, et que l'on com-

---

[1] Métrodore de Chios : chez Stobée *Ecl.* I.496 (I p. 199, 1 Wachsmuth).

[2] Sur les fragments éthiques de Démocrite, cf. l'étude de Lortzing dans le *Berl. Gymn.-Progr.* 1873; Hirzel, *Demokrits Schrift* περὶ εὐθυμίης *(Hermès* XIV 354 sq.); Natorp, *Die Ethika des Demokritos* 1893, discuté par Diels dans la *Deutsche Litt. Zeitung* 1893, n° 41. Diog. Laërce ne donne que peu de renseignements, mais des renseignements évidemment authentiques, sur la morale de Démocrite (IX 45). Par les termes de « tranquillité de l'âme », de « bien-être » et d' « assurance », j'ai traduit les expressions démocritiques de εὐθυμίη, εὐεστώ et ἀθαμβίη. — Le fragment cité ci-dessous (et conservé par Stob. *Flor.* 46, 48) a été conjecturalement rétabli par nous dans nos *Beitr. z. Kritik u. Erklärung griech. Schriftsteller* III 26 (= 586 Wiener Sitz.-Ber. 1876).

paraît au calme de la mer. Le traité commençait par une description de l'état misérable de la majorité des hommes qui, en proie à une incessante inquiétude, se consument à la recherche du bonheur, saisissant chaque chose pour l'abandonner ensuite, et ne trouvant jamais une satisfaction durable. Comme principales sources de l'infortune, il désignait, semble-t-il, l'immodestie des désirs, la méconnaissance des limites étroites assignées au bonheur humain, les troubles qu'apporte à la paix intérieure la superstition. L'état de nos sources ne nous permet pas de rendre l'éclat avec lequel Démocrite exprimait ces idées fondamentales. Dans la foule des maximes morales qu'on lui attribue s'en trouvent bon nombre dont l'inauthenticité est démontrable, et de distinguer dans les autres le vrai du faux, c'est une entreprise qui, jusqu'à aujourd'hui du moins, n'a conduit qu'à des résultats contestables. On se plaît à considérer comme l'indubitable propriété du grand Abdéritain bien des pensées qui se distinguent à la fois par le piquant, l'originalité de l'expression. Et avant tout le magnifique fragment qui ne nous est parvenu, il est vrai, que sous une forme mutilée, mais que l'on peut restituer avec certitude pour l'essentiel, et où le philosophe flagelle le plus grave inconvénient des institutions démocratiques, l'état de dépendance dans lequel se trouvent les magistrats à l'égard des citoyens, c'est-à-dire de ceux qu'ils ont pour principal devoir de tenir en respect. Ce fragment très significatif devait être conçu à peu près en ces termes : « Dans l'organisation politique actuellement existante, il est impossible que les gouvernants ne fassent pas de mal, même s'ils sont en tous points excellents. Car il en est absolument comme si l'aigle (royal) était donné en proie à la vermine. Mais il devrait être pourvu à ce que, si sévèrement qu'un magistrat punisse les malfaiteurs, il ne tombe pas en leur pouvoir ; au contraire, une loi ou une institution quelconque devrait garantir pleine protection à celui qui exerce la justice ». Mais, à supposer même qu'on ne puisse affirmer l'authenticité d'aucun de ces fragments, leur ensemble — si paradoxal que cela puisse paraître, — n'en caractériserait pas d'une manière moins concluante la morale de Démocrite. Quel scandale n'a pas causé à l'orthodoxie païenne aussi bien qu'à l'orthodoxie chrétienne son explication purement mécanique de la nature ! Et cependant les écrivains chrétiens, comme les écrivains païens de l'antiquité, se sont plu à prêter ou à attribuer au fondateur de l'atomistique une foule de déclarations qui dénotent les sentiments les plus purs, et témoignent de la conception la plus haute de la vie humaine. D'où, peut-on se demander avec raison, proviendrait cette impression si ce n'est des œuvres authentiques de Démocrite ? Il s'en dégageait sans doute une personnalité qui commandait ou plutôt qui forçait l'admiration et le respect ; le parti pris et la partialité n'y trouvaient certainement pas un mot qui pût prêter à l'équivoque ou à la dépréciation. Le préjugé encore si répandu de nos jours qui prétend établir une connexion nécessaire entre le matérialisme scientifique et ce que l'on peut appeler le matérialisme éthique est réfuté victorieusement par l'image que s'est faite toute l'antiquité de la personne et de la doctrine morale du sage d'Abdère, et qui s'est conservée intacte jusqu'à l'époque la plus récente.

CHAPITRE III

Les Rejets de la Philosophie de la Nature.

I. Systèmes éclectiques. Diogène d'Apollonie. Fragments étendus de ce philosophe. Eclectisme et exclusivisme. Caractères de la nouvelle philosophie. — II. Hippon et les *Omnivoyants* de Kratinos. Archélaos et Métrodore. — III. Interprétation allégorique d'Homère.

I

L'atomistique était la conclusion des efforts de plusieurs siècles pour résoudre le problème de la matière. On pourrait croire qu'une hypothèse qui devait se maintenir plus de deux mille ans satisfit aussi les contemporains et servit immédiatement de point de départ pour de nouveaux progrès. Mais de nombreux obstacles s'y opposaient. Ni l'art expérimental, ni les disciplines mathématiques n'étaient encore assez avancés pour activer le développement du germe fécond que contenait l'atomistique. Une autre circonstance qui devait entraver le règne de la nouvelle doctrine, c'était la considération profondément enracinée dont jouissaient ses vieilles rivales. Les formes changeantes qu'avait revêtues les unes après les autres le monisme de la matière étaient faites, sans doute, comme nous avons essayé de le montrer plus haut, (p. 184) pour se détruire successivement les unes les autres, pour ébranler l'autorité exclusive de chacun des systèmes anciens, et même pour provoquer un scepticisme qui mit en question le témoignage des sens eux-mêmes et, par là, la base de la doctrine qui leur était commune. Mais un autre effet encore devait se produire. Des résultats purement négatifs ou même seulement sceptiques ne satisfont communément qu'une faible partie des esprits avides de connaître. D'ailleurs, à la discordance des théories particulières d'un Thalès, d'un Anaximène, d'un Héraclite, etc., s'opsait la concordance de leurs prémisses fondamentales. Pendant ce temps, en outre, d'autres doctrines importantes et soutenues par des hommes de valeur, avaient fait leur apparition. Rien n'était plus naturel que d'essayer de réconcilier entre elles ces autorités, en mettant au premier plan les éléments qui leur étaient communs et en s'efforçant de faire disparaître ce qui les séparait en les transformant pour les mettre d'accord. Cette tendance fut favorisée par le fait qu'on avait parcouru tout le cycle des solutions par lesquelles peuvent s'expliquer les vieilles énigmes du monde, de celles, du moins, qu'admettait le degré de connaissance auquel on était alors parvenu. Compromis et éclectisme, telle est la devise qu'adopteront les nombreux systèmes qui vont maintenant éclore, et qui forment à proprement parler la conclusion de l'époque de recherche dont les diverses étapes nous ont si longtemps arrêtés.

Nous avons déjà fait la connaissance d'un de ces philosophes éclectiques, Hippasos, qui s'est efforcé de mettre Héraclite d'accord avec Pythagore (p. 158). Nous allons rencontrer d'autres représentants de cette tendance. Le plus remarquable d'entre eux est Diogène d'Apollonie[1]. Cet homme avide de science était né en Crète, l'île lointaine qui avait joué un rôle en vue au début de l'histoire des beaux-arts, mais qui ne s'était point encore fait connaître dans le développement littéraire de la Grèce. Il se rendit à Athènes, attiré peut-être par la considération dont y jouissait Anaxagore ; et la liberté de pensée dont il y fit preuve l'exposa aux mêmes dangers que le grand Klazoménien. Un fragment étendu, relatif à l'anatomie, de son livre *Sur la Nature de l'Homme* nous montre qu'il était au courant de la science médicale de ce temps et fait supposer qu'il exerçait lui-même l'art de guérir. Il se donna pour tâche

---

[1] Diog. Laërce parle de lui, IV ch. 9, d'une manière très insuffisante, mais cite son Prologue. Fragments dans Schorn (voir note sur Anaxagore) et dans Fr. Panzerbieter, *Diogenes Apolloniates*, Leipzig 1830; cf. en outre, à son sujet, Chr. Petersen, *Hippocratis nomine quae circumferantur scripta*, etc. (Hambourg, Gymn.-Progr. 1839), le travail déjà cité de Diels sur Leucippe et Démocrite, ses essais sur Leucippe et Diogène d'Apollonie (*Rhein. Mus.* XLII 1 sq.) et *Ueber die Excerpte von Menons Iatrika* (*Hermès* XXVIII 527 sq.). Le témoignage capital est celui de Théophraste (*Doxogr.* 477, 5).

de réconcilier Anaxagore avec Anaximène ou, pour parler plus exactement, la doctrine du *Nous* du premier avec la doctrine de la matière du second. En une mesure moindre, il a été aussi influencé par Leucippe, auquel il a emprunté la théorie du tourbillon qui forme les mondes, et que rappelle l'expression de « nécessité », pour laquelle Diogène manifeste une certaine prédilection. Les plaisanteries des auteurs comiques, qui ne l'ont point épargné, et l'écho que sa doctrine a trouvé dans les drames d'Euripide aussi bien que dans les ouvrages médicaux, nous prouvent surabondamment qu'il était au nombre des figures les plus en vue de l'époque de Périklès.

Nous n'en sommes pourtant pas réduits à ces témoignages indirects pour nous faire une idée de son système qui, il faut le dire, était dépourvu de toute originalité marquée et de toute cohésion intime. Nous possédons encore des restes relativement importants de son ouvrage principal *Sur la Nature*; ils se distinguent par une simplicité digne, par la précision et la clarté ; la préface du livre nous montre d'ailleurs que l'auteur visait à ces qualités. Aussi ces fragments nous permettent-ils de nous rendre un compte étonnamment net des motifs et de la méthode de son enquête, et nous disent-ils souvent en termes exprès ce que, relativement à ses prédécesseurs, nous n'avons pu établir qu'indirectement. Cela est vrai surtout du motif fondamental du monisme de la matière, dont Diogène s'efforce de prouver la vérité dans les termes suivants : « Si ce qui est maintenant dans ce monde, terre, eau et toutes les autres choses qui se révèlent existantes dans ce monde, — si une de ces choses était différente des autres, différente par sa propre nature et non pas plutôt la même, mais altérée et transformée à tout propos, alors les choses ne pourraient se mélanger les unes aux autres, et aucune d'elles ne pourrait être utile ou nuisible aux autres ; alors aucune plante ne pourrait sortir de la terre, aucun animal, aucune chose ne pourraient naître s'ils n'étaient pas les mêmes d'après leur composition. Mais toutes ces choses procèdent du même, et, par la transformation, deviennent autres en d'autres temps, pour redevenir enfin le même ». Mais, en même temps, l'argument téléologique d'Anaxagore a fait sur lui l'impression la plus profonde : « Car il est impossible que toute chose eût été distribuée sans intelligence (plus exactement sans intervention d'un *Nous*) de telle façon qu'elle eût une mesure : l'hiver et l'été, la nuit et le jour, la pluie, le vent et l'éclat du soleil. Et quiconque réfléchit au reste trouvera que l'organisation en est aussi belle que possible ».

Mais la doctrine du *Nous* d'Anaxagore ne suffit pas à le satisfaire, et il s'est cru forcé de la compléter en retournant à la plus ancienne théorie de l'air d'Anaximène. Deux motifs peuvent l'avoir déterminé à ce parti. La théorie de la matière d'Anaxagore lui a sans doute paru aussi absurde et mal fondée qu'elle l'est en réalité. Nous sommes en droit de le conclure du fait qu'il l'abandonna. Mais il voulait évidemment que le *Nous*, ou principe ordonnateur de l'Univers, fût lié à l'une des formes matérielles qui nous sont connues ; ainsi seulement, sa souveraineté, et surtout sa diffusion et son action universelles lui paraissaient intelligibles et explicables. C'est ce qu'il nous dit dans les termes suivants, sans aucune équivoque : « Et ce qui possède l'Intelligence (voir plus haut) me paraît être ce que les hommes appellent *air*, et c'est ce qui, à mon sens, conduit et gouverne tout. Car c'est de lui, me semble-t-il, que procède le *Nous* ; c'est (par le moyen de ce véhicule) qu'il pénètre partout, ordonne tout et se trouve en tout. Et il n'y a pas une seule chose qui n'y participe, mais il n'en est pas deux qui y participent de la même manière. Car il y a beaucoup de variétés aussi bien de l'air lui-même que de l'intelligence. En effet, il présente des états divers, tantôt plus chaud, tantôt plus froid ; tantôt plus sec, tantôt plus humide ; tantôt plus tranquille, tantôt animé d'un mouvement plus rapide ; et il offre encore d'autres et d'innombrables différences aux points de vue de l'odeur et de la couleur. D'ailleurs l'âme de tous les êtres vivants est formée du même élément, à savoir de l'air, et cet air est plus chaud que l'air extérieur, qui nous entoure, beaucoup plus froid cependant que celui qui entoure le soleil. Mais cette chaleur n'est égale chez aucun des animaux, et pas égale non plus chez les hommes, si on les compare les uns aux autres. La différence n'est pas considérable ; assez grande toutefois pour qu'il n'y ait pas entre eux parfaite égalité, mais seulement ressemblance. Mais rien de ce qui se transforme ne peut, de l'un, devenir l'autre avant d'être devenu le même[1] ».

En d'autres termes : Le passage d'une forme matérielle particulière à une autre a pour condition nécessaire et pour transi-

---

[1] Sur le texte de ce passage légèrement corrompu, cf. nos *Beitr. z. Kritik u. Erkl.*, etc., I 139 (= 271 Wiener Sitz.-Ber. 1875).

tion le passage par la forme fondamentale ou primitive de la matière. « Comme donc, continue Diogène, la transformation est multiple, les êtres vivants sont multiples et divers, et, par suite du grand nombre des transformations, ils ne se ressemblent ni par leur aspect, ni par leur genre de vie, ni par l'intelligence. Néanmoins ce par quoi ils vivent, voient et entendent tous est une seule et même chose, et le reste de leur intelligence leur vient à tous du même principe » — à savoir de l'air. La preuve de ces dernières affirmations nous est fournie par la conclusion d'un autre fragment, déjà cité partiellement plus haut : « D'ailleurs, il y a aussi de cela des preuves solides. L'homme et les autres animaux vivent en respirant, par l'air. Et celui-ci est pour eux aussi bien âme qu'intelligence... Et quand il se sépare d'eux, ils meurent, et l'intelligence les abandonne ». Cette essence première a aussi été appelée par Diogène un « corps (ou matière) éternel et immortel », une autre fois un « être grand, puissant, éternel, immortel et multiscient » ; occasionnellement aussi une « divinité ».

La connaissance de toutes les théories particulières de l'Apolloniate, exposées par lui non seulement dans les deux ouvrages mentionnés plus haut, mais encore dans la *Théorie du Ciel*, n'offrirait pas un grand intérêt pour nos lecteurs[1]. C'était un érudit dont l'esprit mobile s'est exercé dans tous les domaines alors explorés des sciences de la nature. De tous côtés, il recevait des impulsions ; il apprenait de tous les maîtres, et quoiqu'il ne sût pas, à proprement parler, concilier et surmonter les contradictions de ces multiples doctrines, il leur imprima cependant à toutes son cachet. Toutes les voies d'investigation suivies par ses prédécesseurs le conduisent à son principe, l'air. Dans cette combinaison de largeur de vues et d'exclusivisme, d'éclectisme sans choix et de conséquence obstinée, se trouve le secret de son succès. « Celui qui apporte beaucoup de choses apporte quelque chose pour chacun ». Explication mécanique de l'Univers, conception téléologique de la Nature, monisme de la matière et soumission de celle-ci à un principe intelligent — tout cela et bien d'autres choses encore, était enveloppé dans les plis de son manteau. La théorie d'une matière primordiale unique était familière de-

---

[1] Simplicius, auquel nous devons de nouveau presque tous les fragments, n'a pas lu la *Théorie du Ciel* (μετεωρολογία), ni le traité περὶ ἀνθρώπου φύσεως, mais les a seulement trouvés mentionnés dans l'œuvre principale de Diogène (*Phys.* I 4, p. 151 Diels).

puis plusieurs générations aux esprits cultivés de la Grèce ; elle n'est pas abandonnée. La supposition d'un principe directeur et se proposant un but passait depuis peu, aux yeux de beaucoup, pour indispensable ; elle n'est point repoussée. La naissance du Kosmos suivant les lois d'une nécessité aveugle avait été exposée avec éclat, et ce système avait trouvé des adhérents au près et au loin ; une petite place lui est réservée dans la nouvelle philosophie. Le tourbillon de Leucippe doit s'y comporter en frère avec le *Nous* d'Anaxagore aussi bien que celui-ci avec le dieu-air d'Anaximène. Mais les esprits attachés aux vieilles croyances n'avaient pas, eux non plus, à s'effrayer de cette science d'un nouveau genre. Car Homère, à ce que soutenait Diogène, n'avait pas entendu raconter des mythes, mais avait enveloppé dans ses récits poétiques une vérité plus haute[1]. Son Zeus n'est pas autre chose que l'air. En d'autres termes, le philosophe s'engageait aussi dans la voie de l'interprétation allégorique de la poésie et de la foi nationales. En cela, il a été un précurseur de l'école stoïcienne, qui, par l'intermédiaire des Cyniques, lui doit encore bien des doctrines physiques particulières.

Et maintenant, la contre-partie du tableau : l'exclusivisme poussé aux plus extrêmes limites, et qui ne veut reconnaître dans tous les phénomènes, physiques, cosmologiques, physiologiques et même psychiques, que l'action d'un principe matériel unique. L'air est pour Diogène le véhicule de toutes les perceptions des sens. Il avait, suivant sans doute en cela l'exemple de Leucippe, expliqué la vision par une impression que l'objet perçu produit sur la pupille par l'intermédiaire de l'air. Mais, à cette explication, il ajoute un détail qui lui est particulier : la pupille, selon lui, communique cette impression à l'air qui se trouve dans le cerveau. Quant à considérer celui-ci comme le centre proprement dit de la sensation, il l'avait probablement, soit dit en passant, appris d'Alcméon. Diogène connaît aussi l'inflammation du nerf optique et la cécité qui en est la conséquence. Il expliquait la chose en disant que la veine enflammée — car pour lui le nerf était une veine — empêchait l'entrée de l'air dans le cerveau, et qu'en raison de

---

[1] La remarque sur Homère se trouve dans Philodème, *De la Piété*, p. 70 de mon édition. Dümmler cherche à prouver, *Akademika* 113, que les Stoïciens dépendent de Diogène « dans leur théorie de la perception et aussi dans leur... embryologie ». Le même auteur (ibid. 225) et Weygoldt *(Archiv* I 161 sq.) étudient les rapports de Diogène avec quelques traités de la collection hippocratique.

cela, la perception visuelle ne s'accomplissait pas, bien que l'image apparût sur la pupille. A l'en croire, si l'homme se distingue par une intelligence plus haute, c'est parce qu'il marche debout et, grâce à ce fait, respire un air plus pur, tandis que les animaux, ayant habituellement la tête penchée, aspirent un air souillé par l'humidité de la terre. La même chose est vraie, quoique dans une moindre mesure, des enfants, à cause de leur petite taille. Même pour l'explication des émotions, Diogène recourt à l'air et à son action sur le sang. Lorsque la constitution de l'air le rend peu propre à se mélanger au sang, et que, par suite, celui-ci devient moins mobile et s'épaissit, nous éprouvons une impression douloureuse ; dans le cas contraire, lorsque le mouvement du sang est accéléré par l'air, nous ressentons une impression de plaisir. Ici nous nous arrêtons dans notre analyse. Si cette théorie, pour les motifs indiqués plus haut, a exercé une profonde influence sur les contemporains, les défauts qu'elle présente n'ont pas plus échappé à la critique incisive de la postérité qu'au persiflage de la muse comique. Pourquoi, s'écrie Théophraste dans le judicieux examen qu'il fait de la psychologie de Diogène[1], les oiseaux ne nous dépassent-ils pas en raison si c'est la pureté de l'air respiré qui décide de la finesse et de l'excellence des dons intellectuels ? Pourquoi le cours de nos pensées ne change-t-il pas du tout au tout chaque fois que nous changeons de demeure, et selon que nous respirons l'air des montagnes ou celui des marécages ? Et, cette fois, Aristophane s'accorde d'une manière frappante avec le savant disciple d'Aristote. Dans les *Nuées*, représentées en 423, il crible des traits les plus acérés de sa satire les manifestations les plus diverses de la « période des lumières », et, comme on l'a déjà remarqué depuis longtemps, il n'a garde de ménager l'Apolloniate. L'exclamation sacrilège : « Roi est le Tourbillon qui a détrôné Zeus ! » — Socrate planant au-dessus de la terre dans un panier, afin de respirer un air inaccessible aux souillures de l'humidité terrestre et de s'insuffler ainsi la plus pure intelligence ; — la déesse « Respiration », vers laquelle les disciples de Socrate tendent les mains avec des prières ; — les Nuées enfin avec les longs nez dont le poète a eu soin de les affubler afin de leur faire res-

[1] Au sujet de la critique à laquelle Théophraste a soumis la psychologie de Diogène, voir *de Sensibus* 39 sq. (*Doxogr.* 510 sq.). Le vers des *Nuées* (828 Meineke, répété 1472) est le suivant : Δῖνος βασιλεύει τὸν Δί᾽ ἐξεληλακώς ; cf. en outre 380 sq.

pirer le plus possible de l'esprit de l'air ; — tout autant d'épigrammes dirigées contre Diogène, et qui, sans aucun doute, ont provoqué au théâtre d'Athènes des explosions de rire et des salves d'applaudissements.

II

Un autre poète comique, plus âgé qu'Aristophane, Kratinos, l'ami de la dive bouteille, a consacré une de ses pièces à tourner en dérision la philosophie de son temps. Cette pièce était intitulée *Ceux qui voient tout* (Πανόπται), nom qui, à proprement parler, était réservé à Zeus et au gardien d'Io, Argus aux cent yeux, et qui, cette fois, caractérise non sans amertume les jeunes philosophes qui entendent pousser l'herbe[1]. Les « Voyants » qui formaient le chœur du drame étaient reconnaissables déjà à leur masque : deux têtes et d'innombrables yeux. Cette fois-ci le plastron des railleries était Hippon, surnommé l'*Athée*, qui était venu à Athènes de l'Italie méridionale, ou de Samos. Peut-être le poète lui avait-il adjoint quelques autres victimes. Nous ne savons que peu de chose de ce penseur ; il n'y a pas longtemps que nous possédons de lui un fragment, excessivement court d'ailleurs ; Aristote le compte au nombre des esprits lourds ; c'est à peine s'il le juge digne, vu la « pauvreté de sa pensée, » de figurer parmi les philosophes. Nous le rangeons parmi les éclectiques parce qu'il se montre préoccupé de combiner les théories de Parménide et celles de Thalès[2]. Au début du processus cosmique, il place en effet l'« humide, » et il en fait sortir le « froid » et le « chaud » (eau et feu) ; le feu joue le rôle de principe actif et créateur ; l'eau représente la matière passive.

[1] Fragments des Πανόπται dans Kock, *Attic. Comic. Fragmenta.* I 60 sq. — Le fragment qui se trouve dans les *Scolies genevoises de l'Iliade*, éd. Nicole, Genève 1891, I 198, représente l'opinion, alors très répandue, que l'eau de toutes les sources et de toutes les fontaines provient de la mer. Cf. à ce sujet Diels dans les *Berl. Sitz.-Ber.* 1891, 575 sq. (*Ueber die Genfer Fragmente des Xenophanes und Hippon*). La remarque d'Aristote se trouve à *Métaph.* I 3 et *de Anima* I 2.

[2] Ma propre manière de voir repose sur la combinaison de la remarque d'Aristote, *Mét.* I 3, du commentaire d'Alexandre sur ce passage (p. 21, 17 Bonitz) et d'Hippolyte I 16 (*Doxogr.* 566, 20). L'indication instructive de ce dernier nous permet de faire entrer Hippon dans le mouvement éclectique de l'époque, tandis que la sèche et par trop concise déclaration d'Aristote faisait voir en lui un adepte étrangement attardé de Thalès.

Plus près de Diogène que d'Hippon, se trouvait Archélaos[1], Athénien ou Milésien qui passe pour disciple d'Anaxagore, mais qui a transformé les doctrines de celui-ci sur des points essentiels et les a, pour ainsi dire, ramenées à de plus anciens modèles. C'est surtout en ce qui touche à la cosmogonie qu'il s'écartait de son maître. Selon lui, ce n'est pas du dehors que le *Nous* a pénétré dans la matière pour l'organiser et en former un Kosmos. Si nous comprenons bien les témoignages de nos autorités, Archélaos le considérait plutôt comme inhérent à la matière dès l'origine, et par là il se rapproche des plus anciens représentants de la philosophie de la nature et, en même temps, on a le droit de l'ajouter, de l'esprit des antiques conceptions helléniques relatives à l'Univers. En raison de ce fait et du désir de voir dans la matière un principe divin — désir que ne pouvait satisfaire la dispersion de la matière dans les « semences » infiniment petites ou dans les atomes de Leucippe — il était naturel que, à peu près comme Diogène d'Apollonie, il cherchât à jeter un pont entre la doctrine d'Anaxagore et celle d'Anaximène. Il ne nie pas les innombrables éléments que le Klazoménien avait appelés « semences » ou homéoméries ; mais les grandes formes matérielles qui avaient joué le principal rôle dans le système des « physiologues » reviennent au premier plan. La plus immatérielle, en quelque sorte, des matières, l'air, devait avoir été la forme primordiale de ces « semences », et en même temps le siège du *Nous*, le principe intellectuel qui a inauguré la formation du monde. De cette forme matérielle intermédiaire sont sortis par raréfaction et par condensation, c'est-à-dire par la séparation ou la réunion des « semences », le feu et l'eau, supports du mouvement et du repos. Est-il nécessaire de faire remarquer qu'Archélaos a été influencé en ceci par des pensées non seulement d'Anaximène, mais encore de Parménide, si ce n'est même d'Anaximandre ? Il essaya aussi, et en cela il semble avoir fait preuve d'une originalité plus grande, de décrire les débuts de la société humaine et d'exposer les notions fondamentales de la morale et de la politique. Mais nous aurons à revenir sur ce sujet à un autre propos.

---

[1] Sur Archélaos, cf. Diog. Laërce II ch. 4 ; en outre Théophr. dans les *Doxogr.* 479 sq., Aëtius (ibid. 280) et Hippolyte I 9 (ibid. 563).

III

Le désir de réconcilier le nouveau avec l'ancien, cette fois-ci la nouvelle science avec l'ancienne foi, se trahit aussi chez un autre disciple d'Anaxagore, Métrodore de Lampsaque, dont l'interprétation allégorique d'Homère nous choque au premier abord par son extravagance[1]. Quels motifs ont bien pu l'amener à identifier Agamemnon avec l'éther, Achille avec le soleil, Hector avec la lune, Paris et Hélène avec l'air et la terre, et même à voir dans Déméter, Dionysos et Apollon des parties du corps animal, à savoir le foie, la rate et la bile? Nous ne le savons pas. Ces explications nous rappellent les écarts les plus désordonnés de l'interprétation mythique de nos jours, et aussi les témérités analogues d'autres époques, où l'impossibilité de maintenir debout la vérité littérale de récits sacrés a poussé à n'y voir que l'enveloppe d'un tout autre noyau. Que l'on songe au Judéo-grec Philon d'Alexandrie qui, dans le jardin d'Eden, a vu la sagesse divine, dans les quatre fleuves qui en sortent les quatre vertus cardinales, dans l'autel et dans le tabernacle les objets intelligibles de la connaissance, etc. Ernest Renan remarque avec raison, à propos de l'interprétation allégorique de Philon, que ce système, si gros de conséquences, et qui paraît si bizarre à nos esprits imprégnés de science, n'est pas fondé sur l'arbitraire, mais sur un sentiment de piété. « Plutôt que de renoncer à des croyances chères » (nous pouvons ajouter : à l'autorité d'écrits hautement considérés) « il n'y a pas de fausse identification, de biais complaisant qu'on n'admette[2] ». On recourt même à des interprétations qui paraissent délirantes à quiconque reste en dehors du cercle des croyants.

Pour revenir à Métrodore, il s'est engagé avec une hardiesse croissante dans une voie ouverte longtemps avant lui. Avant la fin du VIme siècle, Théagène de Rhegium avait déjà essayé de sauver à l'aide de l'interprétation allégorique

---

[1] L'interprétation allégorique à laquelle Métrodore soumettait Homère, je l'ai retrouvée en me basant sur la courte remarque du lexicographe Hésychius : Ἀγαμέμνων· τὸν αἰθέρα Μητρόδωρος ἀλληγορικῶς, dans les *Vol. Hercul. coll. altera* VII 90 (communiquée d'abord dans l'*Academy* du 15 janv. 1873.

[2] *Hist. du Peuple d'Israël*, V 349.

l'autorité d'Homère, si vivement combattue par Xénophane[1]. Le combat des dieux décrit dans le XXme livre de l'*Iliade* avait choqué au plus haut point. Comment ? Les puissances célestes, dans lesquelles on s'était habitué de plus en plus à voir les représentants d'un ordre naturel et moral unique, en seraient venues à une mêlée corps à corps ? La saine raison et le sentiment moral ne pouvaient pas ne pas être offensés de cette idée. Il fallait mettre fin à ce scandale. On eut recours à un expédient. Le poète, dit-on, avait compris sous le nom de dieux, en partie les éléments hostiles les uns aux autres, en partie les qualités contraires de la nature humaine. Héphaistos, le dieu du feu, Poseidôn, le maître de la mer, Apollon et Artémis, le frère et la sœur si souvent identifiés avec le dieu du soleil et la déesse lunaire, quoiqu'ils ne se confondissent peut-être pas avec eux à l'origine, le fleuve Xanthe avaient pris part à ce combat ; il n'en fallait pas davantage pour donner un certain air de vérité à la première partie de cette interprétation ; on trouva ensuite des ressources inépuisables dans l'étymologie, qui se montrait si accommodante dans l'antiquité ; enfin l'on se livra à toutes sortes de considérations moralisantes, parmi lesquelles cette idée, digne d'un Elihu Burritt, qu'Arès, le dieu de la guerre, est la personnification de la déraison, et par conséquent l'antagoniste de la raison, incarnée dans Athéné. C'est à ce propos précisément que se présente à nous le nom de Théagène ; il fut le premier apologète des poèmes homériques. Démocrite et Anaxagore n'ont pas dédaigné non plus de contribuer pour leur petite part à l'interprétation allégorique de la poésie nationale ; nous avons déjà fait mention de Diogène d'Apollonie ; dans Antisthène, le disciple de Socrate, nous rencontrerons un nouveau représentant de cette tendance qui, passant de l'école cynique à l'école stoïcienne, y a acquis le plus extraordinaire développement.

---

[1] Sur Théagène et ses successeurs, cf. Bergk, *Griech. Litt.-Gesch.* I 264 et 891. L'apologie de Théagène est mentionnée dans une scolie à *Iliade* XX 67. Ce personnage, dont l'*acmè* (ou la naissance : γεγονώς !) est placée par Tatien, *adv. Græc.* c. 48, à l'époque de Cambyse, c.-à-d. entre 529 et 522, était par conséquent aussi près de Xénophane au point de vue du temps qu'à celui de l'espace. Nous avons déjà parlé de la part de Démocrite à l'interprétation allégorique ; quant à celle d'Anaxagore, elle est attestée par une tradition dont Diog. Laërce (II 11) s'est fait l'écho, et que l'on a suspectée sans aucune raison.

CHAPITRE IV

Les Débuts de la Science de l'Esprit.

I. Coup d'œil rétrospectif sur l'histoire de la civilisation. Rhétorique et politique. Progrès des lumières. — II. Obstacles que rencontrait ce nouveau mouvement scientifique. La technique supplante l'empirisme. — III. La spéculation aux époques reculées. Les débuts de la culture. Point de vue organique et point de vue mécanique. — IV. Théorie du contrat social. Comparaison avec Locke et Marsilius. Origine de la théorie du contrat social. — V. Origine du langage. Théorie naturelle et théorie conventionnelle. Démocrite adversaire de la théorie naturelle. Critique de la théorie du langage de Démocrite. Illustration des théories du langage. Vérité relative des deux théories. — VI. « Nature » et « convention ». Nombreux sens du mot « nature ». Relativisme en morale et en politique. — VII. Théorie du droit naturel. Le culte des héros de Carlyle et l'absolutisme de Haller. — VIII. Diagoras de Mélos. Souveraineté de la réflexion. Projets de réforme politique.

I

Les essais toujours plus nombreux de compromis entre l'antique tradition nationale et la nouvelle conception du monde et de la vie nous permettent de mesurer la profondeur de l'abîme qui s'était ouvert entre les deux. Nos lecteurs ont pu suivre les progrès de ce divorce. Ils savent comment s'est accrue, dans le silence, la connaissance expérimentale de la nature ; ils savent quel riche aliment l'esprit critique a tiré de la spéculation approfondie des philosophes, de l'élargissement de l'horizon intellectuel dû aux progrès de la géographie et de l'ethnographie, de la lutte des écoles médicales, et de la confiance plus grande qu'elles accordèrent, les premières, à la perception sensible aux dépens des suppositions arbitraires de toute espèce. Ici il est nécessaire d'étendre un peu nos regards et de mentionner brièvement les transformations que la vie politique et sociale des Grecs avait subies depuis l'époque de la tyrannie (cf. pp. 7-10).

A Athènes, que nous devrons désormais considérer comme le centre de la vie intellectuelle des Hellènes, la lutte des classes s'était terminée, comme ailleurs, par la victoire de la bourgeoisie. Les privilèges des nobles avaient été de plus en plus écartés ; l'influence de la fortune mobilière, fruit du commerce et de l'industrie, s'était sans cesse accrue aux dépens de celle de la propriété foncière. Grâce à l'afflux de la campagne et aux immigrations, la population des villes devint toujours plus dense ; les résidents étrangers, et parmi eux d'anciens esclaves, entrèrent en grand nombre dans les rangs des citoyens. Les réformes de Clisthène (509 av. J.-C.), qui suivirent de près la chute des Pisistratides, eurent précisément pour but la fusion de tous ces éléments. Les guerres médiques marquent une étape essentielle dans ce développement, qui devait aboutir à la démocratie absolue. Pour aller, avec quelque chance de succès, au devant de l'ennemi national supérieur en puissance, il fallait mobiliser toutes les forces disponibles. Les effets considérables qu'avait produits autrefois la création de l'infanterie pesamment armée des bourgeois aux dépens de la cavalerie des nobles, devaient se renouveler par l'emploi des masses pour l'équipage de la flotte. L'obligation, pour tous, de concourir à la défense de la patrie, entraîna, dans le cours de peu d'années, l'accession de tous aux droits politiques. Bientôt, forte de sa marine, Athènes se trouva à la tête d'une Confédération qui modifia aussi bien les conditions économiques que les conditions politiques de son existence. Des monopoles commerciaux productifs, les riches recettes tirées des droits d'entrée et de sortie, des tributs et des frais de justice imposés aux alliés, enfin, de temps en temps, la répartition d'un territoire enlevé à quelque membre révolté de la Confédération, telles étaient les sources de revenus au moyen desquelles on subvenait à l'entretien d'une nombreuse population de citoyens. La démocratie instituée sur cette base devint le modèle qui fut imité à maintes reprises dans les Etats dépendants d'Athènes, et même en dehors d'eux. Mais, que le sceptre fût tenu par la démocratie absolue ou par la démocratie modérée, la puissance de la parole devint bientôt, dans presque toute la Grèce, le principal moyen de gouvernement. Plus que cela. Car ce n'était pas seulement dans le conseil et dans l'assemblée du peuple que la parole était efficace ; dans les tribunaux populaires, où siégeaient souvent des centaines de jurés, c'était une arme dont l'habile maniement augmentait les chances de victoire. Le don, l'exercice de l'éloquence n'étaient pas seulement la seule voie pour arriver à la puissance et à l'honneur ; c'était aussi la seule protection contre l'injustice, quelle qu'elle fût. Quiconque manquait de cette arme était, dans sa propre patrie et au sein de la paix la plus profonde, aussi exposé aux attaques que s'il se fût précipité dans le tumulte d'une bataille sans glaive et sans bouclier. Il était donc tout naturel que, dans les démocraties de cette époque, la rhétorique fût pour la première fois cultivée comme une profession, et qu'elle prît aussitôt une place importante et même prépondérante dans l'éducation de la jeunesse[1].

Mais la rhétorique offre un double aspect : elle est à moitié dialectique, à moitié stylistique. Pour la posséder véritablement, il ne suffisait pas de disposer de tous les moyens d'expression ; il fallait aussi se rendre maître de la pensée, se familiariser avec les multiples points de vue qui font sentir leur influence dans les divers départements de la vie publique. Toutefois la tendance de « l'esprit nouveau » ne s'épuisait pas non plus dans l'ardeur croissante avec laquelle on s'appliquait à acquérir la culture *formelle*. La vie politique offrait à la recherche et à la pensée un nouveau et riche *contenu*. Une foule de problèmes découlaient de la transformation des conditions politiques et sociales. On s'en empara et on les discuta avec une vraie passion. Chacun était en effet intéressé aux résultats de la discussion, et le conflit des opinions et des sentiments n'était pas moins vif que la lutte des intérêts. Et de même que le mouvement intellectuel créé par la rhétorique, servante de la politique, rayonnait dans plusieurs sens, de même, et à un plus haut degré encore, celui que créa la science politique elle-même. Quand on s'était demandé ce qui, dans tel cas particulier, dans telles ou telles circonstances données, était équitable et droit, il n'y avait plus qu'un pas à faire pour se poser cette question plus générale : « Qu'est-ce qui, dans la vie politique en général, est équitable et droit ? » Et il était impossible que la curiosité, le besoin de savoir, éveillés dans le domaine politique, s'arrêtassent aux limites de celui-ci ; impossible qu'ils ne s'étendissent pas à d'autres et finalement à tous les cercles de l'activité humaine. En d'autres termes, l'étude de la politique

---

[1] Dans ce chapitre et aussi dans le suivant, j'ai reproduit quelques parties d'un ancien essai : *Die griechischen Sophisten* (Deutsche Jahrb. f. Politik u. Litteratur, avril 1863), en partie telles quelles, en partie avec des adjonctions ou des corrections.

conduisit à celle de l'économie, de l'éducation, des arts et surtout à celle de la morale. Mieux encore : après s'être appliquée aux règles de l'action humaine, l'étude en vint à rechercher la source de ces règles, à scruter les origines de l'Etat et de la société. Souvenons-nous enfin, pour nous faire une idée complète des facteurs qui agissent ici, des conditions intellectuelles de l'époque. Le sens critique, hostile à toute autorité, avait acquis une grande force, et il devait, dans les conditions que nous révèle la vie sociale et politique du Vme siècle, se renforcer encore et notablement. La base de toute critique est la comparaison. Or, les guerres médiques, en mettant les Grecs en contact avec des populations étrangères, leur en fournirent de nombreux éléments. L'essor du commerce, le développement des relations personnelles dans le cercle de la confédération navale à la tête de laquelle se trouvait Athènes jouent un rôle peut-être plus considérable encore sous ce rapport. Des portions étendues et lointaines de la Grèce se trouvaient maintenant réunies en une seule ligue. Un courant ininterrompu amenait au chef-lieu les habitants de l'Asie Mineure et des Iles ; un courant contraire emportait les citoyens athéniens dans toutes les parties de la Confédération. La réunion de masses d'hommes, appartenant pour une bonne part à des races et à des états différents, dans les centres urbains, devait, en provoquant l'échange des informations et des sentiments, produire ce que l'on a excellemment appelé le frottement des esprits. Enfin, il faut faire mention de cette circonstance encore que les guerres médiques furent suivies d'une invasion de cultes étrangers, et que, ensuite de cela, le nombre des sectes religieuses s'accrut considérablement à Athènes ; que les citoyens, les métèques et les étrangers fusionnèrent aussi sous ce rapport, que la religion nationale perdit sa domination exclusive, et qu'ainsi, indirectement du moins, un grand pas se trouva fait dans le sens de l'émancipation des esprits[1].

---

[1] Au sujet de l'invasion des cultes étrangers, cf. M. Clerc, les *Métèques Athéniens*, Paris 1893, 118 sq. Sur l'affection des Athéniens pour les étrangers et pour leurs dieux, Strabon X 3, 18, p. 471. Cf. Foucart, *Les associations religieuses chez les Grecs*, Paris 1873, p. 57.

II

Telles sont, pour autant que nous pouvons en juger, les circonstances dans lesquelles s'est accompli le plus puissant progrès dans la vie intellectuelle de la Grèce et de l'humanité. A côté de sa sœur aînée, la science de la nature, une science nouvelle, la morale ou science de l'esprit, vint prendre place, et presque dès le début dans toute son ampleur. Mais non toutefois sans une sérieuse limitation de son contenu. Car, issue des nécessités de la vie, cette science ne pouvait démentir sa dépendance du sol nourricier de l'expérience pratique. De là la fraîcheur, l'abondance de sève qui la caractérise, mais, en même temps aussi, le manque de rigueur logique, de plénitude systématique qu'elle accuse. Une autre chaîne encore pesait sur elle : c'était le besoin de s'exprimer toujours selon les règles d'une diction parfaite, et quoique cette chaîne fût tissée de fleurs, elle ne s'est pas moins fait sentir. A part peut-être les logographes de profession, il n'existait pas alors de public s'occupant spécialement de ces questions. Les logographes, il est vrai, avaient à leur disposition des manuels secs et prosaïques, mais composés d'une manière méthodique. A part cela, tout ce qui fut créé dans d'autres domaines s'adressait aux cercles les plus étendus des gens cultivés, dont le goût raffiné devait être flatté par toute espèce d'artifices de style. Or, l'union entre la beauté et la vérité ne peut subsister d'une manière durable que sur les hauteurs de la connaissance. Il est particulièrement difficile de fonder une science, surtout une science dont les notions fondamentales requièrent avant tout une extrême précision et une délimitation stricte, et d'en rendre les doctrines immédiatement populaires. D'excellents esprits se sont efforcés de parer à ces difficultés, par exemple le sophiste Prodikos, dont les études sur la synonymique ont rendu de si grands services, mais surtout un fils de l'époque qui nous occupe, celui dont l'action, pour avoir été la moins prétentieuse, n'en a pas moins été la plus féconde. Nous avons nommé Socrate, le fils de Sophroniskos. Dans ses conversations sans apprêt, il prenait occasion des choses les plus simples et les plus familières pour s'élever aux considérations les plus hautes, mais il interrompait à chaque instant le cours de la pensée pour en sonder la profondeur et en éprouver la limpidité ; ses questions barraient, si l'on peut dire, la route à tout concept qui ne pouvait présenter son passe-port, manifestaient toutes les incertitudes latentes, faisaient ressortir toutes les contradictions cachées ; et ainsi il contribua plus que tout autre au travail de clarification et d'épuration des concepts fondamentaux qui, à cette date, était nécessaire avant tout.

Si Socrate, que nous ne pourrons étudier que beaucoup plus tard d'une manière approfondie, était bien supérieur en cela à la plupart de ses contemporains, il était, sur un autre point, en complet accord avec eux. Nous voulons parler de la très haute estime dans laquelle il tenait l'intelligence et la raison, de ce que l'on pourrait, nous semble-t-il, nommer à juste titre son intellectualisme. C'est là, sans doute, le trait le plus caractéristique de cette époque. En même temps que la confiance engendrée par la critique et le mépris de l'autorité, la finesse de la pensée s'était grandement développée. D'abord, il est vrai, sur le sol de l'Italie et de la Sicile. Les subtiles démonstrations de Zénon d'Élée sont encore toutes fraîches dans la mémoire de nos lecteurs. Auparavant déjà, à peu près un demi-siècle plus tôt, le législateur Charondas, de Catane[1], s'était acquitté de sa mission d'une manière qu'Aristote caractérise par ces mots : « Il a surpassé même les législateurs d'aujourd'hui par sa précision et sa subtilité ». Un exemple parmi plusieurs. Charondas avait réparti la tutelle des orphelins entre les parents paternels et les maternels de telle façon que les premiers eussent à gérer la fortune, les seconds à veiller sur la personne de leurs pupilles. Ainsi l'administration des biens était confiée à ceux qui, en qualité d'héritiers présomptifs, avaient le plus grand intérêt à ce qu'elle fût augmentée, tandis que la vie et la santé des orphelins étaient remises à ceux qui ne pouvaient avoir aucun vil motif à les compromettre. Dès lors, l'art de vivre, qui consiste à subordonner à des règles intelligentes toutes les actions, s'était constamment développé. Le temps était venu où l'empirisme routinier devait céder de plus en plus à la norme consciente. Il n'y eut guère de domaine de la vie qui restât à l'abri de cette tendance. Là où l'on ne réforma pas, on codifia. Mais, en général, les deux

[1] La question de savoir quand s'est exercée l'activité de Charondas a été étudiée récemment par Busolt, *Griech. Gesch.* I 279, note 1, qui n'est malheureusement pas arrivé à une solution définitive. Aristote parle de Charondas, *Polit.* II 12. Au sujet de sa loi sur la tutelle, cf. Diodore XII 15.

choses marchèrent de front. Partout les ouvrages spéciaux firent leur apparition. Les manuels furent composés en grand nombre. Tout ce qui est du ressort de l'activité humaine fut soumis à des préceptes, et, si possible, ramené à des principes, la préparation des repas comme l'exécution des œuvres d'art, l'exercice de la promenade comme la direction des opérations militaires.

Quelques exemples illustreront ce que nous venons de dire. Mithaikos avait réduit en système l'art culinaire ; le philosophe Démocrite avait traité de la tactique et du maniement des armes ; Hérodikos de Sélymbria de la diététique comme discipline séparée de la médecine ; même l'art de soigner les chevaux avait tenté un écrivain nommé Simon. Toutes les branches des beaux-arts furent exposées théoriquement. Lasos d'Hermione, qui, déjà au VIme siècle, avait à la fois augmenté les moyens de l'expression musicale, et en avait fondé la théorie, trouva plusieurs successeurs, parmi lesquels l'ami personnel de Périklès, Damon, et Hippias d'Elis, qui faisait des leçons sur la rythmique et l'harmonie. Même Sophocle, précédé par un certain Agatharchos à part cela inconnu, ne dédaigna pas d'écrire sur la technique de la scène ; et le grand sculpteur Polyclète, dans son *Canon,* donna aux principales proportions du corps humain une expression numérique. Démocrite avait formulé la théorie de la peinture et de la perspective scénique ; et ce dernier sujet avait aussi été traité par Anaxagore. L'agriculture, qu'Hésiode avait le premier choisie pour sujet d'une œuvre littéraire, et dont il avait exposé la méthode dans son *Calendrier rustique,* (les *Oeuvres et les Jours*), devint pour Démocrite l'objet d'une œuvre philosophique. Ceux mêmes qui pratiquaient la mantique ou divination se virent dotés de prescriptions théoriques. Rien ne devait plus être laissé à la merci de l'arbitraire et du hasard. L'architecture des villes trouva son réformateur dans Hippodamos de Milet, un original qui croyait bon d'afficher son originalité, et qui la faisait paraître jusque dans sa manière de se vêtir et de porter ses cheveux. Ce novateur recommandait le système des rues tirées au cordeau et se croisant à angle droit, système qui nous paraît symboliser la tendance de plus en plus prépondérante de soumettre toutes choses aux règles de la raison[1].

[1] Sur *l'art de la Cuisine* de Mithaikos, voir Platon, *Gorgias* 518 c. Athénée, 1 p. 5 b, nous a conservé quelques passages d'un traité versifié de Philoxène de Leucade sur cet art. Les livres de Démocrite *Sur la Tactique et le Maniement des Armes* sont mentionnés

III

Une époque inquiète et avide de nouveautés en arrive à se demander pour ainsi dire spontanément d'où dérivent le droit, la morale et la loi, sur quoi est fondé leur caractère impérieux. Quelles sont, se demande-t-elle ensuite, les normes suprêmes qui doivent diriger l'aspiration, partout éveillée, à une réforme ? Cette recherche des origines fait remonter l'esprit pensant aux débuts mêmes de la race humaine. La légende populaire et la poésie didactique avaient depuis longtemps représenté sous les couleurs les plus brillantes les ravissements d'un âge d'or. Hésiode est pour nous le plus ancien représentant de cette tendance du sentiment et de la pensée à auréoler le lointain passé. Cette tendance s'accorde fort bien avec la tristesse, le pessimisme, qui forment le fond de son caractère et de celui de ses auditeurs. Car c'est précisément pour échapper aux soucis, aux misères de la vie de tous les jours que l'esprit des Grecs, comme celui d'autres peuples, s'envole aux champs élyséens de la félicité future ou d'un passé où tout était allégresse (cf. pp. 89-91). L'image des temps primitifs est bien différente aux yeux d'un âge épris de criticisme, heureux des résultats de sa culture, et qui espère d'autres progrès en-

dans le catalogue de ses ouvrages, Diog. Laërce IX 48; au même endroit sont cités ses écrits *Sur la Peinture* et *l'Agriculture*. (Les doutes de Gemoll sur l'authenticité de ce dernier ouvrage, *Untersuchungen über die Quellen... der Geoponica*, Berlin 1883, p. 125, me paraissent tout à fait sans fondement.) La *Diététique* d'Hérodikos de Sélymbria est mentionnée à plusieurs reprises par Platon, dans les traités hippocratiques, dans Galien, etc., et enfin dans le papyrus de Londres. Xénophon parle de Simon comme d'un prédécesseur dans son petit ouvrage περὶ ἱππικῆς. Un fragment étendu en a été étudié par W. Oder dans le *Rhein. Mus.* 51, p. 67-69. Lasos d'Hermione, qui vivait à la cour des Pisistratides, est nommé par Suidas comme le plus ancien théoricien de la musique. Il me paraît hors de doute, surtout d'après les citations de Philodème (cf. mon essai *Zu Philodems Büchern von der Musik*, Vienne 1885, 10) que Damon, dont la personnalité et la signification sont généralement connues, a également écrit sur la musique. La réserve de Bücheler (*Rhein. Mus.* XL 309 sq.) ne peut guère être maintenue en présence de ces passages. Il sera question plus loin d'Hippias. Au sujet du peintre Agatharchos, qui a écrit sur la décoration scénique, cf. la préface de Vitruve à son I. VII (où il est aussi question d'Anaxagore). Sophocle a perfectionné la technique de la scène, et écrit dans tous les cas sur le Chœur (Suidas s. v.). Au sujet du Canon de Polyclète, cf. Galien, *de Hippocr. et Plat. placitis* V 458 Kühn; un petit fragment en a été conservé par Philon, *Mechanic. syntaxis*, éd. Schöne IV 50, 5 sq. Une bibliothèque sur l'art de la divination, assez considérable à ce qu'il semble, est mentionnée par l'orateur Isocrate, *Orat.* 19, 5. Aristote traite d'Hippodamos de Milet, *Pol.* II 8. Aux écrits spéciaux appartiennent aussi les manuels de mathématique, d'astronomie et de rhétorique, dont il n'est pas fait ici de mention particulière.

core, des progrès illimités. Celui qui se sent supérieur à ses ancêtres, qui se sent fier, qui se targue peut-être de ses propres lumières, est peu porté à chercher son idéal dans le lointain crépusculaire du passé, de le regarder avec admiration ou même avec un regret douloureux. Cette tendance du sentiment ne va pas sans quelques intuitions vraies. Ce fut bientôt une conviction générale, pour ne pas dire un lieu commun évident par soi-même, qu'au début de l'histoire régnait la barbarie. De la sauvagerie, de l'animalité, l'espèce humaine s'est élevée lentement, insensiblement, aux premiers degrés, puis à des degrés toujours plus hauts de civilisation. Lentement, insensiblement — ainsi s'exprime la pensée scientifique qui ne croit plus à des interventions merveilleuses, surnaturelles ; ainsi s'exprime-t-elle surtout lorsque ses investigations dans le domaine de la Nature lui ont appris que les plus petits effets, en s'accumulant, conduisent à de grands résultats. Nous rappelons à ce propos que nous avons trouvé chez Anaximandre les rudiments de la théorie de la descendance (p. 61), que Xénophane pouvait être rangé parmi les géologues anticatastrophiques, et qu'il avait, sur le développement de la civilisation, des vues auxquelles on pourrait appliquer la même épithète (pp. 174-75). Chez un écrivain médical, nous avons rencontré la même manière de voir relativement aux progrès de l'art culinaire, qui distingue l'homme d'aujourd'hui de ses grossiers ancêtres et du monde animal (cf. p. 316).

« Les hommes des cavernes, auxquels la charrue était aussi étrangère que les outils de fer en général, qui dans leur rudesse et leur violence ne reculaient pas devant l'anthropophagie, sont devenus des civilisés qui cultivent le blé, plantent la vigne, ont appris à se construire des demeures, à fortifier leurs villes, et finalement à rendre aux morts les honneurs de la sépulture ». Voilà comment le poète tragique Moschion, qui, il est vrai, appartient déjà au IVme siècle, décrit les premières étapes de la civilisation ; mais il ne se prononce pas sur la question de savoir si celle-ci est un présent de Prométhée, le Titan ami des hommes, ou s'il faut y voir le produit de la nécessité ou de la longue pratique et de l'accoutumance graduelle, dans laquelle la « Nature » a joué le rôle de « maîtresse ». Des pensées analogues avaient déjà préoccupé des esprits éminents du Vme siècle ; nous pouvons du moins le conclure des vers par lesquels s'ouvrait le *Sisyphe* de l'homme d'Etat athénien et poète dramatique Kritias, ainsi que du titre d'un livre perdu de Protagoras d'Abdère *Sur l'état primitif de la race humaine*, auquel Moschion semble justement faire allusion au début du fragment dont nous parlons plus haut : « Que l'état primitif de l'humanité vous soit dévoilé ». On pourrait qualifier d'organique la conception du progrès de la culture, qui prédomine chez Moschion. Car si, comme on l'a remarqué, ce poète touche en passant la légende de Prométhée, il insiste surtout sur les effets produits par la nature, la nécessité, l'habitude, et surtout par « le temps qui engendre tout et nourrit tout ». Ici prévaut l'idée du développement, dont l'ordre social est regardé comme le fruit ; c'est ainsi que Kritias a appelé « l'éclat radieux du ciel étoilé » la « belle œuvre du sage artiste », c'est-à-dire précisément du Temps.

La solution que Protagoras donnait à ces problèmes présentait en quelque mesure un autre caractère. Par opposition au point de vue organique, ou pourrait qualifier le sien de mécanique ou, dans le sens que nous donnons à ce mot, d'intellectualiste. La réflexion, le dessein, l'invention prennent la place de la Nature, de la force spontanée et inconsciente de l'habitude. C'est du moins la conclusion que nous tirons avec une certitude approximative de l'imitation qu'a faite Platon de cette description[1]. Sans doute, cette imitation n'est pas sans une teinte de persiflage, mais, précisément, en exagérant, en travestissant les traits de l'original, la caricature les fait saisir et reconnaître. Les hommes des temps primitifs, y lisons-nous à peu près, ne pouvaient soutenir victorieusement le combat avec les bêtes sauvages, « parce qu'ils ne possédaient pas encore l'art du gouvernement, dont l'art militaire forme une partie ». Ils se nuisaient les uns aux autres pour cette même raison « qu'ils ne possédaient pas encore l'art du gouvernement ». Le larcin du feu, que la légende attribue à Prométhée, est interprété d'une manière allégorique : le Titan dérobe la « sagesse de l'art » dans l'appartement où Athéna et Héphaistos l'exerçaient. S'il déroba aussi le feu pour le donner aux hommes, ce fut uniquement parce que la sagesse de l'art n'eût été pour eux qu'un faible avantage sans cet agent matériel. Plus loin, lorsque

---

[1] Voir le frg. 6 de Moschion dans Nauck, *Trag. græc. Fragm.*, 2ᵉ éd., p. 812. Le grand fragment du *Sisyphe* de Kritias se trouve dans le même ouvrage, p. 771. L'écrit de Protagoras *Sur l'Etat primitif* est mentionné par Diog. Laërce IX 55. L'imitation de Platon se trouve dans son *Protagoras* 320 c sq.

Zeus fait descendre sur la terre le « Droit » et la « Pudeur », Hermès, chargé de les transmettre aux hommes, demande s'il doit leur distribuer à tous également ce don précieux ou s'il doit le répartir entre eux de la manière dont sont répartis les arts, c'est-à-dire si pour un seul maître ou expert il doit y avoir beaucoup de profanes. Et il en est ainsi dans ce qui précède comme dans ce qui suit. C'est par « l'art » que les hommes commencèrent à émettre des sons articulés et à créer le langage. Par « art », par « sagesse » ou par « vertu » — ces mots sont évidemment employés comme équivalents et mis intentionnellement les uns pour les autres — ils bâtissent des maisons, gouvernent l'Etat, satisfont aux obligations morales. L'« art » et ceux qui l'exercent, les « maîtres » — deux mots auxquels s'attache une idée manuelle qui rappelle davantage nos métiers que l'art au sens moderne — d'un côté, la Nature et le hasard, de l'autre, forment un contraste permanent. A travers toute la caricature platonicienne perce la conception de la vie que nous sommes suffisamment préparés à rencontrer à cette époque : ce respect extraordinaire et exagéré, qui sent le maître d'école et le pédant, de la raison, de la réflexion, de tout ce qui peut s'apprendre et se ramener à une règle. C'est là une façon d'entendre la vie qui convient parfaitement à l'enfance des sciences intellectuelles et morales. Nous la rencontrerons encore plus d'une fois dans cette époque, mais chez aucun penseur elle ne s'est plus développée, ne s'est plus fortement accentuée que chez Socrate.

IV

A qui avons-nous besoin de dire qu'il est contraire à l'histoire de projeter ainsi à l'aurore indécise du genre humain les conquêtes d'une époque de maturité intellectuelle ? Non pas que l'on ait pu jamais se dispenser de l'esprit d'invention, du génie de quelques individus. Bon nombre des plus remarquables progrès, que notre âge de raison considère comme des choses toutes naturelles, ont été sans aucun doute l'œuvre de héros anonymes de la civilisation, et nous nous associons volontiers à l'hymne enthousiaste qu'entonne Georges Forster en l'honneur du grand inconnu qui, le premier, a dompté le cheval et l'a plié au service de l'homme[1]. Mais aux services exceptionnels rendus par quelques esprits supérieurs s'ajoutèrent les progrès lents et insensibles dus à la foule des hommes modestement doués, qui gravissaient, pour ainsi dire, les échelons donnés par la Nature elle-même. Aussi est-ce une erreur complète, démentie par les faits, que de vouloir placer au début du développement ce qui n'appartient qu'à sa fin, nous voulons dire la possession du système ou de l'ensemble de règles qui constitue proprement un art pratique. Et pourtant ce défaut de sens historique caractérise souvent les grandes époques d'émancipation intellectuelle. Involontairement, ces époques forment le passé à leur image et se plaisent à peindre l'enfance de notre race sous les traits d'une précoce sagesse.

C'est alors aussi qu'on voit apparaître la doctrine du contrat social. Les esprits qui se sont affranchis du joug de la tradition, qui ont presque complètement secoué l'autorité du surnaturel, et qui, dans les institutions politiques et sociales, ne voient que les moyens de fins humaines, ne sont que trop enclins à méconnaître la différence des temps et à prêter à leurs plus lointains ancêtres leurs propres façons de penser et d'agir. L'individu comme tel n'a aucune signification à l'origine ; il ne vaut que comme membre d'une famille, d'une horde ou d'une tribu ; son appartenance au groupe dont il forme un des éléments est conditionnée par sa naissance ou lui est imposée de force ; il ne peut être question pour lui de libre choix et de détermination volontaire, mais seulement d'obéissance aveugle. Mais les apôtres des « lumières » méconnaissent absolument cet état de choses et s'en font justement l'image contraire. Parfois cette tendance naturelle est singulièrement fortifiée par les exigences de la politique pratique. Nous nous demandons si nos yeux ne nous trompent point quand nous lisons, par exemple, les deux dissertations de John Locke (1632-1704) *Sur le Gouvernement civil*[2]. Ce penseur sagace et profond soutenait avec le plus grand sérieux que la communauté politique est issue sans exception de l'accord volontaire, de l'élection libre des gouvernants, du libre choix des formes de

[1] Voir l'introduction à la traduction allemande du *Troisième Voyage de Cook*, V 67 sq. de l'éd. de Gervinus.

[2] Traités de Locke *On civil government*, dans le quatrième vol. de ses Œuvres complètes. Passages essentiels, pp. 398, 400, 405. A page 398, cette remarquable déclaration : « So at best an argument from what has been to what should of right be has no great force ».

gouvernement, et il pliait, avec autant de zèle que d'insuccès, les faits historiques et les données de l'ethnographie au service de cette thèse erronée. Mais sa théorie ne nous cause plus qu'un faible étonnement quand nous envisageons ses adversaires, les théoriciens de l'absolutisme. Eux aussi sont sur le terrain de la fiction, et d'une fiction encore beaucoup plus absurde que celle de Locke. Adam — prétendaient les défenseurs du droit divin — avait reçu du Créateur la plénitude de la puissance royale et l'avait transmise à tous les monarques de la terre. Et la question fut discutée alors absolument comme s'il n'y avait de choix qu'entre ces deux opinions contraires à l'histoire et à la raison, et comme si l'une des deux devait nécessairement former le terrain du droit actuel. Occasionnellement, il est vrai, cette idée, la seule juste, se fait jour dans l'esprit de Locke que « la conclusion de ce qui a été à ce qui devrait être de droit n'a pas grande force ». Mais cette lueur ne l'empêche pas de discuter la cause de la liberté politique pendant des centaines de pages, comme si elle devait subsister ou succomber selon que sa théorie pseudo-historique triomphait ou était vaincue. Pour ne pas parler des nombreux intermédiaires de ce grand mouvement, rappelons qu'il en a été de même à l'aurore de la philosophie moderne, au commencement du XIVme siècle. Marsilius de Padoue, (né vers 1270), contemporain de Pétrarque, bien qu'un peu plus âgé que lui, et ami du hardi frère mineur Guillaume d'Occam, écrivit un traité intitulé le *Défenseur de la Paix*[1], qu'il dédia à Louis de Bavière, et dans lequel il s'efforça d'établir la doctrine du contrat social. Lui aussi était persuadé qu'il fallait reconnaître la souveraineté populaire et la prétendue base historique qu'il lui don-

---

[1] Le *Defensor pacis*, de Marsilius de Padoue, a été publié en manuscrit en 1346; mais ce livre a été néanmoins terminé avant le 11 juillet 1324; cf. O. Lorenz, *Deutschlands Geschichtsquellen im Mittelalter*, 3e éd., II 349. On lit au ch. XII cette phrase mémorable: « Convenerunt enim homines ad civilem communionem propter commodum et vitæ sufficientiam consequendam et opposita declinandum ». Et cette autre encore : « Quia... nemo sibi sciente nocet aut vult injustum, ideoque volunt omnes aut plurimi legem convenientem communi civium conferenti » (ce dernier mot dans le sens du grec συμφέρον = utilité). — Sur les anciennes formes médiévales de la doctrine du contrat social, cf. H. v. Eicken, *Gesch. und System d. mittelalterl. Weltanschauung* 356 sq. — Fréd. Gentz écrivait encore : « Le contrat social est la base de la science politique générale » (cf. John Austin, *The province of jurisprudence*, 2e éd., I 310), mais il ajoutait à sa phrase ce correctif : « Le contrat originel n'a... nulle part été réellement conclu ». (*Biester's Berlin. Monatsschrift* 1793 p. 537.) On peut considérer comme dernier représentant de la théorie du contrat originel — déjà fortement modifiée — Karl Welcker, mort en 1869; cf. Bluntschli, *Gesch. d. allg. Staatsrechts*, p. 538.

nait, pour trouver le terrain juridique sur lequel seul on pouvait combattre avec quelque chance de succès les prétentions de la hiérarchie romaine et assurer le triomphe d'une monarchie limitée seulement par un frein semi-constitutionnel ou démocratique. La tendance exactement opposée avait produit des effets analogues à une date un peu antérieure. Dans le but de subordonner le pouvoir laïque à l'autorité ecclésiastique, elle avait travaillé à répandre cette idée que l'Etat était sorti du trouble causé par le péché du premier homme, qu'il n'avait point été institué par Dieu, mais qu'il ne devait sa naissance qu'à la nécessité où l'on s'était trouvé de parer, par un contrat social, à l'anarchie dans laquelle on vivait.

Si quelqu'un venait nous dire : « Vous userez de la faculté que vous avez de marcher debout à la condition seulement que vous n'ayez jamais, au temps où vous étiez bébés, marché sur vos quatre pattes », nous aurions le droit d'être quelque peu surpris. Mais nous ne le serions guère moins que l'on voulût interdire aux hommes d'aujourd'hui le libre choix dans les affaires politiques sous le prétexte que leurs plus lointains aïeux ne l'auraient pas exercé. Nous venons de voir comment cette façon de penser — qui dérive, non pas peut-être d'un mépris, mais bien au contraire d'une estime très exagérée du droit positif — a fait son apparition dans les temps modernes. Tout le monde sait qu'elle atteignit son point culminant chez Rousseau, le précurseur de la Révolution française. Si cette justification de la théorie du contrat social était étrangère à l'antiquité, la théorie elle-même ne le lui était pas. Nous en avons déjà découvert la racine psychologique. Réduite à ses éléments, cette théorie peut être exprimée sous la forme d'une question et d'une réponse, et la réponse est en elle-même tout à fait naïve et libre de toute tendance, mais teintée d'erreur par le manque de sens historique. « Comment nos ancêtres sont-ils arrivés, se demanda-t-on, à renoncer à leur — prétendue — indépendance individuelle et à consentir aux limitations de cette indépendance que leur imposait l'organisation politique ? — Ils ont, répondit-on, accepté ce désavantage en échange d'un avantage plus grand ; ils ont renoncé en une certaine mesure à leur propre liberté pour être protégés des abus de liberté des autres, pour préserver de la violence des autres leur vie et leur propriété propres et celles des leurs ». Nous nous trouvons ici en présence d'un cas particulier d'une tendance intellectuelle d'une grande portée, mais grosse d'erreurs. Quand une chose remplit un but, on est porté, en vertu d'une fausse généralisation, à croire qu'elle doit nécessairement son existence à quelque dispensation intentionnelle, dirigée précisément vers ce but. Platon connaît déjà cette théorie ; il la place, au commencement du IIme livre de la *République*, dans la bouche de son frère Glaucon, auquel il fait dire : « Comme les hommes se font du tort les uns aux autres, et pâtissent les uns des autres, les plus faibles, ne pouvant éviter les attaques des plus forts, ni les attaquer à leur tour, jugèrent qu'il était de l'intérêt commun d'empêcher qu'on ne fît et qu'on ne reçût aucun dommage[1] ». De là prirent naissance les lois et les conventions ; à cause de cela, ce qui était ordonné par la loi fut appelé juste et droit ; et telle est l'essence, telle fut l'origine de la justice. Epicure s'est approprié cette théorie, et comme il doit énormément à Démocrite, on est tenté de supposer qu'ici encore il marche sur les traces de son grand prédécesseur. Toutefois, pour le moment du moins, cette conjecture ne peut prétendre à la certitude, ni même à un haut degré de probabilité.

V

Dans un domaine tout à fait voisin, en effet, l'esprit de Démocrite s'est manifesté d'une manière analogue. Nous voulons parler de la question de l'origine du langage. Sur ce point, dans l'antiquité, deux partis ennemis se trouvaient en présence. Leur divergence d'opinion représentait de la façon la plus étonnante ce que John-Stuart Mill a appelé un « échange de demi-vérités[2] ». Les uns soutenaient que le langage résulte de la nature elle-même, les autres qu'il découle d'une simple convention. La première de ces formules impliquait deux opinions très différentes : la formation du langage ne dérive pas d'un dessein délibéré, mais d'une impulsion instinctive et spontanée, telle était la première ; — le rapport primordial et naturel entre le son et la signification est encore reconnaissable et démontrable dans les formes actuelles du langage, c'est-à-dire

[1] Platon, *Rép.* II 358 e. — Epicure, dans Diog. Laërce X 150, et Lucrèce V 1017 sq. et 1141 sq.

[2] J.-S. Mill, *Essays on some unsettled questions of political economy*, Londres 1844, p. 157.

dans les mots grecs, telle était la seconde. Pour les linguistes de nos jours, la première de ces assertions est aussi exacte que la seconde est fausse. Que l'on songe à la difficulté que nous éprouvons à déterminer avec une entière certitude des racines vraiment primitives. Même dans celles que l'analyse comparée attribue à la langue indo-européenne originelle, nous ne sommes presque jamais sûrs d'avoir des produits réellement primordiaux de l'instinct de la parole, des produits dépourvus de toute histoire antérieure. Et combien cependant les conditions dans lesquelles nous nous trouvons sont-elles plus favorables que celles où se trouvaient les philologues grecs, qui ne savaient presque jamais qu'une langue, et auxquels, outre les moyens de la comparaison, manquaient encore ceux d'une analyse sûre et pénétrante ! En face du problème de l'origine du langage, qui ne peut être, encore aujourd'hui, considéré comme définitivement résolu, ils étaient aussi désarmés qu'en face de celui de l'origine des êtres organisés, mais ils ne l'abordèrent pas avec moins de confiance. Dans l'un comme dans l'autre cas, ils tombèrent dans l'illusion de considérer comme simple ce qui était en réalité des plus compliqué, et de voir un début dans ce qui n'était que le terme final d'un long développement. Le résultat ne pouvait être et ne fut qu'une jonglerie avec des étymologies insoutenables. Impuissants à lutter contre les difficultés matérielles de la tâche, ils étaient en outre en proie à une cause subjective et irrésistible d'erreur, nous voulons dire l'association qui se fait habituellement dans l'esprit entre le mot et sa signification. Ils nous rappellent ce Français qui estimait sa langue maternelle beaucoup plus naturelle que l'allemand, parce qu'elle appelle *pain* ce qui est réellement du *pain*, tandis que l'allemand lui donne le nom de *Brot*. Et même quand ils s'efforcèrent de traiter la question d'une manière plus rationnelle, quand ils essayèrent, non pas d'établir l'origine des mots — ce qui n'avait donné aucun résultat quelconque — mais d'analyser les impressions produites par ces derniers, ils furent victimes de nouvelles illusions et n'obtinrent pas un seul résultat sérieux. A ces étymologistes dont Platon raille les spéculations dans son *Kratyle*, il arriva exactement, même là où leurs essais ont une certaine plausibilité, ce qui arrive aux étymologistes amateurs de nos jours. N'a-t-on pas prétendu, par exemple, trouver dans le verbe *rouler* une imitation du char ou du tonnerre qui roulent ? Or le verbe *rouler* vient du bas-latin *rotula*, diminutif de *rota*, la roue, et *rota*, comme l'allemand *Rad* (même signification) est dérivé de la même racine que l'adjectif *rasch* (rapide) ; par conséquent la ressemblance de son est absolument fortuite. Héraclite passe pour avoir été le plus ancien représentant de cette théorie si étrangement mêlée de vérité et d'erreur. Mais il est probable qu'il l'a présupposée tacitement, sans la formuler expressément et sans chercher à la défendre. Dans la consonance des mots, il voit sans aucun doute une indication de la parenté des idées auxquelles ils correspondent, comme le montrent quelques-uns de ses fragments qui, précisément à cause de cela, sont intraduisibles (cf. pourtant p. 72). Pareillement, il se réjouit de voir sa doctrine de la coexistence des contraires préfigurée dans la langue, le grec désignant du même mot (βίος et βιός) tantôt la vie, tantôt l'arc, qui est un instrument de mort[1]. Toutefois il est pour le moins douteux qu'il ait discuté l'origine des formations linguistiques, et qu'il ait exprimé sa manière de voir à ce sujet. Mais comme en toute activité humaine il voyait une image et une émanation de l'activité divine, il devait être bien loin de regarder comme artificielle l'expression, par les sons, des phénomènes psychiques, et il n'aurait probablement pas manqué de combattre ceux qui prétendaient le contraire, s'ils avaient déjà manifesté leur opinion à son époque.

Mais cela est peu croyable. En effet, c'est Démocrite que l'on indique comme l'auteur ou comme le plus ancien représentant de cette contre-théorie. Nos sources nous font aussi connaître, au moins dans ses grandes lignes, l'argumentation qu'il opposait à l'origine naturelle du langage. Le sage Abdéritain remarquait d'abord que bien des mots offrent plusieurs sens et que, d'autre part, beaucoup de choses peuvent être désignées par des noms différents. Ensuite, il constatait que les dénominations des objets changent parfois dans le cours du temps et enfin qu'à certains objets, à certains concepts ne correspondent pas de termes appellatifs. Il est facile de voir à quoi tendent les deux premiers de ces quatre arguments. Si, comme on l'a supposé, il était vrai qu'il y ait toujours un rapport interne et nécessaire entre le mot et la chose qu'il sert à nommer, il ne pourrait se faire que la même combinaison de sons désignât des objets différents, comme c'est le cas, par

[1] Voir Héraclite, frg. 66 Byw. — Les arguments de Démocrite sont cités par Proclus dans son commentaire au *Kratyle* de Platon, p. 6 de l'éd. de Boissonade.

exemple, pour les mots *mousse* et *foudre*. Cette supposition était aussi contredite par le fait qu'un seul et même objet peut être désigné de plusieurs façons différentes ; c'est ainsi que nous appelons le même espace tantôt *chambre*, tantôt *salle*, le même objet tantôt *siège*, tantôt *chaise*, le même animal tantôt *jument*, tantôt *cavale*, tantôt *dogue*, tantôt *chien*. Le troisième argument n'est guère qu'une variante du premier. Car il importe peu que le même objet possède en même temps plusieurs dénominations ou qu'il les prenne successivement, comme c'est le cas, par exemple, pour le tabac qui, aux XVIme et XVIIme siècles, s'appelait *pétun*, pour le lapin qui a été pendant longtemps le *connil*, ou le renard qui était le *goupil*. Mais la quatrième preuve semble sortir du cadre de cette argumentation. Car si des objets ou des concepts restent anonymes, y a-t-il argument à en tirer contre l'existence d'un lien interne entre le nom et la chose nommée ? Ici, pensons-nous, l'objection de Démocrite doit avoir été dirigée contre une idée autre et plus compréhensive. Si le langage, semble-t-il avoir voulu dire, était un don de la Divinité ou un produit de la Nature, nous devrions trouver dans ses créations un plus haut degré de finalité qu'elles n'en révèlent en réalité. Ici, défaut, là, surabondance, inconstance et variation, et finalement absence absolue du moyen correspondant à une fin donnée, voilà l'image que nous offrent cent fois les créations imparfaites de l'imagination humaine, mais non celles que nous sommes en droit d'attribuer à l'action de la Nature ou à la providence des Puissances divines. Sous une forme moderne et scientifique, la pensée de Démocrite, telle que nous la comprenons, pourrait être exprimée par cette courte formule : « Le langage n'est pas un organisme, car l'expérience nous montre dans les organismes un degré beaucoup plus élevé de perfection que nous n'en trouvons en lui ». En dépit de sa répugnance à admettre n'importe quelle cause finale, le philosophe atomiste pouvait faire cette concession à la téléologie.

Cette critique incisive de la théorie de l'origine naturelle du langage ne s'applique, il est vrai, à celle-ci que sous sa forme la plus grossière et la plus imparfaite. Les hommes n'ont pas été contraints pour ainsi dire par une nécessité irrésistible de nommer les objets par leurs noms actuels et non par d'autres, voilà ce qu'il a démontré, et pour cela il aurait suffi, en vérité, de faire remarquer l'existence de langues différentes dans les divers pays du monde. D'autre part, la doctrine de Démocrite n'est pas plus exempte que celle de ses contradicteurs du vice fondamental de cette théorie. Lui aussi confond ce qui est originel avec ce qui est devenu, lui aussi méconnaît ce que nous appelons évolution linguistique. Pour se tirer des difficultés que soulève la théorie qu'il combat, il se voit obligé d'admettre une hypothèse qui n'en entraîne pas de moins sérieuses. Le langage, suivant lui, est d'origine purement *conventionnelle*. Les hommes des temps primitifs se sont entendus pour attribuer aux choses telles ou telles dénominations afin d'avoir désormais un moyen de communiquer entre eux et de s'instruire. Mais comment ont-ils pu, objectaient déjà les critiques de l'antiquité, et en particulier Epicure[1], s'entendre sur les noms à donner aux choses aussi longtemps qu'ils manquaient du principal moyen d'entente, c'est-à-dire précisément du langage ? Devons-nous, se demande l'auteur épicurien d'un livre gravé sur la pierre et récemment découvert, nous représenter le « donneur de noms » à peu près comme un maître d'école qui montre à ses élèves tantôt un caillou, tantôt une fleur dont il leur indique les noms en leur recommandant de les fixer dans leur mémoire ? Quel motif pouvaient avoir les hommes ainsi instruits pour s'en tenir inviolablement à ces noms ? Comment ceux-ci pouvaient-ils parvenir intacts et sans déformation à la lointaine postérité ou même seulement aux habitants des parties extrêmes du pays ? Ou bien faut-il supposer que cet extraordinaire enseignement était donné en même temps à une grande foule d'hommes ? Serait-ce alors par le moyen de l'écriture, qui cependant ne pouvait pas précéder la création du langage ? Ou bien les masses d'hommes disséminées sur un grand territoire se réunissaient-elles sur un seul point à une époque où manquaient tous les moyens perfectionnés de communication ? Nous ignorons en quelle mesure l'exposition de Démocrite méritait les railleries qui lui étaient si abondamment prodiguées. Il est bien possible qu'il se soit abstenu de développer sa pensée jusque dans le détail, et qu'il se soit contenté d'opposer à la théorie confuse de l'origine naturelle du langage qu'il avait trouvée établie et que, dans son

---

[1] Le passage essentiel d'Epicure se trouve dans Diog. Laërce X 75 sq. A part Lucrèce V 1026 sq. Bernays, et Origène *Contra Celsum* p. 18 sq. Spencer, voir surtout maintenant la pierre d'Œnoanda dans le *Bull. de Corr. hellénique* 1892, p. 43 sq. et 1897, p. 346 sq.

ensemble, il devait condamner, la théorie de l'origine conventionnelle, seule solution qui lui restât pour résoudre le problème. Il était réservé précisément à Epicure de dissiper la profonde obscurité qui entourait cette question, et, en admettant un élément linguistique naturel et un élément conventionnel, de débrouiller l'écheveau autant qu'il était possible de le faire avec les moyens imparfaits dont disposait l'antiquité. Quand nous en serons arrivés à ce philosophe, il conviendra d'envisager plus sérieusement ce problème, d'exposer plus en détail et de compléter l'explication, exacte en principe, qu'il en donnait, en nous référant aux résultats que nous devons à l'étude comparée des langues.

Un exemple seulement pour mettre en lumière ce que l'on entend par éléments naturels et éléments conventionnels du langage. La langue indo-européenne primitive possédait une racine *pu*, à laquelle s'attachait la signification de purifier. Nous supposons, ce qui est pour le moins très probable, que cette racine n'est pas dérivée, mais vraiment originelle, et nous nous permettons d'exprimer une conjecture sur la manière dont elle a acquis sa signification fondamentale. Quand, avec la bouche elle-même, organe de la parole, nous voulons faire disparaître d'une surface plane quelconque les grains de poussière qui la souillent, nous soufflons dessus. Si nous opérons avec énergie, c'est-à-dire en avançant et en rapprochant les lèvres, nous produisons des sons comme *p, pf* ou encore *pu*. C'est ainsi que cette syllabe a pu, sinon dû, acquérir sa signification primordiale. Supposé qu'il en ait été réellement ainsi, une certaine position, un certain mouvement des organes de la parole a, dans ce cas, comme dans une foule d'autres sans doute, formé le lien qui a uni l'un à l'autre le son et la signification. A notre avis, d'ailleurs, cette imitation de mouvements a été la source de beaucoup la plus féconde du langage, une source beaucoup plus féconde que l'imitation de sons simplement entendus et non produits par l'homme, comme cela est arrivé, par exemple, pour le nom du *coucou* ou pour le verbe *miauler*. On peut d'ailleurs différer d'opinion sur ce point. Mais, certainement, ce sont là des spécimens de ce que, d'une manière tout à fait rationnelle et sans aucun mélange de mysticisme, nous pouvons appeler l'élément naturel du langage.

Mais aussitôt que nous envisageons les nombreux jets qu'une racine primitive comme celle-là a poussés dans les diverses langues indo-européennes, nous voyons apparaître l'action de l'arbitraire, de la sélection, du bon plaisir, en un mot, de la convention. Car, à côté de cette façon d'exprimer l'action de *purifier*, nous en voyons surgir quantité d'autres qui dénomment précisément la même opération, quoique avec des nuances très différentes. Personne n'aurait l'idée de prétendre que le Romain *devait* se servir de l'adjectif *purus* (pur), dérivé de cette racine, ou que le Romain et le Grec *devaient* se servir des substantifs *pœna* et *poinè* (punition) qui en sont également formés. On peut concéder seulement que beaucoup d'emplois de ces mots, en particulier leur alliance avec des expressions désignant l'âme, la disposition d'esprit ou le sentiment, (*mens pura, pureté d'âme, purity of mind,* etc.) correspondent tout à fait au sens premier de la racine et nous en offrent pour ainsi dire un reflet. Pour exprimer la punition dans le sens d'expiation religieuse ou de purification, les dérivés de cette racine paraissent aussi mieux appropriés en soi que ceux des racines qui expriment la même activité, mais avec l'idée accessoire de l'emploi de forces matérielles plus grossières, par exemple, que les verbes *balayer* ou *laver*. Il ne peut être question ici de n'importe quelle nécessité, quelle contrainte, mais seulement de tendances qui auraient tout aussi bien pu être annihilées par les hasards de l'usage que rendues victorieuses par ses changeantes faveurs. Plus nous descendons dans l'histoire d'une langue, pour arriver enfin aux formations nouvelles des époques postérieures ou du temps présent, plus les hasards enchevêtrés d'un long processus historique gagnent en importance, et plus s'évanouit la force de la tendance primitive inhérente à l'élément naturel pour faire place au caprice de ceux qui parlent ou qui écrivent. Car une fois qu'un mot, en raison de l'usage populaire ou de l'emploi qu'en ont fait des écrivains d'autorité, a été approprié à un cercle précis d'idées, il reste désormais acquis à l'expression de ces idées. C'est ainsi que les mots deviennent de plus en plus de simples signes conventionnels, des médailles effacées, et dont l'empreinte originelle ne peut souvent être retrouvée et renouvelée que par la perspicacité géniale des artistes en langage, et surtout des poètes. Dans d'autres cas, un effluve de leur parfum d'autrefois voltige encore autour de ces fleurs desséchées de la pensée, guide le sentiment moins affiné du peuple et permet à celui-ci de les employer à propos. Revenons à notre racine et à ses dérivés. Si l'un des derniers dentifrices a reçu le nom de *puritas*, c'est uniquement en raison du bon plaisir de son inventeur. Mais même dans le français *peine* et surtout dans l'expression *à peine*, de même que dans le mot allemand *Pein* (souffrance), il n'est plus possible de retrouver un vestige de la signification primitive. Les *Puritains* anglais ont reçu ce nom parce qu'ils s'efforçaient de rétablir les institutions ecclésiastiques dans leur forme originelle, dépouillée de toutes les adjonctions ultérieures, dans leur pureté. La nuance exprimée par la racine linguistique n'a eu, dans le choix de ce nom, qu'une influence à peine sensible ; mais elle a réagi ensuite d'une manière tacite et inconsciente, puisque cette dénomination a été bientôt transportée dans le domaine éthique, que l'on a commencé, et que l'on n'a jamais cessé dès lors, de parler du *puritanisme* moral.

Mais l'argument tiré par Démocrite de la pluralité de sens de beaucoup de mots est loin d'être toujours concluant, même dans les cas d'identité de racines originelles et non dérivées ; c'est ce que nous montrera l'exemple auquel nous avons déjà eu recours. Quand nous *soufflons* quelque chose, ce n'est pas toujours dans l'intention de nettoyer un objet ; nous le faisons aussi dans le but, ou — si notre action est instinctive ou involontaire — avec ce résultat d'éloigner de nous un objet que nous trouvons laid ou répugnant. A cause de cela, ce geste est devenu chez beaucoup de peuples, à ce qu'assure Darwin[1], le symbole de la répugnance et du mépris ; c'est pourquoi aussi les sons auxquels ce geste donne naissance, comme le *pfui* des Allemands ou le *pooh* des Anglais et des naturels australiens, servent à exprimer par le langage ces sentiments de l'âme. Pareillement, des mots grecs et latins qui désignent les mauvaises odeurs (pus, putride, putréfaction, pyémie) sont empruntés à la même racine. Et comme la source de formation des langues, pour ne plus couler que faiblement, n'est pas encore complètement tarie, l'anglais commence à employer cette interjection comme verbe ; aussi l'insulaire qui veut manifester un peu rudement ses doutes sur la loyauté des intentions de son interlocuteur peut-il réunir les deux significations fondamentales de ce geste et de ce son dans cette seule petite phrase : « I pooh-pooh the purity of your intentions ».

---

[1] Darwin, *The Expression of the emotions* 258 et 261 sq.

VI

Mais si important que puisse être pour nous le début de cette grande controverse sur l'origine du langage, plus importante encore est l'opposition qui s'y révèle entre la Nature et la convention. Cette opposition ne nous est plus étrangère. Nous l'avons déjà rencontrée à propos de la théorie de Leucippe et de Démocrite sur la perception sensible. Là nous avons appris à voir dans l'idée de la convention le type du changeant, du subjectif et du relatif, que l'on aimait à opposer à l'immuable constance du monde objectif. Toutefois le véritable domaine de cette antithèse n'était ni celui de la perception sensible, ni celui du langage, mais celui des phénomènes politiques et sociaux. Le premier écrivain qui ait exprimé cette distinction fondamentale passe pour avoir été Archélaos, le disciple d'Anaxagore[1]. Mais tout ce que nous savons avec certitude de cette face de son activité se réduit à ceci : qu'il a traité, dans le sens de cette distinction, de la beauté, de la justice et des lois et que, à ce propos, il a exposé la « séparation » entre les hommes et les autres êtres vivants, et les débuts de l'état social. Cette opposition n'est saisie qu'aux époques dans lesquelles l'esprit critique a atteint un haut degré de développement. Partout où l'autorité et la tradition exercent un pouvoir sans partage, les règles en vigueur paraissent les seules naturelles ou, pour parler plus exactement, leur relation avec la Nature ne fait l'objet d'aucun doute, et même d'aucune discussion. Le Mahométan auquel la révélation d'Allah, telle qu'elle est exposée dans le *Coran*, apparaît comme l'autorité suprême et sans appel dans toutes les questions de religion, de droit, de morale et de politique, représente encore parmi nous, tel un fossile vivant, ce degré reculé de développement intellectuel.

Deux grandes séries d'effets découlent de cette très importante distinction. D'une part, elle fournit des armes pour la critique incisive et impitoyable à laquelle elle soumet aussitôt les lois et les mœurs ; d'autre part, elle offre une nouvelle norme, une norme suprême, pour la réforme à laquelle on tend immédiatement dans les domaines les plus divers. L'équivoque que

---

[1] Cf. outre Diog. Laërce II ch. 4, Hippolyte I 9 *(Doxogr.* 564, 6 sq.).

présente le mot *Nature*, les nombreuses interprétations qu'il permet, et dont on se rendait compte à une époque plus basse de l'antiquité, rendent cette norme extrêmement vacillante et incertaine. Mais cette circonstance n'a fait qu'accroître la tendance des Anciens à s'en servir ; il leur était facile, en effet, de comprendre sous cette formule vague et générale leurs aspirations, leurs désirs les plus divers. Lorsque le poète Euripide s'écrie : « C'est la nature qui l'a fait, la nature qui ne connaît pas de convention », il songe à la puissance de l'instinct, qui se moque de toutes les conventions gênantes. Mais quand il dit du bâtard : « Son nom est un opprobre, mais la nature est la même », il parle de la condition réelle des hommes et veut faire entendre qu'elle est indépendante des distinctions artificielles créées par la société. Le rhéteur Alcidamas (IVme siècle) s'exprime d'une manière analogue, mais non tout à fait identique dans son *Discours messénien* : « La Divinité a fait tous les hommes libres ; la Nature n'en a créé aucun esclave »[1]. En écrivant cela, l'orateur était hanté de l'idée d'un prétendu état naturel primitif, dans lequel régnait l'égalité générale ; peut-être aussi a-t-il songé à un droit naturel fondé précisément sur cette croyance ou sur quelque autre, et qui doit prévaloir sur toutes les institutions humaines.

Nous nous occuperons d'abord de l'emploi critique ou négatif qui fut fait de cette distinction. En élargissant les notions qu'on avait sur les conditions morales et politiques des diverses tribus, des diverses nations à diverses époques, les études historiques et ethnographiques avaient fait comprendre l'infinie variété des mœurs et des institutions humaines. On commença à rapprocher, non sans plaisir, les contrastes les plus saisissants. Un genre littéraire prit naissance, qui, dans l'antiquité, a atteint son apogée dans l'ouvrage du gnostique syrien Bardesane (né vers 200 après J.-C.) *Sur la Destinée*[2], et qui a trouvé de nombreux partisans dans le siècle des Encyclopédistes. Hérodote se plaît déjà dans de telles antithèses. Darius, nous raconte-t-il[3], demanda aux Grecs qui vivaient à

---

[1] Euripide, Frgg. 920 et 168. Alcidamas, *Oratores attici* (éd. de Zurich) II 154.
[2] Extraits dans Eusèbe, *Præp. evang.* VI 10. Texte syriaque dans le *Spicilegium Syriacum* de Cureton. A la même catégorie appartient aussi le fragment publié dans *The Flinders Petrie Papyri* I n° 9 (Dublin 1891).
[3] Hérodote, III 38. Remarquez aussi le soin avec lequel l'historien fait ressortir jusque dans le plus petit détail le contraste entre les mœurs égyptiennes et les grecques, II 35. Une tendance analogue et fortement marquée caractérise les descriptions d'un voyageur du moyen âge, John de Maundeville.

sa cour à quel prix ils consentiraient à dévorer les cadavres
de leurs pères. Ils répondirent qu'aucun prix ne serait assez
élevé pour les y décider. Alors le roi des Perses fit appeler
les représentants, en ce moment en son palais, d'une tribu de
l'Inde dans laquelle l'usage commandait ce qui, aux yeux des
Grecs, était un sacrilège, et leur demanda en présence de ceux-
ci, par un interprète, à quel prix ils consentiraient à brûler les
cadavres de leurs pères. Ils poussèrent de grands cris et
prièrent le roi de ne pas même parler d'une telle horreur. L'historien tire de là cette conclusion pratique remarquable : si l'on présentait à l'ensemble des hommes toutes les
coutumes existant n'importe où en les invitant à choisir les
plus belles, chaque peuple, après l'examen le plus approfondi,
choisirait celles qui existent déjà chez lui. Pindare, ajoute-t-il,
a donc eu raison de dire : « La convention règne sur tous les
hommes[1] ». La même pensée est plus développée et avec plus
de piquant encore dans un traité que l'on a attribué avec probabilité à cette époque : « Si l'on ordonnait à tous les hommes
de réunir en un tas tous les usages qu'ils tiennent pour bons
et nobles, et ensuite d'y choisir ceux qu'ils considèrent comme
mauvais et honteux, il ne resterait rien : tout serait distribué
entre tous[2] ». Il n'est guère possible d'exprimer d'une manière
plus précise et plus claire cette pensée qu'aucune coutume, aucune institution, n'est assez vile ou assez odieuse pour ne pas
être tenue en grande considération dans quelque fraction de
l'humanité. Arrêtons-nous un instant à la conséquence libéra-
trice de ce point de vue relativiste. Nulle part elle ne se présente à nous avec autant de force que dans les drames d'Euripide, le grand défenseur des lumières. Nous avons déjà vu
combien peu d'importance a pour lui la tache de l'illégitimité
de la naissance. Il ne se soucie pas davantage du stig-
mate qu'imprimait l'esclavage à la créature humaine. Là encore, selon lui, ce n'est qu'une affaire de nom et de convention, mais la nature elle-même n'est pas en jeu. « Ce qui dés-
honore l'esclave, c'est le nom seul ; pour tout le reste, un honnête serviteur ne le cède en rien à l'homme libre ». Même

[1]. Le fragment de Pindare se trouve dans Bergk, *Poetæ. Lyr. Gr.*, 4ᵉ éd., I 439.
[2] Cette citation est empruntée à ce que l'on nomme les Διαλέξεις, écrites en dialecte
dorien (*Opusc. moral.* coll. Orelli II 216 = Mullach *Fragm. phil. Gr.* I 546 b, édités à
nouveau par E. Weber dans les *Philolog. hist. Beiträge für Curt Wachsmuth* 53 sq.).
Cf. à ce sujet Rohde, *Kl. Schriften* I 327 sq., Dümmler, *Akademika* 250, ainsi que mes
remarques dans la *Deutsche Litt. Zeitung* 1889, col. 1340.

sentiment en ce qui touche la haute naissance et la basse extraction. « L'honnête homme est pour moi le gentilhomme ; mais quiconque ne respecte pas le droit, eût-il pour père Zeus, et même un plus illustre, est pour moi du commun ». Il s'en faut de bien peu que les barrières de la nationalité ne soient aussi brisées, et que l'on ne voie apparaître l'idéal du cosmopolitisme, que nous rencontrerons dans toute son ampleur chez les Cyniques. Cet idéal a été entrevu par Hippias d'Elis, à qui Platon fait dire : « Vous tous qui êtes présents, je vous regarde comme parents, comme frères et comme concitoyens, — selon la nature, et en dépit de la convention. Car, selon la nature, le semblable est parent du semblable ; mais la convention, ce tyran de l'humanité, nous violente bien souvent contre la nature[1] ».

VII

Si, dans ce qui précède, on entend par *nature* l'instinct social et l'originelle égalité, réelle ou prétendue, des hommes, la conception contraire ne pouvait manquer de trouver, elle aussi, ses représentants. Le plus fort l'emporte sur le plus faible ; le mieux doué fait sentir sa supériorité à celui qui l'est moins. Se pouvait-il que ce fait, surtout dans une société fondée sur la conquête et sur l'esclavage, n'attirât pas l'attention et ne fût pas regardé comme découlant de l'ordre naturel ? Souvenons-nous d'Héraclite et de sa glorification de la guerre, « père et roi » de toutes choses, qui a séparé les uns des autres non seulement les dieux et les hommes, mais encore les libres et les esclaves (cf. p. 79). Le sage d'Ephèse a probablement été le premier à comprendre clairement et à exalter l'immense signification qu'a la guerre ou l'emploi de la force pour la fondation des Etats et pour la constitution de la société. Nous rencontrerons chez Aristote une opinion analogue, mais moins générale et troublée en outre par le préjugé nationaliste ; le grand philosophe, en effet, essaye de fonder l'esclavage sur la Nature ; il le défend dans l'intérêt des esclaves eux-mêmes, qu'il juge incapables de se gouverner, et combat ceux qui ne veulent y voir que l'effet d'une convention arbitraire. Cette tendance avait-elle trouvé des représentants dans les lettres à l'époque des « lumières » ? Cela est incertain, et il semble

[1] Euripide, *Ion* 854 sq. et frg. 336. — Hippias, dans Platon, *Protag.* 337 c.

que l'on doive plutôt répondre par la négative que par l'affirmative. Platon lui-même, qui lui est hostile, choisit pour la défendre, parmi les contemporains de Socrate, non pas un écrivain ou un des maîtres de la jeunesse, mais un de leurs ennemis les plus acharnés, un politicien pratique, qui ne veut rien être que pratique, et qui nous est d'ailleurs inconnu, Kalliklès[1]. Il lui fait défendre avec passion dans le *Gorgias* le droit du plus fort. Kalliklès s'en réfère à la domination que le fort exerce sur les faibles ; il y voit un fait qu'il déclare fondé sur la Nature et qu'il décore à cause de cela du nom de « loi naturelle ». Et, dans sa bouche, la loi naturelle devient aussitôt le « droit naturel », c'est-à-dire ce qui est naturellement juste. Car, chose assez compréhensible en soi, reconnaître le fait naturel entraîne facilement l'approbation de la conduite qui en découle ; et cette tentation était fortement encouragée par la circonstance que les deux choses se confondaient presque absolument dans l'opinion des Anciens, en un domaine au moins, à savoir celui des relations internationales. On regardait en même temps comme naturel et comme permis que les Etats puissants soumissent et absorbassent les faibles.

Mais, dans le cas qui nous occupe, cette explication n'est certainement pas la seule. Car, tout en s'autorisant, il est vrai, du droit de conquête aussi bien que de l'exemple que nous donnent les animaux, Kalliklès se sépare sur deux points essentiels d'Héraclite aussi bien que d'Aristote. Il appelle de ses vœux la soumission non pas d'une fraction, mais de l'ensemble de l'humanité, et ses sympathies vont, sinon exclusivement, du moins pour la plus grande part, aux forts et aux habiles plutôt qu'à la masse des faibles et des esprits épais. Il

---

[1] Ce que nous avons dit de l'affinité de la doctrine représentée par Kalliklès avec des pensées d'Héraclite est appuyé par l'écho direct qui se trouve dans le *Gorgias* 490 a : πολλάκις ἄρα εἷς φρονῶν μυρίων μὴ φρονούντων κρείττων ἐστί, et plus loin : εἰ ὁ εἷς τῶν μυρίων κρείττων du frg. 113 d'Héraclite : εἷς ἐμοὶ μύριοι, ἐὰν ἄριστος ᾖ, écho qui d'ailleurs n'a pas laissé d'être remarqué déjà dans l'antiquité. Cf. *Olympiodori Scholia in Plat. Gorg.* p. 267, éd. Jahn, dans *Jahns Jahrb.* XIV vol. suppl., Leipz. 1848. Bergk, *Gr. Litt. Gesch.* IV 447, conjecturé que Kalliklès est un masque transparent de Chariklès, oligarque bien connu de ce temps-là. Cela n'est guère probable. Cette légère modification de nom n'eût servi à rien, puisque nombre de traits renseignent sur la personnalité de cet homme (voir notamment 487 c), lesquels, s'ils ne s'appliquaient pas à l'original, eussent été de mauvais goût, et, dans le cas contraire, eussent déjoué le dessein de Platon. Kalliklès apparaît comme un ennemi des sophistes dans le *Gorgias*, 520 a, où à cette question : οὐκοῦν ἀκούεις τοιαῦτα λεγόντων τῶν φασκόντων παιδεύειν ἀνθρώπους εἰς ἀρετήν ; il répond : ἔγωγε. ἀλλὰ τί ἂν λέγοις ἀνθρώπων πέρι οὐδενὸς ἀξίων ;

prend parti pour le génie, pour le « surhomme », comme on aime à le dire aujourd'hui, contre la foule qui cherche à asservir son âme et à le rabaisser au niveau de sa propre médiocrité. Il exulte à la pensée que l'homme de génie, semblable à un lionceau à moitié dompté, se dresse tout à coup, fièrement, dans la plénitude de sa force, « brise ses chaînes, secoue et foule aux pieds toutes les paperasses, tout le fatras de formules et de fantasmagorie sous lequel on prétendait l'accabler, et, par droit de nature, veut être notre maître et non notre serviteur. » Ces discours trahissent le plaisir esthétique que donne la force indomptable d'une puissante nature ; ils expriment en outre le sentiment qui faisait dire au théoricien moderne de l'absolutisme : « Le règne des plus puissants est l'éternelle ordonnance de Dieu ». Mais, un peu plus loin, Platon fait soutenir à Kalliklès une thèse en contradiction moins brutale avec les institutions populaires : l'homme le meilleur et le plus intelligent, dit-il, doit exercer la suprématie, non sans doute, — puisque nous ne vivons pas dans un monde idéal — sans en retirer un profit personnel. En d'autres termes, c'est aux plus capables, aux plus qualifiés qu'appartient la plus grande influence, et, par cela même, les plus hautes récompenses dans la vie politique. Toutefois, dans la suite du dialogue, le caractère de Kalliklès subit une étrange transformation. Le représentant de ce culte des héros à la Carlyle, des théories politiques de Haller et du principe des aristocraties pures devient tout à coup l'apôtre d'un évangile de plaisir sans frein. Ce sentiment n'avait encore trouvé aucun défenseur à cette époque ; Platon nous le donne à entendre assez clairement par cette remarque : « Tu dis là ce que les autres pensent, mais n'osent pas déclarer[1] ». Nous pouvons affirmer sans crainte que le poète-philosophe a amalgamé cette doctrine avec d'autres, qui n'ont rien de commun avec elle, pour faire paraître celles-ci sous un jour plus défavorable et plus odieux. D'autant plus sincères doivent nous apparaître les éclats de colère de Platon contre le joug d'une majorité niveleuse et du régime souvent si maladroit de la démocratie, protestation bien compréhensible contre l'organisation politique d'alors, aussi riche en ombres qu'en côtés lumineux, et qui pre-

[1] Les passages cités du *Gorgias* se trouvent à 483.e et 492 d. Le mot intercalé entre les deux sur la domination des plus puissants est de Haller, auquel Hegel, dans sa *Rechtsphilosophie* (Ges. Werke VIII 317) réplique avec autant de vivacité que d'esprit.

naît les formes les plus diverses selon la diversité des tempéraments et des caractères. Les uns étaient portés au culte des héros et faisaient d'Alcibiade leur modèle et leur idole ; les autres penchaient à faire revivre des institutions entièrement ou à moitié aristocratiques ; Platon lui-même, qui haïssait du fond du cœur la démocratie, prêchait le règne utopique des philosophes. Ainsi la « nature » et le « droit naturel » étaient devenus, d'une part, l'appui et le schiboleth d'une aspiration à l'égalité qui se transformait peu à peu en cosmopolitisme, et, d'autre part, le cri de ralliement des partisans de l'aristocratie et du culte de la personnalité marquante. Les deux tendances présentaient un caractère commun : toutes deux visaient à déchirer les liens dans lesquels la puissance de la tradition avait jeté les âmes des hommes.

VIII

Ici, une double question se présente à nous. Jusqu'à quel point s'est étendue cette diminution de l'autorité ? Et de quels effets a-t-elle été accompagnée ? A aucune de ces questions nous ne pouvons donner de réponse, même approximative. Mais une chose, du moins, est claire : c'est qu'aucun domaine de la vie ni de la foi ne resta à l'abri des attaques de la critique. La sceptique curiosité de l'époque n'épargna pas même les dieux. Un poète dithyrambique, Diagoras de Mélos[1], dont il ne nous est resté que quelques vers pleins du plus grand respect

[1] Nous possédons de Diagoras de Mélos cinq vers empruntés à deux poèmes différents (Philodème, De la Piété, p. 85 de mon édition) et de plus (ibid.) le titre d'un troisième poème. Ces vers sont empreints des sentiments les plus pieux, et semblent donner crédit à l'anecdote rapportée par une scolie d'Aristophane (Nuées 830 Mein.), par Sextus Empiricus (adv. Math. IX 1, 53 = 402, 17 sq. Bekker) et par Suidas, s. v. Diagoras. Celui-ci, devenu victime d'une injustice restée impunie, aurait perdu sa croyance aux dieux et à la Providence. De ses écrits en prose, nous connaissons deux titres, les ἀποπυργίζοντες et les Φρύγιοι λόγοι (Suid.; Tatien Or. ad Gr. ch. 27), qui désignent probablement un seul et même ouvrage. Il semble y avoir raillé la foi aux mystères et exposé la doctrine théologique à laquelle on donna plus tard le nom d'évhémérisme. (Pour plus de détails, voir Lobeck, Aglaophamus 370 sq.) La seule indication chronologique précise à son sujet nous est fournie par Diodore (XIII 6) qui nous dit qu'en 415/4, les Athéniens, vivement excités par le crime des Hermocopides, mirent sa tête à prix. Cela n'est pas contredit par l'allusion renfermée dans le discours du Pseudo-Lysias contre Andocide, lequel, d'après Blass, Att. Beredsamkeit, 2ᵉ éd., I p. 562, fut composé en 399. Il est plus difficile de concilier avec cela l'allusion d'Aristophane, Nuées 830 Mein., d'après laquelle l'impiété du poète était déjà notoire en 423 (ou en 418). Tout à fait déconcertante est l'indication de Suidas, qui place son acmé à la 78ᵉ Olympiade, et le fait en même temps tirer de l'esclavage par Démocrite, qui n'était pas encore

pour la divinité, ayant été victime d'une injure restée impunie, cessa de croire à la justice céleste. Il a donné une expression à ce changement de dispositions dans un livre dont le titre (*Discours destructifs*) nous fait pressentir les fureurs sacrilèges de ce dévot devenu blasphémateur. Les doutes religieux de Protagoras, exprimés sous une forme infiniment plus mesurée, nous occuperont plus tard, de même que la théorie de Prodikos sur l'origine de la religion. Le trône abandonné par l'autorité est assailli de toutes parts par la réflexion et la raison. Toutes les questions relatives à la conduite de la vie sont discutées; tout sans exception est soumis au jugement de l'intelligence. Non seulement les écrivains philosophiques et les rhéteurs, mais les poètes et les historiens nous étonnent par la subtilité de leurs arguments. La tragédie, qui, déjà chez Sophocle, trahit par-ci par-là l'influence de l'esprit nouveau, devient littéralement chez Euripide une arène de tournois intellectuels. Même Hérodote qui, nous l'avons vu, était encore, en somme, pénétré des sentiments d'un autre âge, se plaît à discuter les grandes questions qui intéressent l'humanité avec une subtilité faite pour nous étonner. Le problème du bonheur est soulevé par lui comme par Euripide, et tous deux le traitent selon des méthodes foncièrement identiques[1]. Le premier, dans le dialogue de Solon et de Crésus, oppose le type abstrait de l'homme comblé de richesses, mais malheureux à tous les autres égards, à celui du pauvre à qui la destinée offre toutes ses autres faveurs; le second, dans son *Bellérophon*, nous montre trois personnages, bien moins artificiels, qui se

né à cette date! Eusèbe n'est non plus d'aucun secours, car une fois il met Diagoras au nombre des philosophes-naturalistes, une autre fois, il le met en relation avec le poète lyrique Bakchylide, plaçant son acmé tantôt à la 75me, tantôt à la 78me Olympiade (*Chron.* II 102 sq. Schöne). Mentionnons en passant l'anecdote que rapporte Cicéron *de Nat. D.* III 37, et que Diog. Laërce, VI 59, ne sait s'il doit attribuer à Diagoras ou à Diogène le Cynique. N'oublions pas non plus les amusantes contradictions dans lesquelles s'empêtre Cicéron (loc. cit. comparé avec *de N. D.* I 1 et I.42). — Cette question de date a été discutée dernièrement par v. Wilamowitz (*Textgeschichte der griech. Lyriker*; Abhandlungen der Göttinger Gesellsch. d. Wiss. N. F, IV, 3, 80 sq.).

[1] Hérodote, I 32. Euripide frg. 285. En outre, Hérod. III 80 sq.; Euripide, frg. 810; *Suppliantes* 911 sq. Nauck et frg. 1027. — Comparaison de la culture de l'esprit avec celle de la terre dans le pseudo-hippocratique Νόμος (IV 640 Littré), et dans Antiphon le Sophiste, frg. 134 Blass. Les dispositions naturelles, l'éducation, la connaissance, l'exercice ont déjà l'air de pièces de monnaie effacées par l'usage dans Thucydide I 121, 3. Les opinions de Protagoras sur ce sujet nous occuperont plus tard. Culture et dispositions naturelles sont déjà réunies par l'auteur de l'écrit pseudo-hippocratique *Sur l'Art* (VI 16 L.). Voir en outre Démocrite (P) *frgm. mor.* 130 et 133 Mullach, que l'on peut rapprocher du *frg. trag. adesp.* 516 et de Critias *frg.* 6 Bergk. Echos de toutes ces discussions dans Isocrate, *Orat.* 13, 17 sq. et dans Platon *Phèdre* 269 d.

disputent la palme du bonheur : l'homme de basse extraction, mais riche ; le gentilhomme pauvre, et celui qui ne possède ni l'un ni l'autre de ces avantages ; et, par une démonstration paradoxale, il nous apprend que c'est à ce dernier qu'est dû le prix de la victoire. Dans le passage où il fait disputer trois nobles perses sur la meilleure forme de gouvernement, Hérodote prête sans doute les plus forts arguments au défenseur de la démocratie parce que celle-ci a ses préférences, mais il fait preuve d'un certain degré de culture dialectique en plaçant dans la bouche des tenants de la monarchie et de l'oligarchie des raisons qui ne sont point méprisables. Aucun thème n'était discuté alors avec plus de passion que le problème de l'éducation. Est-ce celle-ci ou sont-ce les dispositions naturelles, est-ce l'enseignement théorique ou bien est-ce la pratique et l'habitude qui sont le facteur le plus important ? Ces questions provoquaient l'intérêt le plus soutenu, et on y donnait les réponses les plus diverses. Euripide qui, en cela comme en tout, est accessible à des influences multiples, soutient que la « vertu virile » peut s'enseigner, mais il n'insiste pas moins sur la nécessité de s'habituer de bonne heure à tout ce qui est bien ; une autre fois, il fait dire à l'un de ses personnages : « Ainsi la Nature est tout, et c'est en vain que l'éducation s'efforce de changer le mal en bien ». Le parallèle entre la culture de l'esprit et celle des champs devient un des lieux communs de l'époque : la nature du sol est comparée aux dispositions naturelles, l'enseignement à l'ensemencement, le zèle de l'élève au travail acharné du laboureur, etc. Dans cette comparaison, sur laquelle nous aurons à revenir à l'occasion, on remarquera que les diverses thèses relatives à l'éducation, primitivement séparées, ont été déjà fondues en un seul tout.

D'ambitieux projets de réforme furent aussi imaginés dans ce temps-là. Phaléas de Chalcédoine[1], dans la seconde moitié

[1] Phaléas de Chalcédoine : Arist. *Polit.* II 7. Son époque peut être déterminée approximativement par le fait qu'il était plus jeune qu'Hippodamos (qui πρῶτος τῶν μὴ πολιτευομένων ἐνεχείρησέ τι περὶ πολιτείας εἰπεῖν τῆς ἀρίστης, loc. cit. c. 8) et qu'il est évidemment plus vieux que Platon. Dans l'analyse que fait Aristote de l'idéal politique d'Hippodamos, je ne puis rapporter qu'aux lois pénales les mots : ᾤετο δ'εἴδη καὶ τῶν νόμων εἶναι τρία μόνον, περὶ ὧν γὰρ αἱ δίκαι γίνονται, τρία ταῦτ' εἶναι τὸν ἀριθμόν· ὕβριν βλάβην θάνατον, non seulement parce que αἱ δίκαι suggère cette interprétation, et que les trois catégories indiquées ne peuvent servir de base qu'à une division du droit pénal, mais encore parce qu'Hippodamos, bien loin de supprimer ou de limiter les lois en vue du bien public, les a bien plutôt étendues au delà de la mesure habituelle. Et, à part cela, quelle place resterait-il autrement pour les lois constitutionnelle, administra-

du Vme siècle, se déclarait en faveur de l'égalisation des fortunes, et faisait dans ce but des propositions qui, il est vrai, ne visaient que la fortune immobilière. La nationalisation de tout le travail industriel, c'est-à-dire son exécution par des esclaves appartenant à l'Etat, formait un autre article de ce programme de réformes. Un citoyen légèrement plus âgé, Hippodamos de Milet, celui qui voulait des rues en ligne droite et se croisant à angle droit, voulait aussi transformer radicalement la constitution des Etats. Il proposait de répartir les citoyens en trois classes : les artisans, les agriculteurs et les soldats. Un tiers seulement du sol devait être propriété particulière, le second tiers devait être réservé au service des cultes et le troisième à l'entretien des soldats. La cité, dans son ensemble, ne pouvait compter que dix mille hommes, auxquels était attribuée l'élection des magistrats. La fascination du nombre *trois* se manifestait aussi dans la division du code pénal en trois sections : délits contre la vie, délits contre l'honneur, délits contre la propriété, et dans celle des affaires administratives qui devaient former également trois groupes : affaires concernant les citoyens, affaires concernant les orphelins, affaires concernant les étrangers. Pour la première fois, nous voyons figurer dans ce projet l'idée que l'Etat doit conférer des marques de distinction aux auteurs d'inventions utiles. Hippodamos a aussi été le premier à réclamer la création d'une cour d'appel et l'acquittement des accusés *ab instantia*; enfin il proposait, mais en cela Aristote lui dénie le mérite de l'originalité, que les enfants des soldats morts à la guerre fussent élevés aux frais de l'Etat. Toutefois, les disciples de Socrate devaient dépasser de beaucoup toutes ces hardiesses ; c'est dans leur cercle qu'allaient prendre naissance les doutes qui sapent les bases de l'ordre social existant encore aujourd'hui.

Mais, abstraction faite des conséquences extrêmes que Platon et les Cyniques devaient faire sortir de la souveraineté de la Raison, il reste assez, dans ce que nous venons de mentionner, pour nous rappeler le radicalisme de la Révolu-

tives et civiles ? Aristote emploie également le mot νόμοι dans un sens ainsi limité au passage où il appelle Pittakos et, en termes à peu près pareils, Dracon, auteurs νόμων ἀλλ' οὐ πολιτείας *(Pol.* II 12). Ce que le mot μόνον, dans la citation plus haut, doit exclure, nous ne le savons pas ; peut-être ces parties du droit criminel dans lesquelles les victimes — ou encore les coupables — ne sont pas des êtres humains ?

tion française. Cependant on ne peut méconnaître une différence importante. L'époque de l'émancipation grecque n'a vu se produire aucune tentative sérieuse pour mettre ses théories en pratique. A cet égard, voici un parallèle tout à fait typique. A Paris, la déesse Raison a été l'objet d'un culte, éphémère il est vrai, mais qui n'en a pas moins été réel. L'Athènes de l'époque qui nous occupe a connu aussi cette déesse, mais au théâtre seulement, dans la scène où Aristophane, persiflant Euripide, le fait prier ainsi : « Ecoute-moi, Raison, et vous, organes de l'Odorat[1] ». Les autres doctrines radicales de ce temps n'ont pas davantage essayé de sortir de l'ombre des bibliothèques et des écoles pour entrer dans le domaine de la réalité. Mais rien ne serait plus faux que de vouloir conclure de là au peu d'intensité du radicalisme antique. L'histoire du Cynisme nous montrera qu'il n'a pas manqué d'individus pour prendre au grand sérieux les théories qui rompaient le plus violemment avec la tradition. Nous verrons d'ailleurs que l'influence *indirecte* du radicalisme philosophique a été extrêmement grande sur le développement de la civilisation aux siècles suivants. Si cependant, tout bien considéré, la philosophie, tout en étant un puissant ferment de vie intellectuelle, n'a pas exercé son influence directement sur les faits, c'est essentiellement par suite des circonstances que nous allons énumérer. La situation économique d'alors — bien différente de celle que devait présenter Sparte au IIIme siècle — était pour le moins tolérable pour les masses ; sans doute, il se produisait assez souvent de violents conflits, mais ils ne différaient pas essentiellement des luttes de classes des siècles précédents ; la surprenante acuité qu'ils prirent dans le cours de la guerre du Péloponnèse fut provoquée par les conjonctions passagères qui se produisirent dans le ciel politique. La religion était assez souple pour s'accommoder des immenses changements survenus dans le monde de la pensée. Enfin, le caractère national des Grecs, et spécialement celui des Athéniens, avait une répugnance instinctive pour tout ce qui sentait la hâte et la précipitation, un sentiment du tact et de la mesure très favorable au développement régulier des institutions. Ces remarques nous

---

[1] Dans les *Grenouilles*, v. 892 sq. Meineke :

αἰθὴρ ἐμὸν βόσκημα καὶ γλώττης στρόφιγξ
καὶ ξύνεσι καὶ μυκτῆρες ὀσφραντήριοι.

paraissent répondre d'une manière suffisante, pour le moment du moins, aux questions que nous avons soulevées plus haut. Avant de poursuivre notre étude sur ce point, il est nécessaire d'envisager quelques-unes des figures les plus marquantes de ce grand mouvement intellectuel, rhéteurs et instituteurs de la jeunesse, poètes et historiens.

CHAPITRE V

Les Sophistes.

I. Les sophistes. Ce que le sophiste écrivait et enseignait. Il était à moitié professeur, à moitié journaliste. — II. Ce qui, en réalité, était commun aux sophistes. Raisons de la répugnance qu'ils inspirent. Attaques de Platon contre les sophistes. Ses divers procédés de polémique. Les sophistes combattus par le vieux Platon. Variations de sens des mots « sophiste » et « sophistique ». — III. Les sophistes n'ont été ni des bretteurs intellectuels ni des retordeurs de mots. L'écrit *Sur l'Art*. — IV. Prodikos de Céos. Il est associé à Anaxagore. La synonymique de Prodikos. Sa philosophie morale. — V. Hippias d'Elis. Un parallèle à l'époque de la Renaissance. Le *Dialogue troyen*. — VI. Le sophiste Antiphon. Nouveaux fragments. Antiphon est à l'antipode de Kalliklès.

I

Si fertile qu'ait été le Vme siècle en productions littéraires, il s'en faut de beaucoup qu'il ait été un siècle livresque. Le Grec aimait mieux — à cette date encore — s'instruire par les oreilles que par les yeux. La race des rhapsodes s'éteignait peu à peu, mais un nouveau personnage commençait à prendre leur place dans la vie publique des Hellènes. Vêtu, comme le rhapsode, d'un manteau de pourpre, le « Sophiste » se rendait à Olympie ou ailleurs, et là, devant ses compatriotes accourus en grand nombre pour assister aux jeux, il récitait, non plus les anciens poèmes épiques, mais les discours d'apparat dont il était l'auteur[1]. Dans des réunions moins nombreuses, mais plus intimes, il faisait des conférences extrêmement étudiées sur les questions scientifiques ou sociales les plus diverses (cf. p.

---

[1] Elien, *Var. Hist.* XII 32, nous raconte que Gorgias et Hippias portaient un manteau de pourpre dans les occasions solennelles. Sur l'habitude analogue des rhapsodes, cf. Platon ou Ps-Platon, *Ion* 530 b. Eustathe donne des détails plus nombreux, mais ineptement fondés, dans son comm. aux premiers vers de l'*Iliade*. On trouve dans Nicolas de Damas (*Fragm. hist. gr.* III 395 frg. 62) la description d'un rhapsode richement orné, sans doute à l'époque tout à fait primitive.

178). A ce fait se rattacha la révolution qui se produisit peu avant le dernier tiers du siècle dans le domaine de l'enseignement. Aux exigences plus grandes de la vie politique, au développement des besoins intellectuels ne suffisait plus la connaissance élémentaire de la lecture, de l'écriture et du calcul, qui, avec la musique et la gymnastique — auxquelles vint s'ajouter plus tard le dessin[1] — formait toute la culture de la jeunesse. Aucun établissement officiel ou privé ne tenait lieu de nos écoles secondaires et de celles de nos écoles supérieures dont le programme embrasse l'ensemble des études.

Le moment vint où des hommes pleins de talent et d'originalité cherchèrent à combler cette lacune. Des maîtres se formèrent qui, se rendant de ville en ville, groupaient les jeunes gens autour d'eux et leur donnaient des leçons. L'adolescent y était initié aux éléments des sciences positives, aux doctrines des philosophes-naturalistes, à l'interprétation et à la critique des œuvres poétiques, aux distinctions grammaticales, que l'on commençait justement à établir, aux subtilités de la métaphysique. Mais le centre de cet enseignement était formé, cela va de soi, par la préparation à la vie pratique et surtout à la vie publique. Ainsi Protagoras d'Abdère, le plus ancien et le plus éminent de ces maîtres itinérants dont le nom nous soit connu, formule ainsi, dans un dialogue de Platon, le but de son enseignement : « Prudence dans les choses domestiques, afin que le jeune homme puisse un jour administrer au mieux sa maison ; prudence dans les choses civiles, afin qu'il devienne aussi capable que possible de discuter et de gérer les affaires de la cité[2] ». En un mot, ce qui formait le noyau de cet enseignement, c'étaient les sciences morales et politiques, ou du moins les rudiments qui en existaient déjà alors ou qu'on venait d'en créer. Or l'âme de la politique pratique, c'était l'art oratoire, dont nous avons déjà fait voir la haute signification et le constant exercice (cf. p. 402-3). Il était donc bien naturel que ces hommes qui s'appelaient eux-mêmes « sophistes », c'est-à-dire maîtres ou professeurs de sagesse, ne bornassent

[1] L'impulsion à l'enseignement du dessin fut donnée par le peintre sicyonien Pamphile, qui est mentionné dans le *Plutus* d'Aristophane (joué en 388), v. 385 Meineke. Cf. Hermann-Blümner, *Privat-Alterthümer* pp. 324 et 473.

[2] Protagoras d'Abdère, dans le dialogue platonicien auquel il a donné son nom, 318 e. Comp. à cela le but très analogue que poursuit l'orateur Isocrate dans son enseignement, *Or.* 15 § 304 sq. (*Orat. Att.* I 289 a), ainsi que la manière dont Xénophon — lui moins — envisage les entretiens de Socrate avec les jeunes gens (*Memor.* I 2, 64).

pas leur activité à l'enseignement de la jeunesse. Les mêmes facultés, les mêmes connaissances qui les rendaient capables d'enseigner, leur permettaient aussi de se signaler comme orateurs et comme écrivains. C'était d'ailleurs une nécessité de leur condition de se dépenser sans compter dans ces multiples directions, car, ne recevant absolument aucun salaire de l'Etat, ils en étaient réduits à leurs propres forces ; en outre, ils séjournaient plus souvent parmi des étrangers que parmi leurs concitoyens, et pour acquérir leur place au soleil, ils étaient obligés de lutter contre une âpre concurrence et contre le discrédit qui s'attachait souvent à leur personne. Il n'existe pas, dans le monde actuel, de terme de comparaison exact. Le sophiste se distingue du professeur d'aujourd'hui aussi bien par l'absence de tout rapport, avantageux ou nuisible, avec l'Etat, que par l'impossibilité où il se trouvait de se borner à une spécialité. Comme savants, la plupart d'entre eux étaient à peu près universels ; comme orateurs et comme écrivains, ils étaient, ainsi que nos journalistes, toujours prêts à entrer en lice et à affronter un combat. Moitié professeur, moitié journaliste, telle est la formule qui nous donne peut-être la meilleure idée, à nous modernes, de ce que c'était qu'un sophiste au Vme siècle. Ces hommes recueillaient des applaudissements très vifs, et un succès matériel des plus considérables ; les plus distingués d'entre eux provoquaient un enthousiasme délirant auprès des jeunes gens de la Grèce, toujours très sensibles à la beauté de la forme et à la culture de l'esprit.

L'apparition d'un de ces coryphées, que, si nous en croyons Platon, l'on portait en triomphe, mettait en émoi au près et au loin la jeunesse athénienne. Déjà avant le lever du soleil, à ce que nous raconte un dialogue de ce philosophe, un jeune homme d'excellente famille se précipite dans la maison, puis dans la chambre à coucher de Socrate et éveille celui-ci en criant : « Tu sais déjà la grande nouvelle ? » Le sage se dresse, effrayé, sur sa couche : « Au nom du ciel ! Tu ne viens pourtant pas m'annoncer un malheur ? — Dieu m'en garde ! Le plus grand bonheur. *Il* est arrivé. — Qui ? — Le grand sophiste d'Abdère ». Et le jeune homme prie Socrate d'intercéder pour lui auprès du célèbre Protagoras pour que celui-ci l'admette au nombre de ses disciples. Aussitôt le jour venu, les deux hommes se rendent dans la maison du riche Kallias, dont l'étranger est l'hôte. Ils la trouvent déjà dans la plus vive agitation. Protagoras se promène en long et en large sous le portique, flanqué à droite et à gauche de trois amis des plus distingués, parmi lesquels le maître de la maison et les deux fils de Périklès, et suivi d'une foule d'adorateurs de second ordre. « Et rien, remarque en plaisantant le Socrate de Platon, ne me réjouit autant que de voir quel soin les jeunes gens prenaient pour laisser toujours le pas au Maître, et comment, aussitôt la tête du cortège arrivée à une extrémité de la halle, la suite se partageait et se séparait pour se refermer immédiatement et avec ordre derrière le grand homme et ses compagnons ». Dans les divers appartements de la maison, d'autres sophistes tiennent leur cour, entourés chacun, comme la reine d'un bal, d'un cercle d'admirateurs. Socrate présente sa requête dans le style familier de la conversation, et l'artiste en langage lui répond aussitôt par un discours assez long, très étudié et prononcé sur un ton mesuré et solennel ; une discussion philosophique s'engage entre les deux hommes, tandis que les assistants courent chercher tous les bancs, tous les sièges de la maison et s'assoient en cercle pour jouir de cette fête des oreilles et de l'esprit. Protagoras laisse à l'assemblée le soin de décider s'il doit répondre à Socrate d'une manière concise ou d'une manière discursive, par un mythe ou par un simple discours. Dès qu'il commence à parler, ses auditeurs, dans une attente anxieuse, se suspendent à ses lèvres ; à peine a-t-il fini qu'éclate une tempête d'applaudissements longtemps contenus. Tel est le tableau que nous a fait Platon[1], et auquel la magie de son style assure une impérissable jeunesse. Son récit accuse une forte teinte de caricature; mais il est facile, néanmoins, d'y retrouver les traits de la réalité.

II

Si maintenant l'on nous demande ce qui, en fait, était commun aux divers sophistes, nous répondons : rien absolument que leur profession et que les conditions imposées à son exercice par les circonstances générales de l'époque. A part cela, le seul lien qui les réunit était celui qui les réunissait à beaucoup de non-sophistes, c'est-à-dire leur participation au mouve-

[1]. Dans le *Protagoras*, que nous avons librement reproduit.

ment intellectuel contemporain. Il n'est pas juste, il est même absurde de parler d'un esprit sophistique, d'une morale sophistique, d'un scepticisme sophistique, etc. Quel miracle eût pu faire que les sophistes, c'est-à-dire les maîtres qui se faisaient payer pour instruire la jeunesse, eussent entre eux des affinités intellectuelles et morales plus fortes qu'avec les autres représentants de la pensée d'alors, quand l'un était venu de la colonie d'Abdère, en Thrace, l'autre d'Elis en Péloponnèse, un troisième de la Grèce centrale, un quatrième de la Sicile ? Ce que l'on peut *a priori* présumer, c'est que les maîtres et les écrivains acclamés de cette époque, comme ceux des autres époques, devaient surtout suivre les tendances nouvelles et destinées à triompher plutôt que les tendances dont le déclin avait déjà commencé. Et, de fait, il en a été ainsi. Dépendants comme ils étaient de leur public, les sophistes devaient se faire les organes des idées qui, si elles n'étaient pas déjà régnantes, étaient du moins en voie de le devenir. Il n'est donc pas absolument illégitime de considérer les représentants de cette profession en général comme les propagateurs des « lumières », quoique, certainement, tous les sophistes ne fussent pas les champions des idées avancées, et que tous ces champions fussent bien moins encore des sophistes. Nous verrons d'ailleurs que la plupart d'entre eux, en raison précisément de cette dépendance, gardèrent une attitude plutôt modérée, et que pas un seul d'entre eux n'en vint à ce radicalisme politique et social que Platon et les Cyniques ne craignirent pas de proclamer.

Les mots « sophiste » et « sophistique » ont une histoire dont nos lecteurs doivent acquérir quelque connaissance sous peine d'être égarés par quelques fallacieuses associations d'idées. Dérivé indirectement de l'adjectif σοφός (sage) et directement du verbe σοφίζεσθαι (imaginer, inventer) le mot σοφιστής ou sophiste désigne à l'origine celui qui, dans n'importe quel domaine, se signale par des travaux éminents. Ainsi ce nom fut appliqué aux grands poètes, aux grands philosophes, aux musiciens fameux, et aux sept hommes d'Etat ou hommes privés que leurs profondes maximes avaient fait qualifier de Sages[1]. Une nuance de défaveur commença de bonne

[1] Le rhéteur Aristide, II 407 Dindorf, réunissait déjà dans l'antiquité des exemples précieux sur l'emploi du mot *sophiste*, Eschyle et Sophocle désignent par là des musiciens habiles (voir les preuves dans les dict. spéciaux); à part cela, Eschyle donne aussi ce titre à Prométhée, vv. 62 et 943 Kirchhoff, non sans une certaine amertume dans ce dernier passage. Pindare l'applique à des musiciens et à des poètes (*Isthm*. 5, 28.) Le

heure à se répandre sur ce mot ; toutefois ce ne fut sûrement tout d'abord qu'une légère nuance. Car, autrement, Protagoras et ses successeurs ne se le fussent pas eux-mêmes donné. Mais cette défaveur, qui devait bientôt s'accentuer notablement, dérivait de diverses causes. D'abord, toute tentative de pénétrer dans les secrets de la Nature éveillait la méfiance des esprits religieux. Les philosophes naturalistes étaient considérés comme suspects au point de vue théologique, et d'autres mots encore, qui, à l'origine, avaient une signification neutre, comme *météorologue* (investigateur du ciel), prirent un sens accessoire fâcheux. « Ne pas croire à la divinité » et « étudier le ciel », étaient deux choses associées comme équivalentes dans le décret du peuple dirigé contre Anaxagore et présenté par Diopeithès[1]. Y a-t-il lieu de s'étonner que les spéculations nouvelles, relatives aux problèmes de la connaissance et aux questions de morale et de droit, attirassent à leurs auteurs le reproche d'indiscrète curiosité ?

A cette appréhension des dangers réels ou prétendus que pouvait faire courir la poursuite de la science en général, s'ajouta la répulsion qu'inspiraient, pour beaucoup de motifs, les hommes voués, par profession, à la recherche scientifique et à la vulgarisation de leurs découvertes. Les Grecs se sont fait de tout temps une conception aristocratique de la vie. Encore moins que les autres nations chez lesquelles existait l'esclavage, ils ont eu de l'estime et de la considération pour l'activité rétribuée. « Ce sont les Corinthiens qui méprisent le moins les artisans, les Lacédémoniens qui les méprisent le plus », nous dit Hérodote, quand il se demande si les Hellènes n'ont pas appris des Egyptiens leur dédain de l'industrie. A Thèbes, une loi refusait l'éligibilité aux magistratures à quiconque ne s'était pas abstenu pendant dix ans de tout marché ; et ni Platon ni Aristote ne croyaient pouvoir accorder l'entière.

comique Kratinos comprend indistinctement sous cette dénomination tous les poètes, Homère et Hésiode compris (σοφιστῶν σμῆνος : *Att. Comic. Fragm.* I 12 fr. 2 Kock). Dans Athénée, XIV 621 sq., c'est ainsi que s'appellent les acteurs de farces. L'historien Androtion a appelé Sophistes les sept Sages (Aristide, loc. cit.). Ainsi parle aussi Hérodote, implicitement du moins, de Solon, I 29 et de Pythagore, IV 95. Simplicius, *Phys.* 151, 26 Diels, nous dit que Diogène d'Apollonie désignait de ce nom ses prédécesseurs. Dans Isocrate, le sophiste est l'opposé du profane et de l'homme ordinaire (*Hélène* 9) ; cf. aussi *ad Nicocl.* 13 et *ad Demonic.* 51 (authenticité, il est vrai, douteuse). Alcidamas emploie ce terme dans un sens non moins honorable au début de son discours *Sur les Sophistes*.

[1] Sur ce décret, voir Plutarque, *Vie de Périklès*, ch. 32.

possession des droits civiques aux artisans et aux trafiquants. La considération sociale n'était compatible qu'avec un très petit nombre de professions salariées, dont la principale était la médecine[1]. On regardait comme particulièrement honteux de consacrer, contre payement, son activité intellectuelle au service d'un autre. Il semblait qu'il y eût là un manque de dignité, une servitude voulue. Lorsque le logographe ou avocat fit sa première apparition, il ne fut pas moins poursuivi que le sophiste par les plaisanteries de la comédie. Celui qui, comme l'orateur Isocrate, avait exercé un certain temps cette profession, cherchait à en faire oublier, autant que possible, le souvenir ; lorsque le même Isocrate se vit obligé d'ouvrir une école d'éloquence, il versa, à ce que l'on dit, des larmes de honte en touchant ses premiers honoraires. Cela nous rappelle les scrupules qu'éprouvèrent Lord Byron et les aristocratiques fondateurs de l'*Edinburgh Review* lorsqu'on leur paya leurs premiers articles[2]. Une troisième source de défaveur se trouvait

[1] Sur le mépris du travail manuel, cf. Hérodote II. 167. Sur le décret d'exclusion de Thèbes cf. Aristote, *Polit.* III 5 (1278 a 25). Nous parlerons plus tard du dédain de Platon et d'Aristote pour l'activité industrielle. Il nous suffira d'en donner ici deux exemples, provisoirement : τοὺς φαύλους τε καὶ χειροτέχνας, lit-on dans la *République* de Platon, III 405 a ; ἡ δὲ βελτίστη πόλις οὐ ποιήσει βάναυσον πολίτην, dit Aristote, *Polit.* III 5, 1278 a 8.

[2] Au sujet du mépris témoigné aux logographes, cf. ce qui est raconté dans la *Vie des Dix Orateurs* du Pseudo-Plutarque, p. 833 c (= II 1015 Dübner) et d'une manière plus vague par Philostrate, *Vit. Sophist.* I 15 (II 16 Kayser) sur les sarcasmes du comique Platon à l'adresse d'Antiphon. Relativement à Isocrate, cf. Blass, *Att. Beredsamkeit*, 2e éd. II 14, et le passage auquel il renvoie lui-même (p. 21) du Pseudo-Plut. loc. cit. 837 b (= 1020, 20 Dübner). Remarquer aussi la satisfaction avec laquelle Théopompe, l'élève d'Isocrate, se vante (dans la *Bibliothèque* de Photius, cod. 176, p. 120 Bekk.) de son indépendance matérielle, qui l'a dispensé d'écrire des discours en vue d'un gain ou de donner des leçons comme un sophiste. — Au sujet de Lord Byron, qui raillait Walter-Scott parce qu'il se faisait payer ses ouvrages et « travaillait pour ses patrons », cf. Brandes, *Hauptströmungen*, etc., IV 190. Ce que je dis des fondateurs de l'*Edinburgh Review* est emprunté aux déclarations de Lord Jeffrey ; cf. *Life of Lord Jeffrey* de Cockburn, I 133, 136 et II 70 (Edimbourg 1852). Chacun sait quelle répugnance Rousseau éprouvait à écrire pour de l'argent ; voir ses *Confessions*, l. IX. « Au XVIme siècle, dit Scherer, *Poëtik* 122, la rémunération des écrivains par les libraires n'était pas encore établie ; on doutait encore qu'il fût honorable d'accepter des honoraires. »
Pour bien se rendre compte de l'opinion des Anciens, comparez le mot attribué à Isocrate (loc. cit.) : ὅτε καὶ ἰδὼν τὸν μισθὸν ἀριθμούμενον, εἶπε δακρύσας ὡς « ἐπέγνων ἐμαυτὸν νῦν τούτοις πεπραμένον, » avec Xénophon, *Memor.* I 2, 6 : τοὺς δὲ λαμβάνοντας τῆς ὁμιλίας μισθὸν ἀνδραποδιστὰς ἑαυτῶν ἀπεκάλει. — Non moins frappant est l'accord entre la déclaration de Platon, *Rép.* IX 590 c : βαναυσία τε καὶ χειροτεχνία διὰ τί, οἴει, ὄνειδος φέρει; et celle de Xénophon, *Cyneg.* 13, 8 : ἀρκεῖ ἑκάστῳ σοφιστὴν κληθῆναι, ὅ ἐστιν ὄνειδος παρά γε τοῖς εὖ φρονοῦσιν. C'est ce point de vue qui nous permet de comprendre les termes insultants dans lesquels Xénophon, *Mem.* I 6, 13, exprime son mépris pour les sophistes : καὶ τὴν σοφίαν ὡσαύτως τοὺς μὲν ἀργυρίου τῷ βουλομένῳ πωλοῦντας (cf. le πεπραμένον d'Isocrate) σοφιστὰς ὥσπερ πόρνους ἀποκαλοῦσιν.

dans la jalousie de ceux qui n'avaient pas le moyen de s'offrir l'enseignement des sophistes et qui, dès lors, étaient ou croyaient être en état d'infériorité, pour l'administration des affaires publiques ou pour la défense de leurs intérêts privés, à l'égard de leurs rivaux ou de leurs adversaires mieux partagés. Sous ce rapport, on a comparé très justement la situation des sophistes, dans la processive Athènes, à celle qu'auraient les maîtres d'armes dans une communauté où le duel serait devenu une institution. A ces mobiles spontanés, mais dont l'action est restée dans l'ombre, s'est enfin ajoutée la volonté délibérée d'une personnalité puissante, dont l'arme a été un génie littéraire de premier ordre. Platon n'a eu que du mépris pour la société qui l'entourait. Les plus grands hommes d'Etat de sa ville lui ont paru médiocres ; médiocres ses poètes et ses philosophes. Sa principale préoccupation a été de séparer de la façon la plus absolue, d'isoler pour ainsi dire au moyen d'un fossé et d'une palissade, sa doctrine et son école, hors desquelles il n'y avait pas, pour lui, de salut, de tout ce que l'on pouvait confondre avec elles, de tout ce qui pouvait même faire songer à elles. Doué des plus brillantes facultés, issu d'une des plus nobles familles de l'Attique, il aurait pu prendre à la vie publique une part importante et glorieuse ; il préféra « s'entretenir à voix basse, dans l'obscurité d'une école, avec quelques jeunes gens », éplucher des mots et fendre des idées en quatre[1]. Il en a été certainement blâmé, mais nul, à coup sûr, ne l'en a plus sévèrement blâmé que ses plus proches parents. Pour lui, il ne visait qu'à une chose : opposer le plus vivement possible ses efforts, dans lesquels il espérait une renaissance de l'humanité, à tout ce qui lui paraissait tendre à des buts moins élevés. Loin de séparer son maître Socrate

tandis que, il est vrai, le même Xénophon, *Mem.* I 1, 11, entend simplement par sophistes les philosophes : ὁ καλούμενος ὑπὸ τῶν σοφιστῶν κόσμος, et IV 2, 1 : γράμματα πολλὰ συνειλεγμένον ποιητῶν τε καὶ σοφιστῶν τῶν εὐδοκιμωτάτων. Et c'est à peu près ce que Platon veut dire quand, nous montrant le jeune Hippocrate, « fils d'une grande et riche maison », avide des leçons de Protagoras, il lui fait demander s'il veut devenir lui-même un sophiste, et le fait répondre en rougissant par un « non » décidé (*Protag.* 312 a). Pour ne pas s'abuser sur ce point, relire la remarque de Plutarque dans la biographie de Périklès, ch. 2 : « Il n'y a pas un jeune homme bien né qui, pour avoir vu à Pise la statue de Zeus ou celle d'Hèra à Argos, voulût être Phidias ou Polyclète ; il ne voudrait pas même être Anacréon, Philétas ou Archiloque parce qu'il a pris plaisir à lire leurs vers ».

[1] Cf. Platon, *Gorgias* 485 d : μετὰ μειρακίων ἐν γωνίᾳ τριῶν ἢ τεττάρων ψιθυρίζοντα. Ces mots s'adressent à Socrate, mais, comme on l'a remarqué depuis longtemps, ils s'appliquent infiniment mieux à Platon lui-même qu'à son maître.

des sophistes, l'opinion des contemporains en avait fait le type même du sophiste ; nous aurons plus tard l'occasion de voir comment Platon a réussi, non sans quelque violence, à lui assurer une place à part aux yeux de la postérité.

L'art satirique de Platon use de tous les moyens, grossiers ou fins. Ses attaques contre les sophistes sont encore plus remarquables par leur étendue que par leur intensité. Pas un représentant de cette classe ne peut s'introduire sur la scène de ses dialogues sans y être accueilli par quelque témoignage de mépris ou, du moins, sans y être tourné en ridicule. Je me trompe ; cette règle souffre *une* exception. Faute de se surveiller, et comme par mégarde, Platon a laissé échapper l'expression d'une considération réelle à l'égard d'*un* sophiste. Dans le *Lysis*, il donne à Mikkos le titre d'ami et de panégyriste de Socrate, et le qualifie d'homme habile et d'excellent sophiste[1]. A part cela, Mikkos nous est totalement inconnu, et nous sommes peut-être en droit d'ajouter que c'est grâce à son insignifiance qu'il a échappé aux coups. Dans toutes les autres occasions, le disciple de Socrate donne libre carrière à sa malice. Quand son œil d'Argus n'aperçoit absolument rien de blâmable dans les théories d'un sophiste, il trouve moyen d'en amuser la galerie en les lui faisant exposer mal à propos ou d'une manière importune ; c'est ainsi qu'il en use avec Hippias et avec Prodikos. La faible santé du second est pour lui un objet de moquerie aussi bien que l'universalité des dons intellectuels du premier. Il paie sans restriction à la grande figure de Protagoras le tribut de respect que commandait son honorabilité personnelle ; mais il propose à la raillerie du lecteur, avec une mimique achevée, la nuance archaïque et surannée de son éloquence, en exposant à la lumière la plus crue toutes les faiblesses réelles ou prétendues de ses raisonnements. Mais, le plus souvent, Platon fait ressortir les traits les plus choquants pour le sens aristocratique de ses concitoyens et surtout des hommes de sa société. Il affectionne les allusions au côté professionnel, et, pour lui, mercenaire et mercantile, de l'activité des sophistes, au salaire qu'ils se faisaient payer. Quand ce salaire est modeste, il y voit une preuve de la mé-

---

[1] C'est J.-S. Mill qui a rendu attentif à ce passage (*Lysis* 204 a), négligé jusqu'ici dans l'examen de la question. Voir sa discussion de l'ouvrage de Grote sur Platon (*Dissert. and Discuss.* III 295). Dans le *Ménon* 85 b, ce sont les géomètres qui sont appelés sophistes.

diocrité de l'enseignement donné ; quand il est élevé, c'est une récompense disproportionnée et imméritée[1]. Nos lecteurs ont déjà vu combien peu la modestie était la vertu de cette époque, et combien peu elle était celle de Platon lui-même (cf. pp. 336-7). Il est donc bien probable que les sophistes, eux aussi, réduits comme ils l'étaient à se créer une position dans des circonstances difficiles, laissaient percer un peu de suffisance dans leur attitude. Il faut croire également qu'entre les membres de cette classe éclataient des jalousies et des rivalités comme entre les représentants de toutes les professions encombrées. Mais cela ne signifie pas que l'on fasse un tableau fidèle et complet de la sophistique en se contentant de décrire les formes que prenait chez elle une faiblesse humaine qui se manifeste partout ailleurs. Ne pourrait-on pas recourir au même système pour décrier les successeurs actuels des sophistes, nous voulons dire les professeurs et les écrivains populaires, ou même les avocats et les députés ? Le mépris de Platon pour les sophistes peut aller de pair avec le dédain de Schopenhauer pour les professeurs de philosophie, et avec les attaques d'Auguste Comte contre les Académiciens.

Sur un point, cependant, la critique de Platon porte juste incontestablement. Dans les luttes dialectiques qu'il fait engager aux sophistes contre Socrate, les premiers succombent presque toujours. Quoique tous ces dialogues ne soient que de pures fictions, nous ne pouvons douter de la réalité historique du fait. Car la supériorité dialectique de Socrate est le fondement incontesté de sa gloire et de l'influence durable qu'il a exercée sur la postérité. Mais voici qui est bien étrange : dans ceux de ses écrits où Platon laisse de côté l'arme légère de la moquerie pour attaquer ses adversaires avec les plus grosses pièces de son arsenal, non seulement il ne fait plus mention de Protagoras, d'Hippias, de Prodikos, etc., mais la sophistique elle-même prend un aspect essentiellement différent. Tandis que les anciens et vrais sophistes s'étaient montrés tout à fait incapables de procéder à la façon de Socrate et de remettre leur interlocuteur à sa place en l'interrogeant, nous nous trouvons en présence de sophistes particulièrement habiles à ce jeu. La clef de cette énigme est depuis

---

[1] Platon se moque dans l'*Apologie* (20 c) et dans le *Kratyle* (384 b) de la médiocrité des honoraires payés aux sophistes ; dans le même dialogue (391 b-c) et ailleurs, il leur reproche, au contraire, de se faire payer trop cher.

longtemps trouvée. L'activité littéraire de Platon s'étend sur un espace de plus d'un demi-siècle. Rien d'étonnant donc que les sophistes auxquels s'adressent les ouvrages de sa vieillesse soient tout autres que ceux dont s'étaient occupés les plus anciens de ses dialogues. Cela est même d'autant plus naturel que les premiers sophistes étaient une race en train de disparaître au moment où le philosophe prenait la plume. En effet, trois, au moins, des comédies dirigées contre les tendances des sophistes et contre leurs innovations pédagogiques furent écrites dans la décade précisément où se place la naissance de Platon. Les *Convives d'Héraklès* d'Aristophane furent représentés quelques semaines avant (hiver de 427) ; les *Nuées*, quatre ans, et les *Flatteurs* d'Eupolis six ans après (423 et 421). Nous ne saurions donc être surpris que le penseur athénien, dans une phase plus avancée de sa vie, ait songé très peu à ces sophistes, mais beaucoup aux autres, c'est-à-dire aux philosophes qu'il détestait, et qu'il prenait dès lors plaisir à appeler de ce nom malsonnant. Bref, les « sophistes » combattus avec tant d'amertume dans le *Sophiste* et dans les ouvrages analogues, ce sont les disciples de Socrate et les disciples de ses disciples, et avant tout l'ennemi mortel de Platon, Antisthène et son groupe[1] ! Platon a mis tout son art à établir des rapports entre ces sophistes-ci et ceux auxquels ce nom appartenait légitimement, mais aucun lecteur attentif de l'*Euthydème* et du *Sophiste* ne peut manquer d'apercevoir ce qu'il y a d'artificiel dans cette tentative.

Comme cela est facile à comprendre, Aristote hérita de l'emploi de ce mot : il n'y a pas un seul passage dans ses nombreux écrits où le terme de « sophiste » désigne expressément un membre de cette ancienne génération; au contraire, au

---

[1] Le premier, et sans doute le seul jusqu'ici, H. Sidgwick a attiré l'attention sur la transformation de sens qu'éprouve le mot *sophiste* chez Platon lui-même (*Journal of Philology* IV p. 288 sq.). Cette étude remarquable (*The Sophists*) constitue sans doute encore aujourd'hui le complément le plus important à Grote, sur ce point dont on a beaucoup parlé, mais que l'on n'a guère pris en sérieuse considération, et que Sidgwick appelle avec raison « a historical discovery of the highest order ». Sans doute, la sophistique est déjà rangée dans le *Gorgias* parmi les arts qui relèvent de la flatterie, mais le même sort y est réservé aussi à la rhétorique et à la poésie tout entière ! Dans l'échelle des êtres, que connaît la transmigration des âmes dans le *Phèdre*, dialogue composé de bonne heure, le sophiste occupe une place assez inférieure; mais il est associé à l'orateur populaire ! Enfin si l'*Euthydème* n'est pas un ouvrage de la vieillesse de Platon, il est cependant à la tête de ces dialogues dans lesquels Antisthène et les Mégariques servent de cible aux attaques. N'avons-nous pas le droit de voir dans tout cela des exceptions qui confirment la règle ?

moins une fois, parlant du système des honoraires, il oppose vivement Protagoras, et de la manière la plus honorable pour lui, aux « sophistes ». Il se sert de ce mot dans trois sens : dans le sens ancien et naïf qui n'implique aucune espèce de blâme, puisqu'il l'a lui-même appliqué aux sept Sages ; secondement, pour désigner un certain nombre de philosophes qui, pour la plupart, lui étaient peu sympathiques, par exemple Aristippe, un des disciples de Socrate ; enfin, et dans la plupart des cas, il dénomme ainsi précisément ces « Éristiques », c'est-à-dire ces dialecticiens ergoteurs qui sont sortis des écoles d'Antisthène et d'Euclide, disciple de Socrate fixé à Mégare, et avec lesquels il a été toute sa vie en conflit[1]. Or comme ces philosophes exerçaient surtout leur esprit à combiner des raisonnements captieux et faux, il est arrivé que non seulement les mots *sophiste* et *sophistique* (substantif), mais encore les mots *sophisme* et *sophistique* (adjectif) ont acquis, dans la polémique dirigée par le vieux Platon et par Aristote contre les Éristiques, la signification défavorable, qui dès lors est restée prédominante. Jusqu'à la fin de l'antiquité, le nom de sophiste a gardé la valeur que lui avait donnée le dernier de ces philosophes. Parfois encore, à cette date, il a été employé dans son sens primitif et neutre, sinon précisément honorable ; et même, à certains moments, surtout à l'époque impériale, où régnait la jeune sophistique, ce sens l'emportait ; mais, dans la grande majorité des cas, on s'en servait comme terme d'injure plus ou moins blessant. C'est dans ce sens d'ailleurs que Platon a déjà été traité de sophiste par ses adversaires et par ses rivaux, les orateurs Lysias et Isocrate[2], qu'Aristote l'a été par l'historien Timée ; son cousin Callisthène par Alexandre-le-Grand ; Anaxarche, le disciple de Démocrite, par l'Aristotélicien Hermippos ; le Socratique Eubulidès par Épi-

---

[1] Chacun peut voir dans l'excellent index de Bonitz l'emploi que fait Aristote du mot *sophiste*.

[2] Les preuves de ce que nous disons ici se trouvent dans Isocrate, *Philipp.* 84 ; Aristote, loc. cit. ; Polybe XII 8 ; Plutarque, *Vie d'Alexandre*, ch. 53 et 55, et aussi dans les *Neue Bruchstücke Epikurs*, publiés par nous dans les *Wiener Sitz.-Ber.* 1876, p. 91 sq. (p. 7 du tirage à part) ; dans Galien, IV 449 Kühn ; Lucien, *de Morte Peregrini* § 13. — Sur l'emploi du mot *sophiste* à l'époque impériale romaine, on trouve des indications précieuses dans Edw. Hatch, *The Influence of Greek Ideas and Usages upon the Christian Church* (The Hibbert Lectures, 1888) p. 101 n. 2, Londres 1890. Exactement comme Platon se moque des honoraires élevés payés aux sophistes, les écrivains ecclésiastiques, surtout Justin et Tatien, raillent ceux que l'on payait aux philosophes et rhéteurs païens de leur temps. (V. E. Renan, *Orig. du Christ.* VI 483 sq.)

cure ; l'Académicien Carnéade par le Stoïcien Posidonius, et en général tous les philosophes, sans exception, par leurs contradicteurs. Le fondateur du christianisme lui-même n'a-t-il pas été rangé parmi les « sophistes » par Lucien ?

III

L'histoire de cette variation de sens n'est pas racontée ici pour la première fois. Mais il est nécessaire de s'y arrêter, de l'envisager avec toujours plus d'exactitude et de détail afin de l'imposer une fois pour toutes, fût-ce malgré eux, aux lecteurs compétents. Car beaucoup de savants, obligés d'admettre la vérité des faits que nous venons d'exposer, ne s'empressent pas moins de l'oublier ou n'en tiennent aucun compte. Plus d'un commence par reconnaître loyalement et sans détour que l'équivoque du mot « sophiste » et l'usage défavorable qu'on en fit de plus en plus ont causé un tort grave à ceux qui le portaient au Vme siècle, et que nous leur devons une réhabilitation. Mais, pour être reconnue, cette dette n'est pas payée : l'écrivain rentre dans le cercle habituel de ses idées et parle de ces hommes à peu près comme si, en réalité, ils n'avaient été que des bretteurs intellectuels, comme s'ils avaient joué sans scrupule sur les mots ou enseigné des doctrines pernicieuses. L'esprit a beau vouloir, il n'oppose qu'une faible résistance aux habitudes invétérées de la pensée. En vérité, les sophistes sont nés sous une mauvaise étoile. Ils ont payé de siècles d'outrages une heure bien courte de triomphant succès. Deux ennemis particulièrement redoutables se sont conjurés contre eux : le caprice de la langue et le génie d'un grand, si ce n'est du plus grand écrivain de tous les temps. Sans doute, en tirant les fusées de son esprit et de son ironie, le fils d'Ariston ne pouvait pas prévoir que les créations ailées de sa merveilleuse fantaisie, de son exubérance juvénile, seraient un jour invoquées comme de graves témoignages historiques. Il jouait son jeu avec des vivants, non avec des morts. Mais les sophistes sont devenus pour nous des morts, et c'est le troisième et le plus funeste des malheurs dont le sort les a frappés. Ces maîtres itinérants n'ont pas fondé d'écoles. Ils n'ont pas eu de disciples fidèles pour veiller sur leurs écrits et préserver leur mémoire. Quelques siècles déjà après eux, il ne subsistait de leurs productions littéraires que de misérables fragments. De ces fragments, il ne nous est parvenu que quelques phrases mutilées, de sorte que nous manquons presque absolument de témoignages impartiaux sur le rôle qu'ils ont joué.

Avant d'étudier individuellement les sophistes, et de nous familiariser avec leurs personnes et leurs doctrines, nous avons à mentionner ici un monument littéraire qui ne nous est pas parvenu, il est vrai, sous le nom d'un sophiste, mais qui, indépendamment des conjectures que l'on peut faire sur le nom de son auteur, est tout à fait propre à nous donner une idée d'une portion au moins de la littérature sophistique. La collection hippocratique, composée, nos lecteurs s'en souviennent, d'un grand nombre d'écrits disparates, en renferme un que nous pouvons, avec une entière certitude, attribuer à ce cercle et à cette époque. C'est un petit traité *Sur l'Art* (c'est-à-dire sur l'art de guérir), destiné à défendre la médecine contre les attaques auxquelles elle a été en butte dès le premier moment[1]. L'*Apologie de la Médecine* présente tous les caractères que nous sommes en droit de rencontrer dans le produit intellectuel d'un sophiste de cette époque. Ce n'est pas tant un ouvrage qu'un discours ; il est fait pour être entendu plutôt que lu ; aussi le plan en est-il extrêmement clair et l'exécution de tous points parfaite. On ne saurait, pour cette raison déjà, y voir l'œuvre d'un médecin, mais d'autres circonstances encore enlèvent tout doute à cet égard. En terminant, l'auteur oppose le discours qu'il vient de tenir « aux preuves de fait données par les médecins » ; en prenant congé d'eux poliment, pourrait-on dire, il leur témoigne son respect et réclame à son tour le leur pour lui-même et pour ses confrères. Il renvoie d'avance à un discours qu'il se propose d'écrire au sujet des autres arts. A propos d'une discussion sur la théorie de la connaissance, — qui, soit dit en passant, nous montre en lui un adversaire de Mélissos, — il fait allusion à un travail plus approfondi sur cette question, et il est difficile de ne pas supposer qu'il en est également l'auteur. Il est tellement habitué aux joûtes oratoires qu'il s'imagine toujours avoir devant les yeux un adversaire dont il faut prévenir les objections. Sa culture est encyclopédique, et il saisit avidement toutes les occasions qui

---

[1] L'auteur a consacré au traité *Sur l'Art* une dissertation étendue, qui a été utilisée à plusieurs reprises dans ce paragraphe et dans le suivant. (*Die Apologie der Heilkunst*, Wiener Sitz.-Ber. 1890 n° IX.)

lui permettent de sortir du cadre étroit de son thème immédiat, et, tantôt par de brèves allusions, tantôt sous une forme plus développée, il répand d'une main prodigue ses pensées sur les questions les plus variées. Ainsi, dans l'espace de quelques pages, il touche au problème de l'origine du langage comme à celui de la causalité, au rôle du hasard dans les actions humaines, au rapport de la perception sensible à la réalité objective, des dispositions naturelles aux moyens de culture, des industries aux matériaux qu'elles emploient, etc., etc. On peut avec raison l'appeler à moitié rhéteur, à moitié philosophe. Mais il est difficile de ne pas remarquer aussi certains traits qui dénoncent le maître d'école. L'habitude d'enseigner se trahit par le ton assuré qui ne l'abandonne jamais, et par la peine qu'il se donne pour distinguer et définir avec précision les idées nouvelles à mesure qu'il les introduit. Les efforts qu'il fait visiblement, et avec succès d'ailleurs, pour donner à son style du rythme et de l'harmonie nous rappellent que la prose soutenue était encore loin d'avoir brisé les entraves du vers. D'autre part, la structure régulière, compassée de la phrase, l'anxieuse séparation de l'ensemble en petites sections, et le relief donné aux pensées et aux mots essentiels témoignent que l'art de la prose était encore dans son enfance. Ce traité, avec son éloquence pleine de pensées et sa recherche de la perfection de forme, nous fait comprendre l'enthousiasme qu'excita cette nouvelle méthode d'exposition et l'impression puissante qu'en reçurent les esprits. Mais nous ne pouvons manquer de remarquer, d'autre part, les faiblesses et les côtés fâcheux de ce genre littéraire, et combien il était propre à fournir des armes aux adversaires. L'emphase du rhéteur, la forte dose de suffisance qu'il affiche, la jactance avec laquelle il parle de sa « sagesse » et de son « savoir » — comme autrefois s'en était glorifié le rhapsode Xénophane — tout cela était peu fait pour plaire à un goût raffiné. L'impétuosité de l'éloquence, glissant rapidement sur les parties faibles de la pensée, semblait n'offrir qu'une garantie limitée de la solidité des démonstrations. Une certaine prédilection pour les tournures extraordinaires et pour les termes violents de la polémique pouvait passer pour une recherche de l'effet. Le style des rhéteurs, avec ses formes un peu rigides, avec sa régularité un peu gauche, sa couleur un peu criarde, rappelait les œuvres de la sculpture archaïque et devait bientôt vieillir. Quand Platon, et jusqu'à un certain point, Isocrate auront créé une langue plus riche et plus harmonieuse, à l'allure plus libre et plus hardie, d'une architecture plus puissante, celle du sophiste produira une impression de froideur, de puérilité, et même de répulsion.

IV

Mais nous devons nous garder d'une généralisation illégitime. Il n'est pas douteux que la description ci-dessus ne renferme déjà plus d'un trait purement individuel. En tous cas, nous ferions fausse route en accordant la valeur d'un type au traité *Sur l'Art*, dont nous aurons à nous occuper plus loin en raison de la très grande signification de son contenu. Car, dans les détails et même dans l'esprit de leurs doctrines, les sophistes s'éloignent tellement les uns des autres que c'est par respect pour la tradition et non pour des raisons internes que nous les réunissons dans un chapitre spécial ; en dépit des apparences, ils n'ont, en effet, jamais formé une classe ou une école particulière dans le cercle des philosophes grecs.

Prodikos de Céos fut envoyé en ambassade à Athènes par ses compatriotes, et il y exerça une influence considérable. On le regarde communément comme le moins pernicieux des sophistes. On lui fait volontiers une place particulière parmi eux, et on l'a même appelé un « précurseur de Socrate ». Il eut certainement avec celui-ci des relations d'amitié, mais il n'a pas, pour cela, été traité avec moins de rigueur par Platon que ses congénères. L'« omniscient » Prodikos est, en général, dans ses dialogues, l'objet de plaisanteries mordantes, mais parfois d'un sel assez grossier. Il n'a pas été non plus à l'abri des attaques de la comédie. Dans les *Fricoteurs* d'Aristophane, par exemple, se trouvaient ces deux vers : « Si celui-ci n'a pas été corrompu par un livre, il l'a été par un bavard tel que Prodikos ». De même, le Socratique Eschine, dans

[1] Au sujet de Prodikos, cf. avant tout le *Prodikos von Keos, Vorgänger des Sokrates* de Welcker, étude également remarquable par la richesse de son contenu et par l'absence de parti pris (*Rhein. Mus. f. Philol.* I ; réimpr. dans les *Kl. Schr*, II 393 sq.) ; voir aussi le petit, mais méritoire travail de Cougny, *De Prodico Ceio Socratis magistro et antecessore*, Paris 1857. Nous ne possédons pas de fragments proprement dits de Prodikos, car on ne peut guère donner ce titre aux trois phrases que l'on trouve dans Stobée (*Floril.* I 236 et II 391 Mein.) et dans Plutarque (*de Sanit. præc.* c. 8 = 151, 4 sq. Dübner). Xénophon (*Sympos.* IV 26) et Platon (*Théétète* 151 b, *Ménon* 381 d, etc.) parlent tous deux, et cette fois avec une concordance surprenante, des relations d'amitié de Socrate et de Prodikos.

son dialogue *Kallias*, a pris à partie les deux *sophistes* Anaxagore et Prodikos — le lecteur remarquera cette association de noms — et reproché à ce dernier d'avoir fait l'éducation du politicien opportuniste Théramène, souvent décrié pour son manque de principes, mais dans lequel Aristote, à ce que nous savons depuis peu, voyait un homme d'Etat hautement honorable. Ici, nous avons le droit d'être surpris. Le parallélisme avec Socrate est par trop frappant. N'a-t-il pas été, lui aussi, accusé de corrompre la jeunesse, et en tout premier lieu, par les auteurs comiques ? Et ne l'a-t-on pas rendu responsable de la conduite d'Alcibiade et de Kritias parce qu'ils avaient suivi ses leçons ? Mais ni ce parallèle, ni l'honneur qu'on a fait à Prodikos de joindre son nom à celui du vénérable Anaxagore n'auraient pu sauver sa mémoire. Ce qui l'a préservé de la condamnation, c'est la circonstance fortuite que, aux épigrammes de ses adversaires, à celles du philosophe comme à celles du poète comique, — qui d'ailleurs glorifie en un autre passage la sagesse du sophiste — s'opposent d'autres et impartiaux témoignages.

Prodikos était un homme d'un caractère profondément sérieux, et il a exercé sur la postérité une influence durable, surtout par l'intermédiaire des Cyniques. Nous ne sommes plus en mesure de dire quels ont été ses mérites comme philosophe-naturaliste, car, de ses travaux dans ce domaine, il ne nous reste que les titres de deux ouvrages : *Sur la Nature* et *Sur la Nature de l'Homme*. Et ce n'est guère que par les allusions moqueuses de Platon que nous connaissons une autre face de son activité, son *Essai de Synonymique*. Il avait pris pour tâche de réunir les mots de signification voisine et de les distinguer

---

toutefois le dernier, selon son habitude, ne peut relever ce fait manifestement établi sans une pointe d'ironie. La plaisanterie d'Aristophane se trouve dans les Ταγηνισταί, Kock, *Att. Com. fragm.* I 490. Le même poète mentionne Prodikos avec une estime particulière dans les *Nuées* 361 Mein. L'allusion des *Oiseaux* 692 M. ne permet aucune conclusion certaine. La citation, que nous faisons dans le texte, du *Kallias* d'Eschine nous a été fournie par Athénée V 220 b. L'historien Diodore, lui aussi, traite Anaxagore de sophiste dans une phrase qui ne trahit aucune animosité, XII 39, 2 : Ἀναξαγόραν τὸν σοφιστὴν, διδάσκαλον ὄντα Περικλέους, ὡς ἀσεβοῦντα εἰς τοὺς θεοὺς ἐσυκοφάντουν. Relativement à l'influence de Prodikos sur les Cyniques, cf. surtout, outre Welcker, Dümmler, *Akademika* passim. Galien I 187, II 130 et XV 325 Kühn, ne mentionne ses deux ouvrages sur la philosophie de la nature qu'en passant, et ne donne que le sens général des deux passages auxquels il fait allusion. Cic. *de Orat.* 32, 128, nous dit que, comme Protagoras et Thrasymachos, Prodikos s'occupait de la *natura rerum*. Antyllos (cité par Amm. Marc., *Vit. Thuc.* § 36 ; édit. de Th. de Krüger II 197) affirme que Thuc. a été influencé par Prodikos. Cf. aussi Spengel, *Artium scriptores* p. 53 sq.

les uns des autres en notant d'une manière précise les nuances de sens qui les séparaient. Quel motif le guidait ? Etait-ce désir de venir en aide aux écrivains ? On nous dit qu'en effet Thucydide tira profit de ce travail. Pensait-il contribuer au progrès de la science en délimitant les divers concepts avec plus d'exactitude ? Ou se proposait-il les deux buts à la fois ? Nous n'en savons rien. Nous ne savons pas davantage jusqu'à quel point le succès récompensa ses efforts. La seule chose que nous puissions considérer comme certaine, c'est que son entreprise répondait à un besoin réel de l'époque. La spéculation linguistique s'était, tout comme les études cosmiques, attaquée dès le début aux problèmes les plus difficiles, à des problèmes qui, vu le degré de développement où l'on se trouvait alors, étaient absolument insolubles ; la faire descendre de ces hauteurs, lui faire étudier non pas l'origine du langage, mais la matière et les formes du langage contemporain, c'était une entreprise en soi très méritoire. Nous verrons Protagoras s'occuper de l'analyse des formes ; le premier, Prodikos a jugé bon de soumettre le trésor même de la langue à un examen scientifique. Que, par là, il ait plus ou moins contribué au perfectionnement du style, cela regarde la critique littéraire ; ce qui nous importe, à nous, c'est que sa tentative dut avoir pour effet de perfectionner l'instrument de la pensée. Il est même très regrettable que son exemple n'ait pas été suivi avec plus de zèle. Nous avons déjà vu, en étudiant les doctrines éléatiques, quelle abondante source d'erreur se trouvait dans l'ambiguïté des mots et dans l'absence d'une claire définition des idées exprimées par eux. Si la voie dans laquelle Prodikos s'était engagé avait été suivie avec plus d'empressement, bon nombre de ces méprises, dont les ouvrages de Platon lui-même ne sont nullement exempts, auraient pu être évitées, et nous n'aurions pas à relever tant de pseudo-démonstrations a priori et de sophismes éristiques.

Nous sommes beaucoup plus exactement renseignés sur les vues de Prodikos en matière de philosophie morale. Sa conception de la vie était triste ; il est permis de voir en lui le premier des pessimistes. C'est à lui que songe Euripide en parlant de l'homme pour qui les maux de l'existence en dépassent les biens[1]. Etait-ce un effet de sa constitution mala-

---

[1] Eurip. *Suppliantes*, 196 sq. : — ἔλεξε γάρ τις ὡς τὰ χείρονα
πλείω βροτοῖσίν ἐστι τῶν ἀμεινόνων.

dive ? Ou faut-il en accuser la disposition habituelle aux habitants de l'île de Céos, chez lesquels le suicide était beaucoup plus fréquent que chez les autres Grecs ? Nous ne savons. Quoi qu'il en soit, une vive émotion s'emparait de tous ses auditeurs lorsque, de son corps chétif, s'échappait une voix profonde et étrangement puissante, et qu'il décrivait les misères de la vie humaine[1]. Les uns après les autres, il passait en revue tous les âges, parlant d'abord du nouveau-né qui salue de cris plaintifs la lumière du jour, et poursuivant jusqu'à la seconde enfance, celle de la sénilité. Enfin, il montrait dans la mort un créancier au cœur dur qui arrache à son débiteur attardé des gages successifs : un jour l'ouïe, un autre la vue, un autre enfin la souplesse des membres[2]. Une autre fois, anticipant sur Epi-

[1] La voix profonde de Prodikos est mentionnée par Platon (*Prot.* 316 a), qui fait aussi allusion à son mauvais état de santé. Dans le même dialogue, 341 e, Platon parle de la sérieuse conception de la vie des habitants de Céos ; pour plus de détails, voir Welcker, p. 614.

[2] La description des maux de la vie et la comparaison qui s'y rattache se trouvent dans le ps.-platonicien *Axiochos* 360 d sq. Sur ce qui suit immédiatement, cf. également *Axiochos* 369 b ; remarque analogue d'Epicure dans Diog. Laërce X 125.
Ici, toutefois, une réserve s'impose. Les dernières citations proviennent de l'*Axiochos*, dialogue faussement attribué à Platon. C'est un produit littéraire d'une époque relativement récente, sur le style duquel K.-F. Hermann (*Gesch. u. System d. platon. Philosophie* p. 583) exprime une opinion encore trop favorable quand il y retrouve presque partout les marques du pur attique, tout en lui refusant le caractère platonicien. Ce petit dialogue date plutôt de l'époque post-alexandrine, comme semble le prouver la présence d'une masse de mots et de formes non platoniciennes et non attiques. Or comme les idées qui y sont attribuées à Prodikos se retrouvent partiellement chez des philosophes postérieurs. (p. ex. chez le cynique Kratès, chez Epicure et, apparemment du moins, aussi chez Bion de Borysthènes), on peut tout d'abord se demander si l'auteur de l'*Axiochos* et ces écrivains ont puisé à la même source, ou si le premier n'a pas plutôt emprunté aux seconds. C'est pour cette dernière alternative que se sont prononcés, à des dates diverses, plusieurs savants ; entre autres, récemment, dans une dissertation très approfondie, et sans aucune réserve, H. Feddersen, *Ueber den ps.-plat. Dialog Axiochos*, Cuxhavener Realschul.-Progr. 1895. Après l'examen le plus sérieux de la question, je ne puis m'associer à ce jugement. Sans doute, il est possible que l'auteur de l'*Axiochos* ait attribué à tort au vieux sophiste telle ou telle pensée ou fragment de pensée. Mais quand on lit attentivement les passages principaux, c.-à-d. la revue des divers âges de la vie et la comparaison de la mort à un créancier, dans l'*Axiochos* et ensuite dans ses « sources » prétendues, et qu'on les rapproche avec soin, on ne peut se défendre de l'impression que la description du dialogue pseudo-platonicien présente tous les caractères d'une pleine originalité. L'extinction successive des fonctions vitales, par exemple, la mort partielle des organes isolés, qui précède la mort totale de l'organisme, y est comparée excellemment aux saisies, c'est-à-dire aux acomptes forcés par lesquels le créancier impatient cherche à se récupérer de l'attente du paiement complet. Extérieurement analogue, mais au fond toute différente est la comparaison de Bion ; chez lui, les infirmités de l'âge sont rapprochées des mesures que prend un propriétaire de maison pour forcer son locataire à vider les lieux, quand les termes restent impayés : enlèvement des portes, privation de l'eau, etc. Ici, l'on agit sur la *volonté* du locataire ; on lui rend le séjour de l'immeuble désormais intolérable. Et comme à l'impitoyable procédé du propriétaire correspond la cruauté de la nature, à l'abandon de la demeure

cure, il cherchait à armer ses disciples contre les épouvantements de la mort en leur expliquant qu'elle ne nous concerne ni de notre vivant, ni quand nous ne sommes plus. Car, aussi longtemps que nous vivons, elle n'existe pas pour nous, et aussitôt qu'elle existe pour nous, c'est nous qui n'existons plus pour elle. Les occasions ne lui manquaient pas d'affermir les courages par de telles exhortations. Car le but suprême de sa sagesse pessimiste n'était pas une muette résignation, ni une retraite ascétique, loin du monde ; encore moins conseillait-il de pêcher dans les eaux troubles de la vie les perles chatoyantes du plaisir. Il prisait plus le travail que la jouissance, et sa conduite s'accordait avec ses principes. L'antiquité l'a vanté pour avoir, malgré la faiblesse et l'état maladif de son corps, rempli jusqu'au bout ses devoirs de citoyen. Il prit part à de nombreuses ambassades au service de sa patrie. Son modèle était Héraklès, le type de la force virile et de l'action salutaire. Sa glorification de l'ancêtre des rois lacédémoniens contribua peut-être à le faire apprécier et honorer à Sparte, malgré la répugnance qu'on y éprouvait pour les étrangers et surtout pour ceux d'entre eux qui faisaient profession d'enseigner la sagesse. Tout le monde connaît l'apologue d'*Héraklès entre le Vice et la Vertu*, chef-d'œuvre d'éloquence parénétique inspiré par la rivalité d'Athéné et d'Aphrodite dans le *Jugement de Pâris*, de Sophocle[1]. Ce récit a influencé à son

dans le premier cas doit répondre dans le second l'abandon de la vie. C'est du *suicide* que parle Bion, c'est le *suicide* qu'il recommande en cas de si pénibles afflictions, dans le passage qui nous occupe (Télès apud Stob. *Florileg.* V 67 = III 46 Wachsmuth-Hense). Plus l'opinion que nous avons de l'auteur de l'*Axiochos* est médiocre, — et nous n'avons pas la moindre raison de l'apprécier bien haut — moins nous sommes porté à admettre qu'il ait su si habilement transformer et faire servir à un but essentiellement différent la comparaison de Bion, qui est excellente en son genre. Nous ne pouvons entrer ici dans de plus amples détails. Mais comme la composition du dialogue, si jeune que nous puissions le supposer, ne peut presque certainement pas être placée à une époque où les ouvrages de Prodikos, et spécialement les *Saisons*, auxquelles nous devons surtout songer ici, étaient déjà oubliés, nous ne pouvons guère douter que les paroles mises dans la bouche du sophiste ne correspondissent bien au caractère essentiel de son opinion sur la vie ; et, en fait, elles s'accordent bien avec l'idée que nous nous sommes faite de lui d'après l'apologue d'Héraklès, d'après quelques indications isolées de Platon, et d'après le témoignage non suspect d'un autre dialogue, l'*Eryxias*, qui, autant qu'on peut en juger par le style, remonte à une date plus ancienne que l'*Axiochos*. (Sur ce point, j'ai d'ailleurs le plaisir de me trouver d'accord avec Zeller (*Ph. d. Gr.*, 5ᵐᵉ éd., I, 1124 n. 2.)

[1] Cet apologue est rapporté par Xénoph. *Memor.* II 1, 21. Au sujet du modèle fourni par Sophocle, et déjà reconnu comme tel par Athénée, XII init., cf. Nauck, *Fragm. trag. Gr.*, 2ᵉ éd., p. 209. Cougny étudie d'une manière très approfondie l'influence de cet apologue, op. cit. p. 79 sq. ; quelques détails nouveaux dans Dieterich, *Nekyia* 191. Sous

tour toute l'antiquité, et il a éveillé des échos jusque dans la littérature chrétienne des premiers siècles, par exemple dans le *Pasteur d'Hermas*. Il faisait partie d'une œuvre intitulée les *Saisons*; nous ignorons malheureusement ce qu'elle renfermait d'autre. Peut-être y trouvait-on les descriptions pessimistes dont nous avons parlé plus haut ; peut-être aussi, comme contre-partie, la description des jouissances les plus saines et les moins exposées à l'abus, des joies que nous donnent la Nature et ses œuvres. En effet, cette description ne peut guère avoir manqué dans l'éloge de l'agriculture attribué à Prodikos. Comme on le voit, nous pouvons nous faire une idée assez nette de sa conception et de son idéal de vie. Il avait vidé jusqu'au fond la coupe d'amertume de l'existence humaine. Il y oppose l'énergie virile, qui attend peu de la jouissance passive, mais cherche sa satisfaction dans ses propres efforts et surtout dans une condition simple et modeste.

Toutefois il n'était pas seulement l'éloquent prédicateur d'un idéal en partie nouveau ; le subtil esprit que dénotaient ses recherches sur la « correction du langage » se manifeste aussi dans ses études de philosophie morale. Il a introduit dans l'éthique une notion qui a joué un rôle considérable dans l'école des Cyniques et de leurs successeurs, les Stoïciens : la notion des choses indifférentes en elles-mêmes, et qui n'acquièrent leur signification que par le juste emploi qu'on en fait, en se conformant aux indications de la raison[1]. Parmi ces choses, il rangeait la richesse et sans doute tout ce que l'on a l'habitude d'appeler les biens extérieurs. Nous verrons plus tard combien, en cela, il se rapprochait de Socrate. Nous avons encore à mentionner une doctrine du sage de Céos, sa spéculation sur l'origine de la croyance aux dieux[2]. Il conjecturait que les objets naturels qui exercent sur la vie humaine la plus

---

le titre de *Saisons*, Cougny, l. c. 38, comprend, non sans probabilité, les différents âges de la vie. — On a pu inférer que Prodikos avait fait l'éloge de l'agriculture d'une référence de Thémistius (τὰ καλὰ τῆς γεωργίας, Or. XXX p. 349 Dindorf). Toutefois, dernièrement, et peut-être avec raison, Kalbfleisch a élevé des doutes à ce sujet dans le recueil de dissertations qui m'a été offert, p. 94-96.

[1] La théorie des choses indifférentes en elles-mêmes est exposée en détail et attribuée à Prodikos dans le dialogue ps.-platonicien *Eryxias*, avec lequel on peut comparer l'*Euthydème* 279 sq.

[2] Origine de la croyance aux dieux : passages principaux dans Philodème *Sur la Piété* 71 et 75 sq., de mon édition (ma restitution a été complétée par Diels, *Hermès* XIII 1); une courte phrase du même auteur est traduite par Cicéron, *de N. D.* I, 42, 118 ; cf. aussi Sext. Emp. *adv. Math.* IX 18, 39 et 52 (394, 22 ; 399, 39 et 402, 15 Bekker).

durable et la plus bienfaisante influence ont été les premiers à jouir des honneurs divins, tels, par exemple, le soleil, la lune, les fleuves — à ce propos, il rappelait l'adoration dont le Nil était l'objet, — ainsi que les fruits de la terre, au sujet desquels il eût pu s'en référer aux cultes babyloniens. A ces objets naturels, il ajoutait les héros de la civilisation, déifiés par les hommes à cause des importantes et salutaires inventions dont ils ont été les auteurs. Selon lui, par exemple, Dionysos aurait été un homme qui, comme le disait encore en 1834 Jean Henri Voss, serait devenu dieu parce qu'il avait inventé le vin [1]. Si, en cela, Prodikos faisait erreur, il a du moins mis à nu une des racines des croyances religieuses, le fétichisme. A-t-il admis, à la base de celles-ci, un fonds objectif réel, ou bien contesté absolument la réalité du divin ? Il est presque certain qu'il se prononçait pour la première de ces alternatives. Comment comprendre, s'il en était autrement, qu'un homme aussi foncièrement religieux que Xénophon ait pu parler de Prodikos avec éloge, et qu'un représentant notable du stoïcisme, Persée, l'élève favori du fondateur de cette école panthéistique, ait approuvé, dans son livre *Sur les Dieux*, les doctrines que nous venons d'exposer ? Tout nous porte donc à croire que les traits de polémique contenus dans cet essai d'explication étaient dirigés contre les dieux de la croyance populaire, mais ne prétendaient point dépouiller l'Univers de tout contenu divin.

V

Nous avons vu que Prodikos s'occupait d'études naturelles et linguistiques, de philosophie morale et d'histoire religieuse. Mais sa variété d'aptitudes et de travaux est surpassée, et de beaucoup, par celle que nous constatons chez Hippias, dont le génie était vraiment universel [2]. Il s'est occupé d'astronomie, de géométrie et d'arithmétique ; il a écrit sur la phonétique, la rythmique et la musique ; il a discuté les théories de la plas-

---

[1] J.-H. Voss, *Mythol. Forschungen* I 62. — Sur Persée, cf. Philodème, op. cit.
[2] Au sujet d'Hippias, cf. les passages réunis par C. Müller, *Fragm. historic. Græc.* II 59-63. Le n° 6 y mérite seul le nom de fragment ; il nous a été conservé par Clément d'Alex. *Strom.* VI 745 Pott., et il a été discuté en dernier lieu par moi dans mes *Beitr. z. Kritik und Erklärung* IV 13 sq. (Wiener Sitz.-Ber. 1890 Abh. IV.) La personnalité d'Hippias est décrite dans l'*Hippias minor* de Platon et dans l'*Hippias major*, qui est

tique et de la peinture ; il était versé dans la mythologie et dans l'ethnographie, et s'est appliqué à la chronologie et à la mnémotechnique. Il a écrit des exhortations morales, et il a été ambassadeur de sa ville natale, Elis, dans le Péloponnèse. Il a tenté également de la poésie, et dans les genres les plus divers : épopées, tragédies, épigrammes et dithyrambes. Enfin il n'avait pas dédaigné d'apprendre la plupart des métiers. C'est ainsi qu'il put un jour se rendre aux jeux olympiques dans un costume entièrement fait de sa main, y compris les sandales qui protégeaient ses pieds, la ceinture tressée qui entourait sa taille, et les anneaux qui brillaient à ses doigts. Enfants d'une époque qui a poussé à l'extrême le principe de la division du travail, nous avons peine à prendre au sérieux un homme qui se prétendait apte à tant de travaux divers. Mais nos ancêtres n'ont pas toujours senti et jugé comme nous. Il y a eu des temps où l'homme comptait pour beaucoup plus que son œuvre, et où l'on ne croyait pas payer trop cher par la dispersion des forces le complet épanouissement de la personnalité, le développement intégral des talents qui sommeillent en nous, la conscience de n'être inférieur à aucune tâche, de n'être pris au dépourvu par aucune difficulté. C'est ainsi que l'on pensait à l'époque de Périklès, ainsi que l'on pensait encore à l'époque de la Renaissance italienne, qui nous offre le pendant exact d'Hippias. Le Vénitien Leone Battista Alberti (1404-1472) s'est distingué comme architecte, comme peintre, comme musicien, comme prosateur et comme poète, soit en italien soit en latin ; il a fait la théorie de l'économie domestique aussi bien que celle des arts plastiques ; son esprit brillait dans les conversations, et son corps était rompu à tous les exercices gymnastiques ; enfin il s'était initié à tous les métiers du monde, « en interrogeant sur leurs secrets et sur leurs expériences les artisans de toute sorte jusqu'aux cordonniers[1] ».

On peut admettre *a priori* que ces travaux si divers n'étaient pas tous également excellents. L'œuvre poétique d'Hippias a disparu sans laisser de traces, sans doute parce que le mérite n'en était pas transcendant. La géométrie lui

peut-être d'un autre auteur ; cf. aussi le *Protagoras* passim ; voir en outre Philostr. *Vit. Sophist.* 11 = II 13 sq. Kayser. Ses travaux comme géomètre sont appréciés très favorablement par Tannery, *Pour l'hist. de la science hellène* ; 246 : « Hippias d'Elis fut un mathématicien remarquable ». Pour plus de détails, cf. Allman, *Greek geometry*, etc. 191.

[1] Sur L. B. Alberti, cf. Burckhardt, *la Civilisation en Italie au temps de la Renaissance*, I 173 sq.

doit quelques progrès non sans valeur. Son *Art mnémotechnique*, dans lequel il n'avait eu d'autre prédécesseur que le poète Simonide, produisit, à ce qu'il paraît, des résultats étonnants. Grâce à cet art, il pouvait encore, à un âge très avancé, réciter sans erreur et sans aucune intervention une série de cinquante noms qu'il n'avait entendu lire qu'une fois. Il servit la chronologie en dressant la liste des vainqueurs olympiques ; ce travail répondait aux besoins de l'historiographie, qui n'avait pas encore de base solide pour la détermination des dates ; à peu près à ce moment, l'historien Hellanikos fondait sa chronologie sur la succession des prêtresses d'Héra à Argos. Plutarque, il est vrai, a accusé Hippias d'inexactitude, et nous ne sommes pas en mesure de dire si, et dans quelle mesure, cette accusation était méritée [1]. De sa « Collection » d'événements mémorables, nous ne possédons plus, à part un fragment insignifiant, que la courte préface, qui nous permet de juger de la grâce de son style et nous montre combien peu était justifié le reproche de vanité que l'on a adressé à Hippias sur la foi des moqueries de Platon. En effet, dans cette préface, il n'élève d'autre prétention que celle d'avoir glané dans les récits des poètes et des prosateurs, grecs ou non grecs, les événements les plus importants, et de les avoir classés suivant leur nature. C'est là la seule originalité dont il se flatte, la seule nouveauté qu'il déclare avoir introduite dans son ouvrage. Destiné évidemment à amuser plutôt qu'à instruire, celui-ci n'a guère fourni à l'esprit critique l'occasion de se manifester. On y rencontrait pourtant, par-ci par-là, des remarques intéressantes ; l'une d'elles, conservée par hasard, nous apprend que le mot *tyran* a été employé pour la première fois par le poète Archiloque.

Nous savons fort peu de chose de son ouvrage *Sur les noms de peuples*, assez cependant pour constater qu'un travail de sèche érudition n'était pas pour effrayer ce sophiste dont l'activité s'est répandue dans tant de domaines. C'est sans doute en s'occupant des mœurs et des traditions de peuples très différents qu'Hippias en vint à attribuer tant d'importance à la distinction entre la nature et la convention dont nous avons parlé plus haut (cf. p. 424 sq.). Sa tendance, déjà mentionnée, au cosmopolitisme se manifeste dans le fait qu'il a utilisé aussi bien

[1] Ces doutes ont été exprimés dans la *Vie de Numa*, ch. 1, et ils sont partagés par Mahaffy, *Problems in Greek history*, 68 et 225 sq.

les sources barbares que les sources grecques, et qu'il a fait porter ses études aussi bien sur les peuples étrangers que sur les cités de sa nation. L'idéal de la vie, pour lui comme pour les Cyniques sur lesquels s'est exercée son influence, c'est « de se suffire à soi-même ». Malheureusement, nous n'avons pas un seul reste de ses exhortations morales. Son chef-d'œuvre, dans ce domaine, était un dialogue dont le théâtre était la ville de Troie après sa conquête, et les personnages l'éloquent Nestor et Néoptolème, fils d'Achille. Dans ce *Dialogue troyen*, l'un des plus anciens spécimens du genre, sans doute, le vénérable prince des Pyliens donnait à l'ambitieux héritier du plus brave des Grecs une foule de sages et nobles conseils, et lui prescrivait une règle de vie. Ce moraliste trouvait un autre thème dans le parallèle entre Achille et Odysseus. Les deux héros se disputaient la palme, et elle était adjugée au premier en raison de sa véracité, vertu qui n'était communément pas très prisée parmi les Grecs. En récitant ces morceaux et des morceaux analogues, composés dans un langage choisi, mais naturel et sans aucune enflure, Hippias a remporté de vifs succès non seulement aux jeux nationaux, mais dans les parties les plus diverses du territoire grec. Un grand nombre de villes lui accordèrent le droit de cité, et il réalisa aussi des profits matériels considérables. Fait très significatif : malgré leur attachement aux anciennes idées et leur répugnance pour toutes les nouveautés, les Spartiates tinrent Hippias, comme Prodikos, en haute estime, charmés qu'ils avaient été de ses lectures historiques et morales[1].

VI

Il est à peine permis de ranger Hippias d'Elis parmi les apôtres des lumières, mais il est absolument impossible de compter parmi eux le sophiste Antiphon[2]. Il était regardé comme un des membres les moins importants de la confrérie,

[1] Dümmler présente dans les *Akademika* plus d'une observation intéressante sur le contenu positif et l'influence étendue des doctrines d'Hippias.
[2] Sur Antiphon, cf. avant tout H. Sauppe, *de Antiphonte sophista*, Göttinger Univ.-Progr. 1867, puis les collections de fragments dans les *Oratores attici* II, éd. de Zurich, et dans l'appendice des *Antiphontis orationes* de Blass, 2ᵉ éd., 130 sq.; cf. aussi A. Croiset, dans l'*Annuaire de l'association pour l'encouragement des études grecques* 1883, 143 sq. Traces d'un réalisme naïf, cf. mon *Apologie der Heilkunst*, p. 24.

mais il n'en a pas moins été métaphysicien et moraliste, géomètre et physicien, et de plus interprète des songes et des présages ! Il a composé un ouvrage en deux livres, intitulé la *Vérité*. Dans les débris du deuxième, nous trouvons des théories philosophiques sur la nature, qui rappellent fortement les théories plus anciennes. Le contenu du premier était plus général ; l'auteur y traitait de questions métaphysiques et de la théorie de la connaissance. Il s'y livrait à une polémique contre la transformation des idées en hypostases ; nous ignorons, et il serait difficile de déterminer aujourd'hui qui il y visait. Voici la traduction d'un fragment qui nous a été conservé : « Celui qui examine n'importe quels longs objets ne voit pas la longueur au moyen de ses yeux et ne la reconnaît pas non plus au moyen de son esprit ». Le concept de la longueur a ici évidemment la valeur d'un type. Ce qu'Antiphon met en question dans cette phrase, c'est sans aucun doute l'existence substantielle ou objective des concepts généraux. On pourrait donc le considérer comme le plus ancien des *nominalistes*. Nous connaissons des déclarations très analogues, dans lesquelles Antisthènes et Théopompe ont combattu la théorie platonicienne des Idées. Mais cette théorie était encore à naître lorsque Antiphon, contemporain de Socrate, prit la plume. Nous ne pouvons, par conséquent, désigner par son nom l'adversaire auquel il s'adressait et nous devons nous contenter de rappeler que la langue, en exprimant les abstractions par des substantifs, et en leur donnant une apparence d'objectivité, a partout préparé le terrain à un naïf réalisme — dans le sens philosophique du mot (cf. p. 209) — dont nous rencontrons déjà les traces à cette époque. L'antiquité possédait aussi d'Antiphon un *Art des Consolations*, le premier écrit en un genre qui devait plus tard se montrer très fécond[1]. Mais son ouvrage le plus considérable était sans doute celui qu'il avait intitulé *Sur la Concorde*, dans les fragments duquel nous retrouvons les qualités louées par les Anciens : le brillant et le cours aisé du style, l'étonnante richesse de pensée. C'était un livre de philosophie pratique, dans lequel l'auteur flagellait sans ménagement l'égoïsme, la faiblesse de caractère, l'indolence pour la-

---

[1] Sur l'*Art des Consolations*, cf. Buresch, *Consolat. hist. crit.* p. 72 sq. Sur le style et le contenu du traité *Sur la Concorde*, cf. Philostrate, *Vit. Sophist*, 15 (II 17 Kayser) ; sur la composition littéraire d'Antiphon en général, Hermogène (*Rhet. Gr.* II 415 Spengel).

quelle la vie est un jeu que l'on peut recommencer après chaque défaite, l'anarchie, le « pire des maux humains » ; et où il loue avec beaucoup de chaleur et d'éclat l'empire sur soi-même, fruit d'une connaissance approfondie des passions et, par dessus tout, la puissance de l'éducation.

La collection des fragments que nous possédons de cet ouvrage s'est considérablement augmentée il y a quelques années par suite d'une découverte aussi ingénieuse que certaine[1]. Ces nouveaux fragments sont pleins d'enseignements féconds. Ils révèlent une connaissance très fine de la nature humaine, témoin, par exemple, ce joli mot : « Les hommes ne tiennent jamais à honorer qui que ce soit ; ils s'imaginent perdre par là leur propre dignité ». Mais ces longs morceaux suivis ont l'avantage, bien plus important pour nous, de nous fournir enfin un exemple des instructions morales que donnaient les sophistes. En eux, nous possédons désormais la preuve documentaire d'un fait depuis longtemps reconnu et énoncé par les historiens les plus profonds, mais qui, jusqu'ici, ne rencontrait guère que des approbations isolées. « Les sophistes, écrivait Grote il y a déjà plus d'un demi-siècle, étaient les maîtres normaux de la morale grecque, et, en cela, ils n'étaient ni au-dessus ni au-dessous du niveau usité de leur temps[2] ». Cette généra-

---

[1] Le nombre des fragments d'Antiphon s'est accru grâce à Blass, qui, dans le Fest-Progr. de Kiel, de Antiphonte sophista Jamblichi auctore 1889 a, selon moi, fourni la preuve concluante que le Protreptikos de Jamblique (éd. Pistelli 95 sq.) contient de longs morceaux d'un livre de cet orateur. Il aurait pu ajouter sans crainte de se tromper que ce sont des morceaux du livre περὶ ὁμονοίας. Les objections élevées depuis contre cette attribution ne me paraissent pas fondées.

[2] Non pas précisément Grote, mais un de ses critiques, W. Smith, dont Grote cite, en l'approuvant, la reproduction « serrée » de sa propre opinion (H. of Gr., 2ᵉ éd., VIII 549 sq. ; cf. The personal life of. G. Crote 231).

A ce que Sauppe a dit (op. cit. p. 9 sq.) de l'influence exercée sur Antiphon par les philosophes de la nature qui l'ont précédé, nous ajoutons que le frg. 94 Bl. paraît trahir une réminiscence des doctrines d'Empédocle. En effet, Antiphon a désigné l'ordre actuel de l'univers comme la « διάστασις présentement en vigueur », et cela s'accorde exactement avec le résultat d'un examen attentif des fragments d'Empédocle, à savoir que l'état actuel de l'univers, dans lequel les éléments sont pour la plus grande part séparés les uns des autres, se trouve non pas sous le signe de l'Amitié, mais sous celui de la Discorde, qui a recommencé à grandir. Comp. aussi le frg. 105 Bl., où la mer est appelée une exsudation, avec l'expression d'Empédocle τῆς ἱδρῶτα θάλασσαν (v. 165 Stein). Sauppe a déjà traité, op. cit., avec une méfiance bien justifiée la remarque occasionnelle d'Origène, suivant lequel l'auteur de l'Ἀλήθεια aurait « supprimé la Providence » (adv. Cels. IV c. 25). Nous nous associons absolument à son opinion, qui est qu'Origène a tiré cette pensée du livre d'Antiphon « interpretando et concludendo ». En tout cas, non seulement le frg. 108 Bl. mais encore, comme le remarque également Sauppe, et sans doute avec raison, le frg. 80 Bl. tendent à montrer qu'il reconnaissait la Divinité. Que deux figures aussi disparates que celle du devin et celle du libre-penseur agressif se

lisation est trop absolue, sans doute, et elle réduit par trop l'originalité des sophistes, pris individuellement, mais il est un point qu'on n'aurait jamais dû mettre en doute : en raison de leur dépendance du grand public, c'était à peu près une impossibilité pour eux de répandre des doctrines antisociales. Ils étaient bien plutôt exposés au danger de prêcher, si l'on peut ainsi s'exprimer, des doctrines hyper-sociales, de sacrifier l'individu à la tyrannie de l'opinion publique ou du moins — pour ne pas exagérer leur influence — de devenir le porte-voix d'opinions tendant à ce résultat.

Telle est exactement l'impression que nous font les nouveaux fragments. On y trouve une manière de penser et de sentir inconcevable en dehors d'une société démocratique, et qui n'existe sans doute nulle part à l'heure actuelle, si ce n'est en Suisse et aux Etats-Unis. Le désir de se concilier la faveur de ses concitoyens, d'occuper parmi eux une place importante et honorable, s'y manifeste avec une intensité tout à fait extraordinaire. Nous n'avons pas l'intention de porter un jugement sur les côtés lumineux et sur les côtés sombres d'un pareil état social et de l'atmosphère morale qu'il produit. Nous ne pouvons pourtant nous empêcher de remarquer que, s'il exerce des effets très salutaires en réprimant les instincts nuisibles à l'ensemble et en stimulant les entreprises qui lui sont utiles, il offre, d'autre part, un danger dont on ne saurait méconnaître la gravité. Ce danger menace les domaines de la vie dans lesquels la variété du développement et la liberté d'action sont indispensables à la prospérité de l'individu et, à cause de cela, sont favorables indirectement à celle de l'ensemble. La tyrannie de la majorité a incomparablement moins menacé la liberté individuelle dans l'Athènes du Vme siècle que dans la plupart des autres pays et des autres époques historiques. Quiconque en douterait pourra s'en convaincre en lisant l'un des monuments les plus précieux que possèdent les hommes du véritable esprit de liberté : nous voulons dire l'oraison funèbre des citoyens morts pour la patrie, que Thucydide place dans la bouche de Périklès au deuxième livre de son histoire:

trouvassent réunies en une seule personne, cela est, non pas, si l'on veut, complètement impossible, mais à un si haut degré improbable que ce renseignement devrait être beaucoup mieux garanti pour paraître croyable. Un écrivain ecclésiastique pouvait voir la suppression de la Providence dans tout essai d'un philosophe naturaliste pour expliquer l'univers, — et à plus forte raison dans un essai qui, comme celui d'Empédocle, ramène à des causes naturelles la constitution, en vue d'une fin, des êtres organiques.

Néanmoins, les fragments d'Antiphon qu'on vient de nous rendre nous révèlent un état d'esprit qui subordonne absolument l'individu à la communauté et, comme on serait tenté de le croire, le met à la discrétion de la médiocrité collective. Aussi comprend-on le sentiment de résistance et de protestation qui s'empara des personnalités supérieures et conscientes de leur valeur; et les discours comme ceux que Platon prête à Kalliklès, le contempteur du peuple et l'ennemi juré des sophistes, nous surprennent-ils moins qu'auparavant. Et même, dans plus d'un passage de l'Antiphon ressuscité, quand, par exemple, il combat l'opinion de ceux qui, dans l'obéissance aux lois, voient une lâcheté, il nous semble entendre une protestation contre les sentiments dont Kalliklès se fait l'interprète dans le *Gorgias*, et que Kritias et Alcibiade incarnaient dans la vie réelle.

Pour revenir à l'éducation, elle fut mise par Antiphon au tout premier rang des choses humaines. « Tel est, dit-il, le grain de semence que l'on enfouit dans le sol, tels sont les fruits que l'on peut en attendre. Si l'on enracine de nobles dispositions dans un jeune esprit, elles donnent naissance à des fleurs qui durent jusqu'à la fin, et que ne dépouillent ni pluie ni sécheresse ». Ces paroles nous rappellent des pensées analogues, et exprimées en termes très semblables, du plus éminent des sophistes, Protagoras. Son nom est déjà connu de nos lecteurs ; maintenant nous allons essayer d'esquisser sa figure d'une manière aussi complète et aussi fidèle que nous le permet la pauvreté de nos sources.

CHAPITRE IV

Protagoras d'Abdère.

I. Protagoras donne des lois aux habitants de Thurium. Accusation portée contre lui ; sa fin. — II. Pensées de Protagoras relativement à l'éducation. Ses études grammaticales. Ses réformes linguistiques. — III. Ses ouvrages de morale. Dialogue de Périklès et de Protagoras. Le but de la punition, et la théorie de l'intimidation. — IV. La possibilité de connaître les dieux mise en cause. — V. Les *Discours terrassants*. L'homme mesure des choses. Cette proposition a un sens générique. La vérité relative ou humaine. Protagoras et Mélissos. Le prétendu subjectivisme extrême de Protagoras. Contradiction du *Protagoras* et du *Théétète* de Platon. Le dessein de Platon dans ce dernier dialogue. Opinion d'Aristote sur la proposition homo-mensura. — VI. « Sur chaque chose, il y a deux discours. » Pensées analogues de Diderot, de Gœthe et de J.-S. Mill. Caractères de la dialectique protagoricienne. Influence de Protagoras sur les contemporains. — VI. Écrit de Protagoras *Sur les Arts*. Encore une fois l'écrit *Sur l'Art*. Son contenu philosophique. — VIII. Comment Protagoras entendait et pratiquait la rhétorique. Il a rendu « plus forte » la cause « la plus faible ». Son honorabilité personnelle.

I

Protagoras était fils d'Abdère[1]. Dans cette ville, il respira l'air de la libre pensée. On ne peut guère douter qu'il n'ait été en rapports avec son vieux compatriote Leucippe et avec son plus jeune contemporain Démocrite. Mais il ne s'est certainement pas occupé bien longtemps de recherches naturelles. Il s'intéressait surtout aux choses humaines. Avant trente ans, il avait embrassé la carrière, alors nouvelle, de maître itinérant, c'est-à-dire de sophiste. Il séjourna à diverses reprises

[1] Au sujet de Protagoras, cf. Diog. Laërce IX c. 8. Les fragments peu nombreux qui nous ont été conservés de ses écrits et les autres informations que nous possédons sur lui ont été recueillis et commentés copieusement par Joh. Frei, *Quaestiones Protagoreae*, Bonn 1845, et par A.-J. Vitringa, *Disquisitio de Prot. vita et philosophia*, Groningen 1852. Des études de Protagoras dans le domaine des sciences naturelles, il ne nous est parvenu que de faibles traces, mais que je ne crois pas incertaines. Cf. Cicéron, *de Orat.* III 32 (128) ; Dionys. *Sur Isocrate* I (p. 536 Reiske) ; Eupolis dans les *Flatteurs*, frg. 146 et 147 (I 297 Kock). Le catalogue que nous donne Diog. Laërce (IX 55) de ses ouvrages n'indique pas même tous ceux qui se sont conservés (σωζόμενα βιβλία) ; il y manque l'œuvre métaphysique capitale de Protagoras, que Porphyrius a cependant

à Athènes, où il eut l'honneur d'être admis dans l'intimité de Périklès, et noua des relations étroites avec Euripide et d'autres personnages importants. Son enseignement était extrêmement recherché ; le centre en était, nous l'avons déjà vu, la préparation à la vie publique. Mais il se permettait des digressions nombreuses et sur les sujets les plus variés. L'art oratoire et les disciplines qui y préparent, puis l'éducation, la jurisprudence, la politique et la morale ont occupé son esprit actif et fertile en ressources. Il avait des talents si divers qu'il imagina un appareil à l'usage des portefaix, et qu'il se distingua comme législateur. Au printemps de 443, lorsque les Athéniens fondèrent dans une fertile plaine, près des ruines de Sybaris, la ville de Thurium, Périklès le pria de lui donner des lois. Il s'agissait probablement d'accommoder aux circonstances particulières de la nouvelle colonie celles du « subtil » Charondas, qui avaient été adoptées dans beaucoup de villes de l'Italie méridionale. Il réussit à les rendre plus subtiles encore qu'elles n'étaient. Cette mission fut le point culminant de sa vie et de son œuvre. Plusieurs des personnages les plus distingués de la Grèce s'étaient établis à Thurium ou y faisaient des séjours. Lorsque Protagoras se promenait sous les portiques de cette cité magnifique, bâtie avec une parfaite régularité d'après les plans d'Hippodamos (cf. p. 407), il pouvait s'entretenir avec Hérodote de questions d'ethnologie ou avec Empédocle des problèmes que soulèvent les sciences de la nature. Toutes les tribus grecques étaient représentées dans la population de Thurium, et les citoyens étaient répartis en dix catégories, suivant leur origine, d'après les principes du panhellénisme[1]. Le rapide essor que prit une colonie ainsi organisée semblait le présage heureux d'une entente féconde entre les Hellènes. Mais si l'espérance d'une ère de concorde em-

encore lue. — Le fait que Protagoras a donné des lois aux habitants de Thurium nous est attesté par Héraclide de Pont (Diog. Laërce, loc. cit.). J'ai motivé d'une manière plus approfondie la conjecture formulée par moi sur la nature de cette législation, dans les *Beiträge z. Gesch. d. gr. u. röm. Rechts*, de feu mon collègue, le prof. de droit Franz Hoffmann (Vienne 1870 p. 93). A ce que je vois maintenant, j'avais été devancé en cela par M. H.-E. Meier, *Opusc.* I 222. On ne nous dit pas que Protagoras ait visité personnellement Thurium, mais on peut le supposer avec une haute probabilité. Sur l'architecture de cette ville, cf. Diod. XII 10; sur Hippodamos, preuves dans Schiller, *De rebus Thuriorum*, p. 4. Dans des vers encore existants de sa chronique, Apollodore nous dit qu'Empédocle séjourna à Thurium peu après sa fondation (Diog. Laërce, VIII 52). Le séjour qu'y fit Hérodote est notoire; Aristote (*Rhet.* III 9) lui donne le titre de Thurien.

[1] Cf. à ce sujet Diod. XII 11.

plissait le cœur de Protagoras et des autres maîtres de sagesse, des écrivains ou des poètes, qui étaient alors les vrais représentants de l'idée nationale, ils allaient au devant de la plus cruelle déception. A peine dix ans s'étaient-ils écoulés que les deux principales cités, Athènes et Sparte, se trouvaient en présence, animées l'une contre l'autre de la haine la plus implacable, et que toute la Grèce était divisée en deux camps ennemis. Protagoras était à Athènes lorsqu'aux horreurs de la guerre s'ajoutèrent les terribles ravages de la peste, et il y fut témoin de l'héroïsme avec lequel son protecteur Périklès supporta le terrible coup dont il fut frappé. « Ses fils, écrivait Protagoras après la mort prématurée du grand homme d'État, périrent dans l'intervalle de huit jours, dans tout l'éclat de la jeunesse et de la beauté, et il ne fut point accablé de leur perte. Il garda fermement la sérénité qui lui permettait de jouir chaque jour du bien-être, de la tranquillité et de la gloire parmi le peuple. Car quiconque le voyait supporter avec constance sa douleur le tenait pour un esprit noble et viril et pour bien supérieur à lui-même, sachant bien quelle serait sa perplexité dans une pareille situation[1] ». Si les malheurs de la nation et surtout ceux d'Athènes ont tristement assombri les dernières années de notre sophiste, il fut du moins épargné par les infirmités de l'extrême vieillesse. Il le dut à un de ces accès subits d'intolérance contre lesquels le Démos athénien n'était pas suffisamment prémuni. A l'âge d'environ soixante-dix ans, fort sans doute de la considération que lui avait value une longue et honorable carrière, Protagoras avait osé donner à ses idées les plus hardies une expression franche, quoique pleine de mesure. C'est, à ce que l'on raconte, dans la maison d'Euripide qu'il fit faire la première lecture de son livre *Sur les Dieux*, ce qui était l'usage antique de livrer un ouvrage à la publicité. Alors un intransigeant officier de cavalerie, politicien mécontent qui devait bientôt prendre part à la conjuration des Quatre-Cents contre la constitution existante, le riche Pythodore[2], éprouva le besoin de sauver la so-

---

[1] Ce fragment se trouve dans Plutarque, *Consol. ad Apollon.* 33 f.[41, 52 Dübner].

[2] Une statue équestre découverte à Eleusis (cf. Brückner, dans les *Athen. Mitt.* XIV 398 sq.) a été désignée avec un haut degré de probabilité comme celle de l'accusateur de Protagoras (opinion contraire dans Kaibel, *Stil u. Text d. πολιτεία Ἀθηναίων* 136). Si ce Pythodore est mis par Diog. Laërce (IX 54) au nombre des Quatre-Cents, je ne vois là avec beaucoup d'autres qu'une désignation plus précise de la personne de l'accusateur, et non l'indication de la date de l'accusation. Car il est extrêmement peu

ciété. Il porta contre Protagoras une accusation d'impiété ; le livre fut condamné ; les exemplaires qui en avaient déjà été répandus furent recherchés et brûlés par ordre du tribunal. Le philosophe lui-même quitta Athènes, probablement avant la condamnation, pour se rendre en Sicile ; il fit naufrage en route et trouva la mort dans les flots. Si nous ne faisons erreur, son ami Euripide lui a consacré un souvenir dans la tragédie de *Palamède*, représentée au printemps de l'an 415. « Ah! s'écrie-t-il dans les deux derniers vers du chœur, vous l'avez tué, le tout sage, hélas ! l'innocent rossignol des Muses ! »

Protagoras, surnommé lui-même la « Sagesse » devait sans doute rappeler l'inventeur Palamède, envié à cause de sa sagesse, et qui avait été, comme lui, victime d'une odieuse accusation. Mais il nous est difficile de nous faire une idée claire de ce qui a excité l'admiration des contemporains. Des fragments qui forment ensemble une vingtaine de lignes au plus, et dont l'interprétation donne lieu aux plus vives discussions ; des témoignages fortement empreints de malveillance, amas chaotique d'informations, pour une part sans autorité, et pour l'autre incompréhensibles, transmis par la main d'un compilateur vraiment misérable ; enfin la brillante, mais tendancieuse

probable que les tribunaux aient fonctionné dans ce court interrègne oligarchique (411), et que cinq cents héliastes (nombre requis pour les accusations d'asébie, comme le montre le procès de Socrate) aient été convoqués. Mais cette hypothèse a contre elle des raisons bien plus décisives. Platon fait dire à Protagoras dans le dialogue qui porte son nom (317 c) : « Il n'est aucun de vous dont je ne pusse être le père pour ce qui est des années ». En cette occasion, Platon, qui n'avait pas le moindre motif de brouiller les dates, devait penser avant tout à Socrate. Or comme celui-ci, mort en 399, ne peut guère être né après 471 — car la leçon πλείω ἑβδομήκοντα dans l'*Apolog.* 17 d peut être considérée comme inattaquable, — mais ne peut non plus être né avant, car autrement le chiffre rond de 70 ans serait inadmissible dans le *Kriton* 52 e, nous voyons que Protagoras ne peut être né après 485, et qu'il naquit plus probablement en 486 ou en 487. Cette date s'accorde avec celle de la législation de Thurium (443), dont Protagoras, — qui avait embrassé la profession de sophiste vers l'âge de 30 ans, d'après le *Ménon* 91 e — ne pouvait guère être chargé avant d'avoir acquis l'autorité nécessaire par une pratique de quelque durée. Or comme Apollodore le fait vivre 70 ans (environ 70, selon Platon, loc. cit.) on est obligé de placer sa mort, qui, dit-on, suivit immédiatement l'accusation, plusieurs années, au moins cinq ou six, avant 411. De là découle pour nous la possibilité de rapporter à Protagoras les vers du *Palamède* d'Euripide (frg. 588, 2ᵉ éd. Nauck) dans lesquels l'antiquité avait déjà, et avec raison, vu une allusion (Diog. Laërce II 44), mais qu'elle rapportait à tort à la mort de Socrate, condamné seize ans après la représentation de ce drame. Un autre dialecticien encore, Zénon, est comparé à Palamède (par Platon, dans le *Phèdre* 262 d, parce que, dit le scholiaste, il était πανεπιστήμων), et les mots de Xénophon (*Mém.* IV 2, 33 : τοῦτον γὰρ δὴ πάντες ὑμνοῦσιν ὡς διὰ σοφίαν φθονηθείς... ἀπώλετο) nous font voir comme il était naturel que la mort de Protagoras fît songer à celle du héros mythique. On peut se demander si le poète songeait aussi à son ami défunt dans son *Ixion* (Philochoros, ap. Diog. Laërt., loc. cit 55).

description de Platon, contredite d'ailleurs par les allusions platoniciennes dans lesquelles se mélangent les faits et les inférences, le sérieux et le plaisant — tels sont les matériaux dont nous disposons pour reconstruire l'image de cet homme considérable.

II

Protagoras était en première ligne un maître habile et renommé. Comme tel, il avait réfléchi au problème de l'éducation. Ses opinions sur ce sujet dénotent un esprit libre de toute étroitesse, calme et bien équilibré. « Les dispositions naturelles, l'exercice et l'enseignement sont indispensables, et nous devons apprendre dès notre jeunesse. — Ce n'est rien que la théorie sans la pratique, rien que la pratique sans théorie. — La culture ne germe pas dans l'âme, à moins qu'on ne descende à une grande profondeur ». Tel est le sens de quelques-uns des fragments qui nous ont été conservés, et dont le dernier rappelle d'une manière étonnante un mot profond des *Évangiles* (Matthieu XIII, 5.)[1]. Le premier, Protagoras a introduit la grammaire dans l'enseignement. Qu'aucune tentative, pas même la plus timide, n'ait été faite avant lui pour distinguer les formes du langage, pour les classer et les ramener à des principes, c'est là un des faits les plus remarquables dans l'histoire de l'esprit grec. Quelques-unes des distinctions les plus grossières et les plus évidentes, celle par exemple entre le verbe et le substantif, avaient déjà trouvé leur expression dans la langue ; mais il s'en fallait de beaucoup que ces notions élémentaires fussent définies d'une manière précise ou que les noms en fussent employés d'une manière conséquente. Ce que c'est qu'un adverbe ou une préposition, quelles règles président à l'emploi des modes et des

[1] Les deux premiers des fragments relatifs à l'éducation se trouvent dans Stobée, *Floril.* 29, 80 (III 652 Hense) et Cramer, *Anecd. Par.* I. 174 ; le troisième a été retrouvé tout dernièrement dans la traduction en syriaque du traité faussement attribué à Plutarque περὶ ἀσκήσεως, traduction publiée par Lagarde en 1858. (Voir Bücheler et Gildemeister, dans le *Rhein. Mus.* XXVII 526 sq.) Au moment où j'écris ceci, Diels m'avise obligeamment de l'existence d'un nouveau fragment soi-disant de Protagoras, relatif à l'éducation et publié dans les *Inedita Syriaca* de Sachau, præf. V. Le verbiage vide de ce discours ne permet guère de le considérer comme authentique, d'autant moins qu'un autre fragment du même genre, conservé au même endroit, et qui porte le nom d'Anaxagore, paraît encore plus indigne du Klazoménien que celui-ci de l'Abdéritain.

temps, voilà de quoi un Pindare ou un Eschyle n'avaient jamais entendu parler. La langue grecque était arrivée à sa plus haute perfection avant qu'on eût essayé de se rendre le moindre compte des lois qui la régissent. Ce fait ne renferme-t-il pas plus d'un enseignement profitable ? Le juste emploi de la langue n'est-il pas en une grande mesure indépendant de l'application consciente de ses règles ? Est-il nécessaire, est-il même avantageux de faire pénétrer dans le cerveau de l'enfant le flambeau des abstractions logico-grammaticales ? Autant de questions que nous n'avons pas à discuter ici. Mais à une époque où la curiosité scientifique était pleinement éveillée, où elle s'efforçait de coordonner tous les matériaux de la connaissance, où elle s'enquérait partout des raisons et des règles, il était tout naturel que le principal instrument, le principal véhicule de la pensée devînt l'objet d'une étude raisonnée.

Protagoras réunit ses recherches grammaticales dans un livre auquel il donna le titre de *Correction du langage*. Ce titre indique en quelque mesure l'intention de l'auteur. De la seule méthode vraiment profitable de considérer les langues, c'est-à-dire de la méthode historique, il était certainement aussi éloigné que toute l'antiquité. Toutefois la codification des règles du langage offrait un vaste champ d'activité. Et une telle entreprise ne pouvait guère être tentée dans une époque si fière de sa raison sans être, par-ci par-là, accompagnée de tentatives de réforme. La connaissance d'une règle amenait à s'en demander le motif ou — selon l'opinion régnante à cette époque — l'intention qui avait guidé le législateur du langage. Or on trouva que cette intention n'avait été réalisée ni complètement ni avec conséquence, et l'on fut tenté de rétablir l'œuvre du législateur dans sa pureté primitive en écartant les exceptions apparentes, à peu près comme on fait disparaître d'un texte corrompu les fautes des copistes. C'est dans cet esprit que Protagoras — en qui nous avons de bonnes raisons de voir un partisan de la théorie conventionnelle du langage (cf. p. 415) — paraît s'être occupé des problèmes linguistiques[1]. La connaissance des règles reposant sur l'observation, et les instructions qu'elle peut fournir pour l'emploi correct de la langue, tel était probablement le contenu

---

[1] Sur les études linguistiques de Protagoras, cf. Diog. Laërce IX 52 et 53; et de plus Aristote, *Poet.* c. 19; *Rhet.* III 5; *Sophist. elench.* c. 14, et la plaisanterie d'Aristophane dans les *Nuées* 658 sq. Mein. — Au sujet de Prot. comme adepte de la théorie conventionnelle du langage, cf. mon *Apologie der Heilkunst* 111 sq.

essentiel de ce livre ; on y trouvait aussi quelques indications relatives à des réformes. De même qu'il avait distingué les temps du verbe, il distingua le premier les modes de l'énonciation. Il nommait ces derniers les « troncs » du discours et y rangeait le « vœu », la « question », la « réponse » et l'« ordre », et ces quatre catégories d'idées, il les trouvait exprimées — en un cas sans doute en y mettant quelque violence — dans les quatre modes du verbe que nous nommons optatif, conjonctif, indicatif et impératif. Il semble avoir cherché de préférence dans Homère les exemples de ces règles et d'autres règles du langage, et en même temps les dérogations qu'il croyait y constater. Car ce ne peut guère être par hasard que, sur les trois seules remarques grammaticales de Protagoras qui nous soient parvenues, deux se rapportent aux deux premiers mots du premier vers de l'*Iliade*. Il a sans doute pris plaisir à relever des incorrections de langage dans les poèmes les plus vantés, et dont le contenu avait déjà été pris si vivement à partie par la critique de Xénophane. L'impératif, dit-il, a été employé à tort dans les mots : « Chante, déesse, la colère... » puisque le poète n'entend pas adresser à la Muse un ordre, mais seulement un vœu ou une prière. De plus, le mot qui, en grec, signifie *colère* (μῆνις), est considéré comme féminin, tandis que le genre masculin lui conviendrait mieux. Sur la portée de ce blâme, nous ne pouvons faire que des conjectures. On l'a, avec raison sans doute, compris dans ce sens que le sentiment de la colère présente un caractère plutôt masculin que féminin. Mais il n'est nullement probable que Protagoras ait été assez hardi pour entreprendre de réformer de fond en comble les genres dans tout le domaine de la langue grecque. La témérité d'une telle tentative aurait sans doute produit une sensation considérable, et nous n'en serions pas réduits, sur ce sujet, au passage dans lequel Aristote s'occupe, en passant, de ce mot et d'un autre. Voici, semble-t-il, de quoi il s'agissait exactement.

Dans aucun domaine la formation désordonnée de la langue ne se manifeste d'une manière aussi évidente que dans l'attribution des genres aux noms de choses. Plusieurs familles de langues ont envisagé une large proportion d'objets inanimés comme animés, et par conséquent les ont considérés en partie comme mâles, en partie comme femelles. Ce fait remarquable découle du même instinct de personnification que nous avons vu jouer un rôle si important à l'origine de la religion (cf. p. 15 sq.). A cet instinct proprement dit s'est associé un sentiment extrêmement fin et délicat de l'analogie, auquel s'est révélé comme masculin tout ce qui était énergie, activité, vigueur, netteté, âpreté, dureté, et comme féminin tout ce qui était repos, passivité, calme, douceur, mollesse. Mais à ces analogies de sens s'opposaient des analogies de formes, et les deux influences se sont croisées sur bien des points. Lorsqu'une terminaison de substantif eut été attribuée de préférence à l'un des sexes, un mot nouveau de même nature reçut souvent le même genre sans égard à sa signification ; dans d'autres cas et surtout aux époques où la force créatrice de la langue était encore dans toute sa vigueur, la considération du sens l'emportait sur celle de la forme. C'est pourquoi les règles des genres, basées tantôt sur la communauté de sens, tantôt sur celle de forme, offrent cette foule déconcertante d'exceptions qui fait le désespoir de nos écoliers. On comprend donc que Protagoras, peu porté — en sa qualité de fils d'une époque intellectualiste — de sympathie pour les créations naïves des temps primitifs (cf. p. 410) et ami de la régularité et de la raison, comme nous le verrons, ait essayé d'apporter par-ci par-là un peu d'ordre dans cette confusion. Le second exemple authentique de la critique qu'il exerça dans ce domaine se rapporte à un mot qui signifie *casque* ($\pi \acute{\eta} \lambda \eta \xi$), et dont il voulait faire également un mot masculin, au lieu de féminin. Il est pour le moins très improbable qu'il suivît en cela un principe général en vertu duquel tous les substantifs se rapportant à la guerre — occupation masculine — devraient être masculins. Il se laissa bien plutôt guider par une considération plus modeste. La terminaison ξ est, dans la règle, un signe du genre féminin, mais cette règle n'est nullement sans exceptions. Et parmi ces exceptions se trouvent trois mots qui désignent des objets d'équipement militaire[1]. Il trouva sans doute la raison de cette exception dans l'analogie de sens de ces trois mots, et c'est à cause de cela qu'il voulait attribuer le même genre au quatrième mot de cette catégorie. A l'égard du mot $\mu \tilde{\eta} \nu \iota \varsigma$, dont nous avons parlé plus haut, sa critique peut avoir tiré argument du fait que la terminaison $\iota \varsigma$ est loin de n'appar-

---

[1] Ces trois mots sont θώραξ, πόρπαξ et στύραξ.

tenir qu'à des substantifs féminins. Quant à la plaisanterie d'Aristophane, que l'on a avec raison rapportée à la tentative de réforme de notre sophiste, nous ignorons si elle était, ou non, fondée en fait. Si l'on en croit le poète comique, Protagoras aurait voulu suppléer à une lacune de l'ancienne langue, qui employait aux deux genres le mot correspondant à notre mot *coq*, et donner à ce mot une forme féminine sur l'analogie d'autres exemples, comme nous le ferions en français si nous disions *coq, coquesse*, comme nous disons *tigre, tigresse*[1].

III

D'autres faces encore de l'activité de Protagoras nous montrent que l'idée de la *correction* était chez lui l'idée vraiment dominante[2]. Un des ouvrages dans lesquels il traitait de l'éthique était intitulé *De la conduite incorrecte des Hommes*; nous ne savons comment il y envisageait la morale, mais, selon toute probabilité, il ne s'y montrait pas trop original et ne s'écartait pas outre mesure du point de vue grec. Un autre de ses écrits relatifs à la philosophie morale portait pour titre : *Le Discours impératif*, titre qui concorde bien avec le ton de certitude dogmatique et d'emphase dans lequel Platon fait parler Protagoras lorsqu'il s'efforce de caractériser sa manière. Le contenu de son livre *Sur l'Etat* ou *Sur la Constitution* nous est complètement inconnu. Il est bien possible qu'il y ait discuté la question de droit pénal dont nous allons nous occuper, et qu'il ait essayé d'y déterminer quel était l'homme vraiment coupable « selon l'opinion correcte ». A ce propos, nous rappelons la

---

[1] Les rudiments de la théorie indiquée ici se trouvent dans Guill. de Humboldt, lettre à M. Abel Rémusat *Sur la nature des formes grammaticales*, etc., Paris 1827 ; *Werke* VII p. 304 : « La distinction des genres des mots... appartient entièrement à la partie imaginative des langues ». Cette idée a été développée par Jacob Grimm, *Deutsche Gramatik* III, ch. 6. Cf. p. 343 (346) : « Das grammatische Genus ist demnach eine in der Phantasie der menschlichen Sprache entsprungene Ausdehnung des natürlichen auf alle und jede Gegenstände ». Cette théorie a été attaquée de deux côtés. Les uns voulaient voir dans les analogies de formes le seul facteur ici en jeu ; d'autres croyaient ne devoir reconnaître dans le genre grammatical qu'un cas particulier de la distinction plus générale entre le fort et le faible, l'actif et le passif. Une défense bien réussie — autant que nous pouvons en juger — de l'opinion de Grimm est présentée par Röthe dans la préface à une nouvelle édition de cet ouvrage, pp. XXI-XXXI.

[2] Cf. la liste de ses ouvrages dans Diog. Laërce IX 55. Sur ce qui suit, cf. Plutarque, *Vie de Périklès* ch. 36. (La source, Stésimbrotos, est nommée dans la phrase suivante.)

plaisanterie de Platon sur la tendance de Protagoras de ramener l'ensemble des actions, de la conduite des hommes à des *arts*, c'est-à-dire à des systèmes de règles, et nous croyons pouvoir en rapprocher deux phrases du traité *Sur l'Art* mentionné plus haut (p. 448), dont le fond et la forme nous font bien souvent songer à Protagoras : « Comment n'y aurait-il pas d'art lorsque le correct et l'incorrect ont chacun leur limite assignée ? Car je vois une absence d'art dans ce qui ne détermine ni le correct ni l'incorrect ». Cette vive aspiration à une conception rationnelle, à la rationalisation de tous les domaines de la vie, où nous avons déjà vu la caractéristique de toute l'époque, et qui devait atteindre son plus grand développement dans le Socratisme, cette aspiration était déjà extrêmement vive chez Protagoras. La preuve, c'est qu'il a osé traduire devant le tribunal de la raison les créations du droit aussi bien que celles du langage. Ce que nous savons de lui sous ce rapport se réduit à peu chose, mais est tout à fait significatif.

Les mauvaises langues d'Athènes trouvaient plaisir à parler d'un entretien de plusieurs heures que le plus grand homme d'Etat de la cité aurait eu avec le sophiste étranger, et dont le thème paraissait peu digne d'accaparer le temps et d'exciter l'intérêt du premier, tout au moins, des interlocuteurs. Dans un concours, un joueur avait, par inadvertance, tué un de ses concurrents d'un javelot mal dirigé. Périklès et Protagoras discutèrent, dit-on, un jour durant sur la question de savoir qui devait en être puni : était-ce l'organisateur du jeu, celui qui avait lancé le javelot, ou enfin le javelot lui-même ? C'est, avant tout, le dernier terme de cette question qui excite notre étonnement et nous porte à ne voir dans toute cette histoire, en dépit de l'autorité qui la garantit, qu'une mauvaise plaisanterie. En réalité, c'est pourtant ce terme qui nous fournit la clef du problème. A nos yeux, la condamnation d'objets inanimés est parfaitement absurde, aussi bien que l'exécution d'animaux sans raison. Mais, à cet égard, l'antiquité pensait autrement que nous. Et non seulement l'antiquité grecque. Le droit hellénique comme le droit romain, l'ancien droit norvégien comme l'ancien droit de la Perse, le droit hébreu comme le droit slave, connaissent les procès faits à des animaux. Tout le moyen âge en est rempli. Et même ils franchissent et dépassent de beaucoup les limites des temps modernes. Les

actes judiciaires de la France nous parlent de taureaux et de
porcs qui, au XVme et au XVIme siècle, et même encore au commencement du XVIIme, ont terminé leur vie sur le gibet. Les
dernières traces de cet usage — encore aujourd'hui vivant en
Orient — se trouvent en Occident en 1793 et en 1845 ! A la
première de ces dates, Cambacérès était occupé à préparer la
réforme judiciaire qui fut consacrée par le *Code Napoléon*. Si
ce juriste de l'école moderne avait assisté, le 27 brumaire de
l'an II, à l'exécution d'un chien qui eut lieu dans la maison
Au Combat de Taureau, son étonnement n'eût guère été plus grand
que celui du sophiste grec quand il voyait condamner, purifier
et bannir du pays, des armes ou d'autres objets qui avaient
causé la mort d'un homme[1]. Il est donc tout à fait possible
que ce dialogue se soit engagé à propos d'un cas de cette nature. Mais il n'est pas à supposer que les interlocuteurs s'en
soient tenus à ce sujet. « C'était une discussion, disait déjà
Hegel, sur la grande et importante question de la responsabilité[2] ». Ou plutôt encore, selon nous, il s'agissait de la question
plus grande et plus importante encore du but de la punition.
Protagoras était homme à greffer sur ce cas d'éclatante déraison ou d'« incorrection », comme il le disait sans doute — cas
familier assurément à ceux qui suivaient les affaires traitées
au tribunal voisin du Prytanée — une discussion de principe,
et à l'élever graduellement jusqu'aux plus hauts sommets. Il
était homme à examiner la valeur et l'essence du droit criminel établi, à en mettre à nu les racines principales — instinct
de représailles et besoin d'expiation, — à se demander s'il est
vraiment permis, pour de tels motifs, d'infliger de cruelles souffrances aux membres de la société, et enfin à chercher une
base plus solide pour le droit pénal. Et nous n'en sommes
pas réduits à des conjectures sur la question de savoir où il
trouva cette base et en quoi consistait le noyau positif de son
exposition. En effet, dans le *Protagoras*, Platon met dans la
bouche du sophiste une protestation formelle contre la simple

---

[1] Sur les procès instruits contre des animaux, cf. surtout Karl von Amira, *Tierstrafen und Tierprocesse* dans les *Mitt. d. Inst. f. öst. Gesch.-Forschung* XII 545 sq.; le périodique *Ausland* 1889, 477 sq.; Miklosich, *Die Blutrache bei d. Slaven*, p. 7 (extr. des *Wiener Denkschriften* 1887); Tylor, *Civilisation primitive* I 328; *Zend-Avesta* I 159 *(Sacred books of the East* IV); *Rhein. Mus.* XLI 30 sq.; enfin Sorel, *Procès contre les animaux*, etc., Compiègne 1877, p. 16. Le livre cité par Usener (*Götternamen*, p. 193) de C. d'Addossio, *Bestie delinquenti*, m'est resté inconnu.

[2] *Geschichte der Philosophie*, 3e éd., II p. 27 *(Werke* XIV).

et brutale vengeance, et lui fait proclamer solennellement la théorie de l'intimidation[1]. Il nous semble, en l'entendant, nous retrouver dans l'appartement de Périklès, suivre le dialogue à la fois sérieux et animé qui s'y déroule, et en saisir mieux le sens profond que ne l'a pu ou ne l'a voulu celui à qui nous en devons la connaissance, Xanthippe, le fils dégénéré du grand homme d'Etat, ou que celui à qui il l'a raconté, le bavard pamphlétaire Stesimbrotos.

IV

Quelle a été l'attitude de cet esprit si pénétrant dans sa critique des problèmes de la théologie ? Le premier autodafé littéraire, que nous avons eu le triste devoir de raconter plus haut, a consumé l'exacte réponse que nous aimerions faire à cette question. Nous n'avons conservé dans son intégrité qu'une seule phrase, celle qui se trouvait en tête du livre condamné : « A l'égard des dieux, je ne puis savoir ni qu'ils sont, ni qu'ils ne sont pas ; car beaucoup de choses empêchent de le savoir, surtout l'obscurité de la question et la brièveté de la vie humaine[2] ». Une foule de questions se posent à nous ici, et avant tout celle-ci : Quel peut avoir été le contenu d'un livre dont la première phrase déjà signale l'objet comme hors des prises de la connaissance humaine, et, en fait, semble-t-il, le met hors de cause ?

Pour les résoudre, nous en sommes réduits à envisager avec toute la pénétration possible les quelques mots qui nous ont été conservés, et à en faire sortir tout ce qu'ils contiennent. Tout d'abord, ce qui frappe notre esprit, c'est ce mot *savoir* qui, par sa répétition, acquiert un relief particulier. Savoir et croire : deux termes que les anciens, dans le domaine qui nous occupe, ont distingués avec tout autant de rigueur que nous avons l'habitude de le faire nous-mêmes. Nous avons à peine besoin de rappeler la distinction précise et féconde que faisait Parménide entre la *connaissance* et l'*opinion* (cf. pp. 193 et 226). L'usage habituel de la langue exprimait aussi les convictions religieuses, notamment la croyance en Dieu, par un mot (νομίζειν) qui n'a absolument rien de commun avec la con-

[1] *Protagoras* 324 b.
[2] Cette phrase est citée par Diog. Laërce IX 51.

naissance scientifique. Nous devons donc, conformément à l'importante indication de Christian Auguste Lobeck, tenir pour certain que le thème de l'ouvrage n'était pas la *croyance* en Dieu, mais la *connaissance* des dieux[1]. Plusieurs circonstances, d'ailleurs, rendent au plus haut degré improbable que Protagoras ait eu l'intention de combattre ou même seulement de mettre en doute la première. Platon nous fait part du curieux procédé par lequel le sophiste coupait court à toute discussion au sujet des honoraires qui lui étaient dus. Lorsqu'un jeune homme, ses études terminées, se refusait à payer la somme que lui réclamait son maître, celui-ci le conduisait dans un sanctuaire et lui faisait déclarer, sous la foi du serment, à combien il évaluait lui-même l'enseignement qu'il avait reçu[2]. Une autre preuve, non négligeable, se trouve dans la façon dont Protagoras, selon Platon, décrivait les débuts de la société humaine. Si le sophiste s'était, ne fût-ce qu'à la fin de sa vie, révélé comme opposé au culte des dieux, l'écrivain le plus habile à caractériser ses personnages eût-il mis dans sa bouche un mythe qui, du commencement à la fin, ne parle que des dieux et de leur intervention dans les destinées des hommes ; un mythe dans lequel se trouve la phrase suivante : « Comme l'homme avait part au divin, il fut tout d'abord, en raison de sa parenté avec la divinité, le seul entre tous les êtres à croire aux dieux, et se mit à leur élever des autels et des statues ? » Cela n'est guère croyable. Ainsi donc, tout nous conduit à penser que, dans ce fragment, ce n'est pas la croyance aux dieux qui est mise en cause, mais seulement la connaissance scientifique ou rationnelle de leur existence. Le mot que nous avons traduit par *obscurité* présente une nuance de sens particulière ; il exprime surtout le fait de ne pouvoir être perçu par les *sens*. Dans cette phrase, donc, si Protagoras invoque l'*obscurité* comme obstacle à la connaissance, ce qu'il veut dire, exactement, c'est que les dieux ne peuvent être les objets de la perception sensible directe[3]. Mais quand la perception lui fait défaut, l'esprit humain recourt à l'inférence ;

[1] La suggestion de Lobeck se trouve dans la *Auswahl aus Lobecks akademischen Reden*, édité par A. Lehnerdt, 1891 : « Protagoras fut accusé d'athéisme pour avoir nié que Dieu puisse être connu *par la raison* ».

[2] Sur la manière dont il fixait ses honoraires, cf. Plat. *Protag.* 328, b c, et Arist. *Éthique à Nicom.* IX 1 (où toutefois le serment n'est pas mentionné).

[3] Sur l'ἀδηλότης (obscurité, défaut de perceptibilité) voir *Apol. der Heilkunst* 143 ; et aussi sur l'emploi de ἀφανές comme équivalent de ἄδηλον.

cela est vrai d'une manière générale, et bien des faits nous montrent que cette distinction était familière à l'époque dont nous parlons. La mention de la brièveté de la vie ne peut donc signifier qu'une chose : c'est que le peu de jours qu'il nous est donné de vivre ne mettent pas à notre disposition des faits d'expérience suffisants pour pouvoir en conclure à l'existence ou à la non-existence des dieux. Voilà tout ce qui ressort avec certitude de ce mémorable fragment. Le reste est conjecture. Pour pouvoir nous y livrer sans nous engager sur un terrain peu solide, il nous faudrait savoir à quelles tentatives contemporaines de preuve pour ou contre Protagoras faisait allusion quand il les déclarait insuffisantes et recommandait, à leur égard, la suspension de jugement comme la seule méthode saine de pensée. Quoi qu'il en soit, en rappelant les limites étroites de la connaissance humaine à ceux qui affirmaient ou niaient avec une assurance injustifiée, il a marqué une date importante dans l'histoire du développement de l'esprit scientifique. Peut-être se fût-il associé à ces mots qu'Ernest Renan écrivait en 1892, peu avant sa mort : « Nous ne savons pas, voilà tout ce qu'on peut dire de clair sur ce qui est au delà du fini. Ne nions rien, n'affirmons rien ; espérons[1] ».

V

De la théologie à la métaphysique, il n'y a qu'un pas. Encore ici, nous en sommes réduits à une seule phrase pour pénétrer le contenu de tout un livre. Ce livre est cité sous trois titres différents : *Sur l'Etre, la Vérité* et *Les Discours terrassants*[2]. Le dernier de ces titres nous indique que la polémique y occupait une place considérable, et nous ne sommes pas dépourvus de tous renseignements sur le but que poursuivait l'auteur. Le néo-platonicien Porphyre, qui mourut peu après l'an 300 de notre ère, et qui a pu lire l'œuvre entière, nous apprend que les traits de Protagoras visaient les Eléates. Quant à la phrase qui nous a été conservée, elle se trouvait en tête du

---

[1] *Feuilles détachées*, pp. XVI sq.
[2] Les trois titres de l'œuvre capitale de Protagoras sont indiqués par Porphyrius (ap. Euseb. *Praep. evang.* X 3 = II 463 Gaisford), dans Platon, *Théétète* 161 c et dans Sext. Emp. *adv. Math.* VII 560 = 202, 27 Bekker. Le passage essentiel est cité dans le *Théétète*, 152 a et dans Diog. Laërce, IX 51.

livre, et elle est conçue en ces termes : « L'homme est la mesure de toutes choses ; de celles qui sont, qu'elles sont, et de celles qui ne sont pas, qu'elles ne sont pas ». L'analogie, quant au style, du fragment métaphysique avec le fragment théologique saute aux yeux, mais la nécessité d'une interprétation rigoureuse n'est pas moins évidente. Il y a lieu, tout d'abord, d'établir ce que ce fragment important, et malheureusement tout à fait isolé, *ne peut pas* signifier. Il ne peut avoir un sens éthique ; c'est à tort qu'on y verrait le schibboleth du subjectivisme moral, bien qu'il ait souvent été invoqué comme tel par des écrivains populaires. Car ni les termes dans lesquels il est conçu, ni les attaques auxquelles il servait de point de départ contre la doctrine éléatique de l'Unité, n'offrent le moindre appui à une telle interprétation. La phrase qui déclare l'homme mesure de toutes choses — la proposition homo-mensura — se rapportait, cela est entièrement hors de cause, à la théorie de la connaissance. De plus « l'homme » qui est opposé à l'ensemble des choses ne peut raisonnablement être l'individu, mais seulement l'homme en général. Il n'est, en tous cas, pas nécessaire de prouver que c'est là la signification la plus naturelle, celle qu'adoptera le lecteur non prévenu. Tel a été le cas de Gœthe, par exemple. Le grand poète allemand n'a touché qu'une fois, et en passant, au mot de Protagoras, mais, guidé par l'instinct d'un esprit supérieur, il l'a mieux saisi que d'innombrables éditeurs. « Nous pouvons, écrit-il, observer, mesurer, calculer, peser la Nature ; mais ce n'est que selon notre mesure et notre poids, puisque l'homme est la mesure des choses[1]. »

Mais si, de prime abord, l'interprétation au sens générique paraît préférable, on peut, pensons-nous, en démontrer rigoureusement l'entière certitude. En effet, quiconque s'en tient à l'interprétation traditionnelle, au sens individualiste — qui est celle des spécialistes et qui n'est ébranlée sérieusement que depuis peu — peut choisir entre deux voies, mais entre deux voies d'erreur. Car l'une peut à la rigueur se concilier avec les faits, mais fait violence à la langue, tandis que l'autre respecte la langue, mais ne s'accorde pas avec les faits. Si Protagoras voulait déclarer l'individu mesure de toutes choses, il devait penser ou bien aux *propriétés* ou bien à l'*existence* des

[1] Riemer, *Briefe von und an Gœthe, Aphorismen*, p. 316.

choses. La première hypothèse est celle que nous ne disons pas absolument inadmissible au point de vue des faits. Car les différences individuelles des perceptions sensibles avaient déjà commencé à cette époque à attirer l'attention des philosophes. Mais elle se heurte indiscutablement à la grammaire, car elle donne le sens de « comme » au petit mot grec que, avec la grande majorité des interprètes compétents, nous traduisons par « que », en nous appuyant sur de nombreux exemples parallèles qui ne laissent aucun doute, et en particulier sur le fragment de Protagoras relatif aux dieux. On peut en outre faire remarquer qu'autrement le membre de phrase négatif (de celles qui ne sont pas, *comme* elles ne sont pas) n'aurait aucun sens raisonnable ; qui, en effet, aurait jamais eu l'idée de s'enquérir des qualités négatives de ce qui n'a aucune existence ? En troisième lieu, et enfin, la place donnée à cette phrase au commencement de tout un livre, les termes généraux dans lesquels elle est conçue (mesure de *toutes* choses, etc.), la grande importance que l'auteur lui attribuait certainement, — tout cela ne permet guère d'admettre qu'il ait voulu proclamer une vérité, non sans importance sans doute, mais pourtant subordonnée et spéciale, celle de la variation, d'individu à individu, des perceptions sensibles (le miel paraît amer à celui qui a la jaunisse, etc.).

Quant à la seconde interprétation individualiste, elle est réfutée par une simple considération. Que signifie que l'individu humain soit déclaré le canon ou la mesure de l'existence des choses ? Si cela signifiait quelque chose, cela signifierait seulement la complète négation de la réalité objective en tant que connaissable pour nous ; ce serait l'expression — très maladroite d'ailleurs — de cette théorie de la connaissance que nous appelons aujourd'hui la théorie phénoménalistique, et qui était représentée dans l'antiquité par l'école socratique de Cyrène, en Afrique. C'est le point de vue dans lequel il n'y a de place ni pour les choses, ni pour le concept de l'être objectif ou de l'existence en général, mais seulement pour les impressions subjectives. Or des motifs internes aussi bien que des motifs externes empêchent absolument de croire que la doctrine de Protagoras coïncidât avec celle d'Aristippe et de ses successeurs. Résumons notre raisonnement. Le célèbre et très controversé fragment qui se trouvait en tête des *Discours terrassants* concerne la théorie de la connaissance. L'« homme » dont il y est question n'est pas tel ou tel exemplaire de l'espèce ; ce n'est pas Pierre ou Paul, mais l'homme en général ; la proposition a une signification générique et non individuelle. Enfin, l'homme est déclaré mesure non pas des propriétés, mais de l'existence des choses. Le témoignage de Porphyre relatif à la polémique dirigée contre la doctrine éléatique nous permet d'ailleurs d'approfondir ce texte important. Il nous fait songer en tout premier lieu à Mélissos, le contemporain le plus immédiat de Protagoras, et, par la plus curieuse des rencontres, il se trouve que la « thèse de Mélissos » est exactement la contre-partie de celle de Protagoras. La répudiation éléatique du témoignage des sens revêt chez Mélissos cette expression tranchante : « Il s'ensuit donc que nous ne voyons ni ne connaissons l'Etre (proprement les êtres). » A cette négation sommaire de la réalité du monde sensible s'oppose, chez Protagoras, une affirmation tout aussi sommaire. L'homme ou la nature humaine est la mesure de l'existence des choses. Ce qui revient à dire : le réel seul peut être perçu par nous ; l'irréel ne peut en aucune manière faire l'objet de notre perception. Et, dans ces pensées fondamentales, — fondées nous ne savons comment — se trouve évidemment impliquée cette pensée accessoire qu'appelle l'emphase donnée au mot *homme* : nous autres hommes, nous ne pouvons franchir les limites de notre nature ; la vérité, pour autant du moins qu'elle nous est accessible, doit se trouver en dedans de ces limites ; si nous rejetons le témoignage de nos facultés perceptives, de quel droit pouvons-nous avoir confiance dans nos autres facultés, et surtout où nous reste-t-il matière à connaissance ? Plus que cela, où devons-nous chercher un critère de vérité, et quel sens pouvons-nous attacher aux mots *vrai* et *faux* dès que nous avons rejeté en bloc la seule vérité qui existe pour nous, la vérité humaine[1] ?

---

[1] Nous avons discuté en détail le sens de cette phrase dans l'*Apologie der Heilkunst* 26 sq. Nos prédécesseurs dans l'interprétation générique du mot « homme » sont Peipers *Die Erkenntnistheorie Platons*, p. 44 sq. ; Laas, *Neuere Untersuchungen über Protagoras* (dans la *Vierteljahrsschrift f. wissensch. Philosophie* VIII 479 sq.), et Halbfass, *Die Berichte des Platon u. Aristoteles über Protagoras... kritisch untersucht* (dans les *Jahrb.* de Fleckeisen, Suppl. XIII 1882). Nos arguments ont été en partie renforcés, en partie modifiés par W. Jerusalem, *Zur Deutung des Homo-mensura-Satzes* (*Eranos Vindobonensis* 153 sq.). Grote était d'ailleurs tellement éloigné de l'interprétation générique de la phrase qu'il a incorporé l'interprétation individualiste à la traduction qu'il en a donnée : « As things appear to me, so they are to me ; as they appear to you, so they are to you ». (*Plato* II 323.)

Dans le traité *Sur l'Art*, que nous avons déjà mentionné plus d'une fois, la proposition de Protagoras se rapproche davantage encore, pour la forme, de celle de Mélissos, et à cause de cela s'y oppose d'une manière plus vive. Elle est formulée en ces termes : « L'Etre (plus exactement les êtres) est toujours vu et connu ; mais le non-être (plus exactement les non-êtres) n'est jamais ni vu ni connu ». Comment peux-tu, crie à peu près l'auteur à Mélissos, prétendre que les choses perçues par nous soient irréelles ? Comment l'irréel pourrait-il s'offrir à notre perception ? « Car si, dit l'auteur dans la phrase qui précède immédiatement celle que nous venons de citer, le non-être peut être vu aussi bien que l'Etre, je ne sais comment on peut le tenir pour le non-être. Ne peut-on pas le voir par les yeux et le connaître par l'esprit en qualité d'Etre ? Mais il n'en est sans doute pas ainsi ; bien plutôt l'Etre... etc ». Suit la proposition ci-dessus. Dans ce passage dont on ne saurait exagérer l'importance, le raisonnement est comme illuminé d'un rayon de pensée relativiste ou phénoménalistique. L'auteur est très fermement convaincu qu'à nos perceptions correspond chaque fois un objet perceptible, une réalité objective. Mais même si, contre toute attente, ce n'était pas le cas, même alors, pense-t-il, l'homme devrait admettre comme tel ce que ses facultés perceptives lui font apercevoir. Ce serait, dirions-nous si nous voulions compléter sa pensée, sa vérité, la seule qui lui soit accessible, la vérité relative ou humaine. « Mais tel n'est sans doute pas le cas ! » Par là, du point de vue relativiste qui vient de briller à ses yeux comme un éclair, l'écrivain revient aussitôt à l'antique et naïve conception du monde.

Cette réhabilitation du témoignage des sens doit avoir créé entre Protagoras et les naturalistes le rapport exactement contraire de celui qui existait entre ceux-ci et le philosophe « anti-naturaliste », « l'homme du complet repos » qu'était Mélissos (cf p. 179). En réalité, nous ne trouvons pas seulement, dans l'écrit *Sur l'Art*, comme nous venons de le montrer, la proposition de l'homo-mensura, mais encore les doctrines fondamentales d'une méthode et d'une philosophie strictement empiriques. Nous reviendrons plus tard sur ce point ; mais nous ferons pourtant encore une remarque. Le seul et bien maigre témoignage que nous ayons au sujet de l'activité que déploya Protagoras dans le domaine des mathématiques — sur lesquelles il a écrit un livre — nous renseigne également sur la tendance empirique de sa pensée. « La règle (c'est-à-dire la tangente) ne touche pas la circonférence en un point seulement : voilà à quoi Protagoras a rendu attentif dans sa polémique contre les géomètres ». Tels sont à peu près les termes dans lesquels s'exprime Aristote pour appuyer la remarque qu'il venait de faire lui-même : « Car les lignes perceptibles par les sens ne sont pas telles que le géomètre les suppose ; rien de ce qui se perçoit par les sens n'est *ainsi* droit ou *ainsi* courbe[1] ». C'est-à-dire, pour parler avec John-Stuart Mill : « Il n'y a pas d'objets réels qui correspondent complètement aux définitions (géométriques) ; il n'y a pas de points sans étendue, pas de lignes sans largeur ; pas de lignes non plus parfaitement droites, pas de circonférences dont tous les diamètres soient exactement égaux, etc.[2] ». Mais, sur ce sujet, il n'y a jamais eu de désaccord entre les représentants des tendances les plus divergentes. Le désaccord ne se manifeste que lorsqu'on vient à se demander si les définitions de la géométrie ont été déduites du monde sensible et ne sont par conséquent que des abstractions approximativement vraies, quoique répondant bien aux buts de la science, ou si elles sont d'origine suprasensible et sont l'expression de la vérité absolue. On ne peut guère douter que Protagoras n'ait souscrit à la première opinion ; il est même probable qu'il fut le premier à l'exprimer, et fut par conséquent le précurseur de ces penseurs qui, comme Sir John Leslie, Sir John Herschel, J.-S. Mill et enfin Helmholtz au XIXme siècle, ont soutenu que les connaissances géométriques — axiomes aussi bien que définitions — sont d'origine expérimentale.

Ainsi donc, la méthode du sophiste d'Abdère était exclusivement expérimentale, et la constatation que nous venons de faire nous est confirmée par Platon. Selon ce dernier, en effet, la proposition homo-mensura est tout à fait identique à cette thèse que « la connaissance est la perception sensible », et revient à dire que toute science repose sur une telle perception. Mais nous ne pouvons faire plus ample usage des témoignages platoniciens pour cette simple raison que les déclarations ultérieures de Platon à ce sujet ne sont pas des témoignages, mais tendent toutes à dériver de la proposition de Protagoras les

---

[1] Aristote, *Métaph.* III 997 b 35-998 a 4.
[2] J.-S. Mill, *Logique* l. II ch. V § 1. Cf. Sir John Herschel, *Essays* p. 216; Helmholtz dans l'*Academy*, vol. I p. 128 sq. (12 févr. 1870) et *Populäre Aufsätze*, 3ᵉ cahier, p. 26.

conséquences réelles ou prétendues qu'elle implique. Si les perceptions sensibles, conclut à peu près Platon, ne contiennent que la vérité, et si la perception d'un individu diffère fréquemment de celle d'un autre individu, il résulte de cette proposition que des perceptions contradictoires contiennent la même mesure de vérité. Et comme Protagoras, en cela semblable à la plupart de ses contemporains, n'a pas toujours distingué avec la rigueur nécessaire entre les perceptions réelles et les conclusions que l'on en tire, Platon déduit de sa proposition cette conséquence ultérieure que même des opinions contraires sont également véritables ou, en un mot, *que ce qui paraît être vrai à chacun, est en effet la vérité pour lui !* Et c'est ainsi que nous aboutissons à la fameuse doctrine que l'on endosse à Protagoras, et à laquelle on fait encore trop d'honneur en la qualifiant d'*extrême subjectivisme* ou de *scepticisme*. En effet, elle porte un coup fatal à toute prévision, à toute science. Et cependant ce prétendu négateur de toute vérité objective, et par conséquent de toute norme universelle, a, pendant plus de quarante ans, enseigné, parlé et écrit dans les contrées les plus diverses de la Grèce, partout recherché, admiré et applaudi ; il a non seulement formulé une foule de maximes positives, mais il a su leur donner la forme la plus pénétrante et la plus impressive, et les a proclamées avec l'autorité d'un moraliste ou d'un prédicateur. Ce prétendu iconoclaste, comme nous l'avons déjà vu, et comme nous aurons encore l'occasion de le voir, a visé au rôle de législateur dans les domaines les plus divers du savoir, et la distinction entre le correct et l'incorrect, entre ce qui est conforme à la règle et ce qui ne l'est pas, a occupé dans sa pensée une place que l'on ne saurait trouver trop petite, mais qu'on serait plutôt tenté de trouver trop grande.

Mais, ne manquera sans doute pas de nous demander l'un ou l'autre de nos lecteurs, n'avons-nous pas recueilli des lèvres mêmes du sophiste des déclarations sceptiques ? Ne nous a-t-il pas révélé ses doutes sur l'existence des dieux dans des termes qui témoignent d'une manière éclatante de ses dispositions intellectuelles ? Cela est parfaitement vrai. Et, précisément, ce fragment sur les dieux va nous fournir la preuve définitive et irréfutable que le genre de scepticisme dégagé par Platon de la proposition homo-mensura était tout à fait étranger à son auteur. Car Protagoras motive sa suspension de jugement, dans ce cas isolé, par des raisons de fait tirées de la nature même de ce problème particulier. Personne n'a jusqu'ici — nous dit-il à peu près, — vu des dieux ; quant à reconnaître avec quelque certitude ou à nier les traces de leur activité dans le cours des choses, la durée de la vie humaine n'est pas assez grande, et le champ de nos observations dans le temps trop étroit pour cela. C'est pourquoi à cette question on ne peut donner aucune réponse catégorique, pas plus dans le sens affirmatif que dans le sens négatif. Mais si la maxime que « ce qui paraît être vrai à chacun est en effet la vérité pour lui » avait réellement été l'étoile sur laquelle se dirigeaient ses pensées sa réponse n'eût-elle pas été tout autre ? N'aurait-il pas dû, alors, déclarer que les dieux existent pour ceux qui croient en eux, et n'existent pas pour ceux qui n'y croient pas ?

Mais ce ne sont pas seulement les trop rares déclarations authentiques du sophiste qui s'opposent à ce que l'on reconstruise ainsi son système. Platon lui-même a témoigné contre cette interprétation. Dans son *Protagoras*, il a tracé de cet homme une image assurément fidèle dans les traits essentiels, quoique sous des couleurs un peu vives et avec plus d'un détail accessoire fâcheux. Or cette image n'a pas un seul trait commun avec la caricature qu'il nous donne dans le *Théétète*. Dans le premier de ces dialogues, le penseur d'Abdère pèche, non point par défaut, mais plutôt par excès de certitude et d'emphase dogmatique, tandis que dans le second nous l'entendons nier toute distinction entre la vérité et l'erreur. Et, notez-le bien, dans le plus ancien, Protagoras nous est donné comme vivant ; dans l'autre, de beaucoup postérieur, c'est un personnage mort depuis longtemps. Là, le biographe le représente d'après des souvenirs récents et précis ; ici, il n'a plus devant les yeux qu'une ombre vaine. Dans le *Protagoras*, nous avons affaire à un homme ; dans le *Théétète*, nous ne rencontrons plus qu'une formule. En s'abandonnant à l'intuition, Platon a peint un tableau plein de vie ; en recourant à l'inférence, il n'a produit qu'un raisonnement subtil et froid. Quiconque connaît réellement ce philosophe et est rendu attentif à cette opposition saura, sans éprouver la moindre hésitation, où chercher la vérité historique, et dans lequel de ces dialogues l'auteur s'est proposé de la donner.

Nous aurons à rechercher et à faire voir la véritable intention qui guidait l'auteur du *Théétète*, lorsque nous en arriverons à l'étude de cette œuvre platonicienne. Mais nous sommes obligés d'anticiper un peu sur ce sujet. La forme dialoguée a entraîné Platon dans une difficulté d'une espèce tout à fait particulière. Il avait choisi comme principal interlocuteur son maître Socrate. Mais il ne voulait et ne pouvait renoncer en aucune manière à exposer et à discuter les doctrines post-socratiques. Il ne se préoccupait sans doute pas outre mesure d'éviter les anachronismes. Il était pourtant inadmissible de faire franchement prendre à partie par Socrate des théories qui n'ont vu le jour qu'après sa mort. Il fallait, de toute nécessité, recourir à des détours ; il s'agissait de trouver des expédients, et l'on sait que la féconde imagination du poète-philosophe ne s'est jamais laissé prendre en défaut. Une fois, par exemple, il suppose que Socrate apprend en songe l'existence d'une doctrine, pour le simple motif que cette doctrine avait été émise par son disciple Antisthènes, et qu'il ne pouvait en avoir pris connaissance par les voies ordinaires[1]. Il recourt à un artifice assez semblable dans le *Théétète*. Il y fait exposer et combattre par Socrate une théorie de la connaissance qu'il nous donne comme une « théorie secrète » de Protagoras, et qu'il représente comme très différente de celle que le sophiste avait révélée « au gros tas ». Un admirateur enthousiaste de Protagoras, qui prend part à ce dialogue, et qui connaît à fond l'œuvre métaphysique principale du sophiste, ne se montre pas peu surpris de cette révélation. En d'autres termes, Platon dit à ses lecteurs aussi clairement que le lui permet la forme d'art choisie par lui, qu'il fait usage d'une *fiction*. En réalité, il s'agit pour lui, comme on s'en est aperçu depuis longtemps, mais sans que la chose ait été généralement reconnue, de prendre position à l'égard de la théorie de la connaissance formulée par Aristippe. Sans doute Platon aurait pu recourir à une autre fiction. Mais cet artiste, *qui nil molitur inepte*, avait en vue un but particulier, qui était d'établir une relation interne entre les doctrines d'Aristippe et celles de Protagoras. Or l'interprétation de la proposition homo-mensura, dont nous avons déjà parlé, forme le point de départ, l'indispensable préparation de cette mystification transparente. Ici, l'intention de Platon est de lutter lui-même avec les difficultés du problème

[1] *Théétète* 201 d. Parmi les nombreux ouvrages relatifs au *Théétète*, citons en particulier l'*Introduction* de Schleiermacher ; Bonitz, *Plat. Studien*, 2ᵉ éd., notamment les pp. 46-53 ; Dümmler, *Antisthenica*, p. 56 sq. (*Kl. Schr.* I 59 sq.) et *Akademika* 174 sq.

de la connaissance ; l'exposition et la discussion de la doctrine d'Aristippe légèrement déguisée, ne constitue qu'un pas dans ce long développement de pensées, et c'est surtout par nécessité artistique qu'il recourt à une fiction et mentionne le nom de Protagoras. Rien n'est plus étranger à son dessein, par conséquent, que de mettre en lumière et d'apprécier la figure du célèbre sophiste ; d'autre part, rien ne l'empêche et tout le sollicite de séparer la proposition de Protagoras de son auteur aussi bien que de son contexte ; rien ne le porte à se demander dans quel sens cet auteur l'entendait et quel usage il en avait fait ; son intérêt le pousse à voir dans cette formule telle signification que le texte lui permet d'y trouver. Ce serait faire tort à Platon que de parler ici d'une violation de la vérité, car tout, dans son œuvre, tend à avertir le lecteur qu'il n'a point à y chercher l'exactitude de l'histoire.

Mais ce à quoi l'on ne s'attendait pas est arrivé. Sans en avoir l'intention, grâce à l'immense autorité de son nom, le « divin Platon » a, dans ce cas particulier comme à l'égard de la prétendue sophistique, véritablement faussé l'histoire. Presque toute l'antiquité, et la science moderne jusqu'aux temps les plus rapprochés de nous, ont pris pour argent comptant l'interprétation qu'il a donnée de cette proposition. Par-ci par-là, on entrevoit dans les ouvrages des écrivains antiques les indices d'un désaccord avec Platon ; mais la grande majorité d'entre eux n'ont pas même examiné sérieusement le texte de ce court fragment. Cela ne doit pas trop nous étonner, puisque Timon, né peu avant l'an 300 avant J.-C., n'avait pas pris la peine — ses vers comiques en font foi — de comprendre correctement, au point de vue grammatical, le fragment de Protagoras relatif aux dieux[1]. Par suite surtout de l'influence de Platon, les écrits des sophistes étaient, comme nous l'avons vu, tombés dans le discrédit et ne trouvaient plus guère de lecteurs ; mais, à ce facteur négatif d'erreur, s'en ajouta dans le cas particulier un positif : l'interprétation ou plutôt le travestissement de cette phrase dont se rendit coupable le chef de l'Académie. C'est pourquoi, jusqu'à nos jours, personne n'a eu l'idée de se demander comment il fallait combler le profond abîme qui s'ouvre, visible à tous les yeux, entre l'exposition du *Protagoras* et celle du *Théétète*, comment le passage relatif

---

[1] Timon, frg. 48 (*Corpusc. poes. ep. Gr. ludibundæ* II 163).

aux dieux et les autres fragments étaient compatibles avec le prétendu scepticisme universel de leur auteur. Nos lecteurs ne manqueront sans doute pas de nous demander si Aristote n'est pas aussi pour quelque chose dans ce vaste malentendu. Oui et non. En deux endroits de sa *Métaphysique*, il mentionne la proposition homo-mensura de façon à laisser supposer que Platon, dans son *Théétète*, et en se répétant presque mot pour mot dans le *Kratyle*, frère jumeau du *Théétète*, en avait donné une interprétation authentique[1]. Mais, dans un troisième passage, il la comprend et la juge d'une manière tout à fait différente. Là « l'homme » n'est plus pour lui l'individu, mais le représentant des qualités de l'espèce ; l'interprétation individuelle a fait place à l'interprétation générique. Et le mot de Protagoras, qu'il regarde ailleurs comme un paradoxe dangereux, capable de mettre un terme à toute discussion, ne lui apparaît plus qu'une prétentieuse trivialité : « Mais lorsque Protagoras dit que l'homme est la mesure de toutes choses, cela

---

[1] *Kratyle* 386 a. A en juger d'après les critères linguistiques, le *Kratyle* n'est pas plus jeune, mais plus ancien (quoique de peu) que le *Théétète* (cf. Dittenberger, *Hermès* XVI 321 sq. et Schanz, ibid. XXI 442-9). On ne manquera pas, sans doute, de profiter de cette circonstance pour combattre notre manière de voir sur le *Théétète*. Mais l'intervalle probablement court qui sépare les deux dialogues n'exclut pas la possibilité que Platon travaillât déjà au *Théétète* lorsqu'il publia le *Kratyle* ; indépendamment de cette possibilité, et d'autres encore, je ne prétends nullement que le plan du *Théétète* permît seul à Platon d'interpréter la proposition homo-mensura dans le sens individualiste auquel il y donne la préférence. C'était là l'endroit le mieux approprié à ce but, puisque cette exposition frayait la voie à l'ample analyse de la prétendue théorie de la connaissance de Protagoras. Mais rien ne l'empêchait de l'exposer ou de la mentionner occasionnellement ailleurs, comme il l'a fait du reste dans le *Kratyle*, pourvu que la figure historique de Protagoras n'y apparût pas dans une aussi vive lumière que dans le dialogue qui porte son nom. Je n'ai pas fait difficulté de reconnaître que cette interprétation pouvait se déduire de l'affirmation directement contenue dans les mots de Protagoras : que toute perception a à sa base une réalité objective. Que la théorie subjective soit directement contenue dans cette proposition, et que l'intention du sophiste fût de l'exprimer sous cette forme, je l'accorderai également dès que l'on aura réfuté mes arguments contre l'interprétation traditionnelle de la phrase. Mais aucun de mes critiques n'a fait la moindre tentative dans ce but. Que l'on compare d'ailleurs à ce que nous disons dans notre texte notre *Apol. d. Heilkunst*, pp. 173-8. Il est extrêmement regrettable qu'il ne nous ait été conservé au sujet de la polémique de Démocrite contre Protagoras qu'une notice isolée dans Sext. Emp. *adv. Math.* VII 1, 389 (p. 275 Bekker). Cf. à ce sujet *Apol. der Heilk.*, p. 176. Il y aurait lieu d'ajouter que, lorsque Platon, *Euthydème* 286 c, rapporte à Protagoras et à d'autres plus anciens encore, la doctrine (d'Antisthénès) suivant laquelle il n'y a pas d'ἀντιλέγειν, il ne peut guère avoir eu en vue la proposition homo-mensura, qui est, au contraire, toujours représentée comme déconcertante par sa nouveauté. Pour terminer, encore la paraphrase d'Hermias, qui concorde presque absolument avec notre interprétation : Πρωταγόρας... φάσκων ὅρος καὶ κρίσις τῶν πραγμάτων ὁ ἄνθρωπος, καὶ τὰ μὲν ὑποπίπτοντα ταῖς αἰσθήσεσιν ἐστιν πράγματα, τὰ δὲ μὴ ὑποπίπτοντα οὐκ ἔστιν ἐν τοῖς εἴδεσι τῆς οὐσίας. (*Irrisio gent. philos.* c. 9; *Doxogr.* 653.) Comp. aussi à ce sujet *Apol. d. Heilk.* 174.

signifie que celui qui sait ou celui qui perçoit par les sens est la mesure, et cela parce que celui-ci possède la perception sensible, celui-là la science, que nous caractérisons comme la mesure de leurs objets. Si vide que soit donc la proposition de Protagoras, elle a pourtant l'air de dire des choses extraordinaires[1] ».

On reprochera à l'exposition que nous venons de faire non seulement de briser avec la tradition qui a prévalu dès l'antiquité, mais encore d'être incomplète. Et ce ne sera pas, nous devons le reconnaître, sans quelque apparence de raison. On pouvait et on peut encore faire bien des conjectures sur l'attitude qu'a prise Protagoras relativement aux problèmes de la connaissance. Mais il nous paraît peu indiqué de soulever des questions secondaires aussi longtemps que le débat n'est pas clos sur la question principale. On ne peut fonder une superstructure hypothétique que sur une base de certitude. Cependant, nous nous permettrons une hypothèse, une seule. Bien des circonstances nous portent à croire que, dans sa polémique contre les Éléates et leur répudiation du témoignage des sens, Protagoras affirmait la vérité subjective, l'infaillibilité ou plutôt l'irrécusabilité de toutes les impressions sensibles. Et il est probable que, en cela, il ne distinguait pas avec toute la rigueur nécessaire entre la sensation, la perception, le jugement basé sur celle-ci et le jugement en général, et qu'ainsi il s'est attiré le reproche sans doute immérité d'avoir attribué le même degré de vérité à toutes les représentations ou opinions. Il est possible enfin que ce reproche ait contribué de son côté à la fausse interprétation qui a été donnée à la proposition homo-mensura. Mais quoi qu'il en soit de ce point, et si mal informés que nous soyons de la théorie protagoricienne de la connaissance, un fait est désormais à l'abri de toute contestation. Entraîné par l'ardeur de la polémique ou égaré par l'extrême imperfection de la terminologie psychologique d'alors, Protagoras peut avoir, en tel endroit ou à tel moment donné, exprimé une opinion qui donnait prise à cette accusation ; mais malgré leur petit nombre et leur brièveté, les fragments qui nous restent de lui suffisent parfaitement à prouver que le scepticisme universel n'a jamais, quoi qu'on en dise, formé le fond de sa pensée.

[1] Aristote, *Métaph.* 1007 b 22 sq.; 1009 a 6 sq.; 1053 a 35.

VI

« Sur chaque chose, il y a deux discours, en opposition l'un avec l'autre[1] ». Ce précieux fragment a aussi été exploité au profit de la théorie dont nous cherchons depuis si longtemps à démontrer le mal fondé. Mais ceux qui s'en servent contre Protagoras n'ont pas songé que si cette déclaration avait la signification qu'on lui attribue, — à savoir si elle était un corollaire de la proposition que toutes les opinions sont également vraies, — elle devrait parler non pas de deux discours seulement, mais d'une infinité de discours. Le sens réel de ce fragment ressort d'un passage d'Euripide, dans lequel le poète ami de Protagoras le reproduit presque mot pour mot, et aussi du contexte que lui donne Isocrate dans un de ses discours. Dans son *Antiope*, Euripide fait dire à Amphion : « Dans chaque chose, l'art de celui qui parle sait éveiller le conflit des discours contradictoires ». Et l'orateur Isocrate énumère parmi les paradoxes inutiles et absurdes auxquels s'est complu la génération passée la thèse exactement opposée : « qu'il est impossible d'opposer deux discours sur le même sujet ». Nous n'avons donc pas à chercher de tendance sceptique dans cette déclaration ; tout ce que nous y trouvons, c'est l'expression d'une vérité qui nous est assez familière, à nous autres modernes, et que Diderot a formulée ainsi : « à l'exception des questions de mathématiques,... il y a du pour et du contre dans toutes les autres ». On remplirait bien des pages si l'on voulait indiquer toutes les applications salutaires que l'on peut faire de cette maxime. Avec raison, on a remarqué que la pensée centrale de la première partie de la *Liberté* de J.-S. Mill était la nécessité de tenir compte du côté négatif de toute affirmation positive, d'opposer à chaque proposition sa

---

[1] Cf. Diog. Laërce IX 51. Eurip. frg. 189, 2ᵉ éd. Nauck; Isocrate, *Or.* 10 init. Sénèque seul (*Epist. Moral.* 88, 43 = III 254 Haase) a compris la phrase comme si les deux λόγοι étaient d'égale valeur. Cela n'est pourtant pas, comme Bernays l'a déjà remarqué (*Rh. Mus.* VII 467 = *Ges. Abh.* I 120) impliqué dans les termes de cette déclaration. Bien évidemment, cette théorie appartient à Pyrrhon et à Arcésilas (cf. Diog. Laërce IX 61 et Sext. Emp. *Pyrrh. hyp.* I 7 = 4, 29 Bekker ; Eusèbe, *Praep. evang.* 14, 4 = III 430 Gaisf.). Au sujet de ce qui suit, comp. Diderot, *Œuvres complètes*, éd. Assézat II 120; Bain, *J.-S. Mill, A criticism*, p. 104 ; Mill, *Dissert. and Discuss.* III 331 ; Gœthe, *Gespräche mit Eckermann*, 3ᵉ éd., I 241.

contre-proposition. En effet, à quel lecteur intelligent des débats parlementaires ou des articles de journaux est-il nécessaire de dire combien la discussion des questions pratiques est stérile et même trompeuse lorsqu'elle se borne à relever soit les avantages soit les inconvénients de n'importe quelle institution ? Qui ne sait que la faiblesse de l'esprit humain ne peut se flatter d'arriver, par la voie de la discussion, à des résolutions salutaires que si on lui permet de peser le pour et le contre en les lui exposant aussi complètement l'un que l'autre ? La décision ne dépend, pas plus en théorie qu'en pratique, « de ce que l'on peut dire en faveur d'une opinion, mais de savoir si l'on peut dire plus en sa faveur que contre elle. Celui-là seul possède une véritable science et des convictions réellement dignes de confiance, qui peut aussi bien réfuter l'opinion contraire que défendre la sienne avec succès contre les attaques ». Ce principe, le plus important, selon J.-S. Mill, de ceux qui se dégagent des ouvrages de Platon, se trouve esquissé dans la phrase de Protagoras dont nous nous occupons. Cependant, en proclamant cette vérité féconde, le grand sophiste insistait probablement sur sa valeur éducative. Il partageait sans doute le sentiment que devait exprimer Gœthe quand il louait les Mahométans de commencer l'enseignement de la philosophie par ce principe « que rien n'existe, dont on ne puisse nommer le contraire ». Ainsi, ajoute le poète allemand, ils exercent l'esprit des jeunes gens en leur donnant pour tâche de trouver et d'exprimer l'opinion contraire de toute proposition qui a été avancée ; et leurs élèves acquièrent par là une grande habilité de pensée et de parole. Le doute ainsi éveillé — c'est toujours Gœthe qui parle — pousse leur esprit à chercher, à examiner toujours plus à fond, jusqu'à ce qu'ils arrivent à la certitude. « Vous voyez, dit-il en terminant à son fidèle Eckermann, que rien ne manque à cette méthode, et que nous ne sommes pas plus avancés avec tous nos systèmes ». Là-dessus, l'interlocuteur du poète déclare — et le poète y souscrit pleinement — « que cela lui rappelle les Grecs, dont la méthode d'enseignement philosophique doit avoir été analogue ». En effet, et les premiers auxiliaires de cette méthode ont précisément été les *Antilogies* de Protagoras.

Malheureusement, des deux livres de ce célèbre ouvrage, nous ne possédons pas une seule ligne, à part la petite phrase citée plus haut, et qui en formait sans doute le début. Nous n'avons aucun renseignement non plus sur le contenu du traité. Nous possédons bien une brève indication du musicien Aristoxène[1], mais elle nous est parvenue mutilée, et tout ce que nous en pouvons conclure, sans prétendre d'ailleurs à une entière certitude, c'est que Platon a puisé pour une bonne partie dans cet ouvrage la brillante exposition dialectique de l'idée de la justice que nous lisons au premier livre de sa *République*. Mais, même si cette indication était inexacte, elle ne serait pas dépourvue de toute valeur. Car Aristoxène, contemporain de Platon, quoique plus jeune, et disciple d'Aristote, n'aurait rien pu prétendre de tel si le contenu des *Antilogies* — qui n'étaient pas, alors, tombées dans l'oubli — n'avait présenté plus d'un point de contact avec celui du grand ouvrage de Platon. En d'autres termes : les *Antilogies* ont sûrement traité aussi, sous forme dialectique, des questions de morale et de politique. En cela, Protagoras a été par conséquent un précurseur de Socrate, de même que, d'un autre côté, il a été un successeur de Zénon, l'« inventeur de la dialectique ». La tradition anecdotique l'a mis aussi en relation, lui, le « rusé athlète » — comme l'appelle Timon — avec le « Palamède d'Elée ». Le raisonnement relatif aux grains de millet, dont nos lecteurs se souviennent (cf. p. 207) nous est parvenu sous la forme d'un jeu par questions et réponses justement entre Zénon et Protagoras. Le premier, comme adversaire du témoignage des sens, adresse au second, qui s'en constitue le défenseur, ses questions captieuses. Ainsi l'Eléate aurait joué le rôle actif, tandis que l'Abdéritain se serait contenté d'un rôle tout à fait passif. De même, dans le dialogue platonicien, nous voyons le sophiste si vanté pour la subtibilité de son esprit impuissant à répondre aux questions de Socrate ; n'est-il pas curieux de constater aussi que la tradition, si riche en apophtegmes, n'attribue pas un seul sophisme à Protagoras ?

[1] Aristoxène : chez Diog. Laërce, III 37 ; pour plus de détails, voir mon *Apol. der Heilkunst* 184 sq. Timon, frg. 10 (loc. cit., p. 109). — Quoique Diog. Laërce, IX 55, attribue à Protagoras une τέχνη ἐριστικῶν, et (51) ajoute à la phrase relative aux deux λόγοι cette remarque : οἷς καὶ συνηρώτα, ni l'un ni l'autre de ces faits ne peut nous donner de la dialectique protagoricienne une idée autre que celle qui ressort de la description de Platon. Comme personne ne s'est jamais donné à lui-même le qualificatif d'éristique, mais que ce terme a toujours été considéré comme une injure (cf. p. ex. Isocr. *Or.* 10 init. : οἱ περὶ τὰς ἔριδας διατρίβοντες), il est impossible que Protagoras ait choisi lui-même ce titre pour son livre. Mais si celui-ci — sans doute sa τέχνη ou manuel de rhétorique — dénotait une grande habileté d'argumentation et instruisait dans l'art de parler pour et contre une thèse, cela suffisait à notre compilateur ou plutôt à son autorité pour lui donner cette désignation.

Nous pouvons donc nous représenter assez exactement, dans ses grandes lignes, la dialectique de Protagoras. Il n'était évidemment pas exercé à l'échange de questions et de réponses imaginé par Zénon, développé par Socrate, et dont les principaux représentants ont été les Socratiques de Mégare. La dialectique pratiquée par lui était, à n'en pas douter, de nature plutôt oratoire. Son fort n'était pas de confondre son adversaire, et de l'envelopper dans des contradictions en l'interrogeant habilement ; l'arme principale dont il usait dans les tournois philosophiques, c'était les discours, plutôt longs, qu'il opposait aux discours analogues de ceux avec lesquels il discutait. Le modèle de ces jeux d'éloquence se trouvait sans doute dans les débats — sérieux ceux-là — dont retentissaient la cour judiciaire et la tribune ; d'autre part, ces jeux contribuaient, de leur côté, à fortifier les muscles des athlètes de l'esprit qui luttaient les uns contre les autres dans l'arène de la vie publique.

On ne peut douter que des poètes dramatiques, comme par exemple Euripide, n'aient puisé là une partie de leur habileté. Les deux vers que nous avons cités plus haut de l'*Antiope* sont peut-être l'expression de la gratitude que l'élève témoigne à son maître. Et ce serait bien un miracle que le plus philosophe des historiens, Thucydide, n'eût pas ressenti cette influence, lui dont nous admirons la merveilleuse richesse de points de vue, l'incroyable habileté à rechercher à d'insondables profondeurs les oppositions d'intérêts et les arguments qu'impliquaient toutes les situations données, pour les déployer aux yeux des lecteurs dans leur extraordinaire abondance ? Platon lui-même a certainement puisé à cette source de vigueur et de souplesse intellectuelle. Peu nous importe que l'un des plus récents de ses dialogues, le *Sophiste*[1], fourmille d'invectives contre toute espèce d'« antilogique ». Dans sa vieillesse, il était devenu hostile à la dialectique. Il ne subsiste dans son dernier ouvrage, les *Lois*, que de faibles traces de celle que nous appelons classificative ; il y a substitué comme moyen éducatif les mathématiques et l'astronomie. Le *Sophiste* fût-il perdu, on pourrait, a priori, reconstituer cette partie de son contenu. Car, avant que la tendance anti-dialectique célébrât dans l'es-

[1] En appelant le *Sophiste* un « des plus récents dialogues » de Platon, je suis d'accord avec la grande majorité des savants qui s'occupent aujourd'hui de ce philosophe. Mais comme une autorité aussi considérable que Zeller contredit à ce jugement, je ne négligerais certainement pas de le motiver si une section ultérieure de cet ouvrage ne devait me fournir une bien meilleure occasion de le faire.

prit de Platon son dernier et son plus éclatant triomphe, elle devait nécessairement l'emporter sur le point où elle rencontrait la moindre résistance. Ici il lutte contre Antisthène. Mais il aggrave sa querelle contre la façon dont ce dernier use de la méthode dialectique en recherchant dans le passé les origines de l'« Antilogique ». Ici encore, nous retrouvons le nom de Protagoras mêlé à une question qui mérite toute notre attention.

VII

Le sophiste, lisons-nous à peu près dans le passage dont nous venons de parler, rend tous ceux qui l'approchent ergoteurs et amoureux de la contradiction dans n'importe quel domaine, par rapport aux choses divines, par rapport à ce qui se trouve dans le ciel et sur la terre, en ce qui concerne le devenir et l'être comme en ce qui touche les lois et l'ensemble des institutions politiques. « Relativement à la généralité des arts, dit encore l'interlocuteur, et à chaque art particulier, quiconque cherche cela trouve dans des écrits très répandus les objections que l'on peut faire à tous les artisans. — Tu veux sans doute, lui est-il répondu, parler des discussions protagoriciennes sur l'art de la lutte et sur les autres arts ? — De *ses* ouvrages, mon très cher ; et aussi de ceux de beaucoup d'autres[1] ». — Voilà tout ce que l'on nous rapporte sur cette branche de l'activité littéraire de Protagoras. Des dissertations ou controverses sur l'art de la lutte et probablement aussi sur les autres arts spéciaux, et en outre un écrit sur l'ensemble des arts, voilà, autant que nous pouvons en juger, ce qui était sorti de sa plume. Cette courte allusion ne nous fournit aucune indication sur la tendance de ces ouvrages. La hâte avec laquelle Platon touche ce thème pour l'abandonner aussitôt nous autorise à conjecturer qu'il n'y voyait

[1] Dans l'*Apol. der Heilkunst*, j'avais compris et rendu autrement qu'ici ce passage du *Sophiste* de Platon (232 b). Dès lors, je n'ai pas fait de difficulté de me rendre aux observations de mes critiques et de mes correspondants, et de reconnaître que cette interprétation — qui était aussi celle de Campbell et de Jowett — était erronée. Le contexte nous oblige incontestablement à admettre l'hyperbaton un peu dur que présente la position de αὐτόν. C'est là le seul point sur lequel j'aie cru devoir modifier les opinions renfermées dans ce livre si souvent mentionné ici. Et je suis fermement persuadé que l'argumentation ici édifiée n'a rien perdu de sa solidité par l'éloignement de cet appui devenu caduc. En ce qui concerne le reste du contenu de ce paragraphe, je dois renvoyer de nouveau à l'ouvrage dans lequel j'ai développé tout au long ce que je ne fais qu'indiquer ici.

qu'un faible argument au service de sa thèse. Il est plus important de rappeler que, dans l'ouvrage *Sur l'Art* déjà mentionné à plusieurs reprises, nous avons un spécimen du genre littéraire dont il est question ici. C'est, comme nos lecteurs le savent, une apologie de la médecine due à un sophiste combatif. Elle contient quelques grosses méprises, et par-ci par-là des exagérations, mais l'auteur déploie, pour défendre l'art de guérir, une rare pénétration dialectique et une extrême habileté oratoire. Selon lui, les insuccès médicaux sont imputables non pas tant à la science elle-même qu'aux difficultés des cas et à l'insuffisance de ses représentants. Il nous dit par exemple : « Ceux qui blâment les médecins de ne pas traiter les personnes atteintes de maladies incurables demandent qu'ils fassent aussi bien ce qui ne convient pas que ce qui convient ; et en demandant cela, ils sont admirés par les médecins de nom, mais raillés par ceux qui le sont en réalité. Car les maîtres de cet art ne désirent nullement ni des flatteurs ni des critiques aussi insensés ; ce qu'ils veulent, c'est des personnes à même de juger quand leurs travaux atteignent leur but et sont complets, quand ils restent en deçà de ce but et sont défectueux ; et qui puissent dire, relativement à ces défauts, lesquels doivent être attribués aux artistes (mot à mot aux artisans) et lesquels aux matériaux de leur travail ». On lit de même à la fin de la section suivante : « Il a été découvert (le traitement des maladies dont la nature est manifeste) non pas pour ceux qui *veulent* l'exercer, mais pour ceux, parmi eux, qui le *peuvent* ; or ceux qui le peuvent, ce sont ceux dont le naturel n'y répugne pas, et qui n'ont pas manqué des moyens de s'instruire ». On voit que les expressions de blâme à l'adresse des « artisans » ne manquent pas, ici non plus, et le seul trait caractéristique de ces controverses relevé dans le passage du *Sophiste* peut s'appliquer en une certaine mesure à celle qui nous a été conservée. Mais voici qui est bien plus significatif encore. Immédiatement après la fin de chapitre que nous avons citée plus haut, vient une phrase ainsi conçue : « Ce qui concerne les autres arts sera enseigné en un autre temps et dans un autre discours ». Ainsi donc l'auteur fait prévoir une dissertation relative aux autres arts exactement dans les termes dont Platon se sert dans le *Sophiste* pour mentionner l'existence d'un tel traité de Protagoras. Cette coïncidence, ajoutée à beaucoup d'autres circonstances, nous a fait attribuer au sophiste d'Abdère la composition du petit livre pseudo-hippocratique *Sur l'Art*. Nos lecteurs n'ignorent plus que le principe métaphysique fondamental de Protagoras revient dans ce petit ouvrage (cf. pp. 448 et 481), et que l'auteur s'y réfère à « d'autres discours » qui « doivent l'éclairer davantage ». Ceux-ci peuvent bien avoir été les *Discours terrassants*. Et comme le dialecte, le style et le ton de ce livre font songer précisément à l'époque, à l'entourage et même au caractère de Protagoras, et rappellent par une foule de traits surprenants l'élocution protagoricienne telle que l'a reproduite Platon, nous avons cru pouvoir attribuer à notre conjecture un haut degré de probabilité. Les considérations suivantes la rendront, nous l'espérons, plus probable encore. D'après le témoignage précisément de ce passage du *Sophiste*, il y a eu un grand nombre d'essais littéraires relativement à des arts spéciaux, et il pourrait sembler, par conséquent, que la coïncidence est peu concluante. Mais, dans ces deux cas, il ne s'agit pas seulement de la discussion des arts individuels : une fois, on annonce, l'autre fois on mentionne une discussion d'ensemble. Une pareille concordance a bien de quoi nous frapper. On pourrait encore, pour l'expliquer, soutenir que nous avons affaire à un adversaire de Protagoras qui veut rivaliser avec lui dans ce domaine également, si l'accord des vues métaphysiques fondamentales ne s'opposait à une telle supposition. On se voit donc, si l'on ne veut pas admettre la paternité du Sophiste, placé devant une singulière alternative. Il faut supposer ou bien que l'Abdéritain, qui ne manquait cependant pas d'originalité, se meut cette fois sur un terrain déjà battu, ou bien qu'un sophiste, son proche parent intellectuel, et par suite sans doute son disciple, a essayé de surenchérir sur lui. Nous ignorons comment Protagoras a traité des arts individuels. Mais on peut supposer avec vraisemblance que sa façon de les traiter variait en raison de la variété des sujets. Car tandis, par exemple, que la réalité de la médecine était contestée et devait être affirmée et prouvée, il ne pouvait être question de rien de tel en ce qui concerne les arts manuels. On a souvent nié que l'art médical procure la santé, mais jamais que l'art du tisserand ne produise des étoffes ou celui du cordonnier des chaussures. Par conséquent, dans bien des parties, c'était la tendance critique, dans d'autres la tendance apologétique qui devait prédominer. Mais, dans un cas comme dans l'autre, les occasions ne manquaient pas de critiquer les travaux des « artisans ». En effet, c'était, pour une grande part, en accusant ceux qui l'exerçaient que l'on justifiait un art des reproches formulés contre lui. Et finalement, même si l'expression de ces reproches était suivie de leur réfutation, ils n'en avaient pas moins été exprimés, et Platon pouvait en prendre prétexte dans le sens indiqué plus haut.

Nous nous sommes arrêtés longuement sur ce sujet, parce que le traité *Sur l'Art* ajoute bien des traits, et des traits importants, au tableau de l'activité des sophistes au Vme siècle et que, si l'on nous concède son origine protagoricienne, il nous permet de compléter sur plus d'un point essentiel le portrait du premier et du plus éminent d'entre eux. Nous ne pouvons entrer ici dans tous les détails, mais il nous est permis de dire qu'aucune autre production intellectuelle de cette époque n'est aussi fortement et aussi nettement imprégnée de l'esprit positif, on pourrait presque dire de l'esprit positiviste moderne. La perception sensible et les inférences qu'elle autorise sont, pour l'auteur de ce petit écrit, la seule source de science, en particulier de science médicale. La nature, refusant de parler volontairement, est mise à la torture et obligée de trahir ses secrets : cette comparaison baconienne, si familière au monde moderne, et qui, par ailleurs et pour autant que nous le savons, était absolument étrangère à l'antiquité, nous apparaît ici pour la première fois. Là où l'observation, l'expérience et les conclusions fondées sur elle se révèlent impuissantes, s'élèvent des barrières infranchissables à l'esprit humain. L'universelle causalité est reconnue et proclamée la norme absolue de tous les phénomènes avec une précision et une rigueur dont les atomistes seuls, à cette époque, nous offrent l'exemple. Le rapport de cause à effet devient la base de toute prévision, et la prévision le point de départ de toute conduite intelligente. Les choses possèdent des propriétés fixes et nettement définies. Pour obtenir des effets différents, il faut mettre en jeu des causes différentes ; ce qui, dans un cas, est utile, doit nuire dans un cas très différent et surtout dans un cas opposé ; ce qui, employé correctement, s'est révélé salutaire doit se révéler nuisible si l'on en fait un usage incorrect. La limite de la puissance humaine est aussi clairement reconnue que fortement exprimée. L'auteur ne revendique point pour les hommes une domination chimérique sur la nature ; il s'abstient de tout arbitraire et de toute fantaisie dans l'explication des phénomènes naturels. N'est-il pas étonnant qu'un écrit qui peut passer à bon droit pour l'évangile précis et pénétrant de l'esprit inductif, ait échappé complètement jusqu'ici à l'attention des historiens aussi bien que des naturalistes ? — Complètement ? — Pas tout à fait. L'indifférence qui nous étonne n'a pas été sans exception. Un brillant représentant de la dernière grande époque des « lumières », Pierre-Jean-Georges Cabanis, a rendu au traité *Sur l'Art*, où il voit l'œuvre du grand Hippocrate, l'hommage qu'il mérite, dans son livre *Sur le degré de Certitude de la Médecine*. Sur tous les points essentiels de sa démonstration, non seulement le médecin de Mirabeau s'accorde de la manière la plus étroite avec les théories de l'auteur grec, mais il en fait de longs extraits. Et à la fin de sa dissertation, quand il en arrive à résumer ses arguments, il ne fait guère autre chose que de reproduire, dans des termes un peu différents, les pensées fondamentales du traité qui lui était si familier.

VIII

Ici, nous pourrions prendre congé de Protagoras si nous n'avions quelques observations à présenter sur la façon dont il a exercé la rhétorique. Tout d'abord nous devons protester contre l'injustice dont on a fait preuve à son égard. Les Hellènes, nous dit à peu près Aristote[1], ont reproché avec raison à Protagoras de s'être glorifié de faire triompher le discours le plus faible (c'est-à-dire la cause la plus faible) du plus fort. Ici, il convient de donner quelques explications. Aristote mentionne un grief que l'on a toujours fait aux philosophes comme aux rhéteurs. Socrate le place, dans l'*Apologie* que lui prête Platon, au nombre de ceux « que l'on tient en réserve contre tous les philosophes[2] ». L'orateur Isocrate en

[1] Aristote, *Rhét.* II 24 fin.
[2] Cf. Plat. *Apol.* 23 d et Isocr. *Or.* 15 § 16 et 32. Comp. aussi les excellentes remarques de Grote, *Hist. of Greece*, 2ᵉ éd., VIII 499 sq. L'écrivain anglais condamne d'une manière décisive l'usage que l'on fait communément de la scène burlesque où Aristophane fait parler le δίκαιος et l'ἄδικος λόγος : « If Aristophanés is a witness against any one, he is a witness against Sokratés, who is the person singled out for attack in the *Clouds*. But these authors (Gr. nomme Ritter et Brandis), not admitting Aristophanés as an evidence against Sokratés whom he *does* attack, nevertheless quote him as an evidence against men like Protagoras and Gorgias whom he *does not* attack ».

parle dans le même sens, étant, lui aussi, accusé par ses adversaires de fausser le droit et de corrompre la jeunesse. Il est un peu difficile de croire que Protagoras — qui, au témoignage de Timon, évitait toujours avec soin tout ce qui passait pour inconvenant — ait pu se vanter précisément de ce qui, quelques années plus tard, devait exciter une si vive réprobation. Mais, qu'Aristote ait été bien renseigné ou qu'il ait été induit en erreur par quelque fausse tradition, nous devons, dans tous les cas, distinguer entre cette formule et le sens qu'elle renferme réellement. La formule était impopulaire, et elle a choqué au plus haut point parce qu'elle portait à croire que le rhéteur entendait défendre non pas tant la cause la plus faible que la plus mauvaise, c'est-à-dire faire triompher l'injustice. Mais la question n'avait pas de rapports immédiats avec la morale et le droit. Faire de la cause la plus faible la plus forte, c'est-à-dire assurer à des arguments plus faibles par eux-mêmes la victoire sur des arguments plus forts, tel a été, en réalité, le but poursuivi par tous les rhéteurs de l'antiquité. Et cela est vrai d'Aristote lui-même, dont nous possédons la *Rhétorique,* aussi bien que de tous ceux qui se sont occupés de l'art de la parole. Que la souplesse dialectique puisse prêter à l'abus ; que dans les mains d'adeptes mal intentionnés elle ait joué un rôle funeste, c'est sur quoi, parmi les Anciens, tout le monde, ou à peu près, était d'accord. Pour ce motif et pour d'autres encore, Platon condamna la rhétorique dans le *Gorgias,* — pour l'édifier d'ailleurs sur d'autres bases dans le *Phèdre,* — mais sa sévérité provoqua les plus vives protestations d'Aristote, précisément. Le Stagirite fit remarquer avec beaucoup de force qu'il n'en était pas autrement de l'art oratoire que des autres choses utiles. Il n'en est guère dont on ne puisse faire un mauvais usage, « et même ce sont les plus utiles qui s'y prêtent le plus : ainsi, la force corporelle, la santé, la richesse, la tactique militaire ; tout cela, si l'on s'en sert selon la justice, procure le plus grand profit, mais, si l'on s'en sert injustement, est cause du plus grand dommage[1] ». Ce n'est donc pas la faculté qui mérite le blâme, mais la disposition à en faire un mauvais emploi. Il est d'ail-

---

[1] Comp. en particulier Aristote, *Rhet.* I 1 (1355 a b), Platon, *Gorgias* 456 d ; Sext. Emp. *adv. Math.* II 44 (683, 22 sq. Bekker), Philodème, traités de rhétorique passim (les passages ont été discutés par nous dans la *Zeitschr. f. d. öst. Gymn.* 1866, p. 698) ; Chrysippe, dans Plutarque, *de Stoic. repugn.* c. 10, 15 = *Mor.* 1268, 37 sq. Dübner ; enfin Aristote, *Rhet.* II 26 in. et III 18 fin.

leurs aussi humiliant, si ce n'est plus, de ne pas savoir se défendre au moyen de l'éloquence que de ne pas savoir se défendre avec ses poings.

De cette façon de penser découle la comparaison, prêtée d'abord par Platon lui-même à Gorgias, et répétée ensuite à l'envi — parfois, il est vrai pour en contester la légitimité — par les représentants de toutes les écoles : stoïciens, épicuriens et sceptiques. L'art de la parole est une arme qui doit servir à des buts louables, non à des buts répréhensibles, mais qu'on ne devrait pas condamner à cause du mauvais usage qu'on en peut faire. « L'athlète qui maltraite son père, nous dit un de ces écrivains, ne le fait pas à cause de son art, mais à cause de son abjection morale ». Dans sa *Rhétorique*, Aristote, lui aussi, vise surtout à faire produire aux moyens de preuve dont on dispose le maximum possible d'effet. Il ne manque pas d'indiquer les moyens d'« amplifier » ou de « rapetisser » un sujet, c'est-à-dire de donner de l'importance à celui qui n'en a point et d'enlever toute importance à celui qui en a. Il enseigne, après Gorgias, que l'on doit s'efforcer d'atteindre deux buts : amortir par un feu de plaisanteries le sérieux des arguments de l'adversaire, et, de son propre sérieux, se faire un bouclier sur lequel viennent se briser les traits d'esprit de celui que l'on combat. Pas un artifice de l'éloquence des avocats n'encourt par lui-même la désapprobation du philosophe du Lycée, qui, entraîné sans doute par les nécessités de la vie antique (cf. p. 402-3) va bien au delà de la mesure à laquelle nous autres modernes, croyons devoir nous arrêter[1]. Et cependant nous aussi, nous estimons de l'intérêt de la justice que l'accusation et la défense soient présentées avec tout l'art et toute la vigueur possibles, pour que l'argument même le plus insignifiant soit développé et mis en pleine lumière, dût l'habileté supérieure d'un défenseur, auquel est opposé un adversaire inégal, troubler parfois le jugement du juge et égarer sa décision. Aristote part toujours de l'idée qu'aucun de ces artifices ne doit être employé dans une intention malhonnête. Nous n'avons pas le moindre motif de douter que Protagoras ait toujours fait la même réserve. Car l'honorabilité personnelle du sophiste nous est garantie tant par la délicatesse dont il usait envers ses élèves, au dire de Platon, en matière d'honoraires,

[1] Aristote, *Rhet.* I 1 fin.; sur ce qui suit, comp. nos notes à pages 475 sq.; et voyez aussi Plat. *Protag.* 351 d.

et qui lui a valu les éloges d'Aristote, que par la peinture que nous fait de son caractère le premier de ces philosophes. Toutes les fois que, dans le dialogue de ce nom, il le met en demeure de choisir entre deux opinions de valeur morale inégale, Platon lui fait choisir la plus haute, et même, dans un cas, il lui fait déclarer expressément qu'il ne se laisse pas conduire par des considérations du moment, mais qu'il songe aussi au reste de sa vie. Enfin, ses écrits relatifs à l'éthique, parmi lesquels on en cite un *Sur les Vertus* et un *Sur l'Ambition*, doivent avoir, pour le moins, répondu aux idées morales qui avaient cours alors ; preuve en soient le rôle que Platon attribue à leur auteur et le silence très significatif des autres adversaires de celui-ci.

Persuadé que les exercices pratiques n'ont pas moins d'importance, pour l'éducation, que l'enseignement théorique, Protagoras s'est efforcé par toutes sortes de moyens de développer et de fortifier les facultés de ses élèves. Il a formulé des thèses qu'il proposait aux futurs orateurs, en les invitant à plaider pour et contre. C'étaient des questions d'espèce tout à fait générale, isolées et comme dépouillées des complications de la réalité, ce qui en faisait une heureuse préparation à la discussion des problèmes plus difficiles et plus embrouillés qu'offre la vie. Cela nous rappelle le conseil qu'Aristote donne aux jeunes gens qui veulent se vouer à la poésie et aussi aux poètes déjà entrés dans la carrière : réduire à la plus simple expression possible le sujet complexe d'une épopée ou d'un drame, et ensuite seulement grouper autour de ce noyau les circonstances qui donneront à chaque personnage son individualité. Une autre sorte de gymnastique intellectuelle était l'élaboration de ce que les Anciens appelaient des *lieux communs*. Il ne s'agissait plus là de découvrir et d'exposer des arguments pour ou contre une thèse quelconque, mais de détourner le fleuve de l'éloquence dans un lit déterminé où il pût librement et sans obstacle suivre son cours. Ces exercices consistaient à faire l'éloge ou le blâme d'objets de qualité évidente et non douteuse, par exemple de vertus et de vices, de leurs représentants humains, de conditions de vie, de modes de conduite, etc. Si la discussion des thèses développait la perspicacité et la souplesse dialectique, le but des lieux communs était d'acquérir la force, la clarté et la plénitude d'expression, et en même temps de meubler la mémoire de pensées et de tournurés dont on pût faire usage toutes les fois que l'occasion s'en présentait. Par là, pour nous servir de l'expression de Quintilien, étaient donnés les membres dont le futur orateur devait former ses statues[1].

Ces auxiliaires de la rhétorique sont parvenus en filiation directe jusqu'à notre époque, où ils survivent sous forme de dissertations et d'amplifications. On se plaint souvent, et non à tort, du formalisme malsain que ces exercices contribuent à propager, de l'habitude qu'ils donnent de manier sans peine des pensées empruntées et des sentiments non vécus ; mais à qui la faute si nous n'avons pas l'énergie de rompre avec des traditions qui n'ont plus d'objet ? On ne saurait blâmer, en revanche, les hommes considérables qui, il y a plus de deux mille ans, ont imaginé pour les Grecs les formes d'éducation que réclamaient impérieusement les circonstances du temps. Mais assez sur ce point : pendant que Protagoras faisait progresser l'éloquence du forum, un de ses contemporains et de ses confrères les plus éminents en cultivait et en perfectionnait un autre genre également important, et que nous avons maintenant à considérer.

---

[1] Sur l'enseignement rhétorique de Protagoras, voir les passages cités par Frei, *Quaest. Protag.*, p. 150 sq. La comparaison de Quintilien se trouve dans son *Instit. Orat.* II 1, 12.

CHAPITRE VII

Gorgias de Léontini.

I. Gorgias devant l'assemblée du peuple athénien. Il a été un des fondateurs de la prose artistique grecque. Gorgias et l'« euphuïsme ». Parallèles littéraires à l'époque de la Renaissance. — II. Gorgias comme philosophe-naturaliste et comme moraliste. Les trois thèses de Gorgias. Il n'existe pas d'Etre. S'il existait, il ne serait pas connaissable. La connaissance de l'Etre n'est en tout cas pas communicable. — III. But de ce chapelet de thèses. Le soi-disant nihilisme de Gorgias. Motif de sa polémique contre les Eléates. — IV. Progrès de la pensée exacte. Les plus anciennes définitions. Gorgias et Socrate. La cosmologie supplantée par l'anthropologie.

I

L'an 427, un beau matin de la fin de l'été, une agitation extraordinaire régnait sur les terrasses rocheuses par lesquelles s'abaisse, à l'ouest, l'Acropole d'Athènes, et qui forment le Pnyx. Une députation des villes siciliennes était arrivée pour demander aide et protection contre Syracuse. Quand les ambassadeurs eurent exposé leur mission devant le Conseil des Cinq-Cents, ils furent conduits par les « prytanes » devant le peuple réuni en assemblée pour plaider leur cause devant lui. Leur principal orateur était Gorgias, fils de Charmadas. Il avait été délégué par sa cité, Léontini, alors florissante, sur l'emplacement de laquelle s'élève aujourd'hui la petite ville du même nom, près de la voie ferrée qui relie Catane à Syracuse. L'art de l'éloquence n'était plus absolument étranger aux Athéniens. Un de ses représentants, le fameux Thrasymaque de Chalcédoine, avait été tourné en ridicule peu de mois auparavant dans les *Fricoteurs* d'Aristophane. Mais ni le rhéteur véhément et hautain, dont Platon, en ce moment encore au berceau, devait tracer dans sa *République* une si répugnante image, ni l'Olympien Périklès, mort depuis deux ans à peine, et dont la parole naturellement puissante avait fait si grande impression, n'avaient jamais offert aux oreilles et à l'esprit blasés des Athéniens un régal comparable à celui qu'offrait l'Ionien de Sicile dont ils entendaient la voix pour la première fois. Gorgias devait faire à Athènes pour le moins encore un voyage. Il y remporta d'éclatants triomphes oratoires, ainsi que dans beaucoup d'autres parties de la Grèce, notamment à Delphes et à Olympie, lorsque les fêtes y amenaient un grand concours de population. Il a été tenu en haute estime aussi bien par le peuple que par les princes — au nombre desquels on peut citer Jason de Phères, en Thessalie, — et il a terminé sa carrière à l'âge de plus de cent ans, sans avoir rien perdu de sa vigueur intellectuelle. « Déjà le sommeil commence à me remettre à son frère » dit-il en souriant lorsqu'il sentit qu'il s'endormait pour la dernière fois. Une statue d'or qu'il avait lui-même offerte au dieu de Delphes, et une statue que lui avait fait élever à Olympie son petit neveu Eumolpos (il était resté lui-même célibataire), « par amour et en reconnaissance de ses leçons » devaient proclamer sa gloire dans les siècles à venir. « Aucun mortel, dit l'inscription gravée sur le piédestal récemment découvert de la statue d'Olympie, n'a jamais imaginé un plus bel art pour préparer les âmes des hommes aux œuvres de la vertu[1] ».

[1] La vie de Gorgias avait été racontée par Hermippos et par Kléarchos dans leurs biographies (Athénée XI 505 d et XII 548 d). Nous n'avons pas d'indications certaines sur sa naissance et sur sa mort. Apoliodore nous dit, et nous pouvons le croire, qu'il vécut 109 ans (Diog. Laërce VIII 58). Il a survécu à Socrate (Plat. Apol. 19 c) et passé les dernières années de sa vie en Thessalie, où il a joui de la faveur de Jason de Phères, monté sur le trône vers 380 (Paus. VI 17, 9). Mais la partie de beaucoup la plus longue de sa vie tombe évidemment dans le Vᵐᵉ siècle, de sorte qu'il approchait déjà de la vieillesse lorsqu'il fut envoyé en ambassade à Athènes (Diod. XII 53). Diels (Gorgias u. Emped., p. 3) « tient ferme à la délimitation de Frei, 483-375 » (Rhein. Mus. N. F. VII 527 sq.) Non sans probabilité, v. Wilamowitz (Aristoteles u. Athen I 172) place son Discours Olympique à l'été de l'an 408. Les renseignements les plus détaillés que nous ayons sur lui nous sont fournis par Philostrate, Vitæ sophist. c. 9, non toutefois sans impossibilités chronologiques (cf. Apol. d. Heilk. 171 sq.). Parmi les travaux modernes, voir surtout Blass, Attische Bereds., 2ᵉ éd., I 47 sq. Les fragments sont réunis dans les Orat. Att. II 129 sq. Le mot sur Pénélope et ses servantes est aussi attribué à d'autres (voir Gercke, dans l'édition révisée du Gorgias de Platon par Sauppe, introd. VI n. 5). Bernays (Rh. Mus. N. F. VIII 432 = Ges. Abh. I 121) a ajouté le fragment conservé dans Clém. d'Alex. (Strom. I c. 11, 346 Potter) du discours olympique. — Sur la raillerie d'Aristophane à l'adresse de Thrasymachos dans les Δαιταλῆς, voir Att. com. Fragm. I 439 Kock. — Les derniers mots de Gorgias nous sont rapportés par Elien, Var. hist. II 35. L'inscription sur la base de la statue d'Olympie se trouve dans Kaibel, Epigr. gr. 534.

Gorgias a été l'un des fondateurs de la prose savante grecque. Les critiques anciens distinguaient deux principaux genres d'éloquence, et un troisième, intermédiaire entre les deux autres. Le premier, plein d'éclat et d'élévation, fleuri et coloré, mais peu mouvementé, tantôt enchaînait l'âme par l'harmonie caressante de ses périodes, tantôt excitait et ébranlait les sens par la grandeur et la hardiesse des images ; il a été employé surtout dans les discours d'apparat. Le second, précis et serré, sobre et clair, d'un mouvement rapide et parfois impétueux, agissait plus par les raisonnements que par les images, et plutôt sur la raison que sur l'imagination ; il est devenu le type essentiel du discours judiciaire. C'est surtout à Protagoras que ce dernier genre doit son développement ; le premier en est surtout redevable à Gorgias. Le sophiste sicilien avait reçu de la nature un esprit étincelant, une imagination d'une richesse débordante. Nous avons conservé de lui des phrases éblouissantes, qui nous permettent d'admirer encore ses dons intellectuels. Ainsi ce mot sur l'illusion de la scène, par laquelle « le trompé est plus sage que le non-trompé » ; ainsi encore le sarcasme qu'il adressait à ceux qui négligent la philosophie pour l'étude des sciences particulières : ils ressemblent, disait-il, à ces prétendants de Pénélope qui courtisaient ses servantes. Bon nombre de ses comparaisons ont été blâmées comme ampoulées par les puristes de l'antiquité ; il appelait, par exemple, à peu près comme devait le faire Shakespeare dans *Macbeth*, les vautours des « tombeaux vivants », et donnait à Xerxès le titre de « Zeus des Perses[1] ». Nous nous apercevons de la différence des temps et des révolutions du goût à la lecture des morceaux un peu étendus qui nous restent de lui, et où éclate le caractère passablement artificiel de son style. On en jugera par les quelques lignes suivantes, extraites du plus long fragment de l'oraison funèbre qu'il prononça en l'honneur des Athéniens morts à la guerre : « Car qu'est-ce qui était absent chez ces hommes de ce qui doit être présent chez des hommes ? Et qu'est-ce qui était présent chez eux de ce qui ne doit pas être présent ? Puissé-je seulement dire ce que je veux, et vouloir ce que je dois, sans exciter la défaveur divine, sans provoquer la jalousie humaine. Car

[1] Shakespeare, *Macbeth* III 4 : « Our monuments shall be the maws of kites ». Les deux comparaisons de Gorgias sont blâmées par Longin, *du Sublime* III 2, p. 5. Jahn-Vahlen.

ceux-ci (les héros morts) avaient un bien divin, la vertu, un mal humain, la mortalité. Fréquemment, ils ont préféré à la rigueur du droit la douceur de l'équité ; fréquemment aussi, à la lettre du code l'exactitude de la raison, considérant que la loi la plus divine et la plus universelle était celle-ci : faire et dire, taire et supporter ce qui convient quand cela convient ».

Rappelons-nous que, lors des grandes réformes du style, l'artificiel précède généralement l'artistique. Les défauts que l'on a reprochés si vivement soit dans l'antiquité, soit dans les temps modernes, à la prose de Gorgias ont des parallèles d'une exactitude surprenante dans les productions de la Renaissance. « Prédilection pour un nombre égal de mots dans des phrases antithétiques qui se font contrepoids par le nombre des syllabes, mise en relief des mots qui se correspondent par des allitérations, des assonances ou même par des rimes proprement dites » ; à côté de cela « exagération d'hyperboles et de métaphores cherchées »... ne dirait-on pas que nous venons de caractériser le style de notre sophiste ? Eh bien ! nous avons emprunté cette formule à une description de l'*alto estilo* de l'Espagnol Guevara, qui publia en 1529 son *Libro aureo de Marco Aurelio*, et dont la manière fut introduite en Angleterre par John Lyly. Celui-ci fit paraître en 1578 son roman *Euphues*[1]. Or lorsque Shakespeare raille ce que, d'après ce livre, on a appelé euphuïsme, il le fait au moyen de tournures tout à fait propres à nous donner une idée des excroissances du style de Gorgias. Pour ne citer qu'une phrase, voici ce que Falstaff dit au prince, dans *Henri IV* : « For, Harry, now I do not speak to thee in drink, but in tears, not in pleasure but in passion, not in words only, but in woes also ». Nous pouvons bien parler ici d'excroissances. En effet, l'histoire des développements du style — et non pas seulement dans les arts qui relèvent du langage — comprend habituellement trois phases : d'abord ceux qui inventent ou réintroduisent de nouveaux procédés en font un abondant emploi, mais sans tomber dans l'exagération ; d'ailleurs, la richesse de l'idée compense ce qu'il peut y avoir d'artificiel dans l'expression ; viennent ensuite les imitateurs, qui en font un véritable abus ; dans

---

[1] J'emprunte la caractéristique de l'*alto estilo* à l'essai de Landmann : *Shakspere and Euphuism* dans les *Transactions of the New Shakspere Society*, ser. I 1880-86, p. 250 ; au même endroit est aussi cité le passage d'*Henri IV* (1ʳᵉ part. II 4), que nous donnons plus bas comme caractéristique d'après Brandes, *William Shakespeare*, p. 61.

leurs mains maladroites, la manière se transforme en maniérisme ; enfin les nouveaux procédés sont admis dans le cercle élargi des moyens d'expression artistique, et ne sont plus, désormais, employés qu'occasionnellement, avec mesure, et quand le sujet s'y prête. Dans les temps modernes, les deux premiers stades de ce développement sont représentés, de l'avis des juges compétents, par Guevara et par Lyly ; ils le sont, dans l'antiquité, par Gorgias et par le ou les auteurs des déclamations qui lui ont été faussement attribuées (l'*Eloge d'Hélène* et *Palamède*)[1], et en partie aussi par Isocrate. Pourtant l'euphuïsme n'est pas seulement, pour Shakespeare, un objet de raillerie. Un des éléments dont il se compose, celui par lequel Guevara et Gorgias se touchent immédiatement, a passé en lui comme en Calderon, et est devenu chair de sa chair. Nous voulons parler de cet échange de subtils *concetti*, de cette richesse débordante, de cette surabondance d'images qui ne servent plus à préciser ou à animer la pensée, qui ne sont plus créées en vue d'un but, mais ont en quelque sorte leur but en elles-mêmes. Peut-être peut-on ramener à deux causes fondamentales les traits caractéristiques de la langue de Gorgias et de son parallèle de la Renaissance. La première est le besoin, si naturel au commencement d'une grande époque littéraire, de nouveaux moyens d'expression, et ceux-ci, précisément à cause de leur nouveauté, sont estimés au-delà de leur valeur. La seconde est la vitalité bouillonnante, indomptable d'un âge au sang jeune et impétueux, dont l'esprit ne trouve point un aliment suffisant à son ardeur. Aujourd'hui encore, nous rencontrons parfois des hommes qui ont trop d'esprit et en sont trop peu maîtres pour pouvoir exprimer les idées, même les plus ordinaires, autrement que par des moyens extraordinaires. L'idée dédaigne, pour ainsi dire, de revêtir un habit déjà porté ; elle se crée chaque fois et d'elle-même un costume nouveau.

Des discours de Gorgias, cinq nous sont connus en partie par de courtes indications, en partie aussi par des fragments. Ce sont : les discours *olympique* et *pythique*, un *Eloge d'Achille*, un *Eloge des Eléens*, et enfin l'*Oraison funèbre* men-

---

[1] En rejetant les deux déclamations qui nous sont parvenues sous le nom de Gorgias, je me range à la démonstration de Léonard Spengel, qui a été souvent ignorée, mais jamais réfutée, *Artium scriptores* 73 sq. (cf. *Apol. d. Heilk.* 165 sq. et v. Wilamowitz, *Aristot. u. Athen* I 172).

tionnée plus haut. Cette dernière et le *Discours olympique* se distinguent par leur tendance panhellénique. Nous avons déjà fait remarquer une fois (p. 465-6) que les maîtres itinérants, qui se trouvaient chez eux dans toutes les régions de la Grèce, étaient autant, si ce n'est plus que les poètes, animés du patriotisme de race plutôt que de cité, et devaient être, au milieu des dissensions intestines des Hellènes, les représentants naturels de l'idée nationale. Deux pensées de Gorgias viennent à l'appui de cette manière de voir et doivent être citées ici. Dans le *Discours olympique*, le sophiste conjurait ses compatriotes de faire trêve à leurs querelles et « de viser à conquérir non pas leurs propres villes, mais le pays des barbares ». Et dans l'*Oraison funèbre des Athéniens*, il rappelait les exploits accomplis en commun par les Grecs dans la lutte contre les Perses et résumait ses exhortations en s'écriant : « Les victoires remportées sur les barbares appellent des chants de triomphe ; celles que les Grecs gagnent sur des Grecs appellent des chants de deuil ».

II

Mais, en sa qualité de penseur, Gorgias nous intéresse plus qu'en sa qualité de réformateur du style, d'orateur ou de patriote. Il s'était occupé de philosophie naturelle, de philosophie morale et surtout de dialectique. Malheureusement, nous manquons de renseignements précis sur son activité dans les deux premiers de ces domaines. Nous savons seulement que, comme physicien, il étudia les problèmes de l'optique, qu'il suivit en cela les traces de son maître Empédocle[1], et que, se fondant sur les principes posés par ce dernier, il essaya d'expliquer le fonctionnement des miroirs ardents. Il ne se donna jamais pour maître de vertu ; c'est pourquoi, si l'on pouvait établir une distinction rigoureuse entre les rhéteurs et les sophistes, il faudrait le ranger au nombre des premiers. Mais, comme il était à moitié rhéteur et à moitié philosophe, on peut toujours le faire rentrer parmi les sophistes au sens le plus large de ce mot. D'ailleurs, s'il n'a pas enseigné la vertu, il

[1] Sur le rapport de Gorgias avec Empédocle, comp. Satyros dans Diog. Laërce VIII 58, et la fructueuse discussion de Diels dans l'étude déjà plusieurs fois citée, *Gorgias und Empedokles*.

s'en est occupé néanmoins dans ses ouvrages. Il n'a pas essayé d'en simplifier l'idée ou d'en ramener les diverses ramifications à une racine commune ; il a préféré exposer et expliquer dans leur multiplicité les vertus particulières, en distinguant entre celles qui sont plutôt du ressort de l'homme et celles qui sont plutôt de celui de la femme. Comme dialecticien, il a repris la doctrine éléatique de l'Etre, que nous avons vue s'effondrer spontanément chez Zénon, et il l'a poussée si loin qu'il a abouti à la complète négation du concept de l'existence. Nous avons aussi à déplorer la perte de l'ouvrage où Gorgias traitait ce sujet. Il était intitulé *De la Nature ou du Non-Etre* ; la première partie exposait sans doute la doctrine ; la seconde était peut-être consacrée à la physique. Par suite de sa disparition, nous ne connaissons qu'imparfaitement la doctrine, et surtout la démonstration qu'en donnait l'auteur. Notre principale source est un petit ouvrage, qui passait autrefois pour être l'œuvre d'Aristote, mais qui, en réalité, doit être considéré comme une production tardive de son école[1]. Cet ouvrage traite en outre des doctrines de Xénophane et de Mélissos. Chacun reconnaît qu'il ne peut être utilisé qu'avec précaution en ce qui concerne ces deux philosophes, mais on a l'habitude — chose étrange — de le regarder comme digne de toute confiance à l'égard de la doctrine de Gorgias. Il y aurait lieu, pourtant, de considérer que si cette confiance est quasi illimitée, c'est que nous sommes absolument dépourvus de fragments originaux, et presque complètement dépourvus d'indications qui nous permettent de le contrôler ou de le compléter.

Gorgias a entrepris de prouver une triple thèse: Il n'y a pas d'Etre ; même s'il en existait un, il ne serait pas connaissable ; existât-il et fût-il connaissable, la connaissance n'en serait cependant pas communicable. Deux preuves sont apportées à l'appui de la première de ces thèses. Voici d'abord celle qui passe pour être « la première, et particulière à Gor-

---

[1] Le *Libellus* (cf. la n. à p. 187) a été excellemment édité par Apelt dans le vol. intitulé *Aristotelis quae feruntur de plantis*, etc., Leipz. 1888, et dès lors par Diels dans les *Abhandl. der Berliner Akademie* 1900. Il est absolument impossible de tenir ce traité pour l'œuvre de Théophraste, à qui l'attribue le manuscrit du Vatican, et à qui semble l'avoir attribué aussi Simplicius, ordinairement bien informé (*Phys.* 22, 26 D.). Ce qui s'y oppose, ce sont surtout les indications qu'il contient sur Anaximandre (975 b 12); comp. aussi l'absurde φασί τινες, ibid. 1, 7. Les renseignements fournis par le *Libellus* sont complétés par Sextus, *adv. Math.* VII 1, 65 sq. = 203 sq. Bekker.

gias ». Elle consiste à poser d'abord cette proposition insignifiante et, en apparence, tout à fait innocente. « Le Non-Etre est le Non-Etre ». De ce principe on tire ensuite les conclusions les plus étendues. En admettant que le Non-Etre, dit-on, ne soit que le Non-Etre, il est cependant quelque chose ; par conséquent il *est* et on ne peut lui refuser l'existence. Par là, la différence entre l'Etre et le Non-Etre est supprimée ; l'Etre perd sa supériorité sur le Non-Etre. De plus, si le Non-Etre (comme on vient de le montrer) *est* ou existe, il s'en suit que l'Etre, en tant que son contraire, n'est pas ou n'existe pas. Ainsi donc, nous nous trouvons en présence des alternatives suivantes : ou bien la différence entre l'Etre et le Non-Etre doit être considérée comme supprimée, comme l'exige la première partie de l'argument, et, dans ce cas, rien n'existe, car le Non-Etre n'existe pas et par conséquent l'Etre n'existe pas non plus, puisqu'il est démontré équivalent à son contraire. Ou bien la différence ne doit pas être tenue pour annulée ; et alors la seconde partie de l'argument nous oblige à son tour à conclure à la non-existence de l'Etre, précisément parce qu'il est le contraire du Non-Etre, et que celui-ci est démontré doué d'existence.

Un mot de critique immédiatement après cet exposé. Il n'est guère nécessaire sans doute de rendre le lecteur attentif au fait que les mots *Etre* et *Non-Etre* sont ici employés indistinctement comme équivalents à *être* et *ne pas être*, sans que nous sachions si cette confusion doit être imputée à Gorgias lui-même ou à notre source. Nous n'avons pas besoin non plus de faire remarquer que le Non-Etre ne peut plus être considéré comme tel du moment qu'on lui attribue une existence, tandis que l'auteur de cette série d'arguments envisage tour à tour le côté négatif et le côté en apparence affirmatif de ce concept et les joue l'un contre l'autre. Mais même la petite proposition d'identité qui sert de point de départ à l'argumentation est, à notre avis, inadmissible, et même, examinée de près, dépourvue de sens. « Blanc est blanc », voilà une proposition qui, selon nous, n'est ni évidente par elle-même, ni même intelligible. En effet, le sujet est ici simplement répété comme prédicat, tandis que le jugement ou proposition a pour objet de rapprocher deux concepts ou deux termes et de renseigner sur les rapports qui, en fait, existent entre eux. Ce n'est pas ici le lieu d'insister sur cette question. Mais voici qui est plus important encore et beaucoup moins discuté. La proposition d'identité donne la conclusion cherchée grâce au double sens attribué au mot *est*. Dans la phrase « le Non-Etre est Non-Etre », le mot *est* ne joue que le rôle de copule. Mais, dans ce qui suit, il est employé comme s'il exprimait l'existence, l'existence extérieure et objective. C'est tout à fait la même chose que si de cette phrase : « Un centaure est un produit de l'imagination » on voulait conclure non pas simplement — ce que l'on peut légitimement en conclure — que la conception d'un centaure doit exister dans notre conscience avant que nous en discutions, mais encore que le centaure possède une existence extérieure et objective. A cela s'ajoute d'ailleurs l'illégitime conversion de jugement qui a trouvé place dans la seconde partie de l'argument. Car même si l'on devait concéder que « le Non-Etre est », il n'en résulterait en aucune façon que « l'Etre n'est pas ». Ou bien, de la proposition « le Non-Blanc existe » est-il peut-être possible de conclure que « le Blanc n'existe pas » ? Mais, si graves que puissent être ces erreurs, elles ne sont absolument pas particulières à Gorgias. L'abus des propositions d'identité, l'abus de la copule et des conversions illicites de jugements, se retrouveront fréquemment au cours de cette histoire, et très fréquemment chez Platon, et cela pas seulement dans ce brillant feu d'artifice dialectique qui s'appelle le *Parménide*.

Le second argument en faveur de la première thèse présente un caractère essentiellement différent. Ici Gorgias est parti des assertions contradictoires auxquelles étaient arrivés ses prédécesseurs, et il en a fait la somme. L'Etre doit être ou bien un ou bien multiple ; il doit ou bien être né ou bien n'être pas né. Or chacune de ces hypothèses a été réfutée au moyen d'arguments également bons — du moins en apparence — en partie par Zénon, en partie par Mélissos — en partie, pouvons-nous ajouter, par la combinaison de leurs arguments. Mais si l'Etre n'est ni un ni multiple, ni devenu ni indevenu, il ne peut pas exister du tout. Si on le dépouille successivement de tous les prédicats concevables, sa réalité elle-même doit nécessairement devenir caduque. Le procédé d'argumentation employé ici nous occupera plus tard comme principe du « tiers exclu ». Il est d'autant moins nécessaire de s'y arrêter ici que l'on peut — pour le moins — se demander si Gorgias entendait reconnaître à ce second argument une valeur plus que conditionnelle. Peut-être voulait-il dire seulement ceci : Si l'on attribue pleine force aux arguments contradictoires des philosophes, et en particulier aux objections soulevées par Mélissos et par Zénon contre la pluralité comme contre l'unité, etc., de l'Etre, on ne peut se refuser à la conclusion ultérieure que ni l'un ni l'autre n'a tirée, à savoir que ce prétendu Etre n'existe pas du tout. Notre principale source nous porte du moins à cette interprétation, puisqu'elle distingue entre la première preuve « propre à Gorgias », et la seconde, dans laquelle « il résume ce qui a été dit par d'autres[1] ».

Nous arrivons à la seconde thèse : l'Etre est inconnaissable, en admettant même que l'on doive en concéder l'existence. Nous croyons pouvoir reproduire d'une manière un peu libre le fond même de la preuve. Pour que l'Etre fût connaissable, il faudrait que nous eussions quelque part une garantie de l'exactitude de cette connaissance présumée. Mais où trouver cette garantie ? Pas dans la perception sensible, dont la vérité est si vivement contestée. Alors dans la pensée ou dans l'imagination ? Cela pourrait être sans doute si nous n'avions pas la faculté de nous représenter des choses manifestement fausses, par exemple une course de chars sur la surface de la mer. Et si l'accord d'un grand nombre d'hommes en ce qui touche aux perceptions des sens ne prouve pas leur vérité, comment l'accord d'un grand nombre d'hommes à l'égard de la pensée et de l'imagination pourrait-il prouver leur infaillibilité ? Il ne le pourrait que dans l'éventualité où nous perdrions la faculté de nous représenter l'irréel, ce qui n'est absolument pas le cas, comme vient de nous le montrer l'exemple cité plus haut.

A ce sujet, nous avons deux remarques à présenter, l'une d'une portée générale, l'autre sur un point spécial. Celle-ci a trait aux propositions philosophiques du temps, et en particulier à celles de Parménide. Nos lecteurs se souviennent de celle-ci : « Le Non-Etre est inexprimable et inconcevable » (cf. p. 183) et de cette autre : « Penser et Etre sont la même chose » (cf. p. 192). Dans de telles assertions, on pouvait, en effet, voir cette affirmation que ce qui n'est pas vrai n'est pas non plus imaginable. Et comme c'est Mélissos qui a soutenu avec tant de force le caractère illusoire de la perception sensible, il est permis de

---

[1] Un parallèle très moderne du second argument de la première thèse est fourni par la démonstration de Mansel, citée dans l'*Examination of Sir W. Hamiltons philosophy*, de Mill, 3ᵉ éd., p. 114.

supposer que la pointe de cet argument de Gorgias était aussi dirigée contre les Eléates, et que le sens en devait être à peu près le suivant : Mélissos a enseigné l'irréalité des objets sensibles et dirigé notre besoin de connaissance sur l'« Etre » caché derrière eux. Mais sur quoi donc doit se baser cette connaissance ? Elle ne peut s'appuyer que sur la pensée ou sur l'imagination, puisque, en effet, Parménide a soutenu que ces facultés ne s'appliquent qu'au réel. Mais cette affirmation est contredite par les faits, du moment que nous pouvons nous représenter aussi l'irréel. Et maintenant, sur la question elle-même, on peut faire la remarque générale suivante. Il est vrai et il n'est pas vrai que notre imagination ne puisse pas s'appliquer à de simples fantômes. Cela est vrai en tant qu'il s'agit des éléments de nos représentations ; cela n'est pas vrai pour autant qu'il s'agit de leurs combinaisons. La course de chars sur la surface de la mer est une combinaison de représentations arbitraire et contraire à la nature des choses, de même qu'un centaure ou un lion ailé. Mais les divers éléments qui y entrent doivent préalablement être entrés dans notre conscience par le moyen de l'expérience. Ils peuvent donc se réclamer au moins de la vérité empirique, et, que nous identifiions celle-ci ou non avec la vérité absolue, la distinction que nous venons de faire entre les représentations élémentaires et les représentations combinées est dans tous les cas d'une grande portée, et cependant il n'en est tenu aucun compte dans la démonstration de Gorgias. Toutefois, ici encore, nous devons rappeler que Gorgias n'est pas le seul à qui l'on puisse reprocher pareille bévue, mais que tous les philosophes de son temps en ont commis de semblables. La question de savoir s'il est possible et comment il peut être possible de se représenter le faux constituait une sérieuse difficulté pour les penseurs de cette époque et pour ceux de l'époque qui suivit immédiatement. Nous verrons que Platon s'y attaqua vigoureusement, et non tout à fait en vain, dans le *Théétète*.

La troisième thèse est la suivante : « La connaissance de l'Etre, même si celui-ci existait et était connaissable, ne serait cependant pas communicable. » La démonstration de cette thèse consiste à dire que notre moyen de communication est le langage, et qu'il est impossible de communiquer par des mots autre chose que des mots. Le langage n'est pas de même nature que les choses qu'il cherche à exprimer ; ce n'est qu'un symbole, et, comme tel, il ne peut transmettre que des symboles. Comment, par exemple, pourrait-il communiquer ne fût-ce qu'une sensation de couleur ? « La vue est aussi peu capable de percevoir des sons que l'ouïe n'est apte à percevoir des couleurs ». Et si, par hasard, nous montrons à celui que nous voulons instruire l'objet qui a produit en nous l'impression de couleur, qui nous garantit que l'impression produite chez autrui correspond exactement à celle que nous avons éprouvée nous-mêmes ? Et combien moins — disait sans doute la conclusion de ce raisonnement, que notre source principale ne nous a malheureusement pas conservée — combien moins la langue, qui fait partie intégrante de notre nature, peut-elle être qualifiée pour faire part à d'autres de l'Etre étranger et extérieur à notre essence subjective, même si nous en avions connaissance ! Il est à remarquer que, pour fonder cette thèse, Gorgias exprime et démontre une pensée vraiment importante, et d'une manière qui ne souffre aucune contradiction. Cette pensée, c'est que nous ne pouvons jamais être certains de la complète identité de nos sensations élémentaires et de celles des autres. A côté de cela, il nous importe peu que le raisonnement soit entaché de quelques erreurs qui, alors, étaient monnaie courante. « La même idée ne peut exister chez deux sujets, nous dit le sophiste, car alors l'Unité serait en même temps dualité ». Il est clair qu'ici il confond l'identité de l'espèce avec celle du nombre. De même dans la proposition suivante : « Et même cela accordé, l'Un pourrait toujours *paraître* différent aux deux, puisqu'ils ne sont pas complètement semblables ; car, s'ils l'étaient, ils ne seraient *pas deux*, mais *un seul.* » Même confusion.

III

S'il n'est pas très difficile de se prononcer sur la valeur logique de cette série de thèses, il l'est beaucoup plus d'en déterminer le but proprement dit. Personne ne met en doute que Gorgias ne se soit inspiré du pamphlet de Zénon, et l'on peut tout au moins se demander si l'intention qui avait guidé ce dernier n'a pas guidé aussi son imitateur. Zénon voulait, comme nos lecteurs le savent, venger son maître Parménide des attaques dont il avait été l'objet (pp. 206-7). Rien n'empêche de

supposer que Gorgias ait été animé d'un semblable désir à
l'égard d'Empédocle. Entre la foi relativement naïve dans le
témoignage des sens dont faisait profession son maître Empédocle et la négation que lui opposaient les Eléates, il y a
dans tous les cas un abîme. La doctrine de la Nature formulée par Empédocle devait rapidement vieillir en présence des
nouveaux courants intellectuels ; un Zénon et un Mélissos ne
pouvaient éprouver pour elle qu'un dédaigneux mépris. Et, en
effet, l'antiquité possédait une *discussion critique* de la doctrine
d'Empédocle, due à la plume de Zénon[1]. Or la pointe des arguments de Gorgias, comme nous l'avons vu, est dirigée essentiellement, sinon exclusivement, contre les Eléates. Il aime
en particulier à opposer l'un à l'autre les deux plus jeunes
représentants de la doctrine de l'Etre. Ainsi, dans une partie
du second argument de la première thèse, que nous devons
envisager encore plus exactement. De l'ancien dogme des physiciens touchant l'éternité ou l'infinité dans la durée de l'univers, Mélissos avait déduit son infinité dans l'espace (cf. p.
200). Maintenant, Gorgias lui prouve par le menu qu'un tel
infini ne peut pas exister. Car où existerait-il ? Pas en soi-
même et encore moins dans un autre, car, dans ce dernier
cas, il ne serait pas infini, et dans le premier il y aurait deux
infinis, un contenu et un contenant. Et notre source nous dit
expressément qu'ici Gorgias s'appuyait sur l'argument de Zénon
relativement à l'espace. Faire réfuter un des plus jeunes
Eléates par l'autre, voilà qui lui a certainement causé un sensible plaisir, et nous sommes en droit de croire pour le moins
possible que ce plaisir était basé sur un sentiment personnel.

Nous pouvons répondre avec plus de certitude à la question
de savoir si le prétendu nihilisme de Gorgias était réellement
de nature à détruire le fondement de toute science, et s'il y
était destiné. C'est là, il faut le dire, l'opinion presque universelle, et Georges Grote est le seul qui ait, jusqu'ici, osé y contredire. Grote est d'avis que Gorgias ne s'est pas attaqué à
l'existence du monde phénoménal, mais seulement à celle du
monde « ultraphénoménal ou du noumène[2] ». On lui a fait ob-

---

[1] L'ἐξήγησις Ἐμπεδοκλέους que mentionne Suidas au mot Ζήνων était, comme l'a
rendu très probable Diels, *Gorg. u. Emped.* 17 (359) une discussion critique de la doctrine
d'Empédocle.

[2] George Grote, dans son *Plato* I 107 sq. et *Hist. of Greece*, 2ᵉ éd., VIII 507 sq. La
remarque contraire est de Zeller (*Ph. d. Gr.*, 5ᵉ éd., I 1104).

server que « nos autorités ne portent pas la plus légère trace de cette limitation ». Assurément non. Mais est-il besoin d'indications expresses ou même seulement de simples indices quand les faits eux-mêmes parlent clairement et sans équivoque ? Grote a donné, sans doute, à sa pensée une expression par trop teintée de modernité pour qu'elle soit parfaitement adéquate. Néanmoins la relation entre le monde sensible et l'« Etre » de Parménide et de Mélissos est tout à fait analogue à celle qui existe entre le phénomène et le noumène ou « objet en soi » de Kant. Il est à remarquer seulement que l'Etre des Eléates n'avait pas dépouillé tout vestige de son origine empirique, puisque, notamment, il était encore considéré comme étendu dans l'espace. On cherche en vain d'abord, sans doute, dans Gorgias un terme technique qui exprime nettement cette différence. Mais prétendra-t-on réellement et sérieusement que Gorgias, en renonçant à « l'Etre », entendait renoncer par là même à toute vue sur la nature des choses ? Qu'il contestait peut-être toute régularité dans le cours de l'Univers ? Qu'il n'admettait pas et n'attendait pas avec autant de certitude que ses adversaires philosophiques le lever du soleil le lendemain, le retour du prochain printemps, la répétition des mêmes phénomènes dans les mêmes circonstances ? Celui qui ne le croit pas, et ne veut pas attribuer au subtil penseur la plus manifeste, la plus grossière inconséquence, doit admettre que cette ligne de démarcation, qu'elle fût ou non fixée dans son esprit par une expression technique, y était présente dans tous les cas. Et peut-être n'est-il pas déraisonnable de chercher le terme qui aujourd'hui fait défaut au seul endroit où Gorgias nous parle de sa propre bouche, à savoir dans le titre de son livre : *De la Nature ou du Non-Etre*. Sans doute, on a qualifié dernièrement ce titre de « farce grotesque », et on y a vu la preuve que Gorgias, en écrivant ces thèses, n'avait voulu faire qu'une mauvaise plaisanterie. A l'encontre de cette opinion, il suffira de rappeler que le philosophe Xéniade de Corinthe, contemporain de Démocrite, faisait, lui aussi, tout sortir « du Non-Etre » et tout retomber « dans le Non-Etre ». Et la théorie platonicienne de la matière nous fera voir, à son tour, une application tout à fait sérieuse du concept du Non-Etre[1].

---

[1] Cf. Windelband, *Gesch. d. Phil.* 69. Sur Xéniade, nous n'avons que les renseignements fournis par Sextus, *adv. Math.* VII 1, 53 = 201, 9 sq. Bekker. Le *Rig-Véda* X 72, 2 offre un surprenant parallèle : « Aux premiers temps des dieux, l'Etre sortit du Non-Etre ».

Mais, si tout ne nous trompe pas, c'est dans la seconde des thèses de Gorgias que nous découvrons le motif fondamental de sa polémique. Elle nous apprend que, dans les démonstrations éléatiques, il était choqué précisément de ce qui ne peut manquer de choquer un lecteur moderne non prévenu. Quand nous lisons les raisonnements de Parménide et de Mélissos, une objection se presse continuellement sur nos lèvres : Comment pouvez-vous, serions-nous tentés de crier à ces deux penseurs, comment pouvez-vous, après avoir, avec une parfaite assurance, relégué dans le royaume de l'illusion une partie si considérable de la connaissance humaine, envisager le reste, avec une non moindre assurance, comme une vérité inattaquable ? Qui vous garantit qu'une partie de vos facultés vous conduit à une vérité infaillible si l'autre vous induit à une complète erreur ? Où se trouve le pont qui, du monde de l'apparence subjective dans lequel vous êtes si complètement plongés vous-mêmes, vous transporte dans le séjour de l'Etre objectif pur ? La doctrine de Parménide prêtait d'autant plus le flanc à cette objection qu'il faisait reposer entièrement les phénomènes psychiques sur l'élément physique. Il est vrai qu'il ne s'exprime ainsi que dans ses *Paroles de l'Opinion* (cf. p. 196). Mais les *Paroles de la Vérité* ne renferment rien qui y contredise. Ni lui, ni ses partisans n'avaient, pour se tirer d'affaire, l'expédient qui consiste à dire : le corps nous enlace dans l'erreur, mais l'âme immortelle nous apporte un message du monde de la vérité sans mélange. Car il n'y a pas un mot chez lui qui nous indique — et toute vraisemblance interne nous interdit de croire — que Parménide ait attribué à la « psyché, » si ce n'est dans le rêve, une participation quelconque à la vie de l'esprit et par suite au processus de la connaissance, bien que, selon la doctrine orphico-pythagoricienne, il la fît survivre au corps et subir de multiples destinées (cf. p. 266). Nous n'avons sans doute pas tort de voir dans l'étonnement que causait à Gorgias la confiance dogmatique si mal fondée des Eléates le motif principal de la polémique qu'il soutint contre eux et contre leur théorie de l'Etre.

IV

Et ici, il nous sera permis de rappeler quelques manifestations analogues de l'époque. Sentiment de modestie croissante, réaction contre l'assurance et le dogmatisme des anciennes écoles, telle nous est apparue la devise d'Hippocrate et de ses élèves dans la révolution qu'ils opérèrent dans l'art de guérir. A cela se joignait naturellement la tendance au *relativisme* dont nous avons trouvé les premières traces déjà chez Héraclite. Etudier non ce que l'homme est en lui-même, mais ce qu'il est par rapport à ce qu'il mange et boit, comme par rapport à ce qu'il fait d'une manière générale, voilà le but limité, et pourtant difficilement accessible, que le profond auteur du livre *Sur l'ancienne Médecine* avait proposé aux savants (cf. p. 319-20). Aux fictions pompeuses qu'il proscrivait du domaine de la science, il a opposé les résultats relativement modestes, mais certains, de l'expérience et de l'observation. Nous avons constaté le même oubli des prétentions si ambitieuses d'autrefois et en même temps le même esprit de relativisme dans le seul monument littéraire qui nous ait été conservé de ce que l'on appelle la sophistique, c'est-à-dire dans le discours *Sur l'Art*. Et que nous soyons, ou non, en droit de l'attribuer à Protagoras, nous y avons dans tous les cas trouvé la proposition métaphysique fondamentale de ce sophiste, et sous une forme qui est un reflet évident de cet esprit relativiste. Indépendamment de cela, d'ailleurs, le penseur qui a, avec tant de force, placé l'« homme » au centre même du problème de la connaissance ne pouvait s'empêcher de se rendre compte plus ou moins clairement de la limitation de toute science par les limites des facultés humaines.

Sentiment de modestie et relativisme, voilà des traits que nous retrouverons dans la prochaine grande étape de notre récit, c'est-à-dire dans la doctrine de Socrate ; nous y rencontrerons encore, dans l'effort fait pour préciser nettement les concepts, une autre preuve de la rigueur croissante des exigences scientifiques. La tentative, malheureusement mal connue, que fit Prodikos pour distinguer exactement les synonymes marque un pas dans cette voie. La précision des termes caractérise d'ailleurs les discours que Platon met dans la bouche de Protagoras. La peine que se donne l'auteur du *Phédon* pour la tourner en ridicule ne saurait nous empêcher d'y voir un progrès. Ainsi quand Platon, parlant de l'usage de l'huile dans l'art culinaire, fait dire au sophiste que cet usage a pour but unique « d'éteindre le déplaisir concomitant des sensations qui nous arrive par le nez quand nous mangeons tels ou tels mets[1] ». Le comique résulte ici de la disproportion entre la subtilité de l'expression et la circonstance triviale, pour ne pas dire répugnante, qui en amène l'emploi. Cet artifice de l'incomparable caricaturiste ne peut cependant nous faire perdre de vue qu'une distinction aussi rigoureuse — tout à fait étrangère à cette époque — entre l'impression sensible et son objet, d'une part, et d'autre part, entre la sensation elle-même et la peine ou le plaisir qui l'accompagnent, était extrêmement méritoire.

Le premier essai proprement dit de définition se trouve dans l'écrit *Sur l'Art*, où nous lisons cette phrase : « Et tout d'abord je veux préciser ce que je considère comme l'essence (ou le but) de la médecine, à savoir de délivrer tout à fait les malades de leurs souffrances, d'émousser la violence des maladies et (ajoute-t-il par un paradoxe qui semble intentionnel) de s'abstenir complètement à l'égard de ceux qui sont déjà dominés par les maladies ». Démocrite esquisse une autre définition, qu'il perd aussitôt de vue, dans ces mots : « L'homme est — ce que nous savons tous », mais celles qu'il avait données des concepts de la chaleur et du froid, et qu'Aristote connaissait, ne nous ont pas été conservées. Le domaine dans lequel ces tentatives ont pris naissance était, conformément à la nature des choses, celui de la mathématique. C'est ce que nous apprend — indépendamment de la définition du nombre attribuée à Thalès — l'objection déjà mentionnée de Protagoras à la définition de la tangente, ainsi que les définitions par lesquelles Autolykos commence ses deux livres élémentaires *Sur la sphère en mouvement* et *Sur le lever et le coucher des astres*. Car si ces écrits ne sont pas antérieurs à la fin du IVme siècle, ils supposent une très longue série d'ancêtres. Les Pythagoriciens précisément, ont eux aussi, à ce que nous apprend Aristote, entrepris de préciser quelques idées morales. Enfin nous con-

[1] Platon, *Protag.* 334 c.

naissons deux définitions de Gorgias : celle de la rhétorique, qui n'a pas à nous occuper ici, et celle de la couleur, dont Platon raille la forme un peu singulière quand il la cite pour la première fois, mais dont il s'approprie le contenu dans un ouvrage de sa maturité, de même que, dans un produit de sa vieillesse, il étend aux doctrines éthiques de ce sophiste le profond respect qu'il a toujours témoigné pour sa personnalité. Cette définition repose sur la doctrine empédocléenne des pores et des effluves, selon laquelle la perception de couleur ne peut avoir lieu à moins que ceux-ci ne soient conformes à ceux-là. Elle est ainsi conçue : « La couleur est un effluve d'un objet étendu dans l'espace, correspondant à la vue et tombant sous la perception ». Le dialogue platonicien intitulé *Ménon* nous apprend que le jeune homme de ce nom avait recueilli cette définition de la bouche de Gorgias en Thessalie, où le sophiste passa les dernières années de sa vie[1].

Il résulte d'ailleurs de ce fait — Platon évitant les anachronismes parfaitement inutiles — que Gorgias, même dans sa vieillesse, et longtemps par conséquent après la publication de ses thèses dialectiques, s'est occupé de questions de physique. La même constatation résulte de cette circonstance que la plupart de ses disciples, quoique essentiellement rhéteurs et politiciens, trahissent un certain goût pour les sciences de la Nature. Alcidamas, que nos lecteurs ont déjà appris à connaître comme théoricien du droit naturel, (cf. p. 424) nous a laissé un excellent discours dans lequel il exalte l'art de l'improvisation et en déclare les produits incomparablement plus

[1] Cf. [Hippocrate] *de Arte* § 3 (VI 4 Littré); Démocrite, 209 Mullach (tiré de Sextus *adv. Math.* VII 1, 265 = 248, 25 Bekker): ἄνθρωπός ἐστιν ὃ πάντες ἴσμεν. Pascal disait d'une manière tout à fait analogue : « Quelle nécessité y a-t-il d'expliquer ce qu'on entend par le mot *homme* ? Ne sait-on pas assez quelle est la chose qu'on veut désigner par ce terme ? » (*Pensées* I 2, p. 28 de l'éd. de Paris 1823.) Aristote mentionne de réels essais de définition de Démocrite et des Pythagoriciens, *Métaph.* XIII 4 (1078 b 19 sq.) *Autolyci de Sphæra*, etc., éd. Hultsch, Leipzig 1885, p. 2 et p. 48. Cf. aussi la définition du nombre attribuée à Thalès dans Jamblique, *in Nicomachi arithm. introduct. liber* (p. 10 Pistelli) avec les remarques de Hultsch, *Berl. philol. Wochenschr.* 15 juin 1895, col. 775. Sur les premières phases de l'étude de la géométrie, nous sommes renseignés par l'inappréciable fragment d'Eudème (*Fragm. coll.* Spengel, p. 113 sq.) ainsi que par la plus ancienne démonstration géométrique (d'Hippocrate de Chios, milieu du Vme siècle) qui nous a été conservée par Simplicius, *Phys.* 60 sq. Diels. Définition de la rhétorique par Gorgias : *Orat. Att.* II 130 b 18. Définition de la couleur dans Platon, *Ménon*, 76 d (où je voudrais garder σχημάτων en dépit de Diels, *Gorg. u. Emped.* 8, qui d'ailleurs a beaucoup contribué à rendre cette définition intelligible). Sur ce qui suit, comp. (d'après Hirzel, *Hermes* X 254, et Dümmler, *Akademika* 33). Platon, *Timée* 67 c, et *Philèbe* 58 a sq.

précieux que les harangues élaborées à loisir[1]. Mais il avait aussi écrit, peut-être sous forme de dialogue, un livre traitant de la physique. Un autre disciple, moins considérable, de Gorgias, le logographe Polos, est également mentionné par Platon comme versé dans l'étude de la Nature[2]. Enfin, quoique Isocrate ait renoncé à la physique aussi bien qu'à la dialectique, c'est comme maître de sciences naturelles qu'il a immortalisé Gorgias : en effet, sur la table de marbre qui recouvrait son tombeau, on voyait, parmi beaucoup d'autres sujets, le sophiste dirigeant l'attention de son élève sur une sphère céleste[3]. Et comme un maître ne vit guère dans la mémoire de ses disciples comme représentant d'une phase ancienne, et abandonnée par lui, de son activité, cette circonstance ne permet pas de croire que ses thèses paradoxales aient opéré une sorte de rupture dans la carrière du sophiste, et l'aient divisée en deux moitiés tout à fait disparates. Il nous est parfaitement impossible de dire si dès lors il entoura d'une réserve ses théories physiques, à l'imitation de Parménide ; si, en discutant le concept de l'un, il envisageait exclusivement la forme stricte que lui avaient donnée les Éléates, ou si plutôt il en était venu à une vue purement phénoménaliste, et si par conséquent, il évitait, comme son élève Lykophron, d'employer le verbe *être* même comme copule[4]. Nous ne sommes pas même en mesure de résoudre la contradiction qui existe entre les indications de notre source principale selon laquelle Gorgias, tout en soutenant que « rien n'existe », contestait le concept du Non-Être aussi bien que celui de l'Être.

Du prétendu nihilisme de Gorgias, on a tiré la conclusion que, dès lors, il avait renoncé à toute recherche scientifique proprement dite et s'était consacré exclusivement à l'art de la persuasion, ou du moins, comme les faits ne se prêtent pas à cette affirmation, qu'il eût été plus conséquent de sa part d'agir ainsi. Mais, chose curieuse, personne ne songe, dans un cas analogue, à faire le même raisonnement. Xénophon fait exposer à Socrate les contradictions de ses prédécesseurs en phi-

---

[1] Le discours d'Alcidamas *Sur les Sophistes* se trouve maintenant dans l'appendice aux *Antiphontis orationes*, 2ᵉ éd. de Blass, Leipzig 1881. Son Φυσικός est mentionné par Diog. Laërce VIII 56.

[2] Sur Polos comme naturaliste, cf. Plat. *Gorgias* 465 d.

[3] Sur le tombeau d'Isocrate, cf. Pseud.-Plut. *Vit. X Orat.* IV 26 (1021, 43, Dübner).

[4] Sur la suppression de la copule par Lykophron, cf. Aristote, *Phys.* I 2 (185 b 27).

losophie en lui prêtant un langage tout à fait semblable à celui de Gorgias : Certains ont soutenu que l'Etre est un, les autres qu'il est infini en nombre ; les uns ont enseigné qu'il est sans cesse en mouvement, les autres qu'il est dans un repos absolu ; les uns ont soutenu que tout naît et que tout périt, les autres nient toute naissance et toute destruction[1]. Socrate conclut de là à la vanité et à la stérilité de ces sortes d'investigations qui, à son avis, dépassent les limites des facultés humaines. Mais il ne va pas jusqu'à en déduire que tout effort pour pénétrer les secrets de la nature soit vain. Il veut, au contraire, que ses disciples acquièrent dans le domaine des sciences naturelles des connaissances suffisantes pour leurs besoins pratiques ; que le pilote, par exemple, soit assez versé dans l'astronomie pour conduire son vaisseau. Il n'a jamais eu l'idée qu'actuellement, et pour aussi longtemps que n'est pas apaisé ce conflit des opinions, le sol se dérobe à toute science ; il en est même si éloigné qu'il ouvre un nouveau champ de recherches en s'efforçant de faire des « choses humaines » l'objet d'un examen plus approfondi que ce n'a été le cas jusqu'ici. Et le doute qu'ont fait naître en lui les contradictions de ses devanciers ne vient diminuer en rien ses espérances dans le succès de son entreprise.

Socrate, il est vrai, n'avait pas, comme Gorgias, dissous par sa critique et rejeté le concept de l'Etre. Mais il pouvait aussi peu que Gorgias attribuer avec certitude n'importe quel prédicat à ce concept, et personne ne prétendra que celui-ci ait joué même le plus petit rôle dans sa vie de penseur. La seule chose certaine, c'est que Socrate a abandonné les sentiers anciens et battus de l'investigation parce qu'ils ne lui paraissaient conduire à aucun résultat utile. Et ici nous touchons un point de la plus haute importance pour l'étude de la vie intellectuelle de l'époque. La perspective de ne pouvoir résoudre les problèmes avec lesquels les générations précédentes avaient lutté sans relâche constitue un des facteurs de la transformation que nous avons déjà reconnue à tant de signes particuliers. La cosmologie, au sens le plus étendu du mot, est de plus en plus remplacée par l'anthropologie, conçue également de la manière la plus compréhensive. Mais d'autres facteurs ont agi de concert avec celui-ci. Nous avons déjà essayé

---

[1] *Mémorables* I 1, 14 et IV 7, 2 sq.

plus haut d'en apprécier en détail quelques-uns (cf. p. 402). Mais il nous reste à mentionner celui qui, bien que le moins apparent, est peut-être en réalité le plus efficace, nous voulons dire le simple cours du temps. Un nombre assez considérable d'années devaient s'écouler avant que l'homme se regardât lui-même comme un objet digne d'étude scientifique. Et, avec ces années, il fallait l'accroissement de l'estime de soi-même qui en dépendait, et que devaient développer l'empire toujours plus grand sur la nature, le perfectionnement des institutions politiques et sociales et surtout l'enrichissement continuel du trésor intellectuel.

Tout d'abord, le besoin de savoir, en s'éveillant, s'est appliqué exclusivement à la Nature extérieure. Mais si, alors, l'homme ne s'est pas complètement oublié lui-même, il n'a cependant pu s'apparaître que comme le miroir, comme un miroir trouble et fragile du monde extérieur. Vint le moment où un sentiment plus conscient de lui-même lui fit voir dans ses propres facultés à la fois la condition et la limite de toute connaissance, où les nombreuses et vaines tentatives qu'il avait faites pour résoudre pour ainsi dire d'un coup le problème de l'Univers lui apportèrent le découragement, où enfin il apprit à s'estimer lui-même davantage. Alors l'attention des penseurs se porta sur l'homme et ils virent en lui, selon le mot de Pope, « l'objet le plus digne de l'étude des hommes ». Un des effets de cette transformation fut le sérieux plus profond, l'intensité plus grande avec lesquels le champ de l'histoire fut dès lors cultivé. Des esprits de premier ordre, qui, un demi-siècle plus tôt, auraient certainement grossi les rangs des philosophes naturalistes, se tournèrent alors, comme le demandait leur contemporain Socrate, vers les « choses humaines ». Avant de nous occuper du grand penseur athénien que nous avons déjà si souvent nommé, du penseur qui a formulé ce désir de la manière la plus expresse et l'a réalisé de la manière la plus vigoureuse, jetons un regard sur les changements considérables qui s'opérèrent dans l'historiographie par suite des influences que nous venons de signaler.

CHAPITRE VIII

L'Essor de la Science historique.

I. Essor que prend la science historique. — II. L'ouvrage *Sur la Constitution des Athéniens*. Relations entre les conditions politiques et les conditions sociales. La tendance sous le manteau de la doctrine. — III. L'œuvre historique de Thucydide. Hérodote et Thucydide. Buts que s'est proposés ce dernier; moyens auxquels il a eu recours. Thucydide et la légende héroïque. L'idée qu'il se fait des temps primitifs. — IV. Jugement de Thucydide sur les oracles. Son attitude à l'égard de la religion populaire en général. — V. Emploi qu'il fait des discours. Thucydide et Macchiavelli. Caractéristiques et exposition des idées. Thucydide et Cléon. Thucydide est parfois partial, jamais perfide. Considérations finales.

I

Les études historiques prirent à cette époque un prodigieux développement. Non content de recueillir les légendes en foule comme l'avait fait Phérécyde, on se met à raconter les événements contemporains. La plume de l'historien ne se borne pas aux exploits d'Ouranos et de Kronos ; elle retrace la carrière de Périklès et de Cimon. De l'éther radieux qui entoure l'Olympe, elle ne craint pas de descendre à la chronique scandaleuse du jour. Parfois le même esprit se mouvait avec la même aisance sur ces sommets que dans ces bas-fonds. C'est ainsi que Stésimbrotos de Thasos, dans son livre *Sur les Mystères*, recherchait avec un zèle pieux les mythes à moitié oubliés, et recueillait avec avidité dans son pamphlet historique les propos orduriers dont il souillait les grandes figures des hommes d'Etat athéniens. A côté de cela, il trouvait du loisir pour traiter en détail, dans un ouvrage particulier, de la vie d'Homère et de l'interprétation de ses poèmes. L'histoire de l'art et de la littérature trouvait d'ailleurs des représentants pleins d'ardeur. Comme les deux plus anciens d'entre eux, on cite Damastès et Glaukos de Rhegium ; le premier avait composé un ouvrage *Sur les Poètes et les Sophistes* ; — sous le terme de sophistes, il faut entendre évidemment les philosophes, ce que montre déjà le fait qu'il les joint aux poètes ; — le second, contemporain de Démocrite, avait écrit *Sur les anciens Poètes et Musiciens*. Démocrite lui-même, le grand encyclopédiste, s'est enquis des débuts de la poésie dans ses ouvrages sur l'épopée et la langue homérique, et de ceux de la musique dans d'autres travaux, et, à ce propos, il avait exprimé l'opinion que devaient développer plus tard Platon et Aristote, à savoir que le loisir et une certaine mesure de bien-être matériel sont nécessaires aux créations de l'art et de la science. Plus ancien que les œuvres que nous venons de nommer était peut-être un catalogue chronologique de poètes et de musiciens qui était conservé à Sicyone, et qui fut mis à profit par Héraclide de Pont. La chronologie n'était pas seulement, comme dans ce catalogue ou chez Hellanikos et Hippias, la simple auxiliaire de l'histoire (cf. p. 456) ; elle fut aussi cultivée pour elle-même, au VIme siècle déjà, par Cléostrate, qui la mettait en vers, au Vme par Harpalos et d'autres encore, parmi lesquels il faut citer au premier rang les deux grands réformateurs du calendrier, Oenopide et Meton. Déjà les Grecs ne se contentaient plus d'écrire l'histoire de leur propre peuple ; Charon de Lampsaque et Denys de Milet composaient des *Histoires de la Perse*, tandis que le Lydien Xanthos se servait pour composer son *Histoire de la Lydie* du véhicule de la langue grecque, comme devaient le faire plus tard d'autres étrangers. De nouveaux matériaux furent fournis à l'histoire par les récits d'explorateurs tels que Skylax de Caryanda et Euthymène de Massilia, ainsi que par le genre naissant des *Mémoires* ; à ce genre appartenaient entre autres les *Impressions de Voyage* du poète Ion[1], dont nous n'avons conservé que quelques fragments, mais des fragments précieux.

[1] Les fragments des historiens nommés ici se trouvent dans C. Müller, *Fragm. hist. graec.* — Sur Stésimbrotos, comp. la *Dissertation* de Heuer (Münster, 1863) ; voyez aussi les nouveaux fragments que renferme le traité de Philodème *Sur la Piété*, pp. 22, 41 sq. et 45 de mon édition. — Sur les plus anciens ouvrages relatifs à l'histoire de la littérature et de la musique, cf. Hiller, *Rhein. Mus.* XLI 401. — La pensée que nous citons de Démocrite se trouve dans le *de Musica* de Philodème, col. 36 (p. 108 Kemke) ; comp. Platon, *Kritias* 110 a et Aristote, *Métaph.* 981 b 20. — Sur les plus anciennes publications chronologiques, cf. Unger dans le *Handbuch d. klass. Altertumswiss.* de Iw. Müller, I 573.

Mais si le champ de l'histoire s'est considérablement agrandi alors, la transformation interne qu'elle a subie est bien plus considérable encore. Le sens politique atteint une hauteur qui dépasse de beaucoup les conceptions d'un Hérodote ; il semble que, de la naïveté de l'enfance, on ait passé à la maturité d'esprit de l'homme fait. Les premières traces de ce changement se trouvent dans le seul reste qui nous ait été conservé de la riche collection de pamphlets qui vit le jour à la fin du Vme siècle.

II

Le traité *Sur la Constitution des Athéniens* est un des produits littéraires les plus caractéristiques de tous les temps[1]. Une vive passion politique s'y allie à une tendance très remarquable à la méthode scientifique ; nous y reconnaissons à la fois un esprit très puissant et un cœur profondément froissé. On pourrait comparer l'auteur à un officier qui observe les ouvrages d'une forteresse ennemie afin d'en reconnaître les points faibles et de combiner le meilleur plan d'attaque. Mais il est à tel point surpris de l'habile disposition, de l'intelligente coordination de toutes les parties que non content de déconseiller de la manière la plus sérieuse toute attaque prématurée, il exprime une admiration sans réserve pour des travaux si entendus et fait, pour ainsi dire, l'éloge de l'ennemi détesté. C'est la haine, à coup sûr, qui a aiguisé la vue de cet oligarque athénien, et lui a fait apercevoir mainte vérité politique fondamentale inconnue jusque là. L'harmonie des institutions politiques et des états sociaux, la concordance entre les formes extérieures et le contenu d'une communauté sont mises en lumière pour la première fois dans son livre. La puissance maritime d'Athènes, la suprématie commerciale qui en résulte, le système militaire de la cité, la relation entre l'armée de terre et la flotte, la constitution démocratique, nombre de choses qui, à l'observateur superficiel, pouvaient ne paraître que des abus de celle-ci, tels, par

---

[1] Comp. avant tout l'allocution académique si pleine de pensées du regretté Rod. Schöll, trop tôt enlevé à la science : *Die Anfänge einer politischen Litteratur bei den Griechen*, Munich 1890. Nous n'avons pu, toutefois, nous ranger à son appréciation de l'ouvrage *Sur la Constitution des Athéniens*, et nous la combattons plus loin.

exemple, que la contrainte judiciaire des alliés, les longs délais de la loi, l'ajournement des procès, le caractère arrogant et indiscipliné des métèques et des esclaves, — tout cela est étudié avec tant de pénétration, tous les éléments du tableau sont si bien reliés les uns aux autres et ramenés à des causes communes, que l'on a pu à bon droit décerner à ce traité insignifiant en apparence un éloge très significatif, et y voir la plus ancienne application de la méthode déductive aux problèmes sociaux et politiques.

En vérité, nous ne pouvons, quant à nous, décerner cet éloge sans réserve. Nous apprécions à sa juste valeur l'effort de l'auteur pour ramener à quelques grands principes généraux la multiplicité des phénomènes particuliers; ainsi que le sens de la causalité qui se manifeste dans cet effort même ; le fait n'en subsiste pas moins que la méthode déductive ne se prête guère à expliquer les résultats du développement historique, à rendre compte du processus du devenir. Mais notre auteur a à son actif une extraordinaire richesse de fines observations et de pénétrantes inférences. Dans plus d'une exposition de détail, on a pu louer en lui le prédécesseur de Burke, de Macchiavelli et de Paolo Sarpi. Mais on a exagéré néanmoins lorsqu'on a appelé ce traité la « première contribution à la connaissance des lois naturelles qui régissent les institutions politiques ». Le point de départ de toutes ses considérations est la relation intime qui existe entre la puissance maritime et la démocratie. Or, si cette relation existe, elle n'est que le résultat du développement spécifiquement athénien. En effet, il suffit de jeter un regard sur Carthage, sur Venise, sur la Hollande et l'Angleterre pour se persuader que ce n'est pas là une « loi naturelle ». Ses déductions ont parfois aussi le tort d'être forcées. Voici comment, au début de son ouvrage, il énonce la thèse qu'il a entrepris de démontrer : « Je ne loue pas les Athéniens d'avoir préféré cette sorte de constitution politique, car ils ont préféré par là la prospérité des méchants à celle des bons. Mais ce que je veux prouver, c'est que, leur choix fait, ils savent conserver leur constitution, et que, même dans les choses où ils ont tort aux yeux des Grecs, ils atteignent leur but ». Et, près de la fin, il s'exprime comme suit : « On peut imaginer beaucoup de choses pour perfectionner la constitution ; mais il ne serait pas facile de trouver un moyen pour conserver la démocratie et pour assurer cependant une sérieuse amélioration. On ne peut y réussir que dans une faible mesure, en ajoutant ici quelque chose, en le retranchant là ». La démocratie athénienne lui apparaît comme une œuvre d'art achevée, qui doit être ce qu'elle est pour atteindre son but, c'est-à-dire pour satisfaire la foule. En même temps, non seulement l'auteur concède, mais il affirme de la manière la plus forte et avec une exagération évidente, que la bassesse et l'ignorance sont en honneur à Athènes, que les « fous » jouent le premier rôle au Conseil et à l'Assemblée du peuple. Mais le peuple, qui poursuit avec raison son propre intérêt, est mieux servi par « l'ignorance, la bassesse et le bon vouloir » de ses chefs actuels que par « la vertu, l'intelligence et le mauvais vouloir » des « bons ou nobles ». Sans doute, par une telle conduite, on ne réalise pas la meilleure organisation politique, mais c'est ainsi que la démocratie est le plus sûrement garantie. « Car le peuple ne tient pas à être esclave dans un Etat bien ordonné et pourvu de bonnes lois, mais à posséder la liberté et la domination.... Précisément de ce que tu tiens pour le contraire de l'ordre et de la loi, le peuple tire sa force et sa liberté ». Est-il nécessaire de faire remarquer que, dans ces déductions politiques purement objectives en apparence, il y a une forte dose de doctrinarisme contenu ou, plus exactement, d'amertume cachée sous le manteau de la doctrine ? Quoi donc, si cette ignorance, cette bassesse, cette folie des chefs du peuple mettent en danger la puissance de l'Etat, et conduisent à la ruine de la flotte, à la perte des tributs, de l'empire lui-même ? Où subsiste alors l'avantage du peuple, que l'on prétend si bien gardé ? La vérité est que si les assertions de notre oligarque frappent droit au but dans bien des cas particuliers, sa plume est cependant, pour l'essentiel, guidée par une tendance. Toute sa pénétration est au service de son esprit de parti, toute sa subtilité de pensée devient l'instrument de sa rancune. La démocratie athénienne n'est, pour lui, à aucun égard et dans aucun sens, susceptible d'amélioration. Les défauts les plus graves, ceux précisément que ressentaient le plus douloureusement les gens de la classe et du parti de l'auteur, doivent apparaître, sans exception, comme des conséquences inévitables du principe fondamental de l'Etat. Car il s'agit pour lui de condamner radicalement la constitution athénienne, de l'atteindre dans son nerf vital. C'est comme s'il criait à ses amis : « N'espérez pas de réformes !

N'attendez rien des compromis ! Ce qui vous semble n'être que des fautes occasionnelles, que des maux fortuits, qu'une décadence momentanée, découle en réalité du seul et funeste principe de gouvernement. A ce principe est attachée la prospérité de la multitude, qui, à cause de cela précisément, l'appuiera toujours de toutes ses forces. Donc pas de demi-mesures, pas de précipitation. Et surtout pas d'attaque en temps inopportun et avec des forces insuffisantes : Si l'on veut frapper un jour le grand coup, qu'il soit décisif, et qu'on mette fin une fois pour toutes à la tyrannie du « maudit démos[1] » ! Voilà à quoi vous devez être résolus et bien préparés, et alors les alliés vigoureux ne vous feront pas défaut. « Car, et ici nous n'avons plus besoin de lire entre les lignes, il n'en faut pas peu pour donner le coup de grâce à la suprématie du peuple athénien » !

III

Ce livre, où se mélangent si étonnamment la passion politique et l'intelligence politique, fut publié l'an 424[2]. Un homme qui alliait en lui les mêmes éléments, mais développés à une puissance incomparablement plus haute et dans une proportion beaucoup plus saine, devait trouver justement la même année le loisir dont il avait besoin pour achever l'œuvre de sa vie. Ce loisir n'était pas volontaire. Thucydide, fils d'Oloros, était un homme d'une grande richesse et d'une noble origine ; dans ses veines coulait non seulement le sang grec, mais le sang thrace. A l'époque du siège d'Amphipolis, il commandait une escadre qui mouillait près de l'île de Thasos, et il n'en était pas parti assez tôt pour débloquer la ville menacée. Il paya ce retard de vingt ans d'exil, et il les employa en partie à des voyages de recherches, en partie à rédiger, dans la propriété qu'il possédait sur la côte thrace, l'œuvre considérée par la presque totalité des critiques comme le plus grand monument historique de l'antiquité. Jetons ici un rapide regard sur l'esprit dont il

---

[1] Il est question du « maudit démos » dans l'épitaphe de Kritias (Scolies du discours d'Eschine contre Timarque 30 ; *Orat. Att.* II 15).

[2] C'est Kirchhoff qui, dans la dissertation intitulée *Die Abfassungszeit der Schrift vom Staate der Athener* (Berlin 1878), a fixé à 424 av. J.-C. la date de composition de cet ouvrage. C'est à bon droit qu'on a cessé de considérer Xénophon comme l'auteur de l' Ἀθηναίων πολιτεία; mais ce livre n'a été attribué jusqu'ici avec quelque probabilité à aucun écrivain connu.

s'est inspiré, sur les méthodes de son enquête et sur quelques autres points encore qui sont de la plus haute importance pour nous[1]. Dussions-nous d'ailleurs nous arrêter un peu plus longtemps que nous ne sommes absolument obligés de le faire à la personnalité de ce grand Athénien et à son œuvre impérissable, nous sommes certains que nos lecteurs ne sauraient nous en vouloir. En effet, nous arrivons ici à l'un des points culminants du développement intellectuel ; et, par une coïncidence rare, nous nous trouvons en présence à la fois de l'homme qui a mis à son service le plus riche trésor d'idées, et qui a su lui donner l'expression artistique la plus saisissante.

On ne peut guère imaginer deux contemporains qui forment un plus frappant contraste qu'Hérodote et Thucydide. L'apparition de leurs ouvrages est séparée par un intervalle d'à peu près vingt ans, mais, à en juger par l'esprit dont ces ouvrages sont animés, il semble qu'il y ait entre eux un abîme de quelques siècles. Hérodote nous fait une impression tout à fait antique ; Thucydide a une saveur tout à fait moderne. Du sens poétique et religieux, du goût de la légende et de l'anecdote, de la simplicité de croyance de l'Halicarnassien, tempérée par de rares éclairs de critique, il ne reste plus la moindre trace dans l'œuvre de son plus jeune confrère. Son regard se porte avant tout sur les facteurs politiques, sur les rapports réels des forces en présence, sur la base naturelle, pourrait-on dire, des événements politiques. Les sources de ces événements ne sont nullement pour lui dans les dispensations d'êtres surnaturels, et pour une faible mesure seulement dans les caprices et les passions des individus ; partout il cherche, derrière eux, les forces universellement agissantes, les conditions dans lesquelles se trouvent les peuples, les intérêts des États. Avant d'énumérer les conflits isolés qui provoquèrent la guerre du Péloponnèse, il formule la très significative observation que voici : « Le motif le plus vrai, quoique le moins avoué, de la guerre a été le trop grand développement de la puissance d'Athènes, qui a excité la méfiance de Sparte[2] ». Si nous en croyons son biographe, il avait

---

[1] On trouve d'excellentes remarques sur la méthode de recherche de Thucydide dans Schöll, op. cit., et aussi dans Köhler, *Ueber die Archäologie des Th.* (*Commentationes Mommsenianæ* 370 sq.). Il y a aussi un mot d'une justesse frappante dans Scherer, *Poetik*, p. 67.

[2] Thucydide I 23.

été l'élève du physicien Anaxagore, pour qui tout se ramenait à la mécanique, et ce fait, vrai ou non, s'accorde au mieux avec sa conception du monde et avec sa façon de comprendre l'histoire[1]. Il s'efforce avant tout de décrire le cours des choses humaines, comme il le ferait de celles de la nature, à la lumière d'une inflexible causalité. Si intense est sa passion de l'objectivité stricte qu'on peut lire de longs passages de son œuvre sans être averti par le moindre indice de quel côté vont ses préférences, de quel côté ses antipathies. Est-ce à dire qu'il manquât, pour cela, de sensibilité ? Assurément non, et tous ceux-là en seront d'accord qui savent qu'on ne peut pénétrer profondément dans les affaires humaines et en donner le récit vivant qu'à la condition d'y prendre un vif intérêt personnel. D'ailleurs, il n'est pas rare que ce calme objectif auquel Thucydide vise avec tant de soin soit interrompu par l'explosion soudaine d'une émotion longtemps contenue ; le récit de la désastreuse expédition de Sicile est poignant comme une tragédie.

Hérodote écrit l'histoire « afin que les actions des hommes ne soient pas effacées par le temps, et pour que les grands et merveilleux exploits... ne soient pas privés de la gloire qui leur revient[2] ». Assurément, Thucydide se sentait, lui aussi, poussé par des motifs de cette nature. Mais il place au premier plan, et comme pour se justifier lui-même, « le profit que l'on pourra tirer de la connaissance certaine du passé pour préjuger les événements, ou analogues ou identiques, qui naîtront dans l'avenir du fonds commun de la nature humaine[3] », qui est toujours la même. Dans cette pensée, et se rendant bien compte qu'il enlève un certain charme à son livre en le dépouillant de tout élément légendaire, il l'appelle dans un sentiment d'amour-propre très caractérisé, mais très justifié, « plutôt un bien légué à tous les siècles à venir qu'un jeu d'esprit destiné à charmer un instant l'oreille ». Sobre et rigoureux en se proposant son but, Thucydide l'est aussi dans le choix des moyens propres à l'atteindre. On s'est étonné récemment qu'il se soit borné à raconter une courte période

---

[1] A cette indication de Marcellin (§ 22, éd. de Krüger II 194) O. Müller rattache cette excellente remarque : « On peut à bon droit l'appeler l'Anaxagore de l'histoire ». (Gesch. d. griech. Litt., 2ᵉ éd., II 362.)

[2] Hérodote I 1.

[3] Thucydide I 22.

d'histoire contemporaine, au lieu de retracer une longue période de l'histoire universelle. Il répond lui-même à cette observation en se plaignant avec force de la difficulté qu'il y a pour l'historien à acquérir une pleine certitude même sur les événements de son temps : « Pour ce qui est des événements de la guerre, je n'ai voulu les raconter ni sur les informations du premier venu, ni selon ce qui me paraissait être vrai (songez à la préface d'Hécatée, p. 272) ; j'en ai retracé une partie comme témoin oculaire, une partie en me basant, pour autant que cela était possible, sur des renseignements précis. Mais il était difficile de découvrir la vérité, car ceux qui avaient assisté aux événements ne s'accordaient pas entre eux, mais s'éloignaient les uns des autres suivant leurs inclinations personnelles et la force de leur mémoire[1] ». Et avec amertume il se plaint de ce que « la plupart des hommes se soucient fort peu de la recherche de la vérité et s'attachent plutôt à ce qui est sous leur main ! » Comparez le mot de Bacon : « ex iis quae praesto sunt pronuntiant ». Avec cette manie de blâmer qui était dans le sang de presque tous les Grecs, et dont Hérodote, si débonnaire d'habitude, n'a pas su se défaire à l'égard de son prédécesseur Hécatée (cf. p. 285), Thucydide relève les erreurs commises précisément par le père de l'histoire en ce qui concerne surtout les institutions de Sparte, et il s'en autorise pour faire observer « qu'on n'a que de fausses idées sur beaucoup de faits, même contemporains, et que le temps n'a pas effacés de la mémoire ».

Toutefois, Thucydide n'a pas pu ou n'a pas voulu laisser de côté complètement l'histoire des temps reculés de la Grèce. Les chapitres dans lesquels il s'en occupe révèlent certaines particularités de sa méthode qui méritent d'être examinées. Il convient d'abord de relever deux points essentiels. Le fils d'Oloros est le premier à employer, dans le domaine de l'histoire, le système de la déduction inverse. Quand les renseignements dignes de foi lui font défaut, il part des conditions, des institutions et même des appellations du présent pour en tirer des conclusions relativement au passé. Ainsi, pour prouver que la ville d'Athènes tout entière tenait autrefois dans l'enceinte de l'Acropole, il s'en réfère à la langue de son temps, qui, sous le nom de « ville » ($\pi \acute{o} \lambda \iota \varsigma$), désignait toujours la « ville

[1] Thucydide I 20.

haute » (ἀκρόπολις). Et pour appuyer encore son affirmation, il fait remarquer que les sanctuaires les plus importants se trouvent soit à l'intérieur de cet espace, soit dans son voisinage immédiat, et que certaines cérémonies du culte sont en relation avec une source qui jaillit précisément en cet endroit[1]. C'est là la méthode que nous avons retrouvée dans l'ouvrage récemment remis au jour d'Aristote. Le second point à noter est la ressource que trouve Thucydide dans les conditions où vivent de son temps les peuples moins développés pour mettre en lumière les états antérieurs de culture des nations plus avancées. Il est le premier à se servir de ce moyen d'information dont l'historien des mœurs, des religions et du droit fait aujourd'hui l'emploi le plus étendu, et qui a si étroitement rapproché l'ethnographie de la préhistoire : que l'on songe, par exemple, qu'aujourd'hui on trouve encore un âge de la pierre au centre du Brésil, et que les habitations lacustres sont encore en usage dans la Nouvelle-Guinée. Dans l'*Odyssée*, lorsque Télémaque arrive à Pylos, le vieux Nestor l'interroge sur le but de son voyage, et, à côté des affaires commerciales qui ont pu l'amener jusqu'à lui, il indique comme une chose toute naturelle, et sans aucune désapprobation, la piraterie[2]. A ce sujet, pénible étonnement, et toutes sortes d'explications embarrassées chez les savants de la cour d'Alexandrie, de même que chez plusieurs savants livresques du XIXme siècle. Les premiers avaient déjà perdu le sens de la naïveté antique ; les seconds ne l'avaient pas encore retrouvé. A cet égard, Thucydide leur est bien supérieur. Bien loin d'imposer aux vers de l'épopée un sens étranger, il met en pleine lumière la rudesse d'esprit des héros homériques en la comparant à la manière de penser et de vivre des tribus grecques les plus arriérées, et il ne manque jamais de vivifier et de compléter par des rapprochements de ce genre l'image de cette époque reculée.

Il n'y a pas de doute possible sur la légitimité de l'emploi de ce témoignage homérique. A supposer qu'ils ne puissent nous fournir d'autres renseignements certains, les poèmes populaires peuvent en tous cas nous en donner sur les sentiments de ceux pour lesquels ils ont été écrits. Mais Thucydide va plus loin,

---

[1] Thucydide II 15. (Au point de vue de la méthode, on trouve une discussion très analogue à cette dernière dans Aristote, *Pol. d. Ath.* c. 3). — I 5-6.

[2] Cf. *Odyssée* III 73, et voir les scolies d'Aristarque.

et fait servir les indications de l'épopée à son essai de reconstitution de l'histoire primitive de la Grèce. A cet égard, si nous lui appliquons les règles de la critique actuelle, nous ne pouvons l'absoudre du reproche de n'avoir pas mieux su qu'Hérodote et Hécatée s'affranchir de la méthode semi-historique. Pas mieux qu'Hérodote et Hécatée, — mais, nous pouvons l'ajouter tout de suite, aussi bien qu'Aristote et que presque tous les autres penseurs et écrivains de l'antiquité. — Plus exactement, voici le point de vue de Thucydide. Il croit, en somme, à la réalité historique des personnages humains dont parlent l'épopée et — jusqu'à un certain point — la légende, et à celle des exploits qui leur sont attribués. Pour lui, Hellên, ancêtre des Hellènes, est une personnalité historique au même titre qu'Ion, ancêtre des Ioniens, en est une pour Aristote[1]. Sur ce point, nous pouvons être absolument certains que notre scepticisme se justifie, et que les Grecs, même les plus portés à la critique, sont le jouet de leur crédulité. Pouvons-nous en dire autant, en ce qui concerne la race des Atrides, Agamemnon, et les combats autour de Troie ? A ce sujet, en tous cas, la science n'a pas encore dit son dernier mot. Si librement que la légende héroïque se comporte avec eux, elle prend habituellement et pour la plus grande part dans la réalité ses personnages et ses événements essentiels. L'épopée française du moyen âge brouille complètement les dates ; elle fait, par exemple, participer Charlemagne aux Croisades ! Mais elle n'a inventé ni Charlemagne ni les Croisades, et elle ne les a pas empruntés à quelque mythe religieux. Or Thucydide s'en tient, lui aussi, aux traits essentiels de la tradition dont se sont inspirés les poètes, et il exprime à plusieurs reprises, et dans les termes les plus catégoriques, sa méfiance à l'égard des détails de leurs récits ; il est plein de mépris pour les mosaïques historiques dont ses prédécesseurs se montrent si friands. Il ne veut ni *transformer*, ni *harmoniser*, mais seulement *compléter* ses sources. Clairement persuadé qu'il n'a aucun moyen à sa disposition pour tirer des embellissements, des exagérations et des déformations des poètes une image fidèle du lointain passé, il s'engage dans une voie de recherche qui témoigne étonnamment de l'étendue et de la pro-

---

[1] Hellên est nommé ancêtre des Hellènes par Thuc. I 3; Ion est regardé comme personnage historique par Aristote, *Pol. des Ath.*, ch. 3. Sur ce qui suit, cf. Thucydide I 1-19.

fondeur de son regard d'historien. Le grand instrument dont il se sert avec hardiesse, mais au fond sans témérité, c'est la déduction, mais sous la forme seulement qui se prête à éclaircir les problèmes historiques, c'est-à-dire sous la forme inverse. Armé de cette méthode, et doué d'une faculté de vision pour laquelle rien n'était trop grand ni trop petit, il n'était d'ailleurs égaré ou paralysé par aucun accès de vanité nationale, par aucune tendance à embellir ses tableaux. Aussi a-t-il réussi, en se fondant sur un petit nombre de données qu'il considérait comme dignes de foi, à composer une image sûrement fidèle des premières étapes du développement hellénique. Il a montré que les Grecs n'avaient acquis que très tard la conscience de leur unité nationale, que, à une phase reculée de leur civilisation, ils ne se distinguaient guère des Barbares ou Non-Grecs, que le pillage sur terre, la piraterie sur mer, étaient leur principale ressource, et que l'insécurité du commerce, la rareté et l'indigence de la population ont longtemps retardé ses progrès. Dans sa preuve, il fait intervenir les changements apportés par le temps dans la disposition des cités, les progrès graduels dans l'art des constructions navales, les transformations du vêtement et de la coiffure aussi bien que les modifications apportées dans le costume des concurrents aux jeux olympiques. Il n'oublie pas de mentionner la pauvreté du sol de l'Attique, la sécurité qu'elle garantit contre les attaques extérieures (cf. p. 4), la stabilité des institutions qui en découle, stabilité favorable à son tour à l'immigration de familles étrangères ; de là un plus rapide accroissement de population qui a pour suite la colonisation de l'Ionie. Il remarque que l'absence d'une agriculture régulière, loin de les attacher au sol, pousse au contraire les tribus grecques à la vie errante ; que ce sont précisément les régions les plus fertiles qui ont le plus souvent changé de propriétaires ; que l'accroissement de la richesse a poussé à la transformation de la royauté patriarcale en ce que l'on appelle la tyrannie. Autant d'exemples qui nous montrent l'emploi que faisait Thucydide de la méthode déductive inverse et des résultats auxquels elle l'a conduit.

IV

Si l'historien montre une si froide défiance à l'égard des poètes quand ils parlent d'actions humaines et d'événements conformes aux lois de la nature, il répudie absolument ceux de leur récits qui se rapportent aux dieux ou dans lesquels le merveilleux joue un rôle. Il appartenait évidemment à une société d'esprits pour laquelle cette incrédulité était parfaitement naturelle et n'avait besoin ni de mention particulière, ni de justification. Nous sommes bien loin, avec lui, du ton bruyant dans lequel Hérodote conteste quelques-uns des récits qui lui paraissent incroyables (cf. p. 275). Pour Thucydide, toutes les choses de ce genre sont simplement inexistantes. Il n'a pas un moment l'idée qu'on pourrait lui attribuer la croyance à une interruption du cours naturel des choses. Il témoigne d'un froid mépris pour les oracles et les prédictions, à moins qu'il n'en parle avec une mordante ironie. Il connaît à fond les faiblesses d'intelligence qui se font les complices de la superstition, et il les caractérise parfois d'un mot frappant. Au moment où la peste éclata à Athènes et vint augmenter les souffrances causées par la guerre, on se souvint d'un soi-disant ancien oracle qui disait : « Un jour viendra la guerre dorienne et avec elle l'épidémie ». Mais, continue l'historien, cette prédiction souleva une discussion. Quelques personnes prétendirent que le vers ne parlait pas d'épidémie ($\lambda οιμός$), mais de famine ($\lambda ιμός$). « Dans ce moment-là, l'opinion prévalut naturellement que l'oracle parlait d'épidémie, car les gens mettaient leurs souvenirs en harmonie avec leurs souffrances. Mais, s'il survient jamais avec les Doriens une guerre accompagnée de famine, ils citeront naturellement le vers sous l'autre forme[1] ». Mais ce n'est pas seulement aux prédictions anonymes que Thucydide s'attaque ; ses sarcasmes n'épargnent pas même les oracles du dieu pythien. Lorsque la population s'enfuit en masse de la plaine ravagée par les Péléponnésiens à Athènes, le territoire situé au nord-ouest de l'Acropole et appelé Pélasgique ou Pélargique fut aussi occupé par les fuyards, quoiqu'un vieil oracle mît en garde contre une telle

---

[1] Cf. Thucydide II 54.

occupation. La nécessité ne tint aucun compte de la défense divine ; mais bientôt on attribua à la violation de celle-ci une partie des graves calamités qui fondirent sur la ville. « Pour moi, il me semble, remarque ici l'historien, que l'oracle s'est accompli dans le sens contraire à ce que l'on attendait. Ce n'est pas l'occupation (de ce territoire) contrairement à l'interdiction du dieu qui a causé la calamité dont la ville a été frappée ; c'est la guerre qui a amené la nécessité de l'occupation ; sans doute, l'oracle n'a pas fait mention de la guerre, mais il avait bien prévu que cette occupation n'aurait lieu en aucune autre conjoncture[1] ». Et il dénonce non seulement comme sans fondement, mais encore comme funeste, la superstition « qui pousse la foule, dans des situations où elle pourrait encore être sauvée par les moyens humains, à recourir aux prédictions, aux oracles et aux choses de même nature, qui produisent sa ruine en excitant en elle des espérances (trompeuses)[2] ». En présence de cette déclaration et de déclarations analogues, nous sommes en droit de croire que s'il a relevé la seule prophétie justifiée par l'événement qui lui ait été connue, — à savoir que la guerre du Péloponnèse durerait trois fois neuf ans — cela ne peut guère signifier qu'une chose, c'est-à-dire qu'il y voyait une coïncidence singulière, et par conséquent digne de mention[3]. Et il n'en est guère autrement de l'énumération des phénomènes naturels, les uns pleins de menaces mystérieuses, les autres dévastateurs, qui accompagnèrent les incidents de la grande guerre et en accrurent les horreurs[4]. En ce point de son introduction, au début du drame puissant sur lequel le rideau allait se lever, l'écrivain qui voulait mettre en pleine lumière la grandeur et la majesté du sujet qu'il avait choisi, ne pouvait introduire des réserves intempestives ; mais, en un autre endroit, il les exprime très franchement. En parlant des prédictions des prophètes et du tremblement de terre de Délos, qui « comme on le disait et comme on le croyait » a annoncé l'ouverture des hostilités, il ne perd pas l'occasion de placer cette observation importante : « Et tous les incidents du même genre qui se produisaient quelque part ailleurs étaient soigneusement notés[5] ».

[1] Thucydide II 17.
[2] Thucydide V 103.
[3] Thucydide V 26.
[4] Thucydide I 23.
[5] Thucydide II 8.

C'est un fait très évident que le grand Athénien avait complètement rompu avec les croyances de son peuple. Dans sa bouche, le mot « mythique » a déjà le sens défavorable qu'il prendra dans celle d'Epicure. On aimerait pourtant savoir non seulement ce qu'il nie, mais encore ce qu'il affirme, et avant tout quelle était son attitude à l'égard des grands problèmes de l'origine et du gouvernement de l'Univers. Mais pas un mot, dans son œuvre, ne nous fournit la moindre indication à ce sujet. Qu'il eût perdu la foi dans les interventions surnaturelles, c'est ce que nous avons déjà suffisamment fait voir. Il aime à ramener à leurs causes naturelles les phénomènes considérés comme merveilleux ou du moins comme extraordinaires, tels, par exemple, que les éclipses, les ouragans, les inondations, le tourbillon de Charybde ; à part d'ailleurs les traits qu'il a dirigés contre la superstition, il avait un goût très marqué et il était exceptionnellement doué pour l'observation et pour l'explication de la Nature. Nous rappelons à cet égard sa description particulièrement soignée des circonstances géographiques qui font que le groupe d'îles situé près de l'embouchure de l'Achéloüs se confond de plus en plus avec le continent, et sa magistrale description de la peste d'Athènes, qui a, de tout temps, excité l'admiration des médecins[1]. Mais s'il se sentait attiré vers les physiciens et les « météorologues », et si nous devons considérer comme une faveur spéciale du sort qu'il ait préféré l'historiographie à l'étude de la Nature, on ne peut cependant guère supposer qu'il se serait arrêté d'une manière durable à l'une des tentatives d'explication des grandes énigmes du monde qui se disputaient alors la vogue, soit à celle de Leucippe, soit à celle d'Anaxagore. Il ne leur eût sans doute pas reproché d'être en contradiction avec les enseignements de la religion populaire, mais bien d'être trop hardies et de n'admettre aucune démonstration. Il se plaint vivement de l'impossibilité d'obtenir des renseignements sur les péripéties d'une bataille, même en interrogeant les soldats qui y ont pris part des deux côtés[2]. Chacun, nous dit-il, se voit hors d'état de répondre exactement dès qu'il ne s'agit plus de ce qui s'est passé dans son voisinage immédiat.

[1] Cf. I 21 (mot « mythique ») ; II 28 (éclipse de soleil) ; VII 50 (éclipse de lune) ; VII 79 (orage) ; III 89 (inondation) ; IV 24 (Charybde) ; II 102 (Achéloos) ; II 47 sq. (description de la peste).
[2] Thucydide VII 44.

Ainsi disposé, comment aurait-il pu se déclarer d'accord avec ceux qui se flattaient de décrire la naissance du monde avec l'assurance d'un témoin oculaire ? Assurément, Thucydide n'a pas cessé de suivre avec la plus grande attention les questions les plus hautes qui se posent à l'esprit humain, mais nous croyons être très près de la vérité en disant que le résultat de ses réflexions a été une prudente suspension de jugement.

L'auteur de la *Guerre du Péloponnèse* a recherché la vérité avec un zèle infatigable ; aucun effort, aucun sacrifice ne lui paraissait trop grand pour la découvrir ; et c'est peut-être là le trait le plus marquant de son caractère. Malgré le prix qu'il attache à la perfection artistique de son œuvre, il n'hésite pas à en briser occasionnellement le cadre et même à compromettre l'unité des formes linguistiques dans le seul but de donner à ses lecteurs une connaissance tout à fait exacte de documents importants. C'est ainsi qu'il introduit dans son texte le rapport d'un général et quelques traités rédigés en partie en dialecte dorien. Mais, pour ne pas parler d'un petit nombre de méprises qui prouvent seulement que Thucydide était faillible comme tous les autres hommes, — on peut se demander si l'appréciation que nous venons de donner de sa véracité n'est pas contredite par les nombreux cas dans lesquels il a rapporté les discours de personnages historiques dont il lui était, en fait, impossible de reproduire fidèlement les paroles. La réponse est facile, puisque l'historien lui-même a expliqué son point de vue à cet égard dans les premiers chapitres de son livre, et d'une manière qui prévient toute erreur possible. Tandis que, dans l'exposition des faits, il vise à la plus grande exactitude concevable, il y renonce — ainsi s'exprime-t-il à peu près — dans la reproduction des discours, parce que la chose n'est pas en son pouvoir. Faute du texte même des paroles prononcées, il se contente soit d'une vérité objective approximative, soit d'une vérité simplement interne correspondant à la situation et au caractère des orateurs. Ainsi la reconstruction de ces discours a été pour lui un grand moyen artistique : elle lui a permis d'introduire une âme dans le corps de l'histoire.

V

Rien de plus merveilleux que l'usage qu'il fait de ce moyen, dont il n'est pas l'inventeur, mais qu'il a sans doute employé le premier dans le grand style[1]. Indépendamment de la vivacité dramatique qu'il donne par là à son récit, il le fait servir à deux buts : à caractériser les orateurs et à faire part à ses lecteurs de ses propres pensées. Le premier de ces buts a été d'autant mieux atteint que, le plus souvent, ces discours font partie de débats dans lesquels les représentants des tendances contraires se succèdent, et qu'ils produisent par là un puissant effet de contraste. Ainsi, dans la discussion qui s'engage à l'assemblée populaire d'Athènes au sujet de l'expédition de Sicile, et dans laquelle Alcibiade et Nicias se trouvent en présence l'un de l'autre. Chaque mot du premier traduit le feu, l'impétuosité, la passion ambitieuse de sa nature géniale, et fait ressortir d'autant plus vivement la circonspection et l'esprit caustique du vieillard expérimenté qui se montre aussi vigoureux dans la critique qu'il se montrera bientôt insuffisant dans l'action. Parfois, un personnage se caractérise à peu près aussi bien par ce qu'il tait que par ce qu'il dit. Ce ne peut être par hasard que Periklès a laissé de côté toute allusion aux dieux de la religion populaire dans la magnifique oraison funèbre qu'il consacre aux premières victimes des hostilités, et dans laquelle, à côté de tant de pensées profondes, il a aussi fait une place aux phrases conventionnelles, inévitables en pareil cas. Nous reconnaissons là l'intention bien arrêtée de caractériser comme tel le disciple libre-penseur d'Anaxagore, dont l'esprit s'était dégagé de toute influence mythologique. Enfin l'historien ne caractérise pas seulement des individus par les discours qu'il leur prête ; il sait aussi peindre de cette façon des classes sociales et des nations tout entières. C'est ainsi qu'aux Béotiens passionnés, mais un peu lourds d'esprit, il prête des discours plus remarquables par le sentiment que par les pensées ; et quand il introduit un homme du peuple spartiate, comme par exemple l'éphore Sténélaidas, il le fait reconnaître non seulement par le laconisme nerveux de l'ex-

---

[1] Cf. Thucydide IV 118 sq. ; V 18 sq., 23 sq., 47, 77, 79.

pression, mais encore, et surtout, par le bon sens prompt et robuste, caractéristique de toutes les classes de la race dorienne.

Mais, nous l'avons dit, Thucydide se sert aussi des discours pour communiquer aux lecteurs ses propres pensées. Sous ce rapport, il est d'une richesse incroyable, et il sait les exprimer sans jamais laisser percer sa personnalité et l'imposer d'une manière importune. Comment l'en louer dignement en évitant ne fût-ce que l'apparence de l'exagération ? Quelle profusion d'observations justes, de démonstrations pénétrantes, de maximes toujours vraies ! Pour retrouver un pareil trésor de sagesse politique, nous sommes vraiment obligés de descendre jusqu'à Machiavel. Mais chez Thucydide toutes les réflexions se dégagent pour ainsi dire d'elles-mêmes des situations historiques données ; on n'y sent pas la moindre prétention didactique, pas la plus petite trace de sécheresse systématique. Aussi, des deux écrivains, n'est-ce pas l'Athénien qui paraît inférieur à l'autre, mais le Florentin qui est distancé par son aîné. Parfois aussi, les discours de circonstance s'amplifient chez Thucydide et se transforment en discussions d'une portée tout à fait générale et pleines de substance philosophique. Nous avons exprimé plus haut l'hypothèse que Protagoras fut le premier à vouloir que le châtiment eût pour but d'intimider le crime et de le prévenir. Il convient donc de rappeler que Thucydide a trouvé une occasion singulièrement opportune pour faire combattre cette théorie à un orateur. Lorsque la discussion s'ouvre, à Athènes, sur la punition à infliger aux rebelles de Lesbos, Diodote, en réponse peut-être aux arguments du sophiste, fait remarquer, dans un discours d'une rare profondeur, combien la passion est souvent irrésistible, à quel point elle aveugle le jugement de ceux qui s'y abandonnent. Dans d'autres cas, l'historien remplace l'exposition systématique par les traits isolés qu'il sème par-ci par-là dans son œuvre, et qui, dans l'esprit du lecteur attentif, se réunissent et forment un tableau d'ensemble. C'est ainsi qu'il a peint le caractère du peuple athénien.

On pourrait supposer que les deux buts auxquels sert l'artifice des discours se contrarient parfois, et qu'en particulier l'énoncé des idées de l'auteur porte occasionnellement préjudice à ses caractéristiques. Thucydide a tellement à dire qu'il ne serait pas étonnant qu'il se servît de temps en temps du moyen le moins approprié. Il était difficile aussi, pour ne pas dire impossible, d'arriver à cet égard à une complète harmonie, puisque les situations qui inspirent telle ou telle pensée et en appellent le développement sont aussi bien données en fait que les personnages qui s'y manifestent. Nous ne prétendons pas que l'historien ait toujours triomphé de cette difficulté. Mais ce ne sont là, pour autant que nous pouvons en juger, que des cas isolés, et d'ailleurs ils offrent un intérêt tout à fait particulier, et il s'en dégage pour nous un enseignement précieux. Car, précisément, à travers ces fentes de l'édifice artistique, brille — telle une flamme — la personnalité de l'auteur. Dans l'oraison funèbre que prononce Périklès, et où la philosophie de la politique athénienne est réduite à sa quintessence ; dans ce morceau merveilleux où il nous semble qu'un sujet antique ait été traité par un esprit moderne de premier rang, un Alexis de Tocqueville, par exemple ; dans ce bijou précieux, le plus précieux peut-être de la prose grecque, aucun trait de la vie sociale d'Athènes n'est relevé avec plus de force que la liberté individuelle, qui permet à chacun d'organiser sa vie privée comme il l'entend, sans contrainte, sans se plier au joug de la majorité. Mais l'historien revient ailleurs sur cet avantage, et, cette fois, c'est par Nicias qu'il le fait proclamer, immédiatement avant le combat décisif qui s'engage dans le port de Syracuse, le fruit le plus précieux des institutions politiques de la cité. Nous ne croyons pas nous tromper en disant que cette remarque, dans la bouche du vieux Nicias, l'homme à la correction mesquine et à la stricte observance, était incomparablement moins bien placée que dans celle de Périklès, l'ami des philosophes ; que, dans cette occasion, Thucydide a tenu beaucoup plus de compte de la situation que du personnage appelé à y jouer un rôle ; que, cette fois, c'est Thucydide seul qui nous parle par l'intermédiaire de Nicias, et qu'il donne une expression au sentiment dont son cœur est rempli sans se préoccuper de la personne de l'orateur. Il est possible que plus d'une méprise de ce genre nous échappe, puisque, la plupart du temps, nous ne connaissons un peu exactement les caractères que par Thucydide lui-même, et que nous ne pouvons que très rarement contrôler ses peintures par d'autres témoignages dignes de foi. Mais ce ne sont certainement que des exceptions, des exceptions tout à fait isolées. Car c'est précisément en ce point que l'art incomparable du maître atteint son plus haut degré de perfection. Un exemple pour motiver notre jugement. Aucun des personnages qui apparaissent sur la scène de son grand drame historique ne lui inspire moins de sympathie que le corroyeur Cléon. Eh bien ! quand il a un intérêt évident à faire voir la contrepartie des avantages qu'il a si souvent et si complaisamment relevés dans le caractère athénien, avec quelle habileté ne sait-il pas se servir de ce personnage qui lui répugne tant ! L'historien lui-même est évidemment persuadé qu'à force d'être cultivés, ses compatriotes le sont trop, que leur finesse d'esprit est souvent préjudiciable à la sûreté et à la rectitude de leur pensée, qu'ils sont souvent égarés par l'abondance des points de vue, et qu'ils sont plus spirituels que raisonnables. Or, cette persuasion, pouvait-il l'exprimer mieux que par l'organe du grossier démagogue que la haute culture n'avait pour ainsi dire pas touché ? C'est donc lui qu'il charge d'adresser à ses compatriotes ces dures réprimandes : Vous êtes les esclaves du paradoxe, les contempteurs de la tradition ; vous assistez aux débats sur les questions les plus vitales du jour dans les mêmes dispositions que s'il s'agissait de jouir d'un tournoi oratoire sans conséquence. Vous ne voyez les faits qu'à travers les discours ; c'est sur ceux-ci que vous vous dirigez pour conclure à l'avenir et pour juger le passé ; la réalité, pour vous, n'est qu'une apparence ; l'apparence vous tient lieu de réalité !

Mais le nom de Cléon nous rappelle à la question dont nous nous sommes peut-être déjà par trop éloignés. Il s'agissait de la passion de l'historien pour la vérité. A l'égard de personne son impartialité n'a été plus sérieusement — et avec autant de droit, nous le concédons volontiers, — contestée qu'à l'égard précisément de ce personnage. Sans aucun doute, la véhémence agressive du démagogue, sa conduite vulgaire, son dédain de tout ce qui était délicat et relevé ont choqué au plus haut point Thucydide et lui ont fait perdre de vue, comme d'ailleurs à Aristote dans *La Constitution d'Athènes*, les mérites réels de Cléon. Mais, si nous pouvons l'affirmer, nous le devons uniquement aux abondantes informations que nous a fournies Thucydide lui-même avec une scrupuleuse loyauté. C'est surtout en ce qui concerne les événements dont l'îlot de Sphactérie est le théâtre que les faits racontés par l'historien et le jugement porté par lui se trouvent en contradiction frappante. Cette contradiction saute aux yeux du lecteur le moins critique. Cléon s'était fait fort de conduire à Athènes, morts ou vifs, dans un délai de vingt jours, les quatre cents hoplites spartiates qui se trouvaient dans cet îlot, coupés de tout secours de leurs compatriotes. Grâce à des forces d'une supériorité écrasante et à l'appui de Démosthènes, le meilleur général que possédassent alors les Athéniens, le succès répond complètement à ses prévisions. Malgré cela, l'historien plein, à ce qu'il semble, de mépris pour le corroyeur et aussi de haine personnelle, taxe cette gageure d'insensée. Précisément, ce cas de criante partialité nous paraît fournir le meilleur argument en faveur de sa véracité. Car il lui aurait été bien facile, sinon de faire disparaître, du moins d'atténuer considérablement le désaccord extraordinaire qui règne entre son récit des faits et les appréciations que ceux-ci lui inspirent. Il aurait, par exemple, pu insister sur les circonstances aussi heureuses qu'imprévues qui avaient concouru à la réalisation de cette « promesse insensée ». Or son récit ne renferme pas une syllabe qui puisse insinuer une telle pensée. En ce point où la haine a le plus troublé son jugement, il ne trahit pas la moindre apparence de déloyauté ; l'idée de dénaturer les faits ou de les présenter de manière à justifier ses préventions ne l'a pas même abordé. Et il n'en est pas autrement lorsque son jugement est porté sous l'influence de chaudes sympathies. Lorsque Nicias paie de sa vie le désastre de l'expédition de Sicile, qu'il avait conduite avec une si étonnante incapacité, Thucydide s'abandonne à des lamentations qui ne révèlent pas seulement sa profonde pitié pour le sort tragique du malheureux général, mais encore, et avec la conviction la plus chaleureuse, la grande estime qu'il avait pour son caractère. Mais il n'a pas, pour cela, cherché à taire ou à pallier une seule des nombreuses et presque incompréhensibles fautes de Nicias ; il nous a fourni sinon contre l'homme, du moins contre le général, un dossier vraiment écrasant. Car en lui aussi, malgré la profondeur de son génie, résidait cette droiture ou cette « simplicité » de cœur qui constitue, comme il le disait lui-même, « une partie si essentielle de toute noblesse d'âme ».

Et maintenant, quoi qu'il puisse nous en coûter, nous devons prendre congé de Thucydide. Nous le retrouverons d'ailleurs bientôt. Car avant d'aborder la grande figure de Socrate, et d'étudier en lui le premier essai sérieux d'éthique systématique, il sera nécessaire de dessiner, du moins dans ses contours essentiels, l'évolution des idées morales et politiques qui précéda son entrée dans la carrière. Nous chercherons les éléments de notre enquête dans les œuvres des poètes, des poètes tragiques surtout, mais nous nous garderons bien de négliger les témoignages des orateurs et des historiens, et surtout du plus profond d'entre ces derniers, l'auteur de la *Guerre du Péloponnèse*.

ERRATA

Page 190, 2ᵉ ligne en montant (note) lire : πάντη πάντως.

Page 206, note 2. Lire : les discours de *Zénon*, au lieu de : les discours de *Parménide*.

TABLE DES MATIÈRES

	Pages
Préface de l'édition française	VII
Préface de l'Auteur	XV

LIVRE PREMIER
Les Commencements.

Introduction		3
Chap.	I. Les Philosophes-naturalistes de l'Ionie	45
»	II. Cosmogonies orphiques	87
»	III. Pythagore et ses Disciples	108
»	IV. Développement des Doctrines pythagoriciennes	122
»	V. La Doctrine orphico-pythagoricienne de l'Ame	134

LIVRE DEUXIÈME
De la Métaphysique à la Science positive.

Chap.	I. Xénophane	167
»	II. Parménide	178
»	III. Les Disciples de Parménide	198
»	IV. Anaxagore	222
»	V. Empédocle	241
»	VI. Les Historiens	271

LIVRE TROISIÈME
L'Epoque des Lumières.

Chap.	I. Les Médecins	291
»	II. Les Atomistes	334
»	III. Les Rejets de la Philosophie de la Nature	390
»	IV. Les Débuts de la Science de l'Esprit	401
»	V. Les Sophistes	435
»	VI. Protagoras d'Abdère	464
»	VII. Gorgias de Léontini	502
»	VIII. L'Essor de la Science historique	523